陕西师范大学史学丛书

丛书主编／何志龙

中国经济史问题探索

王双怀／著

科学出版社
北京

图书在版编目(CIP)数据

中国经济史问题探索/王双怀著.--北京：科学出版社，2015.12
(陕西师范大学史学丛书)
ISBN 978-7-03-047023-2

Ⅰ.①中… Ⅱ.①王… Ⅲ.①中国经济史-研究 Ⅳ.①F129

中国版本图书馆CIP数据核字（2015）第318333号

责任编辑：陈 亮 任晓刚/责任校对：何艳萍
责任印制：徐晓晨/封面设计：黄华斌 陈 敬

科学出版社出版
北京东黄城根北街16号
邮政编码：100717
http://www.sciencep.com
北京京华虎彩印刷有限公司印刷
科学出版社发行 各地新华书店经销
*
2015年12月第 一 版 开本：720×1000 1/16
2018年 1月第三次印刷 印张：28
字数：440 000

定价：90.00元

(如有印装质量问题，我社负责调换)

丛书总序

在高等院校，教学与科研是一般教师关注的主要对象，教师们不仅关注自身的教学与科研，也关注他人的教学与科研，但对于学校和学院，高度关注的则是学科，即我们通常讲的学科建设。所谓学科建设，一般包含学科平台建设、师资队伍建设、科学研究和人才培养四个方面。学科平台建设，主要指硕士学位授权点和博士学位授权点的设置和建设，博士后科研流动站的设置和建设，另外也包括教育部人文社会科学重点研究基地的设置和建设，以及其他各类研究平台的设置和建设。师资队伍建设，主要指师资队伍的规模、职称结构、学历结构、年龄结构、学缘结构等方面。科学研究，主要指师资队伍成员从事学术研究所产出并公开发表和出版的学术论文、著作以及研究报告等。人才培养，主要指硕士学位授权点和博士学位授权点所培养的硕士研究生和博士研究生的数量、质量及其在学术界的影响和社会各行业的影响。学科建设的四个方面相互依托，相互促进，相辅相成，共同构成了学科建设的有机整体。其中，学科平台是基础，有了学科平台，有利于引进人才和加强队伍建设，有了学科平台，才能招收研究生，进行人才培养。队伍建设是核心，拥有一支合理的师资队伍，才能支撑和维持学科平台，才能有进行科学研究和人才培养的主体。科学研究是关键，科学研究的成果体现学科平台的力量，也是培养人才的前提和基础，没有较强的科学研究能力，不可能培养出合格的人才。人才培养是目标，人才培养必须依托学科平台，同时，人才培养不仅必须要有师资队伍，而且必须要有具备科学研究能力的师资队伍，才能完成合格的人才培养。

与国内大多数高校的历史学科一样，陕西师范大学的历史学科建设，在2012年之前，主要进行的是学科的外延建设。所谓外延建设，就是指增加学科的数量和规模，如拥有几个一级博士学位授权点，几个国家重点学科以及几个教育部人文社会科学重点研究基地等。随着我国改革开放的深化和综合国力的增强，民众对高等教育有更高期待，党的“十八大”明确提出推动高等教育的内涵发展，走以质量提升为核心的内涵发展道路，高校学科建设进入了一个新的时期，学科建设的重点由外延建设转向内涵建设。外延建设主要强调量，而内涵建设则更加注重质，外延建设为内涵建设奠定了坚实的基础。也就是说，在已有学科平台的基础上，凝练高水平的队伍，产出高水平的成果，培养高质量的人才，将成为学科发展的关键所在，而统领这三方面的正是学科特色。凡大学都应该有自己的特色，大学的特色集中体现在学科特色上。所谓学科特色，主要指在某一学科的某一领域，凝练一支高水平的研究团队，产出一系列有影响的研究成果，同时培养出一批在学术界和相关行业有影响的人才。为什么说学科特色是学科内涵建设的灵魂，原因有三：一是从人力资源配置看，很难有一个高校有能力支撑一个学科（一级学科）所包含的所有学科领域。二是从财物资源配置看，很难有一个高校有能力支持一个学科（一级学科）所包含的所有学科领域发展所需要的财力和物力。支持学科建设不仅要有研究团队，而且要有为研究团队提供从事科学研究所必需的财力和物力，如从事历史学研究所必需的场所设施、网络环境和图书资料等，只有满足人、财、物的合理配置，才能进行科学研究。三是只有发展学科特色，资源配置才能实现成本最低，效率最高。如果学科领域广泛，需要配置的文献资源也必然广泛，相应地如果学科领域相对集中，需要配置的文献资源也相对集中，成本低而利用率高。另外，发展学科特色，易于承传学术传统，易于形成内部合作，易于产出系列成果，易于团队培养人才，易于形成学术影响，也易于保持学术影响。

发展学科特色需要考虑诸多因素。作为历史学科建设，要充分考虑地方历史文化，形成自己的学科优势，这种优势既能更好地服务地方，也能充分彰显自己的学科特色。要注重已有学术传统，顺应国家长期发展的重大战略目标，着眼未来，长远规划学科特色。要充分考虑学校的实力地位，谋划学校能够实现的规划，因为学科建设规划只有在人、财、物的可持续投入基础上才能实现。

陕西师范大学的历史学科，依托地处周秦汉唐历史文化中心，考古资源丰富，出土文物规格高和数量大的优势，经过几代历史人 70 多年的不懈努力，逐步形成了以周秦汉唐历史为主要研究领域的学科特色，中国古代史国家重点学科的获批，也是对这一学科特色的充分肯定。随着国家对历史学科精细化分类管理，原来既是门类也是一级学科的历史学一分为三，调整为中国史、世界史、考古学三个一级学科。根据学校地位的变化和学校对历史学科人、财、物的持续投入状况，面对三个一级学科的评估和建设，在国家一流大学和一流学科建设中，我们面临着前所未有的巨大挑战。在严峻的挑战面前，思路必须明确，决策必须正确，行动必须快捷。环顾国内外高等院校学科建设成功者，无不具有显著特色。我们在学科内涵建设中，特色发展是唯一选择。作为中国史一级学科，其统属的中国古代史和历史地理学两个国家重点学科，是我校的特色学科，也是我校的优势学科，在国内学科建设的激烈竞争中，只有加大建设力度，才能保持优势地位。而要保持传统优势学科的地位，除了加大已有建设的力度，还必须不断探索新的学科增长点，才能进一步强化学科优势，彰显学科特色。中央提出的“一带一路”建设，是我国发展的大战略，为地处丝绸之路起点的我校历史学科发展迎来了难得的发展机遇，学院“丝绸之路历史文化研究中心”的建立，不仅顺应了国家重大战略需求，同时也是我院探索新的学科增长点的体现。中国史升格为一级学科后，发展中国近现代史学科势在必行，而从时间和空间上看，中国近现代史学科的研究领域同样极为广泛，我们也必须选择某一领域，重点建设，特色发展。西北地区的近现代史研究是中国近现代史研究的重要组成部分，把西北地区的近现代史作为我校中国近现代史学科的发展方向，同样具有明显的地域优势，也必将成为我校的学科特色和新亮点。

此外，文物与博物馆学也是学院谋求学科建设发展特色的一大发力点。2008年1月23日，中宣部、财政部、文化部和国家文物局联合下发《关于全国博物馆、纪念馆免费开放的通知》，根据该通知，全国各级文化文物部门归口管理的公共博物馆、纪念馆，全国爱国主义教育示范基地将全部实行免费开放，博物馆已成为国民素质教育的重要基地。在全国范围内，博物馆如雨后春笋，发展迅猛，但博物馆学的专业人才却明显不足，这就为高等院校博物馆学人才培养提出了新的要求。陕西是考古大省、文物大省，更是博物馆大省，博物馆的人才需求也相对较大。基于地缘优势和省内学科建设差异化发展的思路，我校在考古学学科下重点发展博物馆学，经过十多年的发展，取得了一定成就，陕西省文物局与我校签订战略合作框架协议，国家文物局在我校设立文博人才培训示范基地，充分说明我校重点发展博物馆学符合陕西省和国家对博物馆人才培养的需求，特色建设博物馆学的思路得到了肯定和支持。我们将在国内博物馆学研究的基础上，学习、借鉴、吸收国外博物馆学的理论和方法，深入探索努力构建我国博物馆学的学科理论体系，彰显我校博物馆学的学科特色。

彰显学科特色的要素很多，但产出颇具影响的系列研究成果尤为重要。为此，学院设计出版《陕西师范大学史学丛书》。本丛书首批 17 本，均为学院教师近年新作，每本书的内容不少于三编，作者自序。丛书的内容广泛，涉及中国古代史、中国近现代史、世界史等。希望通过出版本套丛书，集中展现学院教师近年来学术关注的领域和成就。鉴于本丛书是在我校大力推进一流学科建设的开启之年规划完成的，故以一流学科建设的思路代为本套丛书之总序。

何志龙

陕西师范大学长安校区文汇楼 C 段 209 室

2015 年 12 月 25 日

前　言

中国经济史是中国历史的重要组成部分。中国是一个地域辽阔的文明古国，在漫长的历史岁月中，曾经历了许多王朝的统治。由于各王朝的经济政策有所不同，加之各地区的经济环境存在差异，因而社会经济发展很不平衡。自20世纪以来，海内外的一些学者曾对中国经济史的诸多问题进行了研究，出版了不少学术专著，发表了大量的学术论文。笔者在从事中国古代史教学与研究的过程中，也对中国经济史的若干问题进行了探讨，内容涉及生产、分配、交换、消费等社会再生产的各个环节。现在展现在大家面前的这本书，即是笔者研究中国经济史的心得。

一

研究中国经济史，首先要关注经济领域的生产问题。因为生产是人类存在和发展的基础，在经济生活中占有举足轻重的地位。我国自古以农业立国，农业是最重要的生产部门。我国古代的农业属于“大农业”的范畴，包括农、林、牧、副、渔在内。除农业之外，手工业和商业也相当重要。故研究生产问题，主要是研究农业生产、手工业生产和商业生产。生产虽然是生产者的事情，但它受自然环境和社会环境的制约，统治者的生产政策对它的影响尤为深刻。如果统治者的生产政策比较开明，调动了劳动者的主观能动性，经济就会发展。反之，如果统治者制定的生产政策违背了经济规律，影响了劳动者的积极性，经济就会倒退，甚至崩溃。从大量资料来看，历代统治者发展生产的政策和措施，主要是劝课农桑、调整田地、轻徭薄赋，尽量把农民与土地结合起来。

农桑是我国古代最重要的生产部门。观管仲、贾谊、王符等思想家言论，莫不以农桑为天下之本。大抵历史上有作为的封建皇帝，皆以“劝课农桑”为己任。如唐玄宗自开元初年即“急于务农，不夺人时”，“兢兢业业，励精政道，思欲弃末敦本，阜俗安人”①。把“劝课农桑”作为一种政策，提到了很高地位。从数量众多的《处分朝集使敕》② 和流传甚广的《令长新诫》③ 来看，“劝率农桑”、“青旌劝农”在当时已被列为刺史、县令的一项经常性的任务。这项任务的完成情况，是考课的重要内容之一，与刺史、县令的升降有直接的关系。在“课最超等，必议升迁；循默守常，必加黜免”④ 的原则下，地方长官在“劝课农桑”方面大都或多或少发挥了自己的才智。根据以上情况，可以说，劝课农桑的政策在很大程度上挖掘了劳动者的生产潜力。

土地是最重要的生产资料，与农业生产的关系极为密切。在王制时代，土地属于国有。商周时期盛行井田制度，天子按爵位高低赐封给诸侯及卿大夫一定数量的土地，其中即包括井田在内。受封者对于井田只有使用权而无私有权，土地不能转让或买卖，“田里不鬻”。到了帝制时代，情况发生了很大变化。秦初实行爰田制，后“令黔首自实田”，即让老百姓（黔首）如实上报自己的所有土地（包括耕地和休耕地）。在此基础上，推行土地私有制。两汉时期，土地原则上归国家所有，称作“公田”，由皇帝“假”给农民耕种。其后随着土地兼并的加剧，土地私有化的倾向与日俱增，自耕农手中的土地越来越少，在这种情况下，一些王朝不得不调整土地政策。西晋实行占田制，北魏至隋唐时期实行均田制度。其中均田制实行的时间较长，影响也最大。均田制度是北魏创立的一种土地制度。历北齐、北周至隋，逐渐演进。武德七年（624），唐高祖重颁均田令⑤，作为有唐一代的典章。这种制度的意义主要在于采用法律的形式，保证生产者有地可耕。因而唐太宗、唐高宗、武则天对实行这种制度，都采取了积极的态度。从贞观到长安，数十年间，均

---

① （宋）宋敏求：《唐大诏令集》卷 103《处分朝集使敕》，台北：商务印书馆，第 426 册，1986 年影印文渊阁四库全书本，第 703 页。

② 《唐大诏令集》卷 103—104 收有开元三年至开元二十一年《处分朝集使敕》13 种。

③ （清）陆耀遹撰：《金石续编》卷 7，上海：上海古籍出版社，1995 年；（清）董诰等：《全唐文》卷 41，北京：中华书局，1983。

④ （宋）宋敏求：《唐大诏令集》卷 100《简京官为都督刺史诏》，台北：商务印书馆，第 426 册，1986 年影印文渊阁四库全书本，第 680 页。

⑤ 《旧唐书》卷 48《食货志》，北京：中华书局，1975 年标点本，第 2088 页。

田制一直在贯彻之中[①]。及唐中宗复辟，朝纲大乱，令出多门，政变迭起，均田制遭到严重破坏。唐玄宗即位后，拨乱反正，开元年间，使均田制再次成为一项重要的生产政策。让农民掌握一定数量的土地，显然对于发展社会生产具有重要意义。唐代以后，土地私有化的倾向越来越明显。但国家和皇室仍保有大量土地。这些土地以“皇庄”、“官庄”的面目出现，经营方式与地主经营没有多少差别。明代清丈土地，绘制《鱼鳞图册》，确定土地的私有权。显然，中国古代的土地制度曾多次发生变化，其趋势是大土地所有制最是终形成。大土地所有制形成的因素，一是帝王赏赐，二是土地买卖，三是土地兼并。此外，一些商人在发财之后即退出商界，转而经营土地，所谓“用商求富，以农守之”。其方式尽管不同，但结果都是一样，土地集中在私人手中，成为传家之宝。大体说来，编户齐民与土地结合得越紧密，对国家越有好处。大土地私有制形成后，地主分割了国家的利益。但当大土地所有者注意生产时，农业也会在一定程度上得到发展。

屯田制是秦汉以来的一种国有土地制度。其起源可以追溯到秦始皇时代[②]。汉武帝时，桑弘羊请置屯西域，始有“屯田”之名。“自汉武创制，置吏卒五六万人；充国上状，条便宜十有二事。新莽伪政，则立田禾将军；东汉永平，亦命宜禾都尉。魏晋而下，无代无之”[③]。其作用主要在于解决军粮问题。唐自武德初年即有部分屯田。武则天执政时期，娄师德、郭元振屯田西北，威名大震。[④] 但总的说来，开元以前屯田较少。开元时，唐玄宗君臣努力扩大屯田，表现颇为突出。由于政府重视，官吏用心，兵民努力，开元时期扩大屯田的政策收到了明显效果。到开元二十五年（737）以前，屯田就扩大到了相当大的规模：“凡天下诸军州管屯总九百九十有二”。每屯面积不

---

① 关于均田制是否实施的问题，史学界存在着争议。在日本，铃木俊、金井之忠、日野开三郎、西川正夫、池田温等人否定土地还受，仁井田陞、西岛定生、西村元佑等人则认为土地还是无可辩驳的。在我国，邓广铭等否认均田制的施行；韩国磐、胡如雷则予以反对。今参照成果，依事实立说，论证从略。

② 唐启宇：《中国农史稿》，北京：农业出版社，1985 年，第 307 页。

③ （宋）王钦若等：《册府元龟》卷 503《邦计部·屯田》，北京：中华书局，1960 年影印本，第 6026 页。

④ 《旧唐书》卷 93《娄师德传》，北京：中华书局，1975 年标点本，第 2975—2976 页；《旧唐书》卷 97《郭元振传》，北京：中华书局，1975 年标点本，第 3044 页。

等，大者50顷，小者20顷。取其中值，总面积即达34700余顷[①]。无论是分布之广还是规模之大，都超过了前代。宋代以后，特别是在明清时期，屯田形态有所变化，但仍然受到重视。屯田多在边疆，“发闲人以耕弃地，省馈运以实军粮”，其意义是十分明显的。诚如《册府元龟》的作者在《邦计部屯田》序中所说：“因戍营田，因田积谷，兼兵民之力，省飞换之劳，比之负海转输，率三十钟而致一石者，其利岂不博哉！”

二

研究中国经济史，同样要关注经济领域中的分配问题。因为分配是联结生产和消费的中间环节，对生产具有较大的作用，可以促进或阻碍生产的发展。分配对生产起怎样的作用，与统治阶级的分配政策有很大关系。如果统治者的政策使社会产品在各阶级、各阶层、各个社会成员之间的分配较为合理，这种分配就可能促进经济的发展。反之，就会使社会经济陷入泥潭。历史时期的社会生产都是在私有制生产关系之下进行的，这就决定了在分配问题上必然存在着剥削。但是，历代王朝为了达到长治久安的目的，在优待统治阶级的同时，也力图使劳动者得到部分劳动产品。为此，曾制定过一些重要的分配政策。当然，历代分配政策不尽相同，实行情况也存在着很大差异。从历史的角度来看，中国历史上的分配制度包括官方和民间两个层次。官方的分配制度除了官员的俸禄、军队的粮饷和各类赏赐之外，主要是针对百姓制定的赋役制度。民间的分配原则主要是地主与佃户之间的租佃契约。在这里，仅谈点赋役制度的问题。

我国的赋役制度形成于王制时代，历朝历代多有变化。史载先秦赋税多以“贡赋”的形式存在。商代臣民向国君进献的财物称为“土贡”。西周时期有所谓“九贡”及军赋。公元前594年，鲁国实行初税亩，开始按土地面积征收实物。公元前590年作丘甲，按土地征收军赋。秦统一中国后，将赋税分为田租、口赋和杂赋3种。田租是按土地征粮，租率约为1/10。口赋是按人头征钱，每人约缴120钱。杂赋一般是临时性的征调。这种土地制度和赋税制度对封建地主有利，但也有利用社会经济的恢复和发展。后来秦始皇横

① 各地屯数相加，得1039，与总数不符。若以相加数计，则总面积至少在36000顷以上。

征暴敛，严重破坏了正常的经济秩序。汉代的赋税主要是人头税和田租，此外还有一定的徭役。曹魏时实行租调制，西晋实行课田制，北魏至隋唐之际则实行租庸调制。从唐德宗时期开始到明代前期实行两税法，张居正改革时推行一条鞭法，清康熙五十一年（1712）实行“摊丁入亩”。最终结束了长期以来地、户、丁与赋役制度的混乱现象，完成了赋税合并即人头税归入财产税的过程。

赋役制度与社会经济息息相关。如果赋役繁重，就会出现民不聊生的状况。故历史上一些统治者比较重视轻徭薄赋的问题。在这方面，租庸调制、两税法和地丁银制是可以称道的。以租庸调法为例。租庸调法是与均田制度相适应的一种赋役制度。北魏创立均田制时，即对租、调、徭役做了规定。至隋，增加了折庸代役的新内容。唐高祖武德七年（624）三月“始定均田赋税”[①]。唐太宗、唐高宗、武则天、唐中宗、唐睿宗因而不改。开元年间，在修订均田制的同时，对租庸调法也进行了修订[②]，以加强此法的贯彻执行。唐初租庸调制规定：丁男每年向国家纳粟 2 石，称作租。交纳绢 2 丈，绵三两或布 2 丈 5 尺、麻 3 斤，称作调。每丁每年服徭役 20 天，如不服役，每天输绢 3 尺或布 3 尺 7 寸 5 分，称作庸，也叫做“输庸代役”。开元七年（719）修订《赋役令》时增加的内容主要有对调书印、实义仓、封家权利、官免课役、征课附人以及皇亲宗枝免除课役的规定。开元二十五年（737）修订时增加的内容主要是有关庸调征送、课役分配、居民迁徙、诸色给复等规定及差科原则等。从《赋役令》的这些内容来看，开元时期修订的租庸调法比武德时期更加全面，更加细致。它以法律的形式，确定了社会各阶级、各阶层的负担和“特权”，实质上也就确定了产品初次分配的原则，即劳动者必须把自己的一部分劳动产品交给政府，并在一定时间内，无偿提供劳役；贵族、官僚及其他一些特殊身份的人则部分或全部免除租赋徭役。不仅如此，各级贵

① （宋）王溥：《唐会要》卷 83《租税上》；台北：商务印书馆，第 607 册，1986 年影印文渊阁四库全书，第 259 页；《旧唐书》卷 48《食货志》，北京：中华书局，1975 年标点本，第 2088—2089 页。

② （日）仁井田陞：《唐令拾遗・赋役令》第二十三，东京：开明堂，1933 年，第 659—691 页。参阅（唐）李林甫等撰：《唐六典》卷 3《户部郎中员外郎》，陈仲夫点校，北京：中华书局，1992 年标点本；（宋）王钦若等：《册府元龟》卷 487《邦计部・赋税》北京：中华书局，1960 年影印本；（唐）杜佑：《通典》卷 6《食货六・赋税下》王文锦等点校，北京：中华书局，1988 年；（元）马端临：《文献通考》卷 2《田赋考・历代田赋之制》北京：中华书局，1986 年。

族和官僚还可以通过国家对社会产品的再分配等，得到数量不等的社会产品。与以往的赋役制度相比，租庸调法集租粟之征、布帛之征和力役之征于一身，内容更加详备，但数额并不很重。宋代史学家在研究了前朝各种赋役制度之后说："是以什一而赋，谓之中正；颂声之作，罔不由是焉"①。如果我们把开元时期的赋役令和田令加以比较，就会发现，租庸调制所规定的赋役数额远比"什一而赋"为轻。以丁而论，受田百亩，仅纳租 2 石，庸绢匹半（或役二十日），调绢 2 丈。或与之价值相当的绫、绸、布等，可谓轻之双轻。虽然均田制下存在着受田不足的问题，如上所述，也较"什一而赋"为轻。这正是租庸调法的意义所在。开元年间对赋役令的修订，显然有利于租庸调法的推行。由于赋税徭役是保证封建时代国家机器正常运转的经济基础，"国家存在的经济体现就是捐税"②，因而开元时期推行租庸调制比推行均田制更加努力。与以往的赋役制度相比，租庸调制所规定的税额较低，劳动者尚能得到一半以上的劳动产品以维持生活，这与竭泽而渔的政策所造成的结果显然是不可同日而语的。

轻徭薄赋历来是生产者希冀于统治者的"仁政"，也是社会经济得以发展一个重要条件。它直接关系到生产，也牵涉到分配，对经济的发展具有促进作用。汉初"顺民之情与之休息"，唐初"去奢省费，轻徭薄赋"③，此是"文景之治"与"贞观之治"出现的一个重要原因。开元时期修订《赋役令》，也是按照轻徭薄赋的原则办事。从表面上看轻徭薄赋减少了国家的财政收入，但实际上它减轻了剥削，增强了劳动者进行社会再生产的能力。令人遗憾的是，历史上一些较好的赋役制度在实行的过程中逐渐变样，租庸调制如此，两税法如此，摊丁入亩也是如此。

三

研究中国经济史，也不能不关注经济领域中的交换问题。交换是联结生

① （宋）王钦若等：《册府元龟》卷 487《邦计部·赋税一》，北京：中华书局，1960 年影印本，第 5821 页。

② 中共中央马恩列斯著作编译局编：《马克思恩格斯全集》第四卷，北京：人民出版社，1958 年，第 342 页。

③ （宋）司马光：《资治通鉴》卷 192"武德九年十一月丙午"条，北京：中华书局，1956 年标点本，第 6026 页。

产和消费的中间环节之一。因此，统治者的交换政策怎样，对社会经济也有很大的影响。以往论者特别强调我国封建社会自给自足的特点，对交换问题很不重视。其实，当时的劳动分工是比较明显的，交换的存在自不待言，统治者在这个问题上必然要有一定的政策。传统观点认为，中国自古商品经济不够发达。尤其是历代王朝实行抑商政策，商业的作用受到限制，故商品经济在中国古代经济中所占的比重较轻，作用有限。事实上，中国古代商业的情况比较复杂，不可一概而论。

商业是社会经济的重要组成部分，也是历代王朝不能回避的经济问题。因为商业对经济社会的发展有巨大的作用。首先，只有发展商业，才能保证社会经济的循环发展，才能把生产与消费联系起来。其次，只有发展商业，才能解决人们日常生活的各种需要。商人走遍天下，知道什么时候地方生产什么，什么时候地方需要什么，什么时候买，什么时候卖。在经商的过程中，自然而然地解决了人们的生计问题。再者，只有商业易于致富。求富、致富是人性的基本特点，是社会进步的重要动力，而商业是最容易致富的。中国的情况如此，外国的情况也是如此。

数千年来，中国的商业经历了一系列的变化过程。有时兴盛，有时衰落，情况相当复杂。从有关资料来看，商周时期“工商食官”，商业活动不够频繁。到春秋战国时期，私营商业崛起，商业空前繁荣。秦汉之际，商业较为发达，特别是西汉前期更是如此，但汉武帝时盐铁官营，算缗告缗，使商业受到巨大冲击，经济趋于凋敝。昭宣之际，改弦更张，情况有所好转。隋唐、两宋时期，商业基本上是平稳发展的。明代中期，商业再度活跃，以致出现了资本主义萌芽。到清代前期，仍保持发展的势头。但此后清政府闭关锁国，商业很快衰落。到洋务运动时，商业再度发展，但已与西方拉开较大差距。影响中国古代商业变化的因素很多，其中统治者的商业政策起着至关重要的作用。纵观中国古代的商业政策，大体上可分为三种情况：一是惠商，一是抑商，一是容商。当一个王朝建立之初，民生凋敝，百废待兴。统治者为了便民，为了资金，一般都采用惠商政策。招揽商人，降低关税，提高商人地位，促进商业的发展。而一旦王朝稳固之后，统治者的商业政策往往会发生变化，由惠商转变为抑商。提高关税，盐铁官营，榷茶榷酒，与民争利，打击商人及商业资本。究其原因，主要是商业对大土地所有制有所冲击，不利于大地主的自然经济。当王朝中衰或动荡时，统治者又不得不容商，此外，一些明智的统治成员也会采取容商的政策。

中国历代的商业政策虽有惠商、抑商和容商三种情况，但学术界一直强调抑商政策，认为这是制约中国古代商业发展的主要因素。这种观点当然有一定的道理，但颇有以偏概全的嫌疑。如秦始皇之“七科谪”被视为抑商的明证。事实上秦始皇这样做，主要是为了打击地方的贵族势力，一旦大商人离开原地后，还是可以正常从事商业活动的。从有关资料来看，中国古代的大部分王朝不仅容许正常的交换，而且采取过一些行之有效的措施对市场进行管理。如唐王朝在加强市场管理方面做了不少工作。据《唐六典》卷二十《太府寺》载，当时两京诸市及诸州要市令等官吏，掌百族交易之事。“建标立候，陈肆辨物”①。市场启闭有固定的时间：“凡市以日午，击鼓三百声而众以会，日入前七刻，南昌钲三百声而众以散”。商品按质论价，分为三等：“精为上贾，次为中贾，粗为下贾”。“凡与官交易及悬平赃物，并用中贾”。秤以格，斗以概，以二物平市。禁止各种伪滥物品及交易过程中的不正之风：“以伪滥之物交易者没官，短狭不中量者还主”。“凡买卖不和而榷固（榷谓专略其利，固谓鄣固其市），及更出开闭共限一价（谓卖物以贱为贵，买物以贵为贱），若参市而规自入者（谓在傍高下其价以相惑乱也），并禁之”。由此可见，其目的完全在于维护正常交易。加强市场管理的政策不仅施行于两京诸市，而且施行于州县要市。《中国古代籍帐研究·录文》中有一份天宝初年吐鲁番地区西州市的物价表，基本上反映了开元末年的情况。从该物价表来看，商品都是按照精、次、粗分为三个档次的，说明管理工作做得颇为细致。

此外，和市、和籴实为不等价的官民交易，也是历代奉行的公私两便而以民为主的“仁政”之一。如宋代史学家所说：

> 始自列国，李悝起平籴之法。至于汉世，寿昌建常平之制。裁之得宜，驭之有道。虽复天灾流行，水旱作沴，而谷有常价，民无饥色。其后追于群议，乃从中辍。永平之岁，遵用旧典，市籴益贱，廪庾充积，既而罢焉。晋氏之后，南北更主，或建置有初，或评论靡决。名称之际，

---

① （唐）李林甫等撰：《唐六典》卷20《太府寺》，陈仲夫点校，北京：中华书局，1992年标点本，第543页。

因革或殊；经制之方，损益小异。迄于隋室，复有义仓社仓之名。唐祚延久，条式咸著原其立法之意，诚以均节货币之高下，防虞稼穑之丰歉，调盈虚而御国用，谨聚散而济发命。管子所谓多则贱，寡则贵，其则轻，聚则重，真得治财之术哉！夫为邦者，不可以不务也。[①]

唐王朝对和市、和籴颇为重视，太府寺下设平准署、常平署为管理机构。“平准令，掌供官市易之事，丞为之贰。凡百司不任用之物，则以时出货。其设官物者，亦如之”；“常平令，掌平籴仓储之事，丞为之贰。凡岁丰稔，谷贱，人有余，则籴之；岁饥馑，谷贵，人不足，则粜之”。[②] 此外，租赋之外官方所需之物，所司依时价中贾购买。从而使和市、和籴的规模进一步扩大。这些政策的实行，也是有利于交换发展的。

四

研究中国经济史，还应当关注经济领域中的消费问题。消费是人们生存和恢复劳动力的条件，而劳动力的恢复，又是保证生产过程得以继续进行的前提。如果说生产是整个社会生产过程的起点，分配和交换是中间环节，那么消费就是它的终点。消费与生产者的消费政策密切相关。若统治者提倡高消费，奢侈无度，使广大劳动者无衣无食，则必然阻碍或延缓经济的发展。反之，若统治者采取比较开明的消费政策，对统治者的奢侈行为有所节制，保证生产者最起码的个人消费，社会再生产便可以继续进行。

翻开二十四史，我们可以看到许多记载统治者奢侈腐化的资料。其中有些腐败是由制度或政策因素导致的，对此，我们要有充分的认识。当然，我们也应当看到，历史上有不少王朝，从维护长治久安和国家安全的角度出发，也曾制定并实行过一些积极的消费政策，节用省费、赈济灾民和发展漕运就是其重要内容。

节用省费是历代明君贤臣所提倡的美德。汉文帝不作露台，惜“中人十

---

① （宋）王钦若等：《册府元龟》卷502《邦计部·常平》，北京：中华书局，1960年影印本，第6018页。

② （唐）李林甫等撰：《唐六典》卷20《太府寺·常平署》，陈仲夫点校，北京：中华书局，1992年标点本，第546页。

有之”[①]，史家讴歌，以为美谈。唐初统治者也都比较注意节俭。唐太宗更被封建史学家视为节俭的典范[②]。但自唐中宗复辟之后，统治者肆意挥霍，浸以成风，“卖官利己，鬻法循私”，使“台寺之内，朱紫盈满”，“冗员倍多”。吏治废弛，造成了“人不效力而官为匪人的局面”[③]。这样社会上便出现一种反常现象：一方面，冗食冗费有增无已；另一方面，“府库空虚，人力凋弊”[④]。针对这种情况，唐玄宗效法唐太宗，在开元之初即把调整政策放到十分重要的地位，努力推行“节用省费”的政策。史载，开元二年（714），唐玄宗在名相姚崇等人的帮助下，清除冗官“大革奸滥，十去其九”[⑤]，“悉罢员外、试、检校官”，并规定：“自今非有战功及别敕，毋得注似”[⑥]，以防止冗官泛滥。开元三年（715）至四年（716），决定缩减部分宗权的封户，改变封家租调的征收办法：诸国自始封至曾孙者，其封户三分减一；封户租赋，由政府统一征民，运至京师，然后分咐封家。“征未足闻，封家人世间得辄到出封州，亦不得因有举放。违者禁身闻奏”[⑦]。这对于解决冗食冗费所造成的经济危机显然是卓有成效的。此外，唐玄宗还发布过一些止奢侈的制敕。如开元二年（714）七月制：“乘舆服御，金银器玩，宜令有司销毁，以供军国之用。其珠玉、锦缎，焚于殿前。后妃以下，皆毋得服珠玉锦缎。”[⑧] 减冗官、汰僧尼、限制食封贵族会大大地节约国家开支，缓和阶级矛盾。至于焚珠玉、烧锦缎，以示不用，虽近乎愚陋，但对于推行节用省费的消费政策，也会有一些促进作用。

我国地处东亚大陆，受地质气候的影响，自古以多灾著称，水、旱、虫、霜等自然灾害时有发生。据有人统计，西汉自然灾害 289 次，魏晋南北朝更

---

① 《汉书》卷 4《文帝纪》，北京：中华书局，1997 年，第 43 页。

② （唐）吴兢撰：《贞观政要》卷 6《俭约》，上海：上海古籍出版社，1978 年，第 185—189 页。

③ （清）董诰等：《全唐文》卷 208《陈时政疏》，上海：上海古籍出版社，1990 年影印本，第 1253—1254 页。

④ 《旧唐书》卷 98《魏知古传》，北京：中华书局，1975 年标点本，第 3062 页。

⑤ （唐）杜佑：《通典》卷 19《职官一》，北京：中华书局，1988 年，第 473 页。

⑥ （宋）司马光：《资治通鉴》卷 211“开元二年五月己丑”条，北京：中华书局，1956 年标点本，第 6699 页。

⑦ （宋）王溥：《唐会要》卷 90《缘封杂记》，上海：上海古籍出版社，2006 年，第 341 页。

⑧ （宋）司马光：《资治通鉴》卷 211“开元二年七月戊戌”条，北京：中华书局，1956 年标点本，第 6702 页。

达 619 次[1]。开元时期，自然灾害也相当频繁，有时甚至相当严重。灾荒不仅影响生产，而且影响消费。为了使受灾者渡过难关，进而恢复生产，有些王朝把赈济灾民放到了消费政策的地位。历史上赈灾扶贫的事例很多，不胜枚举。除常令地方官据水旱实情减免百姓赋役外，每当发生较大的自然灾害，皆想方设法解决灾民的消费问题，赈灾济贫对于灾民渡过难关、恢复生产有积极意义，其作用是不可低估的。

漕运是我国古代解决集团消费的重要手段。"昔周官挈畚以令粮，楚师振廪而同食，自雍及绛，泛舟之役是兴，率钟致石，负海之输攸出。盖漕运之举旧矣，利害之论详矣。若乃京师，大众之所聚，万旅百官之仰给，邦畿之赋，岂足充用！逮于奉辞代叛，调兵乘鄣，或赢粮而景从，曷尝不漕引而致羡储，飞换而资宿饱。乃有穿渠凿河，乘便利之势，创法立制，极机巧之思。斯皆贤者见也"[2]。隋代漕运颇称发达[3]。唐"自武德、永徽以后，姜行本、薛大鼎诸使皆以漕运上言，然未能通济。其后，监察御史王师顺运晋绛之粟，于河渭之间增置渭桥仓"[4]，漕运之事渐起。开元年间，为了解决越来越庞大的京师消费，玄宗君臣采取了扩大漕运的政策。此后宋元明清诸朝，亦有发展漕运的举措。漕运在一定程度上解决了集团消费问题，对于城市的发展和交通的进步也有一定的积极意义。

笔者虽然关注中国经济史的方方面面，但由于各种原因，仅对中国经济史的个别问题进行过探讨。收入本书的文章侧重于农业经济，主要论述资源开发、社会生产与环境变迁问题。这些文章只是个人粗浅的看法，希望能够起到抛砖引玉的作用。

王双怀

2015 年 6 月 7 日识于觅道斋

---

① 李剑农:《先秦两汉经济史稿》，北京：生活·读书·新知三联书店，1957 年，第 162—164 页；邓云特:《中国救荒史》，北京：生活·读书·新知三联书店，1961 年，第 6—11 页。

② （宋）王钦若等:《册府元龟》卷 498《邦计部·漕运》，北京：中华书局，1960 年影印本，第 5959 页。

③ 《隋书》卷 24《食货志》，北京：中华书局，1997 年，第 178 页。

④ （宋）王溥:《唐会要》卷 87《转运盐铁总叙》，台北：商务印书馆，第 607 册，1986 年影印文渊阁四库全书本，第 299 页。

目录

第一编　资源开发

先秦时期西部水利建设的巨大成就

我国西部的水利事业肇兴于先秦时期。至迟在西周时，位于西部地区的关中平原上就出现了围绕井田的水利系统。到春秋战国之际，随着重农思想的普及，特别是随着铁器的出现和牛耕的推广，农业生产迅速发展。在这种形势下，大型的水利工程便应运而生，在西部水利史上写下了光辉的一页。

一、西部水利事业的渊源

从考古资料和文献记载来看，西部水利的兴起是与西部农业的发展息息相关的。西部农业起源于关中地区的渭河流域。这一地区气候温暖，土壤肥沃，植被茂密，水源丰富，具有得天独厚的自然条件。大约在一万年以前，这里的原始农业就已经发展成为主要的经济部门。相传炎帝神农氏在这里发明耒耜，黄帝轩辕氏在这里树艺五谷，后稷在这里教民稼穑。考古工作者曾在西安半坡的母系氏族公社遗址中发现了粮食和蔬菜的种子，说明这些传说具有真实的社会背景。

西部地区的农业在西周时期得到飞速发展，究其原因，一方面是由于统治者的重视，另一方面则与实行井田制有关。周族以农业而著称于世，自周文王以来，西周的统治者往往以重农为己任，每年春天都要举行“籍田”仪式，以督促农业生产。《诗经·周颂》生动地记载了周成王籍田的场面①。井

① 《诗经·周颂》：“噫嘻成王，既昭假尔，率时农夫，播厥百谷。骏发尔私，终三十里，亦服尔耕，十千维耦”。

田制是商周时期的一种土地制度。这种制度对水利问题有具体的规定，即在井田上必须修建沟洫。所谓沟洫，也就是井田上的排灌系统，由畎、遂、沟、洫、浍等大小渠道组成。积水渗入畎、遂，然后流入沟、洫，再从浍中排出大田。西周时期实行井田制的地方，主要是“宗周”王畿所在的关中西部以及“成周”所在的伊洛河平原。当时关中西部的周原一带是最主要的农业区，那里的水环境与现在迥然不同，不是干旱，而是沼泽众多、灌木丛生的“沮洳之地”。所以这里修建在井田上的沟洫主要是用来排水，有时也用于引水灌溉①。排水与灌溉方法不同，但目标一致，都是为了调节水土矛盾，以提高粮食产量。由于资料缺乏，我们现在已经无法弄清西周时期在西部地区开辟了多少井田，修建了多少沟洫，但起码可以肯定，当时在关中西部地区修建了不少沟洫。这些沟洫的存在，在一定程度上保证了西周农业的发展和国力的强盛。

西周灭亡后，历史进入春秋战国时期，秦人在西部地区的历史舞台上扮演了重要的角色。随着奴隶制度的瓦解，社会生产力相应得到解放。各国君主为了维护自己的统治，都在不同程度上进行了“变法”或“改革”。其中商鞅在秦国的变法最有影响。通过变法，秦国最终废除了奴隶制度，确立了新型的封建生产关系。封建土地所有制的特点是土地国有制和私有制并存；而私有土地由皇室土地、地主土地和自耕农土地三个部分组成。当时的地主大部分是由官僚、贵族、商人或富有的自耕农转化而来。而当时的农民，大部分是由在井田制下从事农业的庶人转化而来的。尽管他们都受到地主的剥削，但与奴隶制时代的奴隶相比，他们的人身束缚明显减轻，因而在生产劳动方面具有较高的积极性。当时的最高统治者对发展农业也表现出较高的热情，多次举行隆重的“籍田”、“亲蚕”仪式，经常对关心农事的官员予以表彰，对擅兴劳役、侵夺农时的官员查明申斥，采取颁发农书、推广农耕技术等手段，具体指导农业生产②。政府还制定优惠政策，鼓励农民大量垦荒，也在一定程度上调动了农民开发土地的积极性。同时，铁农具的使用和牛耕的推广，为垦荒提供了很大的方便，使更大面积的土地开发成为可能。史载秦孝公任商鞅，“诱三晋之人，利其田宅，复三代无知兵事……废井田，置阡陌，

---

① 张波：《西北农牧史》，西安：陕西科学技术出版社，1989年，第45页。

② 吕不韦的《吕氏春秋》列《上农》等四篇农学内容，向农民传授生产技术和生产经验。

任其所耕，不限多少”[1]。在这种情况下，大片的荒地被逐渐开垦出来，成为农田，为农业生产的发展提供了广阔的空间。

西部地区是秦人的发祥地。秦自穆公之后，不断向外开拓疆土，势力范围逐渐扩大到巴蜀等地。秦人继承了周人重农的传统，所到之处，以务农为先。因此，疆域和耕地面积的扩大就意味着农业区域的扩大。而农业区域扩大的一个直接后果是耕地类型的多样化。旱地的大量存在，使农业生产中水资源供需矛盾日益严重，对农田水利建设的发展提出了迫切要求，在客观上要求进行灌溉，以补偿农作物水分的不足。在这种背景下，以供应农作物水分需要为主要内容的农田水利灌溉事业得到迅速发展。当时建成的都江堰和郑国渠等大型水利工程，代表了我国先秦时期水利建设的最高成就。

二、都江堰与四川灌区的形成

都江堰是战国时期在成都平原修建的大型水利工程。成都平原位于四川省西北部，地势西高东低。长江由西向东经过川西高原的丘陵和群山，进入成都平原，与岷江、沱江、涪江、嘉陵江、渠江、乌江构成不对称的向心状水系。故成都平原水资源丰富，但农田容易受到洪水的侵害。春秋战国时期，成都平原水患严重，农作物常常因此失收。为了解决这个问题，蜀人曾在灌县城南开凿过一个人口渠道，将岷江的部分水流引入沱江，以减轻岷江泛滥所造成的损失。《华阳国志·蜀志》有“开明凿玉垒山，以除水害”的传说。《水经注》也说：“江水又东别为沱，开明之所凿也”。开明是战国时楚人，入蜀后因治水有功受到蜀王的重用，后又继承王位，号曰丛帝。经过开明时代的治理，岷江水利已有一定基础。秦昭王三十年（前277）前后，秦派李冰出任蜀守[2]。李冰是战国时期最杰出的水利专家之一，他到任后，对成都平原及其周围地区的环境进行了考察，认为岷江对平原有很大的影响。岷江穿行于川西平原，其源头在四川松潘县境内海拔4000多米的岷山南麓，流至宜宾汇入长江，全长700余千米。岷江流至灌县后，进入平坦的成都平原，江

① （唐）杜佑：《通典》卷一《食货典》，北京：中华书局，1988年。

② 关于李冰守蜀的时间，文献记载不一。童恩正曾对此作过考证。童恩正：《古代的巴蜀》，成都：四川人民出版社，1979年，第168页。

面宽阔，江水奔腾而下，水势凶猛。每当进入夏秋雨季，水量大增，极易泛滥成灾；然雨水不足又影响农业生产的发展，干旱成灾；因此岷江水流成为成都平原开发的关键所在。为彻底解决成都平原的水患，发展四川农业生产，李冰毅然主持修建了都江堰。

都江堰是中国西部最早修建的大型水利工程，由水利枢纽和灌区渠堰两部分组成。司马迁在《史记·河渠书》中说："蜀守冰凿离碓，辟沫水之害；穿二江成都之中。此渠皆可行舟，有余则用溉浸，百姓飨其利。"东汉应劭在《风俗通》中说："秦昭王使李冰为蜀守，开成都两江，灌田万顷。"晋人常璩在《华阳国志·蜀志》中说："冰乃壅江作堋；穿郫江、捡江，别支流，双过郡下，以行舟船……又溉灌三郡，开稻田……乃自湔堰上分穿羊摩江，灌江西。"北魏郦道元在《水经·江水注》中说："江水又历都安县，李冰作大堰于此。壅江作堋、堋有左右口，谓之湔堋。江水入郫江、捡江以行舟……俗谓之都安大堰，亦日湔堰，又谓之金堤。"从这些记载来看，都江堰是一个综合性的水利工程。它的主要功能是导引岷江之水，在分流泄洪的同时，起到灌溉农田的作用，并有效控制水旱灾害的发生。

都江堰的水利枢纽工程主要包括都江鱼嘴、飞沙堰、宝瓶口、百丈堤等水利设施。其中都江鱼嘴、飞沙堰和宝瓶口是都江堰的三大主体工程，其他建筑为附属设施。都江鱼嘴又叫分水鱼嘴，由装满卵石的竹笼堆砌而成，是建在岷江洲渚上的分水堰。它将岷江之水分为内、外二江：外江泄洪，内江溉田。飞沙堰位于内江右岸，长 240 米，上距鱼嘴 700 米，下离宝瓶口 200 米，是内江泄洪排沙工程。当内江流量过大时，即从飞沙堰溢出，倾入外江，保障内江灌区的安全；当水量较小时，则束水内江灌区，以收灌溉之利。此堰还有排沙功能，水流在内江右侧飞沙堰附近形成变道环流，激沙入堰，排进外江，从而避免了宝瓶口前的泥沙淤积，收到"正面取水，侧面排沙"的良好效果。宝瓶口宽 20 米，高 40 米，长 80 米，位于玉垒山和离堆之间，是内江灌区的咽喉，起着调控内江流量的作用。上述三大主体工程布局合理，相互为用，再加上人字堤、百丈堤、金刚堤等附属设施，构成规模宏大，功能齐全的水利枢纽工程。这个水利枢纽的优点不仅在于它坚固耐用，更重要的是它具有良好的分水功能。古代有"分四六"的说法，意即洪水时内外江水量之比为四比六，而在枯水时则引大部分水流入内江灌溉农田，过水量为六比四。为此，曾在江水中分别立三石人，以测量水位高低。《华阳国志·蜀志》记李冰“于玉为房下白沙邮作三石人，立三水中，与江神要：水竭不至足，盛不没肩”。1974 年 3 月，在分水鱼嘴附近发掘出一个东汉建宁元年（168 年）所立李冰石像，高 3.9 米，肩宽 0.96 米，上刻“故蜀郡李府君讳冰”，“造三神石人珍水万世”。1975 年又出土一个石人。东汉所立三神石人与李冰造三石人可能都具有同样作用①。

都江堰的排灌渠堰工程有主要干渠有 8 条，另有若干小型渠道，构成了一个扇形渠道灌溉网络。每条干渠引水渠口都采用鱼嘴分水，湃水坝溢流的构局。在内江下游有 3 大干渠仰天窝鱼嘴将内江分为走马河和蒲阳总河，太平鱼嘴又将蒲阳总河分为蒲阳河和柏条河。在外江则有沙沟河、黑石河、羊马河、江安河和杨柳河 5 条干渠。这 8 条干渠均为天然河道，其下灌溉支渠则多为人工开凿。渠道连绵伸延，纵横交错，既有灌溉功能，又起到防洪排水的作用，为成都平原灌溉农区的形成和发展奠定了基础。这样一个结构复杂、范围广大的灌溉网络，是历代人民不断增建、扩充后建成的。但可以肯定的是，在李冰那个时代，都江堰灌溉农区已有一定规模。《水经·江水注》载：李冰“开成都二江，溉田万顷”，使成都平原上出现了“沟洫脉散，疆里绮错，黍稷油油，粳稻莫莫”的壮丽景观。

战国末期，都江堰灌区已有相当规模。史载李冰“开成都二江，溉田万顷”，按秦汉 1 亩②合今 0.69 亩折算，万顷农田约为今 69 万亩。西汉景帝时（前 140 年前后），蜀守文翁又穿凿湔江口，沟通浦阳、清白两江，灌溉新繁一带农田 1700 顷，使都江堰灌区向东北方向大面积扩展。都江堰是我国古代水利史上的著名工程，整个工程设计巧妙、布局合理。这项工程的建成，奠定了成都平原灌区经济发展的基础，使整个地区的面貌发生了很大的改变③。此后成都平原的水利灌溉系统逐渐形成，并带来了显著的经济效益④。《华阳国志》载，及都江堰建成，灌溉三郡，开稻田，于是蜀沃野千里，号为陆海；

---

① 王文才：《东汉李冰石像与都江堰“水则”》，《文物》1974 年第 7 期，第 29—32 页。

② 1 亩≈666.7 平方米

③ 唐光沛：《都江堰的修建及其伟大成就》，《资料》1975 年第 4 期。

④ 据 20 世纪 80 年代在四川青川秦墓中发现的《为田律》记载，秦时都江堰灌区已经形成了“以万亿计”的沟渠灌溉网。详见李昭和：《青川出土木牍文字简考》，《文物》1982 年第 1 期，第 24—27 页。

旱则引水浸润，雨则杜塞水门。故《华阳国志》又曰：“水旱从人，不知饥馑，时无荒年，天下谓之天府也”①。这里说的三郡是指东晋时的蜀郡、广汉郡及犍为郡，秦时皆为蜀郡辖区。从上述记载可以清楚地看出，都江堰是大型的排灌工程。“旱则引水浸润”说明它是自流灌溉，能够补给农作物所需要的水分。“雨则杜塞水门”说明它具有排涝的功能，可以有效地防止江水泛涨引起的水灾。“水旱从人，不知饥馑，时无荒年”说明它具有重大的经济效益和社会效益。而“天下谓之天府”则说明四川后来被称为“天府之国”，与都江堰的兴修有直接的关系。

三、举世闻名的郑国渠灌溉工程

在都江堰修成不久，秦国又在关中地区修建了郑国渠。关中平原是秦国统治的核心区域。周平王东迁之后，秦人经过几代人的苦心经营，终于把关中地区建成为秦的政治、经济、文化中心。到战国末期，秦已在七雄中脱颖而出，大有吞灭六国之势。但当时秦国的经济还不够发达，综合国力还不够强大，急需发展生产。

关中平原位于黄土高原南缘，海拔 500 米左右，东西长约 300 千米，南北宽约 40—50 千米，面积 34 000 平方千米，是发展农业生产的理想地区。先秦时期关中渭河流域水源充沛，物产丰富，号称“陆海”、“天府”②。但渭北地区地势高亢，有大片的“泽卤之地”。受季风和地形的影响，关中平原的降水呈现出南多北少、西多东少的特点。其中秦岭北麓年降水达 1000 多毫米，而关中平原中部只有 500—600 毫米。一年之中，降水又多集中在 6—9 月，占全年降水总量的 60％左右；11 月至来年 2 月降水很少，还占不到 10％。渭河南岸及西部地区是相对径流高值区，农业水分条件好，而咸阳及渭南地区的大部分地区为相对径流低值区，干旱较为突出。同时，关中平原径流的年际变化与气候的年际变化规律对应，具有一定的周期性。由于平原

① （晋）常璩：《华阳国志》卷三《蜀志》，上海：上海书店，1989 年。

② 《战国策·秦策》载：苏秦曾对秦惠王说：“大王之国，西有巴蜀汉中之利，北有胡貉代马之用，南有巫山黔中之限，东有肴函之固。田肥美，民殷富，战车万乘，奋击百万，沃野千里，蓄积饶多，地势形便。此所谓天府，天下之雄国也。”

地表径流在空间和时间上的分布极不均匀，故只能通过人工调节才能使渭北等干旱区获得农业生产所必需的水分。战国末期，关中西部及渭河之南的大部分地区均已开发成良田，唯渭北地区农业条件较差。正当秦国考虑如何发展渭北农业时，韩国水工郑国来到秦国，提出了在渭北地区兴建大型水利工程的建议。秦王政采纳了郑国的建议，于公元前246年调动大量的人力、物力，命郑国主持修建渭北水利。郑国实际上是韩国派来搞破坏的间谍。当时，秦国势力日益强大，秦东进而一统六国的趋势已经形成。在强秦的威胁下，韩国国势日蹇，不得已而用疲秦之计，选派水工郑国入秦，劝说秦王大兴水利工程，旨在耗费秦国财力，拖延秦东进时日。工程进行中，秦国发觉了韩国的阴谋，欲杀郑国。郑国临危不惧，慷慨陈词："始臣为间，然渠成亦秦之利也。臣为韩延数岁之命，而为秦建万世之功"。秦王认为郑国言之有理，派他继续组织施工，经过十多年的艰苦劳动，在成千上万的劳动者的共同努力下，终于建成了我国古代最长的人工灌溉渠道。因这个水利工程是由郑国主持修建的，故历史上称之为郑国渠。

郑国渠是先秦时期规模最大的水利工程。《史记·河渠书》载：郑国率秦人"凿泾水自中山西邸瓠口为渠，并北山，东注洛，三百余里，欲以溉田……渠就，用注填阏之水，溉泽卤之地四万余顷，收皆亩一钟。于是关中为沃野，无凶年。秦以富强，卒并诸侯"。《水经·沮水注》对郑国渠的行经路线叙述较为具体："凿泾引水，谓之郑渠。渠首上承泾水于中山西瓠口……渠渎东经宜秋城北，又东经中山南……又东经舍车宫南……又东经截嶭山南，池阳县故城北……又东经北原下，浊水注焉……又东历原，经曲梁城北，又东经太上陵南原下，北屈经原，与沮水合……沮循郑渠，东经当道城南……又东经莲芍县故城北……又东经粟邑县故城北。其水又东北流，注于洛水也。"从这些记载来看，郑国渠西起泾水池阳瓠口（今陕西泾阳县）干渠东行，横穿冶峪水、清峪水，汇江纳浊峪水，再穿漆沮水（石川河），循沮水分支河道，经富平县南，东北注入洛水。利用渭北西高东低，北高南低的自然地势，开支渠进行自流灌溉。

郑国渠采用分水技术，以鱼嘴将部分泾水分水坝内，干旱时引水进行灌溉，不用灌溉的时候通过退水渠将坝内存水导入泾河，设计是相当科学的。郑国渠的干渠修建在泾河与洛河之间的渭北旱原上，沿途吸纳了冶峪、清峪、浊峪、石川诸水，规模极为宏大。干渠上有若干引水大支渠。大支渠上又有许多于灌溉的小支渠。从文献记载和实地考察的情况来看，郑国渠渠线布置合理，施工技术水平很高。据测算，当年郑国渠干渠平均坡降约为1.64%，在长达300里的渠道上，要保证水量畅通是工程成败的关键。郑国渠引泾水源水量较小，渠水泥沙含量高，在这种情况下，郑国渠建设时采用了川泽结合和利用客水的措施，把泾阳县西北的瓠口（即焦穫泽）作为蓄泄机构，先引泾水入焦穫泽，再从焦穫泽开渠开渠东流，调控水量，同时，利用流域内各种天然河道水流，对沮水浊水等水流多方汇聚，扩充水源，从而解决了长途供水输水问题。干渠选址于灌区地势较高的北山山麓，居高临下，有高屋建瓴之势，使大片农田处于郑国渠灌溉流域之内，最大限度地发挥了灌溉效能。有学者认为，实现最充分地汇集泾洛之间所有水源与最大限度地灌溉渭北平原这双重目标的有机结合，是郑国渠的真正创意。正如著名历史学家孙达人先生所说："如此巨大的水利工程顺当时以及此后很长很长的历史时期的中国和世界都是仅见的，堪称传统时代全部历史之一绝。"①

郑国渠的兴建，是关中水利史上的里程碑，也是西部水利史上的伟大创举。大史学家司马迁在评价郑国渠的作用和意义时说："渠成……关中为沃野，无凶年，秦以富强，卒并诸侯"②。班固也认为，郑国渠的建成使关中之地成为秦国的重要粮仓，"衣食京师，亿万之口"③，并促进了秦统一六国的历史进程："秦开郑国渠，以富国强兵"④，"汧陇以东，商雒以西，厥壤肥饶……此所谓天下陆海之地，秦之所以虏西戎，兼山东者也"。这些评价是比较切合实际的。因为郑国渠建成后，关中灌区由此定型，流域内大片农田成为亩产一钟的良田，渭北平原的"泽卤之地"变成了"千里沃野"。据《史记·河渠书》载，当时灌溉的农田面积达4万顷，以秦亩1亩合今0.288亩计算，灌区面积达115万亩。在当时的条件下，要完成这样大的灌溉任务是很不容易的。郑国渠的建设对关中农区经济的发展产生了巨大的促进作用，

① 孙达人：《郑国渠布线及其变迁考》，黄留珠、魏全瑞主编：《周秦汉唐文化研究》第1辑，西安：三秦出版社，2002年10月。

② 《史记》卷29《河渠书》，北京：中华书局，1959年标点本。

③ 《汉书》卷29《沟洫志》北京：中华书局，1962年标点本。

④ 《汉书》卷45《蒯伍江息夫传》，北京：中华书局，1962年标点本，第2182页。

作物产量大增，单产达到 6 石 4 斗（亩产 1 钟）[①]。不仅如此，郑国渠建成后，还改善了关中地区的农业生态环境。关中东部地区地势低洼，地下水位较高，土壤盐碱化问题比较突出，是所谓的“泽卤之地”。引泾灌溉，收到了洗土放淤、改良盐碱土的功效，这对优化关中生态环境是具有重要意义的。

原载（《社会科学战线》2009 年第 7 期）

① 《史记》卷 29《河渠书》；北京：中华书局，1959 年标点本。

南北朝时期的水利与农业

中国自古以农业立国，故农业在国民经济中处于重要的地位。农业生产的发展与水利建设的关系十分密切，故中国有重视水利建设的传统。早在先秦时代，中国就修建了都江堰、郑国渠等大型水利设施。秦汉时期，水利建设呈现出蓬勃发展的趋势。但到了魏晋南北朝时期，由于国家分裂，战乱频仍，水利建设和农业生产受到负面的影响。本文拟对南北朝时期的水利设施与农业生产加以考察，希望有助于大家认识这个问题。

一、南北朝政权对水资源的开发和利用

南北朝时期，中国处于分裂、对峙的状态，战争和动乱对社会经济有较大的影响，但无论是南朝政权还是北朝政权都非常重视农业生产。为了发展农业生产，南北朝时期的一些统治者主张发展水利，某些开明的地方官吏也热衷于从事水利建设。

（一）南朝的水利建设

南朝是在东晋王朝的基础上形成的，从 420 年开始到 589 年结束，经历了宋、齐、梁、陈四个朝代，历时 170 年。自永嘉之乱以来，北方人民大量南迁，给江南地区带来了财富、技术和劳动力。南朝政权为了发展农业生产，也采取了一些开发和利用水资源的措施。

刘宋政权在宋武帝、文帝和孝武帝当政时期，通过籍田、免税等多种途径劝课农桑，鼓励兴修水利。当时兴建的水利设施主要集中在首都建康东北的寿春、西北的襄阳和南方的三吴一带。寿春地区的水利建设主要是修复芍

陂。史载宋武帝、宋文帝当政时都曾对该陂进行过维修。襄阳地区主要是兴修六门堰。“襄阳有六门堰，良田数千顷，堰久决坏，公私废业”。宋少帝景平二年（424），刘秀之出任襄阳令，对该堰进行了修复，“雍部由是大丰”①。至于三吴地区则主要是防御水患、围湖垦田。元嘉十三年（436），江南大水，“余杭高堤崩溃，洪流迅激”，钱塘令刘真道、余杭令刘道锡“躬先吏民，亲执板筑，塘既还立，县邑获全”② 其后，又起湖熟废田千顷。

南齐在高帝萧道成、武帝萧赜及郁林王当政时期，多次要求地方官“严课农桑，相土揆时”，“务滋耕殖，相亩辟畴，广开地利”③。史载，南齐政权比较注重江浙一带的水利建设。如会稽太守王敬则令“士庶皆保塘役”，以加强对农田的灌溉。当时在湖南、皖北也曾兴建过一些水利设施。如齐高帝时，齐郡太守刘怀慰“垦废田二百顷，决沈湖灌溉”④。此外，南齐政府还曾派垣崇祖“修治芍陂田”。但在齐武帝之后，因政局不稳，骨肉相残，水利事业随即衰落。

梁朝的水利经营，主要集中在梁武帝一朝。梁武帝在位48年，比较注重漕运及灌溉事业，在江淮之间及孙吴故地兴建一系列水利工程。如梁武帝天监九年（510），新作缘准塘。天监十三年（514），作浮山堰。又遣太子右卫率康绚督众军作荆山堰。普通六年（525），筑宿预堰、曹公堰。大通二年（528），筑寒山堰。大通六年（532），夏侯夔率师筑苍陵堰⑤。但侯景之乱发生后，江南一带沦为战场，这些水利设施都在不同程度上遭到破坏。

陈是南朝时期的最后一个王朝，疆域面积很小。陈文帝时曾修复破冈渎等水利工程。其后虽修过一些具有军事用途的水利工程，但数量较少，规模也不是很大。至后主陈叔宝时，生活荒淫，“征取百端”，不复顾及农田水利建设和农业生产。

（二）北朝的水利建设

北朝包括北魏、东魏、西魏、北齐、北周、隋等朝代，自398年北魏建

---

① 《南史》卷15《刘穆之传附刘秀之传》，北京：中华书局，1975年标点本，第431页。

② 《宋书》卷47《刘怀肃传附刘怀敬传》，北京：中华书局，1974年标点本，第1405页。

③ 《南齐书》卷3《武帝纪》，北京：中华书局，1972年标点本，第50页；《南齐书》卷4《郁林王纪》，北京：中华书局，1972年标点本，第71页。

④ 《南齐书》卷53《刘怀慰传》，北京：中华书局，1972年标点本，第918页。

⑤ 《南史》卷55《夏侯详传夏侯夔传》，北京：中华书局，1975年标点本，第1361页。

立算起，至隋统一全国，历时 191 年，若自 439 年北魏统一算起，则只有 150 年时间。在这 100 多年间，北方地区的社会状况虽然较为复杂，但多数统治者还是比较重视农业生产的。从有关资料来看，这一时期北方各地的水利和农业仍在一定程度上有所发展。

北魏系由鲜卑族拓跋部建立的政权，前期承五胡十六国之后，重畜牧而轻农业。至太武帝拓跋焘统一北方后，分徙吏民，各给耕牛，计口授田。太平真君五年（444），刁雍在宁夏平原修复古代的艾山渠，溉田四万余顷，这是北魏前期规模最大的水利工程。孝文帝元宏在位期间，对北魏的政治、经济和文化进行了一系列改革，实行汉化政策，创立均田制度，设置都水使者，具体负责水资源的开发问题。太和元年（477），孝文帝下诏要求地方官“宜简徭役，先之劝奖，相其水陆，务尽地利”①。太和十二年（488），孝文帝又诏“六镇、云中、河西及关内六郡，各修水田，通渠溉灌”②。次年，又诏“诸州镇有水田之处，各通溉灌”，并遣工匠到各地进行技术指导。在他们的倡导下，地方官员对水利建设表现出较高的热情，在黄河中下游南北各地及西北地区普遍兴修水利。如太和三年（479），沈文秀在怀州大兴水田。太和四年（480），徐州刺史薛虎子率守军屯田，兴修水利。由是“公私丰赡”③、“国家殷富”④。其后修建水利工程的活动仍在断续地进行。如孝明帝时，幽州刺史裴延儁曾在范阳、渔阳等地修复督亢渠及戾陵诸堰。《魏书》载：“范阳郡有旧督亢渠，径五十里；渔阳燕郡有故戾陵诸堰，广袤三十里。皆废毁多时，莫能修复。时水旱不调，民多饥馁，延儁谓疏通旧迹，势必可成，有表请营造。遂躬自履行，相度水形，随力分督，未几而就，溉田百余万亩。”⑤ 出帝时，南荆州刺史李愍“于州内开立陂渠，溉稻千余顷，公私赖之”⑥。但北魏末年发生“六镇起义”及“河阴之变”，水利事业受到很大的影响。

---

① 《魏书》卷 7《高祖纪》，北京：中华书局，1974 年标点本，第 143 页。

② 《北史》卷 3《北魏孝文帝纪》，北京：中华书局，1974 年标点本，第 103 页。

③ 《魏书》卷 110《食货志》，北京：中华书局，1974 年标点本，第 2857 页。

④ （北魏）杨衒之：《洛阳伽蓝记》卷 4；台北：商务印书馆，第 587 册，1986 年影印文渊阁四库全书本。

⑤ 《魏书》卷 69《裴延儁传》，北京：中华书局，1974 年标点书，第 1529 页。

⑥ 《北齐书》卷 22《李元忠传附李愍传》，北京：中华书局，1972 年标点本，第 318 页。

东魏、北齐据有河东及河北等重要农业区，但因战乱频繁，社会经济发展相对缓慢。在东魏孝静帝在位的十余年间，曾与西魏之间发生过几次大的战役，社会动荡不安。北齐文宣帝即位后，情况才有所改善。北齐继续设置都水便者等官职，并在国都邺城附近修建了漳滨堰，在河北修建了规模较小的戾陵堰和车相渠。但北齐后期政治混乱，水利失修、农村残破的现象较为普遍。

西魏、北周的情况相对较好。宇文泰在西魏主政期间，曾要求尽地之利。特别是北周武帝宇文邕将农桑提到较高的地位。因此，西魏、北周时期水利建设较有起色，不仅维护了关中郑白渠灌区的水利设施，而且兴修了富平堰等水利工程。据《北史》记载，西魏大统十三年（547）正月，“开白渠以溉田”[①]。大统十六年（550），大将军贺兰祥在渭北修筑了著名的富平堰，时“周文以泾渭溉灌之处，渠堰废毁，乃令祥修造富平堰，开渠引水，东注于洛”[②]。北周时，亦曾致力于关中地区的水利建设。《周书·武帝纪》载，保定二年（562），“初于蒲州开河渠，同州开龙首渠，以广灌溉”[③]。此外，于仲文还曾决渭水，开漕渠以通漕运[④]。隋朝在此基础上继续发展北方的水利事业。隋文帝开皇初，寿州总管长史赵轨再度对芍陂进行了修复。蒲州刺史杨尚希“在州甚有惠政，复引瀵水，立堤防，开稻田数千顷，人赖其利”。[⑤]

（三）南北朝水利建设的时空特征

从南北朝时代水利建设的发展历程来看，由于当时南北各地经济文化发展不平衡，南北朝的水利建设具有明显的时代特征和区域特征。

南北朝时代水利建设的发展是与当时的社会状况息息相关的。据统计，南北朝时期修建的比较重要且有确切纪年的水利工程，属于5世纪前期的有2项，中期2项，晚期1项，属于6世纪前期的有8项，中期5项。数据表明，南北朝时期的水利工程主要修建于5世纪三四十年代及6世纪的前期和中期。这两个时段是南北朝水利较发达的时期。至于5世纪50年代至6世纪的前10年，很少修建水利工程。可以说，这两个时段是南北朝水利建设的衰

① 《北史》卷5《西魏文帝纪》，北京：中华书局，1974年标点本，第180页。
② 《北史》卷61《贺兰祥传》，北京：中华书局，1974年标点本，第2180页。
③ 《北史》卷10《周武帝纪》，北京：中华书局，1974年标点本，第348页。
④ 《北史》卷23《于栗磾传附于仲文传》，北京：中华书局，1974年标点本，第854页。
⑤ 《北史》卷75《杨尚希传》，北京：中华书局，1974年标点本，第2580页。

落期。

由于各个政权对水利建设的重视程度不同，加之各地的自然条件和历史文化存在一定的差异，因而南北朝时代水利工程的分布也是不平衡的。通过比较，我们发现北朝的水利建设比南朝的水利建设要发达一些。在南北朝时期诸政权中，刘宋、北魏、萧梁、北周和隋王朝辖区的水利设施相对较多，南齐和陈在水利建设方面很少有所作为。具体来说，南北朝时代水利事业较为发达的地区有关中平原、宁夏平原、河套附近地区、华北平原、三吴地区、荆襄地区、晋南盆地、皖北地区。其他地区水利设施的分布则相对较为稀疏。

二、南北朝时代水利设施的主要类型

南北朝时期的水利设施包括修旧工程和创新工程。修旧工程是指修复、利用前代水利设施的工程。如南北朝诸政权曾多次对古老的芍陂、都江堰、灵渠、郑白渠等水利工程进行过维修和扩建。此类工程在南北朝时期的水利工程中占有较大比重。创新工程则是指南北朝时期新修的水利工程。如北魏孝文帝太和三年（479）沈文秀“大兴水田”，梁武帝天监九年（510）“新作缘淮塘”等，此类工程在南方和北方都曾出现，唯其数量相对较少。从性质和用途来看，南北朝时期的水利设施可以划分为堤堰、陂塘、水渠等不同类型。

（一）堤堰

堤有土堤和石堤之分，是沿河、渠、湖边缘或围垦区边缘修建的挡水建筑。堰又称“埭”、“坝”，有滚水堰和分水坝之别，是拦截河流、抬高水位、调节水量的建筑。“堤”、“堰”关系密切，往往相辅相成。在南北朝时期所修建的水利设施中，堤堰数量较多，规模较大，是比较重要的水利工程。其中工程量最大的堤堰当数梁武帝天监年间在钟离之南修筑的淮水堰。《梁书·康绚传》载：北魏降人王足陈计，求堰淮以灌寿阳。梁武帝

> 发徐、扬人，率二十户取五丁以筑之。假（康）绚节、都督淮上诸军事，并护堰作，役人及战士，有众二十万。于钟离南起浮山，北抵巉石，依岸以筑土，合脊于中流。（天监）十四年，堰将合，淮水漂疾，辄

复决溃，众患之。或谓江、淮多有蛟，能乘风雨决坏崖岸，其性恶铁。因是引东西二冶铁器，大则釜鬲，小则鋘锄，数千万斤，沈于堰所，犹不能合。乃伐树为井干，填以巨石，加土其上。缘淮百里内，冈陵木石，无巨细必尽……十五年四月，堰乃成。其长九里，下阔一百四十丈，上广四十五丈，高二十丈，深十九丈五尺。夹之以堤，并树杞柳，军人安堵，列居其上。其水清洁，俯视居人坟墓，了然皆在其下①。

惜此巨堰仅作军事用途，与农业生产并无关联。

（二）陂塘

陂塘、池沼、井泉均为蓄水设施，但大小形制有所不同。陂塘规模相对较大，且多用来进行灌溉。南北朝时期最著名的陂塘依然是芍陂。芍陂位于安徽省寿县南部，是楚庄王十六年（前 598）创建的大型灌溉工程，其溉田面积达到万顷以上。《水经注·淝水注》对此陂的修建始末和工程规模均有详细记载。在南北朝时期，芍陂曾几度破坏、几度修复。最先修复芍陂的是刘宋政权。《宋书》记载：宋武帝将伐魏，“先遣（毛）修之复芍陂，起田数千顷”②。宋文帝即位时，芍陂“堤堨久坏，秋夏常苦旱”。刘义欣“遣咨议参军殷肃循行修理”，引淠水入陂，最终解除了旱情。③ 及北朝据有淮海，亦有维修芍陂之举。《北史》载：“芍陂旧有五斗堰，芜秽不通。轨劝课吏人，更开卅六斗，灌田五千余顷，人赖其利”。④ 由于历代不断对芍陂进行维修，故此陂在南北朝时期常能发挥灌溉农田的作用。

（三）渠道

渠道是引水、排水设施。渠有总渠、干渠、支渠、毛渠之分，是最常见的水利设施，南北朝时期也不例外。史书对南北朝排灌渠道多有记载。其中《魏书》载刁雍所议引黄灌溉事颇详。北魏太武帝太平真君五年（444），刁雍出任薄骨律镇将，表请修复古渠，引黄河水溉田。略云：“欲育民丰国，事须大田。此土乏雨，正以引河为用。观旧渠堰，乃是上古所制，非近代也。富

① 《梁书》卷 18《康绚传》，北京：中华书局，1973 年标点本，第 291—292 页。

② 《宋书》卷 48《毛修之传》，北京：中华书局，1974 年标点本，第 1429 页。

③ 《宋书》卷 51《宗室·长沙景王道怜传附刘义欣传》，北京：中华书局，1974 年标点本，第 1465 页。

④ 《北史》卷 70《赵肃传附赵轨传》，北京：中华书局，1974 年标点本，第 2418 页。

平西南三十里有艾山，南北二十六里，东西四十五里，凿以通河，似禹旧迹。其岸作溉田大渠，广十余步，山南引水入此渠中……今日此渠高于河水二丈三尺，又河水浸射，往往崩颓。渠溉高悬，水不得上。”他请求在河西高渠之北八里、分河之下五里，“平地凿渠，广十五步，深五尺，筑其两岸，令高一丈，北行四十里，还入古渠，即循高渠而北，复八十里，合百二十里，大有良田。计用四千人，四十日功，渠得成讫”①。在征得太武帝同意后，他率领军民，完成了修凿渠道的艰巨工程。

（四）提水设备

南北朝时期，对于地表水一般是筑堰开渠进行自流灌溉，若遇地势较高、无法自流灌溉之处，则用筒车、翻车、刮车等水力机具提水灌溉。对于地下水，则是在田中凿井开渠，用桔槔、辘轳等机具提水灌溉。这些灌溉模式和溉田机具均为前代所发明，南北朝时期只不过是传承和利用而已。

三、对南北朝水利建设发展水平的评估

（一）南北朝水利的发展水平

南北朝时期的水利建设虽然有一定程度的发展，但如果将它放入中国水利史的历史长河中加以考察，就可以清楚地看出，它的发展程度前不如秦汉，后不如隋唐，处于一个相对较低的水平。

众所周知，中国在春秋战国时期曾修建过几个举世闻名的大型水利工程。如都江堰、郑国渠、漳水十二渠等。秦汉时期，又在全国范围内掀起了一个兴修水利的热潮。汉武帝统治时期也曾掀起兴修水利的热潮，“用事者争言水利，朔方、西河、河西、酒泉，皆引河及川谷以溉田，而关中辅渠灵轵引堵水，汝南、九江引淮，东海引巨定，太山下引汶水，皆穿渠为溉田，各万余顷，佗小渠，披山通道者，不可胜言”②。当时，在地势高亢、降水较少的黄土高原地区，主要是利用地表水修建灌溉渠系；在湖泊、沼泽和天然陂池较多的江淮地区，农田水利主要是修堤作堰，建设陂塘，开设闸门，引水灌溉；在水资源丰富的西南水乡，主要是治理陂塘，疏浚水道，排除积水，改造土

① 《魏书》卷38《刁雍传》，北京：中华书局，1974年标点本，第867—868页。
② 《史记》卷29《河渠书》，北京：中华书局，1959年标点本，第1414页。

壤；在今新疆一带，还采用特殊的水利工程“坎儿井”引水灌溉。通过在疏河、塞决、凿井、蓄陂、筑堤等方面的不断开拓，进一步密切了水利与农业的关系。所修水利工程的数量之多，规模之大，效果之显著，都为前代所罕见，也为其后的许多朝代所不及。当时西部地区的水利建设投入最多，收效也最为明显。关中地区修建的漕渠、龙首渠、六辅渠、白渠、灵轵渠、成国渠、樊惠渠名闻遐迩，河套地区、河西地区一些水利工程也颇为有名。中小型水利工程的大量出现，大大增加了水利设施的密度，扩大了灌溉面积，在关中平原、成都平原、银川平原、河西走廊等重要的农业地区逐步形成了水利灌溉网。

隋唐时期国家统一，经济发展，社会安定，各级政府都比较重视水利建设，从而再度为水利事业的发展创造了有利条件。据《旧唐书》、《新唐书》、《元和郡县图志》、《通典》、《唐会要》、《册府元龟》等文献统计，唐代共修建了 350 余项较大的水利工程①，其中有确切年代可考的 310 项。在这 310 项水利工程中，高祖朝修 10 项，太宗朝 30 项，高宗朝 47 项，则天朝 22 项，中宗朝 6 项，睿宗朝 2 项，玄宗朝 63 项，肃宗朝 2 项，代宗朝 12 项，德宗朝 34 项，宪宗朝 19 项，穆宗朝 14 项，敬宗朝 9 项，文宗朝 24 项，武宗朝 3 项，宣宗朝 2 项，懿宗朝 11 项，其余诸朝未见记载。唐代修建的这些水利工程虽然遍布全国各地，有些工程的规模相当大，在一些灌溉条件较好的地方，已经形成了完整的灌溉网络。唐代关中水利发展很快，引泾的郑白渠灌溉系统日臻完备。这一时期泾河水系灌溉以白渠为主，有郑白、三辅、三白渠等不同名称。有唐一代，曾多次对郑白渠进行过修复或扩建。如唐高祖武德二年（619）曾引白渠灌溉华州下邽县东南 20 里的金氏陂，在那里设置屯田②。永徽六年（655），有富商大贾在郑白渠上造碾硙，致使郑白渠“堰遏费水，

---

① 关于唐代水利工程的数量，目前学术界有八种说法：即冀朝鼎的 254 项说（《中国历史上的基本经济区与水利事业的发展》，北京：中国社会科学出版社，1981 年，第 1 页）、邹逸麟的 264 项说（《从唐代水利建设看与当时社会经济有关的两个问题》，《历史教学》1959 年第 12 期）、韩国盘的 269 项说（《隋唐五代史纲》，北京：人民出版社，1979 年，第 155 页）、宋锡民的 275 项说（《唐代的水利建设》，《山东大学文科论文集刊》，济南：山东大学文史哲研究所，1981）、钮海燕的 314 项说（《唐代水利发展的因素及影响》，《历史地理》第 10 辑）、《中国史稿》的 200 余项说（北京：人民出版社，1982 年，第四册，第 220 页）和《中国农学史》的 1172 项说（下册，北京：科学出版社，1984 年）。笔者据《旧唐书》、《新唐书》、《唐会要》、《通典》、《册府元龟》等文献粗略统计，其总数在 350 项以上。

② 《新唐书》卷 37《地理志》，北京：中华书局 1975 年标点本，第 964 页。

渠流梗涩，止溉一万许顷。”唐高宗接受雍州长史长孙祥和太尉长孙无忌的建议，下令将碾硙全部拆毁[①]。唐玄宗开元九年（721），又出现了“王公之家，缘渠立硙，以害水功”的情况。京兆少尹李元纮曾“疏决三辅渠”，分灌渠下田，使“百姓大获其利”[②]。开元二十五年（737），唐玄宗又令“泾渭白渠及诸大渠，用水灌溉之处，皆安斗门”[③]，从而使关中地区的水利事业持续向前发展。又如，唐代为了开发四川盆地的水资源，曾在当地修建过许多水利工程。这些工程大致可以分为三种情况：一是扩建都江堰灌区，增加益州和鼓州的溉田面积。二是在成都平原北部和涪江冲积平原上兴建水渠，以灌溉绵州和汉州境内的农田。三是在成都平原南面的岷江冲平原上兴建堤堰，以灌溉眉州境内的农田。史载太宗贞观元年（627），高士廉在益州大规模扩建都江堰，“于故渠外别更疏决”，使蜀中“大获其利”。[④] 同年，神泉县北 20 里建成折脚堰，“引水溉田”[⑤]。磐石县北 70 里有一个周回 60 里的百枝池，水源丰富，贞观六年（632），薛万彻决池引水东流。高宗永徽五年（654），白大信在罗江县北 5 里筑茫江堰，引射水溉田并供县城使用。龙朔三年（663），刘凤仪在阴平县西北 2 里开利人渠，引马阁水入县溉田。大体与此同时，导江县也修建了侍郎堰和百文堰等水利工程，引江水灌溉彭益等处田地。武则天当政时期，刘易从决县的浥江，凿渠引水，灌溉九陇、唐昌等处田地。唐玄宗开元年间，剑南道采访使章仇兼琼在彭山县筑通济大堰及十条小堰，自新津中江口引渠南下 120 里，溉田 1600 余顷。在温江县因蜀王故渠开新源水，以漕西山竹木。又在新津县西南二里筑远济堰，“分四筒穿渠，引水溉眉州通义、彭山之田”。此外，还在成都北 18 里筑堤成万岁池，积水溉田。唐德宗时，龙安县人在县东南 23 里修云门堰，决茶川水溉田。雒县人也筑堤堰溉田四百余顷。这些工程均见于《新唐书·地理志》或《元和郡县志》。可见唐代四川地区的水利事业亦有发展。

反观南北朝时期的水利建设，无论是政府对水利的重视程度，还是水利

---

① （唐）杜佑：《通典》卷 2《食货·水利田》，北京：中华书局，1988 年，第 39 页。

② 《旧唐书》卷 98《李元纮传》，北京：中华书局，1975 年标点本，第 3073—3074 页。

③ 《水部式》残卷，见（日）冈野诚：《敦煌发现唐水部式の书式について》，《东洋史研究》1987 年第 2 号。

④ 《旧唐书》卷 65《高士廉传》，北京：中华书局，1975 年标点本，第 2442 页。

⑤ 《新唐书》卷 42《地理志》，北京：中华书局，1975 年标点本，第 1089 页。

工程的数量、规模都不能与汉、唐时期相比。至于南北朝时期的灌溉技术，基本上也是停留在前代的水平上，并没有取得明显的进步。当然，南北朝时期毕竟对前代留下的一些水利设施有所维修和利用，还兴建了一些新的水利工程。复旧、扩建工程的存在，说明当时的水利建设是在前代的基础上发展的，吸收了前代水利建设的成果。而创新工程的大量出现，则说明当时的水利建设也有新的成果。因此，我们一方面要肯定南北朝时期在水利建设方面所取得的成就；但另一方面，对南北朝时代水利建设的成就又不能估计过高。

（二）南北朝水利的历史作用

在南北朝时期所修建的水利工程中，以航运为目的的水利工程只占少数。换句话说，南北朝时期修建的大部分水利工程都是排灌工程，也就是农田水利工程。这种情况是与当时农业的发展相适应的。事实上，水资源的开发和水利事业的进步，直接促进了南北朝农业的发展，为隋唐王朝的统一奠定了物质基础。

首先，扩大了水田面积，提高了粮食产量。如前所述，南北朝时期修建的水利工程大部分都是灌溉工程。这些工程都有一定的灌溉能力，多则数千顷，少则数百顷。不言而喻，这些工程的出现会扩大水田的面积。水田面积的扩大也就意味着粮食产量的提高。如刘宋元嘉五年（428），张邵在襄阳“修立堤堰，开田数千顷，郡人赖之富赡”①。梁武帝中大通六年（534），夏侯夔筑苍陵堰，“灌田千余顷，岁收百余万石，以充储备，兼赡贫人，境内赖之”。西魏大统十六年（550），贺兰祥“造富平堰，开渠引水，东注于洛，功用既毕，民获其利”②。像这样的记载在南北朝时期的文献中还有很多。显然，水利的兴修在一定程度上促进了农业的发展。正因为灌溉给国家给百姓带来了好处，所以史书在记载当时的水利工程时，才会有“公私俱获其利”，“百姓大获其利”，“百姓赖之”等说法。毋庸置疑，水利灌溉系统，促进了农业的繁荣。

其次，改造了部分土地，减少了水灾所造成的损失。南北朝时期曾多次发生自然灾害，水旱灾害尤为严重，常常给社会经济造成重大损失。灌溉工程的修建，在一定程度上减轻了旱灾，而排水工程则具有防洪排涝的功能，

① 《宋书》卷46《张邵传》，北京：中华书局，1974年标点本，第1395页。
② 《周书》卷61《贺兰祥传》，北京：中华书局，1971年标点本，第2180页。

有效地防止了洪水的侵袭或排除了农田中多余的水分，保障了农田的安全，使许多长期遭受水灾的地方“无复水患”，成为稳产高产的“腴田”。此外，排灌工程还可以御咸蓄淡，使土壤得到改善。如果说灌溉工程提高了粮食产量，是农业发展的一大支柱，那么排水工程减轻了灾害，对农业经济的发展同样具有重要的意义。

最后，促进了航运，加强了各地区的相互联系。水路交通是西部交通的重要组成部分。南北朝时期修建的航运工程在一定程度上完善了水运设施，弥补了当时水上交通的缺陷，保障了水道的畅通，扩大了水运的范围，促进了漕运的发展和经济文化的交流，对社会经济的发展也起到了积极的作用。

原载（《韩中日古代水利设施比较研究》，韩国启明大学出版部 2007 年版）

唐代水利建设的成就

我国已故著名经济学家傅筑夫先生曾撰文认为："唐王朝不重视农田水利，不为人民'通沟渎，畜陂池'以达到五谷丰登，人给家足。"因此，它是一个"基础薄弱，内容至虚，名不副实的强国"。[①] 唐王朝果真不重视水利建设吗？唐代水利建设的情况究竟如何？这些问题都是值得认真探讨的。我认为傅先生的观点难以成立，因为唐代的水利事业还是很有发展的。本文拟采用宏观和微观相结合的方法，对唐代的水利建设进行系统地研究，具体从三个方面论述唐代水利建设的成就。

一、唐王朝是否重视水利建设

唐王朝素来被认为是中国封建社会的盛世。作为一个农业国家，唐王朝的强盛自然离不开农业的建设与发展。这其中的中心问题就是水利事业的建设与发展。那么，唐王朝是否重视水利建设呢？我们的回答是肯定的。

其一，唐王朝设置了专门管理农田水利的机构。在中央，尚书工部即具有管理农田水利的职能。工部侍郎"掌天下百工、屯田、山泽之政令"[②]。其下所设水部，更是专门管理水利的机构。水部郎中、员外郎"掌天下川渎、

---

① 傅筑夫：《由唐王朝之忽视农田水利评唐王朝的历史地位》，史念海主编：《唐史论丛》第二辑，西安：陕西人民出版社，1987年，第45、48、52页。

② （唐）李林甫等撰：《唐六典》卷7《尚书工部》，陈仲夫点校，北京：中华书局，1992年标点本，第215页。

陂池之政令，以导达沟洫，堰决河渠。凡舟楫、灌溉之利，咸总而举之”①。此外，还特意设置了都水监，有都水使者，“掌川泽、津梁之政令，总舟楫、河渠二署之官属”②。在地方，刺史县令兼领水利之事③。凡重要河渠，皆没渠长、堰头，专当官以理其事。有时候还特设“水运使”、“沟渠堤堰使”以加强对农田水利的管理。④

其二，唐王朝对大唐帝国境内的水资源进行过详细调查。《开元十道图》对各道的水系就有记载⑤。该图略言：关内道之大川，有泾、渭、灞、浐；河南道有瀍、洛、汝、颍、沂、泗之水，淮、济之渎；河东道有汾、晋及丹、沁之水；河北道有漳、淇、呼、池之水；山南道有巴、汉、沮、淯之水；陇右道有洮水、弱水、羌水，河渎及休屠之泽在焉；淮南道有滁、肥之水，巢湖在焉；江南有道有浙江、湘、赣、沅、澧之水，洞庭、彭蠡、太湖之泽；江南道有涪、雒及西汉之水，江渎在焉；岭南道有桂林、郁水。由此可见，当时对各大川的方位等都已有所了解。《唐六典》卷七更云：“凡天下泉三亿三万三千五百五十有九，其在遐荒绝域，殆不可得知矣。”其江河自西极达于东溟，中国之大川者也。其余百三十五水，是为中川者也。其千二百五十有二水，斯为小川者也。若渭、洛、汾、济漳、淇、汉，皆亘达方城，通济舳舻，徙之无利于生人者矣。“其余陂泽，鱼鳖、莞稻之利，盖有不可得而备云”。很显然，唐王朝对全国的水资源曾进行普查。否则，不可能讲得这样具体。普查水资源，无疑是要对它加以利用。

其三，唐王朝非常重视水政建设。在唐代，尤其是盛唐前期，以唐玄宗为首的统治者十分重视水利建设，曾经制定并实行过一套切实可行的水利政策。

一方面，健全水利管理体系，从组织上加强对水利事业的领导，在中央设置了水部和都水监，在地方上也设置了配套的机构，从而形成了水利管理的体系。水部隶属于尚书省的工部，有水部郎中、员外郎及主事等官。水部

---

① （唐）李林甫撰：《唐六典》卷7《尚书工部》，陈仲夫点校，北京：中华书局，1992年标点本，第225页。

② （唐）李林甫撰：《唐六典》卷23《都水监》，陈仲夫点校，北京：中华书局，1992年标点本，第599页。

③ 《新唐书》卷46《百官志一》，北京：中华书局，1975年标点本，第1202页。

④ （宋）司马光：《资治通鉴》卷213“唐玄宗开元十六年正月丙寅”条，北京：中华书局，1956年标点本，第6782页。

⑤ （宋）郑樵：《通志》卷40《地理一》，北京：中华书局，1987年，第549—551页。

郎中员外郎之职，“掌天下川渎、陂池之政令，以导达沟洫，堰决河渠。凡舟辑、灌溉之利，咸总而举之”①，主持渠梁、堤堰、沟、渔捕、漕运、碾硙等方面的大政，负责全国农田水利、道路交通及其相关事宜。都水监是尚书省外专门管理水利的机构，有使者、丞等专职官员。都水使者“掌川泽、津梁之政令”，总舟楫、河渠、诸津三署官属；舟楫令“掌公私舟船及运漕之事”；河渠令“掌供川泽鱼醢之事”；诸津令“掌其津济渡舟梁之事”。② 可见其职责也是相当明确的。水部与都水监同为水利管理部门，但二者的性质是不同的。水部是主管“水流立法及水流行政”的政务部门，都水监则是“监督巡视水流行政”的事务部门，两者相辅相成，共同构成国家管理水利事业的核心。地方上刺史、县令均有兼领水利之事的使命，“诸州堰堤，刺史县令时检行而莅其决筑”③。凡是重要的河渠，均设渠长、堰头、专当官以理其事，“每渠及斗门置长各一人，至溉田时，乃令节其水之多少，均其灌溉焉。每岁，府县差官一人以督察之；岁终，录其功以为考课”④。有时还特设“水运使”、“沟渠堤堰使”以督察或主持各地的水利建设。⑤

另一方面，颁布《水部式》，以法律的形式对水利建设做出具体的规定。我国在隋唐以前没有水法。开元二十五年（737），唐玄宗颁布了《水部式》。《水部式》是“我国第一部水利法典，是唐代水利管理的一项重要创造”。⑥ 这部法典虽在唐朝以后失传，但 20 世纪初法国汉学家伯希和在敦煌莫高窟发

① （唐）李林甫等撰：《唐六典》卷 7《尚书工部》，陈仲夫点校，北京：中华书局，1992 年标点本，第 168 页。

② （唐）李林甫等撰：《唐六典》卷 23《都水监》，陈仲夫点校，北京：中华书局，1992 年标点本，第 427—429 页。

③ 《新唐书》卷 46《百官志一》，北京：中华书局，1975 年标点本，第 1202 页。

④ （唐）李林甫等撰：《唐六典》卷 23《都水监》，陈仲夫点校，北京：中华书局，1992 年标点本，第 427 页。

⑤ （宋）司马光：《资治通鉴》卷 213，“开元十六年正月丙寅”条，北京：中华书局，1956 年标点本，第 6782 页。

⑥ 周魁一：《水部式与唐代的农田水利管理》，《历史地理》第 4 辑，上海：上海人民出版社，1986 年，第 88—101 页。

现了它的残卷①。从残卷内容来看，《水部式》对农田水利和水路交通的政策都进行了具体的论述。对农田水利，《水部式》阐明了农田用水的主要原则：

（1）凡是有灌溉条件的地方，都要修建、保护各种水利设施，不得随意破坏。“诸大渠用水溉灌之处，皆安斗门，并须累石及安木傍壁，仰使牢固，不得当渠造堰”。对于重要的水利工程，各州县官要派专人“分番看守，开闭节水。所有损坏，随即修理。如破多人少，任县申州，差夫相助”②。

（2）灌溉须本着节约用水、均匀受益的精神按时按序进行，不得抢先溉灌，盗废水力。“凡浇田，皆预知顷亩，依次取用，水遍即令闭塞，务使均普，不得偏并”；“诸渠长及斗门长至浇田之时专知节水多少。其州每年各差一官检校。长官及都水官司时加巡察”。

（3）如果碾硙用水出现矛盾或影响灌溉，必须停毁碾硙，以保证农田用水：“诸水碾硙，若拥水质泥塞渠，不自疏导，致令水溢渠坏，于公私有妨者，碾硙即令毁破。”只有在保证或者不影响农田灌溉的前提之下，才能使用碾硙，碾硙不得与灌溉争利。对水路交通，《水部式》也做出了一系列重要的规定：凡有航运条件的河流渠道，都要派专人负责，妥善管理，尽量发展水上交通。航运所需水手从民间勋官及白丁中检选。若是海运，则“置海师贰人，拖师肆人，隶蓬莱镇，令候风调海晏，并运镇粮”。津渡桥梁为交通咽喉，均由官府派专人经营。凡无桥梁的大渡口，皆配备渡船和水手。属于军

① 《水部式》残卷原件藏法国国立图书馆，编号伯2507。最早对该残卷进行研究并确定残卷名称的是中国学者罗振玉。1936年，日本学者仁井田陞写成《敦煌発见唐水部式の研究》（《服部先生古稀祝贺纪念论文集》），认为该残卷为开元二十五年水部式。1943年那波利贞发表《唐代農表田水利に関する规定に就きて》（《史学杂志》54卷第1、2、3号），1957年，崔瑞德在《亚洲专刊》发表文章 Twitchett. D. C.，The Fragment of the Tang Ordinances of the Department of Water ways discovered at Tunhuang，Asia Major，Vol. 6，No. 1，1957，pp. 23—79），肯定了仁井田陞的观点。但1981年，布目潮渢和大野仁在《唐開元末州縣圖作製の試み——敦煌所出天宝初年书写地志残卷を中心に——》一文中认为仁井田氏的考证并不精确，伯2507不是《水部式》。1987年，日本学者冈野诚撰写《敦煌発见唐水部式の书式について》（《东洋史研究》46卷第2号），对布目氏的观点进行了反驳，对罗振玉和仁井田陞的观点进行了补充，认为伯2507就是开元二十五年的《水部式》残卷。这种观点是可靠的。

② 该残卷录文见 Yamamoto Tatsuro，et al，Tun-huang and Turfan Documents Concerning Social and Economic History，(A) Introduciton Texts，Tokyo：The Toyo BunKo，1985；陈仲安：《律令格式》附录二唐开元水部式，武汉大学历史系魏晋南北朝隋唐史研究室编：《魏晋南北朝隋唐史资料》第四期，1982年；北京大学中国古代史研究中心编：《敦煌吐鲁番文献研究论集》第三辑，北京：北京大学出版社，1986年；郑炳林《敦煌地理文书汇辑校注》，兰州：甘肃教育出版社，1989年等。

事性质的渡口，则派兵巡逻防守，凡有桥梁的渡口，亦根据具体情况配备水手及工匠，以维修桥梁，护理航运，保证航道的畅通。

很显然，唐王朝是重视水利建设的。唐代水利管理机构的运转情况在文献中有很多记载。至于《水部式》，史书记载虽然较少，但无疑也在社会上发挥过自己的作用。因为白居易曾在他的著作中引用过《水部式》的部分文字①。高陵县令刘仁师还曾根据《水部式》上告泾阳县违背水法，并打赢了官司。此外敦煌吐鲁番文书中的《沙州敦煌县行用水细则》中有关水官职责、行水路线、用水日期、浇田遍数的规定与《水部式》的有关规定在原则上也是相同的。② 由于盛唐时期的水利政策比较进步，而且得到了较好的推行，因此必然会对盛唐时期水利事业的发展产生积极的作用。

二、唐代水利事业究竟有无发展

傅筑夫先生认为，唐王朝与周、秦、汉诸王朝不同，它“丝毫没有奠立国家根本，强化政权基础的打算。有唐一代，没有兴建大规模的灌溉工程。不修新渠，也不注意保持旧渠……对开发水利，发展农业，好像与自己完全无关”。“地方上虽然能获得一些收益，但对整个农业实无足轻重”③。也就是说，唐代的水利事业没有什么发展。

说到“发展”，我认为，简单地说，“发展”是指事物在不断地弃旧更新，不断地向前运动。在事物运动的过程中，势必有量的积累和质的飞跃。事物量的积累有一个或长或短、或简单或复杂的过程。而且就社会发展这一宏观角度来讲，构成社会的各个要素的发展变化，除了上述过程之外，还有历史范畴的局限问题。也就是说，社会事物的发展，是不能离开历史条件的。因而，就发展过程中量的积累来说，积累也是一种发展。对前人积累的成果或遗产在社会力量还不能有新的、更大的创造以达到质的飞跃的时候，施以维

① （唐）白居易：《白氏六帖事类集》第 23 卷第 22 条，北京：文物出版社，1987 年影印南宋绍兴刻本。

② 唐耕耦、陆宏基：《敦煌社会经济文献真迹释录》第 1 辑，北京：书目文献出版社，1986 年，第 394—399 页。

③ 傅筑夫：《由唐王朝之忽视农田水利评唐王朝的历史地位》，史念海主编：《唐史论丛》第二辑，西安：陕西人民出版社，1987 年，第 45、48、52 页。

护、改进和普及，仍然是一种发展。观古今中外的历史，这样的事例比比皆是。而这里要证明的是，唐代的水利事业是处于发展状态的。这里仅以盛唐为例，就可以说明问题。

唐代共修建了350余项较大的水利工程[①]，其中有确切年代可考的310项。盛唐时期修建了多少水利工程？目前学术界有三种不同的说法：即56项说[②]、54项说[③]、47项说[④]。事实上，这些说法都是比较保守的。据《旧唐书》、《新唐书》、《元和郡县志》、《通典》、《唐会要》、《册府元龟》等文献统计，盛唐时期修建的比较重要的水利工程至少有63项。为节约篇幅，兹列表1如下[⑤]。

表1　盛唐时期修建水利工程

时代＼道名	关内	河南	河东	河北	山南	淮南	江南	剑南	岭南	陇右	小计
开元（713—741）	7	10	5	20	1	1	6	3	0	0	53
天宝（742—755）	2	2	0	2	0	0	2	2	0	0	10

表1中所列63项水利工程在文献中都是有明确记载的。需要说明的是，还有一些规模较大的水利工程因文献记载不详而无法统计。如开元年间宇文融“充河南北沟渠堤堰决九河使”，主持大规模的水利建设，“兴役不息”[⑥]，显然是在修建水利工程，但史书上没有写明工程的具体名称和地点，只好不予统计。当然，史书漏载的情况也是有的。如敦煌吐鲁番地区在盛唐时期已经形成了相当发达的灌溉网络[⑦]，而史书中就没有提到。此外，盛唐时期曾大开稻田，水稻种植不仅遍布江淮以南的广大地区，而且扩展到北方的京兆、

① 关于唐代水利工程的数量，目前学术界有八种说法：即上述冀朝鼎的254项说、邹逸麟的264项说、韩国磐的269项说、宋锡民的275项说、钮海燕的314项说、《中国史稿》的200余项说和《中国农学史》的1172项说。笔者据《旧唐书》、《新唐书》、《唐会要》、《通典》、《册府元龟》等文献粗略统计，其总数在350项以上。

② 吴枫：《“开元天宝盛世”新探》，《社会科学丛刊》1979年第1辑，第178—195页。

③ 谭英华：《论开元之治》，《社会科学研究》1980年第3期，第16—21页。

④ 钮海燕：《唐代水利发展的因素及影响》，《历史地理》第10辑，上海：上海人民出版社，1992年，第65—75页。

⑤ 盛唐时期已将全国划分为15道，为便于比较，此处仍按10道排列统计。

⑥ 《旧唐书》卷105《宇文融传》，北京：中华书局，1975年标点本，第3221页。

⑦ 敦煌一带有干渠支渠70余条，见《沙州敦煌县行用水细则》及《沙州都督府图经残卷》；吐鲁番一带有渠50余条，见《大谷文书》及《吐鲁番出土文书》。

同、华、洛、怀、相、卫、陈、魏、汴、许、豫、兖、幽、并等许多州县。①稻田需水，开稻田必然要兴建配套的水利设施。因此，可以肯定，盛唐时期实际修建的水利工程要多于 63 项。由于资料缺乏，我们已经无法弄清盛唐水利工程的实际数量。但从统计的 63 项工程中，仍可看出盛唐水利建设的基本情况。

（1）盛唐时期的水利工程主要是开元年间修建的。在表 1 所列的 63 项工程中，属于开元年间修建的有 53 项，占盛唐重要水利工程总数的 84%；属于天宝年间修建的只有 10 项。为什么会出现这种情况呢？笔者认为这是与当时的政治状况密切相关的。开元年间，以唐玄宗为首的统治者很有创业精神，效太宗之法，惩中宗之弊，励精图治，锐意维新，在对政治、军事进行整顿、改革的同时，在经济方面也采取了一系列措施，制定并推行了许多重要的经济政策，尤其是在水利建设方面，迈出了较大的步伐，极大地推动了水利事业的发展。因此，经过劳动人民的辛勤劳动，水利事业终于呈现出蓬勃发展的景象，取得了令人瞩目的成就。到了天宝年间，唐玄宗怠于政事，沉溺酒色，把国事交给奸相李林甫、杨国忠和宦官高力士处理，从而导致了各种矛盾的加剧。随着吏治的败坏，水利受到了很大的影响，加之天下多事，徭役日重，挫伤了人民的生产积极性，水利建设必然会呈现出数量少、速度慢的趋势。

（2）盛唐时期各道修建的水利工程多寡不一。关内道 9 项，河南道 12 项，河东道 5 项，河北道 22 项，山南道 1 项，淮南道 1 项，江南道 8 项，剑南道 5 项。这说明各地水利建设的发展是不平衡的。当时全国水利发展最快的地区是河北道，其次是河南道、关内道、江南道。如果以秦岭、淮河为界，将全国划分为南方和北方，则北方关内、河南、河东、河北、陇右 5 道工程数量为 48 项，占当时水利工程总数的 76%；南方 5 道 15 项，仅占 24%。显然，北方修建的水利工程在数量上远远超过了南方。为什么会出现这种情况？究其原因，主要有两点。一是当时的北方是经济重心所在，南方虽然已经得到很大的发展，但尚未达到领先北方的地步。作为重要的农业区，北方的泾渭河流域、涑汾伊洛河流域和黄河下游南北各地受到唐王朝的高度重视。为了获得更多的粮食，唐王朝自然在这些地区加大水利方面的投入。二是当时北方人口比南方多。天宝末年北方 5 道有户 4 922 183，口 40 423 948；南方

① 张泽咸：《试论汉唐间的水稻生产》，《文史》第 18 辑，北京：中华书局，1983 年，第 33—75 页。

5 道有户 3 925 712，口 20 266 623[①]。在北方，尤其是在关内、河南、河北诸道的平原谷地集聚了大量的人口。有些地方人口密度很高，如河南道每平方千米 220.9 人[②]。在这种情况下，势必会产生人多地少的矛盾。而人多地少，自然要求人们去兴修水利，精耕细作。

（3）盛唐时期修建的水利工程按性质可分为三种类型，即复旧工程、扩建工程和创修工程。

复旧工程系指维修恢复前代旧渠的工程。这类工程数量大，但规模较小，因而史书很少记载。在上边统计的 63 项工程中，属于这种性质的只有 6 项。其中修复黄河堤堰、疏决三辅、重筑梁公堰是具有代表性的工程。黄河在盛唐时期曾两度决口。开元三年（715）秋，齐州大水，“河堤决坏”，齐州刺史裴耀卿“躬自护作”，“以浃辰之役，兴百倍之利，澹灾革弊，人到于今赖焉”。[③] 开元十年（722）六月，“博州黄河堤坏，湍澌洋溢，不可禁止”。唐玄宗令博州刺史李畬、冀州刺史裴子余、赵州刺史柳儒“乘传旁午分理”，兼命按察使萧嵩总管其事。经多方努力，终于修复了河堤，平息了水患[④]。三辅是关中地区著名的灌溉区。开元初，三辅郑白渠受到王公碾硙的侵害，唐玄宗令京兆尹李元紘“一切毁之”，修复渠道使“百姓大获其利”[⑤]。梁公堰是河汴之间的一处古代水利工程，“年久堰破，江淮漕运不通”，河南尹李杰奏请调发汴郑等州人力重修，“省功速就，公私深以为利”[⑥]。由此可见当时复旧工程是颇有成绩的。

扩建工程是指在原有河渠的基础上扩大修建的水利工程。在上述 63 项工程中，属于这种性质的有 13 项。其中相对重要的有河南道的玉梁渠、山南道的北塔堰、江南道的防海塘、剑南道的新源水等。玉梁渠位于蔡州新息县西

---

① 盛唐户口各书记载不一。此据《通典·州郡典》所载各州户口统计。《通典》原缺 13 州户口数，但皆为边州，人口较少，不会影响大局。

② 杨远：《唐代的人口》，《香港中文大学学报》1979 年第 2 期，第 389—423 页。

③ （清）董诰等：《全唐文》卷 312《唐州刺史裴公德政颂》，上海：上海古籍出版社，1990 年影印本，第 1401—1402 页。

④ （宋）王钦若等：《册府元龟》卷 497《邦计部·河渠二》，北京：中华书局，1960 年影印本，第 5951 页。

⑤ （宋）王溥：《唐会要》卷 89《碾硙》，北京：中华书局，1955 年，第 1622 页。

⑥ （宋）王钦若等：《册府元龟》卷 678《牧守部·兴利》，北京：中华书局，1960 年影印本，第 2317 页。

北50里，是隋代修建的水利工程，开元中县令薛务对该渠进行了大规模的改造，“溉田三千余顷”①。北塔堰本是一条小渠堰，开元二十七年（739），朗州刺史李进派人扩建，“接古专陂，由黄土堰注白马湖，分入城隍及故永泰渠，溉田千余顷”②。防海塘在越州会稽县东北40里，开元十年（722），会稽县令李俊之组织人力增修，“自上虞江抵山阴百余里，以畜水溉田”③。新源水在成都府温江县，开元二十三年（735），成都府长史章仇兼琼“因蜀王秀故渠开，通漕西山竹木”④。看来，当时在扩建工程方面也取得了一些成就。

当然，盛唐水利工程的最大成就还是新型水利工程的创修。表1中列63项工程中，属于这种性质的工程有44项，占当时重要工程总数的70%左右。其中影响较大的有关内道的引洛堰黄工程、河东道的甘泉渠、河北道的西渠、江南道的伊娄河及剑南道的通济大小堰等。引洛堰黄工程是由著名水利专家姜师度主持修建的。开元七年（719），姜师度担任同州刺史，“于朝邑、河西二县就古通灵陂择地，引洛水及堰黄河灌之，以种稻田，凡二千余顷，内置屯十余所，收获万计”⑤。甘泉渠位于太原府文水县东北，引文谷水，“溉田数千顷”⑥。西渠开凿于开元二十八年（740），“刺史齐澣以州北隔江，舟行绕瓜步，回远六十里，多风涛，乃于京口埭下直趋渡江二十里，开伊娄河二十五里，渡扬子，立埭，岁利百亿，舟不漂溺”⑦。通济大水堰为益州长史章仇兼琼所开，“自新津邛江口引渠南下，西二十里至州西南入江，溉田千六百顷”⑧。此外，三门新河也是一项规模很大的创修工程。该河位于陕州峡石县境，因始凿于开元二十九年（741），又称为“开元新河”。《旧唐书》卷49《食货志下》载：“二十九年，陕郡太守李齐物凿三门山以通运。辟三门巅，逾岩险之地，负索引舰，升于安流，自齐物始也”。开元新河的遗址已被发现⑨，成为研究盛唐水利工程的重要依据。

（4）从用途上看，盛唐时期的水利工程也可划分为灌溉工程、排水工程

---

① 《新唐书》卷38《地理志二》，北京：中华书局，1975年标点本，第989页。
② 《新唐书》卷40《地理志四》，北京：中华书局，1975年标点本，第1029页。
③ 《新唐书》卷41《地理志五》，北京：中华书局，1975年标点本，第1061页。
④ 《新唐书》卷42《地理志六》，北京：中华书局，1975年标点本，第1080页。
⑤ 《旧唐书》卷185《姜师度传》，北京：中华书局，1975年标点本，第4816页。
⑥ 《新唐书》卷39《地理志三》，北京：中华书局，1975年标点本，第1004页。
⑦ 《新唐书》卷41《地理志五》，北京：中华书局，1975年标点本，第1057页。
⑧ 《新唐书》卷42《地理志六》，北京：中华书局，1975年标点本，第1081页。
⑨ 中国科学院考古研究所黄河水库考古队：《三门峡漕运遗迹》，北京：科学出版社，1959年。

和航运工程三类。

灌溉工程是盛唐水利工程的主体。在表1 63项工程中，用于灌溉的有40余项，占工程总数的63%以上。因此，可以说盛唐时期的大部分水利工程都是为灌溉农田而修建的。关于此类工程的具体情况，《新唐书·地理志》及其他文献多有记载，没有必要在这里一一列举。大体说来，盛唐时期的水利工程不是孤立存在的，一般都由主渠、干渠、分渠、支渠构成灌溉系统。在农业生产比较发达的关中、中原、黄河下游南北地区、成都平原和长江中下游地区，灌溉系统往往交织成网络状态，形成规模很大的灌区，发挥灌溉农田的作用。

排水工程是以排除水患为目的的水利工程，与灌溉工程在某种意义上有异曲同工的作用。在表1 63项工程中，此类工程共12项。其中以泄水为主的排涝工程主要有关内道的敷水渠，河北道的千金渠、万金渠等，以防御河海侵袭为主的堤防工程有河南道的永安堤、江南道的捍海塘及关内道的黄河堰。敷水渠在华阴县西20里，姜师度凿，“以泄水害”①。千金渠、万金堰在赵州柏乡县西，开元中王佐所筑，“以疏积潦”②。永安堤在海州朐山县东，“北接山，环城长十里，以捍海潮”③。捍海塘位于杭州盐官县，长达124里，也是一项规模很大的捍海工程。而黄河堰是会州刺史安敬忠修建的抵御黄河水患的排水工程。此外，当时修建的治河、治洛工程同样也都带有排水的性质。

航运工程是以漕运为主要目的的水利工程。在表1 63项工程中，这类工程有11项，也占有一定比重。其中比较重要的有关内道的广运潭、河南道的三门新河、梁公堰及河北道的西渠。广运潭是天宝初年在关中地区修建的航运工程。《册府元龟》卷497《邦计部·河渠二》载：“天宝元年，命陕郡太守韦坚引灌水广运于望春亭之东以通渭水，因古渠至华阴入渭，引永丰仓及三门仓米以给京师，名曰广运潭”。可见广运潭主要是用来漕运粮食的。三门新河及梁公堰的情况前面已经涉及，就不在这里赘述了。值得注意的是，某些航运工程还具有灌溉的功能。

综上所述，可以肯定盛唐时期是水利事业蓬勃发展的时期。因为这一时期在全国范围内修复了历代留下的大部分旧工程，扩建了唐代以前及唐代前期留下的一些水利工程，并创修了不少新工程。这些水利工程涉及灌溉、排

① 《新唐书》卷37《地理志一》，北京：中华书局，1975年标点本，第964页。
② 《新唐书》卷39《地理志三》，北京：中华书局，1975年标点本，第1017页。
③ 《新唐书》卷38《地理志二》，北京：中华书局，1975年标点本，第966页。

水、航运诸方面，用途极为广泛。这些水利工程的出现雄辩地说明盛唐时期的水利事业确实有了很大的发展。

三、唐代水利建设的地位和作用

“水利是农业的命脉”。在地处欧亚大陆东端的中国，水利事业尤为重要。马克思在《不列颠在印度的统治》一文中就曾经指出：“在亚洲……中央政府如果忽略灌溉或排水，这种设施立刻就荒废下去。这就可以说明一种否则就无法解释的事实，即大片先前种得很好地区，现在都荒芜不毛。”[①] 傅筑夫先生也充分认识到了水利建设的重要性。他指出：“在长期的封建社会中，农业是主要的，实际上是唯一的一个生产部门”，“一个王朝是否注意兴修水利，是一个朝代农业能否发达的关键。”[②] 由于他认为唐王朝不重视农田水利，否认唐代水利事业的发展，因而也就把唐王朝的衰落完全归结到没有发挥水利的作用这一点上，并且进一步认为唐王朝是虚有其表，积弱不振的王朝，“与汉并称为盛世，是当之有愧的”[③]。事实上，如前所述，唐王朝是比较重视水利建设的。经过劳动人民的辛勤努力，唐代的水利事业有了较大的发展，在历史上为唐王朝的强盛起到了较大的积极作用。

首先，它扩大了水田面积，提高了粮食产量。如前所述，唐代修建的水利工程大部分都是灌溉工程。这些工程都有一定的灌溉能力，多则数千顷，少则数百顷。不言而喻，这些工程的出现会扩大水田的面积。一般说来，水田的产量要高于旱地。唐代旱地粟麦作物的亩产量在一石半左右[④]，水田稻

① 中共中央马克思恩格斯列宁斯大林著作编译局：《马克思恩格斯选集》第3卷，北京：人民出版社，1995年，第64页。

② 傅筑夫：《由唐王朝之忽视农田水利评唐王朝的历史地位》，史念海主编：《唐史论丛》第二辑，西安：陕西人民出版社，1987年，第45、48、52页。

③ 傅筑夫：《由唐王朝之忽视农田水利评唐王朝的历史地位》，史念海主编：《唐史论丛》第二辑，西安：陕西人民出版社，1987年。

④ 余也非认为亩产1石（《中国历代粮食平均亩产量考略》，《重庆师范学院学报》1980年第3期，第8—120页），蒙文通认为亩产1.4石（《中国历代农产量的扩大和赋役制度及学术思想的变化》，《四川大学学报》（哲学社会科学版）1957年第2期，第27—106页），胡戟认为平均亩产量不少于1石，新开荒地和贫瘠地要少一二斗，较好的收成可达到2石，最高为一钟（《唐代粮食亩产量》，《西北大学学报》（哲学社会科学版）1980年第3期，第74—75页）。笔者比勘有关资料，认为一般产量大约在一石半左右。

作的亩产量则在 4 石以上[1]，有的地方甚至高达 10 石。盛唐时期的粮食亩产量略高于唐代的平均数字，水田作物的产量与旱地作物产量同样保持着较大的差距。因此，水田面积的扩大也就意味着粮食产量的提高。事实也是如此。正因为灌溉给国家、百姓带来了好处，所以史书在记载当时的水利工程时，才会有"公私俱获其利"、"百姓大获其利"、"百姓赖之"等说法。毋庸置疑，唐代修建的灌溉工程与前代留下的灌溉工程相结合，共同构成当时的水利灌溉系统，促进了农业的繁荣。

其次，它改造了部分土地，减少了水灾所造成的损失。有唐一代，自然灾害层出不穷，水旱灾害尤为严重，常常给社会经济造成重大的损失。唐代修建的灌溉工程在一定程度上减轻了旱灾，而排水工程则具有防洪排涝的功能，有效地防止了洪水的侵袭或排除了农田中多余的水分，保障了农田的安全，使许多长期遭受水灾的地方"无复水患"，成为稳产高产的"腴田"。此外，排灌工程还可以御咸蓄淡，使土壤得到改善。如果说灌溉工程提高了粮食产量，是农业发展的一大支柱，那么排水工程减轻了灾害，对农业经济的发展同样具有重要的意义。

再次，它促进了航运，加强了各地区的相互联系。水路交通是唐代交通的重要组成部分。唐朝前期的水路交通本身较为发达，江、河、淮、济、渭、洛、汾、漳、淇、汉诸水皆通漕，大运河更是南北交通的大动脉。但那时的水运航道经常出现故障，水运设施还存在一些问题。唐代修建的航运工程在一定程度上完善了水运设施，弥补了唐初以来水上交通的缺陷，保障了水道的畅通，扩大了水运的范围，促进了漕运和经济文化的交流，对社会经济的发展也起到了积极的作用。

原载（《商洛师专学报》1993 年第 1 期、
《陕西师范大学学报》1995 年第 3 期）

① 李伯重：《唐代江南地区粮食亩产量与农户耕田数》，《中国社会经济史研究》1982 年第 2 期，第 8—15 页。

明代华南的耕地及其种类

土地是最基本的生产资料。明代华南农业的发展，是与当时华南的土地开发紧密相连的。从有关资料来看，明代是华南土地开发的重要时期。虽然有些地方因受自然因素和人为因素的影响，在土地开发方面曾出现过停滞不前或萎缩倒退的局面，但大部分地区在有明一代都得到了较大的开发。从有关资料来看，明代华南耕地的面积是有变化的，耕地的分布是不平衡的，耕地的类型也是复杂的。本文拟从福建、广东、广西三个布政使司入手，具体探讨一下明代华南的土地开发、耕地的面积、耕地布局和耕地种类，从一个重要的侧面揭示明代华南农业的发展状况。

一、土地开发历程

明代华南的土地开发经历了一个漫长而又曲折的过程。这个过程大体上可分为三个阶段：第一阶段即明代前期，是华南土地良性开发的时期。第二阶段即明代中期，华南地区的土地开发呈现出此开彼废、错综复杂的局面。第三阶段即明代后期，华南再度掀起土地开发的浪潮，有些地方甚至出现了恶性开发的势头。

明代前期，以朱元璋为首的统治者从长治久安的角度出发，积极招抚流亡，鼓励开垦荒地。洪武十三年（1380），“令各处荒闲田地，许诸人开垦，永为己业，俱免杂泛差徭。三年后并依民田起科”。又诏陕西等布政司及广州等府，“民间田土，许尽力开垦，有司毋得起科”[①]。这种政策极大地调动了

---

① （明）申时行等：《明会典》卷17《田土》，北京：中华书局，1989年。

广大农民开荒的积极性。与此同时，朱元璋对屯田特别重视，多次下令扩大屯田①，军队也加入了垦荒种田的行列。于是，全国各地出现了开荒的热潮，“每岁中书省奏天下垦田数，少者亩以千计，多者至二十余万”②。在这种情况下，华南地区的垦荒活动也大规模地展开。勤劳的华南人紧紧抓住这个机遇，不仅把元末荒芜的土地逐渐开辟出来，而且还开垦了不少新的荒地。

洪武年间，华南各地的耕地面积都比元代有了明显的增长。福建福州府在元代有田 4829.82 顷，洪武十四年（1381）增至 24 809 顷③。福宁州在元代有田 1685.31 顷，洪武二十四年（1391）增至 2078.06 顷。长乐县在元代仅有耕地 1121.99 顷，洪武二十四年增加到 2307.24 顷④。江县在元末仅有 1093.39 顷，洪武二十四年达到 2194.57 顷⑤。广西庆远府在元代有田 572.89 顷，洪武年间增至 2173.43 顷⑥。显然，洪武年间华南土地开发的速度是惊人的。

明代中期，社会状况发生了很大的变化。由于政治逐渐黑暗，朝纲日益混乱，经济形势出现了逆转。《明史·食货志》载：宣宗以后，“屯田坏于豪强之兼并，计臣变盐法。于是边兵悉仰食太仓，转输往往不给。世宗以后，耗财之道广，府库匮竭”。很显然，明代中期的社会状况与明代前期不同，已经开始恶化。这种情况对华南地区的土地开发有明显的影响。明代中期，华南各地的土地开发仍在继续，但从方志记载的情况来看，当时的土地开发呈现出徘徊不前或升沉不定的局面。除福建建宁、广东琼州、广西庆远等府的田地面积有所扩大以外，许多地方田地数字上下波动或长期不变。如泉州安溪县永乐元年（1403）有田 1397.74 顷，宣德七年（1432）有田 1393.97 顷，天顺六年（1462）有田 1394.40 顷，弘治五年（1492）有田 1395.61 顷，嘉

① 《明实录·太祖实录》卷 12 至正二十三年二月壬申条，台北：“中央研究院”历史语言研究所，1962 年，第 148 页；《明实录·太祖实录》卷 87 洪武七年正月丁卯条，台北：“中央研究院”历史语言研究所，1962 年，第 1545 页；《明实录·太祖实录》卷 179 洪武十九年十一月乙巳条；台北：“中央研究院”历史语言研究所，1962 年，第 2717 页等。

② 《明史》卷 77《食货志》，北京：中华书局，1974 年标点本，第 1882 页。

③ 正德《福州府志》卷 7《土田》，明正德十五年（1520）刻本。

④ 弘治《长乐县志》卷 2《土田》，明弘治十六年（1503）刻本。

⑤ 嘉庆《连江县志》卷 2《田赋》，清嘉庆十年（1805）刻本。

⑥ 嘉靖《广西通志》卷 20《田赋》，明嘉靖十年（1531）刻本。

靖元年（1522）有田 1397.23 顷。从永乐元年至宣德七年这 30 年，耕地减少了 3.77 顷。宣德七年以后虽略有增加，但始终没有达到永乐元年的水平①。邵武府永乐十年（1412）有田 10 066.30 顷，宣德七年减至 10 065.41 顷，正统七年（1442）只增至 10 066.62 顷，此后 50 年，田地数基本未变②。更重要的是，不少地方田地面积大幅度下降，甚至出现荒芜。这种局面的出现与当时社会的动荡有关。当然，与各地官僚地主隐瞒田地数字也有一定的关系。

明代后期，政治腐败，“神宗乃加赋重征，矿税四出，移正供以实左藏。中涓群小，横敛侵渔。民多逐末，田卒污莱。吏不能拊循，而覆侵刻之。海内困弊，而储积益以空乏”。在这种情况下，华南地区内忧外患不断发生，常常影响农业生产。但这一时期商品经济有了一定发展，农产品的商品化程度有所提高，客观上对土地开发提出了新的要求。而且这一时期气候比较寒冷，水稻产量受到影响，人们不得不扩大旱地种植面积，以弥补水稻之不足。玉米、番薯等外来作物在这一时期传入华南，对华南地区的土地开发也起到了很大的推动作用。所以，明代后期华南地区再次出现了开发土地的浪潮。如果说明代前期的土地开发主要是开垦元末抛荒地和宜农老荒地的话，明代后期土地开发已开始向纵深发展，向深山老林和湖泊海塘发展。从方志所提供的数据来看，明代后期，华南除少数府县外，大部分地方的耕地面积都有了较大的增长。如福建莆田县在嘉靖三十一年（1552）有田 9032.85 顷，万历四十年（1612）增加到 9161.94 顷③。广东潮州府嘉靖三十一年有田29 038.78顷，万历二十年（1592）增加到 36 002.69 顷。惠州府隆庆六年（1572）有田 28 933.34 顷，万历二十年增加到 46 309.96 顷。南雄府隆庆六年有田 6026.07 顷，万历十年增加到 6263.31 顷④。不过，由于缺乏应有的组织和管理，滥垦滥伐的情况相当严重，有些地方甚至大量毁坏森林和植被，进行恶性开发，结果引起水土流失，对生态环境造成不良的

① 嘉靖《安溪县志》卷 1《土田》，明嘉靖三十一年（1552）刻本。

② 嘉靖《邵武府志》卷 5《土田》，明嘉靖二十二年（1543）刻本。

③ 乾隆《莆田县志》卷 5《赋役志》，清乾隆二十二年（1757）刻本。

④ 万历《广东通志》卷 41《潮州府》，明万历二十七年（1599）刻本；万历《广东通志》卷 36《惠州府》，明万历二十七年（1599）刻本；万历《广东通志》卷 32《南雄府》，明万历二十七年（1599）刻本。

影响。

二、垦田面积的变化

明代华南各地的垦田面积，文献中曾留下来一些数据。但从目前掌握的情况来看，只有400多条，而且分布不均，有些府县较多，基本上能够成为系统，有些府县很少，只有一些零星的记载。从有关情况分析，明代华南各地的垦田数据均为当时官方掌握的土地数量。有明一代，华南各地的垦田面积曾发生过一些变化。

明代前期华南垦田最多的省份是广东，有田237 340.5顷①。其次是福建，有田146 259.6顷，仅为广东的61.6%。广西最少，有田102 403.9顷，为广东的43.1%。在三省所辖各府中，垦田最多的是广州府，有田76 086.05顷②。其次是肇庆府，有田38 146顷③。居于第3位的是梧州府，有田33 365.24顷④。然后依次是惠州府、琼州府、柳州府、高州府、雷州府、南宁府、邵武府，垦田都在1万顷以上。垦田较少的府是庆远、韶州、廉州等。在各府州所辖诸县中，广东南海县垦田最多，达26 979.68顷，仅次于肇庆、广州、梧州三府。像是乐昌县、东莞县、高要县、新会县，垦田也都在1万顷以上。垦田最少的县是韶州府的翁源县，只有88顷多一点。像韶州府乳源县、琼州府会同县、琼州府长乐县等，虽比翁源县的88顷多，但是垦田都在500顷以下⑤。

明代中期，广东布政使司垦田数猛降至72 324.46顷⑥。福建居第一。广西居第三⑦。广东耕地下降幅度如此之大，不合情理，令人难以置信。嘉靖八年（1529），霍韬在编撰《大明会典》时，就曾对此提出疑问。他说："自洪武迄弘治百四十年，天下额田已减强半，而湖广、河南、广东失额尤

---

① 一般说来，民间实际垦田面积大于官方统计数字，故本文在比较时选取同期各地最高垦田数据。
② （明）解缙等编：《永乐大典》卷11907《广州府·田赋》，北京：中华书局，1986年影印本。
③ 万历《广东通志》卷47《肇庆府·赋役》，明万历二十七年（1599）刻本。
④ 嘉靖《广西通志》卷20《赋役志》下，明嘉靖十年（1531）刻本。
⑤ 本文所列各府、县田地数据，均采自明代华南方志，因数量太大，恕不一一列举。
⑥ （明）申时行等：《明会典》卷17《田土》，北京：中华书局，1989年。
⑦ （明）申时行等：《明会典》卷17《田土》，北京：中华书局，1989年。

多"[1]，"若广东额田二十三万，今存额七万，失额十六万，又不知何故致此也？盖广东无藩府拨给，而疆里如旧。非荒据于寇贼，则欺隐于滑民也"。[2]他分析造成这种情况的原因是"荒据于寇贼"、"欺隐于滑民"，似乎有一定的道理，足备一家之言，但缺乏佐证，原因究竟如何，尚待进一步研究。此外，广西的垦田数也有些问题。嘉靖《广西通志》卷19《田赋》条载："弘治十五年官田二千八百四十一顷五十四亩四分，民田一十五万五千六顷四十六亩三分有奇"。而《明会典》却载此年广西有田107 848.01顷，两者相差47 158.45顷之多。究竟谁是谁非，无其他资料可资判断，亦有待于进一步探讨。从各府现有的垦田数据来看，肇庆府居第一，垦田数为39 470.43顷。其次是柳州府，垦田39 014.21顷。潮州府居第三，垦田29 183.57顷。达到2万顷以上的府有惠州府、建宁府、梧州府、琼州府。达到1万顷的府有汀州府、雷州府、延平府、邵武府。田地最少的府是庆远府，有田2380.2顷。其次是平乐府、南宁府、廉州府、南雄府，田地都在5000—6000顷。垦田达到万顷以上的县只有东莞、新会二县。垦田最少的县是庆远府的荔波县，有田84.02顷。其次为柳州府的怀远、迁江、洛容，平乐府的永安、修仁等，垦田均不足300顷。当然，有些府没有留下这一时期的垦田数据，这里是就现有数据比较而言的。

明代后期，广东耕地数字又居于第一位，福建第二，广西仍居第三。以府而论，惠州府跃居第一，有田46 309.96顷[3]。琼州府位居第二，有田36 753.56顷。肇庆退居第三，有田36 175.32顷。其次为潮州府，有田36 002.69顷；福州府，有田25 182.91顷。达到1万顷的府还有高州府和雷州府。田地较少的府是南雄府和廉州府。以县而论，东莞有田13 135.36顷，仍居第一。番禺、新会也达到1万顷以上。田地较少的县是广东琼州府的感恩、昌化、陵水、会同等，皆不足400顷。

按照明代制度，各地的耕地都要划分为官田和民田两种。所以，上述各布政司、各府、各县的耕地数据实际上都是由官田和民田两部分组成的。比

---

① 《明史》卷77《食货志》，北京：中华书局，1974年标点本，第1882页。

② 《明实录·世宗实录》卷102，嘉靖八年六月癸酉条，台北："中央研究院"历史语言研究所，1962年影印本。

③ 万历《广东通志》卷36《惠州府·赋役》，明万历二十七年（1599）刻本。

如《永乐大典》卷 11907 载：洪武十年（1377）广州南海等八县有“官民僧道学院等田地塘总计三万六千顷三十三亩。其中官田五百五十七顷三十六亩，学院田七百九十三顷七十二亩，僧道田一千四百六十七顷一十二亩，民田地塘三万一千三百二十三顷四十亩。”明代华南各地官民田地比重不尽一致，但有一个共同点，那就是在各府县的耕地中，绝大部分都是民田，官田只是极少数。民田一般要占到当地耕地总数的 95％左右。

三、各地的垦殖指数

各布政使司、府、县耕地面积的大小，在一定程度上体现了该布政司、府、县土地开发的程度。但“布政使司”、“府”、“县”的范围大小不一，只从耕地面积来断定该地的开发程度难免会出现一些偏差。比如广东惠州府有耕地 23 074.1 顷，福建兴化府有耕地 13 673.9 顷。若单纯从耕地面积考虑，显然惠州府的开发程度要比兴化府高。但事实上，惠州府的土地面积达 549 293顷之多，而兴化府只有 60 389 顷。这样看来，惠州府当时的开发程度要低于兴化府。所以，在考察了耕地分布状况之后，还应当考察一下各地的垦殖指数。

在明代华南三布政使司中，广西的土地面积最大，为 3 260 730 顷，其次是广东，3 034 859.25 顷，福建最小，1 813 420.5 顷。但若从耕地面积来看，广东最多，其次为福建，广西最少。广东在洪武二十六年（1393）有耕地 237 340.56 顷，垦殖率为 7.82％。弘治十五年（1502）有耕地 72 324.46 顷，垦殖率为 2.38％。万历六年（1578）有耕地 256 865.1 顷，垦殖率为 8.46％。弘治十五年（1502）的耕地数字是有问题的，不足为据，这在前边已经说过。就洪武二十六年和万历六年的数据而言，广东的垦殖率在 8％左右。这个数字是偏低的。因为这里的耕地数只是政府掌握的数据，并不是当时的全部垦田数。当然，明代的垦殖率比现在要低。现在广东省的垦殖率为 14.2％[①]。福建洪武二十六年有耕地 146 259.69 顷，垦殖率为 8.07％。弘治十五年有耕地 135 166.17 顷，垦殖率 7.45％。万历六年有耕地 134 225 顷，

① 《中国农业全书·广东卷》编辑委员会编：《中国农业全书·广东卷》，北京：中国农业出版社，1994 年，第 12 页。

垦殖率 7.4%。这些数据也比现在的垦殖率低，现在的垦殖率是 14.7%[①]。广西在洪武二十六年有耕地 102 403.9 顷，垦殖率 3.14%。弘治十五年耕地 107 840.01顷，垦殖率 3.31%。万历六年有耕地 94 020.74，垦殖率 2.88%。广西的垦殖率比广东和福建都要低得多，也远远低于现在的垦殖率。现在广西的垦殖率为 11.16%。虽然广东、福建、广西的垦殖率都比现在低，但较前代却有较大的增长，这是毋庸置疑的。

明代华南各府的垦殖指数因土地面积和耕地面积的不同差别很大。首先，如果我们把各地的垦殖指数排序，便可清楚地看出明代华南垦殖率最高的地方是福建兴化府，其垦殖率为 22.64%。兴化府在明代辖莆田、仙游二县，面积比现在福建莆田、仙游二县略大。现在莆田县面积 1966 平方千米，有耕地 55.1 万亩；仙游面积 1815 平方千米，有耕地 35.5 万亩[②]。两个县的平均垦殖率约为 16%左右，比明代要少。可见明代兴化府的垦殖率已经很高。其次是广东南雄府，垦殖率长期保持在 15%左右。南雄府位于粤北大庾岭下，境内多山，现在的垦殖率为 12.1%，垦殖率在明代能到 15%左右是很不容易的。此外，广东肇庆府、福建福州府的垦殖率也比较高，大体上都在 11%左右。广东雷州府在较长时期内垦殖率达 11%以上，潮州府在明代前期的垦殖率比较低，到明末也达 11%。垦殖率较低的地方是广西庆远府、平乐府、南宁府，广东韶州府、廉州府等，一般都在 4%以下。

由于各地耕地面积大小不一，垦殖指数有高有低，加之各地人口数量不等，因而人均耕地也存在较大的差异。首先，家庭是最基本的生产单位，以户而论，明代华南户均耕地最多的府是广西柳州府，1522 年全府户均耕地 169.29 亩。其次是广东惠州府，1592 年平均每户耕地 143.33 亩。户均耕地最多的县是广西南宁府的永淳县，1522 年户均耕地 954.7 亩。再次是广东肇庆府的阳春县，1582 年户均耕地 536.57 亩。广西柳州府的象州，1522 年户均耕地 441.88 亩。广东南雄府的保昌，1391 年户均耕地 436.96 亩。韶州府的乐昌，1391 年户均耕地 372.33 亩。广西桂林的永福，1522 年户均耕

① 此为测算结果，根据统计面积则为 10.4%，《中国土地资源生产能力及人口承载量研究》课题组：《中国土地资源生产能力及人口承载量研究》，北京：中国人民大学出版社，1991 年，第 862 页。

② 肖建中等编：《中国县市概况》，北京：海洋出版社，1991 年。

地 305.70 亩。阳朔同年户均耕地 295.05 亩。广东惠州府的河源，1391 年户均耕地 261.35 亩。和平，1582 年户均耕地 232.07 亩。此外，广东韶州的翁源，惠州的海丰、长乐、归善、永安，潮州的程乡，广州的龙门，南雄的始兴，广西平乐的贺县、荔浦，福建兴化的仙游、漳州的长泰等县户均耕地也都曾达到 100 亩以上。与此相反，有些府县户均耕地少得可怜。如广东雷州府，1522 年户均耕地 1.16 亩。广东潮州府，1391 年户均耕地 3.61 亩。福建泉州府，1562 年户均耕地 5.38 亩。以人而论，情况大体上也是如此。如广东南雄府，1522 年人均耕地 46 亩，同年，广东雷州府，人均耕的仅为 1 亩。广西南宁府永淳县，1522 年人均耕地 99 亩，同年福建延平府永安县人均耕地仅 1 亩。差别之大，也是显而易见的。

如果把明代华南地区的耕地总数、户均耕地数和人均耕地数与其他布政使司或全国的情况加以比较，我们可以发现明代华南的耕地总面积、户均耕地面积和人均耕地面积普遍偏低。洪武二十六年（1393），十三布政使司有田 6 655 849.65顷，广东居第 8 位，福建第 9 位，广西第 11 位。弘治十五年（1502），十三布政使司有田 5 148 164.53 顷，福建居第 8 位，广西居第 10 位，广东居第 11 位。万历六年（1578），十三布政使司有田 7 013 976.28 顷，广东居第 8 位，福建第 10 位，广西第 11 位[①]。有明一代，华南各布政使司的垦田数在十三布政使司中所处的地位总是在第 8 位到第 11 位之间徘徊，说明福建、广东、广西始终是耕地面积较少的省份。明代华南户均耕地在 60 亩以下，人均耕地在 13.5 亩左右。这个数据低于十三布政使司的平均水平，也低于当时全国的平均水平。洪武二十六年，全国户均耕地 79.86 亩，人均 14.05 亩。十三布政使司户均 79.18 亩，人均 13.9 亩。而福建户均 17.93 亩，人均 3.73 亩；广东户均 49.93 亩，人均 11.12 亩；广西户均 48.47 亩，人均 6.91 亩。弘治四年（1491），全国户均 68.34 亩，人均 16.69 亩。十三布政使司户均 71.43 亩，人均 12.3 亩。而福建户均 26.71 亩，人均 6.42 亩；广东户均 15.47 亩，人均 3.98 亩；广西户均 23.46 亩，人均 6.43 亩[②]。万历六年全国户均耕地 66.04 亩，人均 11.56 亩。十三布政使司户均 86.31 亩，人均 15.3 亩。而福建户均 26.05 亩，人均 7.72 亩；广东户均 48.4 亩，人均

① 梁方仲：《梁方仲经济史论文集补编》，郑州：中州古籍出版社，1984 年，第 80 页。

② 弘治四年十三布政使司田地数据未保存下来，用弘治十五年数据代替。

12.59 亩；广西户均 42.99 亩，人均 7.93 亩。造成这种状况的原因，主要是华南地区山多地少，耕地面积受到自然条件的限制。当然，华南地区土地开发较晚，总体垦殖指数较低也是其中的一个因素。

四、开发力度较大的区域

虽然明代华南地区人均耕地较少，低于当时十三布政使司的平均水平，也低于当时全国的平均水平，但从华南地区土地开发的历史来看，其速度却是惊人的。可以说，明代华南地区的土地开发有了较大的发展。当然，由于种种原因，明代华南地区各地土地开发的力度是不同的。比较而言，开发力度较大的区域，当首推广东，其次是福建，广西的开发力度相对较小。

广东布政使司所辖各府的土地开发在明代以前不如福建，尚有较大的潜力。有明一代，广东人口增加，土地开发的步子迈得很大。正如司徒尚纪先生所说：明代的广东，在自己的开发史上揭开了新的一页，“有许多昔日的莽莽荒原被辟为耕地，种上各种庄稼”[①]。据文献记载，广东在洪武二十六年（1393）有耕地 237 340.5 顷，万历六年（1578）有耕地 256 865.1 顷。185 年间耕地增加了 19 524.6 顷。万历六年以后，广东耕地又有增长，到万历二十八年（1600），达到 32 万顷以上[②]。在广东所属各府中，潮州、惠州、高州、廉州、琼州、韶州耕地面积都有较大增长。如明代后期潮州府比前期增加了 6977 顷。惠州府增加更多，达 23235 顷，比明前期翻了一番。琼州府增加 16 897 顷，万历十年的耕地数相当于洪武二十四年（1391）的 185%[③]。不言而喻，这些地方土地开发的力度是比较大的。但比较而言，广州府的土地开发更快一些，特别是珠江三角洲地区的土地开发，更具有代表性。

珠江三角洲位于广州府中南部，包括南海、番禺、顺德、香山、新会、恩平、开平、高明、四会、从化、增城、东莞、新安等县，总面积约 3 万多平方千米，具有得天独厚的自然条件。这个地区的土地在明代以前已得到广

---

① 司徒尚纪：《岭南史地论集》，广州：广东省地图出版社，1994 年，第 9 页。

② 康熙《广东通志》卷 9，康熙三十六年（1697）刻本。

③ 万历《广东通志》卷 41《潮州府》，明万历二十七年（1599）刻本；万历《广东通志》卷 36《惠州府》，明万历二十七年（1599）刻本；万历《广东通志》卷 59《琼州府》，明万历二十七年（1599）刻本。

泛开发[①]。明代土地开发的特点是扩大围垦，与江、河、海争田。所谓“围垦”即是在河滩、海涂或沼泽地带筑堤建闸，挡水排盐，改良土壤，垦辟农田。明代西江三角洲、北江三角洲和东江三角洲均已形成，珠江三角洲不断向南推移，大量的河滩、沼泽露出地面，成为可被利用的荒滩。此外，可资利用的海边滩涂面积也有所扩大。在这种情况下，生活在珠江三角洲一带的地主、农民纷纷出动，竞相围垦，使珠江三角洲进入了土地开发的新阶段。据文献记载，各地建围极多，大小不一。如洪武年间，在“桑围园”中建“鸡公围”、“东洲围”，堤长 560 多丈。嘉靖年间建“东方子围”，护田 66 顷。崇祯年间建“大成围”，护田 28.67 顷[②]。按《珠江三角洲农业志》第二册《珠江三角洲堤围和围垦发展史》所提供的材料统计，在明代 270 多年间，珠江三角洲至少修筑了 180 多条堤堰，其总长度约 735 千米，捍卫耕地达 10 000 余顷。在大量围垦荒滩的同时，围海造田的活动也在加紧进行。据估计，当时广州府围海造田的数量也在 10 000 顷以上。

福建山多地少，耕地紧张，要扩大耕地面积有较大的难度。尽管如此，明代福建有好几个府的耕地面积都有不同程度的增加。福州府在明代后期比前期增加了 373.51 顷，建宁府增加了 1712 顷，兴化府也有所增加。邵武府明后期田地数比前期减少了 150 多顷。但嘉靖《邵武府志》卷 6《水利》条中却有“四境山多田少，至垦丘陵，辟崔嵬，以艺稼穑”。这说明田地数字下降可能是官吏隐瞒或统计失误造成的。漳州、泉州等府留下的统计数字不全，缺乏对比资料。不过从当时的某些记载来看，土地也得到了一定程度的开发。嘉靖年间，有人谈论泉州府的田地情况时说：“虽岭限海带，越在遐徼，如吾泉州之为郡，亦且生齿蕃殷，地力竭作。谷深山阻，崎岖而曲折，皆有保聚之民，垦辟之壤”[③]。漳州府“田家毕力从事污邪，即高丘悬崖，可辟而亩”[④]，不少高山亦被开成农田。《漳浦志》载：“今深山中巅崖，皆开垦种艺，地无旷土，人无遗力”[⑤]。可见这些地方土地开发的力度也比较大。

① 卢子荟：《珠江三角洲农田开发史》，《中国农史》1988 年第 2 期，第 27—32 页。

② 曾昭璇：《岭南史地与民俗》，广州：广东人民出版社，1994 年，第 171—173 页。

③ （明）王慎中撰：《遵岩集》卷 9《余柏坡公平寇兴学记》，上海：上海古籍出版社，1993 年。

④ 光绪《漳州府志》卷 46，清光绪三年（1877）刻本。

⑤ （清）顾炎武撰：《天下郡国利病书》卷 94《漳浦志》，黄珅等校点，上海：上海古籍出版社，2012 年。

五、耕地的基本布局

如上所述，明代华南各地在不同时期耕地面积是不完全相同的，这是问题的一个方面。另一方面，明代华南各布政司、府、县的耕地也是多寡不一。就布政司而言，广东的耕地最多，有明一代，一般保持在 23 万—30 万顷。其次是福建，保持在 13 万—14 万顷。再次是广西，保持在 9 万—10 万顷。就府、县等行政建置而言，有些府、县田耕地很多，达数十万亩，有些府、县田地很少，才数万亩，甚至少到数千亩。这说明，明代华南各地耕地的分布是不平衡的。

从现有田地数据来看，华南各府的耕地数字在有明一代曾达到 400 万亩以上的有广州、惠州 2 府。达到 300 万亩以上的有肇庆、柳州、琼州、潮州、梧州 5 府。达到 200 万亩以上的有建宁、福州 2 府。达到 100 万亩以上的有高州、汀州、雷州、延平、南宁、邵武 6 府。达到 50 万亩以上的有南雄、浔州、韶州、廉州、平乐 5 府。庆远府始终未超过 50 万亩。

各县耕地面积的差别也很明显。耕地曾达到 200 万亩以上的县有 1 个，即广州府的南海县。达到 100 万亩以上的县有 5 个，即韶州府的乐昌县，广州府的东莞县、番禺县、新会县，以及肇庆府的高要县。达到 50 万亩以上的有 21 个县。即广东惠州府的归善、海丰、博罗，广州府的增城，潮州府的揭阳、潮阳、海阳，肇庆府的德庆、阳江，南雄府的保昌，雷州府的海康，琼州府的琼山；福建兴化府的莆田，福州府的福清，建宁府的浦城、建阳；广西桂林府的全州、永福、阳朔，南宁府的永淳、宣化。达到 30 万亩以上的府有 31 个。即广东广州府的三水、清远、香山，肇庆府的四会、新兴、泷川、高明，廉州府的合浦，琼州府的文昌，潮州府的饶平，雷州府的遂溪、徐闻，韶州府的曲江，惠州府的龙川、河源、长乐；福建邵武府的邵武县，建宁府的建安、崇安、瓯宁，兴化府的仙游，汀州府的长汀，漳州府的龙溪，福州府的古田；广西梧州府的苍梧、郁林、藤县、博白，柳州府的融县，桂林府的兴安和灵川。达到 10 万亩以上的有 13 个县。即广东潮州澄海，肇庆阳春，广州龙门，惠州永安，琼州儋州；福建汀州宁化，福州闽县，漳州龙岩、漳浦，延平尤溪，泉州惠安；广西梧州北流，浔州桂平。少于5万亩的县有13个县。即广西柳州府的怀远、迁江、洛容，平乐府的平和、永安、修仁，庆远府的河池、天河，广东韶州府的乳源，琼州府的感恩、昌化、陵水及福建建宁府的寿宁。少于1万亩的县有庆远府的荔波等。

如果我们把明代华南各府的耕地数字和各县的耕地数字综合一下，即可看出明代华南耕地最多的府是广州府，耕地在7万顷以上，最多时达到10万顷。其次是惠州府、肇庆府、柳州府、琼州府、潮州府、梧州府，耕地都在3万顷以上。再次是建宁府、福州府，耕地在2万—3万顷。耕地最少的府是雷州府，最少还不足300顷。其次是庆远府、平乐府、南宁府、韶州府、廉州府、南雄府等，耕地均少于1万顷。耕地最多的县是广州府的南海县，有田26 000多顷，其次是韶州乐昌、广州东莞、广州番禺、肇庆高要等，耕地均在1万顷以上。耕地较少的县是庆远荔波、韶州翁源、柳州怀远、迁江、洛容、平乐永安、韶州乳源等，耕地都在300顷以下①。这说明，明代华南的耕地主要分布在今广东珠江三角洲、潮汕平原、东西江中下游、海南岛、福建闽江流域及广西北部一带。今广东北部、福建西北部和广西大部是明代华南耕地面积较少的地方。

耕地的多少与自然条件有关，与土地开发的力度也有很大的关系。一般说来，山区里耕地少，平原上耕地多；开发力度小的地方耕地少，开发力度大的地方耕地多。这是常理，毋庸赘言。珠江三角洲、潮汕平原、东西江中下游地区、海南岛、闽江流域和广西北部一带耕地之所以较多，是因为这些地方地势较为平坦，可耕地本身较多，在明代又得到了较大的开发。至于广东北部和广西大部耕地面积较少，则主要是因为这些地方地形复杂或开发不足。明代福建的垦殖率在7.4%—8.1%，广东的垦殖率在7.8%—8.5%，广西的垦殖率在3.1%—3.4%。垦殖指数最高的地方是福建兴化，为22.64%。其次是广东南雄，为15%左右。此外，广东肇庆、潮州、雷州三府，福建福州、建宁、邵武三府的垦殖率也比较高。

---

① 以上数据，参弘治《八闽通志》、康熙《福建通志》、万历《广东通志》、雍正《广东通志》、嘉靖《广西通志》、万历《广西通志》、康熙《广西通志》及天一阁所藏明代华南方志。

六、耕地的主要类型

华南地区地貌复杂，自然条件有一定的特殊性。华南人在开发土地的过程中因地制宜，创造出了许多富有地方特色的土地利用方式，从而形成了一些不同的耕地类型。明代人在统计耕地时，一般将耕地分为“田”、“地”两种。如万历《建宁府志》卷13载：弘治五年，建宁府“官田地山塘园通共一千五百一十八顷五十四亩九分五厘二毫。内田一千四百八十三顷一十六亩一分八厘八毫，地一十七顷三十五亩一分六厘四毫……民田地山塘园二万五千三十顷三十八亩八分三厘五毫。内田二万二千六百二十九顷七十三亩六分二厘八毫，地七百六顷七十二亩七毫”。这是大的分类，实际上“田”和“地”分别包括一些不同类型的耕地。比如，福建漳州府所属各县的耕地有“洋田”、“山田”、“洲田”、“埭田”、“海田”五种①。广东广州府香山县耕地有“坑田”、“旱田”、“洋田”、“咸田”、“潮田”五种②。广西的耕地亦有“大堰田”、“小堰田”、“车灌田”、“塘水田”、“泉水田”和“旱田”等不同名目。当然，这些耕地都可归纳到水田和旱地两个大类中去。

水田是华南地区最主要的耕地类型。明代华南各地水田主要分布在江河沿岸、冲积平原、洪积平原、海积平原及山间盆地，名目繁多，不一而足，概括起来主要有洋田、围田、沙田、垌田、涂田、柜田、架田和圃田等。

洋田是分布在大河中下游平原上的水田。顾炎武在《天下郡国利病书·漳州府》条中说：“平旷沃衍，恒得水泉灌溉者为洋田”。屈大均在《广东新语·地语》中说：洋田分布于“沃野平原，以得水源之先者为上。”可见洋田是土壤肥沃，灌溉条件很好的耕地。明代华南的洋田多在珠江、韩江、闽江等大江大河的三角洲地带，面积相当广大，在当时的各种水田中占有很大的比重，是当时华南最主要的耕地形态之一。

围田是在大江大河下游的冲积平原、三角洲平原或海滩上开辟的有围堤环绕的水田。冲积平原、三角洲平原和海滩上的土地容易受到洪水或海潮的侵袭。“筑土作围以绕田地”，可以防止水灾，保证丰收。因而从唐代开始，

① （清）顾炎武撰：《天下郡国利病书》卷94《漳州府·田赋》，上海：上海古籍出版社，2012年。
② （清）屈大均：《广东新语》卷2《地语·沙田》，北京：中华书局，1997年。

华南人即有修筑围田之举①。明代华南的围田越来越受到人们的重视。“高田处堰堤，低田用圩岸”② 已成为当时土地开发的常规。在广东，“围垦进入高潮”，围田“成为河谷平原地区的主要土地类型”③。珠江三角洲一带出现的规模较大的围田有南海县的良凿围、筲尻围、波湾围、茶步围、良安围，顺德县的白驹围、大成围、大洲围，新会县的天河围，清远县的石角围、长岗围，高要县的景福围、丰乐围等。总面积达1万顷以上。围田土壤肥力较高，是种植水稻的理想场所。明人王圻对围田评价很高，他在《三才图绘》中说：围田可旱涝保收，“虽有水旱，皆可救御。凡一熟余，不惟本境足食，又可赡及邻郡，实近古之上法，将来之永利，富国富民，无越于此”。

沙田是在三角洲新冲积成的平原、洼地上开辟的水田。这种田地并不是因为土质多沙而得名的。明人王圻曾对沙田进行过解释。他说：沙田“或滨大江，或峙中洲，四围芦苇骈密以护堤岸。其地常润泽，可保丰熟”，“或中贯湖沟，旱则平溉；或傍绕大港，涝则泄水。所以无水旱之忧，故胜他田也。”④ 沙田一般位于三角洲的前沿地带，远离村镇而靠近大海。“农以二月下旬偕出，沙田上结墩。墩各有墙栅二重以为固。其田高者牛犁，低者以人秧莳。至五月而毕，名曰田了，始相率还家”。“七八月时，耕者复往沙田塞水，或塞簖箔，腊其鱼、虾、蟮、蛤、螺、蛙之属以归……禾既获，或贮墩中，或即舟载以返。盛平时，海无寇患，耕者不须结墩，皆以大船载人牛，合数农家居之”⑤。沙田的大量出现，是明代华南土地开发的新动向。沙田种植的关键在于排水防咸。各地沙田因开辟时间有早晚的差别而有高沙田、中沙田和低沙田，但均以种稻为主，人工植被景观基本上是相同的。

垌田是分布在盆地、丘陵、台地上的水田。这种田地在华南出现较早，到明代已经具备了相当的规模，大抵福建、广东、广西各地均有分布。由于这种田地地势较高，因而引水灌溉具有重要的意义。可以说，明代华南各地的大部分灌溉工程都是配合垌田而修建的。垌田的质量一般不如洋田、围田和沙田，但数量大，分布广，因而也比较重要。直到现在，垌田仍是华南地

---

① 曾昭璇：《岭南史地与民俗》，广州：广东人民出版社，1994年，第134—140页。
② 嘉靖《广东通志》卷26，明嘉靖四十年（1561）刻本。
③ 司徒尚纪：《广东文化地理》，广州：广东人民出版社，1993年，第83页。
④ （明）王圻、王思义：《三才图绘·地理》卷16，上海：上海古籍出版社，1988年。
⑤ （清）屈大均：《广东新语》卷2《地语》，北京：中华书局，1997年。

区比较重要的耕地类型之一。

涂田在有些地方被称作“埭田”或“潮田”，是在海滩上筑堤围海而开辟的水田。潮水所泛泥沙积于滩涂，面积大小不等，上有碱草丛生，经过改造可以耕种。涂田“初种水稗，斥卤既尽，可为稼田”。涂田很容易受到海潮的破坏，故涂田开成后，一般在“海岸筑壁或树立椿橛以抵潮泛”。这种田地也易受到旱灾的威胁，故多在田边“开沟以注雨潦。旱则灌溉，谓之甜水沟”。据说涂田产量相当可观，“其稼收比常田利可十倍”。

柜田在形制上与围田相似，但规模比围田要小。这种田地有一定的优越性，“便于耕莳，若遇水荒，田制既小，坚筑高峻，外水难入，内水则车之易涸”。可种植生长期较短的水稻以及各种果树杂粮，可以取得较好的经济效益，因而成为比较常见的土地景观。

架田即葑田。其法“以木缚为田丘，浮系水面，以葑泥附木架上而种艺之。其木架田丘随水高下浮泛，自不淹浸”。架田古已有之，不自明始，但在明代得到了推广。明代华南地区耕地较为紧张，人们在不断围垦的同时，也注意到发展架田，因而江边湖岸常有架田出现。架田一般种植生长期短、产量高的优质水稻。但这种田地面积极小，故在华南的土地类型中所占比重很小。

圃田是种植蔬菜水果的田地，因常需浇水，故亦归入水田之列。随着城市和商品经济的发展，明代华南圃田有扩大的趋势。圃田与其他田地有所不同，“其田缭以垣墙，或限以篱堑”，实行精耕细作。“外周以桑，课之蚕利，内皆种蔬。先作常生韭一二百畦，莳新菜二三十种，惟务多取粪壤，以为膏腴之本。虑有天旱，临水为上；否则量地凿井，以备灌溉。地若稍广，又可兼种麻苎果谷等物，比之常田，岁利数倍”。

华南地区的耕地以水田为主，但因华南多山，旱地也占有相当的比重。现在福建旱地面积占耕地总面积的19.2%；广东旱地面积占耕总面积的25%。[①] 明代的情况大体上也是如此。从有关资料来看，明代华南的旱地主要有坡地、梯田和山栏地等。坡地数量不小，但资料不多。这里只简单地讲一下梯田和山栏地。

---

① 童万亨主编：《福建农业资源与区划》，福州：福建科学技术出版社，1990年，第3页；《中国农业全书·广东卷》编辑委员会编：《中国农业全书·广东卷》，北京：中国农业出版社，1994年，第8页。

梯田是在山坡上按照等高线开辟的阶梯状田地。严格地讲，梯田并非都是旱地，其中有相当一部分还是水田。因为梯田修在丘陵和高山上，旱地居多，故列入旱地类中。《三才图绘·地理》卷16载：

> 梯田谓梯山为田也。夫山多地少之处，除磊石及峭壁例同不毛，其余所在土山，下自横麓，止至危巅，一体之间，裁作重磴，即可种艺。如土石相半，则必叠石相次，包土成田。又有山势峻极，不可展足，播殖之际，人则伛偻，蚁沿而上，耨土而耕，踏坎而耘。此山田不等，自下登陟，俱若梯磴，故总曰梯田。上有水源，则可种秫粳。如止陆种，亦宜粟麦。盖田尽而地，地尽而山。山乡细民必求垦佃，犹胜不稼。其人力所致，雨露所养，不无少获。

这段话对梯田做了很好的概括。明代以前，华南地区就已经有了一定数量的梯田。明代在开发山区的过程中，梯田的面积较前代有了明显的扩大。这一点在前边已经有所涉及，此处不再赘述。

山栏地即畲田，是华南少数民族地区常见的一种土地类型。畲田起源甚早，初期实行“刀耕火种”。唐宋文献中均有对畲田的记载。明代华南少数民族地区有了较大发展，畲田的数量随之增加。在耕作方法上，有些地方仍然保留着“刀耕火种”的传统。如明人顾岕在《海槎余录》中讲：“黎俗，四月晴霁时，必集众砍山木，大小相错，更需五七日，酷烈则纵火，自上而下，大小烧尽成灰，不但根干无遗，土下尺余，亦且熟透矣。徐徐转锄，种棉花又曰贝花。又种旱稻，曰山禾……连收三四熟，地瘦，弃置之，另择它所。”但许多地方已改修梯田，不再用这种方法耕种。这种转变是少数民族地区农业发展的一个标志。

综上所述，有明一代华南各地都在不同程度上进行了土地开发。但由于自然因素和社会因素的影响，明代中期与前期的情况不同，明代后期与中期的情况也是不同的。从垦田面积来看，广州、惠州、肇庆、柳州、琼州、潮州、梧州等府耕地较多，而庆远、雷州等府耕地很少。就垦殖指数来说，福建的垦殖率在7.4%—8.07%，广东在7.82%—8.46%，广西在2.88%—4.84%。广东布政使司土地开发的力度最大。福建、广西的一些地方也得到了不同程度的开发，但两省的田地总面积却在不断缩小。有明一代，华南各地耕地的分布是不平衡的，珠江三角洲、潮汕平原、东西江中下游地区、海南岛、闽江流域和广西北部一带耕地较多，其他地方相对较少。这些耕地都可归纳到水田和旱地两个大类中去。水田是华南地区最主要的耕地类型，旱地也占有相当的比重。明代华南地区的土地开发状况，是明代华南地区农业的晴雨表，也在一定程度上反映了当地人与自然的关系。

原载（《中国历史地理论丛》2000 年第 4 期、
《中国农史》2000 年第 2 期）

明代华南水利事业的发展

华南地区是重要的农业区域，一方面，农业生产以经营稻田为主，需要引水灌溉。另一方面，华南地区依山面海，不少地方容易遭受水灾，又是水患比较严重的地方，需要防洪排涝。故水利建设在华南农业中占有极为重要的地位。华南地区的水利事业在唐宋时期就有一定的进步。到了明代，随着华南地区的经济开发，水利事业又有了新的发展。但由于各地的自然条件不尽相同，社会环境有所差异，加之对水利建设的投入有多有少，因而水利事业的发展是不平衡的。

一、福建地区的水利建设

福建地区“负山滨海，平衍膏腴之壤少，而崎岖挠确之地多；民之食出于土田，而尤仰给于水利”①。从文献记载来看，福建布政司所属八府五十余县在明代都曾修建过一些不同类型的水利工程。这些水利工程主要分布在福州、兴化、泉州、漳州等“南四府”和“北四府”中的建宁府，其余各府的水利建设则相对滞后。

（一）闽东南地区的水利建设

福州府地处闽江下游三角洲地带，水利建设多与闽江有关。明人所谓“建溪南输，福人赖之”②，说的就是这种情况。据不完全统计，福州明代兴

① 弘治《八闽通志》卷20，北京：书目文献出版社，1998年影印本。

② （明）王世懋：《闽部疏》，台北：成文出版社，1975年影印本。

建的水利工程达800余处[①]。其中闽县有渠、浦198处，溉田3600顷。侯官有渠、浦、堰73处，溉田数千顷。长乐有湖、塘、陂、堰104所，溉田2803顷。福清西北阻山，东南滨海，有水利工程263处，最重要的水利工程是天宝、祥符二陂。连江土地肥沃，有水利工程131处。罗源四面皆山，独东方阻海，多山少田，其水源可资灌溉者亦不少，有塘坝渠23处。古田居万山之中，舟楫不通，民间筑陂，多用竹木作圳，引水蓄以灌田。闽清濒临剑江，万山环之，水利有赖于山泉。永福县处万山之中，水利主要靠溪河灌溉。

兴化府位于福州西南，山川秀美。所辖莆田、仙游二县虽无大江大河，但都比较重视水利建设。莆田县靠海，所修水利工程极多。其中木兰陂、延寿陂、使华陂、南安陂、太平陂等重要工程相当有名。仙游县居万山中，“农所资者惟取涧泉岩溜以为灌溉，遇高则堰之……遇低则陂之”[②]，所修陂塘不少，但规模一般都不大，溉田往往在十几亩到几十亩。其中西塘工程最大，其次是沿贤陂，溉田数千亩。

（二）闽南地区的水利建设

泉州府“山薄无泉，海近易泄，故其地喜雨而恶旱”[③]，尤其注重农田水利。水利工程主要分布在离晋江、洛阳江和大海较近的晋江、南安、惠安、同安四县。晋江县在明代兴建规模较大的水利工程有东湖、尚书塘、青埔埭、白衣埭、天水淮、龙湖、龟湖、烟浦埭、永丰埭、留公陂等。东湖水面较大，溉田950余顷。龟湖长1800多丈，溉田3800多亩。南安县的水利工程主要集中在县西和县北。著名的工程是位于该县南部的万石陂等，可溉田万余顷。惠安县有陂、塘、埭368处。同安县水利工程也不少。县东南有湖、塘、埭、陂16处，县西南118处，县西110处，县北63处，县东北33处。

漳州府有漳江和柳营江等天然河流，水资源比较丰富。明代修建的水利工程主要分布在该府南部的龙溪、漳浦、海澄、南靖、长泰、平和、诏安诸县[④]。龙溪县有陂、塘、埭、港数百处。漳浦县有陂、塘、埭、港90余处。海澄县所建陂塘甚多，较大的水利工程有月港、广济陂、太保陂、内溪陂、

① 弘治《八闽通志》卷21—22《食货·水利》，北京：书目文献出版社，1998年影印本。
② 民国《福建通志·水利志》卷2，民国27年（1938）刻本。
③ （明）王世懋：《闽部疏》，台北：成文出版社，1975年影印本。
④ 民国《福建通志·水利志》卷3，民国27年（1938）刻本。

岩桥陂等。南靖县筑有雁塔酸、新寨圳和新河等。长泰县有颜甫陂、黄蜡陂等。平和县有潮潭陂等水利工程数10处。诏安县有新陂、溪东陂等，溉田4000余顷。

（三）闽东北地区的水利建设

建宁府地处福建东北部，襟山束水，溪泉颇多，“不甚虞旱”①。该地开发较早，具有重视水利的传统。在明代，府属各县均有水利工程。据统计，浦城县的陂、塘最多，达500余处。其次是建安县252处，松溪县140处，崇安县72处，政和县45处，建阳县41处，瓯宁县32处。全府共有大小水利工程1000余处，在福建北四府中居于首位。在建宁府所属诸县中，浦城县的水利建设是最值得称道的。该县不过是华南的一个普通山区县，但在官方的提倡和人民的努力下，水利建设相当发达。

邵武府在明代中期有水利工程427处，灌田1 236.94顷②。明代末期，工程数量略有增加。终明之世，邵武县有陂塘133处，灌溉面积达827.9顷。其中灌田20顷以上的即有美蓉陂、灌陂、洒溪陂、大陂、饶家陂、神公陂、官田窠口陂；而桃溪陂可灌40顷；鸣山陂、傅家坊陂灌50顷。泰宁县有陂泉32处，溉田近90顷。建宁县有陂泉111处，灌溉田地165.2顷。

（四）闽西地区的水利建设

延平府地跨福建南北两大山系，在明代辖南平、将乐、沙县、尤溪、顺昌、永安、大田七县。嘉靖年间，延平府有陂67处、圳47处、坝30处、塘3处、坑5处、渠1条③。其后又有兴作。到明代末期，南平县有圳、坝、陂74处。顺昌县仅10余处。将乐县有陂、圳、塘80余处。沙县有陂、圳、坑50余处。尤溪县田地，“大半依山，全资竹枧，截竹为筒，接引山泉灌溉。故陂塘甚少，而圳坝绝无”④。全县有陂1处、坑19处。永安县西北近溪高田，全靠山泉引溉，没有陂塘，县东只有万历年间修建的千金陂。

汀州府地当闽西，山重水迅，修建水利工程有一定的难度。明代中期，长汀县有陂7处、上杭县3处、武平县1处、清流县51处、连城县27处、

---

① （明）王世懋：《闽部疏》，台北：成文出版社，1975年影印本。
② 嘉靖《邵武府志》卷6《水利》，《天一阁藏明代方志选刊》，1964年影印本。
③ （明）《延平府志》卷3，《天一阁藏明代方志选刊》，1964年影印本。
④ 民国《福建通志·水利志》卷5《延平府·尤溪县》，民国27年（1938）刻本。

归化县 2 处、永定县 4 处[①]。明末变化不大，比较重要的水利工程有长汀县的东堤和宁化县的蔡家陂等。

二、广东地区的水利建设

广东农业颇为发达，尤其在珠江三角洲和三江沿岸，不少地方一年三熟，是农作物的主要产地。但“广东之田，广、肇患于水溢，高、廉患于旱乾，就中隰畛，又有高下肥瘠不等”[②]。因此，水利对广东来说是至关重要的事。在明代，广东的水利建设进入全方位、大规模的发展时期。在兴修水利的过程中，广东人民采用“平田用陂塘，高田用堰坝，低田用圩岸”的方法[③]，按照广东北高南低的地形，在山地、丘陵、台地、平原、河海修建了陂、塘、堰、堤等不同类型的水利工程，比较重要的水利工程达 1 166 处，其中堤围 350 条，陂 486 处，塘 131 处，主要分布在珠江流域、韩江流域和雷州半岛等地。珠江三角洲地区是水利最发达的地方。此外，粤东、粤北、粤西和雷琼地区的一些府县，水利事业也相当发达。

（一）珠江三角洲的水利建设

珠江三角洲是华南地区最大的平原。这个平原的大部分地方处于北回归线以南，属于热带气候，阳光充足，雨量丰沛，河网纵横，是华南经济最为繁荣的地区。珠江三角洲在历史上开发较早，农田水利素称发达。由于东江与西江、北江相会于此，上游如遇大雨，则三角洲易成泽国，所以平原地区的水利建设主要是筑堤围住河道，以防江水泛滥，淹没民居民田。明人区大伦说：“岭表诸郡，广肇独当西北二江之汇。西江远自夜郎，吞百川而东注，二郡受之。北江源庾岭，合浈湟诸水南下，三水、南海、四会、高要、高明受之。其民胥赖堤防以生。”[④]

据文献记载，明代珠江三角洲各县兴修堤围等水利工程的活动极为频繁。以肇庆府的高要县为例。该县在明代修建了 20 多个堤围，共障田 8000 余顷。

---

① 嘉靖《汀州府志》卷 3，上海：上海书店出版社，2014 年影印本。

② 嘉靖《广东通志初稿》卷 31《水利》，北京：书目文献出版社，1998 年影印本。

③ 嘉靖《广东通志初稿》卷 26，北京：书目文献出版社，1998 年影印本。

④ 道光《广东通志》卷 117《山川略・水利三》，上海：商务印书馆，1934 年影印本。

其中水矶堤、新江堤、的村堤、大榄堤、横搓堤、丰乐大围堤、大湾堤、罗郁堤和横桐堤都是规模较大的工程。有些堤围还进行过多次修复。如新江堤创修于永乐初年，周长3700余丈，捍田500余顷。内有7沟5窦。宣德四年（1429）鱼梁窦及堤决口50余丈。正统四年（1439）修复，并在湍水处布石15 600丈。万历四十二年（1614），水涨堤溃，当地百姓又予以修复。这种情况在珠江三角洲其他府县中也是很常见的。

明代珠江三角洲的堤围主要分布在广州府的南海、番禺、增城、东莞、顺德、新会、香山、三水、清远、从化和肇庆府的新兴、高明、高要、四会诸县。仅高要的水矶堤就长达35 400丈，保住农田7万余亩①。还有丰乐大堤，地跨高要、四会、南海三县，保田10多万亩。明代270多年间，珠江三角洲共筑堤围181条，总长220 400丈，比宋元两朝400年建的堤围116 550丈还多长出10.38万丈，几乎多出一倍。较大的围堤有三处：第一处在西江羚羊峡以下西北江和绥江交汇地带，有高要县的景福围、丰乐围和头溪围，四会与三水之间的大兴围和灶岗围。第二处在北江干流和它的支流地区，有清远县的上围、中围、下围、石角围、长岗围，三水县的鸦鹊围、高丰围、古灶围，南海县良凿围、宵尻围、茶步围、波湾围、良安围，顺德县的南顺东围、南顺西围、白驹围等。第三处在甘竹滩附近，有高明县的古劳围，新会县的天河围，粉洞水两岸的堤围，顺德龙山的大成围、大洲围、龙江鸡公围，光华一带的马营围等。堤圩障田、灌溉面积很大。如南海县的42条圩岸，障田650余顷。顺德县的12条圩岸，障田4300余顷。三水县有基围19个，共灌田33 000余顷。

此外，各地修建的陂、塘、圳、沟、池、井、泉等到处都是。据《粤大记》卷29统计，万历年间广东有各种水利工程874处，而三角洲所跨3府14县就有193处，占全省的22％。这些水利设施，因地形而异："南海多下田，捍潦则为基围；番禺多高田，虞旱则为水车"。所修堤围多留有涵洞或小桥，称"窦"。陂塘多修于三角洲的丘陵地带，如明永乐年间乡民修建高明县罗塘陂时就凿石为圳，水流20里，灌田150余顷。嘉靖年间，该县人民又修建"荔枝陂，凿石为窦，引水灌田"。有些陂塘灌溉能力很强，如增城县7个大

① 道光《广东通志》卷116《山川略·水利二》，上海：商务印书馆，1934影印本。

陂和 2 个圩岸可灌田 9100 余顷。东莞县的 2 陂塘可灌田 33 000 余顷。当时灌溉率较高的县是增城、东莞、三水、高要，可达 80%以上，次为四会，占 65 %；再次为高明、番禺，可占 20 %，新会占 7.5%，最低的是开平、番山、清远，都在 5%以下。尽管各县有高低之差，但水利建设促进农业发展却无一例外。

（二）粤东地区的水利建设

粤东包括东江中上游和韩江流域的大部分地区，水资源比较丰富，但不易得到利用。在明代，粤东地区有两个府，即惠州府和潮州府。“凡三农皆藉溪泽以收灌输之功。水少则引之溉田，水多则泄之归海。于是乎岁无涝旱而田亦无荒废”①。水利最发达的地区首先是位于潮州府南部的海阳、潮阳、揭阳、饶平、惠来、海澄等县，其次是惠州西南部的归善、博罗、河源等县。莲花山及其西北诸县的水利建设则比较落后。

潮州南部地处韩江中下游地区。韩江是广东的第二大江，中下游流经著名的潮汕平原，河网密布，容易受到洪水的袭击：“潮州，濒海之郡也。负山而城，长江走其下，合汀漳梅州之水以入于海，而汀水尤悍。方其急潦，遏于海口，冲激浩瀚，弥望成壑，居民苦之。”② 唐代以来在这里修建了不少水利工程。明代对前代的水利工程进行了维修和扩建，并兴建了一些新的工程。影响较大的水利工程有海阳县的三利溪、潮阳县潮河工程、饶平县的阳公溪等。此外，揭阳在正德七年（1512）修建的堤防达 80 余里。揭阳、大埔二县的陂塘建设也颇有成就。揭阳县有陂 12 处，灌田 23 000 余亩。大埔县有陂 10 处，坑圳 15 处，共灌田 17 300 余顷。

惠州东南部位于东江两大支流的会合处，地势低下，常有水患，因此，修造堤堰显得比较重要。归善县在明代不仅对前代修建的北堤进行了扩建，而且还兴建了南堤。北堤始修于北宋治平年间（1064—1067）。景泰三年（1452）为提高防洪能力对将该堤改造成石堤。嘉靖十六年（1537）增筑桥堤。万历以后，又对该堤多次进行维修。南堤是宣德年间（1426—1435）由惠州知府东颜创修的，正德年间知府方良节曾对它进行改建。嘉靖二十七年（1548），推官方邦彦又予以增筑。崇祯十一年（1638）堤溃，知府梁招孟再

① 顺治《潮州府志》卷 1《水利考》，北京：书目文献出版社，1998 年影印本。
② 道光《广东通志》卷 116《山川略·水利二》，上海：商务印书馆，1934 影印本。

度修复。博罗县在明代对随龙堤进行了加固，并创修了学湖堤、榕溪堤、苏村堤等防洪排涝工程。河源县城南的周堤，系万历间知县周炳捐资所筑，后经惠州知府林国相等增筑加厚，“湖水永无泛溢”。当然，惠州诸县当时也曾营建过一些灌溉工程。平原、河谷地带多筑陂塘，如归善县筑陂塘 2 处、湖 3 处，灌田 200 余顷。博罗县筑陂 3 处、堤 4 条，共灌田 1200 余顷。山区则多用水车。如“明少宰杨起元于长宁沿溪作转水车，取水上渠，其渠大小五十余处”①。至于惠州府的其他县份，水利工程很少。“海丰、和平、长宁、永安四邑，作渠导水，不藉陂塘，而海丰东西南三面藉湖以济”②。

（三）粤北地区的水利建设

粤北韶州、南雄二府地处北江上游、南岭深处，群山起伏，耕地有限。为了提高粮食产量，也比较注重兴修水利。据明代方志记载，韶州府的曲江县有陂 50 处，共灌田 900 余顷。乐昌县有陂 50 处，共溉田 440 顷。仁化县有陂 35 处、圳 10 条、塘 9 处，灌田 330 顷。乳源县有陂 30 处，灌田 400 余顷。翁源县有陂 21 处、圳 5 条、塘 5 处，灌田 200 余顷。英德县有陂 1 处、坑 4 处、沟水 12 条，共灌田百余顷。南雄府的保昌县和始兴县曾修建过陂塘 25 处③。

（四）粤西地区的水利建设

粤西指广州、肇庆二府以西的地区。这一地区在明代范围较大，包括高州府、雷州府、廉州府和罗定州。在这些府、州中，水利最发达的地方是雷州府，其次是高州府和廉州府。

雷州府位于雷州半岛之上，三面环海，海潮和大台风常常会带来灾害，修建海塘对农业生产具有重要意义。早在宋代，雷州府即筑有海塘。明洪武四年（1371）雷州同知余麟、海康知县陈本和遂溪知县王渊协议，又在海康、遂溪两县东部沿海一带修成南北两条大堤，使该府万顷农田及民庐舍免罹风卤潮之患。除海塘以外，雷州各县还修建过一些其他类型的堤防，如海康县的西湖堤等。西湖堤在海康城西半里，宋绍兴年间知军事何庚创筑。明嘉靖间知府杨表、黄行可相继扩建。万历年间西闸为水冲决，署府事戴嘉猷重修，

① 道光《广东通志》卷 115《山川略 · 水利一》，上海：商务印书馆，1934 年影印本。
② 万历《广东通志》卷 35《惠州府 · 水利》，北京：中国书店，1992 年影印本。
③ 万历《广东通志》卷 32《南雄府 · 水利》，北京：中国书店，1992 年影印本。

伐石砌闸，后知府林恕又筑新堤，开五闸，保障了西湖周围农田的安全。

值得注意的是，明代雷州诸县还修建过不少陂塘和水渠。海康、遂溪、徐闻三县在洪武年间开凿的陂塘即有那耶阪、象骨陂、徒林陂、那多末陂、石奇阪、都贺陂、麻练陂、那蕴塘、柯四苟塘、都悲塘、那劳塘、潭车塘、古州塘、张熟塘、都典塘、曾古塘、调离塘、徒磊塘、那都流潭塘、那咏塘、平余塘、李家塘、保水塘等，灌溉面积将近万顷。到明代中期以后，又修建了一些新的陂塘，如东溪陂、特侣塘、石门塘等。

高州府和廉州府处于雷州半岛的东西两侧，但地形地貌颇不相同。高州“据丛山之中”，水源短缺[①]。廉州“高阜之地多，原隰之地少”。在明代，高州茂名县筑塘 15 处，修圩岸 8 条，障田 9000 顷；电白县筑陂 12 处，凿塘 18 处，灌田 200 余顷，修圩岸 4 条，障田 150 余顷；信宜县筑陂 10 处，凿塘 7 处、灌田 300 余顷；化州筑塘 23 处，修圩岸 8 条，障田 540 顷；吴川县筑塘 12 处，修圩岸 4 条，开水沟 3 条，灌田 300 余顷；石城县筑陂 17 处，凿塘 27 处，灌田 4 顷。[②] 合浦县在明代曾开凿平乐陂和大浪陂，并对白沙江进行了治理。平乐陂在合浦县平乐乡。大浪阪在县东 20 里，皆洪武时筑，“灌田甚溥”[③]。白沙江在合浦县东北 50 里，嘉靖十五年（1536），知府张岳令民筑坝 15 丈，截流灌田数百亩。廉州府在明代前期很少从事水利建设，明代中期才开始大量兴建水利工程，《广东通志》记载：“盖廉民不乐耕植，其天性云。平壤沃野往往弃之，况筑凿乎。自嘉靖间靖峰张公岳莅其地，广为陂池，教民稼穑，水时田畴之利开于张公者十常八九”[④]。罗定州在永乐年间也修建过中峒阪、大陂、连陂、黄村陂等工程，但规模都很小，溉田一般不超过 10 顷。

（五）海南岛的水利建设

海南岛在明代属于琼州府。明代以前，这里的水利事业不发达，干旱缺水的土地面积很大。明代重视水利，水稻种植面积扩大，不仅河谷及洪积扇地带种植水稻，就是高地，由于改进和运用水车，也都种上了产量较高的

---

① （明）李贤等：《大明一统志》卷 81《高州府》，西安：三秦出版社，第 9 册，1990 年影印本。
② 万历《广东通志》卷 51《高州府·水利》，北京：中国书店，1992 年影印本。
③ 嘉庆《嘉庆重修一统志》卷 450《廉州府·堤堰》，北京：中华书局，1986 年影印本。
④ 万历《广东通志》卷 53《廉州府·水利》，北京：中国书店，1992 年影印本。

水稻。

琼州府各州县在明代前期兴建的水利工程不少。到正德年间修建的水利工程就有 81 处之多①，其后嘉靖、万历年间又有续建。较大的水利工程有雄灵陂、梁陈陂、埋鹅陂、都陂、西关堤和南北沟等。雄灵陂在乐会县东南 15 里，溉田数十顷。明初筑。正统五年（1440）知县曹梅维修。梁陈陂在琼山县西南 60 里，元代所建，明洪武、正统年间重修，"水源不竭"。埋鹅陂在崖州南 1 里，宣德五年（1430）知州林献筑，溉田百余顷，成化年间知州徐琦扩建。都陂在崖州东北 10 余里，正统二年（1437）主簿梁正修，后崩。弘治元年（1488）知州林铎复筑，溉田千余亩。由于各州县条件不同，故而水利设施多少不一，受灌耕地所占比例也不相同。北部地区，可灌溉耕地面积比例一般在 2%以下，只有琼山条件较好，约占 22 %，大小工程 19 宗，占全岛总数 27%，灌溉面积达 18 万亩。比例最高的是万州、崖州和儋州，分别占 85% 、84%和74 %②。这三州所占比重高，是因为泉多田多。而其他各处较差，是远江田少之故。

三、广西地区的水利建设

广西布政司在明代辖 10 余府，30 余州，50 余县，除少数偏远的州县外，大部分地方也都修建过一些水利工程。据明人黄佐《广西通志·沟恤志》记载：明代广西各地修建的陂、塘、堰、坝数以千计，重要的水利工程主要分布在桂北和桂东的一些府县，桂南和桂西地区的水利工程相对较少。

（一）桂北地区的水利建设

桂北地区主要包括桂林府所辖诸县，是明代广西水利最发达的地区。在明代 276 年间，桂北地区的水利建设呈现出蓬勃发展的态势。

明代桂北地区水利的发展首先表现在对灵渠等著名大型水利工程进行了维修和改造。灵渠位于广西兴安，是秦代开凿的著名水利工程。川、陕水利工程只重灌溉，而灵渠更兼行舟运输，由长江，经洞庭，溯湘江，过灵渠，船可顺漓江而下，由两江入海。这条水路的咽喉就在灵渠。从发展农业的角

① 正德《琼台志》卷 7《水利》，上海：上海书店出版社，2014 年影印本。

② 康熙《广东通志》卷 9，康熙三十六年（1697）刻本。

度来看，灵渠的灌溉效用，更对桂北的农业至关重要。所以，明代曾6次整修灵渠①，使灵渠又具备了通行漕船的能力，“漕运悉通”②，在农田灌溉和交通运输方面都发挥了较大的作用。

除对灵渠进行较大规模的改造以外，桂北诸县还修建了一些比较重要的堤、堰、陂、塘。兴安县的昌陂就是其中之一。明人唐义济《昌陂记》云：“南乡素称易治，有昌陂焉，溪深而阔，先民筑之，溉远近田百余顷。每春水泛涨，势不能支，陂石随波而荡。”永乐年间，赵清举任户部郎中，奏准修筑，“回澜障川，田畴滋润”③。临桂县有相思埭、西湖、灵陂、湖塘等30余处，湖塘在府城东15里，“其相近又有龙塘，二塘相通，阔数百余亩，深十余丈。其旁又有润塘、耿塘，灌溉亦甚广。又沙塘在府城西十五里，石家塘在府南，俱利灌溉”④。兴安县在灵渠灌区有蓄水堰坝50余处，函10处，又有昌陂、沿潭陂、赵家陂、观陂等陂塘多处，灌溉全县田地。灵川县有陂20余处，又有莲花塘、黄花塘和南北二堰以通灌溉。阳朔县有灵陂、神陂，“县西群山环列，溪涧涂流，储而为塘，其得名者以数十计”⑤。

（二）桂东地区的水利建设

桂东包括梧州府、浔州府和平乐府的大部分地区，有浔江及其支流桂江、北流江等，水资源相当丰富。梧州府“地总百粤，山连五岭”⑥，在明代辖苍梧、岑溪、怀集等10县，有陂塘堤洞80余处。地处“三江口”的苍梧县河流众多，“江水之可以筑陂架车资灌溉者六：其流入桂江者为思良江，城北二十里，灌田八十余顷。为龙江，城西北五十里，灌田四十余顷。其流入大江者为长行江，城西南三十里，灌田九十余顷。为东安江，城东北四十里，灌田三十余顷。为须罗江，城西南六十里，灌田九十余顷。为安平江，城西七

---

① 《明实录·太祖实录》卷247洪武二十九年九月丙辰条，台北：“中央研究院”历史语言研究所，1962年影印本。

② 《明史》卷151《严震直传》，北京：中华书局，1974年标点本，第4175页。

③ 嘉庆《广西通志》卷117《山川略·水利一》，嘉庆六年（1801）刻本。

④ （清）顾祖禹：《读史方舆纪要》卷107《广西二·桂林府》，光绪二十六年（1900）图书集成局铅印本。

⑤ （清）顾祖禹，《读史方舆纪要》卷107《广西二·桂林府》，光绪二十六年（1900）图书集成局铅印本。

⑥ （明）李贤等：《大明一统志》卷84《广西·梧州府》，西安：三秦出版社，第10册，1990年影印本。

十里，灌田七十余顷”[①]。另有沙村、石塔等陂10处。藤县的水利工程多称之为“洞”，“莲洞，城西六十里，四十三都上岸下岸田亩并资灌溉。双洞，城西八十里，四十六都平峒新村姚村马塘栗塘等处田亩并资灌溉”。有些水利工程的灌溉面积较大，如郁林州灌溉面积达100顷以上的水利工程即有三山陂、都毫陂、银水陂、河埠陂、林陂、锦陂等数处。浔州府在梧州府之西，位于郁江和黔江的交会处，大江河也比较多。桂平县水利多称某某“冲口”，“大容山分九十九涧，水之流入邑境者，东灌罗秀，南灌中都，其利最广。下秀里之田，水源发于白石山。西乡永和赵甫武平等里，则藉西山涧水灌之。北之大宣一二里有紫荆朋化两山水流入灌溉。其余高亢无源者，每设塘窝，桔槔之力居多”[②]。平乐府位于梧州之北，辖平乐、恭城等7县。明代平乐县筑有木良塘、龙头堤等重要工程。恭城县修有河头堰、千家堰。富川县有陂27处，塘19处。贺县“上六里水为贺江，自富川长流而下，沿河之田架车灌溉，水田居半。中六里水为临江，源自桂岭，流入居民塞坝灌田，一邑禾谷多半产此。下六里水源出深冲、南木等处，与东粤相连，田禾两熟”[③]。其余各县或多或少亦有水利工程。

（三）桂南地区的水利建设

桂南地区主要指以南宁府为中心的邕江流域。南宁府宣化县在明代修筑堰坝颇多，又有陂10余处。其中铜鼓陂较为有名。铜鼓陂在宣化县城北二十五里，永乐二年（1404）修，其后崩溃，成化、嘉靖年间修复[④]，“取水北湖，苏芦二村，赖以溉田”[⑤]。新宁州有赵公堰和陈公堰。赵公堰在州城南三里，万历六年（1578），知州赵宗凤筑，万历四十二年（1614），知州刘铨维修。陈公堰在赵公堰旁，万历十年（1582），知州陈跃潜筑[⑥]。隆安县引溪水溉田甚多。横州有苏云陂、快龙等陂。永淳县有露墟、公陵等14陂。其余诸州水利工程相对较少。

---

① 嘉庆《广西通志》卷119《山川·水利·梧州府》，嘉庆六年（1801）刻本。

② 嘉庆《广西通志》卷119《山川·水利·平乐府》，嘉庆六年（1801）刻本。

③ 嘉庆《广西通志》卷119《山川·水利·梧州府》，嘉庆六年（1801）刻本。

④（清）顾祖禹：《读史方舆纪要》卷110《广西五·南宁府》，光绪二十六年（1900）图书集成局铅印本。

⑤ 嘉庆《嘉庆重修一统志》卷471《南宁府·堤堰》，北京：中华书局，1986年影印本。

⑥ 嘉庆《广西通志》卷119《山川·水利·南宁府》，嘉庆六年（1801）刻本。

（四）桂西地区的水利建设

桂西指柳州、庆远二府及其以西地区。在这一地区中，柳州府所属各县还是比较重视水利建设的。马平县有三江河可资灌溉，又有罗池、白莲池和长塘等，“俱有灌溉之利”①。洛容县主要引三叉河及溪水泉水灌溉。罗城县有武阳坝、龙泉潭。柳城县靠难江、古清溪和龙潭灌溉。怀远县地处北部偏远山区，修堰坝，架水车溉田。融县“县境陂塘凡数十处，而都博山塘最大”②。象州水利工程多称作“泉”或“山泉”，有东泉、果朴山泉、果漏山泉、那移山泉、黄桑瑶山泉、长洞瑶山泉、东温瑶山泉等。来宾县也有些灌溉农田的山泉。庆远府在柳州府之西，府城所在的宜山县，不仅引默流江、流马江、桥养江、洛潢河、马鬃河水溉田，而且有婆寨泉、古波泉、龙塘、官陂、白牛陂、小曹陂等水利工程。天河县及河池等州虽然也有一些水利工程，但数量较少，规模也比较小。

四、水利建设对农业区的影响

水利建设对明代华南的农业区有很大影响。明代华南的农业区主要有山地农业区和沿海农业区两大类别，各类别都有一些显著的特色。在这些农业区中，有一些水利发达的地区脱颖而出，成为明代华南著名的农业基地。珠江三角洲、西江中下游地区、潮汕平原、闽江中下游地区、建宁山地以及桂林附近地区都是如此。

珠江三角洲以广州中南部为中心，包括肇庆府东部和惠州府西部地区，是明代华南农作物的主产地。广州、惠州、肇庆三府在明代集结了120多万人口，有12万顷耕地，粮食作物种类繁多，分布广泛，产量也很可观，每年至少向国家提供52万石税粮。此外还盛产柑橘、荔枝、香蕉等水果，养殖业也很发达。其中位于珠江三角洲中心的广州府影响最大。广州府三角洲诸县在嘉靖十一年（1532）田地、税粮数如下：南海县田地1 541 207亩，夏税

① （清）顾祖禹：《读史方舆纪要》卷109《广西四·马平县》，光绪二十六年（1900）图书集成局铅印本。

② （清）顾祖禹：《读史方舆纪要》卷109《广西四·融县》，光绪二十六年（1900）图书集成局铅印本。

166.23石，秋粮52 575.10石；番禺县田地968 295亩，夏税327.72石，秋粮40 597.95石；顺德县田地858 054亩，夏税0.03石，秋粮34 682.39石；东莞县1 224 018亩，夏税36.29石，秋粮46 303.03石；龙门县田地236 223亩，秋粮7972.97石；增城县田地675 750亩，夏税184.41石，秋粮24 975.47石；新会921 169亩，夏税4.98石，秋粮36 601.15石；香山县田地581 269亩，夏税16.10石，秋粮22 569.72石[①]。珠江三角洲农业之发达，由此亦可略见一斑。如果没有发达的水利，这种情况是很难出现的。

潮汕平原等地与珠江三角洲相似，水利事业相当发达，因而产粮较多。如位于闽江中下游的福州府在明代有人口285 265，田地2 518 291亩，每年提供税粮160 827石。潮州府人口540 860，田地3 600 269亩，提供税粮177 927石。建宁府位于武夷山区，群山起伏，层峦叠嶂，但因水利发达，也养活了50多万人口，每年还可向政府提供16万石税粮。

根据以上情况，我们不难看出明代华南水利建设的历史作用。可以说，明代华南的水利建设，在一定程度上促进了华南农业区的发展。

原载（《中国历史地理论丛》1998年第4期、
《陕西师范大学学报》2001年第2期）

① 梁方仲：《中国历代户口、田地、田赋统计》，上海：上海人民出版社，1980年。

明清西部水利建设的区域特征

西部水利源远流长，战国、秦汉及隋唐时期曾几度辉煌。隋唐之后，关中失去首都地位，西部经济衰落，无力进行大规模的水利建设，所以水利建设的成就不能与隋唐以前相比。当然，宋元明清时期西部地区的水利建设并不是一无是处，也有一些值得称道的地方。本文拟对明清时期西部各地的水利事业进行系统考察，在此基础上，分析明清时期西部水利建设的区域特征及其影响。

一、关中地区的农田水利建设

明清时期关中地区仍是西部水利建设的重点区域。当时关中最主要的水利工程仍旧是引泾灌溉工程。泾渠在明代为广惠渠、通济渠，在清代为龙洞渠。据明清正史和地方志记载，明清两代对泾渠进行了 20 多次修整。各渠的情况大体如下：

广惠渠是明代著名的引泾工程。据文献记载，明代整治引泾工程至少进行了 6 次。第一次兴工整治引泾工程是明太祖洪武八年（1375），洪渠堰因年久失修，堰圮渠塞，已经到了不通灌溉的程度，明廷遂命长兴侯耿炳文督工疏浚，由是泾阳、高陵等五县之田大获其利[①]。洪武三十一年（1398），又因洪渠堰东西堤岸圮壤，再由长兴侯耿炳文兴工部主事丁富等人主持修筑，大

---

① 《明实录·太祖实录》卷 101 洪武八年十月丙辰条，台北："中央研究院"历史语言研究所，1962 年影印本。

约用了五个月时间，堰渠一十万三千六百六十八丈[①]，是为第二次。明成祖永乐九年（1411），由于洪渠堰数次经受洪水的冲击，多处渠段被毁坏，地方官以实情呈报中央，明廷遂命 加修葺，以恢复灌溉之利，是为第三次。第四次整治引泾工程是在明宣宗时，宣德二年（1427），调集泾阳、三原等五县民工及西安等处卫所的士兵，对洪堰工程进行了大规模的整修。40年后，泾渠“堤堰摧决，沟洫壅潴，民弗蒙利”[②]，朝廷令有司对泾渠进行第五次整修。到了明宪宗成化年间，又调礼泉、泾阳、三原、高陵等县民夫，在右副都御史陕西巡抚项忠和余子俊等人的主持下，前后用了17年时间，对泾渠进行了营修，并改名为“广惠渠”。广惠渠的渠道系统与唐代以来的白渠相似。这是明代历次治泾工程中用工最多，历时最长，规模最大的一次整修，经过这次修整，泾渠的灌溉面积扩大到八千三百余顷[③]。由于此次整治较为彻底，因而效益也比较明显。曾经主持过此项工作的项忠在《泾阳县广惠渠碑》中说：广惠渠成，“虽天不雨而有蒙雨之休，虽地不利而有得利之美。随所意用而自无不足，溉厥田，灌厥园，泽彼桑麻，润彼禾黍，而畎亩获收加于常年之蓰，则吾军民之仰赖何可慨邪！”[④] 通济渠是在成化年间由陕西参政谢绶主持开凿的。此渠于宝鸡东20里的阎家营作堰，凿渠导渭水东流，全长200余里，溉岐山、眉县、扶风、武功等县农田一千一百余顷[⑤]。

龙洞渠是乾隆二年由杨必主持修建的。在此之前，从顺治、康熙到雍正年间，金汉鼎、王际有、岳钟琪等人曾对广惠渠进行过多次修补。但成效并不十分显著。自修了龙洞渠之后，情况始有所好转。清代中后期，陕西地方官吏亦比较注意水利建设。如光绪二十一年（1895）张汝梅出任陕西布政使之后，即留意关中水利，并在陕西设局专办水利。他说：“秦汉以还，关中水利以郑白渠为最著，即今龙洞渠也。余凡滨临河、汉、泾、渭及所汇支流各处，可以通舟楫、资灌溉者不一而足。顾水性靡常，其为利为害，大率因人事为转移。从前各属河渠以时疏浚，所以利赖修远。今则半就湮废，食利无

① 《明实录·太祖实录》卷256洪武三十一年二月辛亥条，台北：“中央研究院”历史语言研究所，1962年影印本。

② 《明史》卷88《河渠六·省直水利》，北京：中华书局，1974年标点本。

③ 嘉靖《陕西通志》卷38《政事二·水利》，西安：三秦出版社，2006年。

④ 康熙《陕西通志》卷32《艺文》，清康熙六年（1667）刻本。

⑤ 雍正《陕西通志》卷40《水利》，清雍正十三年（1735）刻本。

多，甚至壅遏迁徙，泛滥冲激。”[①] 此后，魏光焘督陕，亦奏请兴修水利。他说：

> 自同治初年兵燹之后，继以旱荒，挑浚失时，渠道湮塞。小民无力修复，遂日甚一日。以故山水骤发，动辄冲决为患，亢旱偶形，则又引溉无从，以致频年灾祲迭见……又泾阳县属之龙洞渠，系郑白渠故道。国家雍正五年，发库款复修，引泾水并凿山泉，由该县以达礼泉、三原、高陵、并及临潼北境，沾被甚溥。嗣因泾流日下，水低岸高，不能引灌，遂专引琼珠、节珠二洞山泉以注之。水利甚至微。复以年久失修，渠水既淤，泉眼亦塞，其石涸渠底渗漏尤多。下流名属因不能沾其利，既亦不肯兴修。是以近年渠水仅灌泾阳，略及三原西境。其东境及高陵诸属县百数十里，膏腴沃壤，灌溉无资遇旱辄致歉收，殊非国这轸念民依之意。[②]

除地方官吏外，一些乡绅也积极为地方官献计献策，主张兴修水利。在这方面，道光时期的张鹏飞是最有代表性的。他在给陕西巡抚林则徐所上的《关中水利议》中详细地论述了关中水利的现状与对策。他说：“关中据百川上游，导引最易，夏商以前水利不可考……虞、夏、商、周井田盛行关中，实专其利也。且《图书编》论浚渠：‘古之畿甸必有沟渠，沟渠多则西北之水不助河为虐，然后数千里中原之地物产日殖，万世永赖。此谓务本……窃谓关中水利，有前人修而未尽者，有修而又堙者，有全未议及者，且有物土之宜未布其利者。”他认为修而未尽的有四处：一是霸河、浐河两岸种麦种菜引水不多，宜开稻田以尽水利。二是咸阳跑马泉有疏浚的潜力。三是渭河两岸旷地甚多，引水可以灌溉。四是南山七十二峪处处可以因山为渠。“修而又堙”的情况很多，《诗经》中提到的丰镐之间的彪池，已成陆地。汉代的昆明池也池下石闼堰渠，在唐太和时干涸。龙首渠在明末堙塞。漕渠在唐大历以后舟

① （清）王延熙、王树敏辑：《皇朝道咸同光奏议》卷63《陕省设局试办水利疏》，清光绪二十八年（1902）石印本。

② （清）王延熙、王树敏辑：《皇朝道咸同光奏议》卷63《请疏浚陕省水利疏》，清光绪二十八年（1902）石印本，第3165、3166页。

渐不能，今全种禾黍。咸阳的漆渠、成国渠、升原渠、兴成渠、清渠皆失灌溉之利。临潼的中白渠、中南渠、析波渠、昌连渠、高望渠、耦南渠在下游几乎无水可给。高陵的樊惠渠在汉代曾改良土壤，现在成了斥卤之地。富平的判官渠、怀德渠、薛家渠、朝阳渠、常平堰、潼河，眉县的通润渠、宁曲水、井田渠、能济渠、潭谷河堰，俱失其利。朝邑的通灵陂、象底泉、蔡庄泉、西庄泉，韩城的龙门渠、华州的太平渠、骆驼渠、白龙渠，华阴的葭萌渠、南河水，乾州的沙沟河、莫谷河，武功的六门堰、五泉堰，邠州的拜家河渠、两过两塚沟渠、穆家堰、大广村泉、街子村泉等均已涸废。至于“前人所未议者”，亦复不少。共提出十处。建议兴修水利，广开稻田。他说：“水利所兴，有土，有石，有河滩，有山凹。其引之者，有直，有曲，有长数十里，有短不及里，有过溪涧者，有凿山腹者，有土筑者，有石甃者，有支木枧者，有砌石槽者，有用木闸者，有下铁桩者，有烈火煅者，有酽醋激者。其制引水之器，低田用虹吸、鹤饮，高则用恒升、玉衡等具，载在《泰西水法》，关中人未必不知。而耿橘打水线以浚渠法，尤不受奸民之欺，此尤赖劳民劝相者。”①

从雍正《陕西通志》卷三十九至四十《水利》及民国《续修陕西通志稿》卷五十七至六十一《水利》的记载来看，明清时期关中地区水利建设的一个显著特点是小型灌溉的发展。特别是在渭河以南地区，小渠道的数量大大超过了前代。据有人统计，清代曾在关中地区修建过200多个渠道②。如关中西部的凤翔府在秦岭北麓几个谷口开渠引水溉田500多顷。至于引泉灌溉的情况也很普遍，明代地理学家王士性说他来到这里，颇有“依稀江南”之感③。关中东部地区水利较西部更为发达。如华州境内的西溪、东溪、北溪、教坊及清湫诸水，皆有灌溉之利。同州属县的居民，也多引水溉田。西安府所在的关中中部是关中水利最发达的地方。除广惠渠外，在渭北的诸河沿岸，也修有一些引水渠。如冶谷水上有灌渠7条，引水灌溉云阳北面的高仰之地。三原县则多引清、浊二谷之水灌田④。

---

① （清）张鹏飞：《关中水利议》，上海：上海书店出版社，1994年。
② 耿占军：《清代陕西农业地理研究》，西安：西北大学出版社，1996年，第66页。
③ （明）王士性：《广志绎》卷3《江北四省》，北京：中华书局，1986年。
④ 嘉靖《陕西通志》卷38《政事二・水利》，西安：三秦出版社，2006年。

此外，凿井灌溉的情况也较为普遍。关于清代关中地区凿井灌田的情况，《续陕西通志稿》有比较详细的记载。据该书作者讲：康熙二十八年（1689）到二十九年（1690），陕西大旱，户县王丰川睹救荒无术，而汲井灌田少获升斗之粟，遂著井利说，以为西安渭水以南诸县十五六皆可井，富平、蒲城二县井利颇盛，风翔八属水利可资处又多于西安，而弃置未讲者亦多于西安。主要大力发展井灌。乾隆二年（1737），崔纪巡按陕西，于5月10日饬各县相地凿井。11月28日奏报陕西共凿井6 8980余口，约可溉田20万亩。由于当时督催过严，奉行的人有所粉饰，实际上并没有那么多井，也没有那么大的灌溉效益。乾隆三年（1738）三月，崔纪因“办理不善”而受到乾隆皇帝的批评。其后陈宏谋巡抚陕西，又令各州县查报直泉，故“井利有增无减”。①

不过，清代中期以后，关中水利又趋于衰微。《续陕西通志稿》载：“关中水利，今古艳称，而自清代乾嘉以迄咸同，兵事频兴，奇荒屡值，官民两困，帑藏空虚，河渠多废而不修，民间复规便种艺，以故光绪年间绘呈会典馆舆图，其为图说者颇致慨于水渠之堙塞，民户之冒耕”。《咨会典馆舆图说》图云：“西安府水利，惟南山一带地势卑湿，山水时发时涸，虽常食水利，而旧日著名诸渠转多湮废。郑白泾渠亦十废小半，漆沮浐灞亦如之。盖土人多争尺寸之利，渠或稍涸，即树艺其间，故陨堰多旷废耳。”②

二、黄土高原地区的水利建设

黄土高原地形复杂，大体上可分为陕北、陇东和陇中三个部分。在历史时期，黄土高原一直是水利建设最薄弱的区域③。但明清时期，这里的水利建设也有一定的起色。

在陕北黄土高原地区，明代修筑的水利工程在鄜州、绥德、榆林等地均有分布。其中米脂县的流金河和榆林镇的红石峡水利工程是较为有名的。流

① （清）吴廷锡编纂：《续陕西通志稿》卷61《水利五》，民国二十三年（1934）铅印本。
② （清）吴廷锡编纂：《续陕西通志稿》卷61《水利五》，民国二十三年（1934）铅印本。
③ 吕卓民：《明代西北黄土高原地区的水利建设》，《中国农史》1998年第2期，第45—49页。

金河是明正德年间由延安知府罗谕在米脂县南主持修建的[1]。宪宗成化年间，余子俊在榆林镇西北开凿红石峡渠，引水灌镇城西部田园。大体与此同时，吕雯主持修建南渠，引城东刘指挥河水，灌溉城南稻田。经过嘉靖、万历年间的不断修建，灌溉面积有了明显扩大[2]。

在陇东黄土高原地区，明代设有平凉、庆阳二府。这一地区在明代以前几乎没有水利可言，故明人娄谦在《平凉利民渠记》中说：

> 陕之平凉郡治，东抵泾州，有平衍壤地，广袤数百里，而泾河之水实经流其间。引以津灌，则土田膏液，年谷可拟丰登，尚何 旱之足恤乎！特志图所载，故无渠埭，而居人习以成俗，举目前湞闳之水则信其奔流，置为弃物；凡有播种，岁率仰给于天。天雨及时，则坐享有年；一遇魃虐流行，则计无所施。不但距河入深之地不沾其利，虽夹河两岸之间，亦不蒙余波之润。局蹙告炎之外，惟束手待毙而已。历千百载间，竟无兴念于此而倡之者。[3]

明成化二十年（1484），平凉府发生了大旱，佥宪李经主持修建了规模较大的“利民渠”。此渠凡六十二道，长约二百里，灌溉面积达三千余顷，“其功甚大”，被誉为“利民盛事”[4]。

陇中黄土高原地区是明代临洮、巩昌两府的所在地。临洮府境内所属诸州县曾兴建过不少水利工程，其中著名的溥惠渠，是明代前期在黄河支流阿干河上修建的规模较大的水利工程。渠成，“为利颇广，环郡城之东西南北为圃者什九，为田者十一，几百顷之灌溉，附廓之居民，饔飧饮食，咸仰给焉”[5]。“凡官民蔬圃暨艺业者无不沾其利，然阿干河之利固若此，而黄河之利尤大焉”[6]。当时曾拟在黄河上流兴建引黄工程，但因工程巨大，而未能完

① 万历《陕西通志》卷11《水利》，北京：全国图书馆缩微文献复制中心，1992年。
② 万历《延绥镇志》卷2《山川·附水利》，西安：三秦出版社，2006年。
③ 康熙《陕西通志》卷32《艺文》，清康熙六年（1667）刻本。
④ 康熙《陕西通志》卷32《艺文》，清康熙六年（1667）刻本。
⑤ 道光《兰州府志·山川·水利》，南京：凤凰出版社，2008年。
⑥ （明）陈祥：《兰州卫重疏水利记》，黄河水利委员会、黄河志总编辑室编：《黄河志》卷11，郑州：河南人民出版社，1994年。

工。巩昌府境内的临渭诸县，水利最为发达。陇西县曾开凿引渭三渠和引科羊水的永济渠。伏羌县有通济渠、陆田渠、广济渠、惠民渠。而地处渭河谷地的宁远县（今武山县），则疏浚旧渠二十条，新开渠道七条，灌田一百余里，基本形成了渠道灌溉网[①]。至清代前期，这一地区的水利事业相对较为发达，大抵于黄河干流谷地，大夏河、洮河及渭河上游谷地水利皆有所开发。据统计，清代本区修建的大小水利工程有100余种，溉田达3600余顷。当时陇中临近黄河的地方，曾用翻车引水灌溉。不过，翻车的使用往往会受到多种因素的制约。乾隆《皋兰县志》载："郡人段续创为翻车，倒挽河流，以溉田亩，致有巧思。然有力自办，无力官贷，修补之工，无岁无之。遇旱则水落而车空悬，遇涝则水溢而车漂没，必水势得平，车机乃能无滞。所灌半园半田，通计东西夹河滩及南北两岸之上，仅二百余顷。而水之及时与否，不可预定，是所济不普，而利非自然也。"

上述情况表明：明清时期，西北黄土高原地区兴修了诸多水利工程，从水利事业发展的角度而言，均具有开创之功；从农业生产的角度而言，则是改变了这一区域农业以往靠天吃饭的旧面貌，促进了区域农业的发展。特别是在有条件的地方还进行了水田稻作的开发与经营，更是改变了以往区域农业生产的旧式格局。水田种稻产量高，收获多，更易显示其经济效益。故水利的兴修，对改变黄土高原地区农业生产的落后面貌起了很大的作用[②]。

三、银川平原暨河套地区的水利建设

宁夏平原的水利建设，以引黄灌溉为主。据文献记载，宁夏水利兴于秦，历汉唐至于宋元，代有兴作。元代科学家郭守敬在宁夏平原"因旧谋新，更立闸堰"，使水利工程技术达到了一定的水平。

到了明代，宁夏的水利建设得到较大的发展。明初，宁正领导宁夏军民"修筑汉唐旧渠，引河水溉田"，取得了很大的成绩。据嘉靖《宁夏新志》记载，"汉延渠、唐来渠，拓跋氏据西夏已有此二渠，资其富强。迄元世祖至元元年，藁城人董文用为西夏中兴等路行省郎中，始复开汉延、唐

① 万历《宁远县志》卷2《水利》，明万历二十四年（1596）刻本。

② 吕卓民：《明代西北农牧地理》，台北：洪叶文化事业有限公司，2000年，第115页。

来、秦家等渠，垦水田授民。寻以浑都海兵乱，渠复淤塞。张文谦荐邢台人郭守敬为河渠提举，因旧谋新，更立闸堰，渠复通，夏人利之。逮今两坝桥梁，尚遗其制，工作甚精。”明代疏浚的主要是汉延、唐来两大主干渠。汉延渠自峡品之东凿引河流，绕城东而北，延袤二百五十里，有大小支流及陡口三百六十九处。唐来渠自汉延渠口之西凿引河流，绕城西而北，延袤四百里，有大小支流及陡口八百余处。二者合计，溉田面积达到万顷[①]。明代后期，又对汉延、唐来二渠进行了大规模的整治，从而提高了它的灌溉能力。正如有些学者所说："宁夏平原的水利建设……使宁夏平原成为我国北方少有的稻作区之一。因其农业生产具有我国南方种植业的特点，又赢得了'塞北江南'的称誉。在明代，随着宁夏平原农业生产的发展，水田开发与稻作种植更加扩大，从而又使'塞北江南'这一称誉进一步传扬四方，为人们所津津乐道。"[②]

清代西北黄河沿岸水利开发的重点仍在宁夏府所属诸地。具体表现在原有水利工程的基础上，又出现了大清、惠农、昌润三个大型的水利工程。大清渠是在康熙四十七年（1708）由宁夏水利同知王全臣主持修建的。总长 75 里，宽 3—4 丈不等，大小陡口 167 道，灌田 1223 顷。惠农、昌润两渠始创于雍正四年（1762）。惠农渠长 300 里，口宽 13 丈，尾宽 4—5 丈，深 5—6 尺至 1 丈多不等，“支渠四达，长七八里以至三四十里者百余道，均作陡口飞槽，而户口人民又沿渠各制小陡口、小灌洞千余道以相引灌。自此沟塍绣错，二万余顷良田无不沾足”[③]。惠农、昌润、大清三渠的创修，是扩大宁夏地区耕地面积的关键性措施。惠农渠溉田 4500 多顷，昌润渠灌田 3100 多顷，大清渠溉田 1200 多顷。

据《宁夏府志》和《甘肃新通志》记载，乾隆中期以后，宁夏黄河水利开发已经达到有史以来的最高水平，在黄河开口之各干渠总长达到 2161 里，灌溉中卫、宁夏、宁朔、灵州、平罗等地田 20000 顷。到清代后期，宁夏黄河水利上仍维持在较高的水平，总灌溉面积达 21000 多顷。具体情况如表 1 所示。

---

① 嘉靖《宁夏新志》卷 1《宁夏总镇·水利》，银川：宁夏人民出版社，1982 年。

② 吕卓民：《明代西北农牧地理》，台北：洪叶文化事业有限公司，2000 年，第 126 页。

③ （清）通智：《惠农渠碑记》，杨继国、胡迅雷主编：《宁夏历代艺文集》，银川：宁夏人民出版社，2011 年。

表 1　清代宁夏黄河水利工程

渠道名称	渠道位置	渠道长度（里）	清代前期溉田面积（顷）	清代后期溉田面积（顷）	清代平均溉田面积（顷）
唐来渠	宁朔县大坝堡	320	3457.8	4800	4128.9
汉延渠	宁朔县陈俊堡	195	3414	3890	3652
大清渠	宁朔县大坝堡	72	1096	1120	1108
惠农渠	宁夏县叶升堡	262	4529	4500	4514.5
昌润渠	宁夏县通吉堡	138	1697	1697.5	1697.25
滂渠	平罗北温家桥	60	444	444	444
秦渠	灵州青铜峡	120	1107	1300	1203.5
汉伯渠	青铜峡	100	1258	1000	1129
美利渠	中卫县西沙坡	200	465	415	440
七星渠	中卫县宁安堡	140	721	390	555.5
贴渠	中卫县西南	60	231	200	215.5
北渠	中卫县镇靖堡	30	118.4	84.4	101.4
新北渠	中卫县南	40	109.5	105.6	107.55
新渠	镇罗堡南	25	60.2	72.6	66.4
胜水渠	中卫东南	70	200	169	184.5
顺水渠	石空寺西南	15	37.79	36	36.9
新顺水渠	石空寺东南	70	109	120	114.5
长永渠	枣园于家庄	25	45	25	35
石灰渠	铁桶碾盘滩	60	123	127	125
羚羊角渠	中卫常乐堡	28	24	11	17.5
羚羊殿渠	求乐堡西南	40	104	78.8	91.4
羚羊峡渠	永乐堡东北	40	181.60	153	167.3
柳青渠	中卫安宁堡	40	298	292	295
通济渠	中卫张恩堡	40	25.5	28	26.75
硝磺滩渠	中卫张恩堡	20	10	—	10
马滩渠	中卫张恩堡西北	15	80	—	80
合计	—	2161	19 866.5	21 058.9	20 462.7

由于自汉唐以来的不断发展，到清代中期，宁夏黄河水利工程技术及管理日臻完善。各渠口均建有迎水坝伸入黄河，逼水入渠；河水入口后，其旁则有滚水坝，用碎石桩柴镶砌。清代兰州黄河水利广泛开发的特点是高架水车即“翻水车”的广泛制造与使用。据道光《皋兰县志》记载，晚清时期兰州有翻车 150 辆，灌田 6030 垧又 12 420 余亩。翻车的分布如表 2 所示。

表 2　晚清时期兰州翻车情况

位置	水车数量（轮）	溉田面积（亩）	说明
黄河南岸	83	8373	旧有水车 90 轮
黄河北岸	41	7150	—
黄河上游诸滩	4	400	—
黄河下游诸滩	28	3799	旧有水车 31 轮
合计	156	19722	旧有水车 166 轮

由于水车的广泛使用，兰州沿黄河南北两岸及上下诸滩，均受灌溉之利。“一水护田，两山全青”，果木成林，生态环境有了明显改善。

河套北依阴山①，南濒黄河，东西长五六百里，南北宽 100 余里，地势平坦，土质肥沃，属农牧交错地带，具有从事灌溉农业的有利条件。汉唐时期曾在这里进行过垦殖，其后渐趋荒废，至清代中叶，出现再度开垦。当时蒙古王公招民私垦，滥砍滥伐，破坏了狼山山麓的大片森林和草原，致使河套西北流沙内移。流沙内移，使黄河河床不断堆积，从而决口四溢，在河套平原上冲出许多天然水道。道光年间，河套北边乌拉河至乌加河间的黄河主流被流沙淤断，从此黄河南徙，形成现在的格局。于是河套平原的相对位置发生变化，由河南改居新旧河道之间。当地人称之为后套。黄河河道的这种变化，在客观上为水利的兴修提供了方便。

据《绥远通志稿》、《五原厅志稿》和《临河县志》的记载，清末在河套地平原上最先开凿的渠道是缠金渠。道光到光绪年间，河套出现了诸渠竞开的局面，最终形成了八大干渠，即永济（缠金）、刚济（刚目）、丰济（中和）、沙河（永和）、义和（王同春渠）、通济（短辫子河渠）、长济（长胜）、塔布河渠。此外，还出现了数十道小干渠②。于是，“一个新的引黄灌区在短期内初具规模，并以后来居上的姿态迅疾地赶超古老的宁夏引黄灌区”③。在清末河套水利开发中，王同春“以精通从黄河上开渠引水灌溉而著名，成为当时有‘水利大家’、‘工程专家’和‘开渠大王’，从而做出许多突出贡献”④。据统计，在同治六年（1867）到光绪二十九年（1903）的 30 多年间，

① 杨邦之《河套图考》：“黄河自灵州西界横横城折而北，谓之出套。北折而东，东复折而南，至府谷之黄浦川入内地。纡回二千余里，环抱河以南之地，故名河套。”

② 陈耳东：《河套灌区水利简史》，北京：水利电力出版社，1988 年，第 50 页。

③ 袁明全：《清代河套农田水利发展述略》，《中国农史》1986 年第 4 期，第 16—24 页。

④ 陈耳东：《河套灌区水利简史》，北京：水利电力出版社，1988 年，第 63 页。

王同春除与他人合作开渠引水以外，以自己的力量单独开挖的渠道就有义和渠、沙河渠、丰济渠等。这些渠者长者一百余里，短者数十里，宽三丈五丈不等，支渠达二百七十余条[①]。可灌溉上万顷的农田。所开“渠口广狭合度，渠身深浅得宜，高不病旱，卑不病涝，耕者咸获其利”[②]。

四、河西与河湟地区的水利建设

位于黄土高原西缘的这一地区，也是典型的灌溉农业区。黄河支流大通河及湟水流经本区，又有祁连山的固体水库，因而水资源比较丰富。明代在这一区域设置了较大的屯垦区。“卫所行伍之众，率多华夏之民，赖雪消之水，为灌溉之利，虽雨泽少降而旱魃可免”[③]。据万历《陕西通志》卷 11《水利》记载，河西河湟地区的水利建设情况如表 3 所示。

表 3　明代河西河湟地区水利情况

屯区名称	水利工程数	溉田数（亩）	屯区名称	水利工程数	溉田数（亩）
甘州五卫垦区	74	756 616	镇番卫垦区	4	79 154
永昌卫垦区	12	77 329	镇夷所垦区	20	79 748
庄浪卫垦区	37	90 484	高台所垦区	11	67 665
凉州卫垦区	5	432 953	古浪所垦区	5	53 177
西宁卫垦区	20	262 779	肃州卫垦区	18	—
山丹卫垦区	10	92 394	合计	216	1 992 299

从表 3 来看，明代河湟地区有水利工程 216 处，溉田面积当在 200 万亩以上。统观明代西北黄河干流、泾水流域、渭水流域及河西内陆各水流域的水利开发，可以说水利工程规模最大、成效最显著的仍为宁夏地区，其次为泾水、渭水流域，河西仍处于对自然水源的一般利用阶段，这主要是由屯田规模及自然环境双方面条件决定的[④]。

清代前期，河湟地区的地方官曾采取过一些发展水利的措施。如乾隆七年（1742）十二月乙卯，甘肃巡抚黄廷桂奏：“甘、凉、西、肃等处渠工，应

① 李西樵：《河套水利事业的开拓者——王同春》，《中国农史》1985 年第 1 期，第 89—94 页。

② （清）《五原厅志略》，清光绪三十三年（1907）手抄本。

③ 万历《肃镇志》卷 11《水利》，清顺治十四年（1657）刻本。

④ 王致中、魏丽英：《明清西北社会经济史研究》，西安：三秦出版社，1989 年，第 141 页。

照宁夏之例，无论绅衿士庶，按田亩之数，一例备料襄办。其绅衿不便力作者，许雇募代役。倘敢违抗，即行详革。掌渠乡甲，有徇庇受贿等弊，按律惩治，并枷号渠所示众，仍勒石以垂久远。”得到乾隆皇帝的批准①。乾隆二十四年（1759）甘肃巡抚明德疏称：“兰州府属之狄道、河州、皋兰、金县、靖远五州县，虽旱地居多，然引洮、黄二水灌溉者亦复不少。乾隆十八年间，曾以河州州判兼御水利，移驻定羌驿，督理渠道，但究属微员，不足以治理。今请以该府河州同知兼水利御经管狄、河二州水利……统为督率，每遇冬冷水涸之初，责令在于境内逐一查勘，如有淤浅阴塞汕刷残缺之处，务于次岁春融时拨夫修浚，一律宽深坚实，具结核奏吏部复准。”② 乾隆十二年（1747）以前，河湟地区的西宁县、碾伯县、大通卫和贵德所共有水渠 392 条，总长 3463 里，溉田 486 570 亩。

在河西地区，清代凉州的水利较发达，以引用雪水为主，“水至为良田，水涸为弃壤”。而甘州水利则以张掖为重点。据统计，清代张掖城西周有水渠 47 条，灌田 4420 顷之多。当时张掖只有 70 199 人，人均水田达 6.3 亩，因而显得相当富庶，故有“金张掖，银武威”之说。据有人统计，“有清一代，总计河西走廊的渠道大约有 217 条（支渠和分渠未计），长者 100 余里，短者 10 多里，宽 1—2 丈，深 1 丈左右不等。灌溉面积达 35 750 余顷”③。

五、西域地区的水利建设

明清时期的西域，主要是指现在的新疆。明代在西域无所建树。清代在平定回疆之后，采取了一系列开发边疆的措施，在新疆等地大规模屯田。乾隆年间，新疆各地屯田面积达到 288 063 亩。道光年间，林则徐在新疆主持屯田，与全庆在库车、阿克苏、和田等地开垦屯地达 68 万余亩。同治年间，左宗棠收复新疆后，再次掀起屯垦热潮，到 1882 年新疆建省时，已有水浇地 1100 万亩。清主要屯田区“按地理走向分布，主要有三条：哈密至乌鲁木齐（天山北麓一线）；哈密至南疆和田（天山南麓至南疆西部一线）；乌鲁木齐至

---

① 《清高宗实录》卷 181 乾隆七年十二月乙卯条，台北：新文丰出版公司，1978 年。

② 乾隆《循化志》卷 7《水利》，西宁：清海人民出版。1981 年。

③ 田尚：《古代河西走廊的农田水利》，《中国农史》1986 年第 2 期，第 88—98 页。

伊犁”。“屯田以水利为保障，屯田区多具有比较优越的水资源条件。水利建设是屯田区开辟和发展的首要条件”①。于是边疆地区的水利事业也随之发展。

清代新疆的水利开发是与屯田同步进行的，兴于乾隆、嘉庆之际，盛于光绪年间，而建省之后成绩最为显著。乾嘉时新疆水利的发展，主要得益于清政府对西域水利的重视。光绪年间新疆水利的兴盛，则与左宗棠等人的努力有关。左宗棠、刘锦棠等人在治理新疆时，把兴水利作为“最为切要之务”②，不仅修复了因同治战乱而淤毁的引水干渠，而且逐步兴建起新的渠道网。光绪六年（1880），左宗棠曾向清廷汇报新疆兴修水利的情况。他说：“以修浚言之，哈密修石城子渠，镇西厅修大泉东渠，迪化州修永丰、太平二渠，安顺一渠，绥来县修长渠，奇台县修各渠，吐鲁番所属渠之外，更开凿坎井一百八十五处，库尔勒修复旧渠四十里，库车浚筑阿柯寺两大渠”③。可见当时南疆北疆在水利建设方面已有相当成绩。此后魏光焘出任新疆布政使，饬令各道府州县全面整修水利设施，进一步推动了新疆水利的发展。现据《新疆图志·沟渠志》所载资料，将晚清时期新疆地区所修水利工程如表 4 所列。

表 4　晚清时期新疆地区水利工程表

道名	干渠数量	支渠数量	溉田面积/亩
镇迪道	331	589	1 165 035
伊塔道	50	54	722 724
阿克苏道	196	464	3 295 414
喀什道	363	1226	6 016 366
合计	940	2333	11 199 539

由表 4 可知，光绪年间新疆水利得到很大发展。到光绪二十年（1894）前后，新疆地区的主要绿洲已经形成了由干渠和支渠连接起来的基本完整的水利灌溉系统④。

---

① 周魁一、谭徐明：《新疆屯田水利的历史经验》，《中国农史》1999 年第 3 期，第 101—106 页。

② （清）刘锦棠：《刘襄勤公奏稿》卷 2，北京：书目文献出版社。1986 年，第 50 页。

③ （清）左宗棠：《左文襄公全集》卷 56，台北：文海出版社，1979 年。

④ 华立：《清代新疆农业开发史》，哈尔滨：黑龙江教育出版社，1998 年，第 253 页。

六、四川盆地的水利建设

四川地区有重视水利的传统。明代前期四川各地有大小水利工程 20 000 多个①，主要分布在成都府、重庆、潼川三府及嘉定等数州之地。由此可见明代四川水利之普遍。在这些工程中，规模较大，用工最多的仍是对都江堰的维修和扩建。元顺帝时，佥四川廉方司事吉当普曾对都江堰进行过大规模的改造②。明初都江堰灌区包括郫、灌、温江、崇宁、双流、崇庆、新津、新都、眉州、彭山等十多个州县，经济效益仍很显著。故地方当局面对都江堰相当重视。洪武九年（1376），彭州知州胡子祺对都江堰进行改造。《明实录》载：都江堰“历代皆用铁石，劳费不赀，春夏水溢，旋复冲决。元季兵兴不治，民失水利。子祺建议修筑，只用竹木堰成，费省而利博，民甚便之”③。此后在宣德年间，都江堰坏，又进行了修筑。《明实录》载，宣德三年（1428）四月，四川灌县阴阳学训术严亨奏：“本县都江等四十四堰，洪武间筑，以障水灌溉民田。比因江涨冲决，乞仍发民修筑为便”。宣宗即“行在工部移文有司，令农隙用工”④。在明代所修都江诸堰中，通济堰具有一定的代表性。通济堰位于崇庆州新津县，经洪武、永年年间的修建，分十六渠引水，灌田达 25 000 亩。宣德七年（1432）洪水暴发，通济堰坏。宣宗根据地方当局的请求，令“有司如洪武、永乐故事，以时发民修筑”⑤。正统年间，通济堰又坏，英宗亦“命州县正官率军民修之”⑥。此外，英宗天顺年间在四川彭县修复的万工堰，也是规模较大的水利工程，可“灌田千余顷”⑦。

---

① 郭声波：《四川历史农业地理》，成都：四川人民出版社，1993 年，第 90 页。

② 《元史》卷 66《河渠志》，北京：中华书局，1976 年标点本。

③ 《明实录·太祖实录》卷 106 洪武九年五月戊子条，台北：“中央研究院”历史语言研究所，1962 年影印本，第 1770 页。

④ 《明实录·宣宗实录》卷 41 宣德三年四月乙丑条，台北：“中央研究院”历史语言研究所，1962 年影印本。

⑤ 《明实录·宣宗实录》卷 90 宣德七年五月癸未条，台北：“中央研究院”历史语言研究所，1962 年影印本。

⑥ 《明实录·英宗实录》卷 98 正统七年十一月丙子条，台北：“中央研究院”历史语言研究所，1962 年影印本。

⑦ 《明实录·英宗实录》卷 298 天顺二年十二月癸未条，台北：“中央研究院”历史语言研究所，1962 年影印本。

清政府在四川的统治稳定以后，对水利建设甚为重视，制定水利政策，加强了对水利的组织和管理，鼓励官民兴修水利①。鉴于明末以来战乱频仍，都江堰渠道淤塞毁决的情况，四川巡抚佟凤彩在顺治十八年（1661）对都江堰进行了修整，并确定了照粮派夫，每岁淘凿的制度。乾隆二十九年（1764），四川总督阿尔泰采取上游蓄水、深淘堰底、另开支河等办法修治都江堰。此后在道光年间，成都水利同知强望泰又根据“深淘滩、低作堰”的原则对都江堰进行了全面整修，收到了良好的效果。清代四川水利有一个显著的特点，那就是比较注重水利事业的发展。除都江堰外，川东、川西的许多地方水利事业都有所发展。如川东地区的仁寿县在清代曾修过古佛堰。乾隆三十五年（1770），彭山县令张凤翥在考察锦江水情时，发现古佛洞一带水势较高，可以筑堰引水灌溉华阳、仁寿、彭山之田，遂与仁寿县令南日亨等商议水利工程。乾隆三十八年（1773）十月，三县联合动工，建成后溉田 10 000 余亩。

七、云贵地区的水利建设

云贵高原丘陵起伏，山多地少。水利工程一般修建在被称作“坝子”的山间平原。明代云南最大的水利工程是对滇池的治理。滇池又名“昆阳海”，“为云南巨浸，每夏秋水生，弥漫无际，池旁之田，岁饮其害。弘治十四年（1501），巡抚佥役军民夫率数千，浚其池处，遇石则焚而凿之，于是池水顿落数丈，得池旁腴田数千顷”②。万历四十二年（1614），又大规模修复桦花坝水库，以灌溉昆明东郊的农田。除此之外，明代还在宜良县的屯田区修建过长三十六里的汤池渠，在石屏县修建异龙湖引水工程，在保山县修易罗渠等③。清朝前期，以云南府同知专管水利之事，每年维修滇池等地的水利设施，并敦促各州县兴修水利。张允随曾根据云南的地貌特点和水资源情况，提出因地制宜修水利的主张。他说：“滇省水利与别省不同，非有长川巨浸可以分疏引注，其水多由山出，势若建瓴。水高田地，自上而下，此则宜疏浚

① 陈世松主编：《四川通史》，成都：四川大学出版社，1993 年，第 5 册，第 215 页。

② 正德《云南志》卷 2，上海：上海书店出版社，2014 年影印本。

③ 万历《云南通志》卷 2，北京：全国图书馆缩微文献中心，1992 年。

沟渠，使之盘旋曲折，再加以木枧、石槽、引令飞渡；间有田高水低之处，则宜车戽。倘遇雨水涨发，迅水直下，不能停潴，则宜浚塘筑坝，或开涵洞，蓄洪得宜，两岸由地沟沾灌溉矣。至于近海临河低洼之处，下流多系小港，水发未能疏流，恐致漫淹，则当疏通水口，以资宣泄。如遇山多砂碛，又当筑堤障蔽，以护农田。”① 这些主张对云南的水利建设无疑具有一定的指导意义。

贵州设省较晚，许多地方在明代以前几乎无水利可言。改土归流后，农业生产受到重视，农田水利也较前增多。唯明代贵州水利工程规模一般不大，多是开塘作坝进行灌溉。在田高水下的地方，则用水车引水。清代贵州水利有所发展，但发展程度不如云南。清人吴振棫在《黔语》中对贵州的水利情况有所描述，他说：“黔山田多，平田少。山田依山高下，层级开垦如梯，故曰‘梯田’。畏旱，冬必蓄水，曰‘冬水’。水光成罫，山颠俯视，如万镜开奁也。地势稍宽阔处宜用塘堰，可以救旱。”显然，梯田冬季蓄水是贵州水利的一大特点。

八、广西地区的水利建设

广西的水资源本身比较丰富。明代广西人为发展农业修建了不少水利工程。据明人黄佐《广西通志·沟洫志》记载：明代广西各地修建的陂、塘、堰、坝数以千计。大者可溉田 10 000 顷，小者可溉田 10 余顷。具体来说，灌溉能力最强的是灵渠，可溉田 10 000 顷。灌溉面积达到 100 顷以上的水利工程仅玉林州就有三山陂、都亳陂、银水陂、河埠陂、林陂、锦陂等数处。溉田 10 顷以上的工程各府县均有，如苍梧县的大陂、沙村陂、石塔陂、林滩陂、漏塘陂，岑溪县的水波陂、大塘陂、河断陂等。此外，用水车提水灌溉的情况也很普遍②。

灵渠位于广西兴安，是秦代开凿的著名的水利工程。川、陕水利工程只

① 《张允随奏稿》乾隆二年闰九月十九日，方国瑜主编：《云南史料丛刊》卷 8，昆明：云南大学出版社，2001 年。

② 嘉靖《钦州志》卷 1，明嘉靖十八年（1539）刻本；嘉庆《广西通志》卷 257，清嘉庆十年（1801）刻本；嘉庆《广西通志》卷 259，清嘉庆十年（1801）刻本。

重灌溉，而灵渠更兼行舟运输，由长江，经洞庭，溯湘江，过了灵渠，船可顺漓江而下，由两江入海。这条水路的咽喉就在灵渠。从发展农业的角度来说，灵渠的灌溉效用，更为对桂东北的农业至关重要。所以，明代曾 6 次整修灵渠。灵渠旧建有 36 陡，以石为闸，以防水泄。汉代马援曾增修，所以后世传说马援建渠。秦汉时的灵渠至明代洪武四年（1371），由于“岁久，堤岸圮坏，至是始修治之，水可溉田万顷”①。第二次是洪武二十九年（1396），再修广西兴安县灵渠 36 渠。其渠可溉田万顷，亦可通小舟。管军务的兵部尚书唐铎提出，为了通大些的官船以运军粮，应把灵渠开广加深。所以朱元璋令监察御史严震让附近各县出民工修灵渠，“浚渠五千余丈，筑美潭及龙祠土堤百五十余丈；又增高中江石堤，改作滑石陡。凡陡间之石，碍舟行者，悉以火煅凿去之。于是可通漕运矣”②。第三次是永乐二年（1404），改筑广西兴安县分水塘。原来增高了石埭，“遇水泛，势无所泄，冲塘决岸，奔超北渠；而南渠涩，行舟不通，田失灌溉。连年修筑，百姓苦之。至是，县言乞改作如旧为便。从之”③。这就是说皇帝答应了地方上的意见，恢复了明初的水利格局以利灌溉。以后永乐二十一年（1423）、成化二十一年（1485）、万历十五年（1587）又进行了第四、五、六次对灵渠的整修，使得这一水利工程在农田灌溉和交通运输方面都发挥了较大的作用。清世宗雍正七年（1729），修浚临桂县的陡河，增建石陡 20 个；同时修治兴安县的灵渠工程。

清代广西土地抛荒情况较为严重，水利工程主要集中在桂北传统农业区和桂南的南宁等地。清代广西最著名的水利工程也是对灵渠的修治。雍正七年（1729）修浚临桂县陡河。《粤西志》载，陡河自临桂辨塘山流出，至相思江口汇入漓江。过去只在徒河上建鲢鱼一陡，洪水激湍，常常冲垮陡上的石头。此次增建 20 陡，使河水有所积蓄，长流不竭，农业获得灌溉，商旅也得到舟楫之利。

以上是明清时期西部地区水利建设的基本情况。显然，经过宋元时期的

① 《明实录·太祖实录》卷 60 洪武四年正月甲辰条，台北：“中央研究院”历史语言研究所，1962 年影印本，第 180 页。

② 《明实录·太祖实录》卷 247 洪武二十九年九月丙辰条，台北：“中央研究院”历史语言研究所，1962 年影印本，第 3583 页。

③ 《明实录·太宗实录》卷 20 永乐二年二月己丑条，台北：“中央研究院”历史语言研究所，1962 年影印本，第 509 页。

萧条之后，明清时期西部各省的水利事业都在不同程度上有所发展。尽管这种发展不是直线上升，而是呈现出螺旋式的状态，但从总体上来说水利建设是有进步的。这一时期水利建设的特点主要有二：一是小型水利工程大量出现，在一些灌溉条件较好的地方形成大小不等的灌溉网；一是水利工程分布的范围明显扩大，一些过去没有水利设施的地方也有了水利设施。可以说，明清时期的水利建设是有成就的，对我国现代的水利建设有直接的影响。

原载（《宁夏社会科学》2008 年第 4 期）

关中平原水利建设的历史审视

关中平原在中国历史上是重要的农业区，也是水利事业最发达的地区之一。但在数千年的历史岁月中，关中地区的水利建设曾发生过一系列变化，在不同的历史时期呈现出不同的特征。本文拟从历史地理的角度出发，具体探讨一下历史时期关中地区水利建设的时空特征。

一、先秦时期关中地区的水利设施

从考古资料和文献记载来看，关中地区的水利建设是与农业的发展息息相关。大约在 10 000 年以前，这里的原始农业就已经发展成为主要的经济部门。考古工作者曾在半坡的母系氏族公社遗址中发现了粮食和蔬菜的种子，说明在进入文明社会之前，关中的原始农业就已经初具规模。

商周时期，统治者为了发展农业生产，在关中的某些区域实行了井田制度。这种制度对水利问题有具体的规定，即在井田上必须修建沟洫。所谓沟洫，也就是井田上的排灌系统，由畎、遂、沟、洫、浍等大小渠道组成。积水渗入畎、遂，然后流入沟、洫，再从浍中排出大田。西周时期在关中实行井田制的地方，主要是“宗周”所在的关中地区。西周灭亡后，历史进入春秋战国时期，秦人继承了周人重农的传统，所到之处以务农为先。因此，农田水利灌溉事业得到迅速发展。著名的郑国渠就是在这种背景下修建的。

战国末年，秦国在“七雄”中异军突起，确立了吞并六国的战略，但还缺乏实现统一的经济实力。当时秦国的主要经济区是位于黄土高原南缘的关中平原。关中平原的渭河流域水源充沛，物产丰富，被称作“天府”或“天府之国"①。但渭北地区地势高亢，有大片的"泽卤之地"。需要通过人工灌溉才能获得农业生产所必需的水分。正当秦国考虑如何开发渭北地区的时候，韩国水工郑国来到秦国，并提出了在渭北地区兴建大型水利工程的建议。秦王嬴政采纳了郑国的建议，于公元前 246 年调动大量的人力物力，命郑国主持修建渭北水利。郑国实际上是韩国派来搞破坏的间谍。在工程实施的过程中，秦国发觉了韩国的阴谋，欲杀郑国。郑国临危不惧，慷慨陈词："始臣为间，然渠成亦秦之利也。臣为韩延数岁之命，而为秦建万世之功"。秦王认为郑国言之有理，派他继续组织施工，经过十多年的艰苦劳动，在成千上万的劳动者共同努力下，终于建成了我国古代最长的人工灌溉渠道。因这个水利工程是由郑国主持修建的，故历史上称之为郑国渠。

郑国渠是先秦时期规模最大的水利工程。《史记·河渠书》载：郑国率秦人"凿泾水自中山西邸瓠口为渠，并北山，东注洛，三百余里，欲以溉田……渠就，用注填阏之水，溉泽卤之地四万余顷，收皆亩一钟。于是关中为沃野，无凶年。秦以富强，卒并诸侯"。《水经·沮水注》对郑国渠的行经路线叙述较为具体："凿泾引水，谓之郑渠。渠首上承泾水于中山西瓠口……渠渎东经宜秋城北，又东经中山南……又东经舍车宫南……又东经截嶭山南，池阳县故城北……又东经北原下，浊水注焉……又东历原，经曲梁城北，又东经太上陵南原下，北屈经原，与沮水合……沮循郑渠，东经当道城南……又东经莲芍县故城北……又东经粟邑县故城北。其水又东北流，注于洛水也。"从这些记载来看，郑国渠西起泾水池阳瓠口（今陕西泾阳县）干渠东行，横穿冶峪水、清峪水，汇江纳浊峪水，再穿漆沮水（石川河），循沮水分支河道，经富平县南，东北注入洛水，穿行于渭北高原二级阶地上。20 世纪 70 年代，有关单位对郑国渠干线进行了全面勘查，实测渠长 126.03 公里②。而秦制 1 里为 414 米，300 里则合今制 124 千米，实测结果与文献记载大致相符。

郑国渠渠线布置合理，施工技术上达到了很高水平。据测算，当年郑国渠干渠平均坡降约为 1.64%，在长达三百里的渠道上，要保证水量畅通是工

---

① 《战国策·秦策》载：苏秦曾对秦惠王说："大王之国，西有巴蜀汉中之利，北有胡貉代马之用，南有巫山黔中之限，东有肴函之固。田肥美，民殷富，战车万乘，奋击百万，沃野千里，蓄积饶多，地势形便。此所谓天府，天下之雄国也。"

② 秦中行：《秦郑国渠渠道遗址调查记》，《文物》1974 年第 7 期，第 33—38 页。

程成败的关键。郑国渠所引泾水水量较小，渠水泥沙含量高，在这种情况下，郑国渠建设时采用了川泽结合和利用客水的措施，把泾阳县西北的瓠口（即焦穫泽）作为蓄泄机构，先引泾水入焦穫泽，再从焦穫泽开渠东流，调控水量，同时，利用流域内各种天然河道水流，对沮水、浊水等水流多方汇聚，扩充水源，从而解决了长途供水输水问题。渠首选择峡口下游，河身较窄，水流平缓，泾水粗沙逐渐沉积，减少了渠水中泥沙含量，建设引流坝也较便利，无须建高坝长坝，即可实现引流效果。干渠选址于灌区地势较高的北山山麓，居高临下，有高屋建瓴之势，使大片农田处于郑国渠灌溉流域之内，最大限度地发挥了灌溉效能。郑国渠西引泾水，东注洛水，在泾洛之间，横穿而过的河流有冶水、清水、浊水、沮水。郑国渠与这些天然河流之间又发生了一定的交汇关系，郦道元总结为“绝”、“注”、“合”三种形式。对其具体含义，水利史工作者曾做过评尽的考释，认为“绝”即架设渡槽，使郑国渠由冶、清二水上横空而过，渠水河水各行其道，互不干涉，保证畅通，也就是现在水工技术中的“立交”法。“注”则是注入、灌入的意思。“合”是两水相汇聚。郑国渠在东流过程中，直接汇纳浊水水流，作为补充水源，而与沮水汇聚后，循沮水分支渠道东流入洛，洪水流量则通过郑渠南岸的退水渠道入原河道。总之，实现最充分地汇集泾洛之间所有水源与最大限度地灌溉渭北平原这双重目标的有机结合，是郑国渠的真正创意。正如著名历史学家孙达人先生所说：“如此巨大的水利工程顺当时以及此后很长很长的历史时期的中国和世界都是仅见的，堪称传统时代全部历史之一绝。”①

郑国渠的兴建，是关中水利史上的里程碑，也是关中水利史上的伟大创举。大史学家司马迁在评价郑国渠的作用和意义时说：“渠成……关中为沃野，无凶年，秦以富强，卒并诸侯”②。班固也认为，郑国渠的建成使关中之地成为秦国的重要粮仓，“衣食京师，亿万之口”③，并促进了秦统一六国的历史进程：“秦开郑国渠，以富国强兵”④，“汧陇以东，商雒以西，厥壤肥饶……此所谓天下陆海之地，秦之所以虏西戎，兼山东者也”。这些评价是比

① 孙达人：《郑国渠布线及其变迁考》，黄留珠、魏全瑞主编：《周秦汉唐文化研究》第1辑，西安：三秦出版社，2002年。

② 《史记》卷29《河渠书》，北京：中华书局，1959年标点本。

③ 《汉书》卷29《沟洫志》，北京：中华书局，1962年标点本。

④ 《汉书》卷45《蒯伍江息夫传》，北京：中华书局，1962年标点本，第2182页。

较切合实际的。因为郑国渠建成后，关中灌区由此定型，流域内大片农田成为亩产一钟的良田，渭北平原的“泽卤之地”变成了“千里沃野”。据《史记·河渠书》载，当时灌溉的农田面积达4万顷，以秦亩1亩合今0.288亩计算，灌区面积达115万亩之多。在当时的条件下，要完成这样大的灌溉任务是很不容易的。郑国渠的建设对关中农区经济的发展产生了巨大的促进作用，作物产量大增，单产达到6石4斗（亩产1钟）[①]。不仅如此，郑国渠建成后，还改善了关中地区的农业生态环境。关中东部地区地势低洼，地下水位较高，土壤盐碱化问题比较突出，是所谓的“泽卤之地”。引泾灌溉，收到了洗土放淤、改良盐碱地的功效，这对优化关中生态环境是具有重要意义的。

二、汉唐之际关中地区的水利开发

汉唐时期是我国帝制时代的发展阶段，也是关中水利开发蓬勃发展的时期。出于经济社会发展的需要，汉唐王朝加大了开发关中陆地水的力度。不仅加强了水政建设，完善了水利管理机构，而且兴建了不少水利工程。

西汉定都关中，十分重视本地区的开发和经营。自战国时期秦在关中兴建郑国渠后，关中水利迅速发展，到汉代随着一系列中小型配套渠系工程的兴建，率先形成了纵横交错的农田水利网。西汉时关中地区水利建设在汉武帝时大见成效。在武帝的倡导下，扩大旧有灌溉系统，同时开辟新的灌溉途径。兴建的水利工程分属于泾水系统、渭水系统和洛水系统。泾渠水系主要是在郑国渠的北岸开了六辅渠，南岸开了白公渠[②]。渭河水系一是在渭北开了成国渠，二是在渭南开了漕渠。洛河水系主要是利用地下井渠开凿渠道进行灌溉。此外，当时还比较注意对秦岭北坡诸河的开发与利用。

汉代在泾河流域修建的水利工程，当首推汉武帝元鼎六年（前111）开凿的六辅渠。《汉书·沟洫志》载：“自郑国渠起，至元鼎六年，百三十六岁，而倪宽为左内史，奏请穿凿六辅渠，以益溉郑国旁高卬之田。”汉武帝在六辅

① 《史记》卷29《河渠书》，北京：中华书局，1959年标点本。

② 《历代泾渠名称》：“白渠出郑渠南，循下原而东，渠身出郑渠，尾入栎阳，故又名郑白渠。今见黑石湾村上有废渠口一道，宽八丈，北距郑渠一里许，与白渠成一线，当是白公所引泾渠口。至宋屡开别口，越郑渠而北，故后人误码率以白渠口在野狐桥之北。”参阅《历代泾渠名称》，《陕西水利季刊》1936年第3期。

渠修成后，曾感慨地说："农，天下之本地。泉流灌浸，所以育五谷也。左右内史地名山川原甚众，细民未知其利，故为通沟读，蓄陂泽，所以备旱也"[①]。六辅渠建成后，为了加强渠道管理，倪宽制定了专门的灌溉用水制度。《汉书·倪宽传》称："宽既治民，劝农业……开六辅渠，定水令，以广溉田。"这是我国最早的灌溉用水制度，它标志着我国农田水利管理技术的新进步。

值得注意的是，汉武帝太始二年（前95），赵中大夫白公建议引泾溉田，得到汉武帝的采纳。在白公的主持下，"穿渠引泾水，首起谷口，尾入栎阳，注渭，中袤二百里，溉田四千五百余顷"。此渠全长200里，据《水经·渭水注》记载，其干渠自谷口引泾水，过郑国渠南，向东经池阳城北、高陵县北、栎阳县北、莲勺故城（今渭南县东北70里），转折东南而入渭水。历史上把这条渠道称作白渠。白渠和郑国渠同为引泾渠道，在渭北平原发挥了广泛而持久的灌溉效益，郑白二渠又相距较近，人们遂合称为"郑白渠"。并作成歌谣对二渠给予高度评价："田于何所？池阳谷口。郑国在前，白渠起后。举插为云，决渠为雨。泾水一石，其泥数斗。且溉且粪，长我禾黍。衣食京师，亿万人口"。郑白渠可灌溉农田31万亩，灌区呈现出一派富庶繁荣的景象。班固的《西都赋》云："郑白之沃，衣食之原。提封五万，疆场绮纷。沟塍刻镂，原隰龙鳞。决渠降雨，荷插成云。五谷垂颖，桑麻铺棻。"这种情况维持了约1000余年，在关中地区农业发展中发挥了非常重要的作用。

汉代在引泾的同时，也比较注意对渭河的开发和利用。当时修建的引渭工程主要有二：一是成国渠，一是漕渠。二渠的性质有所不同。成国渠，《史记·河渠书》未载。《汉书·沟洫志》载："成国渠首受渭，东北至上林入蒙笼渠。"《水经注·渭水》亦载："蘪县北有蒙笼渠，上承渭水于眉县，东经武功县为成国渠。"据文献记载和实地考察，汉代的成国渠从眉县起引渭水，经扶风、武功、兴平、咸阳等县，复入于渭河，全长121千米[②]。灌溉今眉县、扶风、武功、兴平一带农田。唐代的成国渠吸纳韦川、莫谷、得谷、武安等

① 《汉书》卷29《沟洫志》，北京：中华书局，1962年标点本。

② 李健超：《成国渠及沿线历史地理初探》，《西北大学学报》（哲学社会科学版）1977年第1期，第48—55页。

水，灌田规模一度超过白渠，达到二万顷①。漕渠是西汉武帝统治时期最早修建的一项水利工程。时间是汉武帝元光六年（前 129）。当时为了抗击匈奴，需要大量的军粮，这些物资主要通过渭河由关东漕运供应，“关东漕粟从渭中上，度六月而罢，而漕水道九百余里，时有难处”②。为了完成年输送 100 万石粮食的任务，大司农建议开凿漕渠。武帝下令征发数万民工，历时 3 年，修成一条长达 300 余里的漕渠。漕渠起于关中县境，引渭水东流，过秦岭北麓，至华阴流入黄河。漕渠的建成极大地便利了漕运物资，同时，又兼灌溉之利：“且田且漕，大以为便”③，渠道两岸万顷农田得到灌溉，关中地区农业生产条件大为改善。

此外，汉武帝还采纳庄熊罴的建议，对洛河水利进行了开发。《史记·河渠书载》：“庄熊罴言：临晋（今大荔县）民愿穿洛水以溉重泉（今陕西蒲城县东南）以东万余顷故卤地。诚得水，可令亩十石”。这一建议立即得到汉武帝的支持。当时征调 10 000 多人开渠，渠道由征县（今澄城县）境内开始，经商颜山（今铁镰山）而至临晋平原。工程进行到商颜附近时，须凿渠穿山而过，最初采用明渠开挖法，但因山体为疏松的黄土，极易塌方，于是改用井渠施工，在渠线中途开挖竖井，再凿隧道沟通竖井。《史记·河渠书》载：“凿井，深者四十余丈。往往为井，井下相通行水，水颓以绝商颜，东至山岭十余里间。井渠之生自此始。”渠水通过隧洞而穿过十里商颜山。龙首渠的建设，开创了后代隧洞竖井施工法的先河，在水利史上具有重要意义。它的优越性在于扩大施工工作面，能加快施工进度，改善了洞内通风采光条件。井渠法施工的成功，反映了龙首渠建设中高超的测量技术。经过十多年的艰苦奋战，龙首渠建成。自今澄城县北头村引洛水南行，过大峪河而至永丰，穿十里商颜山，至临晋灌区。由于渠道开挖过程中挖出恐龙化石，故名龙首渠。考古发掘表明，陕西蒲城商颜山有龙首渠遗迹，在从何城塬到温场的 2600 米长的缓坡地带，发现 7 个竖井，井间不等距排列，一号竖井位于窟窑子村东南约 30 米处，井口直径 1. 26 米，七号井位于河城塬村西 20 米，井口直径

---

① （宋）宋敏求：《长安志》卷十四《兴平》引李石记，台北：成文出版社，1970 年，第 330 页。

② 《史记》卷 29《河渠书》，北京：中华书局，1959 年标点本。

③ （北魏）郦道元著、陈桥驿校证：《水经注校证》卷十九《渭水》，北京：中华书局，2007 年，第 458 页。

124 厘米，井深 27.80 米[①]。

除上述水利工程外，汉代还在关中地区一些水渠。如灵轵渠、樊惠渠、蒙笼渠和漳渠等。灵轵渠兴建于汉武帝年间。《史记·河渠书》说："灵轵引堵水。"《汉书·地理志》右扶风周至县下载："灵轵渠，武帝穿也。"渠道西起周至，过户县，北流入渭。樊惠渠是东汉时期兴建的一条引泾渠道。渠首在泾水下游阳陵县（今咸阳东）。东汉光和五年（182）由京兆尹樊陵主持修建。樊惠渠规模不大，但工程效益显著。著名文学家蔡邕在《京兆樊惠渠颂》中描述了樊惠渠的修建过程："树柱累石，委薪积土，基跂功坚，体势强壮。折湍流，款旷陂，会之于新渠。流水门，通窬渎，洒之于畎亩。清流浸润，泥涝浮游，曩之卤田，化为甘壤。粳黍稼穑之所入，不可胜算。"从中可见，樊惠渠渠首工程是一个非常坚固的石堰，堰为堆石结构，下有基柱，上有护埽，分拦泾水成陂后再入干渠，支渠以下有水门和涵洞控制。樊惠渠兼有灌溉和放淤作用。蒙笼渠是西汉修建的一条小型渠道。《汉书·地理志·眉县下》说："（成国渠）东北至上林入蒙笼渠。"可见，蒙笼渠在上林苑内，其作用主要为上林苑供水。漳渠是西汉武帝时期修建的一条小型灌溉渠道。漳渠在周至县境内。《汉书·沟洫志·如淳注》说："漳音韦，水出韦谷。"漳渠自周至县北流入渭。

魏晋南北朝时期，在关中水利建设总体衰落的情况下，关中地区的水利建设也呈现出衰落的景象，不能与秦汉时期同日而语。但与同期其他地区相比，关中还算是水利发达的地区。因为在魏晋南北朝的数百年间，关中地区也曾修建过一些水利工程，其中可以称道的首先是曹魏对成国渠的两次修治。太和二年（228），魏臻将成国渠的上源扩展到汧水。青龙元年（233），司马懿重开成国渠，引汧水自陈仓（宝鸡）至槐里（兴平）以灌田。其次是前秦苻坚依秦汉郑白故事，开凿泾水上源，修建堤坝，通渠引渎，灌溉渭北地区的冈卤之地。再者是西魏大统十三年（547）置六门堰以节水。此外，大统十六年（550）泾州刺史贺兰祥修富平堰，开渠引水，东注洛水[②]。前秦统治时期，采取过一些发展农业的措施，其中重要的一条，就是复修关中地区的水利。前秦皇帝苻坚"以关中水旱不时，议依郑白故事，发其王侯已下及豪望

① 张瑞苓、高强：《陕西蒲城永丰发现汉龙首渠遗迹》，《文物》1981 年第 1 期。

② 《周书》卷 20《贺兰祥传》，北京：中华书局，1971 年标点本。

富室僮隶三万人，开泾水上源，凿山起堤，通渠引渎，以灌冈卤之田。及春而成，百姓赖其利”①。这是魏晋以来对郑白渠进行的第一次大规模维修，经济效益相当明显。但前秦王朝的统治因淝水之战而解体，此后关中地区陷于长期的战乱，郑白渠的效益未能得到充分的发挥。经过150多年，到西魏大统年间，郑白渠再度引起人们的关注。史载：大统十三年（547）春正月，“开白渠以溉田”②。这里所说的“开白渠”并不是开挖新的渠道，而是对白渠进行疏浚，清理渠道中的淤泥，使渠道重新畅通。也就是说，这次兴修的水利工程不是创新工程，而是复旧工程。至于工程的具体情况文献中没有记载，故详细情况已经不得而知。可以肯定的是，三年后，也就是大统十六年（550），西魏对郑白渠进行的改造规模较大，是有明显成效的：“周文以泾、渭灌溉之处，渠堰废毁，乃令［贺兰］祥修造富平堰，开渠引［北白渠］水，东注于洛。功用既毕，人获其利”③。

唐代关中地区水利发展很快，引泾的郑白渠灌溉系统日臻完备。这一时期泾河水系灌溉以白渠为主，有郑白、三辅、三白渠等不同名称。有唐一代，曾多次对郑白渠进行过修复或扩建。如唐高祖武德二年（619）曾引白渠灌溉华州下邽县东南二十里的金氏陂，在那里设置屯田④。永徽六年（655），有富商大贾在郑白渠上造碾硙，致使郑白渠“堰遏费水，渠流梗涩，止溉一万许顷。”唐高宗接受雍州长史长孙祥和太尉长孙无忌的建议，下令将碾硙全部拆毁⑤。唐玄宗开元九年（721），又出现了“王公之家，缘渠立硙，以害水功”的情况。京兆少尹李元紘曾“疏决三辅渠”，分灌渠下田，使“百姓大获其利”⑥。开元二十五年（737），唐玄宗又令“泾渭白渠及诸大渠，用水灌溉之处，皆安斗门”⑦。安史之乱以后，唐王朝由盛转衰。但对郑白渠依然比较重视。史载唐代宗广德二年（764），根据户部侍郎李栖药等人建议拆掉北白

---

① 《晋书》卷113《苻坚载记》，北京：中华书局，1974年标点本。
② 《北史》卷5《魏本纪・文皇帝纪》，北京：中华书局，1974年标点本。
③ 《北史》卷61《贺兰祥传》，北京：中华书局，1974年标点本。
④ 《新唐书》卷37《地理志》，北京：中华书局，1975年标点本。
⑤ （唐）杜佑：《通典》卷2《食货・水利田》，北京：中华书局，1988年。
⑥ 《新唐书》卷98《李元紘传》，北京：中华书局，1975年标点本。
⑦ （日）冈野诚：《敦煌发现唐水部式の书式について》，《东洋史研究》1987年第2号。

渠上的碾硙七十余所，“以广水田之利”[①]。其后大历八年（773），京兆少尹黎干复奏毁碾硙，开郑白支渠，复秦汉故道[②]。宝历元年（825），刘仁师自高陵改筑渠道，修刘公渠与彭城堰。直到唐灭亡前夕，仍有修复郑白渠之举[③]。

值得注意的是，隋唐两代渭河以南的水利事业也得到了开发。关中附近的丰水渠灌田多达万亩。华阴县开凿敷水、利俗、罗文三渠。此外，眉县等地也修建过一些小型的水利工程。

三、明清时期关中地区的水利建设

隋唐之后，关中地区的水利事业由盛而衰。宋元之际，关中失去首都地位，经济衰落，无力进行大规模的水利建设，故将治水的策略由全面建设改为重点建设。虽然在宋辽夏金时期关中某些地方的水利建设在某些时间有所发展，但总的说来，不能与隋唐时期相比。到明清时期，情况发生了明显的变化。从有关文献来看，明代前期和清代前期，关中地区曾出现过兴修水利的热潮。

明清时期关中地区仍是关中水利建设的重点区域。当时关中最主要的水利工程仍旧是引泾灌溉工程。泾渠在明代为广惠渠、通济渠，在清代为龙洞渠。据明清正史和地方志记载，明清两代对泾渠进行了20余次修整。各渠的情况大体如下。

广惠渠是明代著名的引泾工程。据文献记载，明代整治引泾工程至少进行了六次。第一次兴工整治引泾工程是明太祖洪武八年（1375），洪渠堰因年久失修，堰圮渠塞，已经到了不通灌溉的程度，明廷遂命长兴侯耿炳文督工疏浚，由是泾阳、高陵等五县之田大获其利[④]。太祖洪武三十一年（1398），

---

① （宋）王溥：《唐会要》卷89《碾硙》，北京：中华书局，1955年；《新唐书》卷146《李栖筠传》，北京：中华书局，1975年标点本。

② （宋）王钦若等：《册府元龟》卷479《邦计部》，北京：中华书局，1960年影印本。

③ 《旧唐书》卷81《惠宣太子业传附李知柔传》，北京：中华书局，1975年标点本；（宋）王钦若等：《册府元龟》卷497《邦计部》，北京：中华书局，1960年影印本。

④ 《明实录·太祖实录》卷101洪武八年十月丙辰条，台北：“中央研究院”历史语言研究所，1962年影印本。

又因洪渠堰东西堤岸圮壤，再由长兴侯耿炳文兴工部主事丁富等人主持修筑，大约用了五个月时间，堰渠一十万三千六百六十八丈[①]，是为第二次。明成祖永乐九年（1411），由于洪渠堰数次经受洪水的冲击，多处渠段被毁坏，地方官以实情呈报中央，明廷遂命加修葺，以恢复灌溉之利，是为第三次。第四次整治引泾工程是在明宣宗时，宣德二年（1427），明廷调集泾阳、三原等五县民工及关中等处卫所的士兵，对洪堰工程进行了大规模的整修。40年后，泾渠"堤堰摧决，沟洫壅潴，民弗蒙利"[②]，朝廷令有司对泾渠进行第五次整修。到了明宪宗成化年间，又调礼泉、泾阳、三原、高陵等县民夫，在右副都御史陕西巡抚项忠和余子俊等人的主持下，前后用了17年时间，对泾渠进行了营修，并改名为"广惠渠"。广惠渠的渠道系统与唐代以来的白渠相似。这是明代历次治泾工程中用工最多，历时最长，规模最大的一次整修，经过这次修整，泾渠的灌溉面积扩大到八千三百余顷[③]。由于此次整治较为彻底，因而效益也比较明显。曾经主持过此项工作的项忠在《泾阳县广惠渠碑》中说：广惠渠成，"虽天不雨而有蒙雨之休，虽地不利而有得利之美。随所意用而自无不足，溉厥田，灌厥园，泽彼桑麻，润彼禾黍，而畎亩获收加于常年之蓰，则吾军民之仰赖何可慨邪!"[④] 通济渠是在成化年间由陕西参政谢绶主持开凿的。此渠于宝鸡东二十里的阎家营作堰，凿渠导渭水东流，全长二百余里，溉岐山、眉县、扶风、武功等县农田一千一百余顷[⑤]。

龙洞渠是乾隆二年（1737）由杨必主持修建的。在此之前，从顺治、康熙到雍正年间，金汉鼎、王际有、岳钟琪等人曾对广惠渠进行过多次修补，但成效并不十分显著。自修了龙洞渠之后，情况始有所好转。清代中后期，陕西地方官吏亦比较注意水利建设。如光绪二十一年（1895）张汝梅出任陕西布政使之后，即留意关中水利，并请在陕西设局专办水利。他说：秦汉以还，关中水利以郑白渠为最著，即今龙洞渠也。余凡滨临河、汉、泾、渭及所汇支流各处，可以通舟楫、资灌溉者不一而足。顾水性靡常，其为利为害，

① 《明实录·太祖实录》卷256洪武三十一年二月辛亥条，台北："中央研究院"历史语言研究所，1962年影印本。

② 《明史》卷88《河渠六·省直水利》，北京：中华书局，1974年标点本。

③ 嘉靖《陕西通志》卷38《政事二·水利》，西安：三秦出版社，2006年。

④ 康熙《陕西通志》卷32《艺文》，清康熙六年（1667）刻本。

⑤ 雍正《陕西通志》卷40《水利》，清雍正十三年（1735）刻本。

大率因人事为转移。从前各属河渠以时疏浚，所以利赖修远。今则半就湮废，食利无多，甚至壅遏迁徙，泛滥冲激。”① 此后，魏光焘督陕，亦奏请兴修水利。他说：

> 自同治初年兵燹之后，继以旱荒，挑浚失时，渠道湮塞。小民无力修复，遂日甚一日。以放山水骤发，动辄冲决为患，亢旱偶形，则又引溉无从，以致频年灾祲迭见……又泾阳县属之龙洞渠，系郑白渠故道。国家雍正五年，发库款复修，引泾水并凿山泉，由该县以达礼泉、三原、高陵、并及临潼北境，沾被甚溥。嗣因泾流日下，水低岸高，不能引灌，遂专引琼珠、节珠二洞山泉以注之。水利甚至微。复以年久失修，渠水既淤，泉眼亦塞，其石涸渠底渗漏尤多。下流名属因不能沾其利，既亦不肯兴修。是以近年渠水仅灌泾阳，略及三原西境。其东境及高陵诸属县百数十里，膏腴沃壤，灌溉无资遇旱辄致歉收，殊非国这轸念民依之意。②

一些乡绅也积极为地方官献计献策，主张兴修水利。在这方面，道光时期的张鹏飞是最有代表性的。他在给陕西巡抚林则徐所上的《关中水利议》中详细地论述了关中水利的现状与对策。他说：“关中据百川上游，导引最易，夏商以前水利不可考。……虞、夏、商、周井田盛行关中，实专其利也。且《图书编》论浚渠：‘古之畿甸必有沟渠，沟渠多则西北之水不助河为虐，然后数千里中原之地物产日殖，万世永赖。此谓务本。’……窃谓关中水利，有前人修而未尽者，有修而又堙者，有全未议及者，且有物土之宜未布其利者。”他认为修而未尽的有四处：一是霸河、浐河两岸种麦种菜引水不多，宜开稻田以尽水利。二是咸阳跑马泉有疏浚的潜力。三是渭河两岸旷地甚多，引水可以灌溉。四是南山七十二峪处处可以因山为渠。“修而又堙”的情况很多，《诗经》中提到的丰镐之间的彪池，已成陆地。汉代的昆明池也池下石闼堰渠，在唐太和时干涸。龙首渠在明末堙塞。漕渠在唐大历以后舟渐不能，

① （清）王延熙、王树敏辑：《皇朝道咸同光奏议》卷63《陕省设局试办水利疏》，清光绪二十八年（1902）石印本。

② （清）王延熙、王树敏辑：《皇朝道咸同光奏议》卷63《请疏浚陕省水利疏》，清光绪二十八年（1902）石印本。

今全种禾黍。咸阳的漆渠、成国渠、升原渠，兴成渠、清渠皆失灌溉之利。临潼的中白渠、中南渠、析波渠、昌连渠、高望渠、耦南渠在下游几乎无水可给。高陵的樊惠渠在汉代曾改良土壤，现在成了斥卤之地。富平的判官渠、怀德渠、薛家渠、朝阳渠、常平堰、潼河，眉县的通润渠、宁曲水、井田渠、能济渠、潭谷河堰，俱失其利。朝邑的通灵陂、象底泉、蔡庄泉、西庄泉，韩城的龙门渠、华州的太平渠、骆驼渠、白龙渠，华阴的葭萌渠、南河水，乾州的沙沟河、莫谷河，武功的六门堰、五泉堰，邠州的拜家河渠、两过两塬沟渠、穆家堰、大广村泉、街子村泉等均已涸废。至于"前人所未议者"，亦复不少。共提出十处。建议兴修水利，广开稻田。他说："水利所兴，有土，有石，有河滩，有山凹。其引之者，有直，有曲，有长数十里，有短不及里，有过溪涧者，有凿山腹者，有土筑者，有石甃者，有支木枧者，有砌石槽者，有用木闸者，有下铁桩者，有烈火煅者，有酽醋激者。其制引水之器，低田用虹吸、鹤饮，高则用恒升、玉衡等具，载在《泰西水法》，关中人未必不知。而耿橘打水线以浚渠法，尤不受奸民之欺，此尤赖劳民劝相者。"①

从雍正《陕西通志》卷三十九至四十《水利》及民国《续修陕西通志稿》卷五十七至六十一《水利》的记载来看，明清时期关中地区水利建设的一个显著特点是小型灌溉的发展。特别是在渭河以南地区，小渠道的数量大大超过了前代。据有人统计，清代曾在关中地区修建过200多个渠道②。如关中西部的凤翔府在秦岭北麓几个谷口开渠引水溉田500多顷。至于引泉灌溉的情况也很普遍，明代地理学家王士性说他来到这里，颇有"依稀江南"之感③。关中东部地区水利较西部更为发达。如华州境内的西溪、东溪、北溪、教坊及清湫诸水，皆有灌溉之利。同州属县的居民，也多引水溉田。关中府所在的关中中部是关中水利最发达的地方。除广惠渠外，在渭北的诸河沿岸，也修有一些引水渠。如冶谷水上有灌渠7条，引水灌溉云阳北面的高仰之地。三原县则多引清、浊二谷之水灌田④。

---

① 张鹏飞：《关中水利议》，上海：上海书店出版社，1994年。
② 耿占军：《清代陕西农业地理研究》，西安：西北大学出版社，1996年，第66页。
③ （明）王士性：《广志绎》卷3《江北四省》，北京：中华书局，1986年。
④ 嘉靖《陕西通志》卷38《政事二·水利》，西安：三秦出版社，2006年。

此外，凿井灌溉的情况也较为普遍。关于清代关中地区凿井灌田的情况，《续陕西通志稿》有比较详细的记载。据该书的作者讲：康熙二十八年（1689）到二十九年（1690），陕西大旱，户县王丰川睹救荒无术，而汲井灌田少获升斗之粟，遂著井利说，以为关中渭水以南诸县十五六皆可井，富平、蒲城二县井利颇盛，风翔八属水利可资处又多于关中，而弃置未讲者亦多于关中。主要大力发展井灌。乾隆二年（1737），崔纪巡按陕西，于5月10日饬各县相地凿井。11月28日奏报陕西共凿井68 980余口，约可溉田20万亩。由于当时督催过严，奉行的人有所粉饰，实际上并没有那么多井，也没有那么大的灌溉效益。乾隆三年（1738）三月，崔纪因"办理不善"而受到乾隆皇帝的批评。其后陈宏谋巡抚陕西，又令各州县查报直泉，故"井利有增无减"。[①]

不过，清代中期以后，关中水利又趋于衰微。《续陕西通志稿》载："关中水利，今古艳称，而自清代乾嘉以迄咸同，兵事频兴，奇荒屡值，官民两困，帑藏空虚，河渠多废而不修，民间复规便种艺，以故光绪年间绘呈会典馆舆图，其为图说者颇致慨于水渠之堙塞，民户之冒耕。"[②]。《咨会典馆舆图说》云：

关中府水利，惟南山一带地势卑湿，山水时发时涸，虽常食水利，而旧日著名诸渠转多湮废。郑白泾渠亦十废小半，漆沮浐灞亦如之。盖土人多争尺寸之利，渠或稍涸，即树艺其间，故陧堰多旷废耳。凤翔府水利最著者宝鸡则曰沈公、利民、惠民等渠，眉县则早曰成国、张子、通济、梅公等渠，惟通济东北达扶、武，食利甚溥。汧阳则曰南河诸渠，旧分一十三支。陇州则曰菜园、温泉诸渠，旧分三十二支。今汧陇虽不复旧制，而灌田尚广。惟宝眉各大渠尽行堙没耳。同州府水利惟韩城之澽水为最，澄城之洽水、大谷、长宁诸水次之，二华之诸谷水又次之。盖二华水渠虽广，而山水陡发，被水患亦往往有之，故不若澽水、洽水也。汉中府水利，则汉水行舟，沿江散民依船为业，余俱引渠开堰，资灌溉以利民，而惟褒水之大斜、山河、垳水之杨壩、五门，廉水之石梯、流珠等堰分见于南郑、褒城、城固诸县者最著焉。兴安府水利以汉阴、

① （清）吴廷锡编纂：《续陕西通志稿》卷61《水利五》，民国二十三年（1934）铅印本。
② （清）吴廷锡编纂：《续陕西通志稿》卷61《水利五》，民国二十三年（1934）铅印本。

平利为最，安康次之。汉阴、月河诸水开渠灌田二万余亩。平利之大贵坪等处区十八壩，引水开渠灌田至四五万亩。至安康之恒河、傅家河所引千工、永丰等堰灌田六七千亩。其石泉之池河、珍珠、大壩等水，及紫阳、旬阳、白河诸渠田则零星无几。商州沿江居民依船为业，山中田少平畴。近日湖北、安徽客民杂处，用南方渠堰之法，稻田渐多。山阳之罩川、磨沟诸渠及金井、色河，商南之富水、清油、县河，镇安之县河、社川、金井、乾祐诸河开渠最多，而灌田亦渐广矣。乾州水利则武功之南北两路、雪固、永安游凤镇等处亦有水田，然皆辘轳、遏竿所浇，全恃人力，无沟渠自然之利，余多沿沟傍溪开设水磨、油房，以资民用，无舟楫之运，无鱼虾之生。邠州水利则本州之鸣玉、太谷镇等渠，景树东川村等泉，三水之赵家、连家、崔家、杨家、李家等渠，为利无几，灌田或仅数十亩耳①。

以上是明清时期关中地区水利建设的基本情况。显然，经过宋元时期的萧条之后，明清时期关中地区的水利事业都在不同程度上有所发展。尽管这种发展不是直线上升，而是呈现出螺旋式的状态，但从总体上来说水利建设是有进步的。这一时期水利建设的特点主要有二：一是小型水利工程大量出现，在一些灌溉条件较好的地方形成大小不等的灌溉网；一是水利工程分布的范围明显扩大，一些过去没有水利设施的地方也有了水利设施。可以说，明清时期关中地区的水利建设也是有一定成就的，对现在关中地区的水利格局产生过直接的影响。

原载（《陕西师范大学学报》2015 年第 1 期）

---

① （清）吴廷锡编纂：《续陕西通志稿》卷 61《水利五》，民国二十三年（1934）铅印本。

中国古代的水利设施及其特征

水是人类生产和生活的重要资源，没有水，人类就无法生存，更谈不上从事其他社会活动。但水资源的分布是不平衡的，其自然存在状态并不能完全符合人的需要。因此，人们需要通过工程措施来兴利除害。中国自古以农业立国，故对水资源的开发和利用尤为重视。在数千年的历史岁月中，修建了数以万计的水利工程①，每个工程都有相应的水利设施。关于历代王朝兴建水利的情况，学术界已多有论述。本文拟对中国古代的水利设施及其演变情况进行探讨。

一、生活用水设施

生活用水与人类的关系极为密切，无论是城市居民还是乡村居民都离不开生活用水。中国古代的生活用水因居住条件而定：临河者汲河水，近泉者汲泉水，无河无泉者则用渠水、井水或雨水。为了满足城乡居民特别是城市居民对生活用水的需求，中国古代曾修建过一些供水工程和排水工程。

（一）供水设施

中国古代的给水工程以河渠、井泉为主。在远古时代，中国先民一般居

---

① 冀朝鼎根据方志对历史时期陕西、河南、山西等十五省区的治水情况进行统计，得出如下结果：春秋6项，战国8项，秦1项，汉56项，三国24项，晋16项，南北朝20项，隋27项，唐254项，五代13项，北宋290项，南宋543项，金24项，元390项，明2270项，清3234项。总计其数，为7176项。这个统计不全，也不准确，但中国古代水利建设之多，于此可见一斑。冀朝鼎：《中国历史上的基本经济区与水利事业的发展》，北京：中国社会科学出版社，1981年，第36页。

住在靠近河流、湖泊的阶地上，利用天然河水、湖水或泉水维持生计。这种情况在氏族公社阶段表现得尤为突出，如著名的半坡遗址就位于浐河之滨的坡地上①。进入夏商周三代，人类活动区域不断扩大。在无天然河湖可资利用的地方，只好开泉、凿井取水。

秦汉以后，随着城市化倾向的发展和风水说的兴起，不少人选择居住在离水源较远的地方；城市规模越来越大，对生活用水的要求也越来越高。在这种情况下，井水、泉水已经不能满足人们的需要，统治者不得不开发水源，修渠引水，以解决城镇居民的用水问题。汉武帝元狩三年（前120）修昆明池，并引池水入汉都长安，供居民使用，就是明显的例证。

隋唐长安城是国际化的大都市，有比较完备的供水系统。龙首渠、清明渠、永安渠分别从东、南两个方向进城，与城中众多的水井相辅相成，共同解决城市生活用水及环境用水问题②。唐代以后，宋元明清诸代在城市和乡村中也普遍兴建过供水设施。

（二）提水机具

与生活用水设施相关的有提水机具。大体说来，河水、渠水浅而易汲，可直接使用瓶、缶、罐、桶等简易设施提取。对于较深的井水、泉水，则需要借助于桔槔、辘轳等水利设施提取。

桔槔是架设在井边或泉边的提水工具。这种工具主要由一根立柱、一个长杆、一块石头和一条绳子组成。《庄子·天地》所谓“凿木为机，后重前轻”，“引之则俯，舍之则仰”，说的就是桔槔。桔槔的使用方法是利用杠杆的原理，将空桶系在长杆的绳子上，拉动绳子，使桶进入井中，等桶中水满，轻轻上提。这种机具便捷、灵活、省力，因而使用较为普遍。类似桔槔的提水机具还有鹤饮，同样有较高的提水效率。

辘轳是利用轮轴原理制造的提水工具。其形态有两种：一种是“手摇式辘轳”，一种是“滑轮式辘轳”。③ 前者在井边架设一个木轴，伸到井口上方。后者在木轴上套装一个安有曲柄的圆筒，在圆筒上缠绕绳索，利用轴承装置放桶提水。桔槔一般只能用于浅井，辘轳则可用于深井。这种机具在先秦时

---

① 史念海：《河山集》第6集，太原：山西人民出版社，1997年，第438页。

② 赵强：《略述隋唐长安城发现的井》，《考古与文物》1994年第6期，第71—73页。

③ 周昕：《中国农具发展史》，济南：山东科学技术出版社，2005年，第706页。

期已经出现，到现在不少地方还在使用。

（三）排水设施

排水工程主要是用来排泄生活废水或其他污水的。此类工程在庭院、村落有渗井、阴沟，在城镇则有大型排水系统。考古人员在汉唐长安城遗址中发现，其宫苑内有设施完备的排水渠道，坊里中有纵横交错的下水管道和排水沟，院落中有渗井和排水道。其他城市也有类似的情况。说明在中国古代城市已形成一定的排水网络。

二、农田灌溉设施

中国古代灌溉用水以河水为主，也有用泉水、井水的情况。由于水利工程种类极多，灌溉设施林林总总，不一而足。引水渠首分为有坝引水和无坝引水两种类型，渠道的修筑先用“表”、“准”、“度”等仪器勘测划定渠线，然后开凿干渠、支渠和小支渠，修建斗门、节制闸、泄洪闸、退水闸、渡槽、涵洞等水利设施。至于灌溉方面，则有畦灌、沟灌和淹灌等多种方式。

（一）灌溉系统

农田灌溉包括两个系统：一个是河灌系统，利用地表水进行灌溉；一个是井灌系统，利用地下水进行灌溉。两个系统相得益彰，有异曲同工之妙。

1. 河灌

河灌即引河水、湖水进行灌溉。从现存历史地理文献来看，中国古代修建的水利工程大部分都与河灌有关。因此，可以肯定地说，河灌是中国古代农田水利的主要形态。

中国河灌的历史可以追溯到商周时期。商周时期的井田可能就是引用河水进行灌溉的。周定王五年（前 602）孙叔敖引期思水（在今河南固始县西北）灌溉雩娄（今安徽金寨北）土地。这是文献中有关河灌的最早记载。魏文侯二十五年（前 422），西门豹治邺，开漳水十二渠以灌溉农田。秦昭王三十年（前 277）前后，李冰出任蜀守，主持修建了都江堰，促进了成都平原农业的发展[①]。秦王嬴政元年（前 246），水工郑国又在渭北地区主持修建了郑国渠，灌田四万顷[②]。此外，成书于战国时期的《管子》等书对当时的灌

---

① 关于李冰守蜀的时间，一说为前 256 年。童恩正曾对此作过考证。童恩正：《古代的巴蜀》，成都：四川人民出版社，1979 年，第 168 页。

② 《史记》卷 29《河渠书》，北京：中华书局，1959 年标点本。

排渠道、堤防设计及施工技术也有所论述。由此可见，在先秦时代，中国在引河灌溉方面就已经取得了辉煌的成就。

秦汉时期是中国水利事业发展的一个高峰，在农田水利建设方面投入了大量的人力、物力，修建了一系列水利工程。尤其是在汉武帝当政时，“用事者争言水利，朔方、西河、河西、酒泉，皆引河及川谷以溉田，而关中辅渠灵轵引堵水，汝南、九江引淮，东海引钜定，太山下引汶水，皆穿渠为溉田，各万余顷，佗小渠，披山通道者，不可胜言”①。元朔、太初年间（前128—前101），在河套地区、宁夏平原、河西走廊广开河渠，引水灌溉。还在关中东北部的洛河上开龙首渠，在关中平原上开凿漕渠、龙首渠、六辅渠、白渠、灵轵渠、成国渠、樊惠渠等水利设施，引泾、渭、洛诸水进行灌溉。始元元年（前86）至元平元年（前74），在西域兴修水利，广置屯田。这些水利设施的出现，说明秦汉时期的河灌比较普遍，从中原到边疆呈现出全面发展的态势。

魏晋南北朝时期，中国处于大分裂的状态，水利建设受到一定影响。但仍出现过一些引河灌溉工程。如曹魏嘉平二年（250），刘靖在蓟城（今北京）西筑戾陵堰，开车箱渠，引湿水（永定河）水灌田。北魏太平真君五年（444），刁雍在宁夏平原修复汉代的艾山渠，溉田4万余顷。太和三年（479），沈文秀在怀州大兴水田。太和四年（480），薛虎子在徐州兴修水利②。孝明帝时，幽州刺史裴延儁在范阳等地修复督亢渠及戾陵诸堰，“溉田百余万亩”。③ 出帝时，南荆州刺史李愍“于州内开立陂渠，溉稻千余顷”④。北齐文宣帝时，在国都邺城附近修建了漳滨堰。西魏大统十三年（547）正月，“开白渠以溉田”⑤。大统十六年（550），大将军贺兰祥在渭北修筑富平堰⑥。北周时，“于蒲州开河渠，同州开龙首渠，以广灌溉”。⑦ 又如刘宋时，曾对芍陂和六门堰进行修复⑧。南齐时，会稽太守王敬则令“士庶皆保塘

① 司马迁：《史记》卷29《河渠书》，北京：中华书局，1959年标点本。
② （北魏）杨衒之：《洛阳伽蓝记》卷4《灌溉农田》，北京：燕山出版社。1998年。
③ 《魏书》卷69《裴延儁传》，北京：中华书局，1974年标点本。
④ 《北齐书》卷22《李元忠传附李愍传》，北京：中华书局，1972年标点本。
⑤ 《北史》卷5《西魏文帝纪》，北京：中华书局，1974年标点本。
⑥ 《北史》卷61《贺兰祥传》，北京：中华书局，1974年标点本。
⑦ 《北史》卷10《周武帝纪》，北京：中华书局，1974年标点本。
⑧ 《南史》卷15《刘穆之传附刘秀之传》，北京：中华书局，1975年标点本。

役”。梁武帝比较注重漕运及灌溉事业，在江淮之间及孙吴故地作缘准塘、浮山堰、荆山堰、宿预堰、曹公堰、寒山堰、苍陵堰[①]，在某种程度上推动了江南农业的发展。

隋唐五代时期是中国水利建设发展的又一个高峰，留下了不少引河灌溉工程。这些工程大体上可分为三类：一是维修前代的水利工程。如开元九年(721)，三辅郑白渠受到王公碾硙的侵害，唐玄宗令京兆尹李元紘“一切毁之”，修复渠道使“百姓大获其利”[②]。二是对隋唐以前和唐代本身修建的一些水利工程进行增修和扩建。如开元二十七年（739），刺史李琎增修朗州武陵县之北塔堰，接古长陂，由黄土堰注白马湖，分入城隍及故永泰渠，溉田千余顷。三是创筑新的水利工程。开元二年（714）并州文水县令戴谦凿甘泉渠、荡沙渠、灵长渠、千亩渠，俱引文谷水，传灌田数千顷。像这样的事例很多，不胜枚举。

宋元明清时期，对河灌仍比较重视，尤其重视用河水淤灌。如宋仁宗嘉祐五年（1060），将河东路引洪淤灌的经验推广到 9 州 26 县，并编成历史上最早的引浊水灌溉的专著（已佚）。熙宁二年（1069）至元丰二年（1079），引黄河、汴水、漳水、滹沱河水淤灌两岸农田。这一时期水利建设的重点是关中等地。当时关中最主要的水利工程仍旧是引泾灌溉工程。泾渠在明代为广惠渠、通济渠，在清代为龙洞渠。据《明史》、《清史稿》和明清陕西方志记载，明清两代对泾渠进行了 20 余次修整。从雍正《陕西通志》卷三十九至四十《水利》及民国《续修陕西通志稿》卷五十七至六十一《水利》的记载来看，明清时期关中地区水利建设的一个显著特点是小型灌溉的发展。特别是在渭河以南地区，小渠道的数量大大超过了前代。据有人统计，清代曾在关中地区修建过 200 多个渠道[③]。如关中西部的凤翔府在秦岭北麓几个谷口开渠引水溉田 500 多顷。至于引泉灌溉的情况也很普遍，明代地理学家王士性说他来到这里，颇有“依稀江南”之感[④]。关中东部地区水利较西部更为发达。华州境内的西溪、东溪、北溪、教坊及清湫诸水，皆有灌溉之利。同

① 《南史》卷 55《夏侯详传夏侯夔传》，北京：中华书局，1975 年标点本。

② （宋）王溥：《唐会要》卷 89《碾硙》，北京：中华书局，1955 年。

③ 耿占军：《清代陕西农业地理研究》，西安：西北大学出版社，1996 年，第 66 页。

④ （明）王士性：《广志绎》卷 3《江北四省》，北京：中华书局，1986 年。

州属县多引水溉田。关中中部是关中水利最发达的地方。除广惠渠外，在渭北的诸河沿岸，还修有一些引水渠。如冶谷水上有灌渠7条，引水灌溉云阳北面的高仰之地。三原县则多引清、浊二谷之水灌田[①]。

2. 井灌

井灌即引井、泉等地下水进行灌溉。中国古代凿井取水的历史同样很早。最迟在商周时代，就已经有了井。井不仅可以用来取水饮用，而且可以用来取水浇田。一般说来，凿在庭院及其附近的井是用来取水生活的，凿在田间的井则是用来灌溉的。春秋战国时期，就有利用井水泉水进行灌溉的记载。自秦汉以来，随着农业的发展，特别是地表水的减少，井灌的情况越来越普遍。因而时间离我们越近，田间的井就越多。

据文献记载，秦汉至隋唐时期，用井、泉等地下水进行灌溉的情况已经比较常见。考古工作者曾在洛阳烧沟汉墓中就曾发现两汉水井模型97件之多，在北京宣武门一带发现陶管井100余口。水井的用途虽然很大，但设在田间、带有管道和水槽的水井无疑与灌溉有一定的关系。如洛阳汉墓出土的陶井，在辘轳井架上有两个交替汲水的水桶，井旁设有长条状的水槽，表示汲出的井水经水槽流入沟渠，用以灌溉农田。[②]这一时期最著名的井渠工程是汉武帝时期的龙首渠工程。当时征调10 000多人开渠，渠道由征县（今澄城县）境内开始，经商颜山（今铁镰山）而至临晋平原。工程进行到商颜山附近时，采取了当时最先进的井渠法。《史记·河渠书》载："凿井，深者四十余丈。往往为井，井下相通行水，水颓以绝商颜，东至山岭十余里间。井渠之生自此始"。井渠法施工的成功，反映了龙首渠建设中高超的测量技术。

宋元明清时期，凿井灌溉的情况更为普遍。以关中地区为例，《续陕西通志稿》载：康熙二十八年（1689）至二十九年（1690），陕西大旱，户县王丰川睹救荒无术，而汲井灌田少获升斗之粟，遂著井利说，以为西安渭水以南诸县十五六皆可井，富平、蒲城二县井利颇盛，风翔八属水利可资处又多于西安，而弃置未讲者亦多于西安。主要大力发展井灌。乾隆二年（1737），崔纪巡按陕西，于5月10日饬各县相地凿井。11月28日奏报陕西共凿井68 980余口，约可溉田20万亩。由于当时督催过严，奉行的人有所粉饰，实

① 嘉靖《陕西通志》卷38《政事二·水利》，西安：三秦出版社，2006年。

② 洛阳区考古发掘队：《洛阳烧沟汉墓》，北京：科学出版社，1959年，第125—127页。

际上并没有那么多井，也没有那么大的灌溉效益。乾隆三年（1738）三月，崔纪因“办理不善”而受到乾隆皇帝的批评。其后陈宏谋巡抚陕西，又令各州县查报直泉，故“井利有增无减”。①

（二）灌溉工程

1. 堰坝

堰坝系拦截河渠、抬高水位或防止水泄的大型建筑。由于中国古代主要采用自流灌溉的形式，因而往往在渠首或渠道的关键部位修建堰坝。自春秋战国以来，历朝历代都曾修建过堰坝。如战国末期修的都江堰，秦汉时期修的山河堰，南北朝时期修的艾山堰、浮山堰、富平堰，唐宋时期修的通济大堰等，其数量之多完全超出了常人的想象。在这些堰坝中，最有名的当首推李冰父子修建的都江堰。

都江堰是秦昭王时（前256—前251）在成都平原修建的大型水利工程。司马迁在《史记·河渠书》中说：“蜀守冰凿离碓，辟沫水之害；穿二江成都之中。此渠皆可行舟，有余则用溉浸，百姓飨其利。”该水利工程主要包括都江鱼嘴、飞沙堰、宝瓶口等水利设施。都江鱼嘴又叫分水鱼嘴，由装满卵石的竹笼堆砌而成，是建在岷江洲渚上的分水堰。它将岷江之水分为内、外二江。飞沙堰位于内江右岸，长240米，用来泄洪排沙。宝瓶口宽20米，高40米，长80米，位于玉垒山和离堆之间，起着调控内江流量的作用。这些设施与人字堤、百丈堤、金刚堤等构成规模宏大，功能齐全的水利枢纽。其排灌渠堰工程构成扇形渠道灌溉网络。渠道连绵伸延，纵横交错，既有灌溉、航运功能，又起到防洪排水的作用，为成都平原灌溉农区的形成和发展奠定了基础，使整个地区的面貌发生了很大的改变②。《华阳国志》载：及都江堰建成，灌溉三郡，开稻田，于是蜀沃野千里，号为陆海；旱则引水浸润，雨则杜塞水门。故《蜀志》曰：“水旱从人，不知饥馑，时无荒年，天下谓之天府也。”③“水旱从人，不知饥馑，时无荒年”说明它具有重大的经济效益。由于此堰建造科学，又得到很好的维修，直到现在仍在发挥灌溉的作用。

除都江堰之外，郑国渠的渠首大坝也具有很大的规模。据《史记·河渠

① （清）吴廷锡编纂：《续陕西通志稿》卷61《水利五》，民国二十三年（1934）铅印本。
② 唐光沛：《都江堰的修建及其伟大成就》，《资料》1975年第4期。
③ （晋）常璩：《华阳国志》卷3《蜀志》，上海：上海书店，1989年。

书》、《汉书·沟洫志》记载，郑国渠渠首工程在中山瓠口。考古人员在此发现了渠首大坝。经实地勘查，大坝残余东起距泾水东岸1800米的高坡，西到距泾水西岸100多米的山头，全长达2300多米。其中河床上的350米，已被洪水冲毁，无迹可寻，但其他残存部分历历可见。郑国渠大坝与都江堰一样，采取了分水技术。用鱼嘴将部分河水拦入坝内，蓄积起来。灌溉时通过导水槽引入总渠，不用时则通过退水槽退入泾河。其设计思想是很科学的。唯关中土质松软，分水鱼嘴多次被洪水冲毁，在一定程度上影响了它的灌溉效力。

2. 陂塘

陂塘是蓄水设施，起到水库的作用。在中国古代，北方地区曾存在过一些较大的湖泊池沼，但由于黄河泛滥及其他原因，这些湖泊在历史上相继消失。南方地区河流纵横，湖泊众多，陂塘在近世虽略有减少，但总体上远远多于北方。

中国在先秦时代已注意对陂塘的开发和利用。秦汉时期，开始推广陂塘灌溉。考古人员曾在四川、广东、贵州、陕西、河南等地的汉墓中发现了不少小型水库模型。模型一般呈长方形，中间有坝相隔，一侧为池塘，一侧为水田，坝上设有闸门；也有水田与池塘分制的情况。其中出土于陕西汉中和广东佛山的模型很有代表性。汉中出土的模型为方形圆角，坝在池塘与稻田中间，其中部有拱形的出水口，并装有提升式闸门。池中有鱼、鳖、蛙、螺之类，田里有纵横成行的秧苗①。佛山的水田模型也颇为复杂。水田被田埂分为6块，农夫在不同的田块里犁田。插秧、收割、脱粒，在收割后的田块里还堆着肥料②。水井和水田池塘模型的大量发现，说明到东汉时期南方和北方的某些地区已经建立起了许多小型的灌溉系统，水稻种植面积随之扩大。

隋唐之后，随着中国经济重心的南移，江南地区的土地开发呈现出前所未有的景象，陂塘建设进入了一个新的阶段。首先，如福建建宁府地处福建东北部，府属各县均有水利工程。在明代，浦城县的陂塘最多，达500余处。

① 秦中行：《记汉中出土的汉代陂池模型》，《文物》1976年第3期，第33—38页。

② 广东省文物管理委员会：《广东佛山市郊澜石东汉墓发掘报告》，《考古》1964年第9期，第448—457页。

其次，建安县 252 处、松溪县 140 处、崇安县 72 处、政和县 45 处、建阳县 41 处、哑宁县 32 处。又如邵武府在明代中期有水利工程 427 处，灌溉田地 1236.94 顷[①]。明代末期，工程数量略有增加。终明之世，邵武县有陂塘 133 处，灌溉田地达 827.9 顷。其中灌田 20 顷以上的有美蓉陂、灌陂、洒溪陂、大陂、饶家陂、神公陂、官田案口陂、鸣山陂、傅家坊陂。泰宁县有陂泉 32 处，灌溉田地近 90 顷。建宁县有陂泉 111 处，灌溉田地 165.2 顷。虽然此时江南和岭南地区的陂塘规模不大，但其数量确实很大，不容小觑[②]。

在中国古代所修建的陂塘中，芍陂是最著名的。芍陂修建于楚庄王十七年（前 597）前后，是由叔孙敖在安徽寿县主持兴建的中国最早的蓄水灌溉工程。当时安丰城（今安徽寿县境内）一带东、南、西三面地势较高，北面地势低洼，向淮河倾斜。每逢夏秋雨季，山洪暴发，形成涝灾，而当雨少时又常常出现旱灾。孙叔敖组织当地人民将东面积石山、东南面龙池山和西面六安龙穴山流下来的溪水汇集到低洼的芍陂中，并修建 5 个水门，水涨则开门以疏之，水消则闭门以蓄之，通过调节水流避免水旱灾害。后来他又在西南开了一道子午渠，上通淠河，以扩大芍陂的灌溉水源，使芍陂可“灌田万顷”。此后，东汉建初八年（83），王景任庐江太守，“驱率使民，修起荒废”[③]，对芍陂进行了修治。建安五年（200），扬州刺史刘馥兴治芍陂以溉稻田。建安十四年（209），曹操亲临合肥，复“开芍陂屯田”[④]。曹魏正始二年（241），邓艾在芍陂附近修建大小陂塘 50 余处，增加了芍陂的蓄水能力和灌溉面积。西晋太康年间（280—289），刘颂为淮南相，修芍陂，“计功受分，百姓歌其平惠”[⑤]。南朝宋元嘉七年（430），刘义欣为豫州刺史对芍陂做了一次比较彻底的整治。隋开皇年间（581—600），赵轨为寿州长史，对芍陂再次修治，将原有的五个水门改为三十六个[⑥]。北宋明道年间，张旨“浚淠河三十里，疏泄支流，注芍陂，为斗门，溉田数万顷，外筑堤，以备水患”[⑦]，使

① 嘉靖《邵武府志》卷 6，上海，上海古籍书店，1981 年。

② 王双怀：《明代华南农业地理研究》，北京：中华书局，2002 年，第 174 页。

③ 《后汉书》卷 76《循吏·王景传》，北京：中华书局，1965 年标点本。

④ 《三国志》卷 1《魏书·武帝纪》，北京：中华书局，1959 年标点本。

⑤ 《晋书》卷 46《刘颂传》，北京：中华书局，1974 年标点本。

⑥ 《隋书》卷 73《赵轨传》，北京：中华书局，1973 年标点本。

⑦ 《宋史》卷 301《张旨传》，北京：中华书局，1977 年标点本。

灌溉面积达到历史最高水平。明清两代对芍陂的修治达24次之多，但规模不大。新中国成立后，对芍陂进行了综合治理，大大提高了它的灌溉能力。

3. 沟洫

沟洫是田间排灌沟渠系统，一般由总渠、干渠、支渠、毛渠组成。中国的沟洫在商周时代就已成系统。当时实行井田制度，对沟洫有具体的规定，要求在井田上必须修建排灌系统。该系统由畎、遂、沟、洫、浍等大小渠道组成，具有排水和灌溉的功能。夏商周三代之后，中国古代所修沟洫不计其数。如先秦时期有漳水渠、郑国渠，秦汉时期有龙首渠、白渠、六辅渠等。其中漳水渠和郑国渠是有代表性的。

漳水渠兴建于魏文侯时期。公元前422年，西门豹治邺，破除“河伯取妇”的迷信，发动民众引河水溉民田，根据漳水落差大、泥沙多、引水口容易淤塞的特点，在漳水上修建了12座滚水坝①。100多年以后，邺令史起对漳水渠进行过修缮，扩大了它的灌溉能力，“民大得其利”②，就连过去贫瘠的土地也“成为膏腴”③。

郑国渠位于关中平原的渭北地区。关中平原水源充沛，物产丰富，号称“陆海”、“天府”④。但渭北地区地势高亢，有大片的“泽卤之地”。公元前246年，秦王命郑国主持修建渭北水利。经过十多年的艰苦劳动，终于建成了郑国渠。郑国渠是先秦时期规模最大的水利工程。据《史记·河渠书》记载：郑国渠西起泾水池阳瓠口（在今陕西泾阳县西北），向东北注入洛水，长300余里。此渠亦采用分水技术，以鱼嘴将部分泾水分水坝内，干旱时引水进行灌溉，不用灌溉的时候通过退水渠将坝内存水导入泾河。其干渠修建在泾河与洛河之间的渭北旱原上，沿途吸纳冶峪、清峪、浊峪、石川诸水，规模极为宏大。干渠上有若干引水大支渠。大支渠上又有许多于灌溉的小支渠。由于它采用了川泽结合和利用客水的措施，先引泾水入焦穫泽，再从焦穫泽开渠开渠东流，调控水量，同时，利用流域内各种天然河道水流，

① （西汉）司马迁《史记》卷126《滑稽·西门豹传》，北京：中华书局，1959年标点本。

② （战国）吕不韦：《吕氏春秋·乐成》，北京：中华书局，2007年。

③ （东汉）王充：《论衡·卒率篇》，上海：上海书店，1989年。

④ 《战国策·秦策》载：苏秦曾对秦惠王说：“大王之国，西有巴蜀汉中之利，北有胡貉代马之用，南有巫山黔中之限，东有肴函之固。田肥美，民殷富，战车万乘，奋击百万，沃野千里，蓄积饶多，地势形便。此所谓天府，天下之雄国也。”

对沮水浊水等水流多方汇聚，扩充水源，从而解决了长途供水输水问题。干渠选址于灌区地势较高的北山山麓，居高临下，有高屋建瓴之势，使大片农田处于郑国渠灌溉流域之内，最大限度地发挥了灌溉效能。大史学家司马迁在评价郑国渠的作用和意义时说："渠成……关中为沃野，无凶年，秦以富强，卒并诸侯"[①]。

4. 水门

水门即"斗门"、"陡门"、"水闸"，是建在河床、湖岸或渠边，用来控制水位或取水泄水的闸门。水门一般用经过加工的巨型条石建成，也有用木头建造的。其形制多半是在渠道两岸相对砌个半圆形和半椭圆形的平台（即陡盘），高与岸齐。在两个陡盘相对的弧边上，预留下安设陡杆的凹口，在垂直的底部留一个洞，以备斜插陡杆之用。

水门的历史也可能很早。在秦汉时期的文献中，对水门已多有记载。如汉元帝时（前48—前33），召信臣在南阳地区兴修水利，"起水门提阏凡数十处，以广溉灌，岁岁增加，多至三万顷"[②]。贾让在其《治河三策》中主张修治黄河要多开水门。东汉王景治河时，每"十里立一水门"[③]。魏晋之际，水门已大量使用。《水经注》等文献对水门多有描述。唐宋以后，水门被广泛地应用于引水、泄水、分洪、冲沙、挡潮、通航等许多方面。

（三）提水设施

在不具备自流灌溉的地方，往往需要使用提水机具将水从低处提到高处进行灌溉。提水灌溉设备有桔槔、辘轳、戽斗、翻车、筒车、刮车、井车、连筒、架槽等。桔槔、辘轳前面已经言及，兹不赘述。

戽斗是一种小型人力灌溉工具。用竹木编制而成，形如蟹篓，两边系绳，由两人同时操作，可以将河渠之水提到高田。但其提水高度一般较低，只能在在水位差不大的地方提水灌溉。

---

① 《史记》卷29《河渠书》，北京：中华书局，1959年标点本。

② 《汉书》卷89《循吏·召信臣传》，北京：中华书局，1962年标点本。

③ （宋）司马光：《资治通鉴》卷45"永平十二年四月"条，北京：中华书局，1956年标点本，第1453页。

翻车又称龙骨车，至迟在东汉中平三年（186）已经出现[①]。其基本结构是：车身以板木作槽，长两丈，宽不等，四寸、七寸皆可，槽中架行道板一条，放置数十块与木槽宽度相当的木斗（即刮水板）。木斗之间以铰关相连，形成环状。木槽上下两头置带齿轮轴。转动上轴，则木斗循环运转，将板间的水体自下而上带出。根据所用动力，分为人力翻车、畜力翻车、水力翻车和风力翻车。人力翻车由人操作，踏动拐木，龙骨板随之转动，将水刮到岸上。水转翻车增加一套水力传动装置，其他结构与脚踏水车相同。车转翻车与卧式水转翻车相似，比人力翻车功效更为显著。

筒车是一种轮式水车，在唐代文献中已见诸记载[②]。这种水车以木为轮，以竹为筒，结构简单，使用方便。其基本构造是在水流湍急处置一水轮，将其底部没入水中，使其顶部高出河岸，轮上倾斜安置竹筒若干。水流冲动水轮，竹筒临流取水，并随轮转动，至轮顶时，自然将水倒入木槽，流入田间。此为水转筒车。如果河水平缓，无法借助水力，则以驴、牛为动力，称为卫转筒车。此外，还有高转筒车，可将水提高十余丈，称作高转筒车。高转筒车在唐代已经出现，一直沿用到近代。

至于连筒、架槽则属于连程引水管道，常在沟壑中引山涧之水进行灌溉。限于篇幅，这里就不一一介绍了。

三、防洪排水设施

水利与水害是同时存在的。水害主要来自山洪和海潮。为了防止水患，中国古代曾修建过不少防洪设施。其中堤坝、围堰、海塘都是比较重要的。

（一）堤坝

相传禹的父亲崇伯鲧在治水的时候，就是采取筑堤挡水的方法。商代之后，历代王朝多在大江大河之滨，特别是黄河中下游地区修筑堤坝，以防止水灾。史载战国时期，齐、赵、魏诸国均曾在黄河下游修筑堤防。汉武帝元光三年（前132），黄河在瓠子（今河南濮阳西南）决口，夺淮入海。21年

① （宋）司马光：《资治通鉴》卷58“中平三年二月”条，北京：中华书局，1956年标点本，第1883页；《后汉书》卷78《张让传》，北京：中华书局，1965年标点本；《三国志》卷29《杜夔传》，北京：中华书局，1959年标点本。

② （宋）王溥：《唐会要》卷89《疏凿利人》，北京：中华书局，1955年。

后，汉武帝组织人力物力，完成了规模巨大的瓠子堵口工程，使黄河复入故道①。汉成帝建始四年（前 29），黄河在馆陶决口，波及东郡金堤。次年，河堤使者王延世率领民众，以竹笼装石堵口获得成功②。王莽始建国三年（11），黄河在魏郡元城决口，大徙改道。东汉明帝永平十二年（69），王景率数十万军队治理黄河，修成比较坚固的堤防③。此后 800 余年，黄河基本安澜。宋仁宗庆历八年（1048），黄河在澶州（今河南濮阳）商春埽决口，改由今天津之东入海。宋高宗建炎二年（1128），河决滑州，再次夺淮入海。元世祖至正十一年（1351），黄河又在白茅决口，贾鲁创修石船挑水坝，修堤开凿新河，"河乃复故道，南汇于淮，又东入于海"④。明清时期，潘季驯负责治理黄河、淮河、运河，靳辅为治河总督，大体上用的也是筑坝束河的办法⑤。此类堤坝一般工程浩大，其目的主要是防止河湖泛滥，冲毁田园，威胁居民的生命安全。

（二）围堰

围堰一般修在河、湖之滨或行洪区域。如果说堤坝主要是束水，那么围堰的作用就主要是护田。围堰护田在唐代以前比较少见。从宋代开始，圩垸大量出现。明代更扩大围垦，与江、河、海争田，在河滩、海涂或沼泽地带筑堤建闸，挡水排盐，改良土壤，垦辟农田。据文献记载，明代华南各地建围极多，大小不一⑥。如洪武年间，在"桑围园"中建"鸡公围"、"东洲围"，堤长 560 余丈。嘉靖年间建"东方子围"，护田 66 顷。崇祯年间建"大成围"，护田 28.67 顷。据《珠江三角洲农业志》第二册《珠江三角洲堤围和围垦发展史》所提供的材料统计，在明代 270 多年间，珠江三角洲至少修筑了 180 多条堤堰，其总长度约 735 千米，捍卫耕地达 10000 余顷。在大量围垦荒滩的同时，围海造田的活动也在加紧进行。据估计，当时广州府围海造田的数量也在 10 000 顷以上。围堰的作用主要是防止洪水泛滥，保护民居、

---

① 《汉书》卷 25《郊祀》，北京：中华书局，1962 年标点本。

② 《汉书》卷 29《沟洫志》，北京：中华书局，1962 年标点本。

③ 《后汉书》卷 76《王景传》，北京：中华书局，1965 年标点本。

④ 《元史》卷 66《河渠志三》，北京：中华书局，1976 年标点本。

⑤ 《明史》卷 223《潘季驯传》，北京：中华书局，1974 年标点本；《清史稿》卷 279《靳辅传》，北京：中华书局，1977 年标点本。

⑥ 王双怀：《明代华南水利建设的区域特征》，《陕西师范大学学报》（哲学社会科学版）2001 年第 2 期，第 125—132 页。

田舍，其作用与堤坝相近。

（三）海塘

海塘是修在海边的堤坝，用以防止海潮的侵袭。海塘的历史至今已有2 000多年，主要分布在长江口以南、甬江口以北约600千米的海岸线上。有关海塘最早的文字记载见于汉代的《水经》。据郦道元《水经注》记载，最早的海塘建于钱塘江口。东晋时期，曾在海边修筑“防海垒”。其后海塘还被赋予军事功能。唐玄宗开元元年（713），在杭州盐官县（今海宁县）筑捍海塘堤124里。9年以后，又在上虞、山阴等地筑海塘100余里，开启了大规模修建海塘的先河[①]。明代出于防海和御寇的需要，曾先后13次修筑海塘。《海塘考》云：“海塘之制，高于城垣，内外塘沟相夹，汤和经略海防，引以为固，防海之外，兼以御侮，故规画特崇。”由此可见明代海塘已经具备了很大的规模。到了清代，浙江巡抚朱轼又在海宁老盐仓海岸，创筑鱼鳞大石塘500丈。这些海塘虽偶尔被用于军事，但无疑也是重要的水利设施。

四、漕运航运设施

水上交通是古代交通的重要组成部分。中国古代的水上交通主要包括河运和海运两种。航运设施主要修建在码头、内河河道，特别是运河上。为了通航或提高水运能力，历代王朝都比较注意疏浚河道，修建堰埭和水闸。

从文献记载来看，中国古代水运历史悠久。早在晋惠公时，秦国曾运输数万斛的粮食以救晋国的饥荒。从渭水到达黄河、汾河。雍、绛之间，舳舻相接，人们称之为“泛舟之役”[②]。鲁哀公九年（前486），吴王夫差为了争霸中原，在今扬州市修建邗城，为了加强南北联系，在长江与淮河之间开凿了邗沟。4年后，吴又开通了黄河与淮河之间的菏水运渠，从而大大方便了江淮、黄淮一带的交通。战国时期，继续在黄河与淮河之间修筑运河。魏惠王十年（前360）至三十一年（前340），开凿鸿沟，穿越泗、涡、沙、颍诸水，连通黄淮，又在黄淮之间形成若干运道[③]，从而奠定了中国水运的基础。

---

① 《新唐书》卷41《地理志》五，北京：中华书局，1975年标点本。

② （清）李贻德：《春秋左氏传补注》僖公十三年，上海：上海古籍出版社，1995年。

③ 《史记》卷29《河渠书》，北京：中华书局，1959年标点本。

秦汉时期较大的航运工程有灵渠和漕渠等。灵渠又称湘桂运河、兴安运河，在广西壮族自治区兴安县境内。这条运河是秦始皇在统一岭南的过程中，为了便于运输军事物资而修建的。整个工程在秦始皇三十三年（前 214）完工，全长 37 千米，由铧嘴、大小天平、南渠、北渠泄水天平和陡门组成。铧嘴将湘江水三七分流，其中三分水向南流入漓江，七分水向北汇入湘江，沟通了长江、珠江两大水系。设计科学，建造精巧，被誉为中国运河史上的奇迹。此后历代王朝多次对它进行维修，从而使这一工程一直在发挥着它的作用①。漕渠也叫“运粮河”，是汉武帝元光六年（前 129）开凿的大型漕运渠道②。从昆明池（今昆明路附近）经昆明渠流经西安北郊河止西、沟上村，穿过灞河，经新筑镇、新丰镇、渭南、华县到华阴市北进入渭河，全长 300 里。此渠在历史上存在了 1000 多年，到唐朝末年始被废弃，是向京师输送粮食、盐税、煤炭等物资的重要漕运渠道。此外，东汉末年，曹操曾开白沟、平虏渠、泉州渠及新河，沟通了黄河、海河及滦河水系。这些工程在中国水运史上也占有较为重要的地位。

魏晋南北朝时期较大的航运工程很少，见于文献记载的只有三国时期孙吴政权在江南开运河的事。赤乌八年（245），开通自句容至丹阳的运河，以连接秦淮河和太湖水系③。此前太湖流域的行船均由京口（今镇江）出长江，前往建业。路途远，风浪大。此渠开通后，太湖流域的船只可直达建业。由于此渠纵坡较陡，水源缺乏，故从冈顶向两侧各建了 7 座堰埭，用以平水和节制用水。南朝梁时，又在破冈渎北，自分水岭顶点向西南建了 5 座堰埭，接秦淮河水系，向东南建 16 座堰埭，接太湖水网。这条运河是有记载的最早的用建筑物控制的运河，但遗憾的是，该运河在南朝后期被废弃。

隋唐时期的航运工程主要是举世闻名的大运河。开运河始凿于隋文帝时期，当时引渭水从大兴城到达潼关，长 300 里，名广通渠，转运关中物资④。隋炀帝即位后，从大业四年（608）开始，利用天然河道和旧有渠道，开通了以东都洛阳为中心，北起涿郡（北京），南到余杭（杭州）的大运河。其工程

---

① 嘉庆《广西通志》卷 117《山川略·水利》，清嘉庆十年（1801）刻本。

② 《汉书》卷 6《武帝纪》，北京：中华书局，1962 年标点本；《汉书》卷 29《沟洫志》，北京：中华书局，1962 年标点本。

③ 《三国志》卷 4《吴书二》，北京：中华书局，1959 年标点本。

④ 《隋书》卷 24《食货志》，北京：中华书局，1973 年标点本。

共分4段：一为通济渠，从西苑引谷、洛二水到达黄河，再从板渚（河南荥阳东北）引黄河水入汴水，自大梁（开封）之东引汴水入泗水，最后达于淮水。二为山阳渎，自山阳（江苏淮安）引淮水，经江都至扬子（仪征）入长江。三为永济渠，引沁水南通黄河，北至涿郡。四为江南河，从京口引长江水直达余杭[①]。大运河贯通河南、河北、江苏、浙江等省，连接海河、黄河、淮河、长江、钱塘江五大水系，全长2500多千米，是世界上最雄伟的工程之一。此河的开通，加强了南北联系，成为南北交通大动脉，对经济文化交流起到了很大的作用。此外，在唐高宗当政的咸年间，在长安与岐州（治所在今宝鸡）之间开凿了新的漕渠，使杭州的货船可以直接到达关中西部。唐玄宗开元二十九年（741），修建了著名的三门峡水利枢纽工程[②]。该工程全长280多米，宽6—8米，深5—10米[③]，在一定程度上改善了关中地区的航运。

宋元以降，海运趋于发达，但内河航运并未因此受到影响。北宋雍熙元年（984），淮南转运使乔维岳在淮安至淮阴之间的大运河上创修复闸，后来发展成澳闸，一直沿用到南宋末年。元世祖至元年间对隋代的大运河进行了改造，修建了通惠河、北运河、南运河、鲁运河、江南运河，使京杭大运河全线贯通。明清两代基本上是在维持元代运河的基础上，只对某些地段进行了修补，开通了通济新河、中河等运河工程，并在江淮之间开挖月河，进行了湖漕分离的工作。

建于运河河道上的堰埭有人工磨堰、辘轳绞拉堰等不同种类，旨在提高通航水深。水闸的作用是用来调节水量、提高通航能力的。这些都是运河航运的配套设施。至于海运情况较复杂，这里就不涉及了。

五、其他水利设施

除上述水利设施外，中国古代还有一些利用水能的加工机具，如水碓、水磨、水排、水转纺车等。

---

① 《隋书》卷3《炀帝纪》，北京：中华书局，1973年标点本；（宋）司马光：《资治通鉴》卷一百八十“炀帝大业元年三月”条，北京：中华书局，1956年标点本，第5618页；（宋）司马光：《资治通鉴》卷一百八十一“炀帝大业四年正月乙巳”条，北京：中华书局，1956年标点本，第5636页。

② 《旧唐书》卷49《食货志》，北京：中华书局，1975年标点本。

③ 中国科学院考古研究所：《三门峡漕运足迹》，北京：科学出版社，1959年。

水碓以水流冲动水轮、带动碓头的机具，主要用来舂米，有时也用来捶浆、碎矿。据《桓子新论》载，人们最初发明的是脚踏碓。到了汉代，“又复设机关，用驴骡马及役水而舂，其利乃至百倍”①。与水碓相似的还有槽碓。槽碓亦以水为动力，不过用水较少。它将脚碓踩踏的地方改为水槽，引水注入槽中，水满而倾，碓头下落，即可舂米②。

水磨的工作原理与水碓相似，以水力带动碾硙，用来碾米、磨面。秦汉时期已发明水磨。唐代碾硙极为普遍。特别是在关中等北方农业区，甚至出现了碾硙与灌溉争水的事。唐代宗大历十三年（778），一次就曾在郑白渠上拆毁碾硙八十多座③。水磨有单磨与连磨之分。魏晋之后，连磨由多个磨盘组成，在水力的驱动下，同时运转，大大提高了粮食加工的效率。

水排则是用水力驱动的水力鼓风设备，主要用来加大火力，提高炉温。据《汉书》记载，水排是南阳太守杜诗在汉光武帝建武七年（31）发明的。其工作原理是水流驱动水轮转动，水轮带动连杆，连杆拉动风箱。三国时期，韩暨对杜诗水排进行了改造，“因长流水为水排，计其利益，三倍于前”④。与水排类似的机具还有“水击面罗”等。

总而言之，中国古代水利设施是中国人民在长期的生产实践中创造出来的，涉及日常生活、农田灌溉、防洪排水、航运等诸多领域。在漫长的历史岁月中，这些水利设施经历了发展变化的过程，并在不同的地区呈现出不同的特点。尽管这些水利设施并不是持续发展的，有些设施甚至经历了由先进到落后的转变，但毋庸置疑，这些水利设施在历史上曾处于领先地位，是值得我们继续进行深入系统研究的。

原载（《陕西师范大学学报》2010 年第 2 期）

① （清）严可均编：《全上古三代秦汉三国六朝文》第二册《全后汉文》卷 15，北京：中华书局，1965 年。

② 王毓瑚校：《王祯农书》，北京：农业出版社，1981 年，第 356—357 页。

③ （宋）王溥：《唐会要》卷 89《碾硙》，北京：中华书局，1955 年。

④ 《三国志》卷 24《魏书・韩暨传》，北京：中华书局，1959 年标点本。

中国古代灌溉工程的营造法式

中国自古以农业立国，故对水利建设较为重视。在数千年的历史岁月中，曾修建过数以万计的灌溉工程，积累了丰富的工程技术经验[①]。中国古代灌溉或用河水，或用湖水，或用陂塘，或用井泉，种类繁多，不一而足。大体说来，北方黄河流域诸水，源远流长，可“筑堰开渠，以时蓄洩”[②]。江南素称泽国，环三江，跨五湖，横为塘，纵为浦，亦可“堰以潴之，堤以束之”[③]。故北方以引河灌溉为主，南方则以引陂灌溉为多。无论是引河还是引陂，皆须修建、开凿引水渠道，营造分水设施，故堤坝、渠道和分水设施是古代灌溉的主体工程。尽管历史上此类工程种类繁多，规模不等，但都是按照一定的营造法式建成的，都有一定的技术含量。过去学术界对中国古代水利工程的灌溉功能和灌溉方法论述较多，但对工程技术问题的研究相对较少[④]。本文拟根据文献资料、考古资料和实地考察的结果，在前人研究的基础上，探讨一下中国古代灌溉工程的营造法式，希望能够起到抛砖引玉的作用。

一、引水堤坝的修筑

中国古代的引水灌溉工程可分为有库引水和无库引水两种类型。有库引

① 张芳：《中国传统灌溉工程及技术的传承和发展》，《中国农史》2004 年第 1 期，第 10—18 页。

② 《清史稿》卷 332《毕沅传》，北京：中华书局，1976 年标点本。

③ （清）贺长龄辑：《皇朝经世文编》卷 41《户政》，台北：文海出版社，1966 年。

④ 据笔者所知，涉及中国古代灌溉工程技术的论文仅十余篇。

水工程要修建堤坝，无库引水工程也要修堤建坝，只是堤坝的规格和形式有所不同。堤坝是渠首工程设施，对整个灌溉系统有着举足轻重的影响。因此，古人对堤坝非常重视。我们在历史地理文献，特别是在宋代以后的地方志中，常常可以看到修筑堤坝的记载①。堤坝有堤、隄、坝、壩、埭、堰、堨、堋等不同称谓，均指水利工程中的挡水建筑。或修在河中，或修在水边，形式多样，不一而足。修筑堤坝的方法一般是先确定坝址和坝的类型，然后根据工程的实际需要，组织人力物力进行突击建设。

（一）坝址的选择

农田水利工程中的堤坝大多建在渠首，属于渠首枢纽工程。坝址选择是否科学，直接关系到能否引水，引多少水，对灌溉面积和灌溉质量也有很大的影响。因此，选择坝址是修建灌溉工程的头等大事。古人对坝址的选择是相当讲究的，一般是从自流灌溉的原则出发，根据地形地貌和灌溉面积的需要，按照弯道环流原理，在河道凹岸顶点选择最合适的地方修建堤坝，目的是追求最大的灌溉面积或最好的灌溉效果。

我国先秦时期在水利建设方面曾取得巨大成就②。春秋战国时期修建的一些重要堤坝，大抵都做过一番选址的工作。相传李冰在修建都江堰前，曾对成都平原的山川形势和水利设施进行过考察，最后把都江堰的渠首选在了都安县（即灌县）岷江冲积扇的顶部。岷江从松潘县境咆哮而下，至灌县出山，奔向一望无际的成都平原。平原略呈扇形，以灌县为顶，金堂、成都、新津为底，地势西北高，东南低。在灌县岷江出山口筑堤分水，既可消除岷江洪水对成都平原的危害，又能引导岷江丰富的水源对成都平原进行自流灌溉。郑国在修建郑国渠之前，同样也曾对渭北地区的地形地貌进行过考察。郑国渠的渠首在仲山以西的瓠口③。明人袁化中说：“（郑）国至秦北山下，

① 如《畿辅通志》卷94载李光地《请兴直隶水利疏》云：“直隶泉源甚众，随处可以通沟灌田。若近河乡地，则又可筑坝逼水引渠广溉”。《江南通志》卷65《河渠志·水利治绩》载：万历二十四年（1596），“江都令张宁于宜陵镇筑坝塞山阳河为窦通水以资灌溉。”《广西通志》卷四十一《名宦》：姚瑾正统间知昌化，“教民筑堤蓄水灌溉。”《甘肃通志》卷15《水利》载：康熙五十四年（1715），静宁知州黄廷玉“于仁当垂家二川各开渠筑坝，尽引河水入渠……灌田数百顷”。此类记载俯拾即是，不胜枚举。

② 王双怀：《先秦时期西部水利建设的巨大成就》，《社会科学战线》2009年第7期，第119—123页。

③ 《史记》卷29《河渠书》，北京：中华书局，1959年标点本。

视泾河巨石嶙嶙约三四里许，而泾水流于其中，堪以作堰。”① 于是将它确定为坝址。虽然袁化中是明代人，离郑国修渠的时代相去较远，但从现在郑国渠渠首的遗存来看，郑国渠大坝的坝址也是经过精心选择的，渠首设在泾水出山处，可控制整个灌区，实行自流灌溉。

秦汉以后，虽然没有出现过像都江堰、郑国渠那样的大型工程，但中小型灌溉工程如雨后春笋，层出不穷。时人在修建这些水利工程时，同样比较注意对周边环境的考察。如北魏太武帝太平真君五年（444），刁雍在银川平原修建引黄灌溉的艾山堰时，就曾进行了深入的实地考察和周密的设计②。除水利专家直接主持工程设计外，一些地方官绅也参与了水利工程的规划。到了清代，有人建议各省大员直接督促下属参与水利规划：“饬查各属境内形势，细加筹度。何处可以疏渠，何处可以筑堰，何处可以穿井开塘，或劝民自为，或动用公款，官为办理，务期事在必行。”③ 这些情况说明，人们已经认识到了实地考察对水利建设的重要性。

（二）堤坝的类型

坝址选好后，就要确定堤坝的类型。中国古代的堤坝主要有三种：即分水坝、溢水坝和拦河坝。具体采用哪种类型，一般是根据河流水位、渠首高程、灌区面积等因素而定。如果河流水位能满足渠口引水的要求，则建分水坝引水；如果基本能够满足，建溢水坝以抬高水位；如果不能满足要求，则修拦河坝以储水。

分水坝是在河道中修筑的分水设施，旨在将部分河水导入水库或引入渠道。堤坝沿河床顺水而筑，一直延伸到库边或河岸边上的渠口。这种类型的堤坝在中国古代的大、中型水利工程中是很常见的，因而文献中多有记载。战国时期修建的都江堰和郑国渠，秦代修建的河内秦渠，西代修建的白渠、成国渠、龙首渠及河套引黄渠，东魏时修建的天平渠等水利工程，都筑有分水坝。其中影响较大的有都江堰的分水坝和郑国渠的分水坝。都江堰引岷江

① 乾隆《重修泾阳县志》卷4《水利志》，清乾隆四十三年（1778）刻本。

② 李令福：《论北魏艾山渠的引水技术与经济效益》，《中国农史》2007年第3期，第11—19页。

③ （清）盛康辑：《皇朝经世文编续集》卷41《户政十六·荒政一》，台北：文海出版社，1966年。

水溉田。岷江水量很大，在离堆以上可以直接分水。故李冰“作大堰于此”[①]，修建了鱼嘴、飞沙堰、百丈堤、金刚堤、人字堤等分水设施，直接将岷江之水引入灌区。郑国渠引泾水溉田。泾水自张家山汹涌而出，不能建坝栏截，但可建分水坝，将河水引入瓠口，形成河侧水库。故郑国“立石囷以壅水”[②]，建成由鱼嘴和瓠口堰组成分水大坝[③]。这些堤坝的结构不尽相同，但用途都是为了从大河中分水，并把一部分河水引入渠中。一方面保证灌溉用水；另一方面防止过多的河水进入灌区。

溢水坝是在河道中横建矮坝以提升水位，形成水库，使河水能够进入河边的引水口进行灌溉，并将多余的水从坝面上溢过，达到泄流防洪的目的。这种水坝也不在少数，其中战国时代开始在邺县修建的漳水渠最具代表性。漳水渠又称漳水十二渠，是西门豹治邺时创建的。《水经注校证》载：“昔魏文侯以西门豹为邺令也，引漳以溉邺，民赖其用。其后至魏襄王，以史起为邺令，又堰漳水以灌邺田，咸成沃壤，百姓歌之。魏武王（曹操）又堨漳水，回流东注，号天井堰，二十里中，作十二墱，墱相去三百步，令互相灌注，一源分为十二流，皆悬水门。”[④] 西门豹破迷信，引漳水灌溉。其后曹魏时又根据漳水落差大、泥沙多及引水口容易淤塞的特点，修建了十二级溢水坝，组成一个壮观的溢水坝群，层层抬高水位，采用多渠引水技术，扩大了灌溉效益。

拦河坝古代有“竭”、“遏”、“磴”等名称，是在河道上建坝挡水，形成水库，或者在陂池边上修建堤堰，抬高水平，形成水库，引水溉田。这种水坝一般修在小河或池塘边上，数量极多，规模较小。但也有体量较大的，曹

---

① （北魏）郦道元著、陈桥驿校证：《水经注校正》卷三十三《江水》，北京：中华书局，2007年，第766页。

② 康熙《泾阳县志》卷4《泾渠条陈》，清康熙九年（1670）刻本。

③ 关于郑国渠的引水方式，过去学术界存在过争论。著名水利史专家李仪祉认为郑国渠采用的是筑坝引水的方式，如黄河水利委员会编：《李仪祉水利论著选集》，北京：水利电力出版社，1988年。考古学家秦建明等还对郑国渠大坝进行了考察，赵荣、秦建明：《秦郑国渠大坝的发现与渠首建筑特征》，《西北大学学报》（自然科学版）1987年第1期。但有学者对此表示怀疑，认为该渠采用的是无坝引水，如叶遇春：《郑国渠首引水方式辨析》，《水利史志专刊》1991年第2期。笔者根据文献记载和卫星影像，对泾阳县王桥镇一带的地形地貌和水利遗迹进行了仔细勘察，发现郑国渠渠首大坝是确实存在的，不过所筑大坝不是拦河坝而是分水坝。

④ （北魏）郦道元著、陈桥驿校证：《水经注校证》卷10《浊漳水》，北京：中华书局，2007年，第258页。

魏时镇北将军刘靖在今北京西郊的永定河上建戾陵堰就是如此。刘靖“登梁山以观源流，相湿水以度形势……以嘉平二年立遏于水，道高梁河，造戾陵遏，开车箱渠……长岸峻固，直截中流，积石笼以为主遏，高一丈，东西长三十丈，南北广七十余步。依北岸立水门……山水暴发，则乘遏东下；平流守常，则自门北入。灌田岁二千顷”①。当然，古代没有钢筋混凝土，故不能在大河中修筑混凝重力坝、高拱坝等大型水坝，只能修建土石坝。但这些土石坝也能在一定程度上起到拦河溉田的作用。

（三）筑坝的方法

确定坝址后，最重要的环节便是修筑堤坝。关于古代农田水利筑堤建坝的方法，历史文献中很少涉及，考古工作也很少涉及。不过，古人在谈论治河时，曾有不少精辟的论述。有人说，建坝之法，“坝头须作圆式。不可使有方棱。盖顺则不致激怒。易于防守。圆则转水下行。不虞撞掣”②。有人说，“筑堤之法，须底阔顶突，庶怒流荡激，可以减其力而当其冲”③。还有人说，“筑堤之法，陡则易圮。如堤根六丈，顶止二丈，俾马可上下。堤面及根，必多种茸草以盖之。盖草能柔水性，能庇雨淋，而坦坡又可杀风浪之怒也”④。这些观点虽然多是谈治理黄河的，但大体反映出中国古代修筑堤坝的基本法式。从建筑材料方面来讲，中国古代的堤坝有土坝、石坝、土石坝之分。实际上，除土、石等材料以外，许多堤坝中还有草木等成分，情况比较复杂。至于修建堤坝时究竟使用什么材料，是建土坝、石坝还是土石坝，则是根据堤坝的实际需要和当时的人力、物力、财力来规划的。

土坝以土为原料进行修筑。关于土坝的修筑方法，文献中有一些记载。这种堤坝的优点是就地取材，容易修筑，缺点是不够坚固，遇到洪水，易被损坏。为了增强其抗洪能力，古人曾发明过一种“敷叶功法”，即在坝体中加入适量的树叶草木，形成土草坝。芍陂大坝即是用这种方法修成的。该坝建在一条泄水沟上，是用一层草一层土相间叠筑而成的“草土混合堰”⑤。土坝

① （北魏）郦道元著、陈桥驿校证：《水经注校证》卷14《鲍丘水》。北京：中华书局，2007年，第339—340页。

② （清）贺长龄辑：《皇朝经世文编》卷99《工政五·河防四》，台北：文海出版社，1966年。

③ 《清实录·高宗纯皇帝实录》卷52，北京：中华书局，第15册，1986年。

④ （清）傅泽洪撰：《行水金鉴》卷51《河水》，雍正三年（1725）刻本。

⑤ 殷涤非：《安徽省寿县安丰塘发现汉代闸坝工程遗址》，《文物》1960年第1期，第61—62页。

的修筑要追求坚实，“必选择淤土，每覆土一尺，即夯硪三回。筑毕，用铁锥杵孔，沃以水，水不渗漏为度。然亦有纯淤土而渗漏者，则其土必太坚，锥不易入，其捍水尤有力，且土必龟坼为验。堤之高卑，因地势而低昂之，用水平打量，毋一概以丈尺为凭，以水面为准”①。“其岐缝处用夯坚筑，其新旧隄交界，又用铁杵力筑，层层夯硪，期于一律，坚实总以签试不漏为度”②。凡是土坝，务必要夯筑坚固，并对它进行必要的严格检验，这样才能确保堤坝的安全。

石坝多为溢水坝或分水坝，常见的营造方法是用巨石堆砌或用竹络装石块堆砌。竹络又称竹笼，制作工艺简单，形状大小视水坝而定，具有取材方便，易于施工的特点。著名的都江鱼嘴就是采用这种方法修成的，李冰父子当年如何修治都江鱼嘴，当时的史书中没有具体记载，但后世文献中讲得很清楚，说都江堰工，“用竹编长笼，自一二丈至三四丈不等，中将碎石填实，垒筑成堤。面盖押二笆，每块长二丈，阔一丈五尺，用白夹竹百根，每根银一厘六毫，编工银一钱二分。竹笼折长三丈，径一尺八寸，用白夹竹四十根”③。秦汉期的郑白渠分水大坝，则采用铁锢方石垒筑的办法。其“作堰之法，皆用大石方四五尺者，锢之以铁，积于中流，拥为双派，其南流为泾水，其东流为二渠，故虽骇浪不能坏”④。后来明清时期修建的洪泽湖高家堰大堤的主体部分，就是用60万立方米的千斤石条筑成的⑤。当时治理河道，修筑海塘，也多用“河工络坝之法，用竹篓盛碎石，层层排筑”⑥，或采用方石，层层堆砌。

土石坝常用石囷与土、草混筑而成，也有用石条、木桩与土合筑的情况。石囷又称石囤，系用木材制作方形或圆形框架内填土、草、石而成，具有加固堤坝，防止冲刷的功能。此类堤坝出现甚早，据说郑国渠大坝就是用100

① （清）贺长龄辑：《皇朝经世文编》卷101《工政七·河防六》，台北：文海出版社，1966年。

② 康熙《江南通志》卷53《河渠志·黄河五》，台北：商务印书馆，1983年文渊阁四库全书影印本。

③ （清）托津等撰：《钦定大清会典事例》卷931《工部》，台北：文海出版社，1988年。

④ （宋）李焘撰：《续资治通鉴长编》卷104“仁宗天圣四年八月辛巳”条，北京：中华书局，第8册，1995年，第2417页。

⑤ 卢勇、沈志忠：《明清时期洪泽湖高家堰大堤的建筑成就》，《安徽史学》2011年第6期，第109—112。

⑥ 《清史稿》卷338《常安传》，北京：中华书局。1976年标点本，第11065页。

多个石囤修成的[①]。《宋史》卷九十四载："泾河中旧有石堰，修广皆百步，捍水雄壮，谓之'将军翣'。"[②] 宋代在兴元府（今陕西汉中）修山河堰也采用了石囷。元代在浙江盐官（今海宁）修海塘时亦曾使用过44万个石囷，可见其规模之大。宋人王轸在谈治理黄河时，主张"依郑、白渠之法，采岖山之石，取磻阳之木，给黎城之铁，扼中流，据长岸，资木石之固以为堰，上为大渠，疏导别派，沿渠数里，分置斗门，溉余之水，东入御河，或遇涨溢奔注，则以栈塞渠口"[③]。可见这种方法对后世修建河防也有一定影响。

历史时期各地修建的堤坝以土坝为主，其次是土石坝，石坝相对较少。因修坝的时代和区域不同，加之堤坝的类型不尽相同，筑坝的方法也有所差异。为了达到引水溉田的目的，同时确保堤坝安全，古人在修建分水坝和拦水堤坝时，还特别注重引水槽和退水槽的修建。引水槽与输水渠相连，将灌溉用水导下输水渠。退水槽则是将库内多余的水退入河中，防止其毁坏堤坝。都江堰的宝瓶口即引水槽，飞沙堰带有溢洪、退水的性质。郑国渠也有类似的建筑[④]。这些建筑与鱼嘴等设施相辅相成，使堤坝具备分水、拦水、引水、退水等多项功能。分水是按需要进行的，蓄水、引水也是根据需要确定的。当灌溉季节来临时，输水灌溉；当不需要灌溉时，即让水从退水渠流入天然河道。显然，这种设计理念是相当科学的。

（四）堤坝的修复

中国古代虽然具有较高的修坝技术，但那时没钢筋、水泥等建筑材料，因而所修堤坝很容易受到损坏。特别是修建在落差较大的大河上的堤坝，最易受到洪水的侵袭，因而需要经常维修。翻开正史《地理志》或地方志中的《水利》部分，堤坝被毁或修复堤坝的记载不绝于书。说明维修堤坝也是重要的事情。

历史上的一些大型水利工程经过不断维修得以长期沿用。都江堰是最典型的例子。都江堰是西南地区最重要的水利工程，历代王朝非常重视对都江

① 袁化中在《开吊儿嘴议》中说：郑国"立石囤以壅水，每行用一百余囤，凡一百十二行，借天生众石之力以为堰骨，又恃三四里许众石之多以为堰势"。

② 《宋史》卷94《河渠志四》，北京：中华书局，1977年标点本，第2347页。

③ （宋）李焘撰：《续资治通鉴长编》卷104"仁宗天圣四年八月辛巳"条，北京：中华书局，第8册，1995年，第2418页。

④ 笔者在泾阳县石桥镇上然村西北地区找到了郑国渠渠首分水、引水和退水的遗址。位于大坝西北部泾河中的分水坝（即鱼嘴）已被泾水冲刷殆尽。大坝北侧宽大的引水槽在20世纪60年代被当地农民填平。大坝东侧的引水渠和退水渠则清晰可辨。这说明郑国渠采用的是大坝分水技术，干旱时引水进行灌溉，否则将坝内存水导入泾河，其设计原理是相当科学的。

堰的维护。一方面，设专职人员对它进行管理，如汉代蜀郡设有都水掾，三国时蜀汉设有守堰官，晋置“晏官令”，专理堰事。另一方面，建立岁修制度，每年枯水季节，用竹笼、杩槎分别切断内、外江水流，筑堰、淘淤，整修河道与堤防，并形成了“深淘滩，低作堰”和“水画符，铁桩见”的岁修标准。经过不断修复，都江堰一直保持良好的运行状态，直到今天仍在发挥着灌溉效益。

有些水利工程因自然因素和人文因素的影响，在修复过程中不得不有所扬弃。著名的郑国渠就是如此。郑国渠分水大坝最初利用瓠口地形成大规模的蓄水库，灌溉效益良好。但由于“泾水一石，其泥数斗”，经过100多年时间的沉积，库区逐渐被填平了，灌溉效益有所下降。汉武帝时，赵中大夫白公另开白渠以扩大灌溉。到了宋元时期，由于泾河下切，水量减少，郑白渠堤坝已经不能分水。元人李好文说：“考古今渠利之废盖因河身渐低渠口渐高水不能入是白公不容不继于郑渠丰利不得不开于白公之后也今丰利渠口去水又已渐高则王御史见开石渠又不尽功。”① 故人们不得不在郑白渠上游地势更高的地方重新筑堤，开渠引水。如果不及时修复，整个灌溉工程就会失去它的作用。

二、输水渠道的开凿

中国古代的引水灌溉工程，绝大部分都是利用地形地貌，采用畦灌、沟灌、淹灌等地面灌溉技术进行自流灌溉②。自流灌溉在客观上要求对灌区进行精确的测量，开凿完善的输水渠道系统，将堤坝中的河水引入农田。如果渠道毁坏，还必须及时进行修理。所以输水渠道的开凿，与堤坝的修筑具有同等重要的意义。

（一）渠道的布线

输水渠道是将灌溉用水输送到田间的水道。这种渠道短则数千米，长则数百千米。无论渠道长短，都是经过水平测量和定线测量，根据灌溉的实际需要设计布线的。测量的步骤一般是通过实地查勘，运用“表”、“准”、“度”测量水准高程、距离远近，然后绘制地图，确定渠道走向，树立标志，为施

---

① （元）李好文：《长安志图》卷下，西安：长安县志局，1931年。

② 张芳：《中国古代的灌溉技术》，《古今农业》1991年第1期，第50—53页。

工定线放样。

我国的测量技术在春秋战国时期已经达到了较高的水平。这在一些大型水利工程的布线方面均有充分的反映。其中郑国渠是有代表性的。郑国渠修建在关中平原北部。关于郑国渠渠道的具体分布，《史记·河渠书》的记载比较简单，只是说"凿泾水自中山西邸瓠口为渠，并北山，东注洛，三百余里"。《水经注校证》的记载较为具体："凿泾引水，谓之郑渠。渠首上承泾水于中山西瓠口……渠渎东经宜秋城北，又东经中山南……又东经舍车宫南……又东经截辥山南，池阳县故城北……又东经北原下……又东历原，经曲梁城北，又东经太上陵南原下，北屈经原……东经当道城南……又东经莲芍县故城北……又东经粟邑县故城北。其水又东北流，注于洛水也。"《新元史》卷五四《河渠三》的记载与此有所不同："古郑渠，东北行，合冶谷、清谷、浊谷诸水，迳富平、蒲城以注于洛白渠，东南行，循泾水，迳高陵、临潼以注于渭。郑渠湮已久，后世所谓白渠者，引水出中山口，亦非汉白渠之旧。元渠本宋之丰利渠，更移北二百余步，愈非旧白渠矣。"从上述记载来看，郑国渠西起泾水池阳瓠口（今陕西泾阳县），干渠东行，分为两道：其一东北行，绝冶峪水、清峪水，汇江纳浊峪水，再穿漆沮水（石川河），循沮水分支河道，经富平县南，东北注入洛水；另一条东南行，经高陵注入渭水。据笔者多次实地考察，郑国渠干道大体可划分为两段：从泾河到石川河为上段，主干道一条，沿北山南缘东进，绝冶、清、浊诸峪，抵石川河；从石川河至洛河为下段，主干道有南北两条：一条经富平县南东行，经蒲城县南注入洛水，一条经康桥东行，经党睦等地注入洛水。至于《新元史》所说入渭之渠，当为白渠之遗迹。显然，郑国渠的干线是沿着北山南麓，自西向东分布在渭北平原二级阶地的最高线上。这里的地形总体上呈现出西高东低、北高南低的态势，可以开渠进行自流灌溉。但要修建一个完善的渠道系统，达到最大的灌溉效益，还是十分困难的。因为这一地区的地形地貌颇为复杂，必须进行精密的测量。否则是无法将泾水引入洛水，并利用它进行灌溉的。据笔者考察，郑国渠主干渠道的布线是按照一定的等高线分布，这说明当年修渠时曾对渭北地区的地形进行过大规模的测量。这样布线能最大限度地控制灌溉面积，进行自流灌溉。

随着时间的推移和渠首的变化，同一个灌区的渠道布线也会出现一些变化。如西汉时的白渠位于郑国渠灌区，其布线就与郑国渠有所不同。史载：

白渠“东径宜春城南，又东南径池阳城北，枝渎出焉，东南历藕原下，又东径郫县故城北，东南人渭，今无水。白渠又东，枝渠出焉，东南径高陵县故城北……又东径栎阳城北……白渠又东径秦孝公陵北，又东南径居陵城北、莲芍城南，又东注金氏陂，又东南注于渭”①。也就是说，白渠利用郑国渠故道东流，在古宜秋城离开郑渠向南，到池阳城（今泾阳县）北分为两支：一支历藕原下，东经郫县（临潼县交口镇北）北，东南流入渭水；另一支东经三原县及栎阳城（临潼东北古城村南）北，东南流，注金氏陂，然后再向东南注入渭水。由于渠线向南偏移，所以灌溉面积比郑国渠大为缩小。

值得注意的是，秦汉以后，我国的测绘技术进一步提高。特别是到了西晋时期，裴秀提出制图六体理论，使测绘水平又上了一个新的台阶。隋唐以降，虽然没有出现过像都江堰、郑国渠那样规模巨大的水利工程，但中小型灌溉工程的数量越来越多。由于这些灌溉工程的渠道绝大部分都是经过精心测量的，因而往往能够达到预想的效果。

（二）渠道的规格

输水渠道有大有小，呈现出几种不同的规格，形成完整的渠道系统。一般分为总渠、干渠、支渠、毛渠，有些地方则分为干渠、支渠、斗渠、农渠和毛渠。总渠只有一条，与渠道引水口相接，是最重要的输水通道，一般布置在灌区的最高线上。干渠是总渠的分支，也具有输水的功能，往往按等高线分布在地势较高的地方。至于支渠和毛渠则是通往田间的灌溉渠道，数量众多，起着引水溉田的作用。此外，在灌区中还筑有排水渠，用以排除田间多余的水分。

中国古代较大的灌溉工程都有相当完整的输水渠道。如都江堰的输水渠道分为内江和外江两个分系统。内江过宝瓶口后，在仰天窝分为走马河和蒲阳总河，蒲阳总河又被太平鱼嘴分为蒲阳河和柏条河，从而形成走马河、蒲阳河、柏条河三大干渠。外江亦建鱼嘴逐级分水，形成江安河、杨柳河、沙沟河、黑石河、羊马河五大干渠。干渠以下又通过鱼嘴分成若干支渠，组成一个庞大的渠道系统。

① （北魏）郦道元著、陈桥驿校证：《水经注》卷19《渭水》，北京：中华书局，2007年，第463、464页。

郑国渠的干渠采用川泽结合和利用客水的措施，把泾阳县西北的瓠口（即焦穫泽）作为蓄泄机构，先引泾水入焦穫泽，再从焦穫泽开渠开渠东流，调控水量，同时，利用流域内各种天然河道水流，对沮水等水流多方汇聚，扩充水源，因而规模很大。由于其干渠选址于灌区地势较高的北山山麓，居高临下，有高屋建瓴之势，使大片农田处于郑国渠灌溉流域之内，因而能够最大限度地发挥了灌溉效能。可以说，最充分地汇集泾洛之间所有水源与最大限度地灌溉渭北平原这双重目标的有机结合，是郑国渠的真正创意。故有学者认为，“如此巨大的水利工程顺当时以及此后很长很长的历史时期的中国和世界都是仅见的，堪称传统时代全部历史之一绝”①。

当然，受自然因素和人为因素的影响，历史时期一些重要水利工程的渠道系统和渠道规格也经常发生变化。如西汉时期，在郑国渠之南出现了白渠，白渠的干渠原有两条支渠，到唐代增为三条支渠。这种变化是自然和社会变迁的结果，对修渠技术并没有多少影响。

（三）渠道的挖掘

灌溉渠系的开凿，是一个系统工程，需要较多的人力物力。在中国古代，较小的水渠一般由当地居民自发开凿，较大的渠系工程则由地方政府或中央政府直接组织兴建。

历史时期由官方组织修建的水利工程数量很大，一些大型的水利工程，基本上都是由中央或地方政府组织修建的，郑国渠就是如此。史载“郑渠之制，用功最大。并仲山而东，凿断冈阜，首尾三百余里，连亘山足”②。由于郑国渠的干渠在其下游分为两条，故其长度远远超过了 300 里。从郑国渠的部分干渠渠道遗迹来看，宽度一般都在 30 米以上，深入度将近 20 米，若以三百里计算，其工程量之大，就可想而知了。若再加上大大小小的支渠，郑国渠的工程量更是一个天文数字。正因为如此，秦国动用数十万人力经过十余年时间才完成了郑国渠的建设。汉代在关中修建白渠，实质上同样是一种政府行为。汉武帝太始二年（前 95），赵中大夫白公“穿渠引泾水，首起谷口，尾人栎阳，注渭中，袤二百里，溉田四千五百余顷，因名曰白渠。民得

① 孙达人：《郑国渠布线及其变迁考》，黄留珠、魏全瑞主编：《周秦汉唐文化研究》第 1 辑，西安：三秦出版社，2002 年。

② 《宋史》卷 94《河渠志》，北京：中华书局，1977 年标点本，第 2346 页。

其饶，歌之曰：'田于何所？池阳谷口，郑国在前，白渠起后。举苗为云，决渠为雨。泾水一石，其泥数斗。且溉且粪，长我禾黍。衣食京师，亿万之口"[①]。这样大的工程当然不是白公一人之力，但他代表政府，起了组织的作用。

挖掘渠道并不是一件很简单的事情。因为它涉及许多技术问题。如郑国渠在开渠的过程中就需要采用"绝河"技术。所谓"绝河"就是断绝沿途河流，将河水纳入郑国渠中。其具体做法是在河口修筑"人"字形长堤，引导河水流入渠中。这种技术增加了渠中水量，为扩大灌溉面积创造了良好的条件。郑国渠渠道开凿在泾水和洛水之间，中途会遇到冶峪河、清峪河、浊浴河及石川河。怎样处理渠道与这些溪流之间的关系？这是摆在修渠者面前的重大课题。史载："郑渠……绝冶谷水……又东绝清水……浊水注焉……与沮水（即石川河）合……沮循郑渠"[②]。由此可见，郑国渠针对沿途诸河的情况，分别采用"横绝"、"注入"和"相合"等技术措施，把诸溪河的水揽入郑国渠，补充了渠道的水源，增加了渠道的流量，设计相当巧妙。

（四）渠道的疏浚

古代所修水渠护多为土渠，如果水中泥沙沉积过多，或渠道遭受侧蚀，常有堵塞之虞，需要进行维修或清理。这种维修或清理可分为常规维修和特殊修复两种情况。

常规维护是经常进行的小规模的维修。历代王朝对水利设施的常规维修都比较关注。如唐代的《水部式》规定："所有损坏，随即修理，如破多人少，任申州县，差夫相助。"[③]

特殊修复是在渠道因自然原因或人为因素严重损毁的情况下进行的大规模修复。如明代就曾对对灵渠进行过六次修复。史载明初，灵渠"堤岸圮坏"，洪武四年（1371），"始修治之，水可溉田万顷"[④]。洪武二十九年

---

① 《汉书·沟洫志》，北京：中华书局，1962年标点本。

② （北魏）郦道元著、陈桥驿校证：《水经注校证》卷16《沮水》，北京：中华书局，2007年，第406、407页。

③ 《水部式》原本久佚。20世纪初，法国汉学家伯和在敦煌莫高窟发现残卷一本，凡29条，2600汉字，编为"伯2507号"，藏法国国立图书馆。其后，罗振玉《鸣沙石宝佚书》及《魏晋南北朝隋唐史》第四期、《敦煌社会经济文献真迹释录》第一辑、《敦煌吐鲁番文南研究论集》第二辑均予以著录。日本学者山西达郎、池田温等在其所编《敦煌吐鲁番社会经济文献》等书中也予以收录介绍。

④ 《明实录·太祖实录》卷60洪武四年正月甲辰条，上海：上海书店，1984年，第1180页。

(1396)，再次对灵渠进行扩修，使其可溉田万顷，又可通漕运①。永乐二年(1404)，改筑灵渠分水塘，恢复明初的水利格局以利灌溉。以后永乐二十一年（1423)、成化二十一年（1458)、.万历十五年（1587）又进行了第四、五、六次对灵渠的整修，使得这一水利工程在农田灌溉和交通运输方面都发挥了较大的作用②。

三、渠道设施及其维护

中国古代的灌溉工作一般都是系统工程，除了修造堤坝、开凿渠道之外，还要建设一些其他设施。如用于分水的鱼嘴，用于配水量的斗门、水闸，用于渡水的隧洞、渡槽、倒虹吸管，用于观测水位的水则等。这些设施也是灌溉系统的重要组成部分。渠道通过这些建筑物能较好地进行水量的调节、分配和控制，穿过复杂的地形，确保渠道不被冲毁。

（一）渠道的相关设施

鱼嘴本是渠首的分水设施，但在一些大型渠系中也常用来分水。都江堰的大小渠系多仿效渠首的工程布局，采用鱼嘴分水。灵渠也建有鱼嘴，“其作渠之法，于湘流沙碛中垒石作铧觜，锐其前，逆分湘流为两，激之，六十里行渠中，以入灕江，与俱南。渠绕兴安界，深不数尺，广丈余，六十里间，置斗门三十六，土人但谓之斗舟。舟入一斗则复闸，斗伺水积渐进，故能循崖而上，建瓴而下，千斛之舟，亦可往来。治水巧妙，无如灵渠者”③。渠道中的鱼嘴在形式上与渠首分水鱼嘴相似，但其规模相对较小，处在总、干、支渠不同位置上的鱼嘴也有较大差别。

除鱼嘴外，渠道中最重要的设施是斗门。斗门或称闸门，是用来控制水流的重要设施，一般修建在渠口或分水口上。大小渠道之间分水，多用斗门控制水量。由于斗门对于灌溉十分重要，故治水者比较重视对斗门的营建。

① 《明实录·太祖实录》卷247洪武二十九年九月丙辰条，上海：上海书店，1984年，第3583页。

② 王双怀：《明代华南水利事业的发展》，《中国历史地理论丛》1998年第4辑，第157—165页。

③ （宋）司马光：《资治通鉴》卷250“懿宗咸通四年七月”条，北京：中华书局，1956年标点本，第8105—8106页。

如漳水十二渠上就建有斗门。《水经注・浊漳水》称漳水渠“一源分为十二流，皆悬水门”。这些斗门至清代依然保存，“其闸石前后上下左右……闸设两门，各阔八尺五寸。自顶至底，高一丈五尺，长四丈七尺。河发水涨，流可至闸门，退则不及”[①]。关中地区的樊惠渠上也建有斗门。蔡邕的《京兆樊惠渠颂》载：“树柱累石，委薪积土，基肢功坚，体势强壮。折湍流，款旷陂，会之于新渠。”翻开史册，经常可以发现有关斗门的记载，可知使用斗门是中国古代水利工程的普遍现象。斗门有木斗门、石斗门、木石斗门之分。《水经注》卷九《沁水》记载：三国之前在今河南济源县东北沁河出山处建有枋木为门的进水闸，故而称为“枋口”。曹魏时，野王（河南沁阳县）典农中郎将司马孚见木门朽败，于是从五里之外运来方石数万余枚，“夹岸累石，结以为门，用代木门枋”。其后斗门多用石料修建。郑白渠用的就是石斗门。宋代史料记载：“白渠灌泾阳、高陵、栎阳及耀州云阳、三原、富平，凡六县。斗门百七十余所，今尚存，然多废不治。郑渠所灌尤广袤，数倍于白渠。”[②]“三白渠……旧设节水斗门一百七十有六，皆坏，请悉缮完。渠口旧有六石门，谓之‘洪门’，今亦溃圮，若复议兴置，则其功甚大。”这些资料表明，当年在郑白渠上建有数以百计的斗门，其中用石头制成的“洪门”工程量很大。据文献资料和考古资料，斗门有不同的等级和规格。在郑国渠灌区，就有设在引水口上的巨型斗门，设在干渠分水口上的大型斗门和设在支渠上的小斗门。“三限口”就是设置大型斗门的地方之一。令人遗憾的是，经过2000多年的岁月沧桑，这些斗门已经荡然无存了。

隧洞、渡槽、倒虹吸管是重要的输水建筑。属于渠道与渠道、河流、洼地、山梁、道路相交时所修建的建筑物。此外，还有一种水柜，可把底处的水引到高处。“谓水柜者而尤奇。其引东岸之水。潴西岸之湖。以济下游。斯为人巧之极。渡黄见清黄交汇处。水自洪泽湖出。一用汶上分水之法。南势卑。故以闸坝层递束锁。逼使分注于黄。无异载水行高地”。[③] 此类工程技术含量甚高，建筑难度也相对较大。

---

① （清）贺长龄辑：《皇朝经世文编》卷115《工政二十一・各省水利二》，台北：文海出版社，1966年。

② （宋）陆游：《老学庵笔记》卷5，西安：三秦出版社，2003年。

③ （清）贺长龄辑：《皇朝经世文编》卷79《兵政十・地利下》，台北：文海出版社，1966年。

(二) 渠系设施的维护

水是十分宝贵的资源，故历代王朝也较重视对水资源的分配。中国古代一般采用定期定量分水的办法，什么时间分水，分多少水都是有规定的。这样做的目的一方面是为了保证灌区用水；另一方面也是为了防止干旱季节争水事件的发生。

文献中对历代王朝维护渠系设施的活动多有记载。如《水部式》载，唐代"凡浇田，皆仰预见知顷亩，依次取用；水遍即为闭塞，务使均普"。为了提高灌溉效率，还对知水官提出了严格的要求和具体的奖惩办法："诸渠及斗门长，至浇田之时，专知节水多少。其州县每年各一差官检校；长官及都水官司巡察。若用水得所，田畴丰殖，及用水不平，并虚弃水利者，年终录为功过附考。"① 尽管中央政府、地方政府或民间组织制定分水政策，加强对斗门的管理，希望促成水资源的合理利用，但有些人出于个人私利，往往不按规则办事。这样的事在郑国渠灌区也同样发生过。如在盛唐时期，长安城的一些王公之家为了牟利，纷纷在郑白渠上兴建碾硙，导致郑白渠灌溉能力下降，从而引起百姓的不满②。又如在宋代，郑国渠灌区灌溉能力下降，因争水而发生的诉讼明显增多③。在争夺水权的过程中，往往会造成对斗门的破坏。

综上所述，中国古代的水利工程都是按照一定的营造法式修建起来的。把它放到世界水利史上进行考察，就可以清楚地看出，中国古代的水利技术是很有特色的，在当时的世界是较为先进的。从历史的角度看，这些营造法式及相关技术是与当时的生产力发展水平相适应的，对中国古代的农业文明曾发挥过重要的作用，值得我们去认真总结。

原载（《陕西师范大学学报》2012 年第 4 期）

---

① （日）冈野诚：《敦煌新发现唐水部式の书式について》，《东洋研究》1987 年第 2 号。
② （宋）王溥：《唐会要》卷 89《碾硙》。北京：中华书局，1955 年。
③ （元）李好文：《长安志图》卷下，西安：长安县志向刊本，1931 年。

第二编　社会生产

关于秦汉农业的若干问题

秦汉时期是我国传统农业发展的重要阶段。20世纪以来，史学界和农学界曾对秦汉农业进行过一些研究，并取得了比较丰硕的成果。许多学者认为，在秦汉400多年间，我国的传统农业有了长足的发展，其速度超过了以往任何时代。为什么秦汉农业会出现高速发展的局面？秦汉农业高速发展的标志是什么？秦汉农业具有怎样的历史地位？这些问题是饶有趣味的，值得我们进行深入探讨。

一、秦汉农业高速发展的原因

在秦汉时期，农业生产得到全方位发展。其速度之快，不仅超过了以往任何朝代，而且为后世的一些朝代所不及。这种情况的出现固然与秦汉以前我国农业"素称发达"有关，但更重要的是由于秦汉时期具备了农业发展的有利条件。

（一）农业环境的优化

农业生产必须在一定的自然环境和社会环境下进行。自然环境和社会环境的好坏对农业生产有着直接的影响。秦汉时期，一方面，农业的自然条件有所改善。这主要表现在与农业生产关系最为密切的气候方面。这一时期气候的干湿冷暖虽然也发生过一些变化，但没有出现剧烈的振荡。由于风调雨顺的年代较多，自然灾害明显减少。另一方面，国家从分裂走向统一，农业的社会环境也有了很大的好转。西汉前期推行"无为而治"的政治理念，出现了著名的"文景之治"。刘秀建立东汉后"广求民瘼，观纳风谣"，兢兢业业，励精图治，又实现了“光武中兴”。虽然这一时期曾出现过一些战争和动乱，但长期保持了统一和安定的局面。尽管秦汉时期也曾出现过一些天灾人祸和内忧外患，但从总体上看，自然环境是比较好的，在客观上为农业的发展提供了良好的生态环境；而国家的长期统一，社会的安定进步，也为农业的发展创造了有利条件。

（二）生产关系的调整

秦始皇统一中国，结束了春秋战国以来长期分裂割据的局面，使“元元黎民，得免于战国”①，有了比较安定的生产环境和生活环境。西汉建立后，以刘邦为首的统治者吸取了秦朝灭亡的教训，采取“反秦之敝与民休息”的政策理顺生产关系②。此后，汉文帝、景帝、武帝和东汉光武帝，都曾根据当时的社会状况，局部调整过生产关系，尽量使生产关系有助于生产力的发展。封建制度代替奴隶制度是历史的进步。封建生产关系的确立使地主和农民都与农业建立了密不可分的联系，不仅给封建国家和封建地主带来了好处，也在一定程度上解放了生产力，调动了劳动者的生产积极性，为农业的发展提供了良好的机遇。而统治者对生产关系所做的局部调整，无疑有利于社会的稳定，对农业的发展也有积极作用。

（三）重农政策的实行

随着封建生产关系的发展，农业在国民经济中的地位显得越来越重要。在“农本”思想的影响下，秦汉两代建立和完善了农业管理体系，制定和推行劝课农桑、奖励垦荒、兴修水利、轻徭薄赋等重农政策，以促进农业的发展。“劝课农桑”是当时带有普遍性的重农政策。政府经常对实例助农的官员予以表彰，对擅兴劳役、侵夺农时的官员查明申斥。同时采取颁发农书、推广农耕技术等手段，具体指导农民勤奋耕作，掌握农时，开展多种经营，提高生产效益；要求地方官在农耕时节深入田间，督促农民种粮、种桑、种树、养马、养牛、养羊，发展农业生产。开垦荒地，增加耕地面积，是扩大农业生产的基本途径之一。为了扩大生产，增加税源，秦汉两代政府把奖惩机制引入农业生产领域，采取奖励的措施刺激农民的垦荒热情，奖励孝悌力田的农民，给勤奋耕作的人赏赐一定的爵位；向地广人稀的地方移民，组织大规

① 《汉书》卷 64《严安传》，北京：中华书局，1962 年标点本，第 2811 页。
② 《汉书》卷 89《循吏传》，北京：中华书局，1962 年标点本，第 3623 页。

模的屯田。史载有汉一代，政府曾多次招募贫民到边境开垦荒地。对于缺乏资金，无力开垦的农民，政府助贷口粮、种子和农具。对于缺少耕牛的农户，政府则给以雇牛资金或代为买牛，并规定所垦荒地，可以在3—5年内减免赋税。这些政策，都在一定程度上调动了农民开发土地的积极性。兴修水利对于农业生产具有重要的意义。秦统一后，在中央设置都水长官，掌管全国的水利灌溉。汉代水官制度日益完备，从中央到地方都设有水利专员，还赋予地方官管理水利的责任。汉武帝时，特别重视水利建设，在关中和西北等地修建了一大批重要的水利工程，掀起了我国第一个农田水利建设的高潮。此外，两汉政府还经常实行轻徭薄赋的政策。如汉高祖在经济上采取了“与民休息”和“重农抑商”的办法；复员军队；招抚流亡还原籍；“十五税一”；释放奴隶。汉文帝在位期间，推行“贵粟”政策，实行“轻徭薄赋”，将汉高祖时实行的十五税一减为三十税一，又减高祖时一百二十钱的算赋为四十钱，减高祖时每人每年在本郡充更卒一月为“三年而一事”。这些措施对于稳定社会秩序，恢复农业生产都起到了积极作用。

（四）商品经济的刺激

农业的基本特点是以农民为劳动力，以生物为主要劳动对象，以土地为基本劳动资料，经济再生产与自然再生产相互交织。作为封建时代最重要的经济部门，农业与当时的各行各业都有天然的联系，其中与商业的联系最为密切。这不仅是因为农业生产本身需要通过商业获得一些必要的资料，而且是因为大量的农产品要推向市场，实现它的价值。秦汉统治者对商业的积极作用有所认识。西汉初期虽曾一度“抑商”，但从文帝开始，即实行“惠商”政策。东汉时进一步放宽对商人的限制，也为商业的发展创造了条件。随着金属货币流通量的增加，私营商人日益活跃，小商小贩和富商大贾，都对商业表现出较高的热情，从而出现了“天下熙熙，皆为利来；天下壤壤，皆为利往”[①] 的盛况。秦都咸阳，汉都长安和洛阳，是当时世界上数一数二的大都会。成都、临淄、南阳、番禺、丹阳、豫章、徐闻等城市也迅速崛起。与此同时，交通状况也有了较大的改善。城市的发展对商业提出了新的要求，而交通的发展则为商业的发展提供了很大的方便。商业的发展，促进了农产

① 《史记》卷129《货殖列传》，北京：中华书局，1959年标点本，第3256页。

品的商品化，缩短了城市和乡村之间的距离，加强了生产者和消费者之间的联系，对农业也有一定的刺激作用。

二、秦汉农业发展的标志

秦汉农业的发展表现在许多方面。从大量资料来看，农田面积的扩大、农业科技的进步、农业产品的丰富和农业区域的形成，是秦汉农业发展的重要标志。

（一）耕地面积的扩大

秦汉时期，一方面，政府制定优惠政策，鼓励农民大量垦荒，在一定程度上调动了农民开发土地的积极性。另一方面，铁制农具的使用和牛耕的推广，也为垦荒提供了很大的方便，使更大面积的土地开发成为可能。此外，自秦统一后，社会趋于安定，人口增加较快，不断对土地开发提出新的要求。在这种情况下，大片大片的荒地被逐渐开垦出来。汉代安辑流民，实行“贵粟”政策，还曾组织民众在西北地区屯田。于是“田野垦辟”[①]，就连昔日“豺狼所居，狐狸所号”的荒野，也开发成可以种庄稼的农田。《汉书·地理志》记载，汉平帝元始二年（2），天下提封田共 145 136 405 顷，其中邑居、道路、山川、林泽不可垦者 102 528 889 顷，可垦而未垦者 32 290 947 顷，定垦田 8 270 536 顷。据此，全国垦田已达到了 827 053 600 亩[②]，占可垦地总面积的 1/4 以上。这个数字虽然是孤立的，但却是真实可信的[③]。当时全国的人口为 12 233 062 户，59 594 978 口[④]。每户平均占有耕地 67.61 亩，每人平均占有耕地 13.88 亩。这是秦汉时期的最高垦田记录。这个记录保持了 500 多年，直到隋朝时才被打破[⑤]。

（二）农业科技的进步

秦汉时期，与农业生产密切相关的天文、历法、物候、气象、地理、生

① （唐）杜佑：《通典》卷 1《食货典》，北京：中华书局，1988 年。

② 《汉书》卷 28《地理志》，北京：中华书局，1962 年标点本，第 1640 页。

③ 何炳棣：《中国古今土地数字的考释和评价》，北京：中国社会科学出版社，1988 年，第 1—6 页。

④ 梁仲方：《中国历代户口、田地、田赋统计》，上海：上海人民出版社，1980 年，第 4—6 页。

⑤ 这是《汉书》提供的人口总数。据该书所载各州人口统计，则为 12 356 470 户，57 671 401 口。《汉书》卷 28《地理志》，北京：中华书局，1962 年标点本 。

物之学得到发展。天文学逐渐揭开神秘的面纱，形成了具有中国特色的天文学体系，为历法的制定提供了科学的依据。历法更加贴近人们的生活，增加了二十四节气等指导农业生产的内容。物候学和气象学在一定程度上揭示了气候与农业生产的关系。地理学和生物学则传播了一些有关农业的知识。在农业基础学科的带动和重农政策的支持下，秦汉时期的植物种植技术和动物饲养技术有了突飞猛进的发展。

在植物种植方面，新技术层出不穷，无论是土壤耕作技术、水利灌溉技术、作物栽培技术，还是蚕桑培育技术，都比前代有了明显的提高。土壤耕作技术的进步主要表现为各种铁制农具的使用和牛耕的推广。铁制农具是秦汉时期最先进的生产工具；牛耕则是秦汉时期最先进的耕作方式。与铜制农具、木制农具和骨制农具相比，铁制农具具有很大的优越性，不仅坚固，而且锋利，更适合于土地开发。冶铁业和铸造业蓬勃发展，为铁制农具的大量生产提供了条件。政府为了促进铁制农具的生产，又在全国各地设置了许多“铁官”。因此，铁制农具迅速得到推广。大约到西汉中期，各种农业生产工具已经配套，整地、播种、中耕、灌溉、收获、粮食加工、谷物贮藏等方面的工具应有尽有，并在各个农业区很快取代了铜制农具和木制农具。牛耕是以畜力为动力的耕作技术，与“耦耕”相比，耕作效率可以提高几倍甚至几十倍。由于牛耕本身所具有的魅力，加之政府的大力提倡，至两汉时，牛耕就已从中原地区推广到边疆地区。

水利灌溉技术的进步主要表现为水利工程的修建和排灌技术的提高。战国时期修建的漳水渠、都江堰、郑国渠以及安徽丰塘在这一时期继续发挥着重要作用。1974—1975 年，考古工作者先后在都江堰的鱼嘴附近发现东汉建宁元年（168）树立的高近 3 米的李冰石刻立像和持臿石人像各一件。这两尊石像的肩部和足部刻有水位的上下准点[①]，说明当时人们已经注意观测水量的变化。也就是说，这两尊石像不仅表达了对都江堰创修者的纪念，而且起到了测量水位的作用。安徽丰塘即西汉初年开凿的芍陂，经东汉时期扩建，成为蓄泄兼顾，以蓄为主的大型水利工程。大坝建在一条泄水沟上，是用一层草一层土相间叠成筑而成的“草土混合堰”[②]。此外，西汉时，召信臣在河

① 王文才：《东汉李冰石像与都江堰“水则”》，《文物》1974 第 7 期，第 29—32 页。

② 殷涤非：《安徽省寿县安丰塘发现汉代闸坝工程遗址》，《文物》1960 第 1 期，第 61—62 页。

南南阳修建的“六门陂”，“溉穰（邓县）、新野、昆阳（叶县）三县五千余顷”。东汉时，马臻在浙江绍兴境内主持修建的鉴湖水利工程也都是当时比较有名的大型水利工程。这一时期的引水排灌渠系大体上可以划分为有坝引水和无坝引水两种类型，渠道的修筑先用“表”、“准”、“度”等勘测划定渠线，然后开凿干渠、支渠和小支渠，修建斗门、节制闸、泄洪闸、退水闸、渡槽、涵洞等水利设施。灌溉技术分为畦灌、沟灌和淹灌等多种方式。所有这些，在当时的世界上都处于领先的地位。

作物栽培技术的进步主要表现为代田法和区田法的出现、保墒技术的应用、选种技术的完善等。代田法是汉代著名的农学家赵过在战国垄作法的基础上总结推广的一种先进的农业技术①，涉及土壤、农具、畜力等许多方面。汉武帝征和四年（前 89），赵过任搜粟都尉，开始在关中地区率先推广代田法。其技术要点有三：一是深耕整地，开沟作垄。二是把种子播在沟中，幼苗出土后及时中耕除草，把垄上的土刨下壅到禾苗的根部。三是每年沟垄互换，轮番利用。这种方法不仅能够恢复地力，而且能够收到防风、保墒、抗旱的功效。由于这种方法“用力少而得谷多”，“一岁之收常过缦田晦一斛以上，善者倍之”，增产效果十分明显，因而很快传到其他地方，“是后，边城、河东、弘农、三辅太常民皆便代田”②。区田法在汉代有宽幅区田和方形区田两种，耕作方式比代田法更为精细。宽幅区种法适用于平原，方形区种法适用于山地。这种方法的技术含量高，优点也很多：一是“不耕旁地，庶尽地力”，即可有效发掘土地的潜力。二是可集中施肥，充分发挥肥效。三是等距离点种，使农作物排列整齐，通风性好。四是便于集中灌溉。五是便于中耕除草。这种方法亦可大面积提高粮食产量，“区种，天旱常溉之，一亩常收百斛”。除推广代田法和区田法外，这一时期还在西北黄土高原等干旱半干旱地区推广保墒耕作，根据雨情、雪情、旱情、季节早晚、土壤性质、地势高下分别采取“蔺”、“掩”、“平摩”、“锄耘 ”等不同手法，达到保墒的目的。为了提高作物产量，当时还发明了一套比较具体完整的选种方法：选禾（粟）种“择高大者”，选麦种“择穗大强者”。这套株选、穗选、粒选的选种法，在

① 国外有学者认为，“真正大力支持推行代田法的不是赵过，而是桑弘羊”。（英）崔瑞德、鲁惟一编：《剑桥中国秦汉史》，北京：中国社会科学出版社，1992 年，第 602 页。

② 《汉书》卷 24《食货志》，北京：中华书局，1962 年标点本，第 1139 页。

2000 多年前也是一个创造。在园圃方面，当时创造了瓠子靠接技术、温室种菜技术和果树嫁接技术。史载汉代太官园冬天在室内种植生葱、韭菜及其他蔬菜，用燃烧炭火的办法提高室内的温度，使蔬菜长得很好。这是世界上最早利用温室培育蔬菜的记录，比西方要早 1000 多年。当时果树剪接很普遍，并用压枝的方法来繁殖果树，以提早果树结果的时间。

蚕桑业的进步则主要表现在创造了地桑培育法和人工加温饲蚕的方法。秦汉时期的桑树有"树桑"和"地桑"两种。其中低矮的地桑是用改进了的方法培植出来的①。培育地桑的方法是"每亩以黍、椹子各三升合种之。黍、桑当俱出。锄之桑令稀疏调适，黍熟获之。桑生正与黍高平，固以利镰摩地划之，曝令燥，后有风调，放火烧之，常逆风起火，桑直春生。一亩食三箔蚕"。与树桑相比，地桑叶子大，叶质鲜嫩，采摘便利，栽种的第二年即可饲蚕。故地桑的培育，对于促进蚕业生产是很有作用的。人工加温饲蚕的方法是汉代养蚕的一大成就，时人仲长统在《昌言》中说："（蚕）寒而饿之，则引日多；温而饱之，则引日少"。意思是说，如果蚕寒冷饥饿，就会拖延老熟的日子，相反，如果温饱，就会缩短老熟的时间。为此，汉代常采用人工加温的办法，"凡养蚕者，欲其温而早成，故为密室，蓄火以置之"②。

畜牧业和养殖业是农业的重要组成部分。秦汉时期，中原王朝统治下的畜牧区，"主要是长城以北和长城以西的匈奴、乌孙、西羌等畜牧民族的活动地区，这里畜牧业十分发达"③。在西北等地的半农半牧区，畜牧业也占有比较重要的地位。因此，秦汉时期对动物的饲养相当重视，相畜技术、配种技术、饲养技术和兽医技术亦有明显发展。相畜技术是应畜牧业发展的需要而出现的，其目的在于对牲畜进行有效的鉴别。秦汉时期，曾出现过一些以善于"相马"、"相牛"、"相猪"而著称的专家④。选择和推广优良牧种是发展畜牧业的重要手段。秦汉时期培育出一些纯种的马、牛、羊、鸡、狗、猪，而且十分注意对优良畜种的推广。这一时期由于军事和交通的需要，对马匹的繁衍尤为重视。击败匈奴以后，从西域大量引进大宛马（即所谓天马）和

---

① 夏鼐：《我国古代蚕桑丝绸的历史》，《考古》1972 第 2 期，第 12—27 页。
② 《汉书》卷 59《张汤传》，北京：中华书局，1962 年标点本，第 2652 页。
③ 林剑鸣：《秦汉史》上册，上海：上海人民出版社，1989 年，第 558 页。
④ 《史记》卷 127《日者传》，北京：中华书局，1959 年标点本，第 3221 页。

乌孙马（所谓西极马），并在西北的陕甘等地广建牧苑，进行大规模的马匹改良选育工作①。《汉旧仪》载："太仆牧师诸苑三十六所，分布北边、西边，以郎为苑监，官奴婢三万人，分养马三十万头，择取教习，给六厩。牛羊无数，以给牺牲"，由此可见其规模之大。当时对牛、羊、猪等家畜、家禽的选种也比较重视。为了推广优良牧种，促进畜牧业的发展，普遍采用了给马、牛、羊犬、猪实行阉割去势的技术。当时已经认识了各种牲畜的特性，并能"惕其好恶，顺其寒温，量其劳逸，慎其饥渴"，按照它们的特性进行饲养。

由于牲畜所需要的营养大部分须从以牧草为主的植物中获取，故这一时期比较注重对草场的更新与保护。除重视天然草场外，西汉时还从西域引进苜蓿等优质饲草，大大提高了马、牛等牲畜的饲养水平。随着畜牧业的发展，兽医技术也有了进步。秦代对马、牛、羊、犬、鸡的饲养、管理、繁育和疾病防治都有明确的奖惩法规。汉代有马医，也有牛医。《流沙坠简》和《居延汉简》中就保存着几十篇给牛、马治病的医方。卜式总结了畜群传染病和防治经验，提出了隔离防治的方法。同时，为马制造了蹄铁，发明了装蹄和削蹄技术，提高了马匹的效能。

（三）农副产品的丰富

秦汉时期，农产品的种类明显增加。从文献记载和出土的实物来看，这一时期的粮食作物主要有粟（小米）、稻、小麦、大麦、黍（黄米）、高粱和各种各样的豆。以黄河流域为主的北方地区主要种植粟、麦，也种植一定数量的水稻；而以长江流域为主的南方地区则以种稻为主，也种植粟和麦。麦有大麦、小麦、荞麦之分，稻也有籼稻、粳稻、糯稻等不同种类。经济作物有芋、葵（冬苋菜）、芥菜、薏苡、甜瓜、葫芦、生姜、藕、笋、桃、李、杏、梨、枣、梅、栗子、杨梅、橄榄、大麻等。洛阳烧沟汉墓曾发现写有"麻万石"字样的陶仓，广西贵县罗泊湾汉墓和湖南长沙马王堆汉墓中也曾发现大麻的实物，说明作为主要纺织原料的大麻在当时已经普遍种植。畜牧产品有马、牛、羊、猪、狗、鸡等，水产品则有鱼、虾、鳖、蟹及海错之属。

与此同时，粮食的单位面积产量也有提高。战国初期，粮食产量每亩只有一石半左右（合今1.05石）。到了秦代，农业的生产水力水平呈现出上升

① 《史记》卷123《大宛列传》，北京：中华书局，1959年标点本，第3170页。

的趋势。在秦国的郑国渠灌区，每亩可收一钟（合今 1.85 石）。西汉时，粮食产量普遍有所增加。《淮南子·主术训》载：“中田之获，卒岁之收，不过亩四石”。也就是说，一般亩产在四石左右（合今 1.15 石）。在实行区田法的地方，粮食产量要更高一些，据农学家氾胜之讲，“美田十九石（合 5.49 今石），中田十三石（合今 3.76 石），薄田十石（合今 2.89 石）”。从《汉书》和《后汉书》所留下的人口数据及耕地数据来看，两汉时期人均耕地都在 14 亩上下①。如果除去官吏、军队、手工业者和商人，农民的人均耕地自然会大于这个数字。当时的粮食产量一般都在 4 石左右，少说也有 3 石。即以 3 石计算，14 亩每年产可产 42 石，食用之外，应当是有节余的。

由于农田面积扩大、生产技术进步、单位面积产量提高，因而粮食的储备也很丰富。秦统一后，粮食贮积更加丰富，直到楚汉战争时期，积粟仍为刘邦所用②。汉代也比较重视粮食的贮积。以屯田为例，敦煌屯田存谷在简文中有“万三千六十石五斗八升”的记载。居延存谷有“万二千四百七十三石三斗”及“万一千六百五十二石三斗三升少”的记载。因积谷数较多，内郡遇有灾荒，曾调屯田积谷以资救济。史载“汉兴七十余年之间，国家无事，非遇水旱之灾，民则人给家足，都鄙廪庾皆满，而府库余货财。京师之钱累巨万，贯朽而不可校。太仓之粟陈陈相因，充溢露积于外，至腐败不可食。众庶街巷有马，阡陌之间成群”③。由此可见储备的丰富。

此外，秦汉时期的米谷价格一般都比较低。从某种意义上讲，这也是当时农业产品丰富的反映。文献中对秦汉时期的米价颇有记载，如“始皇三十一年，米石千六百”④。汉文帝时，“谷至石数十钱，上下饶羡”⑤。“宣帝时，谷至石五钱，农人少利”⑥。“金城湟中，谷斛八钱”⑦。东汉明帝时，“天下安

① 汉平帝元始二年（2）人均耕地 13.88 亩，汉和帝元兴元年（110）人均耕地 13.74 亩，汉安帝延光四年（125）人均耕地 14.26 亩，汉质帝本初元年（146）人均耕地 14.57 亩。

② 《史记》卷 8《汉高祖本纪》，北京：中华书局，1959 年标点本，第 371 页。

③ 《史记》卷 30《平准书》，北京：中华书局，1959 年标点本，第 1420 页。

④ 《史记》卷 6《秦始皇本纪》，北京：中华书局，1959 年标点本，第 251 页。

⑤ （宋）李昉等：《太平御览》卷 35 引桓谭《新论》，北京：中华书局，1960 年。

⑥ 《汉书》卷 24《食货志》，北京：中华书局，1962 年标点本，第 1141 页。

⑦ 《汉书》卷 69《赵充国传》，北京：中华书局，1962 年标点本，第 2984 页。

平，人无徭役，岁比登稔，百姓殷富，粟斛三十”[①]。显然，除战争、动乱或发生自然灾害的年代，粮食价格均比较低。这种情况一般在农产品丰富的时候才会出现。

（四）主要农业区的形成

秦汉时期，由于水利工程的兴建和农耕技术的提高，许多荒地被开垦为农田，农牧分界线被推移到阴山、洮水一线。在这个过程中，农耕区域不断扩大，除了黄河中下游的传统农业区之外，北方广大的半农半牧区得到很大的发展，原来比较落后的江南地区也在一定的程度上得到了开发。其中关中平原、汾涑河流域、伊洛河流域、华北平原及成都平原等地的农业得到迅猛发展，成为全国主要的农业区域。而北方草原地带，尤其是西北草原地带则以畜牧业见称，成为全国主要的畜牧区。

关中地区农业历史悠久，但其兴盛则在秦汉之际。战国末年，秦国在渭北地区开凿了规模宏大的郑国渠。这是关中农业史上一件具有划时代意义的大事。从此关中地区农业飞速发展，关中农业区正式形成。秦始皇统一全国后，徙各地富豪12万户于咸阳。汉初强干弱枝，徙齐国田氏、楚国昭、屈、景诸氏以及韩、赵、魏的王室成员10余万口到关中，又徙诸郡豪民于关中陵邑。于是关中农田水利事业蓬勃发展，形成又一个高潮，泽卤高仰之田尽被开发。汉武帝时，在关中推广冬麦，以黍稷为主的生产结构发生某些变化。又采用先进的犁、耧等生产工具，在关中推广代田法和区田法，通过集约使用水肥，实现精耕细作，夺取高额丰产。此外，随着中外农业文化的交流，黄瓜、大蒜、胡荽、苜蓿、石榴、葡萄、胡桃等域外经济作物“植之秦中，渐及东土”。柑橘、荔枝、龙眼、甘蔗、枇杷、橙、槟榔、橄榄等南方果木，经过在皇家苑圃中的转植试验和驯化，也在关中安家落户。关中成为全国富庶的首善之地，同时也成为全国最主要的农业区之一。

汾涑河流域、伊洛河流域和太行山东南地区曾经是夏王朝的中心区域，历史地理学家习惯称之为“三河”。这个区域的范围虽然不是很大，但自古土地比较肥沃，经过夏、商、周三代的重点经营，为农业的发展奠定了坚实的基础。秦汉时期，这一地区因处于东西经济的结合部而受到人们的关注。当

---

① 《后汉书》卷2《明帝记》，北京：中华书局，1965年标点本，第115页。

时曾在晋南盆地、中原西部和南阳地区修建过一些水利工程，如引汾水灌溉皮氏（今山西河津）、汾阴（山西万荣西南），引黄河水灌溉汾阴、蒲坂（山西永济西南）等。这些水利工程的兴建，对当地农业的发展都起到过推动作用。加之这一地区与关中农业区和黄河下游的农业区都保持着比较密切的联系，农业科技进步较快。因而农业发展相当迅速，最终跻身全国主要农业区之列，只是这个农业区比较小而已。

华北平原把黄河下游南北各地连成一片，具有得天独厚的自然条件，有利于农业生产的发展。这里在春秋战国时期是魏、燕、梁、宋、齐、鲁的辖区，曾经开凿荷水、濮渠、鸿沟和漳水十二渠，并引钜定湖和汶水进行灌溉。秦汉时期，华北平原成为当时最大最富庶的农业区域。司马迁在《史记》中曾对这一地区有所描述。他说："齐带山海，膏壤千里，宜桑麻，人民多文彩布帛鱼盐"。又说邹鲁滨洙泗，"颇有桑麻之业"①。由此可以看出这个农业区的大体情况。这个富庶的农业区"西起太行山的东南，也就是当时所谓河内地区，再由此越过黄河而东，由济水和鸿沟分黄河之处（今河南荥阳附近）起，再往东扩展，至于东海之滨，北边达到现在山东省的北部，西南至于鸿沟系统中的汳水、睢河以及狼汤渠流域"②。秦始皇灭六国后，曾在此地修建巨大的敖仓，储存这一地区的余粮。两汉时期，这一地区更成为著名的粮食基地，都城所需要的粮食有相当一部分都来自这一地区。

四川盆地自然环境好，很适合农业生产。战国末年，李冰在成都平原上主持修建了举世闻名的都江堰，治理水灾，发展灌溉，使四川农业取得长足的进步。汉代继续在成都平原和龙门山山前冲积扇上扩大水稻种植的范围，大体上形成了北直绵阳，南到乐山的水田农业区，旱作区也呈现出不断增加的趋势。西汉元始二年（2），全川的耕地面积增至 25 万顷，到东汉永和年间，更增加到 38 万顷③，基本形成了渠—塘灌溉系统和多种经营、蓬勃发展的农业景观。

除了这些著名的农业区以外，"黄河套区、河湟谷地、河西走廊、天山南

---

① 《史记》卷 129《货殖列传》，北京：中华书局，1959 年标点本，第 3266 页。

② 史念海：《河山集》第三集，北京：人民出版社，1988 年，第 124 页。

③ 郭声波：《四川历史农业地理概论》，《中国历史地理论丛》1989 年第 3 期，第 111—125 页。

部等地区传统农业无不开辟于汉代”[①]。如位于农牧交错地带的河套、鄂尔多斯等地在这一时期就得到较大的开发。秦汉王朝相继北逐匈奴，采取屯田戍边和移民实边的办法，对河套地区进行全面的开发，从而打破了河套地区以游牧为主的格局。经过多次移民，河套地区人口最多时达 170 多万。这些人大都是内地掌握铁器、牛耕和作物栽培技术的农民。他们在河套平原屯田垦荒，积极生产，“因渠以溉，水舂河漕；用功省力而军粮饶足”，促进了河套地区农业的发展。由于这一地区处于农牧交错地带，所以在种植业发展的同时，畜牧业仍然占有较大的比重。秦汉王朝曾在鄂尔多斯高原南部设置国营马苑，大量养马。东汉后期，内附的南匈奴和西北其他游牧民族大批进入，又增加了农牧交错地带畜牧业的比重。当时位于边塞的桥桃等地，既有“马千匹，牛倍之，羊万”的畜牧业，也有“以万钟计”的农业收入[②]。班固之祖班壹在边地“致马牛羊数千群”[③]。而马援未发迹前，在边郡也有“马牛羊数千头”，“谷数万斛”[④]。这些都反映了半农半牧区农牧并重，兴旺发达的景象。河西走廊在战国至西汉前期先后居住着从事畜牧的乌孙、月氏和匈奴等族。汉武帝时打败匈奴，设“河西四郡”，大规模地移民屯垦，从此，这一地区由畜牧经济转化为农耕经济。河西走廊属于干旱地区，为了发展农业生产，西汉组织民众在这里兴修“千金渠”等水利工程，推广代田法，使这里成为“仓库有蓄，民庶殷富”的农业地区[⑤]。当时，河西走廊的畜牧业也有较大发展，所以《汉书·地理志》中也有“凉州之畜为天下饶”的记载。东汉初年，“天下扰乱，唯河西独安”，“安定、北地、上郡流人避凶饥者归之不绝”。故东汉至三国，河西走廊的农业虽没有大规模的发展，但仍维持着西汉以来农耕为主的局面。

值得注意的是，秦汉时期江南地区的农业也得到较大的发展。江南地区在战国以前比较落后。《尚书·禹贡》载，荆、扬之地，“厥土涂泥”，“厥田下中”，“厥田下下”。可见其土质尚未经过人工改良，远不及关中及中原地区。《史记·货殖列传》载：“楚越之地，地广人稀，饭稻羹鱼，或火耕而水

① 张波：《西北农牧史》，西安：陕西科学技术出版社，1989 年，第 103 页。
② 《汉书》卷 91《货殖传》，北京：中华书局，1962 年标点本，第 3693 页。
③ 《汉书》卷 100《叙传》，北京：中华书局，1962 年标点本，第 4197 页。
④ 《后汉书》卷 24《马援传》，北京：中华书局，1965 年标点本，第 828 页。
⑤ 《后汉书》卷 23《窦融传》，北京：中华书局，1965 年标点本，第 799 页。

耨”，可见当时耕作方式也比较粗放。但秦汉时期在开发岭南的过程中，大量北人南迁，给江南地区带去了大量的劳动力，带去了北方先进的生产工具和耕作方法，使江南地区得到了初步开发。西汉中期以后，江南地区的水利事业有所发展，陂塘增加，耕地面积扩大。特别是东汉时王景和任延分别在庐江郡和九真郡推广牛耕，收到了良好的效果：庐江郡百姓先前不知牛耕，地力有余而食常不足，王景“教用犁耕，由是垦辟倍多，境内丰给”。九真郡过去以渔猎为业，不知牛耕，任延到任后，教之垦辟田畴，“岁岁开广，百姓充给”①。因此，江南地区的农业也出现了前所未有的面貌。

三、秦汉农业的历史地位

在我国农业发展的历史长河中，秦汉时期的农业是很突出的，不仅大大超过了奴隶制时代的农业水平，而且形成了封建时代农业的第一个高峰，并对后世产生了重大的影响。因此，秦汉时期农业在我国农业史上具有崇高的地位。

（一）促进了当时社会经济的繁荣

秦汉时期是我国封建社会形成和发展的重要阶段，也是我国传统农业形成和发展的重要阶段。从总体上讲，秦汉时期实现了全国的统一，并长期保持了统一的局面，综合国力是强大的。造成这种情况的原因很多，社会经济的繁荣无疑是最重要的因素。如果我们对秦汉时期的社会经济加以研究，就会发现农业正是当时社会文明的主要支柱。

在封建时代，农业、手工业和商业是国家的三大经济部门。秦汉时期，手工业和商业都曾获得较大发展。以手工业为例，铁器的推广给冶铁业提供了很好的机遇，使其生产规模扩大，技术水平也有较大的提高。当时有些地方已以煤作为冶铁的燃料，以水排进行鼓风，并用先进的“叠铸法”进行大批量生产。由于国家鼓励养蚕、种麻，纺织业也得到发展，除农民家庭纺织外，官营和民营作坊遍及全国，已能生产重量仅为 49 克的素纱蝉衣，技术之高，令人惊叹。东汉的纺织业种类较多，并出现了一些以纺织而著名的区域。

---

① 《后汉书》卷 76《王景传》，北京：中华书局，1965 年标点本，第 2466 页；《后汉书》卷 76《任延传》，北京：中华书局，1965 年标点本，第 2462 页。

"齐部世刺绣，恒女无不能；襄邑俗织锦，钝妇无不巧"；"蜀地沃野千里……女工之业覆衣天下"。此外，西汉已经能造出比较粗糙的纸，东汉时蔡伦发明用植物纤维造纸，原料丰富，价廉物美，使造纸业获得了飞跃性的发展，逐渐取代了简帛。手工业的原料和商业领域的商品多与农业有关。可以说农业的发展对手工业和商业的发展也做出了一定的贡献。

由于农业的高速发展，秦汉时期形成了一些相当富庶的经济区。司马迁在《史记》一书中曾将全国划分为山西、山东、江南和碣石龙门之北四个区域。所谓山东即崤山以东，因战国时曾在崤山旁侧建立函谷关，故又称为关东。山西又称关西，是与山东相对而言的，即指崤山及函谷关以西地区。江南即长江以南。碣石龙门之北则指陕西韩城至河北昌黎以北地区。司马迁说，山西饶材、竹、谷、旄、玉石；山东多鱼、盐、漆、丝之属；江南出楠、梓、金、锡、丹砂、犀、玳瑁、珠玑、齿革；龙门碣石以北多马、牛、羊、旃裘、筋角。相比之下，山东、山西的经济情况要优于江南及塞北地区。而山东地区更具特色，为山西等地所不及。究其原因，不仅是因为这里手工业比较发达，经济都会比较多，而且是因为这里是全国著名的粮食产区。山西总体比不上山东，但山西的关中却是全国经济最发达的地区之一，这也是由于关中农业比较发达的缘故。当时城市和人口大部分都集中在农业发达的地区。著名的经济都会除长安外，尚有 27 处。即陕西的雍（今凤翔南）、栎阳（今临潼北）、咸阳（今咸阳东），山西的扬（洪洞）、平阳，四川的巴（重庆）、蜀（成都），河北的蓟（北京）、涿（涿县）、邯郸（邯郸市），河南的温（温县）、轵（济源县南）、荥阳（荥阳东北）、濮阳（濮阳之南）、睢阳（商丘）、阳翟（禹县）、陈（淮阳）、宛（南阳）、雒阳（洛阳市），山东的临淄、陶（定陶），安徽的寿春（寿县）、合肥（合肥市），江苏的吴（苏州）、彭城，湖北的郢（江陵）和广东的番禺（广州）。这一时期的大部分人口也集中在主要的农业区。如西汉时司隶校尉部，豫、兖、青、徐、幽、冀、并、凉八州及朔方刺史部所在的北方地区有户 9 663 413，口 46 870 563；而荆、扬、益 3 州及交趾刺史部所在的南方有户 2 569 649，口 12 724 415，仅相当于北方的 1/4。当时人口比较稠密的地区有泾渭河流域，汾水下游地区，黄河中下游和济水两岸，太行山东和山东半岛以及蜀郡和南阳郡。

种种迹象表明：秦汉时期农业的发展对当时社会经济的繁荣起到了积极

的推动作用。没有发达的农业，便不可能养活众多的人口，也不可能有城市的繁荣；秦汉帝国也就不可能如此统一、如此强大、如此富有魅力。

（二）奠定了中国传统农业全面发展的基础

我国农业历史悠久，在夏、商、周三代就已经积累了不少科技知识①。到秦汉时期，最终形成了一整套符合中国国情的，以精耕细作为特点的农业技术，从而为中国传统农业的发展奠定了坚实的基础。

首先，秦汉时期我国的传统农学思想基本形成。传统农学思想的核心是天地人“三才说”，主要论述农业生产中的天人关系和人地关系。认为天地人三者是相互联系的有机整体，共同构成农业生产的三大要素。在天人关系上，虽然受到“天人感应学说”的影响，但比较重视人的主观能动作用。在人地关系上，认为人可以适应自然和改造自然，同样把人放到了相对重要的地位。这种思想，成为精耕细作技术形成和发展的理论基础。在这种思想的指导下，派生出“土物三宜说”以及集约利用土地和地力“常新壮”的思想。“土物三宜说”认为农业生产要根据天时、地利的变化和和农作物的生长规律，采取相应的措施和灵活的方法。集约利用土地和地力“常新壮”的思想则强调扩大耕地面积和提高单位面积产量对农业生产的意义。这些思想是有超前意识的，不仅指导了当时的农业生产，而且对后世农业也有很大的影响。

其次，秦汉时期已经形成了我国传统农业的架构模式。我国幅员辽阔，各地的自然条件和经济发展水平存在着一定的差异。传统农业的基本原则是因地制宜、全面发展、宜农则农、宜牧则牧。产业结构以种植业为主，以畜牧业为辅。纯粹的畜牧业主要分布于中国北方和西北方的草原地带，其他地区则是以种植业为主、畜牧业为辅。种植业包括粮食作物和经济作物的种植。北方黄河流域以旱作为主，种植粟、麦、黍、豆等作物。南方地区则以种植水田为主，稻类作物在种植业中占有很大的比重。这种结构模式基本上是符合中国国情的。秦汉以后，我国的耕作制度曾发生过一系列变化，但这种结构模式并未发生大的变化。

再次，秦汉时期形成了我国传统农业的特色。传统农业的特色是精耕细作，具体表现在土壤耕作、水利兴修、土地利用和栽培技术四个方面。土地

① 郭文韬等：《中国农业科技发展史略》，北京：中国科学技术出版社，1988年，第42—69页。

是作物赖以生长的基础，是可以用人力加以整治和改造的。在这种思想的指导下，秦汉时期利用铁器和牛耕在北方旱田和南方水田逐渐形成了以深耕细作为特色的“耕—耙—耢”和“耕—耙—耖”的整地技术。水利是灌溉、排涝、夺取稳产高产的重要途径。秦汉时期在全国各地特别是北方地区兴建了许多水利工程，这些工程不仅给后代树立了楷模，而且有些工程一直沿用到后代。我国人口多，耕地少，这在客观上要求充分利用土地，扩大耕地面积，提高单位面积产量。秦汉时期垦田面积扩大，单位面积产量提高，并且出现了轮作复种等生产技术。农业是通过人工培育，利用生物的生理机能，实现物质与能量的转化，以取得各种农产品的生产部门，在客观上对科学技术有一定的要求。秦汉时期在农林牧副渔诸方面都形成了一整套行之有效的精耕细作的技术经验。有些技术和经验一直延续至今。所以，当我们看到秦汉时期的某些农具或农耕图画时，会有一种似曾相识的感觉。

显然，秦汉时期奠定了我国传统农业的基础，并将传统农业定位在较高的起点上，使之成为国民经济的支柱产业。在以后将近2000年的时间，尽管天灾人祸和内忧外患曾向传统农业发起过多次冲击，但我国的传统农业总是具有自我恢复的能力，无论在顺境还是在逆境，都对中国历史的发展做出过重大贡献。

（三）对后世中外农业产生了深远的影响

秦汉农业对后世中国农业产生过直接的影响。经过秦汉数百年的发展，我国的传统农业有了丰厚的文化积淀。这些文化积淀对魏晋南北朝时期的农业发挥过积极的作用，对隋唐以后中国的农业也有正面的影响。例如，秦汉时期编纂的《氾胜之书》和《四民月令》就是如此。《氾胜之书》是高水平的农学著作，从现存内容来看，它总结了耕作的总原则和13种农作物的栽培技术，为我国传统农业的耕作学在总论和各论方面奠定了基础。该书所载区田法、溲种法、耕田法、种麦法、种瓜法、种瓠法、种芋法，比较系统地反映了西汉时期的耕作技术，很有参考价值。《四民月令》的内容比较庞杂，但它按一年十二个月和二十四节气的先后安排应当进行的农事活动，如耕地、催芽、播种、分栽、耘锄、收获、贮藏及林木果树的经营等，是当时实用的农业生产指南，其作用也是不可低估的。这些农书不仅见重于当世，而且对后代产生过重大影响。从北魏的《齐民要术》到明代的《农政全书》，或多或少都从秦汉时期的农书中吸取过营养。

另外，秦汉农业对世界农业史也有一定的影响。秦汉时期的社会是开放型的社会，与周边国家和地区有密切的往来。秦与孔雀帝国，西汉与罗马帝国，东汉与贵霜、安息、罗马帝国大体同时，彼此之间都有一定的影响。丝绸之路开辟以后，两汉王朝不仅大规模地吸收域外农业文明，而且采取各种措施，把中原地区高度发达的农业文明传播到周边地区和遥远的国度。由于当时世界上还没有哪一个国家的农业文明能够像秦汉诸王朝一样，达到如此的高度，所以秦汉农业对其他国家的影响更大，更为深远。“时至今日，世界上不少国家仍称为‘China’（即秦），以及把中国人称为‘汉人’，可见我国文明在秦汉时代对世界影响之深，传播之远”①。这是我们可以引以为豪的。

总之，秦汉时期，我国创造了辉煌灿烂的农业文明。对于秦汉农业的历史地位，我们应当有充分的认识。否则，便不可能真正理解秦汉时期的农业，也不可能对我国的传统农业形成正确的认识。

原载（《西北大学学报》2005 年第 1 期）

① 林剑鸣：《秦汉史》上册，上海：上海人民出版社，1989 年，第 9 页。

"十二金人"考

秦始皇统一中国后，曾经在首都咸阳铸造过12个巨大的铜人，史书上称之为"十二金人"。十二金人是秦代最大的青铜器，在历史上存在了500多年时间，曾产生过一定的影响。因此，学术界对十二金人比较重视，有关秦汉史的专著中，都写上了秦始皇铸造十二金人的事①。但是，由于十二金人已不复存在，加之文献中对十二金人的记载很不一致，学术界尚未对十二金人形成统一的认识。1991年，汪受宽先生撰写了《"钟鐻金人十二"为宫悬考》②，对十二金人进行了有益的探讨，提出了一些颇有价值的见解，但仍有许多问题没有解决。本文拟在汪先生研究的基础上另辟蹊径，对有关十二金人的几个重要问题进行考证。不妥之处，敬请海内外专家指正。

一、"十二金人"的由来

关于十二金人的由来，史书上有不少记载。如《史记》卷6《秦始皇本纪》载："二十六年，收天下兵，聚之咸阳，销以为钟鐻金人十二，各重千石，置廷宫中"。《史记》卷87《李斯列传》载：秦既并天下，以李斯为相，"夷郡县城，销其兵刃，示不复用"。《史记》卷99《叔孙通列传》载："天下合为一家，毁郡县城，铄其兵，示天下不复用。"《史记》卷112《平津侯主

① 见吕思勉、翦伯赞、林剑鸣诸先生所著《秦汉史》。大抵各书均有记述，恕不一一列举。

② 汪受宽：《"钟鐻金人十二"为宫悬考》，《文史》第四十辑，北京：中华书局，1994年，第43—49页。

父列传》载严安上书云：“秦王吞食天下，并吞战国，称号皇帝，一海内之政，坏诸侯之城，销其兵铸以为钟鐻，示不复用。元元黎民得免于战国，逢明天子，人人自以为更生。”《汉书》卷64《吾丘寿王传》亦有类似记载。这些记载说明，十二金人是秦始皇在统一全国后用所收天下兵器铸成的。这一点很明确。问题是秦始皇在统一全国后为什么要铸造十二金人？十二金人是怎样造成的？这是我们首先需要探讨的。

秦始皇为什么要铸造十二金人？自古以来有几种不同的说法。一种观点认为，秦始皇之所以铸造十二金人，是为了加强中央集权，以“弱天下之民”。这种观点的代表人物是汉文帝时期的贾谊。他在《过秦论》中说：“至秦王，续六世之余烈，振长策而御宇内，吞二周而亡诸侯，履至尊而制六合……于是废先王之道，焚百家之言，以愚黔首；堕名城，杀豪俊，收天下之兵，聚之咸阳，销锋铸鐻，以为金人十二，以弱黔首之民。”[①] 司马迁在《史记·陈涉世家》中也持这种意见。另一种观点认为，秦始皇之所以铸造十二金人，是为了纪念当时临洮地方出现的祥瑞。《汉书》卷27《五行志》云：“秦始皇二十六年，有大人长五丈，足履六尺，皆夷狄服，凡十二人，见于临洮。天若戒曰：勿大为夷狄之行，将受其祸。是岁，始皇初并六国，反喜为瑞，销天下兵器，作金人十二以象之。”还有一种观点，认为秦始皇造十二金人，是仿效大禹铸九鼎的做法。这种观点是由日本汉学家泷川资言提出来的。他在《史记会注考证》一书中说：“始皇销兵，学周武放牛马也；铸十二金人，效夏禹铸九鼎也。”[②] 很显然，这三种观点存在着较大的分歧。我们认为，这些观点都有一定的道理，但都是很不全面的。

事实上，秦始皇铸造十二金人的原因是多方面的。首先，秦始皇统一全国后，面临着兵器过剩的重大问题。据史书记载，战国末期，兼并战争不断升级。在旷日持久的大规模的兼并战争中，齐、楚、秦、燕、赵、魏、韩诸国都曾大量制造过刀、剑、戈、矛等不同性能的兵器。从各国军队的数量推测，兵器总数当在1500万件以上[③]。秦统一中国后，六国军队被消灭，但他

① 《过秦论》各本文字略有不同。此处据《史记·秦始皇本纪》录文。

② （西汉）司马迁撰、（日）泷川资言考证：《史记会注考证》卷六，北京：文学古籍刊行社，第28页。

③ 据《战国策》所载苏秦、张仪的言论及其他史料推算，七雄军队总数约500万人。当时每当时每个士兵配备的兵器至少3件。如此，加上民间兵器总数超过了1500万件。

们所使用的兵器却遗留下来。这些兵器或保存于官府，或散落在民间，都成为过剩的东西。如果处理不当，很可能成为社会不安定的因素，对统一局面产生消极的影响。因此，怎样处理这些兵器是秦始皇及其君臣需要考虑的问题。其次，秦始皇统一全国后，临洮地方官上报：在临洮出现了十二个身高五丈，足长六尺的“大人”。据《说苑》、《淮南子》、《三辅旧事》、《永乐大典》等书的记载，这些“大人”很可能是临洮地方官编造出来的（事实上，在封建时代，所有“符瑞”都是编造出来的东西），但秦始皇对此深信不疑，认为这是千载难逢的“符瑞”，是天下统一的象征，应该予以宣传、纪念。如何宣传、纪念临洮大人，也是摆在秦始皇面前的一个问题。这两个问题凑在了一起，便使秦始皇及其君臣自然而然地想到了用兵器铸造金人的事。如果用兵器铸造十二金人，一来可以很好地解决兵器过剩的重大问题，消除天下不安定的因素，二来可以纪念临洮出现的符瑞，宣传天下统一、偃武修文的思想，可谓一举两得。正是在这种情况下，秦始皇才做出了销毁天下兵器，铸造十二金人的决定。如果说当时没有收缴天下兵器之举，就不可能聚集大量的青铜原料，就不可能铸造十二个巨大的金人；如果没有临洮出现“大人”之事，或者秦始皇不重视这一符瑞，铸造十二金人也就无从谈起；如果秦始皇在统一之后没有偃武修文的思想，当然也不会动用大量的人力、物力去销毁兵器，铸造十二金人。可以说，十二金人是时代的产物，是秦始皇巩固统一的某些措施所造成的结果。

十二金人是怎样造成的？文献中没有留下具体的记载。从有关资料分析，十二金人的铸造大体上经历了三个阶段：第一阶段，收缴天下兵器，运至都城咸阳销毁，提炼铸造金人所必需的青铜原料。秦始皇二十六年（前 221 年），天下刚刚统一，秦始皇就下达了收缴天下兵器的命令①。当时尚未修筑“驰道”、“直道”、“五尺道”，还没有形成遍及全国的交通网，因此，要把散布在全国各地的兵器收缴上来，并不是一件容易的事。但是由于秦始皇对收缴兵器的事十分重视，且又有雷厉风行的作风，因而此项工作进展较快，大概用了半年多时间。第二阶段，在咸阳兴建大规模的冶铜和铸器工场，征集冶铸能手，制造金人模型。虽然史书上没有这样的记载，但铸造十二金人是

① 一说收缴兵器、铸造金人的时间为秦王政二十一年，一说为秦始皇三十六年，均不确切。

一项前所未有的巨大工程，必然要动用大量的人力、物力，必然要有专门的冶铸工场。正如翦伯赞先生所说，当时咸阳“一定有大规模的冶铜和铸铜工场的存在”①。要问这个工场在哪里，现在还不能断定。《三辅黄图》卷1《咸阳故城》条言，“钟宫，在户县东北二十南郊区一带”。冶铸工场建好，青铜原料准备充分之后，接下来就要制造金人模型。先制母范，然后翻成铸范，以备铸造之用。第三阶段，熔铜浇灌，修饰成器。在一切准备工作就绪之后，即着手铸造金人。先烘范、合范，然后把提炼好的铜、锡、铅按照一定的比例掺和熔化，浇入范内。由于金人结构极为复杂，又特别高大，不可能一次铸成，故肯定应用了部件合铸的技术。待金人铸成后，去范凿磨，又经过一番雕饰，才算大功告成。

二、十二金人的形制

说到十二金人的形制，有人往往把它们与翁仲混为一谈，说十二金人就是翁仲，或者说反映的是翁仲的形象。这种观点的论据是高诱在《淮南子·氾论训》注中说：“秦皇帝二十六年，初兼天下。有长人见于临洮，其高五丈，足迹六尺。放写其形，铸金人以象之，翁仲君何是也。”但是，高诱的这个注语意思不明，似乎并不能说明十二金人就是翁仲或反映翁仲的问题。事实上，金人是金人，翁仲是翁仲，二者之间并没有什么瓜葛。

《史记》、《汉书》、《后汉书》、《三国志》、《三辅旧事》等重要文献在讲到十二金人的时候，仅称之为“金人”、“铜人”、“铜狄”或“金狄”。此外，《资治通鉴》、《水经注》等文献对十二金人的称呼也是如此。如《资治通鉴》卷7始皇二十六年条载：“金人十二，重各千石。”《水经注》卷4载：“（秦始皇铸十二金人），各重二十四万斤，坐之宫门之前，谓之金狄。”所有这些记载都没有把十二金人与翁仲相联系。另外，文献在讲翁仲时，也没有翁仲铸造十二金人的说法。如《山堂肆考》载：“翁仲姓阮，身长一丈二尺。秦始皇并天下，使翁仲将兵守临洮，声振匈奴，秦人以为瑞。翁仲死，遂铸铜像，置咸阳司马门外。”《广舆记·陕西临洮府名宦》载：“阮翁仲，身长二丈三

① 翦伯赞：《秦汉史》，北京：北京大学出版社，1983年，第34页。

尺……始皇时拜临洮守，威震匈奴。及卒，始皇铸为像，置咸阳宫司马门外，匈奴至者，皆下拜。”《古今图书集成·坤舆典》载：“始皇并天下，使翁仲将兵守临洮，声振匈奴。秦人以为瑞。翁仲死，遂铸铜为像，置之咸阳宫司马门外。匈奴见之者，犹以为生，古墓之间皆用之。”这些记载在字句上虽略有差别，但意思是很清楚的，并没有把翁仲与十二金人相联系。也就是说，十二金人不是翁仲，也不是按照翁仲的形象铸造的。

秦人有铸造铜人、铜马的爱好。刘歆《西京杂记》卷3载：“（汉）高祖初入咸阳宫，周行府库，金玉珍宝不可称言，其尤惊异者，有青玉五枝灯……复有铜人十二枚，坐皆高三尺，列在一筵上，琴筑笙竽，各有所执，皆缀花采，俨若生人。筵下有二铜管，上口高数尺，出筵后。其一管空，一管内有绳，大如指。使一人吹空管，一人纽绳，则众乐皆作，与真乐不异焉。”显然，这是一组铜人乐队，说明秦时在十二金人之外，还有铜人的制作。因此，在十二金人外铸造翁仲也是有可能的。但翁仲本是秦朝大将，并不是“临洮大人”，铸造翁仲与铸造十二金人并不是一回事。十二金人铸于秦始皇二十六年，翁仲此时始率兵赴临洮守边，死后才被铸成铜像。十二金人铸成后初置宫廷中，后被移至阿房、大夏诸殿之前①。翁仲铜像在铸成后即被置于咸阳宫司马门外。显然，二者是完全不同的。再说翁仲本来只是一个，而且是汉族人，也没有铸成“十二金人”并被称为“金狄”的道理。所以说，十二金人与翁仲之间并没有什么必然的联系。

十二金人不是“翁仲”，也不是按照翁仲的形象铸造的。那么，十二金人的形制究竟怎样？如果有十二金人的实物，或者有十二金人的图像资料，这个问题是很好回答的。但遗憾的是没有实物，也没有图像。我们只能通过一些零碎的记载来分析十二金人的相貌、姿态和大小。

十二金人的相貌，文献中没有具体的描述。但《汉书·五行志》载，十二金人“皆夷狄服”。另外，据张衡《西京赋》、《水经注·河水注》、《后汉书·方术传》记载，秦汉魏晋时期，人们常常把十二金人称为“金狄”或“铜狄”。这些称谓与金人身上的铭文和《汉书·五行志》的记载相互印证，说明十二金人是“夷狄”而不是汉人。这些金人至少在相貌和服饰上带有当

① 《史记》卷6《秦始皇本纪》，北京：中华书局，1959年标点本。

时西北少数民族的某些特征。

十二金人的姿态，历来有两种不同的说法：一种观点认为十二金人为立像；另一种观点认为十二金人是坐姿。立像说的论据是《淮南子·汜论训》、《太平广记》、《永乐大典》及《古今图书集成·庶征典·人异部》载：临洮大人身高五丈，足长六尺；《汉书·五行志》载“作十二金人以象之”。金人既是按照临洮大人而作，则其身高亦当为五丈，足长亦当为六尺。如此，则十二金人皆为立像。很显然，这种观点只是一种推测，并没有直接的论据。“坐姿”说的主要论据是《三辅黄图》有“坐高三丈”之说。《水经注》亦称“（十二金人）坐于宫门之前”。《汉书·王莽传》载，王莽曾梦见“长乐宫铜人五枚起立”。长乐宫铜人即指十二金人而言。如此，则十二金人为坐姿无疑。秦人坐姿与今人坐姿不同，常为踵足席地而坐，即通常所说的跪坐。身高五丈，坐高三丈，二者正合比例，并不矛盾。因为是坐姿，故《史记》卷6及《资治通鉴》卷7皆谓将十二金人“置宫庭中”。用“置”而不用“立”，也正好说明了这个问题。此外，十二金人胸前皆有铭文，铭文内容相同，即“皇帝二十六年，初兼天下，改诸侯为郡县，一法律，同度量，大人来见临洮，其大五丈，足迹六尺”[①]。需要说明的是，十二金人虽同为“夷狄”坐像，但每个人的服饰和相貌肯定是不完全相同的，肯定会有自己的特点。具体情况怎样，已不得而知了。

十二金人的大小，史书记载也不一致。就十二金人的高度而言，过去有5丈、3丈之说。如上所述，5丈说是不可靠的，其实际高度当以3丈为是。秦代一尺当今23.1厘米，三丈合今6.93米。不用说，十二金人是异常高大的。十二金人的重量，文献记载也有分歧。《史记·秦始皇本纪》作“各重千石”，秦代一石合今120斤，重千石即重12万斤。《三辅旧事》作“各重二十四万斤”。这是两种有代表性的观点。司马光在《资治通鉴》中采用了前者，郦道元在《水经注》中则采用了后者。两种观点差别很大，哪种观点准确呢？清人梁玉绳在《史记志疑》一书中说：“考《黄图》云：钟鐻高三丈，钟小者皆千石。则知千石乃钟鐻重数，史误并之，而又失金人之重耳。”虽然梁玉绳没有弄清钟鐻与金人的关系，但他认为千石不是金人的重量却是值得重视的。

① 《水经注》卷四所录金人铭文与此略有差异。其文曰：“皇帝二十六年，初兼天下，以为郡县，正法律，同度量，大人来见临洮，身长五丈，足六尺。”

秦人多铸千石之钟。十二金人坐高三丈，较钟为大，其重量当超过千石。汪受宽先生曾按现在农村青年的身高与胸围的比例关系对十二金人的重量进行过推算，认为《三辅旧事》和《水经注》的记载是正确的，金人的重量当为24万斤①，则其重量也是十分惊人的。值得注意的是，汪先生认为十二金人的大小和重量并不相同。对此，笔者是难以苟同的。因为《三辅旧事》、《水经注》等文献明确记载十二金人“坐高三丈”，“各重二十四万斤”，没有一种文献记载十二金人有大小的差别。再说十二金人铸成后，曾先后被放置于阿房、大夏诸殿之前。若大小相差悬殊，则有滑稽之感，与大殿的地位是不相称的。尽管在铸造的过程中不可能使十二金人的大小完全一致，但大体说来，十二金人的大小和重量应当是相同的。

三、十二金人的用途

前面讲到，十二金人是按“临洮大人”的形象铸造的。那么，十二金人的用途是什么？是不是仅仅作为宣传纪念品，用来宣传纪念“临洮”出现的“符瑞”呢？对于这个问题，学术界的认识也不统一。分歧是由《史记》对十二金人的记载而引起的。中华书局标点本《史记·秦始皇本纪》在记述十二金人时写道：“收天下兵，聚之咸阳，销以为钟鐻，金人十二，各重千石。”这段话意思不太明晰。有人认为这里所说的钟鐻、金人是两种不同的物品；有人则认为钟鐻、金人是一种东西。汪受宽先生从文献学和版本学的角度对这个问题进行了考证，认为十二金人是人形钟鐻。从有关资料分析，这种观点是正确的。这就是说，秦始皇铸造十二金人，不仅是为了纪念临洮出现的符瑞，而且还让十二金人充当了钟鐻的角色。

为什么说秦始皇让十二金人充当了钟鐻的角色呢？简单些说，主要有以下两方面的根据。其一，《文选·西都赋注》云：“《史记》曰：‘始皇大收天下兵器，聚之咸阳，销以为钟鐻，铸为金人十二’。”《太平御览·皇王部》始

---

① 汪先生在《“钟鐻金人十二”为宫悬考》一文中说：“以当代人口测量数据计算，我国农村男性青年身高与胸围的比例为1：0.5148。则此铜人胸围为3.567米，其胸经1.136米。”高6.93米则体积7立方米。青铜密度8.8。“据此推算出7立方米青铜圆柱体的重量为61.6吨。秦权每斤合258.25克，则此圆柱体折合秦23.8528万斤”。如果考虑金人下部较大，“则金人重量24万斤的记载是确凿的。”

皇条云：“《史记》曰：‘收天下兵，聚之咸阳，销以为钟鐻，铸为金人十二’。”《文选》之注和《太平御览》均为唐宋时期作品。从这些作品所引《史记》原文来看，宋以前流传的《史记》与今本《史记》不同，是明确确地把金人和钟鐻作为一种器物记述的。其二，史书在记载秦始皇铸造十二金人的时候，往往以“金人”与“钟鐻”互替。如《史记·六国年表》载：“为金人十二。”《淮南子·泛论》载：“铸金人，发谪戍。”只言金人，不言钟鐻。而《史记·平津侯主父列传》载：“销其兵，铸以为钟鐻。”同书《太史公自序》载：“并兼六国，销锋铸鐻。”只言钟鐻，不言金人。显然，钟鐻与金人说的都是一种东西。总之，十二金人就是十二个人状钟鐻。钟鐻又作钟虡，是支撑乐钟的立柱。在先秦秦汉时代，钟鐻有木质、铜质之分，形状也不一致。一般为带座立柱，也有造成动物或人物形状的。1978 年在湖北随县战国曾侯乙墓出土的编钟就是由“六具钟鐻铜人承托”[①] 的。所以用铜人作钟鐻并不是秦始皇的发明。

十二金人承托的是什么样的钟？这个问题与本文关系不大，但仍有必要加以说明。汪受宽先生认为十二金人承托的是编钟，“其上所悬乐钟数当为一百二十八枚”。这个结论主要是根据《周礼》对“宫悬”的记载推出的。虽然这种观点思路新颖，很有启发意义，但似乎缺乏应有的说服力。编钟是西周“礼乐制度”的产物，在春秋战国时很流行，但到了秦代却未必受到重视。因为秦始皇崇尚法家，对儒家经典所规定的条条框框采纳不多，抛弃的不少，未必按照《周礼》设置宫悬。如前所述，有关金人钟鐻的文献中均未提到编钟。再说金人钟鐻的高度是相同的，不适宜承托编钟；若十二金人承托的是编钟，是“宫悬”，置于阿房、大夏殿前的记载也无法解释。所以十二金人承托的乐钟不是编钟，很可能是特制的“千石之钟”。文献中曾多次提到秦始皇铸“千石”（即 12 万斤）大钟，如《说苑·至公篇》载，始皇“建千石之钟”。《太平御览》卷 575 载：“秦庙中钟四枚，重十二万斤。”十二金人两人一组，分别承托重各千石的大钟，无论是置宫廷中，还是置于大殿之前，都是很气派的。总之，十二金人承托“特悬”似乎比承托编钟更为合理。当然，这是一个复杂的问题，还有待于进一步探讨。

---

① 湖北省博物馆：《随县曾侯乙墓》，北京：文物出版社，1980 年；《湖北随县曾侯乙墓发掘简报》，《文物》1979 年第 7 期，第 1—24 页。

四、十二金人的结局

十二金人的结局如何？这也是值得研究的问题。大量资料表明，十二金人最后都被人为地破坏了。但是，关于十二金人被毁的情况，各书所载不尽一致，甚至还有矛盾的地方。清代学者赵翼针对这种情况曾进行过考证①，为我们弄清十二金人的结局提供了很大的方便。从有关文献和赵翼的考证来看，十二金人的毁坏并非一朝一夕之故，曾经历了一个较长的过程。

据《三辅黄图》的记载，十二金人铸成之初，可能安放在咸阳西南郊区一带的"钟宫"之中。阿房宫前殿修成后，十二金人被移至阿房宫。《史记·秦始皇本纪》所说的"置廷宫中"，《资治通鉴》所说的"置宫庭中"均系指此而言。秦朝灭亡后，阿房宫毁于战火，十二金人被掩埋在废墟中。刘邦建立西汉，定都长安后，对十二金人采取了保护的态度，派人将十二金人运到长乐宫之大夏殿安置。王莽夺取西汉政权后，建立"新"朝，实行托古改制，对十二金人的态度发生了变化。据《汉书·王莽传》载，一天晚上，王莽梦见有五个金人起立，以为是不祥之兆，又想起金人胸前有"皇帝初兼天下"之语，觉得很不吉利，遂派尚方监的工匠凿去了那五枚金人胸前的铭文。这是对十二金人的第一次破坏。不过这次破坏较轻，十二金人依然存在。

东汉末年，外戚与宦官交替专权，天下大乱，群雄并起，一时间军阀混战，狼烟四起。董卓自关东西退，入居长安，为了与关东联军对抗，制造新的货币，对十二金人进行了大规模的破坏。《后汉书》卷 72《董卓传》载：汉献帝初平元年（190），董卓"坏五铢钱，更铸小钱，悉取洛阳及长安铜人、钟鐻、飞廉、铜马之属以充铸焉"。与《三国志》卷 6《董卓传》所载略同。毫无疑问，这是十二金人遇到的一场空前的浩劫。在这场劫难中，十二金人有多少被毁，《后汉书》、《三国志》均无明确记载。晋人潘岳在《关中记》中说："董卓坏铜人，余二枚徙清门里。"据此，十二金人中有十枚为董卓所毁，剩下的两枚被运至清门里，幸免于被毁的厄运。

三国时期，魏明帝曾想将最后两枚金人运往洛阳，但未能如愿。裴松之

① （清）赵翼撰：《陔馀丛考》卷 5，北京：中华书局，1963 年。

为《三国志》作注，在魏明帝徙金人事下注释说：“《魏略》曰：‘是岁，徙长安诸钟鐻、骆驼、铜人、承露盘。盘折，铜人重不可致，留于霸城……《汉晋春秋》曰：‘帝徙盘，盘折，声闻数十里。金狄或泣，因留霸城。’”这里所说是钟鐻当为十二金人之外的普通钟鐻，骆驼指铜质骆驼，铜人即指最后的两枚金人，承露盘指汉武帝所造仙人承露盘。金人哭泣当然是不可能的，恐怕只是传说。实际情况是金人太重，运起来十分困难，故留在了霸城，即今西安市灞桥东部一带。后来，著名方士蓟子训曾在霸城“摩挲”过这两枚金人，并对人讲：当他见到金人时，离铸造金人的时间已将近500年了。由于这两枚金人在灞桥东部一带放置的时间较长，这一带地方便被称作“铜人原”。直到十六国时期，后赵皇帝石季龙才令将军张弥把这两枚金人运至邺都。最后，前秦皇帝苻坚又派人将这两枚金人运回长安销毁。至此，十二金人全部消失。这就是十二金人的结局。

附带说一句，宋人李石在《续博物志》中说，有一枚金人在运输途中被百姓推入“陕北河中”，“或云翁仲头髻常出，晋军至，髻不复出”。这种说法是不确切的。如前所述，十二金人已全部被毁，不可能有被推入黄河的金人。从有关资料来看，被推入黄河的是魏明帝铸造的翁仲，而不是秦始皇铸造的金人。据裴松之在《三国志·魏明帝纪》所引《魏略》记载，魏明帝徙长安金人，不果，留于霸城，乃于洛阳“大发铜作铜人二，号曰翁仲，列坐于司马门外”。而戴延之《西征记》载：“陕县城……西北角水涌起，铜钟翁仲头发常出水上，涨减恒与水齐。晋军当至，发不复出，唯见水异嗟嗟有声，声闻数里。翁仲在城内大司马门外，为贼所徙，当西入关，至此而没。”显然，被百姓推入黄河的是魏明帝所造翁仲，与十二金人并无关系。

十二金人是秦汉时期最大的青铜器，是秦代手工业史上的壮举。这些金人是时代的产物，不仅有特殊的政治意义，而且反映了秦代高超的冶铸能力。令人遗憾的是，这些金人都被人为地破坏了。但是，十二金人在历史上的影响是不能磨灭的。因此，十二金人将永远被载入史册。

原载（《陕西师范大学学报》1996年第3期）

武则天当政时期的经济形势

《新唐书·食货志》载：永淳（682）以后，国用不足，“加以武后之乱，纪纲大坏，民不胜其毒”。今人或借以发挥，认为武则天当政后“无丝毫政绩可纪”[①]，没有采取有利于经济发展的措施，反而倒行逆施[②]，影响了经济的发展[③]，造成了社会经济的崩溃。有人甚至说：唐朝全盛时期的到来比西汉、明清都要推迟三五十年，正是武则天统治的恶果[④]。我认为这些观点失之片面，是不符合历史事实的。

一、武则天“倒行逆施”质疑

否定武则天的学者，一般都认为武则天在经济方面倒行逆施，造成了社会经济的衰退。其论据主要有以下几点：（1）武则天大肆佞佛，广建寺塔，多度僧尼。（2）建明堂，立天枢，奢侈腐化。（3）封建亲戚，滥用官爵，鱼肉人民。[⑤] 这些“论据”初看起来似乎不无道理，但分析一下，或多或少都存在着一定的问题。

从大量资料来看，武则天的确曾提高佛教地位，修建过佛寺，剃度过僧

---

① 岑仲勉：《隋唐史》，石家庄：河北教育出版社，2000年，第151页。

② 熊德基：《武则天的真面目——梁效〈有作为的女政治家武则天〉一文的批评》，《社会科学战线》1978年第1期，第159—188页。

③ 吴泽：《关于武则天在历史中的作用》，《文汇报》1959年12月6日。

④ 魏良弢：《论武则天》，《新疆大学学报》（哲学社会科学版）1979年第1—2期，第44—59页。

⑤ 见岑仲勉、吕思勉、熊德基、魏良弢、高光晶等人的有关论著。

尼。但是，这是有限的。武则天在改唐为周之初，曾令诸州各建大云寺一所，规模较大，范围较广，后来新修者甚少，仅补旧而已。度僧的情况大抵与修寺相当。与唐初相比，武周时期的寺院、僧尼是大大增加了，但比唐中宗、睿宗时期要少得多。玄宗即位之初，佛教势力膨胀，主要是由于中宗以后“崇饰寺观”造成的。景龙三年（709），宰相韦嗣立上书说：“比者营造寺观，其数极多，皆务取宏博，竟崇瑰丽。大则费耗百十万，小则尚用三五万余，略计都用资财，动至千万已上。”① 仅此一点，即为明证。因此，我们不能夸大事实，把武周时期的寺院和僧尼估计得太多。

建明堂，立天枢，无疑是武周时期的两项巨大工程。这两项工程需要动用许多人力、物力，也是自不待言的。但是，“明堂”不是游乐之宫，而是敬“神”之地，布政之所。从当时的情况来看，武则天修明堂并非随心所欲，而有明显的政治目的；把明堂修得壮观一些，宏伟一些也是必要的。至于“天枢”，那不是武则天要立的，而是许多少数民族酋长请立的。资金大部分是酋长们捐献的。至于人力，根本不可能太多。因为建筑主要是铸造的问题，人多了用也用不上。要说武则天奢侈腐化，我们找不到多少根据。我们的材料倒有相反的。如她在辅佐高宗时，“常著七破间裙”；登基之后，也很注意返朴还淳。当然，这并不是说武则天没有奢侈之事。三阳宫、兴泰宫的修建就在一定程度上造成浪费。但总的说来，武则天对人力、物力还是比较爱惜的。奢侈是历代帝王的通病，就连唐太宗到后期也不能避免，贞观十三年（639），魏征上疏说：“陛下在贞观初，护民之劳，煦之如子，不轻营为。顷既奢肆，思用人力，乃曰：‘百姓无事则易骄，劳役则易使……虽忧人之言不绝于口，而乐身之事实切诸心。”② 武则天也有奢侈的一面，但还没有发展到唐太宗这种地步。

至于封建亲戚、滥用官爵所造成的恶果也不可估计过高。武则天登基后大封子侄为王这是事实。但如前所述，武则天的子侄实属“宗室”，厚待宗室，乃是惯例。尽管武周时期诸王封户较前增多，但计算一下，封户总数并不算多。唐制，“亲王食封800户，有至一千户。公主三百户，长公主加三百户，有至六百户”③。实际上亲王封800户者甚少，大部分都高于此数。贞观

---

① 《旧唐书》卷88《韦思谦传》，北京：中华书局，1975年标点本，第2870页。
② 《新唐书》卷97《魏征传》，北京：中华书局，1975年标点本，第3877页。
③ （宋）王溥：《唐会要》卷5《诸王》，北京：中华书局，1955年，第51页。

二十三年（649），诸王食封皆至一千户[①]。贞观中，高祖十五子[②]、太宗十四子并为亲王，高祖十八女、太宗十九女，并为公主[③]。即以亲王 800 户，公主 300 户的最低数字计，需封户 34 300。此外，当时功臣较多，食封甚众。据《旧唐书·太宗本纪》记载，裴寂以下四十三人，需封户二万九千。合计封户为六万三千三百。武周时，太平公主食封和皇嗣食封增至三千户[④]。但当时天下唯有太平一公主，亲王武氏三人，李氏一人，每人以一千户计，凡四千户。郡主武氏十五人、李氏十人[⑤]，每人以三百户计，凡 7500 户。把这些数字加起来，不过 17 500 户。还不到贞观时期的 1/3。不仅如此，而且，武则天还限制封家，不令自征租赋，这在前边已经讲到了。至于中宗以后封家逾百，“国家租赋，太半私门”，“凡是封户，不胜侵扰”，那正是中宗复位滥树私恩，违背武则天方针所造成的恶果，而不是武则天的过错。

武则天为求“真才实贤”，曾经采取了各种手段，招徕各方面的人才，令其参与国家政治。这往往给人一个印象，武周时期官多。但是，只要我们认真考察一下，就会发现这个印象不完全正确。武周时期在中央新置了奉宸府等机构，增加了某些机构的人员数量，如天授二年（691），左右补阙、拾遗各加置三员[⑥]，在地方分置了一些州县，如天授二年在关中分置鸿、宜、鼎、稷四州[⑦]，这样势必使官员总数有所增加。不过，当时在中央新设的机构极少，地方新设州县也不太多。虽然每年入仕者较多，但是由于武则天实行了雷厉风行的黜陟政策，总称职者，“寻亦黜之，或加刑诛”，因而同时任职的官员总数并没有大幅度增长。基本上做到了“吏有常员”。要采取试官等办法，广泛吸收各级人才入仕，又要控制官员数量，这本身就是一对很难解决的矛盾。武则天用加强考绩，迅速升降的办法来解决这一矛盾，显然是有成

---

① （宋）王溥：《唐会要》卷 90《缘封杂记》，北京：中华书局，1955 年，第 1642 页。

② 高祖共二十二子，长子建成、三子玄霸、四子元吉、五子智云、贞观元年以前已死。次子世民即太宗，八子是亨、九子元方分别死于贞观六年、三年，无子，不计。

③ 高祖十九女，平阳公主死于武德六年，不计。太宗二十一女，汝南、金山二公主早夭，不计。

④ （宋）王溥：《唐会要》卷 5《诸王》，北京：中华书局，1955 年，第 51 页。

⑤ 李贤、李显、李旦子，其中李显子受封较迟。

⑥ （宋）王溥：《唐会要》卷 56《左右补阙拾遗》，北京：中华书局，1955 年，第 965 页。

⑦ （宋）宋敏求：《唐大诏令集》卷 99《置鸿宜鼎稷等州制》，北京：商务印书馆，1959 年，第 498—499 页。

效的，但也存在一些问题。“牧伯迁代太速”，有时不利于尽职。后来迁代速度有所放慢，吏部选人便有拥滞。神功元年（697）十月，凤阁舍人李峤知天官选事时，用置员外官的办法予以侵和，才使官员数量“滥”有增加。即使如此，当时的官员也没有我们想象的那样多。开元时，中央官吏定员二千六百二十一人[①]，而武则天长安年间（701—704）中央官吏文武九品已上凡二千七百五十人[②]，比开元时仅多129员。中宗时期，政出多门，卖官鬻爵，造成“十羊九牧”的状况，那是另当别论的。如果把它强加于武则天，恐怕不大合适。

武则天统治时期确实出现过一些浮逃户。天授二年冬，武则天在《置鸿宜鼎稷等州制》中就曾指出：有“或先缘饥岁，流宕亡归，或父兄去官，因循寄住”[③]的情况。这里的“流宕忘归”、“因循寄佳”者，实质上就是所谓“浮逃户”。长安年间，纳言李峤、夏官尚书唐休璟等奏言：“臣等谬膺大任，不能使兵革止息，仓府殷盈，户口尚有逋逃，官人未免贪浊，使陛下临朝轸叹，屡以为言，夙夜惭惶，不知启处”[④]。可见当时确实存在着浮逃户口。关于浮逃户出现的原因，如上所言，是由于灾荒和兵革。但与当时人口分布不均和租佃制的发展也有很大的关系。20世纪在敦煌发现的《周长安三年三月括逃使牒并敦煌县牒》云：

> 甘凉瓜肃所居停沙州逃户牒：奉处分，上件等州，以田水稍宽，百姓多悉居城，庄野少（人）执作。沙州力田为务，小大咸解农功，逃迸投诣他州，例被招携安置。常遣守庄农作，抚恤类若家僮。好即薄酬其庸，恶乃横生构架。为客脚危，岂能论当，荏苒季序，逡巡不归。[⑤]

读牒文可知，逃户是从“小大咸解农功”、人口稠密的沙州，逃往“水稍宽，

① （唐）杜佑：《通典》卷19《历代官制要略·官数》，北京：中华书局，1988年，第481页。

② （清）董诰等：《全唐文》卷243《为百僚贺恩制表》，北京：中华书局，1983年，第2462页。

③ （宋）宋敏求编：《唐大诏令集》卷99《置鸿宜鼎稷等州制》，北京：商务印书馆，1959年，第499页。

④ 《旧唐书》卷88《韦思谦传》，北京：中华书局，1975年标点本，第2869页。

⑤ （日）池田温：《中国古代籍帐研究·录文》，北京：中华书局，1987年，第342页。

百姓多悉居城"的甘、凉、瓜、肃等州，在那里"守庄农作"，即为人佣耕或租佃他人土地，从事农业生产。自唐初以来，限制百姓迁徙。随着岁月的推移，人口日益滋长，形成了许多狭乡，地少人多，营种辛苦，因此，向宽乡迁移是不可避免的。自唐初以来，全国许多狭乡的居民逐渐向宽乡迁移，有些人甚至迁入山林。据陈子昂讲，四川诸州百姓迁入蓬、渠、果、合、遂等州山林者达三万户①。这些移民均未得到政府批准，就成了所谓"浮逃户"。浮逃户逐渐改变了不合理的人口布局，但他们没有自己的田地，往往租佃他人田地，而不向国家缴纳赋税。这对国家来说，也有不利之处。所以，证圣元年（695）李峤建议"令御史督察检校，设禁令以防之，垂恩德以抚之，施权衡以御之，为制限以一之"。即严格限制"逃亡"，对于已逃者，不问其罪，帮助还乡；若不愿返回，"听于所在隶名，即编为户"②。后来长安年间武则天遣御史括户，正是这样做的。虽然其目的是为了检括户口，保证赋税，但由于同意逃亡者于所在隶名，改为编户，实际上就等于承认了人口移动所造成的既定事实，这无论对国家还是对逃户都有一定的好处。

二、武则天发展经济的措施

事实上，武则天在经济方面并非故意倒行逆施，恰恰相反，采取了有利于社会经济发展的措施。

（一）继续推行均田制

均田制是唐初实行的土地制度，对社会经济的发展是颇为有利的。武则天对这一制度极为重视，早在辅佐高宗的日子里，就曾予以保护，登基之后，继续推行。她在《以郑汴等州为王畿制》中说："朕以鼎业惟初，宝祚伊始，斟酌今古，申画封疆。征赋科徭，实资宽简；沃埆劳逸，宜有平分"③。鉴于"隆平日久，户口滋多"，有些州县，"土狭人稠，营种辛苦"，甚至百姓没有

---

① 《全唐文》卷220《上蜀川安危事》："诸州逃走户有三万余，在蓬、渠、果、合、遂等州山林之中，不属州县"。（清）董诰等：《全唐文》卷二百二十《上蜀川安危事》，北京：中华书局，1983年，第2133页。

② （宋）王溥：《唐会要》卷85《逃户》，北京：中华书局，1955年，1561页。

③ （清）董诰等：《全唐文》卷95《以郑汴等州为王畿制》，上海：上海古籍出版社，1990年影印本。第982页。

田业的情况，她放宽了对百姓迁徙的禁令，移京兆30余万户于田地较宽的都畿附近，缓和了雍州人多地少的矛盾，又准逃户于所在地附籍，使人口布局逐渐趋于合理。这些都便利了均田制的实行。

虽然史书上没有当时推行均田制的具体记载，但敦煌石窟和吐鲁番古墓中却保存有当时推行均田制的原始材料，有些还保存得相当完整。《大足元年沙州敦煌县效谷乡籍》便是其中之一。现录部分内容如下：

户主邯寿寿　（年）伍拾陆岁　白丁　课户见输
　女娘子　（年）拾叁岁　　小女
　亡弟妻孙　（年）叁拾陆岁　寡
　　　肆拾肆亩已受　廿亩永业
合应受田　壹顷叁拾壹亩廿三亩口分
　　　八十七亩未受　一亩居住园宅
八十七亩未受
　一段陆亩永业　城东卅里两支渠　东宋孝行　西邯婆　南张善贵　北荒
　一段伍亩永业　城东卅里两支渠　东刘相　西曹石生　南自田　北索仲谦
　一段伍亩永业　城东卅里两支渠　东荒　西自田　南索仲谦　北刘海相
　一段伍亩（四亩永业，一亩口分）　城东卅里两支渠　东树生　西屯屯　南索仲谦　北索仲谦
　一段贰亩口分　城东卅里两支渠　东自田　西场　南渠　北渠
　一段壹亩口分　城东卅里两支渠　东自田　西自田　南渠　北自田
　一段贰亩口分　城东卅里两支渠　东索善住　西道　南自田　北道
　一段贰亩口分　城东卅里两支渠　东自田　西邯文相　南道　北菌

一段拾伍亩口分 城东卅里两支渠 东康才 西宋君才 南渠 北渠

一段壹亩 居住园宅

……………………………………………………………………

户主索 才 （年）伍拾岁 卫士 课户见不输

母白 （年）伍拾陆岁 寡

拾捌亩已受 十七亩 永业田 一亩居住园宅

合应受田壹倾叁拾壹亩

一顷一十三亩未受

□段柒亩永业 城东卅里两支渠 东文强 西薛惠 南自田 北自田

□段贰亩永业 城东卅里两支渠 东自田 西孙保义 南宋贵粲 北孙万寿

□段伍亩永业 城东卅里两支渠 东粲子 西荒 南张高 北坑

□段叁亩永业 城北廿里无穷渠 东杨寄生 西泽 南贺洪达 北自田

□段壹亩 居住园宅

[以下略]

[此籍缝背注记为]

……[沙州]……[敦煌县]……[效穀乡]……[大足元籍]……

[凡四印，第一为沙州之印，后三者为敦煌县之印][1]

唐制："凡民始生为黄，四岁为小，十六为中，二十一为丁，六十为老。授田之制，丁及男年十八以上者，人一顷，其八十亩为口分，二十亩为永业；老及笃疾、废疾者，人四十亩，寡妻妾三十亩，当户者增二十亩，皆以二十亩

① （日）池田温：《中国古代籍帐研究·录文》，北京：中华书局，1987年，第167—168页。

为永业，其余为口分。”[①] 从上录户籍来看，所谓“合应受田”，正是均田制规定的受田之数。邯寿寿一家三口为一白丁、一小女、一寡妻。丁应受100亩，小女不受，寡妻应受30亩，合应受130亩，加宅地，应受131亩，与籍正合。索家的情况也是如此。这说明当时敦煌授田是以均田制为依据的。换言之，是按均田制办事的。从录文中我们还可以看出，当时的授田工作是相当细致的。户主家的姓名、年龄、身份、应受田数、已受田数、未受田数及已受田性质和方位都写得清清楚楚，应受田和已受田数均用大写。显然，武周时期是在认真地推行均田制度。

从录文来看，当时敦煌一带的永业田基本上业已全受，口分田则不然，存在着受田不足的情况。这是由于敦煌人口多而垦田面积少的矛盾造成的。唐初定均田之制，不仅规定丁男百亩，老废疾四十亩，寡妻妾30亩，而且规定皇亲勋贵可广占永业田，多者一百顷，少者六十亩；内外官有职分田，多者十二顷，少者八十亩；内外官司又有公廨田，多者四十顷，少者100亩。这本来就是一个庞大的数字。尽管当时户不满300万，还有受田不足的情况。吐鲁番籍帐中有《贞观十四年九月安苦蜘延手实》，手实中就有“合受田八十亩，六亩半已受，七十三亩半未受”[②] 的记载。从这一记载来看，实受田才是应受田的8%。唐太宗本人在实际访问时，也曾得知受田不足的事实。这说明均田制所规定的数字只是“应”受数字，与实际的垦地面积本身有一定差距。后来经过几十年的发展，人口迅速增加，而垦田面积有限，窄乡受田不足的情况自然会更加严重。大约在唐高宗时后期，雍州“少地者三万三千户，全无地者五千五百人。每经申请，无地可给”[③]。这种情况当然不只存在于雍州，大抵窄乡皆是如此。武周时期敦煌县百姓口分田虽不足，但总还是按均田制得到了一些。从贞观初到武周中期，全国的人口几乎翻了一番，而敦煌一带的实际受田仍能达到应受田的26%以上，说明当时的垦田面积较前有了明显的扩大。这对社会经济的发展应当是有利的。

（二）减轻剥削

在帝制时代，不可能没有剥削。问题在剥削到什么样的程度。如果统治

---

① 《新唐书》卷51《食货志》，北京：中华书局，1975年标点本，第1342页；（唐）杜佑：《通典》卷2《食货·田制》，北京：中华书局，1988年。

② （日）池田温：《中国古代籍帐研究·录文》，北京：中华书局，1987年，第234页。

③ （日）池田温：《中国古代籍帐研究·录文》，北京：中华书局，1987年，第114页。

者头会箕敛，竭泽而渔，就会搞得民不聊生，经济崩溃；如果轻徭簿赋，与民休息，就会促进社会经济的发展。武则天对此十分清楚。她认为："征赋科徭，实资宽简"[①]，因而采取了轻徭簿赋的政策。

其一，严格实行租庸调制。租庸调法是以人丁为本的。因此要实行租庸调法，必须首先掌握人的情况。《唐会要》卷85《团貌》条载："延载元年八月敕：诸户口计年将入丁老疾应免课役及给侍者，皆县亲貌形状，以为定簿，一定以后，不得更貌。疑有奸欺者，听随事貌定，以付手实"。租庸调制规定："赋役之法：每丁岁入租粟二石。调则随乡土所产，绫绢絁各二丈，布加五分之一。输绫绢絁者，兼调绵三两；输布者，麻三斤。凡丁，岁役二旬。若不役，则收其庸，每日三尺。有事而加役者，旬有五日免其调，三旬则租调俱免。"[②] 从敦煌吐鲁番出土的原始文书来看，武周时期正是按照这一规定执行的。如在前所引《大足元年沙州敦煌县效穀乡籍》中的邯寿寿，其名下就有"计布二丈五尺，计麻三斤，计租二石"的记载。甘寿寿家仅一丁，按租庸调法，应纳租2石，布2丈5尺，麻3斤。可见，租庸调制在武周时期仍然是征收赋税的依据。除租庸调外，武周时期是严禁杂税的。后代的盐、酒、茶等杂税在当时都是不存在的。

其二，尽量减轻百姓的赋役负担。唐初定都长安，关中人口陡增，供不应求，每年需要大量人力转运关东汾晋、江淮之用粟。武则天定都洛阳，该地"是霜露之所均，当水陆之交会"[③]，节约了许多转运劳费。鉴于当时边境驻军较多，运济艰难的情况，武则天大力提倡屯田。改唐为周之初，左金吾将军兼检校丰州都督娄师德知营田事，干得十分出色。武则天下制褒美："卿素积忠勤，兼怀武略，朕所以寄之襟要，授以甲兵。自卿受委北陲，总司军任，往还灵、夏，检校屯田，收率既多，京坻遽积。不烦和籴之费，无复转输之艰，两军及北镇兵数年咸得支给。勤劳之诚，久而弥著，览以嘉尚，欣悦良深。"长寿二年（693），娄师德入相。武则天对他说："王师外镇，必藉边境营田，卿须不惮劬劳，更充使检校。"又以师德为河源、积石、怀远等军

① （清）董诰等：《全唐文》卷95《以郑汴等州为王畿制》，上海：上海古籍出版社，1990年影印本。第982页。

② 《旧唐书》卷48《食货志》，北京：中华书局，1975年标点本。第2088页。

③ （清）董诰等：《全唐文》卷95《置鸿宜鼎稷等州制》，上海：上海古籍出版社，1990年影印本。第981页。

及河、兰、鄯、廓等州检校营田大使[①]。由于武则天的提倡，一些边将也主动屯田。如大足元年（701），郭元振任凉州都督、陇右诸军州大使，令甘州刺史李汉通开置屯田，尽水陆之利。史载，“旧凉州粟麦斛至数千，及汉通收率之后，数年丰稔，乃至一匹绢籴数十斛，积军粮支数十年”[②]。屯田基本上解决了边境军粮，节省了不少人力和物力。此外，武则天还不止一次地下令要求官吏清廉，反对贪残。证圣元年（695）三月二十一日敕：“州县军司府官等，不得辄取和籴物，亦不得遣人替”[③]。久视元年（700）九月二十二日敕：“都省诸司，既有主事，更不须著人帖直”[④]。长安元年（701）十一月十三日敕：“负债出举，不得回利作本，并法外生利”[⑤]。所有这些，都在一定程度上减轻了百姓的负担。

其三，多次减免赋税，赈济灾荒。据史书记载，武则天登基之后，曾多次改元。天授三年（692）四月一日改元如意，如意元年（692）九月九日改元长寿，长寿三年（694）五月十一日改元延载，延载二年（695）正月初一改元证圣，证圣元年（695）九月九日改元天册万岁，天册万岁二年（696）腊月十一日改元万岁登封，万岁登封元年（696）四月一日改元万岁通天，万岁通天二年（697）九月九日改元神功，神功二年（698）正月初一改元圣历，圣历三年（700）五月五日改元久视，久视二年（701）正月初三改元大足，大足元年（701）十月改元长安，长安五年（705）正月初一改元神龙。计达13次之多。每次改元都要“大赦天下”。大赦的内容，除赦免囚犯罪人以外，就是给老人赐粟，减免受灾地区乃至全国百姓的租庸调。如改元万岁登封时，令“天下百姓无出今年租税”[⑥]，并派遣使者，“存抚”天下，命刺史县令“矜恤鳏寡”[⑦]。有时还往往“给复”某些人或某一地区。如万岁登封元年正月，给复洛州二年，登封、告成三年。神功元年十月，给复徇忠、立节二县

① 《旧唐书》卷93《娄师德传》，北京：中华书局，1975年标点本。第2976页。

② 《旧唐书》卷97《郭元振传》，北京：中华书局，1975年标点本，第3044页。

③ （宋）王钦若等：《册府元龟》卷502《邦计部·平籴》，北京：中华书局，1960年影印本，第6012页。

④ （宋）王溥：《唐会要》卷57《尚书省》，北京：中华书局，1955年，第985页。

⑤ （宋）王溥：《唐会要》卷88《仓及常平仓·杂录》，北京：中华书局，1955年，第1618页。

⑥ （宋）司马光：《资治通鉴》卷二百五“则天后万岁通天元年腊月甲申”条，北京：中华书局，1956年标点本，第6503页。

⑦ （靖）董诰等：《全唐文》卷96《明堂灾手诏》，上海：上海古籍出版社，1990年影印本，第989页。

一年①。为了防止灾荒，武则天还特别注意建设义仓。史载“高宗、武太后数十年间，义仓不许杂用”②，严格执行取之于民，用之于民的原则。义仓是由社仓发展而来的，本为预备凶年。唐太宗采纳尚书左丞戴胄和户部尚书韩仲良的建议，于贞观二年（628）令天下州县并置义仓。王公以下垦田亩纳二升。唐高宗以为，义仓据地取税，“实是劳烦”，改令按户等出粟，上上户五石，其余依次递减③。武则天一遵高宗旧制，要求按户缴纳，并且规定：“所析之户，等第并须与本户同，不得降下”④，以防止富家大户，以析户为名，递相影护，逃而不纳。每当战争或灾荒之后，都要出义仓粟米以赈饥乏。如意元年（692）七月，洛水泛溢，漂流居民5000余家，“遣使巡问赈贷”⑤。就是其中的一例。毫无疑问，这些活动都在一定程度上减轻了百姓的赋徭负担，有利于社会生产。

（三）劝课农桑

农桑在中国古代经济生活中一直居于主导地位。因此自古“明君”无不以劝农为务，多有“祁谷”、“籍田”之举。武则天对于农桑特别重视。早在当皇后之际，就曾亲祀先蚕，主张劝农。上元元年（674）上书十二条，第一条就是“劝农桑，薄赋徭”⑥。临朝称制之初，即规定州县官吏，若能使田畴垦辟，家有余粮，则加其考第，“功状尤异者，别加升擢”；若为政苛滥，导致农桑并废，户口流移，“轻者年终贬考，甚者非时解替”⑦。改朝换代之后，继续要求刺史县令“敦劝农桑，均平赋役”⑧，把农桑发展情况作为御史巡察的主要内容之一。

鉴于以往帝王“祈谷于圜丘，可以致诚，未足为劝；籍田于千亩，可以示劝，未足以教人”的情况，武则天在辅佐高宗的日子里组织撰写并亲自删

① 《新唐书》卷4《则天皇后本纪》，北京：中华书局，1975年标点本，第98页。

② （唐）杜佑：《通典》卷12《食货·轻重》，北京：中华书局，1988年，第291页。

③ （宋）王钦若等：《册府元龟》卷502《邦计部·常平》，北京：中华书局，1960年影印本，第6020页。

④ （宋）王溥：《唐会要》卷85《定户等第》，北京：中华书局，1955年，第1557页。

⑤ 《旧唐书》卷6《则天皇后本纪》，北京：中华书局，1975年标点本，第122页。

⑥ 《新唐书》卷76《则天顺圣皇后武氏传》，北京：中华书局，1975年标点本，第3477页。

⑦ （宋）宋敏求：《唐大诏令集》卷110《诫励风俗敕》，北京：商务印书馆，1959年，第570页。

⑧ （清）董诰等：《全唐文》卷96《明堂灾手诏》，上海：上海古籍出版社，1990年影印本，第989页。

定了《兆人本业记》一书。登基后又将这本农书散发各地，使之成为流传最广的农业教科书之一。直到中唐以后，唐朝的皇帝还有令百官进献农书的“故事”：“每年二月一日，以农务方兴，令百僚具则天大圣皇后所删定《兆人本业记》奉进”①，进而颁发天下，令官吏百姓学习。如文宗大和二年（828）二月，“敕李绛所进则天太后删定《兆人本业记》三卷，宜令所在州县写本散配乡村”②。史载，长寿二年正月初一普降大雪，武则天对侍臣说：“朕御万方，心存百姓。如得年登岁稔，此即为瑞。虽获麟凤，亦何用焉?”③ 久视年间，“有诏白司马坂营大像”。左肃政台御史大夫苏珦以为妨农，“上书切谏，则天纳焉”④。

这些事实，都说明武则天重视农业，不仅能够严格要求臣下劝课农桑，而且能够克制自己，避免妨农。此外，对于工商业者，虽反对他们奢侈腐化，但也能够保护他们的利益。史载：“广州地际南海，每岁有崑崙乘泊以珍物与中国交市。旧都督路元睿冒求其货，昆仑怀刃杀之。（王）方庆在任数载，秋毫不犯。”武则天下制表彰了王方庆⑤。

三、武周时期的经济状况

由于武则天采取有利于社会经济发展的措施，调动了广大百姓的生产积极性，因而当时的社会经济也在较大程度上得到发展。这在农业、手工业、商业诸方面都有充分的表现。

(一) 农业

武周时期农业的发展，主要表现在田畴的垦辟、水利的修复和粮食产量的提高。当时的垦田面积究竟有多少？由于史书上没有记载，不得而知。但是政府以田畴垦辟情况作为考核官吏的标准之一。故大力实行屯田，继续推

---

① （清）董诰等：《全唐文》卷626《代百僚进农书表》，上海：上海古籍出版社，1990年影印本，第6334页。

② 《旧唐书》卷17《文宗本纪》，北京：中华书局，1975年标点本，第528页。

③ （宋）王溥，《唐会要》卷28《祥瑞》，北京：中华书局，1955年，第533页。

④ 《旧唐书》卷100《苏珦传》，北京：中华书局，1975年标点本，第3116页。

⑤ 《旧唐书》卷89《王方庆传》载：“朕以卿历职著称，故授此官。既美化远闻，实副朝寄。今赐卿杂綵六十段并瑞锦等物，以彰善政也”。

行均田制，特别是由于人丁的增加和窄乡居民向宽乡的迁徙，垦田面积的增加是可想而知的。因为以垦田情况作为考核的标准之一，官吏就要考虑拓垦的问题；在人丁增加的情况下推行均田制，客观上需要更多的土地，徙民于宽乡，就是鼓励开垦；屯田绝大部分也是新垦土地。如前所述，武周时期的受田率达到26%以上，这个数字与贞观年间差不多相似，但武周时期的人口比贞观年间要多得多。这从一个重要的侧面印证了武周时期耕地增加的事实。

要发展农业，光凭垦田是不行的，还必须兴修水利。唐初以来，对隋代原有的水利工程大都予以修复，创修了一些新的水利工程。武德八年（625），陇州开五节堰；永徽元年（650），薛大鼎于沧州开无棣河等[①]。武则天时期，全部修复利用了这些水利工程，并且注意完善灌溉系统。当时在中原和江南的某些地区已经形成了一些溉田网。西陲敦煌、吐鲁番地区的水利事业也相当发达。前引《大足元年沙卅敦煌县效穀乡籍》中的土地四至中，就有“两支渠”、“无穷渠”、“乡东渠”字样，说明这一带当时也形成了灌溉网。

水利事业的发展，必然会促进粮食产量的提高。当时的洛阳是全国的仓储中心，四方租米源源不断运到这里。据陈子昂所讲，仅江南淮南诸州租船就有数千艘，载粮百余万斛[②]。为了安置诸州租船，专门在洛阳立德坊穿凿了新潭[③]。时人右补阙张说和洛阳县尉杨齐哲也说，“神都帑藏储粟，积年充实”[④]。1971年发掘洛阳隋唐含嘉仓时，曾发现许多刻有“天授”、“长寿”、“万岁通天”、“圣历”等年号的刻铭砖，并在160号粮窖中发现了已经炭化了的50万斤谷子。这一考古成果，也雄辩地说明了当时政府储有大量的粮食。如前所述，武周时的剥削是不重的。假若粮食亩产很低，垦田又少，那么这种情况是不可思议的。

（二）手工业

武周时期的手工业有很大进步。当时已有以织绫为业的机户，有的机户

---

① （宋）王钦若等：《册府元龟》卷497《邦计部·河渠》，北京：中华书局，1960年影印本，第5950页。

② （清）董诰等：《全唐文》卷211《上军国机要事》，上海：上海古籍出版社，1990年影印本，第2136页。

③ （宋）王钦若等：《册府元龟》卷497《邦计部·河渠》，北京：中华书局，1960年影印本，第5950页。

④ （清）董诰等：《全唐文》卷260《谏幸西京疏》，北京：中华书局，1983年，第2636页。

甚至拥有绫机五百张[①]。与丝织相关的刺绣业也有相当高的水平，武则天曾将许多“刺字袍”赐给大臣。从立天枢，即征得铜50万斤（当时一斤合今1.1936斤，故约当今596 000余斤），铁330余万（约当今3 938 000余斤）的情况看，武周时期的采矿业也有所发展。当然，当时最突出的手工业部门还要数铸造业。如前所述，武周时期曾置九鼎、立天枢。而“九鼎”、“天枢”都是铸成的。九鼎用铜56万余斤（约合今668 000余斤），鼎上图铸九州山川物产之像，“光有五彩，辉焕错杂其间”[②]。天枢用铜铁三四百万斤，“高一百五尺，径十二尺，八面，各径五尺。下为铁山，周百七十尺，以铜为蟠龙麒麟萦绕之；上为腾云承露盘，径三丈，四龙人立捧火珠，高一丈”[③]，周三丈，金彩荧煌。在当时的历史条件下，能完成这样的工程，可谓之奇迹，说明当时的铜铁铸造技术，已达到了很高的水平。此外，武则天时曾修建规模宏大的明堂和天津桥，说明武周时期的建筑业也有所发展。

（三）城市和商业

武周时期，城市有了明显的发展。京师长安自高宗、武则天修筑含元殿、外郭城后基本定型。至武周时宫室宏伟、坊街整齐、市场繁荣、人口滋增。洛阳是当时全国的政治、经济、军事、文化中心，其繁荣情况可与长安媲美，已跨入名城之列。太原的发展也很显著。太原旧有东西二城。西城，是原来的旧城；东城，贞观十一年李勣所修[④]，中间为汾水所隔。武则天以太原为北都，派精明强干的崔神庆为并州长史，神庆架桥筑“中城”，把东西二城连为一个统一的整体[⑤]，使并州成了名副其实的北方重镇。此外，扬州、益州等城也有了较大发展，后来的“扬一益二”正是在这个基础上发展起来的。城市的发展对商业有一定的带动作用，主要表现在“市”的增加。唐初京师长安有东西二市，东都有东、南、北三市，都督府以至于县多亦各有之。武周时，人口增长，物品繁多，旧市或不能满足需要，即扩大规模或另增新

① （唐）张鷟：《朝野佥载》卷3，上海：上海古籍出版社，2000年，第75页。

② 《旧唐书》卷22《礼仪志》，北京：中华书局，1975年标点本，第868页。

③ （宋）司马光：《资治通鉴》卷205“则天后天册万岁元年四月”条，北京：中华书局，1956年标点本，第6503页。

④ 《新唐书》卷39《地理志》，北京：中华书局，1975年标点本，第1003页。

⑤ 《旧唐书》卷77《崔义玄传附崔神庆传》，北京：中华书局，1975年标点本，第2690页。

市[1]，就说明了这些问题。此外，“国际”贸易也比较发达。当时在洛阳、长安、扬州、广州等地都有不少胡商[2]。

综上所述，我认为武周时期的经济形势是比较好的，绝不像有些学者所说的那样是“低谷”、“出现全面倒退”或已经崩溃。恰恰相反，武周时期的经济总的说来是持续发展的，而且发展的速度比较快。正因为如此，唐玄宗当政后不久，很快就出现了唐代经济的高峰。如果说武则天统治时期的经济形势很差，已经跌入低谷，这种情况是无法解释的。应当说，武周时期的社会经济在贞观时期的基础上有了较大的发展，从而为开元、天宝时期的经济腾飞奠定了坚实的基础。

原载（《唐都学刊》2005年第6期）

① （宋）王钦若等：《册府元龟》卷504《邦计部·关市》，北京：中华书局，1960年影印本，第6048页。

② 详参拙著《武则天评传》中的有关章节。

盛唐时期的社会经济

唐玄宗统治的开元时期，是我国历史上著名的“太平盛世”。构成这个盛世的因素很多，社会经济无疑是一个重要的方面。人们都说盛唐时期经济发达，但究竟发达到什么程度，尚无具体的论证。本文拟对盛唐时期的农业、手工业和商业进行具体研究，以揭示盛唐社会经济发展的实态。

一、农业的发展

开元时期农业的发展，首先表现为农业人口的增加。开元时期有多少农业人口？文献中没有明确记载，但可以根据当时的人口结构进行推测。

（一）农业人口的增加

从有关资料来看，开元时期有 30 多万官吏，近百万军队和数目不详的城市居民、僧尼道士及工商“杂类”。这些人估计在社会总人口中只占 10%左右，其余 80%以上人口变化的轨迹与社会总人口变化的轨迹基本上是一致的。

开元时期是比较注重户口统计的，尽管存在着隐漏现象，但统计的结果大体上反映了当时的基本情况。据笔者所知，文献中有关唐代全国性的户口统计数凡 29 种，其中开元时期 7 种。为论述方便，详见表 1。

表 1　唐代开元时期户口统计

时　间 项　目	户数	口数	资料来源
开元十四年（726）	7 069 565	41 419 712	《旧唐书》卷 8、《资治通鉴》卷 213、《册府元龟》卷 486、《唐会要》卷 84、《文献通考》卷 10

续表

时间 项目	户数	口数	资料来源
开元十七年（729）	7 417 185	—	《中国历代户口、田地、田赋统计》，第 96 页
开元二十年（732）	7 861 236	45 431 265	《旧唐书》卷 8、《资治通鉴》卷 213、《通典》卷 7、《册府元龟》卷 486、《唐会要》卷 84、《玉海》卷 20
开元二十二年（734）	8 018 710　8 008 710	46 285 161	《唐六典》卷 3、《册府元龟》卷 486
开元二十四年（736）	8 018 710	—	《唐会要》卷 84
开元二十八年（740）	8 412 871	48 143 609	《旧唐书》卷 38、《新唐书》卷 37、《资治通鉴》卷 214
开元二十九年（741）	8 847 895	50 690 571	《资治通鉴》卷 171—184

首先，需要首先说明的是，表 1 中开元十七年户数本无确切纪年，系梁方仲先生用《太平寰宇记》补足《元和郡县图志》所载州县户数后相加的结果。万斯年以为《元和郡县图志》所载开元户为开元二十八年户数①。但开元二十八年户口数《旧唐书・食货志》、《新唐书・食货志》及《资治通鉴》等所载完全相同，并作 8 412 871，与此数相去甚远。此数与开元十四年、开光二十年户数较为接近，故暂置于开元十七年下。其次，开元二十二年户数，史书所载不一。《唐六典》卷 3《尚书户部》作 8 018 710，《册府元龟》卷 486 则作 8 008 710，少 10000 户。《唐六典》系开元时所撰，又载有口数，当不致有误。《通志》卷 4《地理一》所录《开元十道图》所载与《唐六典》同，可以信之。至于《唐会要》所载开元二十四年户数，与《唐六典》所载二十二年户数则毫无二致，恐有差误。再次，开元二十二年户数，本亦无明确纪年。香港学者杨远认为是天宝十四年户数②。与黄盛璋先生所见略同③。但翁俊雄先生以为不然，系之于开元二十九年④，所论较深，今且备为一家之言。这样，表 1 中可用的户数便留下 6 种，口数 5 种。从这些数字来看，开元时户口数本身呈现出增长的趋势。如果将这些数字绘成简图，增长的趋势就会看得更加清楚。

① 万斯年：《唐代文献丛考》，上海：商务印书馆，1957 年，第 84 页。
② 杨远：《唐代的人口》，《香港中文大学学报》1979 年 1 期，第 389—423 页。
③ 黄盛璋：《唐代户口的分布与变迁》，《历史研究》1980 年 6 期，第 91—108 页。
④ 翁俊雄：《通鉴州郡门所载唐代州县建置与户口数系年考》，《历史研究》1986 年 4 期，第 183—186 页。

开元十四年以前统计资料一概缺如。就开元十四年以后的户口数而论，从开元十四年的 41 419 712 口到开元二十九年的 50 690 571 口，十五年间，净增加了 9 270 859 口，若以简单的算术方法计算，平均每年增长 618 057 人，其速度不可谓不高。若把这些数字放到整个唐代加以考察，还可以发现一些问题。开元时期的农业人口总数，也是号称“中兴”的元和年间所望尘莫及的。因为如上所述，农业人口的发展轨迹与整个社会人口的增减轨迹基本上是相同的。至于农业人口的具体数据，由于记载缺乏，已不可确知。但可以肯定，各个年份的情况是不相同的，而且平均以每年五六十万的速度呈现出大幅度增长的趋势。

人是生产力中最活跃的因素。开元时期农业人口或者说农业劳动者的增长状况，在一定程度上反映了农业生产的发展。

（二）垦田面积的扩大

开元时期农业的发展，还表现在垦田面积的扩大。关于开元时期的垦田面积，学术界曾有过一些争议。《通典》卷 2《食货·田制下》载“天宝中，应受田一千四百三十万三千八百六十二顷十三亩”，与《旧唐书·地理志》、《新唐书·地理志》所载略同，唯“三十万”作“四十万”。胡如雷、杨向奎诸先生认为“应受田”即是“垦田”[①]。据此，开元与天宝相去不远，垦田面积至少在 1000 万顷以上。但汪籛先生认为“应受田”并非“垦田”，《通典》所载田亩之数“非实际耕地面积”，当时的实际垦田面积依唐亩计“约在八百万顷至八百五十万顷之间”[②]。据此，则开元时期的垦田数当在 800 万顷左右。两说差距如此之甚，有必要在此继续讨论。

宋代史学家吕夏卿在《唐书直笔》卷四《新例须知》中说开元垦田 1 440 386 213亩，即一千四百四十万三千八百六十二顷十三亩，与《通典》所载天宝中“应受田”数基本相同。仅此而言，似乎《通典》所谓“应受田”就是“垦田”。吕氏并没有说开元中的“垦田”是“已垦田”还是“应垦田”。《通典》中明说该数为“应受田”。“应受田”和“垦田”从字面上看，意义显然是不同的。因此，吕氏所说开元中“垦田”数和“应受田即垦田”的说法

---

① 胡如雷：《唐代均田制研究》，《历史研究》1955 年第 5 期，第 91—116 页；杨向奎：《关于中国封建社会土地制度问题》，《历史研究》1961 年 3 期，第 33—42 页。

② 唐长孺等编：《汪籛隋唐史论稿》，北京：中国社会科学出版社，1981 年，第 40—69 页。

是不可轻信的。杜佑在"天宝中应受田一千四百三十万三千八百六十二顷十三亩"条下注云："按十四年有户八百九十万余，计定垦之数，每户合一顷六十余亩"[①]。可见，《通典》所载"应受田数"是"定垦之数"，即政府计划达到的垦田数，而非实际垦田面积。《唐书直笔》所载开元中垦田田数与《通典》"应受田"数基本相同，说明它也是"定垦之数"，而不是实际的垦田数。否则，如果认为两书所载是实际垦田数，那就等于说开元天宝数十年间垦田一顷一亩都未改变。加之20世纪在敦煌吐鲁番地区发现的开元天宝年间的户籍残卷中，有对受田情况的记载。如开元四年（716）沙州敦煌县慈惠乡籍：户主董思勗，应受田一顷三十一亩，已受田二十八亩；杜客生，应受田二顷一亩，已受田四十亩。又如开元十年沙州敦煌县悬泉乡籍：户主郭玄昉，应受田二顷一亩，已受田二十亩；赵玄义，应受田五十二亩，已受田十一亩。再如开元四年西州柳中县高宁乡籍：户主江义宣，应受田九十一亩，已受田十三亩七十步；索住洛，应受田三十亩，已受田八亩四十步[②]。这些记载也充分说明，所谓"应受田"，不是实际垦田面积，而是定垦之数。因此，诚如汪先生所说，史籍上的这些垦田变动数不是实际耕地面积，而是应受田数。

那么，当时的实际垦田面积到底有多少？是不是像汪先生推测的那样，在800万顷到850万顷之间？不妨再作一番分析。汪先生推测天宝时垦田之数，主要根据是《通典》卷6《食货·赋税下》对天宝地税收入的记载。但《通典》所谓"其地税约得千二百四十余万石"者并非出自当时的会计账簿。据杜佑原注："西汉每户所垦田，不过七十亩，今亦准此约计数"。知该数是杜佑以汉测唐，按照汉代每户垦田70亩和天宝末有户890万的情况推算出来的。这里有一个关键性问题，就是唐代，具体些说开元天宝时期百姓的实际垦田数是不是就正好和汉代一样，每户70亩。若当时每户正好70亩的话，便可算出当时的垦田面积。汪先生认为杜佑是一位著名的理财家，他的估计是有根据的。在我看来，汪先生的观点有一定道理，但论据不足。汪先生在计算总面积时，忽视了屯田、职分田、公廨田及驿田。此等田地，数量不大，仍不下二三十万顷。据此计算，则当时的垦田数当为820万顷以上。我认为

① （唐）杜佑：《通典》卷2《食货·田制下》，北京：中华书局，1988年，第32页。

② （日）池田温：《中国古代籍帐研究》，东京：东京大学东洋文化研究所，1979年，第173—178、186—187、243—247页。

这个估计仍偏于低。试另辟蹊径，再作分析。

大家知道，开元时期有宽乡狭乡之分，“诸州县界内所部受田悉足者为宽乡，不足者为狭乡”[①]。据时人裴耀卿说，开元十八年天下有剩田者凡三四十州[②]，当时共有三百一十五州[③]，“宽乡”只占十分之一左右。开元末，州府数增加到三百二十八[④]，随着人口的增长，有剩田的州府就更少了。即以开元十八年而论，9/10 的州府受田不足，说明了一个极为重要的事实：9/10 的州府，垦田已达到“饱和”程度。因此，只要弄清了哪些是有剩田的“宽州”，哪些是“狭州”，约当今日何地，该地现在有多少农田，大体上就可以推算出当时的实际垦田数。裴耀卿没有明言有剩田的三四十州都是哪些。但垦田面积和人口密度成反比，只要考察一下当时的人口密度，基本上就可以找到这些有剩田的州府。而要弄清当时的人口密度，又必须首先弄清当时的州县户口和土地面积。关于开元十八年户口，史书上没有一点资料。杜佑在《通典·州郡典》所载州县户口与十八年较近[⑤]。香港学者研究了各州的面积，可资参考。今据以计算，知各州人口密度不尽相同，有些州甚至差异较大。其中人口密度较小的计有灵、宥、丰、胜、云、妫、营、兰、洮、鄯、甘、肃、沙、伊、汀、思、南、黎、戎、龙、邕、田、芝、峰、陆、襄、振、琼等 40 余州。这些州绝大部分都位于“边区”。除了个别州府如沙州受自然条件影响，田土较少外，其他恐怕就是我们所要寻找的有剩田的“宽州”。在这 40 余州之外的 270 余州大都是“狭州”。唐人元结所谓“开元天宝之中，耕者益力，四海之内，高山绝壑，耒耜亦满”[⑥]。无疑是对这些“狭州”垦田

---

① （唐）李林甫等撰：《唐六典》卷 3《尚书户部》，北京：中华书局，1992 年，第 75 页。

② （宋）王溥：《唐会要》卷 85《逃户》，北京：中华书局，1955 年，1563 页。

③ （唐）李林甫等：《唐六典》卷 3《尚书户部》，北京：中华书局，1992 年，第 72 页。

④ 《旧唐书》卷 38《地理志》，北京：中华书局，1975 年标点本，第 1393 页；《新唐书》卷 37《地理志》，北京：中华书局，1975 年标点本。此为二十八年之数。

⑤ 《元和郡县图志》所载州县户数笔者已系之于开元十七年，以其多有残缺，不取。《旧唐书·地理志》、《新唐书·地理志》所载州县户口较全，且来源基本相同。但陶希圣（《盛唐户口较多的州郡》，《食货半月刊》1935 年第 10 期）、易曼晖（《唐代人口》，《食货半月刊》1936 年第 6 期）、桑原骘藏（《历史より观たる南北支那》，《白鸟博士还历纪念东洋史论丛》，1925 年）、青山定雄（《隋唐宋三代に於ける户数の地域的考察》，《历史学研究》1936 年第 4 号）、日野开三郎（《天宝元年户口统计の地域的考察》，《史林》1959 年第 4 号）等系之天宝元年，杨远则系之天宝十三年。无论如何，皆离开元十八年较远。

⑥ （清）董诰等：《全唐文》卷 380《问进士第三》，上海：上海古籍出版社，1990 年影印本，第 1708 页。

情况的写照。从各州人口密度来看，除今吉林、黑龙江、西藏外，内蒙古、辽宁、云南、甘肃、青海、宁夏、新疆的人口密度很小，上述四十八州大抵都在其中。其余 270 余州基本上遍布今河北、山西、江苏、浙江、安徽、福建、江西、山东、河南、湖北、湖南、广东、广西、四川、贵州、陕西等省。据国家统计局公布的资料，我国现有耕地 2100 万公顷左右。其中河北、山西等 16 省在开元时的开发程度比今天低，减去 500 万顷，尚有 1000 万。按唐亩小于今制，今一亩约合唐 1.27 亩，则 1000 万公顷合唐 1270 万顷。若再加上灵、丰等 40 余宽州的垦田之数，总额当在 1300 万顷左右。如果这种推测没有大的错误，则开元时期的实际垦田面积不仅超过了两汉，而且较明清为多[①]。

土地是最基本的生产资料，农业生产对土地具有特殊的依赖性。在不破坏生态平衡的前提下扩大耕地面积，对农业生产的发展具有重要的意义。可以说，垦田面积的扩大，是当时农业发展的一个标志。

（三）耕作技术的改进

开元时期不仅农业劳动力有了增加，垦田面积有了扩大，而且农作物的分布区域和耕作技术发生了变化。

据史书记载，当时的农作物种类较多，粮食作物有糜[②]、豆等，而以粟、麦、稻为主[③]。

粟：古称作“粱”，就是现在所说的谷子。此物喜温暖，耐干旱，不择土壤，适应性很强，是开元时期最主要的粮食作物。当时粟的分布极为广泛，《通典》卷 6《食货六·赋税下》载天宝时“租粟则七百四十余万石”，其中“江北郡县纳粟约五百二十余万石”。据此逆推，则知粟主要分布在北方广大地区。

麦：有大麦、小麦、元麦之分，是旱地的主要栽培作物之一。魏晋之际，

---

① 西汉最高垦田数为 8 270 536 顷（《汉书》卷 38《地理志》），东汉最高数为 7 320 170 顷（《后汉书》卷 23《郡国志》注），明代为 11 618 948 顷（《明神宗实录》卷 379），清代为 9 119 766 顷（《光绪会典》卷 17）。

② （日）池田温：《中国古代籍帐研究·录文》，东京：东京大学东洋文化研究所，1979 年，第 351 页。

③ （唐）杜佑：《通典》卷 6《食货六·赋税下》，北京：中华书局，1988 年，第 106—111 页。

曾有推广麦作的诏令①。开元时麦类在粮食作物中已占有重要位置。据《册府元龟》卷 24《帝王部·符瑞》所载“瑞麦”及其他资料分析，当时麦作主要分布在秦岭、淮河以北地区，江南地区也有小麦的种植②。

稻：稻也是当时的重要作物之一。就习性而言，此物喜湿喜温，适宜种植在雨量、水源较多，灌溉便利的地区。《唐六典》卷 3《尚书户部》载："凡岭南诸州税米者，上户一石二斗，次户六斗"。《资治通鉴》卷 214 载，裴耀卿为江淮、河南转运使，“凡三岁，运米七百万斛”。《唐会要》卷 87《陕州水陆运使》载开元二十五年（737）诏：“河南陕运两使，每年常运一百八十万石米送京”。这些材料说明，江淮岭南的水稻经营十分普遍。其时北方地区亦存在着水稻生产。玄宗君臣就曾在北方推广水稻，组织吏民开辟过一些稻田。如开元初，同州刺史姜师度引洛水、黄河溉田 2000 余顷，内置屯十余所，“收获万计”③。使不毛之地变为“秔稻之川”④。开元十六年（728），河南北沟渠堤堰决九河使宇文融“请用禹贡九河故道开稻田以利人”⑤。开元二十二年（734），“遣中书令张九龄充河南开稻田使”⑥。开元二十五年（737），陈、许、豫、寿四州开稻田⑦。开元二十六年（738），“京兆府新开稻田，并散给贫人”。此外，河北、河东、陇右亦有少量稻栽培，只是不占比重而已。显然，开元时期稻作的分布也相当广泛，主要分布在秦淮以南包括汉中、四川在内的南方地区⑧。

从大量材料来看，开元时期不仅农作物分布广泛，而且耕作技术也有了提高。这主要表现在以下几个方面。

其一，对农业特点的认识。农业生产有两个显著的特点：一是自然生产过程与经济再生产过程相互交错，一是对土地具有很强的依赖性。这两个特

① 《晋书》卷 26《食货志》，北京：中华书局，1974 年标点本，第 791 页。

② （日）大泽正昭：《唐代华北的主谷生产与经营》，《史林》1981 年第 2 号，第 1—10 页。

③ 《旧唐书》卷 185《姜师度传》，北京：中华书局，1975 年标点本，第 4816 页。

④ （清）董诰等：《全唐文》卷 28《褒姜师度诏》，上海：上海古籍出版社，1990 年影印本，第 134 页。

⑤ 《旧唐书》卷 105《宇文融传》，北京：中华书局，1975 年标点本，第 3221 页。

⑥ 《旧唐书》卷 8《玄宗纪》，北京：中华书局，1975 年标点本，第 201 页。

⑦ 《旧唐书》卷 9《玄宗纪》，北京：中华书局，1975 年标点本，第 208 页。

⑧ 张泽咸：《试论汉唐间的水稻生产》，《文史》第十八辑，北京：中华书局，1983 年，第 33—75 页；（日）大泽正昭：《唐代江南の水稲作と经营》，中国史研究会编：《中国史象の再构成：国家と农民》，东京：文理阁，1983 年，第 131—169 页。

点又决定了农业生产的季节性和地域性。而农业生产的季节性和地域性在客观上要求把握农时，因地制宜。开元时期，唐玄宗经常强调不夺农时①，说明统治者对农时的重要性有充分的认识。开元十二年（724），唐玄宗命太史监南宫说、僧一行等测量子午线，制定并颁行《大衍历》，无疑有助于百姓掌握农时。只要翻一翻时人李林甫的《唐月令注》及中唐人韩鄂的《岁月纪丽》、《四时纂要》，就不难发现，当时对土壤和气候的关系以及一般农作物的生长规律都有比较深刻的了解。大抵春耕、夏耘、秋收、冬藏，皆有严格的时间界线。此外，《通典》卷2《食货二·田制下》载开元二十五年令诸永业田，“每亩课种桑五十根以上，榆枣各十根以上，三年种毕。乡土不宜者，任以所宜树充”。同书同卷《屯田》条载“诸屯田应用牛之处，山原川泽上有硬软，至于耕垦用力不同”。此类记载甚多，说明当时也比较注意“因地制宜”的问题。而这一切，都反映出时人对农业生产的特点具有比较正确的认识。

其二，生产工具和耕作方式。开元时期的农具有多少种类，已不可考知。据现有资料分析，似乎在种类方面没有多大突破。但值得注意的是曲辕犁及其配套农具的推广。曲辕犁产生于何时，史书上没有明确记载。从《朝野佥载》的记载和李寿墓壁画来看②，它至迟在唐初已经出现。据唐人陆龟蒙讲，曲辕犁为铁木结构，“冶金而为之者，曰犁鑱，曰犁壁。斫木而为之者曰犁底，曰压鑱，曰策额，曰犁箭，曰犁辕，曰犁梢，曰犁评，曰犁建，曰犁盘。木与金凡十有一事”③。与秦汉以来的二牛抬扛犁及二牛一人直辕犁相比，曲辕犁在犁底、犁鑱、犁壁、犁辕等方面都有了较大变化，轻便灵活，可运用自如，是相当进步的。与曲辕犁配套的农具有耙踈、砺礋、磟碡等，“耕而后有耙，渠踈之义也，散坺去芟者焉。耙而后有砺礋焉，有磟碡焉。自耙至砺礋，皆有齿。磟碡，觚棱而已。咸以木为之，坚而重者良”④。可见配套工具也是比较先进的。开元时期，十分重视牛耕。随着垦田面积的扩大，曲辕犁

① （宋）宋敏求：《唐大诏令集》卷103—104《处分朝集使敕》，上海：学林出版社，1992年，第479—484页。

② （唐）张鷟：《朝野佥载》卷1，上海：上海古籍出版社，2000年，第6页；陕西省博物馆、文管会：《唐李寿墓发掘简报》，《文物》1974年第9期，第71—88页。

③ （唐）陆龟蒙：《耒耜经》，北京：中华书局，第1468册，1985年；阎文儒、阎万石：《唐陆龟蒙〈耒耜经〉注释》，《中国历史博物馆馆刊》1980年第2期，第49—57页；宋兆麟：《唐代曲辕犁研究》，《中国历史博物馆馆刊》1979年第1期，第62—72页。

④ （唐）陆龟蒙：《耒耜经》，北京：中华书局，第1468册，1985年。

及其配套工具日渐推广，以至于边境屯田都在使用它。开元时期耕作方式也有所演变。我国古代耕作方式大体上有三种，即“刀耕火种”式的原始经营主要存在于边疆和内地的某些山区。在地广人稀的“宽乡”，广种薄收式的粗放经营比较普遍。至于人多地少的狭乡，则多采用精耕细作式的集约经营。由于狭乡增加、曲辕犁推广和屯田的扩大，开元时期耕作方式中的集约成分进一步加强。据中外学者研究，当时在黄淮流域和江南许多地方，已开始盛行粟麦复种制。除此以外，水稻的一年二熟三熟制也比较突出①。

其三，水土的利用与防治。开元时期十分注意水土的利用和防治。除深耕、除草、碎土、整地保墒以外，还广泛施用肥料，以维持、提高地力。水利的兴修更为突出。如开元二年（714），姜师度于华阴县西二十里凿敷水渠，“以泄水害”。文水县令戴谦凿甘泉渠、灵长渠、千亩渠，“溉田数千顷”。河南尹李杰滩梁公堰，“以便漕运”。开元七年（719），会州刺史安敬忠筑黄河堰，“以捍河流”。同州刺姜师度引洛堰黄，“以种稻田，凡三千余顷”②。开元十年（722），会稽县令李俊之增修防海塘，“自上虞江抵山阴百余里，以畜水溉田”。开元二十八年（740）剑南采访使章仇兼琼开远济堰，“分四筒穿渠，溉眉州通义、彭山之田”③。大抵从开元初年到开元末年，皆有水利工程的修筑。不仅如此，有些州县修筑的工程还相当多。如河北道沧州清县在开元年间修建的水利工程就有衡漳东堤、无棣河、阳通河、浮河堤、阳通堤、永济北堤等④。据笔者统计，开元时新修、复旧、增复的水利工程至少有53项，分布于关内、河南、河东、河北、山南、淮南、江南、剑南等8道⑤。

开元时期兴建的水利工程从性质方面来说，主要是新修的；从用途方面来看，主要是排、灌；就分布而言，河北道最多，其次是河南道和关内道。这说明北方水利灌溉事业相当发达。需要指出的是，这些水利工程是见于文献记载的工程，并不是当时水利工程的全部。在文献没有记载的一些地方，水利事业也比较发达。敦煌吐鲁番就是这样。伯2005《沙州敦煌县行用水细

① 林立平：《唐代主粮生产的轮作复种制》，《暨南学报》（哲学社会科学版）1984年第1期，第41—48页。

② 《旧唐书》卷185《姜师度传》，北京：中华书局，1975年标点本，第4816页。

③ 以上未注出处者均见《新唐书·地理志》的有关道、府、州、县。

④ 《新唐书》卷39《地理志》，北京：中华书局，1975年标点本，第1017页。

⑤ 开元时期的道曾发生过变化。有十道、十五道之分，今以十道统计。

则》原作于开元前后[①]，该卷有“州城四面水渠，侧流觞曲水，花草果园，豪家士流，家家自足”[②] 的记载。又，伯 3560《沙州敦煌县行用水细则》所提干、支渠名达六七十种之多。这说明，敦煌一带的灌溉事业颇为进步。至于吐鲁番，《大谷文书》和《吐鲁番文书》中所提到的水渠也将近 50 条。据有人研究，该地由主干渠、干渠、支渠、子渠组合的灌溉网已经形成[③]。总之，开元时期不仅利用了前代留下的水利设施，而且兴修了不少新的水利工程。如果把这情况放到整个唐代加以考察，就会发现，开元时每年平均修建的工程数，是唐代平均数值的两倍以上[④]。

此外，《唐六典》卷 7《屯田郎中员外郎》条载：“诸屯分田役力，各有程数。”李林甫等注云：“凡营稻一顷，料单功九百四十八日；禾，二百八十三日；大豆，一百九十二日；小豆，一百九十六日；乌麻，一百九十一日；麻，四百八十九日；穈黍二百八十日；麦，一百七十七日；乔麦，一百六十日；蓝，五百七十日，蒜，七百二十日；葱，一千一百五十六日；爪，八百一十八日；蔓菁，七百一十八日；苜蓿，二百二十八日。”由此看来，当时还进行过农业方面的科学实验。

以上情况表明开元时期的耕作技术有了较大的提高。耕作技术的提高，当然是农业发展的又一个重要标志。

（四）粮食产量的提高

粮食产量的提高，也是开元时农业发展的重要表现。关于开元时期的粮食产量，没有直接的文献记载。开元十八年（730），裴耀卿在奏疏中说：“其浮户，请任其亲戚乡里相就。每十户已上，其作一坊。每户给五亩充宅……丁别量给五十亩已上为私田，任其自营种。率其户于近坊更供给一顷以为公田，共令营种。每丁一月役功三日，计十丁一年，共得三百六十日。营公田

① 罗振玉以为作于开元年间。王重民系之于证圣元年。池田温认为其写作年代当在上元三年至证圣元年之间。

② 唐耕耦、陆宏基：《敦煌社会经济文献真迹释录》第一辑，北京：书目文献出版社，1986 年。

③ 孙晓林：《唐西州高昌县的水渠及其使用、管理》，武汉大学历史系魏晋南北朝隋唐史研究室编著：《敦煌吐鲁番文书初探》，武汉：武汉大学出版社，1983 年。该文没有说明吐鲁番地区灌溉网形成的具体年代。笔者分析了有关文书，以为大致在开元时期。

④ 关于唐代的水利工程数目，目前有 254（翼朝鼎）、264（邹逸麟）、269（韩国磐）、275（宋锡民）、200 以上（《中国史学史》）等六七种说法。后者统计方法不确，前者亦未必全面。若取宋氏之说则年约 0.95 项，其他更等而下之。开元年均 1.9 项。故知远在唐代平均数以上。

一顷，不啻得计早收一年，不减一百石。”[①] 可是此数较低，约当 40 多千克。笔者殊以为不然。试从以下几个方面加以推测。

（1）从唐代一般亩产量推测。关于唐代一般亩产量，曾有几位学者进行过研究。蒙文通的《中国历代农产量的扩大和赋役制度及学术思想的变化》认为西汉产量为百亩三百石[②]，以汉代亩石作标准计算，则唐代是百亩为 600 石，较汉代增加 100%。以唐制计，则亩产 1.4 石。胡戟的《唐代粮食平均亩产量考略》一文[③]，分析了所搜集的九则重要史料，认为当时平均亩产量通常不少于 1 石，最高为 1 钟（皆以粟计）。余也非的《中国历代粮食平均亩产量考略》一文，认为唐代北方麦作平均亩产 1 石，南方稻作 1.5 石[④]。李伯重的《唐代北方麦食亩产量与农户耕田数》一文则采用经济学的方法进行论述，麦约六七斗，稻为 4 石[⑤]。虽然诸家的研究结果颇不一致，但大体上高于一石，岂不是低于唐代平均水平？果如是这样的话，则“开元盛世”将无法解释。因此，开元时期的粮食产量起码当在 1 石以上。

（2）从当时的官田租额推测。《唐会要》卷 92 载：“（开元）十九年四月敕，天下诸州县，并府镇戍官等职田顷亩籍帐，仍依允租价对定，无过六斗。地不毛者亩给二斗”。与武则天时代官田租额基本相等[⑥]。唐代习惯的分成标准是“假之牛犁粟种与食，所收其半与之，不假牛犁者三分与二”[⑦]。而官吏职田一般都是属于后一种情况。如此当时亩产当在一石八斗左右。

（3）从当时的基本消费推测。《唐六典》卷 4 载：“亲王已下，常食料各有差。”李林甫注云：“（亲王）每日细白米二升，粳米、粱米各一斗五

① （宋）王溥：《唐会要》卷 85《逃户》，北京：中华书局，1955 年，第 1563 页。

② 蒙文通：《中国历代农产量的扩大和赋役制度及学术思想的变化》，《四川大学学报》（哲学社会科学版）1957 年第 2 期，第 27—106 页。

③ 胡戟：《唐代粮食平均亩产量考略》，《西北大学学报》（哲学社会科学版）1980 年第 3 期，第 74—75 页。

④ 余也非：《中国历代粮食平均亩产量考略》，《重庆师范学院学报》（哲学社会科学版）1980 年第 3 期，第 8—120 页。

⑤ 李伯重：《唐代北方麦食亩产量与农户耕田数》，《中国社会经济史研究》1982 年第 2 期，第 8—15 页。

⑥ （日）池田温：《中国古代籍帐研究·录文》，东京：东京大学东洋文化研究所，1979 年，第 340 页。

⑦ （清）董诰等：《全唐文》卷 639《唐故金紫光禄大夫检校礼部尚书使持节都督广州诸军事兼广州刺史兼御史大夫充岭南节度营田观察制置本管经略等使东海郡开国公食邑二千户徐公行状》，上海：上海古籍出版社，1990 年影印本，第 2860—2861 页。

升……粟一斗。”这是贵族的消费规格，不可以通下。《新唐书》卷54《食货志四》载：“少壮相均。人（日）食米二升”。这一说法与吐鲁番阿斯塔那九十一号唐墓出土的《唐张赤头等家口给粮三月帐》[①] 所反映的情况基本相同，当是常人每天的基本消费。据此，则人均年消费米7.2石，合稻14.4石。明乎此，只要弄清人口和垦田数目，便可计算出当时最低限度的平均亩产量。关于开元时期的全国人口总数和垦田面积目前还存在着争议，不过敦煌吐鲁番文书中有对该地区人口、田亩的原始统计，可以据以分析。按《中国古代籍帐研究·录文》所载《开元四年沙州敦煌县慈惠乡籍》，人口、受田完整者4户；《开元十年县泉乡籍》完整者6户；《莫高乡籍》1户；《开元四年西州柳中县高宁乡籍》3户。合计总人口56，已受田325亩，人均田地约5.8亩，若亩产一石，计收5.8石。而基本消费需要14.4石。如此，则皆半年无粮。这显然不符合事实。若要保证一年最基本的口食5.8亩田地，亩产当在2.48石以上。若再加上“地税”、田租，亩产还需再高一些。当然，敦煌吐鲁番地区的集约化程度较高。在地广人稀的“宽乡”，基本消费对亩产量的要求会低一些。

（4）从当时的和籴情况推测，《册府元龟》卷502《邦计部·平籴》载：开元二十五年（737）敕，令户部郎中郑昉、殿中侍御史郑章“于都畿据时价外，每斗加三四百万石”。“其关辅委度支郎中兼侍御史王翼准此和籴要三四百万石”。同年，又敕“关内诸州庸调资课，并宜准时价变粟取米”[②]。开元十六年（728）敕：“如闻宁、庆两州，小麦甚贱，百姓出粜，又无人籴……宜令所司与本道支使会计，每斗加于时价一两钱取二万石”[③]。和籴折变数如此惊人，表明当时农民手头有较多的余粮。京、都两畿，素称狭乡，若亩产一石，必不支衣食，怎么还能进行如此规模的和籴？合理的解释只能是当时的亩产量较高。

经过上述分析，可以断定开元时期的年平均亩产量决不会低到1石。综

① 国家文物局古文献研究室等：《吐鲁番出土文书》，北京：文物出版社，第6册，1985年，第23页。

② （宋）宋敏求：《唐大诏令集》卷111《关内庸调折变粟米敕》，上海：学林出版社，1992年标点本，第531页。

③ （宋）王钦若等：《册府元龟》卷502《邦计部·平籴》，北京：中华书局，1960年影印本，第6012页。

合估计，当在2石左右，约合今160多斤。当然，这只是一个总体估计。如前所述，当时的农业生产存在着较大的地区差别，各地采用的耕作方式不尽相同，种植的作物也因地而异。因此，产量并不一致。一般说来，采取原始经营的地区产量最低，采取粗放经营的产量居中，采取集约经营的产量较高。以作物品种而论，稻作产量最高，粟次之，麦又次之。水利发达的地方产量又高出一等。《旧唐书》卷39《地理志二》载：贞观时，河东河中府龙门县县令长孙恕凿石垆渠，“溉田良沃，亩收十石”。开元时期的生产技术比贞观有了提高，这样的高产在某些年份在某些地区恐怕也是存在的。至于轮作复种的场合，就更不用说了。

总之，开元时期，农业生产领域发生了一系列重大变化。农业人口迅速增长，垦田面积逐渐扩大，耕作技术得到改进，粮食产量有所提高。这充分表明，开元时期的农业有了较大的发展。由于农业有了较大发展，公家私室也有了较多的食粮。元结所谓“人家粮储，皆及数岁。太仓委积陈腐，不可较量”[①]，杜甫所谓“稻米流脂粟米白，公私仓廪俱丰实”[②]，正是对当时情况的写照。

二、手工业

唐玄宗统治的开元天宝年间，是唐王朝的鼎盛阶段，古代史学家称之为太平盛世，当代史学家也说它是唐王朝的黄金时代。构成这个“盛世”的因素固然很多，社会经济的发展无疑是一个重要的方面。从大量资料来看，盛唐时期的社会经济有了很大的发展，无论是农业、手工业还是商业都出现了前所未有的局面。在农业、手工业和商业这三个经济部门中，手工业的发展尤为突出。但由于古代文献中对盛唐手工业的记载较少，因而过去很少有人对它进行专门的研究。20世纪以来，考古工作者发现了许多盛唐时期的文物，为我们研究盛唐时期的手工业提供了可靠的依据。本文拟以丝织业、制

① （清）董诰等：《全唐文》卷380《问进士第三》，上海：上海古籍出版社，1990年影印本，第1908页。

② （清）彭定求等：《全唐诗》卷220《忆昔》，上海：上海古籍出版社，1986年影印本，第526页。

瓷业和金属铸造业为例，根据文献资料和考古资料，对盛唐时期的手工业进行一下具体的探讨。

（一）丝织业

丝织业和人们的日常生活有密切的关系。据专家研究，先秦时代，我国就已经出现了纺车、织机和提花机。秦汉以后，在培育桑树、制备蚕种、防治蚕病方面，积累了丰富的经验①。丝织业得到了长足的发展，取得了可喜的进步。开元年间，唐玄宗为了提倡节俭，曾一度“焚锦绣”于殿前，罢两京织锦坊，采取限制锦绣生产的手段②。但是，第一，这一措施出于偶然，仅实行于开元初年很短的一段时间，且局限于锦绣，并没有涉及整个丝织行业。第二，当时坚决地实行了劝课农桑的政策，把蚕桑丝织提到了很高的地位。第三，丝织品是当时庸调征收和诸州贡赋的主要对象。因此，总的说来，丝织业并没有受到多少限制；相反，却是得到了鼓励和提倡。所以，盛唐时期的丝织业继续呈现出发展的趋势。

与前代相比，盛唐时期丝织业的分布区域进一步扩大。关于盛唐丝织业的地理分布，史念海、严耕望、汪籛、王永兴、佐藤武敏诸先生在有关隋唐丝织业的论文中都有涉及③，他们采用的研究方法即从诸州贡赋入手研究的方法亦是可以借鉴的。查记载唐代诸州贡赋的古籍，有《唐六典》、《通典》和《元和郡县图志》等，各书所载颇不一致。《唐六典》作于开元年间，所载诸州贡赋与《开元十道图》所载情况完全相同，无疑是对开元时期实况的反映。因此，当以《唐六典》为据。《唐六典》所载贡丝织品的州府凡 114 州④。其中山南道出丝州最多，其次是河南道、河北道，再次是剑南道、江

① 汪子春：《中国养蚕科学技术的发展和传播》，自然科学研究所编《中国古代科技成就》，北京：中国青年出版社，1978 年，第 382—391 页。

② 《新唐书》卷 5《玄宗纪》，北京：中华书局，1975 年标点本，第 123 页；（宋）司马光：《资治通鉴》卷 211“开元二年七月”条，北京：中华书局，1956 年标点本，第 6702 页。

③ 见史念海：《黄河流域蚕丝事业盛衰的变迁》，《河山集》一集，北京：生活·读书·新知三联书店，1963 年，第 253—280 页；严耕望：《唐代的纺织工业之地理分布》，《唐史研究丛稿》，香港：新亚研究所，1969 年；汪籛：《隋唐时期丝产地之分布》，唐长孺等编：《汪籛隋唐史论稿》，北京：中国社会科学出版社，1981 年，第 289—298 页；王永兴：《试论唐代丝纺织业的地区分布》，中国社会科学院历史研究所魏晋南北朝隋唐史研究室编：《魏晋隋唐史论集》第二辑，1983 年，第 269—292 页；（日）佐藤武敏：《唐代绢织物的产地》，《人文研究》等 25 卷等 10 号。此外，罗瑞林、刘柏茂：《中国丝绸史话》，北京：中国纺织工业出版社，1986 年，第 84—109 页亦有论述。

④ 记载不明确者不在此数。

南道。显然，黄河中下游和巴蜀地区是当时最主要的养蚕织丝基地。黄河中下游地区尤为重要，故时人有“河南北桑蚕倍多”之说[①]。当然，进贡丝织品的州府并不是产丝州府的全部。河东道，陇右道所辖的一些州县，也出产丝绸。《资治通鉴》卷216所谓天宝中陇右地区“桑麻翳野”就在一定程度上反映了这个问题。当时丝织技术在西部中国已得到广泛传播[②]，并逐渐形成了西州、庭州、于阗三个小型的丝织业中心[③]。所以，当时的丝织品产地还不止上述114州。据《册府元龟》卷486《邦计部·赋税》条载，当时交纳丝帛的丁男达300余万，由此亦可以看出丝织业地理分布的广泛。这一情况表明，盛唐时期丝织业的分布区域已远远超过了秦汉。秦汉时期的丝织业主要分布在黄河流域，此时已达到吴越、岭南。

从有关资料看，盛唐时期的丝织业有官营和私营两种形式。官营丝织业以两京织锦坊为代表。两京织锦坊隶属于少府鉴，由织染署具体管辖。每坊按照定制有绫锦巧儿365人，内作使绫匠83人，掖庭绫匠150人，内作巧儿42人，实际人员恐怕要多于此数。官营丝织作坊的主要任务，是为皇帝、后妃、公卿大臣制作冠冕礼服及寝室用品，因而所选工匠都是训练有素的能工巧匠。据《唐六典》卷22记载，当时官营丝织作坊的分工很细。织丝之作有八：绢、絁、纱、绫、罗、绵、绮、繝。练染之作有六：青、绛、黄、白、皂、紫。所制丝料今已无存，但《唐会要》卷31《章服品第》条载开元十九年（731）敕云：“应诸服袴褶者，五品以上，通用绸、绫及罗，六品以下小绫”，“凡裥色衣不得过十二破，浑色衣不过六破。”当时文武三品以上服紫、四品服深绯、五品服浅绯、六品服深绿。品级不同，章服就有差异。这些都从不同的侧面说明，官营丝织业的花色品种是复杂多样的。私营丝织业一般是以农民家庭副业的形式出现的，亦有专以丝织为业者。定州富豪何明远“家有绫机五百张”[④]，即属此类。政府对私营丝织业的产品规格有一定的要求：“罗、锦、

---

① （清）董诰编：《全唐文》卷269《请河北遭旱涝州准式折免表》，北京：中华书局，1987年影印本，第2733页。

② 唐长孺：《吐鲁番文书中所见丝织手工业技术在西域的传播》，文化部文物局文献研究室编：《出土文物研究》第一辑，北京：文物出版社，1985年，第146—152页。

③ 孔祥星：《唐代“丝绸之路”上的纺织品贸易中心西州》，《文物》1982年第4期，第18—23页。

④ （唐）张鷟：《朝野佥载》卷3，北京：中华书局，1985年校点本。

绫、段（缎）、纱、縠、絁绸之属，以四丈为匹”①，“好不得过精，恶不得至滥”②。各地私营丝织业的生产水平颇有差异。唐玄宗曾组织专家对各地的绢进行过评议，结果，被划分为八等。据《唐六典》卷20《太府寺》条所载，河南、河北两道不仅出绢的地方多，而且绢的质量也高；山南、剑南两道出绢的地方虽亦不少，但绢的质量属于一般。当然，私营丝织业并非仅仅生产绢帛，还生产绫、锦等。《唐六典》所载诸州贡赋中的绫就有文绫、方纹绫、仙文绫、樗蒲绫、镜花绫、范阳绫、两窠细绫、鱼纹绫、花纹绫、绯绫、交梭绫等十几种。日本龙谷大学收藏的开元天宝间西州物价表上提到的丝织品名，亦有绫、纱、锦、罗、晕繝、练、绢、缦、绵等十余种。此外，20世纪50年代以来，新疆社会科学院考古研究所和自治区博物馆在吐鲁番阿斯塔那·哈拉和卓等地唐代墓葬中发现的盛唐丝织品中，能辩明的也有锦、绫、纱等数种。这说明，私营丝织业的花色品种也是丰富多彩的，甚至超过了官营丝织业。

无论是官营丝织业还是私营丝织业，在制作工艺方面都有一定创新。最明显的成就是经锦的成熟和纬锦的发展。开元以前，纬锦流行。到盛唐时，花样翻新，出现了生产工序十分繁复的纬锦。经锦也已成熟，实物已在阿斯塔那唐代墓葬出土。而且蜡缬法进一步传播。蜡缬又称夹结。《唐语林》卷4《贤媛》条载：玄宗柳婕妤妹性巧慧，“因使工镂板为杂花象之，而为夹结……后渐出，遍于天下”。阿斯塔那108号墓等所出绛地花云、棕地散花、黄地花云蜡缬绢，皆绘工精致，浸染均匀，显示出蜡缬法已达到了较高的水准。当时，还出现了“锦上添花”、“浮地小花”等多种新产品。“锦上添花”锦目前发现的实物，是一件晕繝提花裙。锦用黄、白、绿、粉红、茶褐五色经线织成。小团花用金黄色细纬线织出，显得十分和谐。“浮地小花”锦做法与锦上添花基本相同，只是小花浮现在锦面上，立体感很强。此外，丝织色谱进一步丰富。据有人分析，不同色阶的红有银红、水红、猩红、绛红、绛紫五色；黄有鹅黄、菊黄、杏黄、金黄、土黄、茶褐六色；青蓝有胥青、天青、翠蓝、赤青、藏青等六色；绿有葫绿、豆绿、叶绿、果绿、墨绿五色；

① （唐）李林甫等撰：《唐六典》卷3《尚书户部》，北京：中华书局，1983年，第82页。

② （唐）杜佑：《通典》卷6《食货六·赋税下》，上海：商务印书馆，1935年万有文库本，第33页。

加上黑、白等，共达二十四色之多[①]。因此，当时的丝织品比前代更加绚丽多彩。

值得注意的是，盛唐时期丝织业的产量也是惊人的。这一点，史书上没有具体的统计数字。但我们可以从有关政府收支和民间用储等方面的记载中看出。租庸调法规定，丁男庸调出绢，故绢作为丝织物的一个重要组成部分，在政府的财政收入中占有较大的比重。《册府元龟》卷487《邦计部·赋税一》载：天宝八载（749），“约计出丝绵郡县计三百七十余万丁，庸调输绢约七百四十余万匹，绵则百八十五万余屯”。除了庸调绢以外，产丝州县还必须上贡一定数量的丝织品。上贡数额按规定并不算大，一般从几匹到几十匹，但实际数量并不止这些。天宝时，益州一次贡春缣十万匹[②]。显然，作为贡品的丝织物也不在少数。还有，掌漕诸臣，或转市东南轻货，其中当亦有一定数量的绢、绫、锦等丝织品。如果将此三者合计，其数量当不少于750万匹。政府丝织品收入量之大，还可由支出情况窥见一斑。当时皇室、后妃、官吏总数在40万匹以上，对丝织品的耗费自不待言，镇兵所需衣1000万余匹中，亦当有一定数量的丝织品。此外，当时赏赐也多用丝织品。例如，开元八年（720），赐左武卫大将军郭知运“杂采千段”[③]。开元二十年（732），“令裴耀卿采绢二十万匹，分赐立功奚官”[④]。开元二十三年（735），赐辅国大将军张守珪“杂采一千匹”[⑤]。如果政府每年收入的绢物数量较小，像这样大的开支是无法应付的。当时民间对丝织物的需求量也很大。李肇的《唐国史补》卷下载：“凡货贿之物，侈于用者不可胜纪。丝布为衣，麻布为襄……天下无贵贱通用之”。这就是说，丝织品作为衣物，在社会上是普遍现象。开元末全国人口将近5000万。假设每人年耗0.5匹，即需2500万匹。何况一些富家大户，往往囤积居奇。《南部新书》卷辛载：“玄皇尝召王元宝，问其家财多少。对曰：‘臣请以绢一匹系陛下南山树，树尽，臣绢未穷’”。《资治

① 新疆维吾尔自治区博物馆展览工作组：《“丝绸之路”上新发现的汉唐织物》，《文物》1972年第3期，第14—19页；武敏：《新疆出土汉唐丝织品初探》，《文物》1962年第7—8期，64—75页；武敏：《吐鲁番出土汉唐丝织物中的唐代印染》，《文物》1973年第10期，第37—47页。

② 《旧唐书》卷9《玄宗纪》，北京：中华书局，1975年标点本，第233页。

③ 《旧唐书》卷103《郭知运传》，北京：中华书局，1975年标点本，第3190页。

④ 《旧唐书》卷98《裴耀卿传》，北京：中华书局，1975年标点本，第3080页。

⑤ 《旧唐书》卷103《张守珪传》，北京：中华书局，1975年标点本，第3195页。

通鉴》卷216载，杨国忠“积缣至三千万匹”。这两条记载虽有夸张，但仍能说明这方面的问题。此外，当时为了矫正滥铸铜钱之弊，十分强调绢帛的货币职能。如开元二十年（732）九月二十九日敕：“绫罗绢布杂货等交易，皆合通用。如闻市肆必须见钱，深非道理。自今后，与钱货兼用，违者准法罪之”①。开元二十二年十月六日敕：“货物兼通，将以利用。而布帛为本。钱刀是末……自今以后，所有磑宅、牛马交易，并先用绢布绫罗丝绵等。其余市价至一千以上，亦令钱物兼用，违者科罪。”② 可见，在流通领域，亦有一定数量的丝织品③。

从上述情况来看，盛唐时期的丝织业在产地分布、专业化程度、花色品种、产品数量等方面都超过了前代。《史记》所谓“采千匹比千乘家”的情况，已不复存在。虽然盛唐就整体技术水平而言略低于明清时代④，但对后世的影响极为深远。

（二）制瓷业

制瓷业是唐代重要的手工业之一。考古资料表明：早在4000年以前，我国就发明了瓷器。汉魏以降，造瓷业渐趋成熟，但产量较低。质量也不太高，并未在社会上造成重大的影响。到了唐代，一方面，政府限制用铜制造器物，王公庶民需要瓷器以充当必需的餐具、茶具、酒具、玩偶、明器和装饰品；另一方面，陶瓷工匠经过长期的摸索，也已积累了丰富的生产经验。这就为盛唐时期制瓷业的发展提供了良好的条件。从有关资料判断，盛唐时期的制瓷业较前有了飞跃性的发展。

首先，盛唐时期的造瓷窑场显著的增加。陆羽在《茶经》中提到的窑场计有越州窑、鼎州窑、婺州窑、岳州窑、寿州窑、洪州窑六所⑤。《唐六典》卷3载：河南府，贡“瓷石之器”，邢州贡“瓷器”，则该地有窑场无疑。《唐语林》卷5载：宋璟与玄宗论羯鼓事，言及“鲁山花磁（瓷）”，鲁山属于汝

① （宋）王溥：《唐会要》卷88《杂录》，台北：商务印书馆，第607册，1984年影印文渊阁四库全书本，第323页。

② （宋）王溥：《唐会要》卷89《泉货》，北京：中华书局，1955年，第329页。

③ （日）加藤繁：《唐代绢帛之货币的用途》，傅安华译，《食货》1934年第2期。

④ 陈娟娟：《介绍几件优秀的明清织锦》，《文物》1973年第11期，第73—75页。

⑤ （唐）陆羽：《茶经》卷中，（清）陈梦雷等编纂：《古今图书集成》，台北：文星书店，第87册，1964影印本，第137页。

州。《全唐诗》卷226载：杜甫《又于韦处乞大邑瓷碗》诗云："大邑烧瓷轻且坚，扣如哀玉锦城传"，大邑属邛州。又如《本草》载："白瓷屑……广州良，余皆不如"。《景德镇陶录》引《浮梁县志》载：唐初景德镇有陶窑、霍窑。"武德中，镇民陶玉者载瓷入关中，称为假玉器，且贡于朝，于是昌南镇瓷名天下"，景德镇属饶州。从上述记载来看，当时的窑场在河南府、邢州、越州、鼎州、婺州、岳州、寿州、洪州、汝州、饶州、邛州、广州均有分布。20世纪以来，考古工作者在河北、山西、山东、河南、陕西、江苏、浙江、安徽、湖南、江西、福建、广东、广西、四川14个省、自治区发现了许多唐代瓷窑遗址。《中国陶瓷》一书所附《中国古代重要瓷窑遗址一览表》提到的有66处。这66处只是"重要的"，并不是全部。如《中国古代重要瓷窑遗址一览表》列山西唐窑二处，而山西陶瓷史编写组确认山西唐窑至少有4处①。杨青彬《河南考古》一书说河南有唐窑17处，《中国古代重要瓷窑遗址一览表》仅列14处。浙江金华地区唐窑有22处，而《中国古代重要瓷窑遗址一览表》所列浙江全省唐窑仅21处。在已发现的这些唐窑中，有些是上述文献中涉及的，如邢窑②、越窑③、婺州窑④、寿州窑⑤、岳州窑⑥、洪州窑⑦等；有些则不见任何文献记载。根据烧造特点和沿革情况，结合文献记载进行比较分析，可以看出属于盛唐时期的窑场至少有47处，已遍及河北、河南、河东、关内、江南、山南、岭南、剑南8道。这种情况是前所未有的。在目前所发现的古代瓷窑遗址中，属于汉魏者甚少，属于隋代者亦不到20座，而属于盛唐者近50座。这说明，盛唐时期的制瓷规模有所扩大。

其次，制作陶瓷的工艺水平明显提高。瓷器的制造要经过原料洗练、胎釉配合、成形上釉、烧结加采等一系列工序⑧。据陶瓷学家研究，盛唐时期的瓷器都是以高岭土为原料。邢窑的胎料经过充分的选择、淘练和陈腐，结

① 山西陶瓷史编写组：《山西古陶瓷窑址调查》，《山西日报》1978年3月17日。

② 河北临城邢瓷研制组：《唐代邢窑遗址调查报告》，《文物》1981年第9期，第37—43页；傅振伦：《说唐代邢窑》，《中国历史博物馆馆刊》1982年第4期，第110—112页。

③ 金祖明：《浙江余姚青瓷窑址调查报告》，《考古学报》1959年第3期，第107—119页。

④ 张翔：《浙江金华青瓷窑址调查》，《考古》1965年第5期，第236—242页。

⑤ 胡悦谦：《寿州瓷窑址调查纪略》，《文物》1961年第12期，第60—66页。

⑥ 湖南省文管会：《岳州窑遗址调查报告》，《文物参考资料》1953年第9期，第77—81页。

⑦ 江思清：《关于唐代洪州窑问题》，《文物参考资料》1958年第2期，第23—24页。

⑧ 周仁：《我国传统制瓷工艺述略》，《文物参考资料》1958年第2期，第6—9页。

构致密；越窑的情况也是如此。在制胎方面，已能塑造各种各样的产品。考古学家在唐代墓葬、城市遗址和瓷窑遗址中发现的盛唐瓷器，计有碗、盘、杯、盅、碟、壶、罐、钵、盒、盂、洗等生活用品，还有狮、象、牛、羊、猪、狗、马、鸡等动物玩具。瓷器“造型的总倾向，是浑圆饱满。不论大件器物还是器皿都不例外，在质量上要求更高，小中见大，精巧而有气魄，单纯而有变化”①。隋代瓷器在选料制胎方面比南北朝有了较大的发展②。与隋代相比，盛唐时期又迈出了可喜的一步。上釉加彩是极为重要的工艺环节。盛唐时期的陶瓷工匠，已经精确地掌握了一些矿物质的性能，能够调制出青、白、黄、黑、酱、绿、灰、褐等多种釉色，从而保证瓷色的稳定性③。从已发现的实物来看，盛唐瓷器多为青、白二色。当时烧造青瓷的窑场，主要有越州窑、鼎州窑、婺州窑、岳州窑、铜官窑、青羊官窑、邛崃窑等。烧造白瓷的窑场，主要有邢州窑、曲阳窑、苋县窑、鹤壁窑、密县窑、登封窑、郏县窑、荥阳窑、安阳窑、浑源窑、耀州窑等。南方尚青，北方尚白，已经奠定了“南青北白”的格局。白瓷以邢窑为代表，“类雪”、“类银”；青瓷以越窑为代表，“类冰”、“类玉”，互相补充，各有千秋。无论是白釉还是青釉，工艺水平都超过了隋代④。盛唐时期的制瓷工匠，也比较注重瓷器的装饰，并开始打破过去单调的装饰方法，向多样化发展，表现出大胆的创造精神。常见的装饰有花草，如忍冬、莲瓣、串花、梅花、菊花、宝相花、团花、蔓草、树木等；有动物，如蟠、螭、马、狮子、大象、鸾鸟、鹦鹉、蝴蝶等；有人物，如武士、奴仆、力士等；有图案，如联珠、流云、星辰等，千姿百态，美丽大方⑤。

当然，各个窑场的生产规模和技术力量是有差异的。陆羽的《茶经》中所提到的越、鼎、婺、岳、寿、洪六州窑场，无疑是当时著名的窑场。文献中所提到的鲁山、大邑等在当时的窑场中亦占有重要的地位。但这并不等于说除此以外皆等而下之。《新唐书·地理志》载：邢州在盛唐时期进贡“瓷器”，河南府贡“埏埴盎缶”，越州贡“瓷器”。《旧唐书·韦坚传》载天宝初，

① 中国硅酸盐学会主编：《中国陶瓷史》，北京：文物出版社，1982年，第219页。

② 智雁：《隋代陶瓷的发展》，《文物》1977年第2期，第57—62页。

③ 李知宴：《西安地区隋唐墓葬出土陶瓷的初步研究》，《考古与文物》1981年第1期，第109—116页。

④ 陈万里：《中国历代烧制瓷器的成就与特点》，《文物》1963年第6期，第27—34页。

⑤ 中国硅酸盐学会主编：《中国陶瓷史》，北京：文物出版社，1982年，第222页。

广运潭成，集舟载诸州特产，其中就有豫章郡（饶州）的“名瓷酒器、茶釜、茶铛、茶碗”。《元和郡县图志》卷五载：河南府在开元年间贡“白瓷器”。《通典·食货·赋税》载：“河南府，贡瓷器十五事”。《唐六典》卷3亦载：河南道贡“瓷石之器”，河北道贡“邢州瓷器”。据此，则越州、饶州，特别是邢州和河南府当是盛唐陶瓷的主产地。尽管各窑场的情况参差不一，但总的说来，都在不同程度上有所发展。新西兰著名陶瓷学家路易·艾黎曾经说过：“形成一件美好的陶瓷器，要经过原料的精选加工，制作者的精工细作和恰到好处的炉火温度”①。现在我们发现的盛唐瓷器都是相当精美的，这些精美的瓷器正好体现了盛唐时期高超的制瓷水平。

（三）铸造业

铸造业与人们生活的关系也很密切。盛唐时期，铸造业与制瓷业一样，已成为一个不可或缺的手工业部门。当时，中央设少府监、辖金银等作坊院，以铸官金，造金银器；辖掌冶署，以理“熔铸铜铁器物之事”②；又有诸冶监，“掌熔铸铜铁之事，以供少府监”；军器监，“掌善造甲弩之属”，“以时纳于武库”；诸铸钱监，设炉以铸铜钱③，因而官营铸造业规模颇大。与此同时，对于天下诸州出铜铁之所，采取了“听人私采、官收其税”的政策，除西北缘边诸州以外，冶金铸造皆不限制。所以私营铸造业也日趋发达。官营铸造业与私营铸造业异曲同工，使铸造业呈现出空前繁荣的局面。在金、银、铜、铁的铸造方面，都有突出的表现。

金银为稀有金属，本无货币职能，亦往往不通时用，但具有一定的价值，作为财富的象征，为历代所重。开元初年，唐玄宗为了提倡节俭，曾下令将御用金银器物销毁，“铸为铤”，“以供军中”④。同时限制百官的金银装饰，凡百官所服带及酒器、马衔、马镫所饰，四品以金，五品以银，“自余皆禁之”⑤。但这只是临时的措施，对金银冶铸并没有造成重大影响。开元天宝之

---

① （新）路易·艾黎：《瓷国游历记》，游恩溥译，北京：轻工业出版社，1985年。

② （唐）李林甫等撰：《唐六典》卷22《少府军器监》，北京：中华书局，1983年，第577页。

③ （唐）李林甫等撰：《唐六典》卷22《少府军器监》，北京：中华书局，1983年，第579页。

④ （宋）宋敏求：《唐大诏令集》卷108《禁珠玉锦绣敕》，台北：商务印书馆，第426册，1984年影印文渊阁四库全书本，第758页。

⑤ （宋）司马光：《资治通鉴》卷211“开元二年七月戊戌”条，北京：中华书局，1956年标点本，第6702页。

际，随着社会经济的恢复和发展，上流社会爱重金银制作的食器、饮器、装饰品、日用品和殉葬品，从而对金银铸造业形成很大的刺激。《唐六典》和《元和郡县图志》对盛唐时期的金银产地皆有记载。所载产地相同者15处，不同者27处，总计42处。其中以南方诸道为多。事实上，当时出产金银的州府还不止42处。据《唐六典》记载，仅岭南道贡银者即有五十余州。只是《唐六典》没有全部列出州名。关于金银的年产量，当时没有进行过统计，现在已无法考知。从《新唐书·食货志》“元和初，天下银冶废者四十，岁采银万二千两”和《元和郡县图志》卷28饶州银山“岁出银十余万两”的记载推测，亦当不在少数。至于当时金银质量，有人曾对银器进行过专门分析，发现其成色在98%—99%①，说明当时从选矿、采矿、碎矿到熔结、提纯都掌握了较高的技术。

关于盛唐金银器的生产情况，我们在史书上几乎看不到什么记载。好在半个多世纪以来，考古界发现了许多金银器物。如1970年，在西安南郊何家村出土窖藏金银器270多件②。1982年，在江苏丹徒丁卯桥附近出土窖藏银器950余件③。这些器物中有些是盛唐时期的作品，为我们探讨当时的金银工艺提供了重要的依据④。在何家村等地发现的金银器当中，属于盛唐者大抵有刻花赤金碗、素面赤金碗、乐工八棱金杯、舞伎八棱金杯、掐丝团花金杯、金锅、金盆、金钗、金腰带、宝相花纹银盖碗、素面银碟、翼牛纹六瓣银盘、狩猎纹高足银杯、舞马衔杯纹仿皮囊银壶、线雕双凤银盒、镂空银熏球等。这些器物或多或少受到制瓷工艺和波斯金银器风格的影响⑤。器物成型以钣金浇铸为主。切削、抛光、焊接、铆、镀、刻凿等手法普遍使用。焊接有大焊、小焊、两次焊、掐丝焊等，皆能做到焊口平直，不露焊缝。切削起刀、落刀点显著。各种物件，很少有轴心摆动的现象。装饰富丽繁缛，花形不同，形状各异，富于变化，新颖可喜。“工艺水平之高，超出了一般人的

① 一冰：《唐代冶银术初探》，《文物》1972年第6期，第40—44页。

② 陕西省博物馆、文物管理委员会写作组：《西安南郊何家村发现唐代窖藏文物》，《文物》1972年第1期，第30—42页；韩伟编：《海内外唐代金银器萃编》，西安：三秦出版社，1989年。

③ 丹徒县文教局、镇江博物馆：《江苏丹徒丁卯桥出土唐代银器窖藏》，《文物》1982年第11期，第15—27页。

④ 齐东方：《唐代金银器研究》，北京：中国社会科学出版社，1999年，第10—20页。

⑤ 文物编辑委员会：《文物考古工作三十年》，北京：文物出版社，1980年，第135页。

想象”①。临潼庆山寺遗址出土的金棺银椁等器物都是盛唐时期的作品②。据《临潼唐庆山寺舍利塔基精室清理记》所载，该遗址出土的金银类器皿有：金莲花 2、鎏金管状器 1、鎏金高足杯 1、银勺 2、银筷 4、鎏银宝瓶 1、鎏银钵 1、鎏银虎腿兽面衔环熏炉 1、铸首金杖 1、金银棺具 1。其中金银棺具由鎏金珍珠工字须弥座和镶宝银椁金棺组成。金棺置于椁内，椁置于须弥座上。座下有壸门，上有栏杆，四周嵌珍珠 6 圈。椁下为方开镂空座，上为弧形椁盖。盖顶中央饰鎏金宝装莲花，以白玉为蕊，玛瑙为心。周有小团花四朵，四角用珍珠粘成梅花。前档錾门，门上垂环。扉上各粘一鎏金浮雕菩萨，后档粘浮雕金摩尼宝珠。棺下为长方形镂空座，上有弧形盖，盖中黏缠枝鎏宝相花，盖两侧及后档皆粘珍珠团花。前档黏团花宝珠，下黏两只浮雕鎏金护法狮子。可谓造型精美，工艺绝伦。

铜铁是需求量最大、使用最普遍的金属。铜主要用来铸钱、造像、作日常用品；铁则主要用来铸造农具、兵器和其他物品。文献中对铜铁冶铸情况记载较少。《唐六典》卷 22 载：“掌冶署令掌熔铸铜铁器物之事；丞为之贰。凡天下诸州出铜铁之所，听人私采，官收其税。若白鑞，则官为市之。其西边、北边诸州禁人无置铁冶及采铆。若器用所须，则其名数，移于所由，官供之。私者，私市之。凡诸冶所造器物，皆上于少府监，然后给之。其兴农冶监所造者，唯供陇右诸牧监及诸牧使”。以此观之，似乎除西边和北边诸州外，天下产铜的冶监也为数不少。但究竟哪些州府出产铜铁，到底设置了多少冶监，《唐六典》只字未提，仅在卷 3《尚书户部》条下略云：太原府贡钢铁，利州贡钢铁，扬州贡铜镜，桂州贡铜盘。此外，文献中所提到的与冶铸铜铁有关的事仅有两件。一是毁天枢。从开元元年七月开始，至二年春季，将武则天所造天枢销毁③。二是冶铸铜钱。由政府设 89 炉以铸铜币。其中“绛州三十炉，楊、宣、鄂、蔚各十炉，益、邓、郴各五炉，洋州三炉，定州一炉”④。这是开元二十五年（737）以前的情况。开元二十六年（738），“诏

① 中国社会科学院考古研究所编：《新中国的考古发现与研究》，北京：文物出版社，1984 年，第 594 页。

② 临潼县博物馆：《临潼唐庆山寺舍利塔基精室清理记》，《文博》1985 年第 5 期，第 12—40 页。

③ 《旧唐书》卷 8《玄宗纪》，北京：中华书局，1975 年标点本，第 170 页。

④ （唐）李林甫等撰：《唐六典》卷 22《少府军器监》，北京：中华书局，1983 年，第 579 页。

出铜所在置监，铸开元通宝钱，京师库藏皆满”，而“天下盗铸益起，广陵、丹杨、宣城尤甚”①。尽管这些记载十分零碎，我们大体上还是可以看出，当时的铜、铁铸造是比较普遍的。20 世纪 70 年代，考古工作者在扬州发现了唐代冶铸作坊遗址，其规模之大，出人意料②。虽然我们不能断定这是盛唐时代的遗物，但多少可以反映盛唐时期冶铸作坊的一些情况。此外，考古工作者发现的盛唐时期的铜、铁器物也比较丰富。1955 年—1961 年中国社会科学院考古研究所在西安西郊张家坡 216 号、东郊郭家滩 414 号、韩森寨 546 号盛唐墓葬中出土的铜铁器，就有铜镜、铜钗、铜洗、铜钱、铁剪等③。1983 年山西平陆县出土的 59 件佛道铜像，1984 年临潼县武屯乡出土的 300 余件鎏金铜造像，1985 年临潼庆山寺故址出土的铜盒、铜剪刀、铜凤头人面壶、铁锁等器物中，亦有盛唐时期的作品④。这些实物大体上反映了当时铸造铜铁的技术水平。

在盛唐时期的铸造业中，铜镜的铸造达到了炉火纯青的地步。据文献记载，自开元十七年（729）之后，每当玄宗生日，群臣皆进献“金镜”⑤。当时扬州、太原、桂州的铜镜是最有名的⑥。《太平广记》卷二三七载：天宝三载（744）五月十五日，“扬州进水心镜一面，纵横九寸，青荧耀日。背有盘龙长三尺四寸五分，势如生动”。1963 年，陕西省博物馆收集到一件金银平脱天马鸾凤镜，1975 年，河南遂县发现一面宝相花透光镜。其后，又在西安东郊长乐坡基建工地发现一面鸾鸟绶带纹金银平脱镜。这些镜子被许多学者认作是盛唐的遗物，工艺水平无不高超。金银平脱天马鸾凤镜径 30 厘米，重 2450 克。正面：跃马与翔凤各自相对，饰以麻雀、天鹅、牡丹。背面：凤翅马鬃，银白如雪，在褐色漆底衬托下闪闪发光⑦。宝相花透光镜背面有七朵

---

① 《新唐书》卷 54《食货志》，北京：中华书局，1975 年标点本，第 1386 页。

② 卞孝萱：《唐代扬州手工业与出土文物》，《文物》1977 年第 9 期，第 31—37 页；罗宗真：《唐代扬州经济繁荣初探：1975—1978 年手工业作坊遗址的考古收获》，《扬州师范学院学报》（自然科学版）1979 年第 1 期，第 76—82 页。

③ 中国科学院考古研究所编著：《西安郊区隋唐墓》，北京：科学出版社，1966 年，第 83—92 页。

④ 平陆县博物馆：《山西平陆县出土一批隋唐佛铜造像》，《考古》1987 年第 1 期，第 42—47 页；丁明夷：《关于临潼邢家村出土鎏金铜佛像的若干问题》，《文物》1985 年第 4 期，第 9—14 页。

⑤ （宋）王钦若等：《册府元龟》卷 2《帝王部·诞圣》，北京：中华书局，1960 年影印本，第 21 页。

⑥ （唐）李吉甫：《元和郡县图志》卷 13，北京：中华书局，1983 年；（唐）李林甫：《元和郡县图志》卷 37，北京：中华书局，1983 年。

⑦ 刘向群：《唐金银平脱天马鸾凤镜》，《文物》1966 年第 1 期，第 50 页。

怒放的花朵，如以镜面对准太阳，花纹会被折光显现出来[①]。鸾鸟绶带纹金银平脱铜镜圆形薄身，金花鸾鸟作展翅飞翔之状，别有一番情趣[②]。沈从文先生在《唐宋铜镜》一书中说：唐镜中比较精美的鸾卸长绶镜、飞龙镜和特别是加工精致的金银平脱镜、螺钿镜，大多完成于开元天宝年间。陕西文物考古工作者在对西安地区隋唐墓出土的铜镜进行了认真研究之后说："开元天宝时期，铜镜的工艺技术有重大发展……采用了平脱、螺钿、鎏金、鎏银、捶金、捶银以及嵌镶松石等工艺。"[③] 从考古资料来看，这些说法都是比较切合实际的。

总之，盛唐时期的铸造业是比较发达的。如果说唐初金银器的数量比较少，至高宗武则天时"数量锐增"，那么开元时的金银器数量，就达到了前所未有的程度。到天宝时，金银器造型优美，"整个图案结构严谨，气韵生动，富于写实意味。充满勃勃生机"[④]。虽然铜、铁铸造在整体上并没有超出武周的水平，但铜镜的铸造达到了登峰造极的程度。与前朝后代相比，盛唐时期的铸造业一点也不逊色。难怪日本学者对盛唐工艺称赞不已[⑤]。陈乔先生在《新中国的考古发现与研究·序言》中说："唐代的金银手工业和铜镜制造十分发达。"我想这句话用在盛唐时期是再也恰当不过了。

通过以上分析，我们可以看出：盛唐时期的丝织业、制瓷业和铸造业都得到了长足的发展。可以毫不夸张地说：盛唐时期的手工业是相当发达的。手工业是盛唐时期重要的经济部门。因此，手工业的发展无疑是当时经济发展的重要表现。从宏观上讲，盛唐时期手工业的发展，与统治者的经济政策有关，与当时的经济体制也有一定的关系。由于统治者采取了一系列鼓励手工业发展的措施，加之农业和商业发展所带来的良性刺激，促使盛唐时期的手工业发展到了一个新的高度。而盛唐手工业的迅速发展，又反过来刺激了社会消费，丰富了人们的生活，并在一定程度上推动了其他经济部门的发展。盛唐时期的手工业不仅与农业、商业等经济部门共同构成了"开元天宝盛世"

---

① 王铠：《新发现一面唐代透光镜》，《中原文物》1981年第2期，第20页。

② 珠葆：《唐鸾鸟绶带纹金银平脱铜镜》，《考古与文物》1981年第3期，第127、107页。

③ 文物编辑委员会：《文物考古工作三十年》，北京：文物出版社，1980年，第133—134页。

④ 中国社会科学院考古研究所编：《新中国的考古发现与研究》，北京：文物出版社，1984年，第593—594页。

⑤ （日）阿部弘：《正仓院与唐朝工艺》，东京：平凡社，1981年，第6页。

的支柱，而且对后世的手工业也产生了深远的影响。这一点，只要我们看一看宋元以后的手工业就会明白。

三、商业

盛唐时期是我国封建社会的黄金时代。这一时期，社会经济得到了长足的发展，无论是农业，手工业，还是商业都出现了前所未有的繁荣景象。20世纪以来，许多学者都曾对盛唐时期的社会经济进行过研究，并且取得了一定的成果。但这些成果主要集中在农业方面，涉及手工业的较少，谈到商业的更少，据笔者所知，至今尚无一篇专文发表。本文拟就盛唐时期的商业谈点个人的看法，希望引起大家对这个问题的重视。

（一）商业环境

商业是社会经济的一个重要部门，是联结农业和手工业、城市和乡村、生产和消费的纽带。但是，商业的发展必须具备一定的条件，必须具备有利于商业发展的环境。历史经验表明，一个时代的商业能否发展，与统治者的政策息息相关，与当时的城市、交通和社会状况也有极为密切的关系。盛唐时期的商业环境如何？我们不妨就从这几个方面加以探讨。

关于盛唐时期的商业政策，文献中没有留下系统的记载。从有关资料分析，开元、天宝年间，以唐玄宗为首的统治者在一定程度上改变了传统的“抑商”作风，采取了有利于商业发展的措施。一方面，进一步健全商业机构，加强市场管理。当时主管商业的机构主要是太府寺、两京诸市署和各地市衙。“太府卿之职，掌邦国财货之政令，总京都四市、平准、左右藏、常平八署之官属，举其纲目，修其职务；少卿为之贰”。“京、都诸市令掌百族交易之事”①。地方州、府、县市令也是具体管理商品市场的官吏。这样，从中央到地方便形成了一整套商业管理体系。为了稳定市场秩序，保证商品交换的正常进行，维护商人和消费者的权益，还制定了市场管理办法，并对有关交易问题作出明确的规定：“凡建标立候，陈肆辨物”，须用法定的度量衡具。秤以格，斗以概，“以二物平市”。商品按质论价，分为三等：精为上贾，次

① （唐）李林甫等撰：《唐六典》卷20《太府寺》，北京：中华书局，1983年，第543页。

为中贾，粗为下贾，“以三贾均市”。凡与官交易，及悬平赋，并用中贾。严禁假冒伪劣商品上市，严禁交易过程中的各种不正之风。“以伪滥之物交易者没官，短狭不中量者还主……凡卖买不和而榷固（榷谓专略其利，固谓鄣固其市），及更出开闭，共限一价（谓卖物以贱为贵，买物以贵为贱），若参市而规自入者，并禁之（谓在傍高下其价，以相惑乱也）”。市场启闭有固定的时间：“凡市以日午击鼓三百声而众以会；日入前七刻，击钲三百声而众以散”。交易必须在指定的时间内进行[①]。大抵对开市时间、物价、交易原则都做了明确的规定，可谓严而不苛。另一方面，对商人实行三十税一的轻税政策，不搞商品专卖，不收盐、酒、茶等税。“凡关呵而不征”[②]。由于以唐玄宗为首的统治者认识到了商业的重要性，遂不抑制商业的发展，不仅听任正常的商业活动，而且有扶商之意，因此，各地的官员亦有扶持商业之举，如张说在幽州，“命卝人采铜于黄山，使兴鼓铸之利；命杼人斩木于燕岳，使通林麓之财；命圉人市骏于两蕃，使颁质马之政；命廪人搜粟于塞下，使循平籴之法”[③]。又如，宋庆礼在营州“招辑胡商，为立店肆”[④]。像这样的例子还可以列举很多。毫无疑问，这些措施是有利于商业发展的，可以说它为商业的发展开辟了广阔的道路，是商业发展的重要保证。

从城市方面来看，盛唐时期的城市建设有很大的进展。据史书记载，开元、天宝年间，唐王朝曾对京师长安和东都洛阳进行过多次维修和扩建。其他地方的城市建设也呈现出前所未有的局面。因而，在全国范围内已经形成了许多规模宏大的城市。首都长安周长七十余里，人口在百万以上[⑤]，是当时全国政治、经济、军事、文化的中心，也是当时世界上最大的都市。东都洛阳周长五十二里，是“居天下之中”，仅次于长安的通都大邑，人口也在百万左右。北都太原由东、西、中三城组成，跨汾水而居晋阳，士马精强，人

① （唐）李林甫等撰：《唐六典》卷 20《太府寺》，北京：中华书局，1983 年，第 544 页。

② （唐）李林甫等撰：《唐六典》卷 6《尚书刑部》，北京：中华书局，1983 年，第 196 页。

③ （清）董诰等：《全唐文》卷 312《唐故幽州都督河北节度使燕国文贞公遗爱颂并序》，上海：上海古籍出版社，1990 年影印本，第 1402—1403 页。

④ 《旧唐书》卷 185《良吏·宋庆礼传》，北京：中华书局，1975 年标点本，第 4814 页。

⑤ （唐）韩愈：《韩昌黎全集》卷 37《论今年权停选举状》，北京：中国书店，1991 年；（日）外山军治：《唐长安の人口》，《学海》1964 年第 5 号；平冈武夫：《唐长安城之事》，《东洋史研究》1952 年第 4 号；（日）日野开三郎：《唐代大都邑的户数规模——特に首都长安を中心とする卄一》，《东洋史学》1964 年第 27 号，第 1—30 页。

口众多，也是著名的北方重镇。除“三都”之外，长江流域的益州、荆州、豪州、扬州、苏州、杭州，黄河中下游地区的汴州、宋州、魏州、贝州、幽州，东南的广州、泉州、明州，西北的沙州、西州、庭州、安西等，都是当时较大的都市。由于这些城市集聚了大量的人口，因而对商品的需求量大大增加。这就在客观上为商业的发展创造了条件。换言之，城市人口的增加，客观上对商业的发展开辟了广阔的天地，提出了更高的要求。

就交通而言，盛唐时期国力强盛，十分注意道路建设。不但改造了过去的旧道，而且修建了不少新道，以加强全国各地的联系。如开元四年（716）十一月，唐玄宗令左拾遗内供奉张九龄开大庾岭，“革其坂险之故”，使“转输以之化劳”[①]。甚至为了保证行人安全，还颁布了对付猛兽的法令。据研究，当时已经形成了以首都长安为中心，联系各地的交通网。陆路：西经凤翔、凉州，到今安西；东经洛阳、汴州，至于山东；南经荆襄，至于岭南、交州；北经蒲州，至于太原。东北则至范阳、辽东，东南至苏杭、广州，西北至北庭、碎叶，西南至南中、姚州。水路：东西，则黄河、长江，南北则东海、运河。西北虽罕有舟楫，东南则：“无不通水”[②]。无论水路、陆路，皆可通往国外。在各个交通要道上，政府设有驿站，以传达王命，接送使者，保障交通安全。计陆驿 1291，水驿 1330（一作 260），水陆相兼者 86 驿。此外，道路两旁还设有许多店肆。史载：“东至宋汴，西至岐州，夹路列店肆待客，酒馔丰溢，每店皆有驴赁客乘，倏忽数十里，谓之驿驴。南诸荆襄，北至太原、范阳，西至蜀州、凉府，皆有店肆，以供商旅”[③]。这种情况，正是商业发展所需要的。也就是说，交通的发达，把城市和城市、城市和乡村连成了整体，形成了更大的市场，为商业的繁荣提供了很大的方便。

此外，盛唐时期社会十分安定。经过唐初以来 100 多年的经营，唐朝的农业生产呈现出蒸蒸日上的势头。农业人口迅速增长，垦田面积逐渐扩大，耕作技术得到改进，粮食产量有所提高[④]。与此同时，手工业领域也

① （清）董诰等：《全唐文》卷 291《开大庾岭路记》，上海：上海古籍出版社，1990 年影印本，第 1304 页。

② （唐）李肇：《唐国史补》卷下，上海：上海古籍出版社，1957 年，第 62 页。

③ （唐）杜佑：《通典》卷 7《食货七·历代盛衰户口》，北京：中华书局，1988 年，第 152 页。

④ 王双怀：《试论开元时期农业的发展》，《中国历史地理论丛》1995 年第 4 期，第 123—135 页。

发生了很大的变化，丝织业、制瓷业、铸造业和其他手工业都得到了长足的发展。农业和手工业的发展，也为商业的发展提供了可靠的物质保证。

从我国商业发展的历史来看，统治者的商业政策是十分重要的。如果统治者轻视商业，采取严厉的“抑商”政策，到处设立关卡，加重赋税，打击商人，商业便很难发展起来。相反，如果统治者采取扶持或默许的态度，再加上人们对商业有了比较正确的认识，商业便能得到“正常”的发展。城市的繁荣是商业发展的重要条件。如果没有相当规模的城市，便没有数量众多的市民，而没有数量众多的市民，便不可能有发达的商业。同样，只有有了发达的交通，商业贸易才有可能在较大的范围内大规模地进行。反之，则难“互通有无”，更谈不上什么繁荣了。从上述情况来看，盛唐时期的统治者是扶持商业的。当时城市发达、交通便利、社会安定，农业和手工业也有了很大发展，所有这些，都为商业的发展创造了有利的条件。因此，盛唐时期的商业势必走上进一步发展的道路。

（二）商业的发展

事实上，盛唐时期的商业也确实在前代的基础上有了发展，并且趋于繁荣。这主要表现为商人的活跃、市场的扩大和商品的增加。

盛唐时的商人有官商和私商之分。官商代表政府从事商业活动，具有雄厚的资本。从有关资料看，当时官商主要从事的是和籴、和市以及与少数民族之间的互市。和籴是官民之间的粮食贸易，和市则是官民之间的货物交贸。为了搞好和市、和籴，政府在太府寺下设置了平准署和常平署。“平准令掌供官市易之事；丞为之贰。凡百司不在用之物，则以时出货；其没官物者，亦如之”。“常平令掌平籴仓储之事；丞为之贰。凡岁丰穰，谷贱，人有余，则籴之；岁饥馑，谷贵，人不足，则粜之”①。据史书记载，盛唐时期和市、和籴的次数很多，规模也很大。如开元七年（719）六月，令关内、陇右、河南、河北五道及荆、扬、襄、夔、绵、益、彭、蜀、汉、剑、茂等州置常平仓，各州广设本钱，进行大规模的和籴②。开元二十五年（737）九月，“令

---

① （唐）李林甫等撰：《唐六典》卷20《太府寺》，北京：中华书局，1983年，第547页。
② （宋）王溥：《唐会要》卷88《仓及常平仓》，北京：中华书局，1955年，第1613页。

户部郎中郑昉、殿中侍御史郑章于都畿据时价外每斗加三两钱和籴粟三四百万石，所在贮掌”。“其关辅委度支郎中兼侍御史王翼准此和籴粟三四百万石”[①]。除和籴、和市外，唐政府有时还将租税征折估钱，“转市轻货”[②]。至于互市，则主要是政府与周边少数民族或邻国之间的贸易。开元初，“海外诸国，日以通商”[③]，政府于广州置市舶司以领其事，令中使与之市舶；开元十九年（731），“吐蕃遣其相论尚它硉入见，请于赤岭为互市；许之”[④]。从大量材料来看，官商经营规模很大，但经营范围有限，远远比不上当时的私商。

私商即私营商人。盛唐时，私商大量出现。一般说来，私商的资本不是很多。但当时也有不少拥有巨额财富的商贾。王元宝、任令方、杨崇义等人就是其中的佼佼者。“王元宝，都中巨豪也。常以金银叠为屋，壁上以红泥泥之。于宅中置一礼贤堂，以沉香为轩槛，以碔砆甃地面，以锦文石为柱础，又以铜线穿钱甃于后园花径中，贵其泥而不滑也。四方宾客，所至如归。故时人呼为王家富窟”[⑤]。唐玄宗见王元宝，“问其家私多少。对曰：‘臣请以绢一匹，系陛下南山树，南山树尽，臣绢未穷’。”玄宗听后十分惊讶，说“朕天下之贵，元宝天下之富”[⑥]。杨崇义“家富数世，服玩之属，僭于王公”[⑦]。任令方的资财也达六十余万贯[⑧]。这些富商大贾，不仅拥有雄厚的资本，而且还冲破了“工商杂类，不得预于士伍”的禁令[⑨]，“多与官吏往还，递相凭嘱”，求减赋役[⑩]，或谋图仕进。五代王仁裕的《开元天宝遗事》载：“长安富民王元宝、杨崇义、郭万金等，国中巨豪也，各以延纳四方多士，竞于供送。朝之名寮往往出于门下，每科场文士集于数家，时人目之为豪友”。受其

---

① （宋）王钦若等：《册府元龟》卷502《邦计部·平籴》，北京：中华书局，1960年影印本，第6012页。

② 《旧唐书》卷105《杨慎矜传》，北京：中华书局，1975年标点本，第3226页。

③ （清）董诰等：《全唐文》卷291《开大庾岭路记》，上海：上海古籍出版社，1990年影印本，第1304页。

④ （宋）司马光：《资治通鉴》卷213“开元十九年九月”条，北京：中华书局，1956年标点本，第6796页。

⑤ （五代）王仁裕：《开元天宝遗事》卷下，上海：上海古籍出版社，2000年，第1729页。

⑥ （宋）李昉等：《太平广记》卷495《邹凤炽》，上海：上海古籍出版社，1990年影印本，第596页。

⑦ （五代）王仁裕：《开元天宝遗事》卷上，上海：上海古籍出版社，2000年，第1720页。

⑧ 《旧唐书》卷8《玄宗纪》，北京：中华书局，1975年标点本，第200页。

⑨ 《旧唐书》卷48《食货志》，北京：中华书局，1975年标点本，第2089页。

⑩ （宋）王溥：《唐会要》卷85《定户等第》，北京：中华书局，1955年第1557页。

影响，不少达官贵人改变了对商业和商贾的看法，竞相利用职权，逐利其间①。以致引起了唐玄宗的不满。《全唐文》卷32载，唐玄宗《禁货店干利诏》云："南北卫百官等，为闻昭应县两市及近場处，广造店铺，出货于人，干利商贾，莫甚于此。自今以后，其所货店铺，每间月估不得过五百文。其清资官准法不可置者，容其出卖。如有违犯，具名录奏"，连"清资官"也热衷于此事，情况于此可见一斑。

富商大贾虽然势力较大，但毕竟是少数。当时最活跃的商人是小商小贩。由于人口的增加，特别是城市人口的增加，许多无地少地的农民和没有职业的城市居民投入商业领域。唐玄宗即位前夕，睿宗欲招募关西数千高户赴东都洛阳。徐坚上《请停募关西户口疏》云："若神都须人，雍同等州先有工商户在洛者甚众，令检括兼简，乐住之人，微有资财，情愿在洛城者，并酬其宅铺之地，令渐修立，则洛城不少于邑户，黎庶得安于本业"②。由此可见，当时分布于两京的小商小贩是很多的。两京之外，各地亦有商贩，而以江南为多。"江都俗好商贾，不事农业"③。江左、山南，皆"好逐朝夕之利"④。这些小商小贩，整日往返于道路，叫买于市场，或就业于肆市，服务于邸店，和富商大贾大不相同。无论是经营方式，或是社会地位都是如此。

此外，盛唐时来华经商的"胡商"也不在少数。史载，当时"海外诸国，日以通商"，关西诸邦，也"兴贩往来不绝"⑤。无论是长安、洛阳，还是扬州、广州，都有许多胡商。长安东西两市是胡商云集的地方。他们殖资产，开第舍，十分活跃。扬州和广州的胡商往往数以千计⑥。不少胡商在唐境开店立邸，娶妻生子，长期经营商业。有的甚至终身不返⑦。官私商贾活跃如

① 王灵善：《唐代官员经商问题浅析》，《山西大学学报》（哲学社会科学版）1989年第3期，第5—9页。

② （清）董诰等：《全唐文》卷272《请停募关西户口疏》，上海：上海古籍出版社，1990年影印本，第1222页。

③ 《旧唐书》卷59《李袭志传附袭誉传》，北京：中华书局，1975年标点本，第2332页。

④ （清）董诰等：《全唐文》卷283《敕处分十道朝集使》，上海：上海古籍出版社，1990年影印本，第1271页。

⑤ （宋）王溥：《唐会要》卷86《关市》，北京：中华书局，1955年，第1579页。

⑥ 《旧唐书》卷110《郑景山传》，北京：中华书局，1975年标点本；（唐）刘肃：《大唐新语》卷9《从善》，北京：中华书局，1984年。

⑦ （宋）李昉等：《太平广记》卷402《李勉》，上海：上海古籍出版社，1990年影印本，第42页。

此，这在先前是罕见的。很显然，这是当时商业繁荣的突出表现。

盛唐时期的商品市场，比以前也有了明显的扩大。首先，表现在“市”的增加上。当时，两京都有规模宏大的市。长安有东西二市。东市东西南北各六百步，四面各开一门。西市大小与东市等，皆占两坊之地①。洛阳有南市、北市、西市，其中南市规模最大，居两坊之地。除了两京之市外，各大都督府和主要州县，也都设有相当规模的市。在一些离州县较远的交通要道和人口密集之地，还有许多草市、行市和庙会。其次，反映在“行”的增加上。“行”是同业商店和商人的组织，负责本行的重大事宜，帮助政府管理市场。盛唐时，长安东西二市皆达220行，这是前所未有的。此外，还反映在店肆的增加上。所谓店，即指邸店。《唐律疏议》卷四讲：“居物之处为邸，沽卖之所为店”。其作用主要是供客商住宿，寄存货物，帮助他们买卖物品。邸店分布很广，不限于市。但市中确有邸店。长安二市，“四面立邸”即是明证②。所谓肆即具体出卖货物的店铺。洛阳南市有“一百二十行，三千余肆”，即有一百二十行货物，分三千余肆经营。《唐令拾遗》卷二十六《关市令》云：“诸市每肆立标，题行名”。由此看来，当时的行肆都是比较正规的。行、肆在各地的“市”中是普遍存在的。如当时南方的苏州有一座银行；扬州市有鱼行；北方范阳有绢行、大绢行、小绢行、采帛行、小采行、新绢行、布行、染行、大米行、白米行、粳米行、生铁行、炭行；幽州有油行、磨行；就连远处西陲的西州，也有果子行、丝帛行、帛练行、米面行、谷麦行等③。龙门石窟留有唐时行的题记④。北京房山云居寺石经中提到三十个行的名称⑤。当然，行肆最完备的要数两京五市。史书中常常提到五市的行即有铁行、油行、笔行、大衣行、鞭辔行、药行、秤行、绢行、鱼店、酒肆、帛肆、衣肆等。无论如何，市、行、肆的大量出现，无疑是当时商业发展的又一表现。

---

① （宋）宋敏求：《长安志》卷8，上海：上海古籍出版社，1993年山川风情丛书本，第134页。

② （宋）宋敏求：《长安志》卷8，上海：上海古籍出版社，1993年山川风情丛书本，第134页。

③ 李鸿宾：《唐代西州市场商品初考——兼论西州市场的三种职能》，《敦煌学辑刊》1988年第1—2期，第44—52页；孔祥星：《唐代“丝绸之路”上的纺织品贸易中心西州——吐鲁番文书研究》，《文物》1982年第4期，第18—23页。

④ 宿白：《隋唐长安城和洛阳城》，《考古》1978年第6期，第409—425页。

⑤ 曾毅公：《北京石刻中所保存的重要史料》，《文物》1959年第9期，第16—20页。

盛唐时期商业的发展，不仅表现在商人的活跃，市场的扩大，而且还表现在商品的增加。行的增加和肆的增加，本身就是商品增加的反映。因为如果商品极少，市场萧条，就没有增加行、肆的必要；只有当商品种类增加，数量扩大的时候，行、肆的增加才有可能。此外，史书上有一些记载亦反映了商品的丰富。如洛阳北市西北新潭，“天下之舟船所集，常万余艘，填满河路，商贩贸易，车马填塞”①。杭州“骈樯二十里，开肆三万室”②。“南海郡利兼水陆，瑰宝山积”③。据史书记载，当时商品名目繁多，涉及人们生活的各个方面。衣物类有帛、绫、罗、绵、锦、丝、绸、棉布、麻布、葛布、白衫、布鞋、大衣、靴子等；食物类有桔、柑、枣、橙、桃、李、栗、柿、瓜、荔枝、樱桃、葱、姜、鱼、虾、鳖、蟹、油、盐、酱、醋、茶、酒、糖、牛肉、腊肉、羊肉、胡饼、蒸饼、煎饼、鸡蛋等；用品有锅、碗、盆、盘、杯、壶、瓶、镜、紫、草、锄、铲、镢、镰、斧、笔、墨、纸、砚、牛、马等，可谓应有尽有。这一点在现存吐鲁番物价表中也有所反映。吐鲁番出土物价表，原件藏龙谷大学，据《中国古代籍帐研究·录文》，该物价残表所载有大练、河南府生绢、缦绯、梓州小练、蒲陕州漫紫、常州布、火麻布、大绵、维州布、小水布、小绵。紫熟绵绫、杂色隔纱、绯熟绵、夹绿绫、丝割等。日本学者池田温说，现存物品名目完整的有一百七十五个，不完整者二十三个，两者相加近二百，但这个数字大约只是全部物品名目的六分之一到五分之一④。从这些商品的名称来看，有不少来自内地，足见当时商业贸易的广泛和发达。

此外，盛唐商业的发展，在货币流通领域也有所反映。唐初铸开元通宝，“得大小轻重之中”。但当时商品交换很不发达，铸钱数量甚少，与绢帛相间，而以绢帛为主。也就是说，绢帛是当时主要的流通媒介。绢帛作为货币，用途十分广泛，可以作为赋税，可以上贡、进献、赏赐，可以当做军费，可以

---

① （清）徐松辑：《元河南志》卷 1，清宣统二年（1910）刻本。

② （清）董诰等：《全唐文》卷 316，李华《杭州刺史厅壁记》，上海：上海古籍出版社，1990 年影印本，第 1417 页。

③ 《旧唐书》卷 98《卢怀慎传附卢奂传》，北京：中华书局，1975 年标点本，第 3070 页。

④ （日）池田温：《中国古代物价之考察——天宝元年交河郡市估案断片》，《史学杂志》1968 年第 1 号，第 1—45 页。

当做赁费，可以放债，可以支付物价，还可以作为礼品①。唐初虽于少府监下置铸钱监，但铸钱既少，“钱重物轻”，盗铸迭起，防不胜防。开元九年(721)，唐玄宗有放铸私钱之意②，大臣或有赞同，但多数人皆以为不可。崔沔上《禁私铸议》说：“钱之为物，贵以通货，利不在多，何待私铸然后足用也?”③故遂罢其议。为了适应社会上对钱币的需要，开元十七年（729），唐玄宗下诏说：“令所在加铸，委按察使申明格文，禁断私卖铜锡，仍禁造铜器。”④ 当时共铸了多少铜钱，史书上没有明文记载。《新唐书》卷54《食货志》载：天宝时，铸钱炉有九十九个，每炉役丁匠三十人，“每炉岁铸钱三千三百缗”，年铸钱已达32万多贯。据此逆推，估计开元时最多也就是这样的规模。这一规模已相当可观，但仍然供不应求。究其原因，主要是随着商品经济的发展，绢帛的货币职能显得越来越差，人们重钱币而轻绢帛。唐玄宗虽然一再要求钱帛兼行，但钱币在流通领域的作用仍在日益上升。甚至在有些场合，出现了只收铜钱，不收绢帛的情况，以致唐玄宗不得不下诏重申：“绫罗绢布杂货等，交易皆合通用。如闻市肆必须见钱，深非通理。自今后，与钱货兼用。违者准法罪之。”⑤ 这也在一定程度上表明了当时商品经济的发展。

总之，盛唐时期，商人空前活跃，市场进一步扩大，商品日益丰富，商业出现了前所未有的繁荣景象。

（三）商业在盛唐社会生活中的作用

盛唐时期的商业，在当时的社会生活中占有十分重要的位置。从大量的史料来看，盛唐商业的繁荣，对当时社会经济的发展具有促进作用，甚至对中唐以后的经济生活都产生了深远的影响。

其一，它直接促进了盛唐社会经济的繁荣。唐代的社会经济自贞观以来基本上处于持续发展的状态。但无论是太宗、高宗统治时期、还是武则天统

---

① （日）加藤繁：《唐代绢帛之货币的用途》，傅安华译，《食货》1934年第2期。

② （宋）宋敏求：《唐大诏令集》卷112《议放私铸钱敕》，上海：学林出版社，1992年标点本，第533页。

③ （清）董诰等：《全唐文》卷273《禁私铸议》，上海：上海古籍出版社，1990年影印本，第1225页。

④ （宋）宋敏求：《唐大诏令集》卷112《禁铸造铜器诏》，上海：学林出版社，1992年标点本，第533页。

⑤ （宋）王溥：《唐会要》卷88《杂录》，北京：中华书局，1955年，第1618页。

治时期，经济的发展程度都不如玄宗统治的盛唐时期。杜甫描写盛唐时期的经济情况时说："忆昔开元全盛日，小邑犹藏万家室。稻米流脂粟米白，公私仓廪俱丰实。"[①] 元结也说："人家粮储，皆及数岁。太仓委积陈腐，不可较量。"[②] 历史上像这样的记载不在少数，足见当时社会的兴盛。如果我们对盛唐时期的社会经济作以全面的考察，就可以清楚地看到，商业是构成盛唐经济大厦的三大支柱之一。商业使生产者的劳动成果实现了它的价值，也为消费者提供了丰富的消费品，在一定程度上满足了人们生产和生活的需要。商业打破了封闭的地域界限，使各地的土特产大量卷入流通领域，加强了各地的经济文化交流，极大地丰富了人们的物质文化生活。换句话说，没有发达的商业，农民和手工业者的产品就不能及时销售出去，与此同时，他们也不能及时获得自己所需要的各种消费品。没有发达的商业，城市人民的生活将会更加困难，各地的经济文化也不能很好地交流。没有发达的商业，就不可能出现"开元天宝盛世"。总之，盛唐时期的商业与农业、手工业相互影响，相互促进，共同形成了社会经济空前繁荣的局面。

其二，它进一步改变了人们的商品观念。唐自贞观以来，统治者皆有"抑商"言论。太宗贞观元年（627），即令五品以上官不得入市[③]。在《帝范》一书中，强调以农为本，继续主张抑商。唐高宗在乾封二年（667）二月，下令"工商不得乘马"[④]。武则天在《臣轨》一书中，亦主张重农功，禁末作（即营商）。安史之乱以后，政府对商业在较多的场合，采取了扶持的态度。《改元天复敕》就曾明确地说："途路所先，通商是切。"[⑤] 由于商人容易获利，农民终年劳累，所获甚少，所以弃农经商的人越来越多。在许多人的心目中，商业已不再是一种下贱的职业。而商人唯利是图的本质也暴露得越来越明显。元稹的《估客乐》所谓"估客无住著，有利身则行。出门求火伴，入户辞父兄。父兄相教示：'求利莫求名。求名有所避，求利无不营。'火伴

① （清）彭定求等：《全唐诗》卷220《忆昔》，上海：上海古籍出版社，1986年影印本，第526页。

② （清）董诰等：《全唐文》卷308《问进士第三》，上海：上海古籍出版社，1990年影印本，第1708页。

③ （宋）王溥：《唐会要》卷86《市》，北京：中华书局，1955年，第1581页。

④ （宋）王溥：《唐会要》卷31《杂录》，北京：中华书局，1955年，第572页。

⑤ （宋）宋敏求：《唐大诏令集》卷5《改元天复敕》，上海：学林出版社，1992年标点本，第29页。

相勒缚；'卖伪莫卖诚。交关但交假，本生得失轻……所费百钱本，已得十倍赢……经由天下遍，却到长安城。先问十常侍，次求百公卿，侯家与主第，点缀无不精"[①]，就是对当时情况的反映。

其三，使唐代后期商业得到进一步发展。唐代后期，都市"虽不时蒙受政治动荡之祸，但仍以前所未有的势头发展着"[②]。而商业更是如此。主要表现在江南城市的发达、夜市的繁荣和柜房、飞钱的出现。安史之乱后，财政重心南移，南方城邑日新月异，而以扬州和益州的发展更为迅速，交贸往还，商贾如织，故时称扬一益二，"谓天下之盛，扬为一而蜀次之也"[③]。夜市在天宝年间即已出现，后来日渐普通。如长安东市北崇仁坊"一街辐辏，遂倾西市，尽夜喧呼，灯火不绝，京中诸坊，莫之与比"。扬州"夜市千灯照碧云，高楼红袖客纷纷"[④]。柜房是为商人储存钱物的行业，兼营高利贷。又称僦柜，寄附铺，质库质舍等，类似后世的当铺。至于飞钱（又叫便换）则是一种新型的支付形。夜市、柜房、飞钱，是盛唐以后商业领域中出现的新内容，它正是在开元时期商业发展的基础上出现的。

总之，盛唐时期具备了商业发展的有利条件，在此情况下，商业在原来的基础上发展起来，商人活跃，市场繁荣，呈现出一派发达景象。这不仅促进了"开元盛世"的出现，对后世的影响也是十分深远的。从历史的角度考察，盛唐时期的商业是比较正常的。政府扶持商业，但对市场的管理十分严格。一方面给商人提供发财致富的机会；另一方面也注意保护消费者的利益。无论是官商还是私商，都比较注重信誉。这与中晚唐时期商人的观态是不大相同的。中唐以后，由于政府放松了对市场的管理，商人往往把追求高额利润放到极高的位置，买空卖空，弄虚作假，在一定程度上影响了商业的社会作用。

---

① （清）彭定求等：《全唐诗》卷419《估客乐》，上海：上海古籍出版社，1986年影印本，第1023页。

② （唐）韩愈：《韩昌黎全集》卷37《论今年权停选举状》，北京：中国书店，1991年；（日）外山军治：《唐长安の人口》（《学海》1964年第5号）、平冈武夫：《唐长安城之事》（《东洋史研究》1952年第4号）、日野开三郎：《唐代大都邑の户数规模について——特に首都长安を中心とする—》（《东洋史学》1964年第27号）等。

③ （宋）洪迈：《客斋随笔》卷9，扬州：广陵古籍刻印社，1995年，第170页。

④ （清）彭定求等：《全唐诗》卷301《夜看扬州市》，上海：上海古籍出版社，1986年影印本，第759页。

唐都长安的盛衰及其影响

唐都长安曾经是世界上人口最多，规模最大，经济文化最发达的城市。这座城市兴起于隋代，在历史上存在了 300 多年。从大量资料来看，唐都长安的兴盛和毁灭都对中国历史产生过重大影响，值得进行深入研究。

一、唐都长安的繁荣

唐都长安是在隋都大兴城的基础上形成的。《唐六典》卷七载：

京城（长安）左河、华，左陇坻，前终南，后九嵕。南面三门：中曰明德，左曰启夏，右曰安化。东面三门：中曰春明，北曰通化，南曰延兴。西面三门：中曰金光，北曰开远，南曰延平。皇城在京城之中。南面三门：中曰朱雀，左曰安上，右曰含光。东面二门：北曰延喜，南曰景风。西面二门：北曰安福，南曰顺义。其中左宗庙，右社稷，百僚廨署列乎其间，凡省六、寺九、台一、监四、卫十有八。东宫官属凡府一、坊三、寺三、率府十。宫城在皇城之北。南面三门：中曰承天，东曰长乐，西曰永安。

该书的作者在记载这段文字时注释说：“今京城，隋文帝开皇二年六月诏左仆射高熲所置，南直终南山子午谷，北据渭水，东临浐川，西次沣水。”[①] 可见

① （唐）李林甫等撰：《唐六典》卷 7《尚书工部》，北京：中华书局，1983 年，第 216 页。

唐都长安与隋都大兴城实际上是同一座城市。

关于隋朝修建大兴城的情况，史书中有明确的记载。隋文帝统一全国后，感到汉代以来的长安城残破狭小，不足以展示帝王气象，欲另择新址，重建皇都[①]，即下诏令“太子左庶子宇文恺创制规模，将作大匠刘龙、工部尚书贺娄子干、太府少卿高龙义并充使营建”[②]。宇文恺是当时著名的建筑学家，经过详细比较，决定在今西安一带兴建规模空前的大兴城，作为隋王朝的首都。他吸取北魏洛阳城和高齐邺都的优点，结合龙首原南麓“六坡”的自然条件进行了周密的设计。开皇二年（582）六月，隋文帝下诏动工营建新都，以左仆射高熲总领其事。全部工程分三期进行，分别修建宫城、皇城和外廓城。由于设计合理，组织得当，工程进展十分迅速。开皇二年年底，前两期工程相继竣工。隋文帝很高兴，以其在北周时曾受封为“大兴郡公”，当即将新都定名为“大兴”[③]。开皇三年（583）三月，正式迁入大兴城。到炀帝大业九年（613）三月，又征调十余万民夫修筑外廓城，最终完成了大兴城的全部工程[④]。

隋朝的大兴城是在全新的土地上兴建规模空前的新型都市。整个大兴城近乎方形。全城分为宫城、皇城和外廓城三个部分。宫城系皇帝寝居及处理朝政之地，实际上还包括东宫和掖庭宫在内。皇城在宫城之南，为官衙和宗庙的所在地，大部分政府机关都集中在这里，宗庙和社稷也分布在皇城南垣的东西两侧。外廓城则以宫城和皇城为中心，位于东西南三面，共 25 街，109 坊，是民居、肆市、寺观的分布区域。此外，还有永安渠、清明渠、龙首渠等水渠流贯于外廓城、皇城和宫城。城北有大兴苑，城南有曲江池。全城官署与民居分离，平面整齐对称，街衢笔直宽广，充分显示了隋代城市建设的成就。

隋朝末年，大兴城落入李渊之手。大业十四年（618），李渊建立唐朝，仍以大兴为都，改名“长安”。唐初长安城中的建置基本上因袭了隋朝之旧，没有进行大的改作。只是把大兴宫、大兴殿、大兴门、大兴县、大兴苑的名

---

① 《隋书》卷 1《高祖本纪》，北京：中华书局，1997 年，第 11 页。

② （宋）宋敏求：《长安志》卷 6《宫室四》，上海：上海古籍出版社，1993 年山川风情丛书本，第 112 页。

③ 《隋书》卷 29《地理志》，北京：中华书局，1997 年，第 209 页。

④ （宋）司马光：《资治通鉴》卷 182“大业九年三月丁丑”条，北京：中华书局，1997 年，第 1444 页；《隋书》卷 4《炀帝纪》，北京：中华书局，1997 年。

称分别改成了太极宫、太极殿、太极门、万年县和禁苑。从唐太宗时开始，才对长安城进行了一系列的维修和扩建。太宗贞观八年（634），在宫城东侧北廓墙外增修了大明宫①。高宗永徽五年（654）重新修筑了长安城郭②。玄宗开元二年（714）修建了兴庆宫③。开元十八年（730），再次对长安城进行了修葺和扩建④，使长安城比大兴城更加宏伟壮丽。经过唐初以来的不断维修与扩建，特别是随着唐代前期社会经济的飞速发展，唐都长安日益繁荣，成为当时世界上最著名的国际性大都市。

唐都长安的规模很大。撇开大明宫的面积不计，外廓城垣“东西一十八里一百一十五步，南北一十五里一百七十五步，周六十七里”⑤。折合今制，东西9694.65米，南北8195.25米，周长35 474米。考古实测东西9721米，南北8651.7米，周长36 744米⑥。尽管二者略有差异，但都说明了一个问题，那就是唐长安城的面积超过80平方千米。这个数字约相当于同期巴格达的6倍，拜占庭的7倍，比其他城市也要大得多⑦。不仅如此，唐代长安还是当时世界上结构最好的城市。唐代长安的结构与隋大兴城基本相同：城垣方正，街道平直，城内建筑以宫阙为主，呈东西对称状态。太极宫坐落在全城北部正中，体现出帝王至高无上的地位。皇太子居住的东宫和后妃居住的掖庭宫分布东西两侧，如同太极宫的两翼，反映了太子、后妃与帝王之间的特殊关系。皇城位于宫城之南，与太极宫紧紧相连，是帮助帝王治理天下的权力中心。外廓城则是官吏和百姓的生活区域。显然，宫城、皇城和外郭城的分布包含着深刻的哲学思想。宫城南面正中的承天门，皇城南面正中的朱雀门和外郭城南面正中的明德门恰成一条南北垂线，以承天门街和朱雀大街为中轴，将长安城分为东西两半。东部和西部各有一个县衙、一个肆市和若

---

① （宋）司马光：《资治通鉴》卷194“贞观八年十月”条，北京：中华书局，1997年，第1554页。

② 《旧唐书》卷4《高宗纪》载“冬十一月癸酉，筑京师罗郭，和雇京兆百姓四万一千人，板筑三十日而罢，九门各施观”。

③ （宋）程大昌：《雍录》卷4《兴庆宫说》，西安：陕西师范大学出版社，1996年，第83页。

④ 《旧唐书》卷8《玄宗纪》载：“夏四月乙卯，筑京师外郭城，凡十月而功毕”。

⑤ （唐）李林甫等撰：《唐六典》卷七《尚书工部》，北京：中华书局，1983年，第216页；（宋）宋敏求：《长安志》卷1所载相同。

⑥ 陕西省文物管理委员会：《唐长安城地基初步探测》，《考古学报》1958年第3期，第79—93页；马得志：《唐开安城考古纪略》，《考古》1963年第11期，第595—611页。

⑦ 张永禄：《唐都长安》，西安：西北大学出版社，1987年，第20—21页。

干坊里。由于突出了对称的原则，因而各种建筑排列整齐有序，给人一种美的感受。

唐长安城的城门和街道也很有特点。城门分布在外廓城的四面，每面各有三座城门。南面三门：正中明德门，东为启夏门，西为安化门；东面三门：北通化门，中春明门，南延兴门；北面三门：东芳林门，中景曜门，西光化门；西面三门：北开远门，中金光门，南延平门。十二座城门分东西南北遥相对应，除北面三门与禁苑相通、规模较小外，东西南三面九门均有高大的城门楼。明德门是长安城的正门，位于今西安市南郊杨家村西南。据考古实测，这座城门东西 52.5 米，南北 16.5 米，面积 866.25 平方米，在长安诸门中规模最大①。其他各门面积大小不等，一般都在 400 平方米以上。城内街道很多，皇城中有 5 条南北向大街，7 条东西向大街，纵横交错，将皇城划分为若干网格状地段。外廓城中有东西向大街 14 条，南北向大街 11 条，25 条大街呈东西南北垂直分布，将外廓城划分为若干坊里。无论是皇城中的街道还是外廓城中的街道，都是宽广平直的大街。丹凤门街宽 170 多米，朱雀门大街宽 150 米，其他与城门相通的大街，宽度也都在 100 米以上，最狭窄的顺城街，宽度也有 20 多米②。街道两侧均有排水设施，并且进行了统一的绿化。所有这些，在中国古代都城中都是极为罕见的。

唐都长安城的建筑种类极其繁多，无论是宫城、皇城还是外廓城，都有不少著名的建筑。太极宫、大明宫和兴庆宫是唐长安城的三大宫殿群，被称为“三大内”。太极宫修建于隋朝，唐初被列为京师正宫，有“京大内”之称，因位置在大明宫西，又被称作“西内”，是唐高祖李渊和唐太宗李世民处理天下大事的地方。该宫位于宫城中部，故址在今西安市北部，面积史书上没有明确的记载，考古实测东西 2820 米，南北 1492 米③。宫中有太极殿、两仪殿、甘露殿、凌烟阁等殿阁亭院 30 余所。大明宫在长安宫城的东北部，

① 中国科学院考古研究所西安工作队：《唐长安城明德门遗址发掘简报》，《考古》1974 年第 1 期，第 33—39 页。

② 中国社会科学院考古研究所编：《新中国的考古发现和研究》，北京：文物出版社，1984 年，第 574—575 页。

③ 中国社会科学院考古研究所编：《新中国的考古发现和研究》，北京：文物出版社，1984 年，第 575 页；秦浩：《隋唐考古》，南京：南京大学出版社，1996 年，第 19 页，所列数据相同。马得志、马洪路：《唐代长安宫廷史话》，北京：新华出版社，1994 年，第 1 页。

被称作“东内”，是唐初新建的宫殿区。自高宗之后，历代皇帝多在此听政。该宫南宽北窄，略呈楔形，总面积约 3.3 平方千米，在三大宫殿群中规模最大[①]。建筑布局以丹凤门、含元殿、宣政殿、紫宸殿和玄武门构成南北轴线，有四省、七阁、十院、二十六门、四十殿以及为数众多的楼台亭观，总计数量多达 100 余处。含元殿异常高大、雄伟、豪华，是长安城中最杰出的建筑。含元殿前宽阔的广场和壮观的“龙尾道”，常常是举行国家大典的地方。王维有“九天阊阖开宫殿，万国衣冠拜冕旒”[②] 的诗句，可见含元殿的确规模宏大，气势非凡。宣政殿及其附属建筑是皇帝听政和百官办公的行政中心。至于紫宸殿和延英殿也多与政治活动有关。兴庆宫在春明门内，因位于大明宫之南，被称作“南内”。此宫营建于盛唐时期，是唐玄宗开元、天宝年间的政治中心[③]。宫的平面呈长方形，东西宽 1080 米，南北长 1250 米[④]，面积也比较大。兴庆宫中的建筑有殿、楼、亭、阁 20 多所，亦多鬼斧神工，雄伟壮丽。宫殿多集中于北部，著名的宫殿有兴庆殿、大同殿、南薰殿等。南部为园林区，有勤政务本楼、花萼相辉楼和沉香亭等，此外，还有被称作“龙池”的小湖。可以说，“三大内”是唐长安城中最有代表性的建筑，都在一定程度上反映了唐代高超的建筑水平。

唐长安城不仅有高大雄伟的建筑，而且有不少景色宜人的园林。这些园林大体上可以分为官方园林、私人园林和寺院园林三种类型。官方园林除东内苑、西内苑和禁苑外，主要有曲江池和昆明池。曲江池位于长安城的东南隅，一半在城内，另一半在城外，面积约 70 万平方米，是唐代最有名的游览胜地。池中碧水荡漾，烟波明媚，岸上楼亭相望，垂柳成荫。每当春和景明或秋高气爽，都人游赏，络绎不绝，画舫彩舟，“倾动皇州”。进士及第，则设宴于曲江亭子，“曲江流饮”、“雁塔题名”，往往在朝野引起轰动[⑤]。昆明池在汉代即享有盛誉，唐代经过重新整治，烟波浩渺，水天一色，景色更加优美。上自达官贵人，下至平民百姓，多喜来此观光。唐中宗时，安乐公主

---

① 马得志：《唐大明宫发掘简报》，《考古》1959 年第 6 期，第 296—301 页。

② （清）彭定求等：《全唐诗》卷 128《和贾舍人早朝大明宫之作》，上海：上海古籍出版社，1986 年影印本，上册，第 297 页。

③ （宋）王溥：《唐会要》卷 30《兴庆宫》，北京：中华书局，1955 年，第 558—559 页。

④ 马得志：《唐长安兴庆宫发掘记》，《考古》1959 年第 10 期，第 549—558 页。

⑤ （宋）程大昌：《雍录》卷 6《唐曲江》，西安：陕西师范大学出版社，1996 年，第 131 页。

欲将昆明池据为己有，结果未能如愿，遂在昆明池东边开凿定昆池。定昆池“累石为山，以象华岳；引水为涧，以象天津”，广袤十余里，“穷天下之壮丽”①。安乐公主被杀后，该池也成为“仕女游观，车马填噎”的风景区。私人修建的园林景点很多。郭子仪、李晟、裴度等许多名人都在城里建有园林。这些园林规模相对较小，但小巧精美，结构奇特，往往以“山水”取胜。寺观中也多有园林，其中大慈恩寺、大荐福寺、兴福寺和玄贞观中的园林影响最大。尽管这些园林并非都是开放园林，但都在一定程度上起到了美化城市的作用②。

二、唐都长安的毁灭

令人遗憾的是，宏伟的唐都长安并没有能够保持长期的繁荣，到唐朝末年便被人为地毁灭了。唐都长安的毁灭与战乱有很大的关系。据文献记载，在安史之乱以后的100多年间，宏伟壮丽的长安城虽遭到多次破坏，尚能及时修复。但到了唐末，长安城破坏日益严重。中和三年（883），黄巢与唐军在长安一带激战。黄巢离开长安时，曾放火焚烧宫室③。而诸道兵入城后，藩镇兵对长安城的破坏尤为严重。《新唐书·黄巢传》载：“自禄山陷长安，宫阙完雄，吐蕃所燔，唯衢弄庐舍；朱泚乱定百余年，治缮神丽如开元时。至巢败，方镇兵互入掳掠，火大内，惟含元殿独存，火所不及者，止西内、南内及光启宫而已。”④《旧唐书·僖宗本纪》亦载：“初，黄巢据京师，九衢三内，宫室宛然。及诸道兵破贼，争货相攻，纵火焚剽，宫室、居市、闾里，十焚六七”⑤，以致出现“荆棘满城，狐兔纵横”的凄凉景象⑥。唐僖宗逃到四川后，令王徽充任大明宫留守京畿安抚制置修奉使，修复长安宫殿。“徽外调兵食，内抚

① （唐）张鷟：《朝野佥载》卷3，上海：上海古籍出版社，2000年，第41页。

② 史念海：《唐长安的池沼与园林》，《中国历史地理论丛》1999年增刊，第3—41页。

③ （宋）司马光：《资治通鉴》卷255“中和三年四月甲辰”条，北京：中华书局，1997年，第2103页。

④ 《新唐书》卷225《黄巢传》，北京：中华书局，1997年，第1648页。

⑤ 《旧唐书》卷19《僖宗纪》，北京：中华书局，1997年，第201页。

⑥ （宋）司马光：《资治通鉴》卷256“光启元年三月丁卯”条，北京：中华书局，1997年，第2109页。

绥流亡，逾年，稍稍完聚。兴复殿寝，裁帛有宜”，取得了一定的成绩[①]。但两年以后，王重荣、李克用与田令孜大战于沙苑，令孜败归，下令焚烧坊市及宫城，导致“宫阙萧条，鞠为茂草”，“唯昭阳、蓬莱三宫仅存”[②]。其后虽有修复，但不久又遭战火焚烧。唐昭宗乾宁三年（896），李茂贞自岐攻入长安，杀人放火，于是“宫室廛闾，鞠为灰烬，自中和以来葺构之功，扫地尽矣”[③]。这些战争都在一定程度上对长安城造成了破坏。而八年以后，朱全忠在长安的暴行，则造成了更为严重的后果，导致了长安城的毁灭[④]。

唐昭宗天祐元年（904）正月，军阀朱温强迫唐昭宗迁都洛阳，对长安城进行了彻底破坏。关于朱温破坏长安城的情况，文献中有明确的记载。《旧唐书·昭宗纪》载：天祐元年正月十三日，“（朱）全忠率师屯河中，遣牙将寇彦卿奉表请车驾迁都洛阳。全忠令长安居人按籍迁居，撤屋木，自渭浮河而下，连甍号哭，月余不息。秦人大骂于路曰‘国贼崔胤，如朱温倾覆社稷，俾我至此，天乎！天乎！’”[⑤]《资治通鉴》卷264“天祐元年正月”条载：朱全忠引兵屯河中，“丁巳，上御延喜楼，朱全忠遣牙将寇彦卿奉表，称邠、岐兵逼畿甸，请上迁都洛阳；及下楼，裴枢已得全忠移书，促百官东行。戊午，驱徙士民。号哭满路，骂曰：‘贼臣崔胤召朱温来倾覆社稷，使我曹流离至此！’老幼繦属，月余不绝。壬午，车驾发长安，全忠以其将张廷范为御营使，毁长安宫室百司及民间庐舍，取其材，浮渭沿河而下，长安自此遂丘墟矣。”[⑥] 五代人刘从乂也回忆说：“昔唐之季也，四维幅裂，九鼎毛轻。长庚袭月以腾芒，大盗寻戈而移国。帝车薄狩，夜逐流萤；民屋俱焚，林巢归燕。银阑绮都之庄丽，顿变丘墟；螺宫雁塔之精严，仅余灰烬。”[⑦] 经过这次浩

---

① 《新唐书》卷185《王徽传》，北京：中华书局，1997年，第1383页。

② 《旧唐书》卷19《僖宗纪》北京：中华书局，1997年；《新唐书》卷208《田令孜传》北京：中华书局，1997年。

③ 《旧唐书》卷20《昭宗纪》，北京：中华书局，1997年，第211页。

④ 马正林：《丰镐—长安—西安》，西安：陕西人民出版社，1978年，第83—84页。

⑤ 《旧唐书》卷20《昭宗本纪》，北京：中华书局，1997年，第215页。

⑥ （宋）司马光：《资治通鉴》卷264“天祐元年正月”条，北京：中华书局，1997年，第2186页。

⑦ （清）王昶：《金石萃编》卷123《重修开元寺行廊功德碑》，西安：陕西人民美术出版社，1990年影印本。

劫，宏伟的长安城被毁灭了，一代名城，化为灰烬。关中地区也遭受了巨大的创伤，到处是残破的景象。

五代时期，在后梁、后唐、后晋、后汉、后周诸王朝更替的过程中，关中一带又发生了一系列的战争。如后梁开平二年（908），蜀主王建与岐王李茂贞联兵五万攻入关中腹地，与后梁大将刘知俊、王重师大战于幕谷。开平三年（909），刘知俊叛梁，以同州归附岐王，进攻华州、长安。梁太祖令杨师厚讨伐刘知俊；刘知俊则引岐兵据长安与之对抗。刘鄩、牛存节等围长安，久攻不克。后杨师厚出奇兵攻破长安西门，迫使刘知俊大败而归[①]。后梁均王乾化元年（911），岐王以温韬为节度使，进攻长安，与后梁同、华、河中之兵大战于长安附近。后唐明宗长兴三年（932），潞王李从珂反于凤翔，西京留守王思同率兵讨之。后晋开运初，以贪官赵在礼为晋昌军节度使，关中之人多受其害。后汉乾祐元年（948），赵思绾夺取长安，“集城中少年，得四千余人，缮城隍，葺楼堞”，与后汉军队对抗。后汉遣诸将进讨。这些战争，都曾造成大量伤亡。如赵思绾入城时，有丁口10万。“及开城，惟余万人而已，其饿毙之数可知矣”[②]。关中地区在唐末久经战乱，本来已经残破不堪，加上五代时期的这些战乱，就更加残破了[③]。

三、唐都长安的影响

从历史的角度看，唐都长安的兴盛与毁灭，都曾对中国历史特别是西部地区历史产生过重大的影响。具体些说，唐都长安的兴盛，对中国社会的经济发展有积极的作用。而唐都长安的毁灭，则对中国历史特别是中国西部地区的历史产生了消极的影响。

唐都长安的兴盛在一定程度上推动了唐朝社会的进步。在唐代的鼎盛时期，长安城物华天宝，人文荟萃，呈现出欣欣向荣的景象。这种繁荣景象不仅表现在城市建设方面，而且表现在城市经济文化生活和城市管理方面。唐

① （宋）司马光：《资治通鉴》卷267“开平元年六月乙卯”条，北京：中华书局，1997年，第2207页。

② 《旧五代史》卷109《赵思绾传》，北京：中华书局，1997年，第373页。

③ 杨德泉：《试谈宋代的长安》，《陕西师范大学学报》（哲学社会科学版）1983年第4期，第102—110页。

代长安人口众多，总数达到 100 多万①，这在历史上是并不多见的。由于人口众多，唐代长安的经济生活十分丰富。手工业规模宏大，门类齐全，技术先进，而商业贸易尤为发达。东西二市各占两坊之地，是长安城中的商业中心。东市“货财二百二十行，四面立邸。四方珍奇，皆所积集”②。西市也有 220 行，其中衣肆、坟典肆、药材肆、绢行、帛行相当有名。这两个商业中心集中了全国乃至世界各地的产品，商贾云集，货物山积，交贸往还，充满生机。唐代长安的文化生活也是十分丰富的。长安城既是全国教育最发达的地方，同时也集中了一大批思想家、文学家、艺术家、科学家和宗教界人士。诗歌、散文、书法、绘画、音乐、舞蹈、杂技、体育各有名家，呈现出百花齐放的动人局面，创造了令人惊叹的精神文明。长安城还是中外文化交流的中心。在唐代的 290 年间，世界上许多国家都曾派遣使者来长安学习中国文化。朝鲜、日本在这方面表现得最为突出。在频繁的文化交流过程中，以长安为代表的中国文化得到了广泛传播，对东西方诸国产生了深远的影响。同时，有关国家的文化也传入中国，丰富了中国文化的内容。此外，长安城的管理水平也是很高的。从这个角度来讲，当时世界上没有第二座城市能与长安相比。可以毫不夸张地说，唐都长安是当时世界上最宏大、最繁华、最文明的城市③。

唐都长安的繁荣带动了关中地区的发展。据史书记载，在唐之盛时，京兆、凤翔二府及同、华二州辖 41 县，有户 515 522，口 2 972 969。其中京兆府辖万年、长安、咸阳等 20 县，有户 362 921，口 1 960 188。同州领冯翊、朝邑等 8 县，有户 60 928，口 408 705。华州领郑、华阴等 4 县，有户 33 187，口 223 613。凤翔府辖天兴、岐山等九县，有户 58 486，口 380 463④，各县所辖村

① 关于唐代长安的人口数量，学术界一直存在着争论。目前有 50 万说、70 万说、80 万说、100 万说、170 余万说。日本学者外山军治在 1947 年提出唐都人口百万说，其后平冈武夫、日野开三郎、佐藤武敏、武伯纶等学者在各自的研究中也得出相同或相似的结论。笔者认为，这种说法的根据比较充分。在唐代 289 年间，长安人口不是一成不变的，有时候较多，有时候则要少一些，但一般都保持在 100 万左右。

② （宋）宋敏求：《长安志》卷 8《唐京城二》，上海古籍出版社，1993 年山川风情丛书本，第 134 页。

③ 史念海：《中国古都和文化》，北京：中华书局，1998 年，第 289—329 页。

④ 《新唐书》卷 37《地理志》，北京：中华书局，1997 年，第 264—265 页。

落极多，今西安市所辖七区六县在唐中期即有 193 乡[①]。特别是关中地区的水利事业相当发达。除修复和扩建旧有渠道外，还兴建了一些新的水利工程。如武则天垂拱年间开凿了升原渠，开元二年（714），在华州修建了敷水渠，七年（719）又在同州兴修水利。“于朝邑、河西二县就古通灵陂择地，引洛水及堰黄河灌之，以种稻田，凡二千余顷”[②]。当时，关中地区有名的渠道还有龙首渠、清明渠、永安渠和黄渠等。龙首渠引浐水，清明渠引潏水，永安渠引交水，以供长安之用，至于黄渠则主要供给曲江[③]。由于水利发达，粮食作物组合科学，种植面积很大，产量可观。因此，关中地区也显得相当富庶。

唐都长安的毁灭，则在一定程度上改变了中国历史特别是西部历史的命运。由于长安城的毁灭，加之唐末战乱的影响，五代时期关中的生态环境迅速恶化，人文景观和自然景观都呈现出与前代截然不同的景象。这种变化，在城市规模、郊区村落和水文林木方面表现得最为突出。

五代时期，宏伟壮丽的长安城已不复存在，代之而起的是所谓“新城”。“新城”是五代前夕由佑国军节度使韩建主持修建的。唐昭宗天祐元年（904）三月，朱温以唐昭宗的名义，命佑国军节度使韩建镇守关中。韩建至长安，见长安城千疮百孔，残破不堪，已无法据守，遂对长安城进行了改建，筑成了“新城”。李好文的《长安志图》卷上载：“时朱全忠迁昭宗于洛，毁长安宫室百司及民庐舍，长安遂墟。建遂去宫城，又去外郭城，重修子城（即皇城也），南闭朱雀门，又闭延喜门、安福门，北开玄武门，是为新城……城之制，内外二重四门，门各三重……东西又有小城二，以为长安、咸宁县治所。”也就是说，韩建到长安后，去掉原来的宫城和外郭城，重新修建子城，封闭朱雀门、延喜门和安福门，在皇城的基础上建成“新城”，作为佑国军的治所，另在“新城”的东西两侧各建一座小城，作为长安、万年二县的治所[④]。至此，长安城的惨景才有了一点改变。韩建所修的“新城”，比唐都长安要小得多。而五代时期的“新城”仅仅与长安宫城相同。考古实测东西宽

① 文献中无明确记载，此据宋敏求《长安志》卷 11—17 所载乡数统计。

② 《旧唐书》卷 185《姜师度传》，北京：中华书局，1997 年，第 1231 页。

③ 史念海：《环绕长安的河流及有关的渠道》，《中国历史地理论丛》1996 年第 1 期，第 1—38 页。

④ （元）李好文：《长安志图》卷上，上海：上海古籍出版社，1993 年山川风情丛书本。

2820.3米，南北长1843.6米，周长9327.8米，面积约5.2平方千米，仅及当年长安城的1/16[①]。这样的面积，不仅不能与汉代的长安城相比，而且也不能与拜占庭等国际性的都会相比。也就是说，唐朝末年，长安城失去了昔日宏伟壮观的场面，规模较前大大缩小，已经根本算不上国际性的大城市。而且唐末以来长安城的内部建筑也不能与盛唐时期相比。唐末“新城”共有5座城门，即东边的景风门，北边的玄武门，西边的顺义门，南边的含光门和安上门。城中有官署、学校、市肆、寺观及民居等建筑，文献中提到的有数十处，目前能够确定方位的只有黄街、含光门街、朱雀门街、安上街、草场街、景风街、府衙、府学、文庙、北市、菜市、草场、秦川驿、大社坛、太庙院、通城巷、樗里庙、真武庙、迎祥观、天宁寺、开元寺、香城寺、资圣院、杜祁公庙、显圣侯庙等[②]。城外建筑极少，除东边的万年县和西边的长安县外，没有什么新的设置。太极宫早已荡然无存。兴庆宫周围也已辟为农田，长安百姓地契中至有“某处至花萼楼，某处至含元殿者”[③]。大明宫“旧迹悉废，唯复道及含元、蓬莱殿、蓬莱山遗址略存”[④]。曲江池、昆明池等地建筑被毁，池水干涸，“宫殿乐游燕嬉之地，皆为野草”。至于“新城”的人口，最多时不过十余万，也是无法与唐都长安相提并论的。此时“新城”周围仍然是满目疮痍。正如诗人荆叔在《题慈恩寺塔》诗中所说：“汉国山河在，秦陵草木深。暮云千里色，无处不伤心。”[⑤]

经过唐末五代的战乱，长安郊区也急剧衰落。这首先表现在各县人口大量流失。有些人被迫离开故土，流落他乡；有些人则战争中死亡。《重修文宣王庙记》载：“昔唐之季也，大盗寻戈，权臣窃命，四维绝纽。八銮迁晉于东周，天邑成墟，三辅悉奔于南雍”[⑥]。这说的是唐末朱温毁坏长安，胁迫唐昭宗及长安居民迁往洛阳，而关中百姓为避战乱大量南迁的事。《资治通鉴》卷289载：乾祐三年（950）正月二十八日，“遣使赴河中、凤翔收瘗战死及饿

① 马得志：《唐长安城考古纪略》，《考古》1963年第11期，第598页。

② 史念海主编：《西安历史地图集》，西安：西安地图出版社，1996年，第108—109页。

③ （宋）陆游：《老学庵笔记》卷2，北京：中华书局，1979年，第23页。

④ （宋）宋敏求：《长安志》卷11，上海：上海古籍出版社，1993年山川风情丛书本。

⑤ 雍正《陕西通志》卷97，兰州：兰州古籍书店，第5册，1990年影印本，第455页。

⑥ （清）王昶：《金石萃编》卷123《重修文宣王庙记》，西安：陕西人民美术出版社，1990年影印本。

殍遗骸，时有僧已聚二十万矣”。胡三省注释说：“已聚二十万，史言其未聚者尚多。大兵攻围积久，其祸如此”。此类记载则是说在唐末五代的战争中，留在关中的百姓又大量的死于非命。迁徙和死亡的结果导致关中人口急剧下降。到北宋初年，京兆府人口降至 52 720 户①，全部关中户数相加，才十几万，口数更少，根本不能与唐朝时期的情况相比。与此同时，地方基层组织也大量减少。今西安辖区内的基层组织，到五代初仅存 47 乡②。由于人口锐减，土地大片荒芜，因而到处是一派残破荒凉。在动乱的日子里，关中地区的许多名胜古迹都遭到了破坏，就连地处渭北的唐代帝王陵墓也未能幸免。后周时人覃用之《再游韦曲山寺》诗中写道：“六街晴色动秋光，雨霁凭高只自伤。一曲晚烟浮渭水，半桥斜日照咸阳。休将世路悲尘事，莫指云山认故乡。回顾汉宫楼阁暮，数声钟鼓自微茫。”③ 这种荒凉的情形直到北宋初年尚无多大改变。宋人张礼在城南樊川一带“寻所谓何将军山林而不可得”。岑参的杜陵别业、郎士元的吴村别业、段觉的杜村闲居、元稹的终南别业、梁升卿的安定庄皆已湮没，“漫不可寻，不特何将山林而已”④。尚友康诗云：“长安宫阙半蓬蒿，尘暗红梁羯鼓滔”。方回诗云：“客从函谷过南州，略说长安旧日愁。仙隐有峰存紫阁，僧居无寺问红楼。兰亭古瘗藏狐貉，椒壁遗迹牧马牛。万古不随人事改，独余清渭向东流。”⑤

在人文景观发生变化的同时，关中一带的自然景观也发生了很大的变化。关中位于黄土高原的南端，自然景观本来是很好的。据文献记载，历史时期关中气候虽有变化，但总的说来还是温暖宜人的。这里地势平衍，号称“八百里秦川”，又有白鹿、少陵、神禾、铜人、细柳、洪渎等原，土质肥美。《禹贡》定之为“上上”等，荣居全国之首。司马迁在《史记》中也说：“关中自汧雍以东至河华，膏壤沃野千里，自虞夏之贡以为上田”⑥。这里河湖众多，水源丰富，有泾、渭、霸、浐、丰、滈、潏、涝八水。八水之中，渭水

---

① （宋）宋敏求：《长安志》卷 1，上海：上海古籍出版社，1993 年山川风情丛书本，第 81 页。

② 《长安志》卷 11—17 及各县旧志。

③ 雍正《陕西通志》卷 96，兰州：兰州古籍书店，第 5 册，1990 年影印本，第 434 页。

④ （宋）张礼：《游城南记》，北京：中华书局，第 1086 册，1985 年丛书集成初编本，第 2—3 页。

⑤ 雍正《陕西通志》卷 96，兰州：兰州古籍书店，第 5 册，1990 年影印本，第 436 页。

⑥ 《史记》卷 129《货殖列传》，北京：中华书局，1997 年，第 825 页。

为大，自西而东，奔流不息，其他诸水多汇流入渭，纵横交错，形成“八水绕长安”的格局。这里植被丰富，古称“陆海”，非常适宜农作物的生长。……但经过长期的战乱，这里的自然环境恶化，已不能和从前相比。一则树木植被大量减少。这种情况在唐末即已相当严重。唐人韦庄在《秦妇吟》中写道：“长安寂寂今何有，废市荒街麦苗秀。采樵砍尽杏园花，修寨诛残御沟柳。华轩绣毂皆销散，甲第朱门无一半。含元殿上狐兔行，花萼楼前荆棘满。昔时繁盛皆埋没，举目凄凉无故物。内库烧为锦绣灰，天街踏尽公卿骨……破落园田但有蒿，摧残竹树皆无主。”二则水资源变得相当短缺。由于乱砍滥伐，森林减少，唐末以来，水资源明显减少。泾、渭、霸、浐等水流量变小，龙首、清明等人工渠道相续干涸，居民生活主要依靠井水。但由于城市污染，长安一带已变为舄卤之地，“井水焦咸，凡阙膳羞烹饪，皆失其味，求其甘者，略无一二”[①]。三则耕地质量大幅度下降。由于人口锐减，水利失修，不少地方又走上了粗放经营的老路。上述情况表明，五代时期关中的人文景观和自然景观与唐代相去甚远，关中地区的生态环境已趋于恶化。

值得注意的是，五代以前，关中是古代王朝建国立都的理想场所。据统计，中国古代统一王朝、割据政权和周边少数民族政权共建立过 217 处都城。其中立都时间最长的地方就是长安。五代以前先后有十一个王朝、三位流亡皇帝和三位农民起义领袖把国都建在这里。他们是西周、秦、西汉、新、绿林、赤眉、东汉献帝、西晋惠帝和愍帝、前赵、前秦、后秦、西魏、北周、隋、唐以及黄巢的大齐，总计历时长达 1077 年，这在中国古代都城史中是绝无仅有的[②]。此外，长安作为国都，其规模之大，在中国古代都城中也是少见的。盛唐时期的长安城更是首屈一指。它的面积比隋唐洛阳城大 1.8 倍，比明代南京城大 1.9 倍，比清代北京城大 1.4 倍，比安阳、开封、杭州就更大了。这说明，长安一带在五代之前是最适宜建都的地方。但是，从五代到清朝灭亡，除农民领袖李自成外，再也没有人把国都建在长安。国都的位置逐渐由西向东转移。五代时，后梁、后唐、后晋、后汉、后周分别以开封和洛阳为都。其后，两宋分别以开封、杭州为都，元建大都，明朝先居南京，后徙北京，清朝亦以北京为都。定都立制乃国之大事，都是经过深思熟虑才

---

① 《善感禅院新井记碑》，藏碑林博物馆。

② 史念海：《中国古都和文化》，北京：中华书局，1998 年，第 136—148 页。

做出的决定。在唐末以后的千余年间，所有王朝都不再选择长安一带作为国都，这一事实本身就说明了一个问题，那就是关中已不再是理想的建都之地。很显然，五代时期是关中历史的转折点。

为什么从五代开始，长安丧失了首都的地位？一种观点认为，长安之所以失去首都地位，主要是由于长安的地理位置不太适中。从中国古代都城的地理分布情况来看，这种观点是比较片面的。地理位置固然重要，但都城的确立是由多种因素决定的，并不是简单的取决于地理位置。如果我们全面考察一下中国古代的都城，就会发现地理位置适中的都城是很少的。即以“七大古都”而言，南京、杭州地处江南，开封偏东，安阳偏北，北京更靠近东北，都不能说是“适中”。另一种观点认为，长安丧失国都地位是经济方面的原因。具体些说，是由于唐朝中期以后，经济重心南移，关中距江南过于悬远，漕运不便。这种观点是有一定道理的，但似乎也不够全面。唐宋之际中国经济重心逐渐南移是客观的事实，但这并不意味着政治中心也必须移到江南。明清之际江南经济的发展超过了以往任何时期。此时的都城就不是在江南，而是在北京。至于漕运的问题，则是任何一个统一王朝都不可避免的，不论都城设在哪里，都需要得到漕粮的接济，只是漕粮所占的比重不同而已。关中地区本来就是一个经济区。这个经济区面积不大，但当关中经济繁荣之时，漕运并不占有重要的地位；当关中经济区遭受破坏后，漕运才显得重要起来。所以笔者认为经济并不是长安失去国都地位的唯一原因。

从五代以后的历史状况来看，长安之失去国都地位，主要还是长安城被彻底毁灭、关中生态环境恶化的结果。关中生态环境的恶化不是一朝一夕之故。隋唐两代300余年，关中地区人口大量增加，黄土高原开发过度，森林急剧消失，天然植被大量减少，水土流失严重，土壤肥力下降，环境污染，水旱灾害不断出现，所有这些，都在一定程度上破坏了关中地区的生态环境。但总的来看，影响最大的还是唐末以来的战乱。唐末以来的战乱毁灭了举世闻名的长安城，也使往日富庶的关中地区变得千疮百孔。这样一来，长安已不如洛阳、开封，关中也不如中原。五代时期是多事之秋，不可能进行大规模的城市建设。长安城既已毁灭，关中又如此残破，当然不如定鼎中原，在洛阳或开封建都。正因为如此，五代时长安失去了首都的地位，下降为一般性的地方都会。五代以后，中国的政治、经济、军事形势发生了很大变化，东部地区成为历代关心的重点。另外，关中地区恢复的速度很慢，到宋元时，依然是残破的景象。宋代西北用兵，关中之民“畜产荡尽”，“十室九空”[1]。可见宋时关中尚未复苏。及金人占据关中，长安一带再遭受叕。时人李献甫在《长安行》中写道：“长安大道无行人，黄尘不起生荆棘。高山有峰不复险，大河有浪亦已平。”[2] 在这种情况下，统治者自然就不会在关中建都。

虽然唐朝末年以后长安不再是国都，但比较而言，长安一带毕竟是周秦汉唐诸朝的中心所在，地理位置仍然是相当重要的。因而无论是哪一个王朝，都不能不重视长安一带的问题。如后梁开平元年（907）四月，改京兆府为大安府，以长安县为大安县，万年县为大年县。开平三年（909）七月，改佑国军为永平军。后唐同光元年（923）十一月，废永平军，复以大安府为西京京兆府，以大安县为长安县，大年县为万年县。后晋天福三年（938）十月，废西京，在京兆府设晋昌军。后汉乾祐元年（948）三月，改晋昌军为永兴军。后周仍以京兆府永兴军为管理关中地区事务的重要机构。宋元以降，建置不一。元时长安称“奉元城”，明清改称西安，亦为西部重要的军事重镇[3]。建国后，西安逐渐恢复了自身的活力，发展成为西部地区最重要的城市。西安曾经有过辉煌的过去，随着关中地区的生态环境的恢复和社会经济的发展，西安必将迎来再度的辉煌。

原载（《论唐代城市建设》，陕西人民出版社 2005 年版）

① 《宋史》卷 277《张鉴传》，北京：中华书局，1997 年，第 2407 页；《宋史》卷 320《余靖传》，北京：中华书局，1997 年，第 2656 页。

② 雍正《陕西通志》卷 95，兰州：兰州古籍书店，第 5 册，1990 年影印本。

③ （宋）宋敏求：《长安志》卷 1，上海：上海古籍出版社，1993 年山川风情丛书本；（清）顾炎武：《历代宅京记》卷 6，北京：中华书局，2004 年。

明代华南的农业生产

在明代 276 年间，华南地区的农业生产在前代的基础上又有了新的发展，呈现出前所未有的局面。这种状况在粮食作物种植、经济作物栽培和渔业生产方面都有充分的表现。

一、粮食生产

大体说来，明代华南的农作物可以分为稻类作物、麦类作物、粟类作物、豆类作物、代粮作物和外来作物。现在就按这些类别，系统地探讨一下明代华南地区的粮食作物。

（一）稻作的种类、布局和耕作制度

稻类作物是华南地区最主要的粮食作物，在华南的农作物中占有十分重要的地位。华南位于热带、亚热带地区，具有水稻生长的有利条件，是我国水稻的一个原产地，也是亚洲栽培稻的起源地之一。早在新石器时代，华南就已经有了栽培稻。经过数千年的经营，华南地区的水稻生产有了长足的发展。到明代，稻作的品种显著增加，种植面积有所扩大，生产水平也超过了前代，成为我国盛产稻谷的地区。

1. 稻作的种类

明代华南稻类作物在前代的基础上得到了较大的发展，呈现出前所未有的景象。无论是福建还是两广，稻作的品种都有了明显的增加。比如福建建

宁府的稻类作物有六十日早、大糯、小糯、龙凤早、半冬白、师姑早、九里香、大早、小早、天降早、烂泥早、七娘禾、小白禾、大白禾、无芒秫、真珠桑、麻子秫、公婆秫、银珠秫、早禾白禾子、厚芒秫、下马看、温州早、吴家传、大师姑、小师姑、重阳秫、白芒秫、猴尾秫等40余种①。广西南宁府的稻类作物有毛粳、六月粳、八月粳、红粘、白粘、早粘、六月粘、长腰粘、鼠牙粘、早糯、白糯、红糯、光糯、毛糯、饭糯、香糯、鲍糯、黄皮糯、黑皮糯、畲香糯、黑须糯、六月糯、狗眼糯、亦阳糯、黄腊糯、鹁鸠糯、银丝糯等30余种。像这样的例子在明代华南方志中俯拾即是，说明明代华南稻作品种相当丰富。

对于这些稻作品种，明清时人曾进行过一些分类。明人陈道修等在《八闽通志》中说：

> 今之食米皆粳稻，酿酒则糯稻也。其名品皆甚多，而八郡土俗所呼又各不同，不能悉载。兹特取其大者志之：早稻，春种夏熟；晚稻，盖早稻既获再插，至十月而熟者，其米皆有红白二色……大冬稻，米亦有红白二色，春种冬熟，岁惟一收，然其所获与岁二熟者亦差相等；占城稻，无芒而粒细……；《三山志》谓其有早晚二种，《邵武志》谓其种有六十日可获者，有百日可获者，今八郡皆有之；陵稻之圃植者，春种，九十月熟，有芒，米有红白二色，味香……已上俱粳稻。早秫，与早稻同熟；晚秫，与晚稻同熟；大冬秫，与大冬稻同熟；已上俱糯稻。②

嘉靖《广东通志》将该省稻作分为早、晚、旱三种，说广东多“粘”，“其品甚繁，诸郡皆有”。雍正《广东通志》说：“粤东宜稻，名类最夥。大抵粳秫二种，而粘介其间”。生活在明末清初的屈大均则将广东的稻作分为粘稻和糯稻两类。他说：“岭南之谷多粘，有青粘、黄粘、花粘、油粘，又有鼠牙、虎骨、冷水、抛黎、麻包、锦黄、鱼串之目，而交趾粘为多；糯则有安南糯、斑鱼糯、白糯、黄糯、蕉糯、油糯、翻生糯、荔枝糯、金包银糯十余种”③。

---

① 嘉靖《建宁府志》卷13《物产》，明嘉靖二十年（1541）刻本。

② 弘治《八闽通志》卷25《食货·土产》，北京：书目文献出版社，1998年影印本。

③ （清）屈大均：《广东新语》卷14《食语·谷》，北京：中华书局，1997年。

《广西通志》说：广西的稻作有粳、糯二种，“粳有七，曰香、曰乌节、曰早稻、曰晚稻、曰白粘、曰红粘、曰早禾；糯亦有七，曰鹁鸽、曰银丝、曰泥糯、曰鱼包、曰饭糯、曰红糯、曰香糯”①。显然，由于分类的标准不同，各地的具体情况不同，分类的结果也不一致。

从有关资料来看，明清时人对明代华南稻作的分类比较单调，也不够科学。事实上，明代华南的稻作可根据其属性、生长环境、生长期和米质特征，分为多种类型。栽培稻有籼稻和粳稻两个亚种。籼稻性喜温，稃毛短，叶色浅，颗粒细长，容易脱落。粳稻较耐寒，稃毛长而密，叶色绿深，子粒不易脱。这两个亚种在明代华南地区都是存在的。换言之，明代华南地区的各种稻作即分属于这两个亚种。所以明代华南的稻作按其属性可分为籼稻和粳稻两类。大体说来，稻名中带“粳”、“糯”、“粘”、“秫”字样的稻作均属于粳稻系列。带有“籼”、“禾”等字样的稻作属于籼稻系列。从稻作的生长环境来看，明代华南地区的稻作可分为水稻和陆稻两类。水稻对土地和水分的要求较高，主要生长在华南各地的平原、河谷及其他水源丰富，灌溉便利的地方，是华南栽培最多，分布最广，影响最大的稻作类型。陆稻是与水稻相对而言的，就是人们通常所说的旱稻，主要生长在地势较高，不能浇灌的旱原和山地。在华南的有些地方，习惯上把陆稻称作山米或畲稻。这一方面是由于陆稻多种于山间畲田，另一方面是由于当地少数民族种植陆稻较多的缘故。就生长期的长短而言，明代华南的稻作可分为早稻、中稻、晚稻三类。凡稻名中带“早”字者均系早稻或早熟之稻，带“晚”字者则属晚稻，至于“中稻”则是与早、晚稻相对的，一般稻名中很少带“中”字。若以米质特征论，明代华南稻作又可分为糯、粘、非粘三类。糯稻黏性很强，胀性较小，籼、粳两亚种的早、中、晚稻或水、陆稻类型中皆有糯稻。粘稻黏性较强，胀性较大，大部分粳稻都属于粘稻。非粘稻则是指各种没有黏性的稻作。可见，明代华南地区稻作的类型也是很多的。

2. 稻作的分布

明代华南的稻作不仅种类多，而且分布相当广泛，大抵广东、福建、广西三布政司所辖诸府州县均有种植，台湾地区也种有稻类作物②。但是，由

---

① 嘉靖《广西通志》卷21《食货》，明嘉靖十年（1531）刻本。

② 陈孔立主编：《台湾历史纲要》，北京：九州出版社，1996年，第52页。

于各地的自然环境不同，加之人为的因素，所种稻作的多寡也有差异。总的说来，明代华南稻类作物的主产区是在闽江、九龙江、韩江、东江、北江、西江、珠江、浔江、郁江流域的平原、盆地、河谷地带，闽北、桂北的某些县份也盛产稻谷。至于各布政司的情况比较复杂，需要进行具体分析。

福建的稻类作物主要分布在福、兴、泉、漳四府和建宁、延平二府的个别县份。福、兴、泉、漳四府位于福建东南部，除沿海诸县因干旱不宜大面积种植稻作以外，大部分地方都具有种植稻作的较好条件，因而成为重要的稻作产地。福州稻作有大冬、旱占、占城、金洲、白香秫、大冬秫等 14 个著名品种[①]。泉州府的稻作名品有早稻、晚稻、大冬、寄种、青晚、占城、白香、降来、大尖、红芒、尤溪早、牛头秫等 35 种。兴化、漳州的稻作品种也比较多。此外，建宁府的建安、瓯宁、崇安、浦城诸县和邵武府的光泽、建宁二县在当时也是著名的产稻之地。其中建宁县的水稻品种达 23 种，崇安县的水稻品种更多达 32 种[②]。

广东稻类作物分布甚广，呈现出“禾稻绮错”、“塍埒交经，枕海连皋”的局面[③]。不但中南部地区盛产水稻，北部边地也有较大规模的水稻生产[④]。其著名的稻产地当首推广州、潮州二府的平原和低地。广州府在明代开辟出许多围田、沙田、洋田、垌田和梯田，稻作种植面积很大。稻作的种类也很多，屈大均在《广东新语》中提到的 12 种粘稻和 9 种糯稻广州都有种植，此外还各有早稻、晚稻等。潮州府辖境小于广州，但每年至少要向政府缴纳税米 160 000 石以上[⑤]，稻作种植之广可想而知。该府优良稻种有赤早、白早、乌种、早秫、大秫、尖秫、白占、黄占及赤脚占等。除广、潮二府外，琼州西部和廉州府的钦江中下游地区也是较为著名的水稻产地。琼州府西部稻作种植集中，当时民谚中有“东路椰子西路米”之说。其粳稻“品著者”有百箭、香粳、乌芒、珍珠、鼠牙、东海、早禾、山禾、占稻等 9 种，糯稻“品著者”也有黄鳝、黄鸡、乌鸦、光头、九里香、小猪班、狗蝇、虾须、赤米

① 万历《福州府志》卷 37《食货·物产》，明万历七年（1579）刻本。
② （清）郭柏苍：《闽产录异》卷 1《谷属》，清光绪丙戌年（1886）刻本。
③ 雍正《广东通志》卷 60，清雍正九年（1731）刻本。
④ 利玛窦：《利玛窦中国札记》，北京：中华书局，1988 年，第 237 页。
⑤ 万历《广东通志》卷 41《潮州府·赋役》，明万历二十七年（1599）刻本。

等9种①。钦江一带现在属于广西，但在明代属于广东，也是出产水稻比较多的地方。其著名的水稻品种有毛禾、六禾、白禾、坡禾、畲禾、赤禾、贝糯、赤阳糯、羊眼糯、马蚬糯、晚秧糯、白壳糯、斑鸠糯、八月粒、乌独粒等20余种②。

广西稻类作物主要分布在南宁府、梧州府及桂林府的平原、盆地和台地上。南宁府及其周围地区土壤、水分和光照条件都很适合水稻的生长，所以水稻种植普遍，品种也很多，这在前面已经讲到，就不再赘述。梧州府在明初即种有较多的水稻，当时的方志中将稻分为粳、糯、粘、稻四类③。桂林等府的某些州县也有较大面积的稻田分布。稻作品种主要有黄皮糯、铃子糯、大糯、香糯、早糯、狗蚤糯、大白禾、马皮禾、早籼、挂耙籼、黄瓜籼、百日籼、六十日籼及蝉鸣稻。此外，在广西的许多地方还种植"旱禾"，瑶族和壮族所种尤多。

3. 稻的耕作制度

如前所述，华南地区种植稻作历史悠久。在数千年经营稻作的过程中，华南地区也逐渐形成了稻类作物的耕作制度。据专家研究，在唐宋之际，华南地区已经出现了稻类作物的两熟制④。到明代，"南方发展了以水稻生产为中心，以水旱轮作为基础的一年二熟制和一年三熟制"⑤。华南地区当然也不例外。从大量资料来看，明代华南稻类作物的耕作制度在宋元时期的基础上又有了新的发展。

明代华南地区稻类耕作制度的发展，主要表现为复种制的推广。复种制是指在同一田地上一年内接连种植二季或二季以上作物的种植方式，其意义主要在于充分利用生长季节，以提高土地的利用率。明代华南稻作的一年二熟制已相当普遍。《八闽通志》明确记载早稻和晚稻为一年二熟的双季稻。福建的双季稻主要集中分布于福、兴、泉、漳四府。正如《漳州府志》所说："国税再熟之稻，在闽以南独多。早稻春种夏收，晚稻则早稻既获再插至十月

① 正德《琼台志》卷8《土产上》，明正德十六年（1521）刻本。

② 嘉靖《钦州志》卷2《食货·物产》，明嘉靖十八年（1539）刻本。

③ （明）解缙等编：《永乐大典》卷2337《梧州府·土产》，北京：中华书局，1986年。

④ 郑学檬：《中国古代经济重心南移和唐宋江南经济研究》，长沙：岳麓书社，1996年，第97—100页。

⑤ 郭文韬：《中国古代的农作制和耕作法》，北京：农业出版社，1981年，第15页。

收者”[①]。广东的双季稻在所辖诸府中多有分布，就连位于粤北地区的韶州府和南雄府也出产双季稻[②]，但以光照充足，水源丰富，土地平坦的珠江三角洲和韩江三角洲最为集中。可以说，广州、惠州、潮州等府是双季稻的重要产地。广西南部地区在宋代即有双季稻[③]。明嘉靖《钦州志》中“赁人田者，两熟之田，与田主平分，后熟私为己有”的记载，说明两熟制继续存在。不仅如此，明代广西的两熟制还在推广。乾隆《岑溪县志》载：“岑自隆（庆）万（历）以前，水田多种一造……自天启（1621—1627）始种早稻，岁耕二造”。除一年二熟制得到推广外，明代华南的一年三熟制也得到了发展。明人谢肇淛在《五杂组》中说：“闽田两收，北人诧以为异，至岭南则三收矣。”华南三季稻主要产于海南。明人王直曾任琼州知府，说“琼田岁常三获”。清人屈大均对琼州府的三熟制有所描述。他在《广东新语》中说，“琼南腊月插秧，四月收谷；五月又插，九月再收；如勤于耕作，一年有三熟之稻”。16世纪60年代在欧洲出版的《中国志》多处提到华南一年两收或三收的大稻田[④]，足见该地稻作的一年二熟制和三熟制有较大的影响。

此外，轮作多熟制和间作套种制的推广也是明代华南稻作制度发展的表现。为了实现一年多熟，明代华南的某些地方实行了稻麦轮作耕种制度。明人邝璠在《便民图纂》中曾讲述过稻麦轮作的方法：十一月，稻收完毕，将田锄成行垄，令四畔沟洫通水。种大小麦，以灰粪盖之。特别值得一提的是，明代华南还创造了一种早稻间套晚稻的“挣稿制”。即在插早稻时或在早稻插好十余日后，再插上一种叫做“寄种”的稻秧。道光《南海县志》说：“每于插早造十余日，即参插之，名曰挣稿，早造获后，苗乃勃发。”《古今图书集成·方舆汇编·职方典·泉州府部·物产》说：“寄种与早稻同下种，早稻刈后更发苗，至十月结实，有芒，米赤色。又一种无芒，晋（江）、南（安）、同（安）、惠（安）出。”显然，这也是一种利用不同稻种间作实现一年二熟的耕作制度。

---

① 康熙《漳州府志》卷27《物产》，清康熙五十四年（1715）刻本。

② 嘉靖《仁化县志》卷2，明嘉靖三十六年（1557）蓝丝栏抄本；嘉靖《始兴县志》卷上，明嘉靖十五年（1536）刻本。

③ （宋）周去非著、杨武泉校注：《岭外代答校注》卷8《月禾》，北京：中华书局，1999年。

④ （英）C.R. 博克舍编注：《十六世纪中国南部行纪》，何高济译，北京：中华书局，1990年，第85、92页。

（二）麦类作物和粟类作物

除稻类作物外，麦类作物和粟类作物也是明代华南地区重要的农作物。据文献记载，明代曾在华南推广小麦，从而使麦类作物的种植范围较前有了扩大。至于粟类作物则是明代华南地区不可缺少的主要杂粮。

1. 麦类作物及其主要产地

据文献记载，麦类作物从唐代开始向华南引种。宋代麦作在华南得到推广，小麦的种植在某些州县甚至出现了“不减淮北”的景象①。明代华南的一些地方官对种麦的重要性和必要性有清醒的认识，继续提倡种植麦类作物。如明初汀州城百姓不知种麦，县令刘雍“躬教之，比岁大稔”②。又如琼州长史王士衡作《劝谕乡里种麦文》备言种麦的好处：“每年春夏之间，旧谷既没，新谷未种，天特生麦以济缺乏，使我人民吃此麦饭，种此禾稻，循环接续，常得饱足。是农为国之本，麦又为农之本，此麦之功甚大也。本处小熟种稻，须冻耕热耘，须沾体涂足。惟麦不然：及秋而种，天气未寒；未夏先收，天气未热；种于干地，手足不沾泥水；锄块而作孔亦可种；犁地而撒子亦可种。是麦之事甚易也。亲宾中用，又有麦秆可代柴薪，是麦之所收甚多也……”③，大力劝导时人种麦。在这种情况下，麦类作物得到进一步推广。从明代华南各地方志的记载来看，当时华南麦类作物的种植已相当普遍。正因为如此，政府开始向麦田征税。

明代华南种植的麦作主要有“大麦”、“小麦”、“荞麦”三类。大麦以皮大麦为主，裸大麦较少，有“元麦”、“米麦”等不同的名称；生长期较短，一般为四五个月，且可迟播早收，有利于轮作复种；籽粒可食，但多用来制作饲料。小麦有冬小麦和春小麦之分，以冬小麦为主；生长期比大麦稍长，但亦便于轮作复种；籽粒蛋白丰富，是重要的粮食。荞麦又称“荍麦”，有“甜荞”、“苦荞”之分，“秆红花白，实三棱而黑”；性喜温暖气候；生长期一般只有两个多月，有利于提高复种指数；籽粒用途较广，磨粉亦可食用。在这三类麦作中，小麦是最重要的，所以普遍受到人们的重视。据《闽大记》及《八闽通志》载：福建麦作有大麦、小麦、荞麦。《广东通志》载：麦之类

① （宋）庄绰：《鸡肋编》卷上，萧鲁阳点校，北京：中华书局，1997年。
② 乾隆《汀州府志》卷20，北京：方志出版社，2004年。
③ 正德《琼台志》卷8《土产上》，明正德十六年（1521）刻本。

三：曰大麦，曰小麦，曰荞麦。《广西通志》载："麦有大小二种"，又有"荞麦"。这些记载说明无论是福建还是两广都有大麦、小麦和荞麦的种植。至于各省麦类作物的具体分布，则情况比较复杂。

福建各府及直隶州均种有麦类作物，但种类多寡不一。福州府诸县种类比较齐全，有大麦、小麦，也有荞麦。福州以南山地、丘陵种植面积较大，"濒海高地，民倚麦为命"①。兴化、泉州、漳州三府有大麦、小麦。大麦除普通型外，还有"早黄大麦"和"青大麦"等不同品种。滨海地带多有种植。荞麦较少，仅南安、德化等少数县份有所种植。建宁府建安、瓯宁、浦城、松溪、政和五县出产大麦、小麦。延平、邵武、汀州三府及福宁州亦皆产麦，只是大麦、荞麦较少。总的看来，麦作种植范围广泛，但比较分散，除与水稻连作者外，主要分布在不宜稻作的旱地和山地。福、兴、泉、漳四府沿海丘陵、台地和岛屿干旱少雨，主要种植麦类作物②。

广东麦类作物的分布也比较方泛。在所属 10 府中，广州府、惠州府和潮州府既是著名的稻作区，也是重要的麦作区。广州府麦作以小麦、荞麦为多，大麦较少。该府在明初有麦田 6074 亩，小麦每年缴纳夏税 790 余石③。后来随着土地的不断开发和复种制的改进，麦田面积也相应地有了扩大。惠州府有大麦、小麦，长乐、博罗等县的小麦品质优良，有一定的影响。潮州府明初有小麦地 4157 亩，每年纳税 146 石④。到明中叶各类麦作种植面积增大，夏税麦达到 4160 余石。韶州、肇庆二府有小麦、荞麦。南雄、高州、廉州、雷州诸府有小麦。其中雷州徐闻等县的小麦在当时比较有名。琼州府在明初只有琼山、澄迈、陵水三县种植大麦、小麦，后经王士衡倡导，定安等县也有所种植，儋州和崖州在明后期也种上了荞麦⑤。从有关资料来看，广东地区的麦类作物亦多种于山区或其他旱地。在以双季稻为主的地方，麦类作物往往充当换茬作物的角色，"晚禾既收，即开畦以种小麦"⑥。

---

① （明）王世懋：《二酉委谭摘录》，明万历四十五年（1617）刻本。

② 据《闽大记》、《八闽通志》及天一阁所藏明代福建各府府志。

③ （明）解缙等编：《永乐大典》卷 11907《广州府·田赋》，北京：中华书局，1986 年。

④ （明）解缙等编：《永乐大典》卷 5343《潮州府·田赋》，北京：中华书局，1986 年。

⑤ 万历《广东通志》，明万历二十七年（1599）刻本；嘉靖《惠州府志》，明嘉靖三五十年（1556）蓝印本等。

⑥ （清）屈大均：《广东新语》卷 14《食语·麦》，北京：中华书局，1997 年。

广西诸府州在明代也多种植麦类作物。时人包裕在《麦黄歌》中说："大麦黄，小麦黄，家家男妇登麦场……麦场堆积如陵高。烹鸡打饼荐先祖，沽酒擎尊娱父母。舞者舞兮歌者歌，胥言收获今颇多。"① 但是，若与福建、广东两省相比，似乎麦作类型较为单调，种植面积也比较小。就各府及直隶州的具体情况而言，桂林、平乐、梧州、南宁等府麦作种类齐全。其中桂林府麦作最为出名，据说"粤土惟桂林面各府重之"②。镇安府有大麦、小麦而无荞麦。柳州府、庆远府、思明府、太平府、思恩军民府及各直隶州一般只有小麦。浔州府因资料缺乏情况不明。大麦在广西大体上是 9 月种，2 月收，或者 11 月种，4 月收。荞麦是 9 月种，11 月收。至于小麦的耕作制度基本上与广东相似。

上述事实说明，华南麦类作物的种植在明代处于发展的状态。当然，如果与当时华南的稻类作物相比，麦类作物所占的比重较小，根本不能与稻作抗衡。如果与当时北方麦作的经营情况相比，华南的麦作经营仍有较大差距。正如明清人所说："岭南多稻而少麦，多小麦而少大麦"；麦作"不如北方之盛"，"作面亦不如北土"。③ 尽管如此，明代华南的麦作经营在华南农业的发展史上仍占有一定的地位，因为它毕竟为清代华南麦作的发展奠定了比较坚实的基础。

2. 粟类作物的种植情况

作为中国传统的农作物，粟类作物栽培历史悠久，品种繁多，以粟、黍、稷为主。粟为一年生草本植物，即通常所说的"小米"或"谷子"，有大粟（粱型）和小粟（粟型）两个不同的栽培亚种。大粟穗大而下垂，小粟穗小而直立。茎秆较麦类粗壮，穗轴上茸毛较密。具有喜温、耐旱、耐瘠、生长期短的特点，可早收或迟播。黍就是糜子，亦为一年生草本植物。茎秆有毛，穗偏向一边，颖果呈淡黄色，扁圆而又光滑。稷与黍同科同种，看上去十分相似。不同之处是，茎秆无茸毛，诸穗分散，颖果深黄，没有黏性。高粱简称"粱"，植株与玉米相似，但茎节较玉米圆长，表面有白色蜡粉。这些植物

---

① 嘉靖《广西通志》卷 21《食货》，明嘉靖十年（1531）刻本。

② 嘉庆《广西通志》卷 89 引《临桂县册》，清嘉庆六年（1801）刻本。

③ （明）王应山：《闽大记》卷 11《食货考》，北京：中国社会科学出版社，2005 年；雍正《广东通志》卷 52《物产志》，清雍正九年（1731）刻本。

用途较多，除可供食用外，还可造酒制糖或用作饲料。

上述粟类作物各有各的特点，本来是比较容易辨认的。但在明代以前在一些地方已经出现了张冠李戴的现象，有的把“黍”称作“稷”，有的把“粟”称作“稷”，有的把“稷”称作“高粱”。受这种情况的影响，明代华南各地对粟类作物的称呼也比较混乱。例如，嘉靖《广西通志》卷21说：“黍，俗名粟米。稷，俗名明禾。”正德《琼台志》卷8说：“黍，俗名狗尾粟。粘者曰秫，呼为糯粟；不粘曰黍，呼为粳粟。稷，粒似黍而小，茎穗短，俗亦呼狗尾粟。《尔雅》疏《左传》云：粢食不凿。粢者，稷也。《曲礼》云：稷曰明粢是也。今江东人呼粟为粢，然则粢也稷也粟也只是一物，而《本草》稷米在下品，别有粟米在中品，又似二物。故先儒共疑焉。”其混乱程度于此可见一斑。因此，要从当时的文献中把粟、黍、稷、高粱完全区分开来有一定的难度，必须进行仔细的分析。

据明代华南方志记载，福建的粟类作物有“粟”、“黍”、“稷”三种，“诸邑山谷间有种者，然甚少也”[①]。福州府稷有黄、白二种。泉州诸县有“黄粟”、“粢”、“粱”及“狗尾粟”。黄粟为稷的别名。粢即黍，“颗粒稠结，深黄上疏，有粳糯二种”。粱即高粱，亦分黄白二种。狗尾粟“穗长尺，每穗数十粒，米粳，同安呼为虎尾粟”。建宁府产粟，又称“黄谷”。延平府有粟，“山中野人间种之”。汀州府出产黍、稷、粟。邵武府产黍和粟。漳州府产粟。广东有糯黍、黄黍、牛黍、饭黍、鸭脚粟、狗尾粟及大粟[②]。所谓“牛黍”实际上就是高粱。广州黍有黄白两种，较其他粟作为多。韶州府仅乐昌县产稷。潮州府产黍、稷和大粟。肇庆府各县产稷，黍出阳江县，有鱼子、狗尾两种。高州府粟类较多，有粘黍、粳黍、牛黍、牛尾黍、鸭脚粟、珍珠粟等。廉州府有粘粟。雷州府与高州相似。另有狗尾粟一年二熟。琼州府产金黍、牛黍和鸭脚粟。金黍圆粒粗芒，性粘，可饭食，亦可酿酒。牛黍2月种，5月收。鸭脚粟“六十日即熟”。广西一些府州也种有粟类作物。桂林府有黍、稷和鸭脚粟。庆远府黍有早晚两种。思恩府有狗尾粟和三角粟。南宁府产高粱、狗尾粟及鹅掌粟。从有关材料来看，明代华南三省虽种植粟类作物，但

① 弘治《八闽通志》卷25《食货·土产》，明弘治四年（1491）刻本。

② 嘉靖《广东通志初稿》卷31，明嘉靖十四年（1535）刻本；雍正《广东通志》卷52《物产志》，清雍正九年（1731）刻本。

分布松散，数量也大大少于麦类作物。不过，此类作物丰富了人们的饮食生活，对于救荒也有一定的积极意义。

（三）豆类作物和代粮作物

豆类作物也是明代华南地区比较重要的粮食作物。此外，明代华南地区还有一些能够代替粮食的作物，我们姑且称之为代粮作物。

1. 豆作的种类和布局

“豆”是“菽”的总称。明代福建豆类“大者有黄、黑二色，小者有绿、赤、白、黑、斑数色，又有豌豆、豇豆、蚕豆、虎爪豆、羊角豆、刀鞘豆及黑白扁豆”①。广东豆类“五色皆具，曰青、曰赤、曰黄、曰白、曰乌。又有绿豆、柳豆、乌眉豆、花眉豆。雷州有米豆、又有四收豆。新安有三收豆。海丰有雪豆”②。广西豆类“有黄、黑二种。又有绿豆、蚕豆、皂角豆、龙爪豆、虎斑豆之类”③。显然，明代华南豆类作物的品种是相当繁多的。

在明代华南的豆类作物中，黄豆、黑豆、白豆、绿豆、红豆、扁豆、豌豆、蚕豆比较重要。黄豆即大豆，适种性强，产量较高，可磨粉食，可做豆腐，又可榨油。黑豆即乌豆，可蒸晒豆豉。白豆俗称饭豆，宜种于山地，可制作豆腐。红豆壳红肉白，可以做粉，可以煮食。绿豆喜温，生长期短，易于复种，可制粉，可做糕，亦可下锅煮食。扁豆一名蛾眉豆，有红黑白三种，常作蔬菜之用。豌豆有白花豌豆和红花豌豆之分，除了充当主食外，还可充当蔬菜和饲料。蚕豆喜温暖湿润的气候，用途也较广泛。因此，这些品种在华南种植较多。

从大量资料来看，明代华南豆类作物种植的范围也不算小。如果按照颗粒的大小简单地把豆用划分为“大豆”和“小豆”两类，则这两种豆类作物均在华南地区的大部分州县都有分布（详见《明代华南粮食作物分布表》）。比较而言，当时豆类作物品种较多的府有：福州府，15 种；泉州府，10 种；建宁府，8 种；延平府，7 种；广州府，14 种；惠州府，11 种；琼州府，8 种；桂林府，7 种；南宁府，13 种。从各府的具体情况看，各县豆类作物的品种及分布是不尽相同的。比如福建建宁府的浦城县有白豆、乌豆、赤豆；

---

① 弘治《八闽通志》卷 25《食货・土产》，明弘治四年（1491）刻本。

② 雍正《广东通志》卷 52《物产》，清雍正九年（1731）刻本。

③ 嘉靖《广西通志》卷 21《食货》，明嘉靖十年（1531）刻本。

松溪县只有白豆、乌豆；建安、瓯宁二县有大豆、小豆、绿豆和杂豆；政和县只产水豆，没有其他豆作品种①。限于篇幅，这里就不细说了。总观明代华南豆类作物的分布，可以说豆类作物与麦作一样，也主要是种植在旱地和山区。稻田和麦田有时也种植豆类作物，那只是填闲补种而已。

2. 代粮作物的特点与生长范围

薏苡、薯芋和薇蕨本来不是粮食，但在明代华南人常常食用，特别是在农作物歉收的情况下，这些作物就显得更为重要。由于这些植物在当时充当过粮食作物的角色，所以在论述明代华南的粮食作物时应一并提及。

薏苡为禾本科植物，花生于叶腋，果实呈椭圆形。这种植物具有较高的药用价值，所以自古被划入药物之列。明代著名医学家李时珍曾论述过薏苡的药理和药性②。明代华南方志在记载当地物产时，也都将其写在“药属”之下。如明人王应山在《闽大记》中说：福建“药物有地黄、牛膝、薏苡”等。此外，这种植物的果实称作“薏米”，可以煮粥磨粉，供人食用。汉代马援征交趾时，就曾吃过薏米③。明代华南人吃薏米者不乏其人，“瑶人多种之以为粮”。从文献记载来看，明代华南种植薏苡较多的地方，在福建有福州府、建宁府、漳州府、延平府、汀州府，广东有惠州等府，广西诸府也多有种植。台湾在明代也有种植薏苡者。

薯芋系一年生或多年生植物，有甘薯、大薯、山薯、芋头等不同品种。甘薯形状像芋，长于土中，小者如卵，大者如瓯，皮紫肉白，味道甘甜。大薯又名牛脚薯，有红白二色，一茎只结一枚，重数斤，有至数百斤者。山薯即山药，生于山间。芋头有水旱二种，种于水地的称为面芋，种在旱地的称作大芋。其性能与甘薯相似。据李时珍等人讲，甘薯具有“补虚乏，益气力，健脾胃，强肾阴”的功能。山薯“性甘温平无毒，镇心安神魂魄，止腰痛，治虚羸，健脾胃，益肾气，止泄痢，久服耳目聪明，轻身不老”。晋人嵇含在《南方草木状》中说：“旧珠崖之地，海中之人皆不业耕稼，惟掘地种甘薯。秋熟收之，蒸晒切如米粒，仓圌贮之，以充粮糗，是名薯粮。北方之人至者，或盛具牛豚脍炙，而未以甘薯荐之，若粳粟然。大抵南人二毛者十无一二，

---

① 嘉靖《建宁府志》卷13《物产》，厦门：厦门大学出版社，2009年。

② （明）李时珍：《本草纲目》卷23《谷二·薏苡仁》，西安：三秦出版社，2008年。

③ 《后汉书》卷24《马援传》，北京：中华书局，1965年校点本。

惟海中之人寿百余岁者，由不食五谷而食甘薯故尔。”《粤西丛载》引《异物志》云：“甘薯似芋……南人专食以当米。”可见，不管是甘薯、大薯还是山薯、芋头，都有药用和食用的双重功能。明代华南大部分府县都有薯芋出产。王圻在《稗史汇编》中说“岭外多薯”。从方志记载来看，事实确实如此。以广东为例，清初屈大均的《广东新语·草语》载：“东粤多薯。其生山中纤细而坚实者曰白鸠薯，似山药而小亦名土山药……大者重数十斤，肤色微紫，曰猪肝薯，亦曰黎洞薯。”这是就全省的情况而言。正德《琼台志·土产》载，广东琼州府甘薯分为甜薯、蔓薯两类。甜薯有六月薯、赢薯两种；蔓薯有黎蔓、鹿脚、匾蔓、瓶蔓、铃蔓、木蔓六种。蕷分为坡种、水种两类。坡种者有面蕷、鸡母蕷、青蕷、东蕷四种；水种者有水黎蕷、白蕷两种；又有三年蕷等。其他府州的情况于此可见一斑。

薇蕨为多年生草本植物，内含淀粉较为丰富。明代福建福、兴、泉、漳等五府一州有少量薇蕨，广东广、惠、潮等府有这种植物，广西薇蕨生长较少。在一般情况下，华南人不太吃蕨粉，但在饥馑的年份，往往采薇蕨救荒。

另外，明代华南的某些地方还以桄榔屑和南椰粉代粮。据旧志记载，岭南桄榔树皮中有屑如面，多者至数斛，食之与常面无异。南椰与椰子树不同，其形色气味与藕蕨粉相似，可以做椰霜饭。至于饥荒时吃竹实、草根、木皮的情况也是有的。但那属于特殊情况，就不必细说了。

（四）外来作物及其布局

值得注意的是，在明代的华南地区，还有一些从海外引进的粮食作物。从有关资料来看，明代华南的外来作物主要有三种，即玉米、番薯和花生。这些作物的引进和推广，是华南农业史上的新现象，不仅增加了华南农作物的种类，给华南地区的传统农业注入了新鲜血液，而且在一定程度上改变了华南地区农业的格局，对华南地区的农业地理产生了重大的影响。

1. 玉米的引进

玉米原产地在美洲，起源于危地马拉及墨西哥等地。我国从明代开始种植玉米。明人田艺衡在《留青日札》中说：“御麦出于西番，旧名番麦，以其曾经进御，故曰御麦。杆叶类稷，花类稻穗。其苞如拳而长，其须如红绒，其粒如芡实，大而莹白。花开于外，实结于节，真异谷也。”李时珍在《本草纲目》中说：“玉蜀黍种出西土，种者亦罕。其苗叶俱似蜀黍而肥矮，亦似薏苡，苗高三四尺。六七月开花，成穗如秕麦状。苗心别出一苞，如梭鱼形。苞上出白须垂垂，久则苞拆子出，颗颗攒簇，子亦大如棱子，黄白色，可渫炒食之。”此外，《农政全书》及《群芳谱》中也有玉米的记载。这些记载一方面说明了明人引种玉米的事实，另一方面也说明时人对这种作物的认识。

华南地区种植玉米的历史可以追溯到16世纪前期。万国鼎先生在《五谷史话》中说，广西在嘉靖十年（1531）已见玉米。如果此说不谬，则广西是华南种植玉米较早的地区。据所知，成书于嘉靖十四年（1535）的《广东通志初稿》中确有种植玉米的记载。当时广东一带把玉米称为“玉膏粱”。“玉膏粱”与“御麦”、“番麦”、“玉蜀黍”、“包米”、“包谷”一样，都是玉米的不同名称。万历三年（1575）六月至十月，西班牙神父马丁·德·拉达等人出使中国，在福建等地曾亲眼看到田中种植的玉米①。这说明，到16世纪70年代，福建种植玉米已经是比较普遍的现象。

华南的玉米从何而来？是从我国的其他省份传入，还是直接从海外引进？对于这个问题，文献中没有留下明确的记载，学术界也没有展开专门研究，只是在讨论玉米传入中国的途径问题时有所涉及。关于玉米传入中国的具种时间和途径，目前学术界主要有三种观点。一种观点认为玉米是14世纪从西亚传入的②，西北陆路是玉米传入的唯一途径③。另一种观点认为玉米是16世纪由欧洲传至菲律宾，再由菲律宾传入我国东南沿海地区④。还有一种观点认为玉米是16世纪前期通过多种渠道传入中国的。这种观点又有三种不同的说法：一说从中亚及南洋群岛传入⑤；一说从东南海路和西南陆路传入⑥；一说从东南海路、西南陆路和西北陆路传入⑦。可谓众说纷纭，莫衷一是。大体说来，主张玉米从西北一途传入中国的学者，都认为华南的玉米是从中

---

① （英）C. R. 博克舍编注：《十六世纪中国南部行纪》，何高济译，北京：中华书局，1990年，第206页。

② 唐启宇：《中国作物栽培史稿》，北京：中国农业出版社，1986年，第211—215页。

③ 曹树基：《玉米和番薯传入中国路线新探》，《中国社会经济史研究》1988年第4期，第62—66、74页。

④ 万国鼎：《五谷史话》，北京：中华书局，1964年。

⑤ 佟屏亚：《农作物史话》，北京：中国青年出版社，1979年，第42页。

⑥ 何炳棣：《美洲作物的引进、传播及其对中国粮食生产的影响》，王仲荦主编：《历史论丛》第5辑，济南：齐鲁书社，1985年，第175—223页。

⑦ 陈树平：《玉米和番薯在中国传播情况研究》，《中国社会科学》1980年第3期，第187—204页。

国北方的某些省份传入的。主张东南海路说和多途说的学者，则认为华南的玉米是直接从海外引进的。从有关情况来看，华南玉米有从其他省份引入的可能性，但直接从海外引入的可能性更大。因为华南地区种植玉米是16世纪初期海禁松弛以后的事，当时南洋诸国多已种植玉米。华南商贾与菲律宾等国来往密切，通过海路从菲律宾等地引进玉米比较接近情理。再则华南多将玉米称作“蕃麦”，也说明该地的玉米可能是直接从海外引种的。当然，这是一个复杂的问题，尚待进一步研究。但无论如何，都不能否认明代中后期华南地区已经种植玉米的事实。

玉米是一年生禾本植物，植株高，茎秆粗，适应性强，在旱地、山地均可种植。此外还具有颖果大、产量高、用途广的特点。作为粮食，可蒸可煮，可磨为粉，制成各种食品。作为饲料，可喂养各种家畜家禽。因此，玉米在农作物的栽培史上占有重要的地位。正如清人包世臣所说：玉米生不择地，“瓦砾山场皆可植，其嵌石罅尤耐旱，宜勤锄，不须厚粪，旱甚亦宜溉”，“收成至盛，工本至轻，为旱种之最”①。

2. 番薯的引进及其重大影响

番薯为一年蔓生草本植物，只有一个栽培种，茎蔓生，喜温怕冷，适宜在气候温暖、阳光充足、土壤松软干燥的环境生长。这种植物在中国有红薯、白薯、红苕等数十种不同的名称。不少地方亦称之为“甘薯”或“山药”，但实际上与中国故有的薯芋类作物中的“甘薯”、“山药”是不同的。甘薯、山药统称为山薯。正如明人所说，薯有两种：其一名山薯，闽广故有之；其一名番薯，来自海外。“两种茎叶多相类，但山薯植援附树乃生，番薯蔓地生；山薯形魁垒，番薯形圆而长；其味则番薯甚甘，山薯为劣耳。盖中土诸书言薯者皆山薯也。今番薯扑地传生，枝叶极盛……闽广人赖以救饥，其利甚大”②。

番薯原产于北美洲的墨西哥。传入中国的时间比玉米略晚。最先传入的地方便是华南。这一点已得到学术界的公认。但是，关于番薯传入中国的具

① （北魏）贾思勰著，缪启愉、缪桂龙注：《齐民要术译注》卷1《辨谷》，上海：上海古籍出版社，2009年。

② （明）徐光启：《农政全书》卷27《树艺》，上海：上海古籍出版社，2011年。

体时间和途径，目前还存在着争论[1]。一种有代表性的观点认为，番薯是分两路传入中国的：一是“十六世纪末从吕宋传入福建，从漳、泉而北渐及莆田、长乐、福清，由之向北传播，十七世纪初到达松沪等地，向南传播到达广东”。二是“十八世纪从越南传入广东电白，以其传入广东南路时，已在广东普遍栽培之后，然得一种薯补充的来源，亦自可贵，惟其传播范围当较狭”[2]。这种观点影响较大，但也不是什么定论。

从大量资料来看，明代华南最早引种番薯的地区是广东。广东多山多阳，有大面积的热带和亚热带砖红壤及类似土壤，滨海沙土也比较适合番薯生长。明人黄佐在《广东通志·物产》中录有“红薯”、“白薯”、“甜薯”、“山薯”。这是一条非常重要的信息。“甜薯”、“山薯”是闽广一带故有的薯芋类作物，而“红薯”、“白薯”则不然，很可能是从海外传入的“番薯”。这部《广东通志》成书于明世宗嘉靖三十七年（1558），嘉靖四十年（1561）刊行。在此之前，葡萄牙人与广东沿海一带的商人来往已相当密切，在贸易过程中把番薯传入广东不是没有可能的。如果说这只是一种推测，不足为据，那么，万历初传入番薯当是毋庸置疑的事。文献明确记载，万历八年（1580），东莞人陈益曾直接通过海道从安南把番薯引进到东莞一带[3]。万历十二年（1584）前后，“洋泊”曾前往广东南澳岛贩卖番薯等物[4]。此外，据《桂平县志》记载，万历年间还发生了高州府吴川县医生林怀兰通过陆路从交趾（安南）带回新的薯种的事[5]。经过几十年的不断引种和栽培，番薯的种植面积逐渐扩大，成为一种重要的外来作物。

福建地区的番薯也是直接从海外引进的，不过引种的地方不是交趾，而是吕宋。明人何乔远说：“番薯，万历中闽人得之于外国，瘠土砂砾之地皆可以种，用以支岁，有益贫下。予尝作《番薯颂》，可以知其概也。颂曰：渡闽海而南，有吕宋国。国渡海而西，为西洋。多产金银，行银如中国，行钱西

---

① 见陈树平、郭松义、曹树基前揭文。

② 唐启宇：《中国作物栽培史稿》，北京：农业出版社，1986年，第239—241页。

③ 宣统《东莞县志》卷13《物产》引《凤冈陈氏族谱》，民国十六年（1927）铅印本。

④ （清）龚显曾：《亦园脞牍》卷6引明人苏琰《朱薯疏》，清光绪四年（1878）诵第堂木活字印本。

⑤ 关于林怀兰引植番薯的经过，详见道光《电白县志》卷20《杂录》，台北：成文出版社，1968年。

洋诸国。金银皆转载于此以通商贾，故闽人多贾吕宋焉。其国有朱薯，被野连山，而是不待种植，夷人率取食之。其茎叶蔓生如瓜蒌、黄精、山药、山蓣之属，而润泽可食，或煮或磨为粉。其根如山药、山蓣，如蹲鸱者。其皮薄而朱，可去皮食，亦可属食之；可熟食之，亦可生食；亦可酿为酒。生食如食葛，熟食色如蜜，其味如熟荸荠。生贮之有蜜气，香闻室中。夷人虽蔓生不訾省，然而不与中国人。中国人截取其蔓咫许，挟小盖中以来于是，入吾闽十余年矣。其蔓虽萎，剪插种之下地，数日即荣，故可挟而来。”[①] 谈迁也说：“朱薯产吕宋国，被野连山，不待种植，夷竞食之。万历中，闽人移蔓以归。种之，数日即荣。瘠卤沙岗皆可植。粪之，加大。泉人资以充饥。”[②] 显然，福建的番薯是直接从吕宋移植而来的。移植番薯最初可能是在秘密的情况下进行的。何乔远说是“挟小盖中以来”，还有一种说法是“取诸（薯）藤绞入汲水绳中，遂得渡海”。

据现有文献，福建引种番薯最早是在万历十二三年间（1584—1585）。明人苏琰曾在万历年间作《朱薯疏》，略云：“甲申乙酉间（万历十二三年），漳、潮之交，有岛曰南澳，温陵（泉州）洋泊道之，携其种归晋江五都，乡曰灵水，种之园斋……甲午乙未间（万历二十二至二十三年），温陵饥，他谷皆贵，惟薯独稔，乡民活于薯者十之七八。”[③] 万历二十一年（1593），陈振龙父子从吕宋带回新的番薯品种和栽种方法，献于“抚院”金学曾。次年泉州连续发生地震灾害，福州等地出现特大旱灾，饥荒在福州、泉州、延平等府迅速蔓延。金学曾等人发现番薯可以救灾，命陈经纶再往吕宋“丐种”，于是出现了大规模的引种。陈振龙的裔孙陈世元在《金薯传习录》中记载了这件事。现在有的学者对此表示怀疑，认为福建的番薯是万历十二三年间从南澳岛的洋泊上传入的，并说《金薯传习录》“是出于陈世元的伪造事实，以吹嘘自己的家庭，恐不足信”，“金学曾觅种外番的传说，是完全不足信”的[④]。在笔者看来，万历十二三年引种固然属实，万历二十年（1592）以后再引也并非捏造。因为除《金薯传习录》以外，有很多可靠的资料也记载了这件事

① 万历《闽书》卷150《南产》，明崇祯二年（1629）刻本。

② （明）谈迁：《枣林杂俎·荣植·甘薯》。

③ （清）龚显曾：《亦园脞牍》卷6引《朱薯疏》，清光绪四年（1878）诵芬堂木字活印本。

④ 朱维干：《福建史稿》，福州：福建教育出版社，1988年，第37—38页。

情。如乾隆《长乐县志·艺文志》载：陈经纶“明万历间贾于吕宋，携番薯归，陈六益八利，献其种与法于巡抚金学曾，金为刊行其法”。《甘薯录》载：“明季有闽人陈经纶复自吕宋移其种归，巡抚金公学曾劝民树艺，闽人德之，号为金薯。”清人施鸿保《闽杂记》所载略同。特别是万历《福州府志·物产》亦载：“番薯皮紫，味稍甘于薯芋，尤易蕃。郡本无此种，自万历甲午荒后，明年都御史金学曾抚闽，从外番丐种归，教民种树，以当谷食。”看来，陈振龙父子和金学曾引种番薯是不能否定的。其实，万历十二三年引种与万历二十年以后引种并不矛盾，正如广东在由海道引回番薯之后又从陆路引种一样，都是客观存在的事实。

从福建引种番薯的过程来看，该省最先种植番薯的地方应当是泉州府的晋江县。但明人黄士绅在万历《惠安县续志·物产续纂》中说：番薯“初种在漳，今侵蔓众于诸郡，且遍闽矣”。清人周亮工在《闽小记》中也说：番薯“初种于漳郡，渐及泉州，渐及莆。近则长乐、福清皆种之”。这有三种可能：一是在泉州引种之前，漳州人已经引种。二是大规模种植从漳州开始；还有一种可能是黄、周二人对番薯最初的引种过程缺乏全面了解。情况究竟如何，尚待进一步研究。其实，无论是泉州最先种植还是漳州最先种植都不很重要，重要的是番薯自 16 世纪 80 年代引入福建之后得到了广泛传播。到明朝末年，福建的许多府县都种上了番薯。

广西的番薯是由广东引进的①，种植时间相对较晚。广西晚明史料很少，对于农作物的记载更少，所以很难弄清番薯在广西传播的具体情况。不过，从明末清初的情况来看，广西番薯的种植也有一定的规模。吴震方的《岭南杂记》载：“番薯皮有红白二种，香甘可代饭，十月间遍畦开花，如小锦葵，粤中处处种之。”乾隆《平江县志》载：“两粤农家，多种番薯一物，青黄不接，借以济荒。今广福客民迁业来平者移植，闻皆畅茂。”乾隆《开泰县志》说，贵州的番薯就是通过广西传入的。显然，明末清初广西种植番薯已较普遍。从清代前期广西方志及《古今图书集成·方舆汇编·职方典》广西部分的有关记载推测，明末广西的多数府州均种有番薯。

番薯具有易种植、好管理、产量高、用途广等优点，所以一传入华南，

① 李炳东、弋德华：《广西农业经济史稿》，南宁：广西民族出版社，1985 年，第 160 页。

就受到普遍的欢迎，从而在当时的农作物中充当了重要的角色。明人何乔远在《番薯颂》中说："其初入吾闽时，值吾闽饥，得是而人足一岁。其种也，不与五谷争地，凡瘠卤沙岗皆可以长；粪治之则加大；开雨根益奋满；即大旱不粪治亦不失径寸围。泉人鬻之，斤不值一钱，二斤而可饱矣。于是耄耋童孺行道鬻乞之人皆可以食饥焉，得充多焉而不伤；至鸡犬皆食之。"[①] 与何乔远大体同时的黄士绅在《惠安县续志》中说："吾惠隶泉，最瘠，濒海之民岁丰啼饥。去岁大祲，米石可两三四金，乃持薯全活人食。薯起八九月，抵今春仲，可供一年之半。其利至能令谷贱以病富人。与五谷抗长争烈而又易生，无事粪多力勤。其入巨，每亩地多者收五六千斤。计北边沃壤，传获当倍是。然则以足供年食之半推之，其可省边半饷；岁运半漕可知也。岂非天地再开辟一嘉生哉!"[②] 这些说法虽然有些过誉，但足见时人对番薯是何等的重视。

3. 花生的传播

花生又名番豆、地豆、长生果、落花生，原产于南美洲的巴西和秘鲁等地[③]。从植物学的角度来讲，花生属豆科一年生草本植物。这种植物含有大量的脂肪和蛋白质，具有很高的营养价值，不仅是重要的副食品，而且是重要的油料作物。现在一般将花生作为经济作物看待，但明代花生主要是充当食物使用的。所以，本文把花生放在粮食作物中。

花生何时传入华南？这是一个比较复杂的问题。清代有人认为花生是宋元间传入华南的。檀萃说："宋元间……粤估从海上诸国得其种，高雷廉琼多种之，大牛车运之，以上海船而货于中国。"[④] 师范说："落花生为南果中第一，以其资助民用者最广。宋元间与棉花、番瓜、红薯之类，粤估从海上得其种，广种之。"[⑤] 这些说法不知有何根据。就内容而言，这些说法存在着一些问题，例如，说红薯是宋元间引进的，使人不能不对它的可靠性表示怀疑。特别是在宋元间的文献中尚未找到有关花生的记载，而有的明清方志则明确

① 万历《闽书》卷150《南产》，明崇祯二年（1629）刻本。
② （明）万历《惠安县续志》卷1《物产续纂》，明万历二十四年（1596）刻本。
③ 据考古资料，我国也可能是花生的起源地之一，但缺乏文献记载，尚待进一步研究。
④ （清）檀萃：《滇海虞衡志》卷10《志草木》，北京：中华书局，1985年。
⑤ （清）师范辑：《滇繁·赋产繁》，清嘉庆十二年（1807）刻本。

说华南在明代才开始种植花生①。所以很少有人赞同这个观点。20世纪初，美国学者古德利希认为花生是万历三十六年（1608）传入中国的②。这种观点对花生传入时间的估计过晚。著名农学家唐启宇先生认为，花生是16世纪初由闽粤侨商从葡属摩鹿加引进的③。这种观点的论据也不够充分，但似乎比宋元说合理一些。

福建、广东是种植花生最早的地区。浙江明代方志中有“落花生原出福建”的说法④，清人张璐在《本经逢原》中也说：“长生果产闽北”，这表明福建是引种花生最早的地方。广东的情况与福建基本相同。《滇海虞衡志》和《澧繁》中的记载虽不能证明花生系宋元间引入广东，但在一定和程度上说明了广东种植花生的情况。从有关方志推测，到明朝末年，福建泉州、漳州、兴化、邵武、汀州，广东广州、潮州、高州、雷州、廉州、琼州等府都有花生的种植。广西种植较晚，规模相对较小。到清代种植花生的府州才增多起来。

花生属短日照作物，适宜炎热干燥的气候和松软干燥的土壤。华南的不少地方正好具备这些条件，适合花生生长。从整个花生栽培的历史过程来看，明代花生的种植尚处于初级阶段。当然，有了这个初级阶段，才会出现清代花生种植的迅速发展。此外，我国其他省份的花生也主要是从华南引进的，所以不可低估明代华南引种花生的意义。

以上论述了明代华南的粮食作物及其分布。总的说来，明代华南的粮食作物种类多，分布广，各有特点。在这些作物中，稻类作物是最主要的粮作物，具有一定的代表性。稻类作物在明代有了较大发展，呈现出前所未有的景象。一方面，稻作的优良品种不断出现，产量逐步提高；另一方面，稻作的分布更加广泛，不仅各府州县的平原、盆地均有种植，就连一些山地也种植水稻。稻作的主产区是珠江、韩江、闽江、九龙江、浔江、郁江等江河流域的平原、盆地及河谷地带。其中广州、肇庆、潮州、福州、建宁、梧州等府所产稻谷较多，每年上交税粮都在10万石以上，广州府在有些年份所交税

---

① 康熙《漳浦县志》卷4《风土志》，台北：成文出版社，1968年。

② L. C. Goodrich, Early Notices of the Peanut in China, Mounmenta Serica, Vol. 2, No. 2, 1937。

③ 唐启宇：《中国作物栽培史稿》，北京：农业出版社，1986年，第345页。

④ 谢国桢：《明代社会经济史料选编》上册，福州：福建人民出版社，1980年。

粮将近30万石。桂北、琼西的某些县份也盛产水稻。麦类作物的地位仅次于稻作。明代中期气候转寒以后，小麦的种植有增加的趋势。虽然种植面积不是很大，但分布相当广泛。麦作主要分布在山区、丘陵等处的旱地，有时与稻作轮作复种。粟类作物、豆类作物和代粮作物的分布也较广泛，只是种植面积较小而已。外来作物主要有玉米、番薯和花生，是明代中后期从海外引进的新型粮食作物。这些作物一到华南就显示出它的优越性，因而很快得到推广，并且打破了传统的作物组合格局，大有后来居上之势，对华南地区的农业地理产生了深远的影响。

二、经济作物的栽培

在明代华南地区的农作物中，粮食作物是最主要的，但经济作物也占有很大的比重。华南地区种植经济作物具有得天独厚的条件。从历史的角度来看，明代以前，华南地区在经济作物的栽培方面已经积累了丰富的经验。到了明代，在华南开发的大潮中，随着粮食种植业的兴盛和商品经济的发展，经济作物在社会上越来越受到重视，经济作物的生产迅速崛起，并显示出巨大的活力。在这种情况下，各类经济作物的栽培面积也有了明显的扩大。明代华南地区的经济作物种类繁多。本文拟就比较重要的经济作物加以探讨。

（一）棉花、蚕桑和诸麻

棉花、蚕桑和诸麻在明代华南的经济作物中占有重要地位。据文献记载，明代华南的棉花是从海外引进的，蚕桑是由北方传入的，葛麻则是华南故有的。这些作物虽同属于纤维作物，但其栽培及分布情况却存在着一定的差异。

1. 棉花

棉花传入华南是明朝以前的事。早在西汉末年，棉花即从印度经缅甸、越南传到了华南①，称之为古贝或吉贝②。魏晋以降，棉花逐渐内传，汉人多

① 佟屏亚：《农作物史话》，北京：中国青年出版社，1979年，第146页；唐启宇：《中国作物栽培史稿》，北京：农业出版社，1986年，第476—477页。

② 明人徐光启在《农政全书》中说“吉贝”是“海外方言”，曾昭璇先生则认为是“南方民族对棉布的称呼”。曾昭璇：《岭南史地与民俗》，广州：广东人民出版社，1994年，第470页。

称之为“木棉”。经过隋唐时期的不断栽培，到宋代种植已较为普遍。故宋人有“闽广多种木棉”的记载[①]。元人陶宗仪在《南村辍耕录》中也有类似的记载。元政府曾在两广等地设置“木棉提举司”，说明当时华南棉花生产在全国占有重要地位。

明代华南的棉花有草本和木本两种。另有攀枝花与棉花相类。当地人在习惯上把棉花叫做“吉贝”，而把攀枝花叫做“木棉”。这与其他地区的情况是不同的。但是，由于北方人把棉花叫做“木棉”，官方也这么称呼，这样人们对华南棉花的认识就出现了混乱。许多人认为南方的木棉就是“吉贝”，即棉花。事实上在华南地区，“吉贝”和“木棉”完全是两种植物：“吉贝木如低小桑枝，萼类芙蓉花之心，中皆细茸，絮长半寸许，宛如柳绵”[②]。而“木棉一名琼枝，其高数丈，树类梧桐，叶类桃而稍大，花色深红，类山茶，春夏花开，满树望之灿然缀锦，花谢结子，大如酒杯，絮吐于口，茸茸如细毳”[③]。华南的“木棉”是指木棉树，也就是攀枝花。攀枝花除被称作“琼枝”外，还有“斑枝花”、“攀枝华”等不同名称，是华南普遍存在的野生树种。这种树形体高大，疏落成林；入夏开花，一片殷红；花分五瓣，果如棉桃；桃中有絮，很像棉花，所以有“木棉”之名。但这种“木棉”不吸水、不弯曲、韧性差，不能纺纱织布。这一点明清时人已说过多次。大农学家徐光启说：“攀枝花中作茵褥，虽柔滑而不韧，绝不能牵引，岂堪作布！或疑木棉（棉花）是此，谓可为布而其法不传，非也。”[④] 清人吴震方在《岭南杂记》中说：“木棉树大可合抱……其絮土人取以作茵褥，女工不能治。今询之粤人，亦无有织者。”显然，华南的“木棉”一般只作棉絮使用，据说只有黎人用手工将麻丝与其合衽成线，可编织床单。因此，在考察明代华南棉花生产时，不能把华南人所说的“木棉”当做棉花看待。明代初期，政府制定了鼓励种植桑麻棉花的政策，规定凡良田五亩至十亩者，栽桑、麻、木棉各半亩，十亩以上加倍种植；麻亩征八两，木棉亩四两，栽桑以四年起科；不种

① （宋）方勺：《泊宅篇》卷 31，北京：中华书局，1983 年。

② （宋）周去非著、杨武泉校注：《岭外代答标注》卷 6《服用门》，北京：中华书局，1999 年。

③ （清）陈梦雷：《古今图书集成·博物汇编·草木典》卷 303《木棉部》引《梧浔杂佩》，上海：中华书局，1934 年影印本。

④ （明）徐光启：《农政全书》卷 35《木棉》，上海：上海古籍出版社，2011 年。

桑出绢一匹，不种麻及木棉也要受到惩罚，各出麻布、棉布一匹[①]。这种政策对华南地区的棉花生产无疑具有一定的推动作用。所以明代前期华南的棉花种植仍在发展之中。福建福州、兴化、泉州、漳州、建宁、延平6府及福宁州多有种植。如明代方志记载，福州府棉花“诸县间有之。古田平沃处种者稍多”[②]。泉州府同安至龙溪间，“扶摇道旁”，皆是棉花；安溪县“桑柘少植，惟种木棉”；晋江、南安“二县山村，家家皆种”。[③] 两广诸府州也多有种植棉花者。其中琼州、惠州、梧州所产比较有名。

华南虽然是我国种植棉花最早的地区，但就自然环境来讲，并不是最适合棉花生长的地方。华南气温高，夏长冬暖，本来对棉花有利，但雨量多，降水强度大，多台风，又是棉花生长的不利因素。特别是在东南沿海地区，棉花开花时节刮风，常常使花儿尽落；棉花收获时节多雨，又往往导致花果腐烂[④]，造成棉花减产。明代中期，随着气候的变化，这种情况就变得更为严重。对此，明代华南人具有清醒的认识，有人甚至认为棉花“非其地之所宜”[⑤]。再就是经过宋元明三朝的大力推广，棉花种植范围日益扩大，已遍及江淮与中州各地[⑥]。北方各地及江淮地区的棉花生产有了很大的发展，无论是在数量上还是在质量上都超过了华南地区，不仅占领了黄河流域和长江流域的棉花市场，取代了华南棉花的重要地位，而且大量输入华南，对华南地区的棉花生产造成很大的压力。在这种情况下，华南地区棉花种植急转直下，迅速衰落。到明代后期，华南各地虽然还种棉花，但种植范围已很狭小，不能与明代前期相提并论。

2. 蚕桑

桑树为多年生木本植物，其叶是家蚕的主要饲料，具有很高的经济价值。我国是丝绸的故乡，种桑养蚕的历史很长。但自秦汉以来，种桑养蚕的地方

---

① 《明实录·太祖实录》卷31洪武元年四月辛丑条，台北：“中央研究院”历史语言研究所，1962年影印本；《明史》卷78，北京：中华书局，1974年标点本。

② （明）弘治《八闽通志》卷25《食货·土产》，北京：书目文献出版社，1998年影印本。

③ （明）王世懋：《闽部疏》，台北：成文出版社，1975年影印本；嘉靖《安溪县志》卷1，明嘉靖三十一年（1552）刻本；《安海志》卷4，清康熙年间抄本。

④ （清）陈梦雷：《古今图书集成·方舆汇编·职方典》卷1330《惠州府物产考》，上海：中华书局，1934年影印本。

⑤ 弘治《八闽通志》卷25《食货·土产》，北京：书目文献出版社，1998年影印本。

⑥ （明）徐光启：《农政全书》卷35《木棉》，上海：上海古籍出版社，2011年。

主要是北方黄河流域和四川盆地。从唐代开始，蚕桑产地扩大到珠江流域。不过，从文献记载来看，当时华南种植蚕桑的只有少数几个州县。宋代两浙路蚕桑业的发展十分迅速[①]，但华南地区的蚕桑业依然比较落后。宋人陈尧叟说广西“地少桑蚕”。广东、福建大体上也是如此。到了明代，特别是到了明代中期以后，情况发生了变化。北方大部分地区桑麻的栽植面积受棉花种植业的排挤而逐渐缩小，而华南地区的蚕桑业却出现了发展的势头。

明代华南地区蚕桑业发展的一个重要标志是广东桑基鱼塘的大量出现。明代广东在改造洼地的过程中形成了两种类型的“基塘”：基上种果，塘中养鱼的称为“果基鱼塘”；基上植桑，塘中养鱼的称为“桑基鱼塘”。明朝前期，果基鱼塘较多，桑基鱼塘相对较少。据文献记载，明初广州府所属八县种有“畦桑”。洪武十年（1377）夏税“畦桑”仅 40 751 株。其中南海县大榄等坊栽植小黄桑 15 292 株；番禺县慕德等里栽种 7167 株；东莞县延福等里栽 4128 株；增城县庆府等里栽 2779 株；香山县良字等里栽 1000 株；清远县清平等里栽 3000 株；其余为新会等县所种[②]。但“广蚕岁七熟，闰则八熟”[③]，“基种桑，塘蓄鱼，桑叶饲蚕，蚕矢饲鱼，两利俱全，十倍禾稼”[④]，桑基鱼塘具有很大的发展潜力。明代中期，桑基鱼塘体现出了它的优越性，加之广州丝绸对外贸易的刺激，珠江三角洲各县的桑基鱼塘有了很大发展。据《珠江三角洲农业志》第三册《珠江三角洲池塘养鱼业发展史和捕捞渔业、海水养殖的历史发展概况》所收集的资料统计，万历九年（1581），南海县有课税鱼塘 48 326 亩，顺德县 40 084 亩，番禺县 10 702 亩，新会县 6588 亩，三水县 10 250 亩，香山县 711 亩，高明县 7810 亩，宝安县 2698 亩，东莞县 32 659亩，九县合计，课税鱼塘共 159 828 亩。明代后期，澳门港的开通对广东蚕桑业也有所刺激。到明朝末年，桑基鱼塘在广东的基塘中已处于主导地位。崇祯十五年（1642），仅顺德县的种桑面积即达到 58 094 亩[⑤]，其他县份种桑的情况就可想而知了。

---

① 漆侠：《宋代经济史》，上册，上海：上海人民出版社，1987 年，第 147 页。

② （明）解缙等编：《永乐大典》卷 11905《广州府・田赋》，北京：中华书局，1986 年。

③ （清）屈大均：《广东新语》卷 24《虫语》，北京：中华书局，1997 年。

④ 光绪《高明县志》卷 2，清光绪二十年（1894）刻本。

⑤ 李本立：《顺德蚕丝业的历史》，中国人民政治协商会议广东省委员会文史资料研究委员会编：《广东文史资料》第 15 辑，内容资料，1964 年，第 102—131 页。

桑基鱼塘把种桑、养蚕和养鱼三者紧密地结合起来，形成了一个“奇妙的人工生态系统”，是一种很好的土地利用方式，具有很高的经济效益①。明代中后期，珠江三角洲桑基鱼塘的发展，使广东成为全国有名的蚕桑业基地。并且丝织业后来居上，在某些方面超过了老牌丝织中心。嘉靖《广东通志》载：“粤缎之质密而匀，其色鲜华，光浑滑泽”，“金陵、苏、杭皆不及”。屈大均在《广东新语》中说：“广之线纱与牛郎绸、五丝、八丝、云缎、光缎，皆为岭外、京华、东西二洋所贵。”生丝出口也大量增加。据英国学者C. R. 博克舍统计，万历八年至万历十八年（1580—1590）的这十年，每年从澳门运到印度果亚一地生丝约有3000余担，至崇祯九年（1636）达到6000担②。这中间有外地的生丝，当然也有广东的生丝。

与广东的情况相比，广西和福建的蚕桑业显得比较逊色。广西虽有蚕桑，但分布不广，只有柳州、浔州、平乐等府州有所种植。福建八府一州多有种桑养蚕的记载，但产量较小，也没有形成规模。如福州府“蚕桑差薄”③。有些县份有桑而无蚕。由于蚕桑种植分散，产量低，丝织水平也相应受到了限制。明人王应山说，福建“有土绢、改机、丝布、线绢、草缎、帽缎之属，皆出会城；漳绢、莆绢间有之，欲如吴纨、蜀锦美好无圾也。以丝出湖蜀，此地所产尽不佳矣”④。

3. 诸麻

麻与蚕桑一样，是中国传统的衣料作物。正如明人丘濬在《大学衍义补》中所说：“自古中国所以为衣者丝、麻、葛、褐四者而已。”华南地区很早就开始种麻，其麻可以制衣者主要有苎麻、黄麻、葛麻等数种。苎麻为多年生宿根性草本植物，具有纤维长、韧性好、不皱缩、易染色等特点，是织“夏布”的主要原料。据王祯的《农书》讲，这种麻“本南方之物”，所以栽种最为普遍。黄麻原产亚洲东南部，系一年生草本植物，喜温暖，纤维吸水性强，

---

① 司徒尚纪：《广东文化地理》，广州：广东人民出版社，1993年，第107页；杨晓棠：《明清时期珠江三角洲桑基鱼塘的发展》，《农史研究》第7辑，1988年。

② C. R. Boxer，Centro de Estudos Historicos Uitramarinos，The Great Ship from Amacon：Annals of Macao and the old Japan trade 1555—1640，Lisbon ，1963，p. 6.

③ 万历《福州府志》卷37，明万历七年（1579）刻本。建宁府建安、瓯宁、浦城等县产“土绢”、“土绫”、“土纱”等，但质量也比较差。嘉靖《建宁府志》卷13《物产》，明嘉靖二十年（1541）刻本。

④ （明）王应山：《闽大记》卷11《食货考》，北京：中国社会科学出版社，2005年。

可纺麻布或织麻袋。葛麻有野生麻与栽培麻之分，皮较难剥，但纤维比黄麻更细更长，能够织出薄软的葛布。此外，华南出产的蕉、竹、勾芒等纤维作物有时也充当衣料的角色。

广西是华南种麻最多的省份。考古工作者曾在广西贵县罗泊湾汉墓中发现麻籽、麻布鞋、麻布袜等物[①]，说明早在汉代，麻就已经成为广西人最主要的衣料。唐代广西的麻布已比较有名，宾州、容州、郁林州出产的麻布都被列为贡品。宋代广西的苎麻生产有了很大发展，经广南西路转远使陈尧叟的劝谕，种麻者越来越多，麻纺技术也有了提高。到了明代麻类作物在广西的纤维作物中占有主导的地位，其影响远在蚕桑和棉花之上。据嘉靖《广西通志》卷21《食货》载，广西的麻织品有葛布、苎麻布、青麻布、青布、蕉布等不同种类。另有瑶斑布也很出名。麻的种植范围遍及广西全境，可以说是处处有麻。南宁、梧州等府产麻尤多。有些地方“力田日少，种类日多，日用饮食多以麻易”，麻的种植甚至超过了粮食作物[②]。

福建麻类作物种植也很广泛。《闽大记·食货考》载：闽中多麻，夏布“长乐、建阳、邵武、将乐俱细，土蕉、土葛在在有之，第不甚精。”这就是说福建的苎麻好，夏布纺织技术高；蕉布、葛布也很多但质量较差。福建的麻产地以建宁、延平、汀州等北边诸府为主，所辖各县均有种植，一年三收或者四收，多余产品往往向外出售[③]。东南沿海诸府麻纺业发达，但除福州府外，其他各府原麻种植较少，常苦于原料不足。泉州府“所出少，不足于用，仰给他州及外省”[④]。

广东蚕桑业发达，棉花种植面积较大，但所种麻类作物也不少。这在麻布生产方面就有所反映。据万历《广东通志》记载，广州、潮州、南雄、韶州、肇庆、高州、雷州、廉州、琼州诸府均有葛布、麻布、蕉布出产。广东的葛布名目繁多，产于阳春者曰春葛，产于雷州者曰雷葛，产于博罗者曰善政葛，产于龙江者曰龙江葛，产于琼州者曰美人葛。其中增城葛布“弱如蝉

---

① 广西壮族自治区博物馆：《广西贵县罗泊湾汉墓》，北京：文物出版社，1988年，第86页。

② 嘉靖《广西通志》卷50，明嘉靖十年（1531）刻本。

③ 康熙《泰宁县志》卷1《土产》，厦门：厦门大学出版社，2007年；康熙《大田县志》卷2《物产》，清康熙三十二年（1693）刻本；乾隆《建宁县志》卷6《物产》，（清）乾隆二十四年（1759）刻本。

④ 乾隆《泉州府志》卷19《物产》，清乾隆二十八年（1763）刻本。

翅，重仅数铢”。雷州葛布工艺水平也很高，“百钱一尺”，“盛行天下”。此外，广东出产的蕉布和黄麻布也为岭外所重，“常以冬布相易”①。当然，广东种植麻类作物，方志中也有直接的记载，这里就不一一列举了。

（二）甘蔗、茶叶与油料

甘蔗、茶叶分别属于糖料和饮料，也是明代华南地区重要的经济作物，分布相当广泛。油料作物与华南人的日常生活有着密切的关系，因而在明代也曾得到较多的栽培。

1. 甘蔗

甘蔗是明代华南最重要的糖料作物。据专家研究，华南是我国甘蔗的起源地②，也是我国甘蔗种植最广的地区。大约在秦汉之际，华南的甘蔗就已出名。东汉人杨孚在《异物志》中说：“甘蔗远近皆有。交趾所产甘蔗特醇好，本末无厚薄，其味至均，围数寸，长丈余，颇似竹；斩而食之，既甘，榨取汁，如饴饧，名之曰糖，益复珍也。又煎而曝之，既凝如冰，破如砖。其食之，入口消释，时人谓之石蜜者也。”到明代，随着制糖技术的提高和对外贸易的加强，无论是两广还是闽台，甘蔗生产都得到了长足的发展；华南成为全国最大的甘蔗生产基地。正如明人宋应星所说：甘蔗“产繁闽、广间，它方合并，得其十一而已”③。

明代广东甘蔗分布极广，在东自潮州，西至廉州，南起琼州，北迄韶州的范围内均有种植。广州府的甘蔗有数种：赤色的名昆仑蔗，白色的名荻蔗，像竹的名竹蔗。种植面积较大，番禺、东莞、阳春、增城等县所种蔗田“连岗接阜”，几乎与稻田相等④。琼州府甘蔗“有黄、紫、铁牛腿数种，小黄长节者名芒蔗，性凉，可解草毒”⑤。廉州府钦州一带也盛产甘蔗，“其味脆而甘，灵山、合浦人煎以为糖”⑥。肇庆府和潮州府的甘蔗种植面积也相当可观。由于甘蔗分布广，产品多，制糖业也随之发达。据时人李调元讲，“上

---

① （清）屈大均：《广东新语》卷15《葛布》，北京：中华书局，1997年。

② 梁家勉：《中国甘蔗栽培探源》，《中国古代农业科技》，北京：农业出版社，1980年。

③ （明）宋应星著、潘吉星注：《天工开物译注》卷上，上海：上海古籍出版社，2013年。

④ （明）嘉靖《广东通志》卷23，明嘉靖四十年（1561）刻本；（清）屈大均：《广东新语》卷27《草语·蔗》，北京：中华书局，1997年。

⑤ （明）正德《琼台志》卷8《土产》上，明正德十六年（1521）刻本。

⑥ （明）嘉靖《钦州志》卷2《食货·物产》，明嘉靖十八年（1539）刻本。

农”一般每家设榨糖寮一所，“中农”五家合设一所，“下农”八家或十家合设一所。所产之糖远销内地或供应出口。到明朝中后期，“粤东蔗糖行四方”，已经成为“天下所资”的商品。[①]

福建诸府在明初即种有甘蔗，有些精品还要上供朝廷[②]。但总的看来种植面积不是很大。明代中叶后，随着商品意识的增加和海禁的松弛，闽人种蔗，“磨以煮糖，泛海售焉”[③]。内地富商也“持重货往各乡买糖”[④]。这样，大量种植甘蔗就成了有利可图的事。于是，福、兴、泉、漳等府竞相种蔗，出现了“处处园栽橘，家家蔗煮糖”的景象[⑤]。明人何乔远在《闽书·风俗志》中说：“泉州附山之民，垦辟硗确，植蔗煮糖。”陈懋仁在《泉南杂记》中也说：“蔗利厚，往往有改稻田种蔗者。”泉州如此，其他府县的情况亦可想而知。

广西除柳州以北地区外，大部分地方都适宜甘蔗生长。明代以前，有些州县种蔗煮糖已较出名。宋人祝穆《方舆胜览》载：“藤州土人，沿江种甘蔗。初冬压汁作糖，以净器贮之，蘸以竹枝，皆结霜。”这种糖称作“糖霜”，也就是通常所说的冰糖。藤州当时在广西算是比较落后的地方，能制出较好的糖霜，说明那时广西种蔗煮糖已发展到一定的水平。明初南宁、梧州等府所辖诸县中即有种植甘蔗的记载[⑥]。嘉靖《广西通志》卷21《食货》载：广西产“甘蔗”及“糖”。这个记载虽然过于简略，没有反映出广西甘蔗的具体分布，但至少说明明代广西甘蔗的种植也是比较普遍的。不过，相比之下，似乎当时广西甘蔗的商品化程度不高，甘蔗的数量也不及福建和广东。

2. 茶叶

茶叶作为饮料在我国已有数千年的历史。华南是我国野生茶的原产地之一，也是我国栽培茶出现较早的地区之一。唐代文献提到的茶叶产地中就有

---

① 雍正《广东通志》卷52《物产志》，清雍正九年（1731）刻本。

② （明）解缙等编：《永乐大典》卷7890《汀州府·土产》，北京：中华书局，1986年；嘉靖《惠安县志》卷7《土供》，明嘉靖九年（1530）刻本。

③ （明）陈懋仁：《泉南杂记》卷2，北京：中华书局，1985年丛书集成初编本。

④ 乾隆《海澄县志》卷6引旧志，清乾隆二十七年（1762）刻本。

⑤ （明）徐𤊹：《荔枝谱》，（明）陶珽：《说郛续》卷41，上海：上海古籍出版社，1995年续修四库全书本。

⑥ （明）解缙等编：《永乐大典》卷8507《南宁府·土产》，北京：中华书局，1986年；（明）解缙等编：《永乐大典》卷2339《梧州府·土产》，北京：中华书局，1986年。

华南地区的福州、建州、韶州和象州。宋代华南地区茶叶生产有了很大发展，建茶成为全国最有名的茶叶。据《宣和北苑贡茶录》载，北宋末年，建安北苑出产龙凤、京铤、石乳等名茶 40 余种，贡茶额高达 47 100 多斤。明代罢除贡茶之后，随着炒青技术的推广和饮茶方式的改变，华南地区的茶叶产区进一步扩大，茶叶成为华南地区重要的经济作物。

明代华南的茶叶生产仍以福建最为著名。福建北部山区的自然条件非常适合茶叶生长。明初龙凤山所产建茶与武夷山茶在全国处于领先地位，号称“绝品”[①]。明代中期，龙凤山所产先春、龙焙仍很有名，但武夷茶后来居上，成为最有名的茶叶。明人许次纾在《茶疏》中说：“江南之茶，唐人首称阳羡，宋人最重建州，于今贡茶，两地独多。阳羡仅有其名，建茶亦非最上，惟有武夷雨前最胜。”郭柏苍在《闽产录异》中也说，闽茶“以武夷为最”。武夷山茶的产量也很大。万历年间武夷山九曲一带数百家茶农，每年产茶达数十万斤[②]。除武夷山外，福建各府都出产茶叶，明人王应山在《闽大记·食货考》中说：“茶出武夷，其品最佳……延平半岩次之，福、兴、漳、泉、建、汀在在有之。”可见福建茶叶分布之广泛。

广东茶叶的影响远不如福建，但广东产茶地也不在少数。《大元一统志·广州路》条讲：“茶，诸县皆出。”这种说法未必完全可靠，但至少说明广东产茶较为普遍。核实而论，广东产茶较多的地方是广州府的西樵山和“河南”地方[③]。西樵山号称“茶山”，周围七八村百姓皆以种茶为生，所产“顾渚茶”相当有名，“或谓此茶甲天下，春摘者尤胜”[④]。“河南”即珠江南岸，当时有 30 多个村落，茶园规模较大，所产“河南茶”，“芬馨绝胜松梦之英”。据明末清初的屈大均讲，广东茶除上述两种外，广州府的罗浮茶、新安茶、曹溪茶、东莞研茶，肇庆府的顶湖茶，韶州府的乐昌毛茶，惠州府的长乐石茗、龙川皋芦叶，潮州府的潮阳凤山茶和琼州府的灵茶、乌药茶也比较有名[⑤]。此外，据《岭南杂记》，高州府的化州还出产“琉璃茶”。

广西种茶的情况与广东基本相似。南宋时，广西种茶已较普遍。《宋会要

① 弘治《八闽通志》卷 26《食货·土产》，北京：书目文献出版社，1998 年影印本。
② （清）董天工：《武夷山志》卷 21，北京：方志出版社，1997 年。
③ 嘉靖《广东通志》卷 13，明嘉靖四十年（1561）刻本。
④ 雍正《广东通志》卷 52 引《广州志》，清雍正九年（1731）刻本。
⑤ （清）屈大均：《广东新语》卷 14《食语·茶》，北京：中华书局，1997 年。

·食货志》载，南宋前期，广南西路融水、临桂、灵川、兴安、荔浦、义宁、永福、修仁、古县、南平、宾州等地每年产茶 90 680 斤左右。这些地方在明代继续出产茶叶。原来一些不产茶叶的州县到明代也种植茶树。从有关资料来看，明代广西各府州均有茶叶生产，每年茶税在 1183 贯左右[①]。其中产茶较多的州县是：桂林府的临桂、兴安、义宁，柳州府的象州、宾州，庆远府的思恩，浔州府的贵县，平乐府的恭城、修仁，南宁府的宣化，梧州府的岑溪。广西茶叶分布虽广，但名茶不多，只有修仁等少数州县的茶叶比较有名。修仁茶在宋代已出名。周去非的《岭外代答·食用门·茶》条载："静江府修仁县产茶，土人制为方銙。方二寸许而差厚，有供神仙三字者，上也；方五六寸而差薄者，次也；大则粗且薄者，下矣。修仁其名，乃甚彰。煮而饮之，其色惨黑，其味严重，能愈头风。"明代此茶仍有较大影响。此外，桂平西山茶、苍梧六堡茶、横县白毛茶亦渐出名。

3. 油料

明代华南地区油料作物种类丰富。草本有芝麻、油菜等；木本有油茶、油桐、乌桕等。这些作物都可以用来榨油。正如明人所说："菜油，菜子所压者；麻油，脂麻所压者；桐油，桐子所压者，桕油，桕子所压者。"[②] 花生也可以压油，但在明代主要当粮食使用，这在前面已经有所交代，这里就不再涉及。

芝麻又叫胡麻、脂麻、油麻，具有"益气力，长肌肉，填髓脑"等功效，是营养极为丰富的油料作物，可制成普通麻油和小磨香油。这种作物原产于热带干燥地区，有春芝麻、夏芝麻和秋芝麻，较适合在华南地区种植。明代福建芝麻有黑白两种，各府县多有种植。据说黑者以服食为良，白者以取油为主[③]。两广芝麻有黄、黑、白三种。广东除肇庆府外，均有种植芝麻的记载。广西种植芝麻较多的地方有桂林府、平乐府、梧州府、南宁府及太平府的某些州县。芝麻"为油最良"，但华南人当时习惯食用猪油和茶子油，而"鲜用麻油"。因此，明代华南地区芝麻产量不是很大，在当时的油料作物中不占主导地位。

油菜有"胡菜"、"芸苔"等不同的名称。李时珍在《本草纲目》中曾对

① （明）申时行等《明会典》卷 37《茶课》，北京：中华书局，1989 年。

② 弘治《八闽通志》卷 25《食货·土产》，明弘治四年（1441）刻本。

③ 乾隆《福州府志》卷 25《物产》，清乾隆十九年（1754）刻本。

油菜进行过解释。他说："羌、陇、氐地处苦寒，冬月多种此菜，能历霜雪。以其种自胡来，故名胡菜；又以塞外云台最早种植此菜，故名芸苔"。这种解释是有一定道理的。魏晋以后，油菜逐渐从西北传入华北、华中，最后推广到华南地区。据王应山的《闽大记》和明代方志记载，当时福建不少府县已种植油菜，其中建宁、延平、汀州等府所种稍多。各府油菜一般秋冬下种，第二年三四月份收获[①]，除供秋冬菜食外，主要用以压油。这一点除《八闽通志》有所记载外，其他文献中也有所记载。如万历《福州府志》卷37《物产》载："油菜，子可榨油。"这说明，明代福建已经把油菜当做油料作物来经营。明代两广的某些府县也种植油菜。广东已开始用油菜压油，但数量较少。广西是否已把油菜作为油料使用，目前尚无充分的资料可资说明。

油茶又叫"茶子树"，是一种常绿小乔木，果实内有黑褐色的种子，含油量高达45%—60%，可供榨油之用。用油茶子榨出的油称作"茶油"，是上等的食用油，亦可润发、燃灯。这是当时华南人最喜欢、最常用的油种。作为华南最重要的油料作物，油茶在福建、广东、广西各地均有分布。福建油茶树最多。明人王世懋在《闽部疏》中说："余始入建安，见山麓间多种茶，而稍高大，枝干嵯岈，不类吴中产。问之，知为油茶，非蔡君谟贡品也。已历汀、延、邵，愈益弥被山谷，高者可一二丈，大者可拱把余。以冬华，经春实。榨其实为油，可灯、可膏、可釜。闽中大都用之，然独汀之连城为第一。"建安为建宁府治所，"汀"即汀州府，"延"即延平府，"邵"即邵武府。此4府均位于福建北部山区。这就是说，福建北部山区是盛产油茶的地区。此外，据郭柏苍《闽产录异》等书记载，泉州的德化、永春、安溪3县，福州府的长乐县及福宁州也是油茶的主要产地。广东油茶较少，主要分布在粤北山区和丘陵地带。海南琼州府也有所分布。正德《琼台志》卷9《土产下・油之属》列琼州油10种，茶油排在第2位，称为"山柚"。原注云："山柚，文昌多，花白，即闽中茶油。"广西油茶产区以桂北桂林、柳州、平乐、庆远诸府为多。桂林府《兴安县志》载：油茶子"榨油甚清，可食，点灯良"。柳州府所辖各州县多出油茶，融县和怀远县油茶产量相当可观[②]。平乐

① （清）郭柏苍：《闽产录异》卷1《货属・油》，胡枫泽校点，长沙：岳麓书社，1986年。

② 雍正《广西通志》卷31《物产》，清雍正十一年（1733）刻本；乾隆《柳州府志》卷12《物产》，清乾隆二十九年（1764）刻本。

府油茶“溪麓森然，沿村漫野”，所产茶油驰名邻境①。看来，广西油茶的种植逊于福建，但处于广东之上。

油桐是我国特有的油料树种，种子出油率在35%左右，所出之油称作“桐油”，可供配漆，是制造油漆的重要原料。福建诸府皆有油桐。北部山区栽种较多，建阳、崇安、政和、浦城等县是主要产区②。嘉靖《邵武府志》卷2《风俗》讲邵武府所属诸县“专有鱼、稻、油漆、苎布之利”。既然该府能专油漆之利，说明油桐的种植一定不在少数。这一点也可以在清代《邵武府志》和有关县志中得到证明。南部丘陵地带也栽种油桐。万历《福州府志》卷37《物产》所载福州各县出产的油中就有桐油。广东北部山区也有油桐出产。据地方志记载，韶州府“山多种桐，至其秋剥其子为油，以供油饰”。广西油桐的种植更为普遍。雍正《广西通志》卷31《物产》讲：“桐油子树，类梧桐而不甚高大，三月花开，色白，瓣上界一红丝，子如核桃，七八月取其子作油，为用甚广。”从有关资料来看，广西镇安府、梧州府油桐较多，尤其是桂林府和庆远府，种植面积大，桐油产量高。除供本地使用外，还销往外地。

乌桕也是我国特有的木本油料树种，其皮油可以制造蜡烛，子油可制造油漆、油墨等。据《桂平县志》说，乌桕油还可染发、点灯，“涂头，令白发变黑，为灯极明”。这种植物在各种土壤上都能生长，所以分布区域是比较广泛的。据《闽部疏》、《闽产录异》等文献记载，福建山区各县有乌桕之饶。延平府和建宁府栽种最多。泉州府的永春和德化县出产的桕油比较有名。福州府也种有乌桕，万历《福州府志》载：“桕叶红如枫，实有脂，可为烛。”广西乌桕也比较多，其中浔州府、镇安府、南宁府的某些州县乌桕分布相当集中。在广东，广州府、南雄府、潮州府、高州府、琼州府的山脉、丘陵地带，也有乌桕生长。

此外，在华南地区特别是在两广还有肉桂的种植。肉桂又称玉桂、菌桂或牡桂，为樟科常绿乔木，可以入药；其皮、枝、叶含有挥发油，人们在习惯上称之为“桂油”。西晋嵇含的《南方草木状》及宋人周去非的《岭外代答》都曾介绍过肉桂的生态特征和种类。广西肉桂的产地主要在浔州府。据

---

① 乾隆《昭平县志》卷4《风俗》，清乾隆二十五年（1760）刻本。

② 嘉靖《建宁府志》卷13《物产》，厦门：厦门大学出版社，2009年。

说浔州府的治所桂平县就是因盛产肉桂、桂皮而命名的。桂林命名也与产桂有关。在明末清初，浔州、梧州肉桂出产量较大，质量也比较高，成为市场上的抢手货①。广东的肇庆府距广西浔、梧二州较近，是广东肉桂的主要产地。其他地方只有零星分布，对当地经济没有多大影响。

（三）果树和蔬菜

果树和蔬菜作为经济作物的重要组成部分，也属于农业的范畴。明代这两类作物种植面积都不是很大，不能与大田农业相比，但与人们的日常生活有很大的关系。华南地区素有“水果王国”之称，果树与蔬菜种类多，产量大，在经济作物中处于比较重要的地位。

1. 果树

华南地区高温多雨，土壤多呈酸性或中性，为热带、亚热带果树的生长提供了非常有利的条件。在漫长的历史岁月中，华南人比较重视水果生产，培育出了许多适合在热带、亚热带生长的果树。到明代，华南地区果树的种类已达数百种之多，果树的分布已经遍及福建、广东、广西所辖各府、州、县。《闽大记》说：福建“果实多品，荔枝、龙眼、橄榄、香橼四色独下府所产……桃、李、杨梅、枇杷、西瓜、雪梨、柑橘、菱角、藕、柿、枣、甘蔗之属，他郡俱有，沙果、胡桃、菩提果、人面果间有之，乌梅之用普于四方。”《粤会赋》说：广东物产极丰，“其果则芦橘、杨梅、黄蕉、丹荔、柑橙、九金橼柚、幄翠橄榄、余甘五敛、千岁人面……”。《广西通志》说：广西的果树有“龙眼、香橼、橄榄、樱桃、莲蓬、杨梅、桃、李、石榴、核桃……枇杷、白果、镞锥、米锥、枣子、茨、柑、橙、柚、橘”等。比较而言，具有代表性的果树是荔枝、龙眼、柑橘、香蕉、椰子、槟榔和橄榄。试以荔枝、龙眼和槟榔为例加以说明。

荔枝又称红荔或丹荔，在古籍中有“离支”、“荔支”、“离枝”等不同写法。性喜温湿多光，适宜在北纬30℃以南生长，色、香、味俱佳，是华南地区最重要的果树之一，被列为岭南四大佳果之首②。华南地区栽培荔枝有2000多年的历史。宋代已培育出了100多个不同的品种。明代华南地区荔枝的栽培技术较前有了提高，嫁接法和压枝法得到推广，在一定程度上代替了

① 乾隆《浔州府志》卷4《物产》，清乾隆二十一年（1756）刻本。

② 中国植物学会：《中国植物学史》，北京：科学出版社，1994年，第93页。

实生法，使荔枝的挂果期由20年缩短到4年左右[①]。此外，荔枝的品质得到改良，使荔枝的品种更加丰富：磨盘、鹊卵、星垂、牛心、虎皮、挂绿、双髻、状元红、大将军、妃子笑……有的3月即熟，有的晚至中秋；有的大如鹅卵，有的小如弹丸；有的浆似鸡血，有的色如琥珀，琳琅满目，不胜枚举。明代后期，随着荔枝商品化程度的提高和荔枝种植业的发展，介绍、评论荔枝的著作也应运而生，先后出现了徐𤊹的《荔枝谱》、屠本峻的《闽中荔枝通谱》、宋珏的《荔枝谱》、曹蕃的《荔枝乘》、邓庆采的《荔枝通谱》和吴载鳌的《记荔枝》，明末清初的屈大均在《广东新语》中对粤产荔枝也作了详细的论述。这些著作的出现，无疑也是明代华南地区荔枝种植业发展的一个表现。

明代华南的荔枝以福建为盛。福建荔枝号称天下第一，明代主要分布在东南部的"下四府"，即福州府、兴化府、泉州府和漳州府。福州府种植最多，万历《福州府志》中已有较为详细的记载。明人王世懋在《闽部疏》中说："由福之南门出，至南台江……行数十里间，荔枝龙眼夹道交荫。"上述《荔枝谱》都曾讲到福州生产荔枝的盛况。兴化府的荔枝可以与福州荔枝媲美。周亮工在《闽小记》中说："荔枝当以莆中宋家香为第一。"宋珏在《荔枝谱》中也认为莆田县的荔枝为"福业第一"。泉州府荔枝多产于晋江、南安二县。漳州府各县亦多有分布。明人徐勃在《荔枝谱》中著录福建"下四府"荔枝品种100个，其中福州府41个，兴化府25个，泉州府21个，漳州府13个，各府的荔枝生产亦可由此略见一斑。此外，福宁州所属宁德、福安二县在明代前期也是荔枝的重要产地，明中期因受霜雪侵袭和倭寇破坏而衰落。

广东荔枝仅次于福建。从种植范围来看，只有粤北南雄府不产，韶州府所产较少，其他各府均有出产。广州府的"果基鱼塘"中亦多有栽种。据文献记载，广州城附近就有荔枝，西洋塘至荔枝湾"两岸荔枝，香闻十里"。"广州诸大县村落中……凡塘基堤岸，多种荔枝、龙眼，或有以稻田种者"。南海县平浪至番禺县李村一带荔枝"蔽亏百里，无一杂树掺其中"。番禺、增城、东莞三县之间荔枝甚盛，每当荔枝熟时，舟车毕至，商贩云集，"岁收数

① 弘治《兴化府志·货殖志》，明弘治十六年（1503）刻本；邓道协：《荔枝谱》，明崇祯元年（1628）刻本；徐𤊹：《荔枝谱》，明陶珽：《说郛续》卷41，上海：上海古籍出版社，1995年续修四库全书本。

千万斛，贩于他方”[1]。潮州府潮阳等县多种荔枝，“人人得以享其利”[2]。海南琼州府琼山县和澄迈县的荔枝也比较“繁盛”[3]。就生长期和品种而言，广东荔枝有三月、四月、五月熟者，也有六月、七月熟者，品种相当繁多。《罗浮志》云：“荔有多种，曰黑叶、曰大荔、曰田岩、曰塘茔、曰进奉。产增城者优佳，曰挂绿、曰犀角子、曰状元红、曰尚书怀。”《岭南杂记》云：“荔枝多不及闽，而较早一月，惟新兴者过之。”

广西柳州以南诸府州也多栽种荔枝。嘉靖《广西通志》卷21《食货》载：“荔枝有二：曰四月八，曰绿罗袍，出横州。”据此似乎广西只有横州（即今横县一带）出产荔枝。事实上，这个记载是很不全面的。宋人范成大在《桂海虞衡志》中说：“荔枝，广西诸郡所产。”这种说法虽然有点夸张，但至少说明宋代广西种植荔枝的范围是比较大的，怎么会到明代就只剩下横州一处了呢？《永乐大典》卷8507《南宁府·土产》载：“荔枝，盛夏始熟……省地溪洞俱有之。”同书卷2339《梧州府·土产》在苍梧、郁林、博白等县条下亦载有“荔枝”。另外，浔州府的某些地方也有出产荔枝的记录。这说明除横州外，南宁府、梧州府和浔州府的一些州县在明代也种植荔枝。当然，无论从哪个方面来讲，明代广西的荔枝生产都比不上广东和福建。

龙眼又称桂圆，为常绿乔木，果实营养丰富，是珍贵的滋补品。据说龙眼有400多种，性喜温暖，对土壤要求不严，均可栽培。华南地区栽种龙眼至少有2100年的历史。晋人嵇含在《南方草木状》中说：“荔枝过即龙眼熟，故谓之荔枝奴，言常随其后也。”这说明龙眼和荔枝的生长环境基本相同。从有关资料来看，华南各地都有龙眼。广西龙眼在宋代就很有名，周去非在《岭外代答》中说：“广西诸郡富产龙眼，大且多肉，远胜闽中。”可见当时广西的龙眼是最有名的。明代广西柳州至昭平一线盛产龙眼，郁江流域也是龙眼的重要产地。梧州府的某些地方所产龙眼尤多，“藤（县）容（县）间，傍水连村，望之金翠夺目”[4]。广东龙眼种植范围大体上与荔枝相同。由于“果基鱼塘”的发展和商品意识的增强，广东龙眼的种植规模超过了广西，并且

---

① （清）屈大均：《广东新语》卷25《木语·荔枝》，北京：中华书局，1997年。
② 隆庆《潮阳县志》卷7《民赋·物产志》，明隆庆六年（1572）刻本。
③ 正德《琼台志》卷8《土产》，明正德十六年（1521）刻本。
④ 乾隆《梧州府志》卷3《舆地·物产》，清乾隆三十五年（1770）刻本。

形成了一些专业化的生产基地。如广州顺德县陈村“周围四十余里……居人多以种龙眼为业，弥望无际，约有数十万株”。“自南海之平浪、三山而东一带，多龙眼树”①。潮州也是种植龙眼很多的地方，有人说龙眼的种植“以潮（州府所）产为最”②。在福建，龙眼也被列为四大名产之一。福建人往往把龙眼称为“益智”而广泛种植。福、兴、泉、漳四府是龙眼的主要产地。福州的龙眼以福州城附近为上，《闽书》说：“龙眼出长乐者，大可寸许，最佳，明长乐园。”兴化府的龙眼也很有名，《仙游图经》说：“闽中龙眼以兴化为最。”泉州府和漳州府也有一些较好的龙眼品种。

槟榔原产于东南亚热带低地，外形像桄榔、椰子而略小，是典型的热带果树，在我国只有云南、广东、台湾南部地区可以种植。作为香甜可口的果物，槟榔具有生津解渴、健脾开胃、消滞杀虫、治泻止痛、护齿美容的功能，因而华南人很早就养成了吃槟榔的习惯和以槟榔作为定亲礼物的风俗，对槟榔具有特殊的感情。华南地区的槟榔产地主要是海南岛、雷州半岛和台湾（只有少量分布）。所以华南人食用的槟榔多来自海南。海南岛简称为“琼”。宋人王象之说：“琼人以槟榔为命……岁过闽广者，不知其几千万也。”③ 可见宋代琼州的槟榔已作为商品大量出售。到明代，随着海南与广东等地联系的加强，外界对槟榔的需求量不断增大，槟榔生产被进一步纳入商业化的轨道。这在一定程度上刺激了琼州人生产槟榔的积极性，使琼州府的槟榔种植业在原来的基础上又上了一个新的台阶。明初琼州种植槟榔的地方集中在文昌、万州、琼山、会同、崖州、乐会六个州县④。明代中期以后，扩大到儋州、澄迈、定安、临高、陵水等州县。由于诸州县“皆以槟榔为业”，槟榔的总产量大幅度提高，产品不仅可供华南及国内市场，而且大量销往邻近国家，“出售于东西两粤者十之三，于交趾、扶南者十之七”⑤。“两粤”即指广东、广西而言。据屈大均讲，琼州人主要吃槟榔青，销往两粤的槟榔有槟榔肉、槟榔咸和干槟榔。“交趾、扶南”指今越南、柬埔寨一带。外销槟榔占到销售总量的7/10，这是前所未有的事，可以视为明代槟榔生产发展的主要标志。

---

① （清）屈大均：《广东新语》卷25《木语·龙眼》，北京：中华书局，1997。
② （明）王临亨：《粤剑篇》卷3《志物产》，北京：中华书局，1987年。
③ （宋）王象之：《舆地纪胜》卷124《琼州》，北京：中华书局，1992年。
④ 正德《琼台志》卷9《土产下·货之属》，明正德十六年（1521）刻本。
⑤ （清）屈大均《广东新语》卷25《木语·槟榔》，北京：中华书局，1997年。

柑橘、香蕉、橄榄、椰子也是华南比较典型的水果。柑橘实际上包括柑子、橘子、橙子、柚子、金柑、金橘、佛手等在内，是华南地区种植最多、分布最广的果物。橄榄主要分布于福建的福、兴、泉、漳四府，广东的绝大部分州县和广西的平乐、浔州、梧州、南宁等府也有分布。香蕉分布范围较橄榄为小。而椰子主要分布在琼州。由于篇幅的限制，这些果树栽培的详细情况就不在这里一一叙述了。

2. 蔬菜

蔬菜是人们生活的必需品。华南人的食物以鱼类为主，但同样不能离开蔬菜。华南一带的地理环境有利于蔬菜的生长。从考古资料和文献记载来看，华南人在秦汉以前就已开始种植蔬菜。魏晋以后，随着北人的南迁和华南地区的开发，蔬菜种类趋于丰富。明代华南地区城镇有了很大发展，城镇人口的增加，对蔬菜生产提出更高的要求，促进了蔬菜的商品化程度。在这种情况下，蔬菜种植业势必会出现新的面貌。

明代华南三省蔬菜不尽相同。广西蔬菜作物主要有芥、萝卜、茼蒿（蓬蒿）、生菜、藤、菠、芫荽（香菜）、苦荬、白菜、芹、韭、蕨、椿芽、豆角、葱、姜、笋、菌、青瓜、王瓜、冬瓜、苦瓜、稍瓜等①。福建有菘（大白菜）、芥、芥蓝、白菜、油菜、葫菔、胡萝卜、凫癸、蘹菜、莴苣、水芹、蔓菁、菠菱、苦荬、东风菜、茄、苋、胡荽（即芫荽）、同蒿、蕨、姜、葱、韭、薤、蒜、木耳、香蕈、菌、瓜、瓠、石花菜、海藻、紫菜、鹿角菜、苔、芋等②。广东的蔬菜多与福建相同，但也有些特殊的品种。当然，就各省而言，所属各府的情况也是不尽相同的。以福建为例，延平府在嘉靖年间有蔬菜 30 种，建宁府有 50 种，而汀州府只有 25 种③。至于各种蔬菜的栽培及分布，情况复杂，难得一概而论。

值得注意的是，明代中后期，蔬菜的种植趋于园艺化。在一些较大的城镇附近，出现了专门的蔬菜生产基地。这一点，广州是最好的例子。当时，广州城西郊是著名的蔬菜区，“自浮丘以至西场，自龙津桥以至砚涌，周回二

① 嘉靖《广西通志》卷 21《食货》，明嘉靖十年（1531）刻本。

② 万历《福州府志》卷 37《物产》，明万历七年（1579）刻本。

③ 嘉靖《延平府志》卷 5《物产》上海：上海古籍书店，1961 年影印本；嘉靖《建宁府志》卷 13《物产》，明嘉靖二十年（1541）刻本；嘉靖《汀州府志》卷 5《食货·土产》，上海：上海书店，1990 年影印本。

十里，多是池塘……种莲者十家而九”。除莲之外，这一带还盛产蕹、芹、葱、黄瓜、梢瓜、茄、南瓜、冬瓜、节瓜、藕、茨菰等①。广东城北郊也多有蔬菜的种植②。采用园艺式大面积种植蔬菜以供市场销售，这也是前所未有的事。16 世纪下半叶，葡萄牙人和西班牙人初次来到华南，便对华南地区的菜园子留下了深刻的印象，他们写道：“菜园里有很多蔬菜，如大头菜、萝卜、白菜及各种有气味的菜，蒜、葱等，极其丰富。”西班牙奥古斯丁会修士马丁·德·拉达曾出使福建，他在《记大明中国的事情》中也说他曾亲眼看到过“南瓜、黄瓜、西瓜、白菜、小白菜、大头菜、萝卜、大蒜、葱和该国特产的其他很多蔬菜和水果”③。可见到明代后期，华南蔬菜的种植已相当普遍。

（四）木材及其他经济作物

华南地区山脉、丘陵广阔，森林资源丰富。木材、药材、染料、香料无所不有。明代华南人在利用天然林木及其他野生植物的过程中，曾多次发生过乱砍滥伐的现象，在一定程度上造成了生态环境的破坏。但是，也发现并培育了一些优质的木材和其他经济作物。

1. 木材

华南木材种类繁多，数以千计，既有大量的普通林木，也有一些非常珍贵的树种。明代华南普通林木主要有松、杉、樟、榕、桂、栎、椿、桧、柏、榆、槐、柳、桐、楝、柽、檀、枫、相思、冬青等。珍贵树木则有格、楠、榈、柚、蚬、银木、坡垒等④。在这些树木中，杉树以其优良的品质、广泛的用途和较高的经济价值受到华南人的普遍重视。杉树又称沙木，系亚热带常绿乔木，挺拔高大，是十分理想的建筑材料，也可以用以造船或者制造其他物品。清代人杨澜曾说：“沙木插而生者方可大数围。为室奉，为棺椁奉，胥取材焉。即以作器皿，亦韧久耐胜于萌蘖之生。初栽插时跨山弥谷，栉比相属，动辄数十里。十年后不止以谷量也。以故素封之家不窥市井，不行异

① （清）屈大均：《广东新语》卷 27《草语·莲菱》，北京：中华书局，1997 年。

② 康熙《花县志》卷 3《物产》，清康熙二十六年（1687）刻本。

③ （英）C. R. 博克舍编注：《十六世纪中国南部纪行》，何高济译，北京：中华书局，1990 年，第 93、206 页。

④ （明）王应山：《闽大记》卷 11，北京：中国社会科学出版社，2005 年；雍正《广东通志》，清雍正九年（1731）刻本；嘉靖《广西通志》卷 21，明嘉靖十年（1531）刻本。

邑，坐而待收，利贻数世，胥以此为富给之资。”[①] 显然，栽种杉树是有利可图的事。

在明代，由于人口的增加和城镇的发展，社会上对杉木的需求量很大，栽种杉树具有较好的经济效益，因而在华南地区形成了植杉取利的风气。明代华南地区杉树主要分布于福建和广西，福建方面是最有代表性的。福建在明代前期即已出现了植杉之风。弘治《八闽通志》卷26载：“杉，永春最盛，安溪、德化次之也。人生女，课种百株，木中梁栋，其子及笄，藉以为奁资焉。”明代中期以后，杉树栽种面积日益扩大，到神宗万历年间便具备了相当大的规模。时人何乔远《闽书》卷150载：“杉可以为船及棺材，作柱埋之不腐。建（宁府）、延（平府）、汀（州府）、邵（武府）、福宁（州）为多，是插而生者。”王应山《闽大记》卷11载：“杉木出上府（即建、延、汀、邵四府），集于洪塘，可备宫室之资，为利甚溥。”可见明末福建已经形成了杉树的种植基地。杉木的产量也很可观。据时人李默讲，建安“高阳之产杉木也，比于楚材，岁中所伐，以亿万计”[②]。高洋如此，其他地方亦可略想而知。随着杉树种植区的扩大，杉木成了重要的商品[③]。《明季北略》载：“福建延、汀、邵、建四府出产杉木。其地木商将木沿溪放至洪塘、南台、宁波等处发卖。外载杉木，内装丝棉，驾海出洋。”据此，明末福建杉木不但占据了国内部分市场，而且已远销于他邦。

除杉树之外，明代华南的竹类植物在经济生活中也比较重要。华南自古盛产竹子，大体上各府州均有分布。竹笋可食，竹竿可以为箭，可以代木，竹筒可当炊具，竹篾可以为箪、席、布、笠、桥，还可以编织成各种精美的器皿。明代以前，竹已与华南人的衣食住行建立了一定的联系。明代经营竹类作物的人有所增加，促进了竹产品的商业化。从现有资料来看，明代华南产竹最多的地方是福建。《闽大记》载：“竹类甚多，闽多山薮，其利不赀与渭川千亩等埒。”明人何乔远曾亲眼目睹福建产竹的情况，他说：“余尝游永福县，竹匝地漫山……至隔绝数里者。问之汀邵间皆然。一大奇也。”[④] 清人

① （清）杨澜：《临汀汇考》卷4《物产》，清光绪四年（1878）刻本。

② （明）李默：《群玉楼稿》卷7，济南：齐鲁书社，1997年。

③ 万历《邵武府志》卷9《物产》，明万历四十七年（1619）刻本。

④ （明）何乔远：《闽书》卷150《南产志》，明崇祯二年（1629）刻本。

周亮工也说："东南之竹最盛，而闽中种类尤多，奇形异状，产于阴崖深壑中者，不可胜纪。"[①] 两广一带也是重要的竹产地，无论是竹子的种类还是分布范围，都接近福建。明代方志对此多有记载。由于竹广泛应用于社会生活，其商品化成度越来越高。这一时期华南出现了以经营竹子而发财的富翁。

2. 其他经济作物

除了上述作物以外，明代华南地区还有一些比较重要的经济作物。如蒲癸、花卉等。万历《新会县志》载："蒲葵之制，几遍天下。"据清人屈大均讲该县种葵达6000多亩，号称"葵田"。显然，蒲葵这种作物有一定的经济价值，而且在广东等地有些分布。岭南多花，特别是广东，很早就以善种花卉而著称。菊花、梅花、茉莉花、海棠花、指甲花、素馨花名品繁多，一年四季鲜花不断，在市场上都有出售。当然，香料、染料、药材种植更有影响，更为普遍。

华南地区是我国香料的主要产地。特别是岭南地区，很早就有香国之称。在明代，华南地区香料作物的栽培呈现出迅速增长的势头且种类极多。有蜜香、沉香、鸡骨香、黄熟香、鸡舌香、伽南香、速香、芸香、枫香、紫藤、橄榄香、五木香等举不胜举。此外，还有八角、灵香等也很出名。香料的种植范围也比较广。就拿广东来说，广州府、肇庆府、高州府、廉州府、琼州府、罗定州都有不少县份盛产香料。如正德《琼台志》载："香生黎山者品有四：曰沉香，曰蓬莱，曰脱落，曰黄熟；产州县者品有七：曰白木香，曰土檀香，曰龙骨香，曰土降真香，曰鸡虱香，曰鸡骨香，曰海漆香。"从有关资料来看，琼州府的朱崖，肇庆府的德庆、新兴、高明，广州府的东莞、从化等地产香料尤多。特别是东莞县，许多人都以种香料为业，富者种香料千树，贫者也种植数百树，靠出售香料生活。据说该县香料远销北方各地，"岁售逾数万金"。[②]

文献记载，明代华南各地种有染料作物，如靛蓝、红花、紫草等，其中蓝是最主要的。华南在战国时期就采植靛蓝作为染料。靛蓝是一种叶子含蓝汁，可以提制蓝色染料的草本植物。李时珍在《本草纲目》中说蓝有五种：蓼蓝、松蓝、马蓝、吴蓝、木蓝。这些蓝在福建两广都有种植。福建的蓝主

① （清）周亮工：《闽小纪》卷1，上海：上海古籍出版社，1985年。

② （清）屈大均：《广东新语》卷26《香语》，北京：中华书局，1997年。

要分布在福、兴、泉、漳四府所属各县，其中福州一带的靛蓝影响最大。明人宋应星在《天工开物》中说："闽人种山皆茶蓝。"[①] 王世懋在《闽部疏》中说："福州而南，蓝甲天下。"在明代后期，福建的蓝已成为重要商品。闽县、侯官、长乐、仙游、龙溪、永春、德化等县是福建靛蓝的主要输出地[②]。广东方志中也多有产蓝的记载。如《广州志》载："蓝草叶细，二月种，五月收，土人以为靛。"广东番禺"早禾田两获之余，则莳菜为油，种三蓝以染绀"。广西蓝草的种植面积和产量也相当可观。据《永乐大典》卷 2339《梧州府・土产》记载，在明初梧州府所属诸县就已产蓝。到明末清初，又有不少广东人来这里"僦地种蓝"，进一步促进了当地蓝靛的生产。

华南各地也种植药材，其种类之多，数量之大，在华南地区的经济作物中都占有一席之地。明人王应山在《闽大记》中说："药物有地黄、牛膝、薏苡、天门冬、麦门冬、黄精、细辛、冬花、茴香、茯苓、茱萸草、决明、红花、香薷、连翘、何首乌、山药、香茅、半夏、使君子、天南星、蓖麻子、牵牛草、石蚕……之属，皆低品，其善药悉自川广辽陕至。"按照这种说法福建药物种类不少，但档次似乎不高。当然，这是他个人的看法，未必确切。就各府的情况来看，药物的种类和产量颇不相同。如明代方志记载，福州府有药材 66 种，延平府 22 种，建宁府 71 种，汀州府 31 种，其差别是显而易见的。广西比较重要的药材有 60 多种，从嘉靖《广西通志》记载来看这些药材与福建的药材也不尽相同。广东药材种类更多，仅琼州府就有 110 多种[③]。药材自古就带有商品性质，这是众所周知的事。至于各种药材的分布，就不再论述了。

以上论述了明代华南主要经济作物的栽培、分布等问题。总而言之，华南是我国最早种植棉花的地区之一，在我国棉花栽培史上占有十分重要的地位，但就自然环境来讲该地区并不太适合棉花的生长。明代华南地区的棉花种植业急转直下。到明朝中后期，华南的蚕桑业兴起，特别是随着"桑基鱼塘"的推广，蚕桑业得到较大发展，从而取代了棉花种植业的地位。甘蔗是

---

① （明）宋应星著、潘吉星注：《天工开物译注》卷 3《彰施》，上海：上海古籍出版社，2013 年。

② 弘治《八闽通志》卷 25，北京：书目文献出版社，1998 年影印本。

③ 正德《琼台志》卷 9《土产》下，明正德十六年（1521）刻本。

明代华南地区最重要的糖料作物，在广东、广西、福建等地都有栽培，并且成为加工出口的重要原料。茶叶随着炒青技术的推广和饮用方式的改变有了较大发展，成为内销和外销的大宗商品。芝麻、油菜等作物的种植区也有了扩大。至于荔枝、龙眼、槟榔等果木的栽培更有特色。其他经济作物也都在不同程度上有了发展。这种情况是前所未有的。明代华南地区经济作物生产之所以得到较大的发展，原因是多方面的，其中一个重要的原因就是商品经济的发展。明代中期以后，商品经济的发展对经济作物的生产具有较大的刺激作用，而经济作物的发展反过来又在一定程度上推动了商品经济的进一步发展。

三、渔业生产

华南濒临大海，河网密集，湖泊众多，水系相当发达。这些水里含有鱼类生长所必需的多种营养，天然饵料丰富，十分有利于鱼类的生长。明代本区内有不少从事渔业生产的渔户，有些农民在种粮之余，也从事渔业生产。文献记载："闽八郡，其四衽海，民之半盐鱼以生。"[①] 广东沿海的情况也是如此。"广为水国，人多以舟辑为食……贫者浮家江海，岁入估人舟算缗。中妇卖鱼，荡桨至客舟前，倏忽以十数。弱龄男女崽，身手便利，即张罗竿首，昼钓泥中，鳖、蟹、蜃、蛤之，日给有余，不须衣食父母。又舟人妇子，一手把舵筒，一手煮鱼……人日计米一升，加以鱼、蚌、乌菱、蕉、橘、薯、芋，减炊米十可二三"[②]。有些地方，从事渔业生产的人甚至远远超过了种田的人。如福建福清"资盐鱼者十有七八焉"[③]。显然，渔业生产在经济生活中占有较为重要的地位。

（一）淡水养鱼业和海洋捕鱼业的发展

从有关资料来看，明代华南的渔业生产大体上可分为淡水养鱼和海洋捕鱼两种类型，无论是淡水养鱼还是海洋捕鱼，都有了一定的发展。

明代华南的淡水养鱼业已相当普遍，凡有湖塘陂池之处，皆有养鱼之人。

① 民国《福建通志·水利志》卷一，民国二十七年（1938）刻本。
② （清）屈大均：《广东新语》卷14《食语》，北京：中华书局，1997年。
③ 民国《福建通志·水利志》卷一《福州府·福清县》，民国二十七年（1938）刻本。

养鱼的技术也有了明显的进步，并在选种、饲养和管理方面积累了丰富的经验。

鱼种又称为“鱼花”、“鱼苗”或“鱼秧”，是淡水养鱼业不可缺少的东西。在明代，华南地区出现了专门从事鱼种生产的“鱼花户”和以西江下游为中心的鱼种生产基地。《广东新语》载：“南海有九江村，其人多以捞鱼花为业，曰‘鱼花户’。鱼花产于西江。粤有三江，惟西江多有鱼花。取者上自封川水口，下至罗旁水口，凡八十里，其水微缓，为鱼花所聚。”鱼花户捞取鱼花的工作一般是从3月开始到8月结束。文献记载，“凡取鱼花，以苎布为罾，罾尾为一木筐而无底。半浮水上，鱼花从罾入至筐，乃杓于船中。罾之状如复斗帐，凡两重。外重疏，以布四十丈；内重密，以布一丈为之。大步置筐八九十，小步十或二十。上步已取，复于下步取之，其出不穷。然多在江水湾环之所。取之盛以白磁，方如针许。已能辨其为某鱼，拣为一族……分养池中，水浅而向阳则易长”①。这些记载说明，明代华南的鱼种生产，已经开始走上专业化的道路。

九江乡的鱼花户捞到鱼花后，首先养在自家的池塘中，然后经鱼商转手卖给养鱼的农民。《广东新语》载：“鱼苗之池，惟九江乡有之，他处率养大鱼，即养鱼苗，不繁滋也。”“……楚虽多鱼，而所产鱼花楚人不重，率重九江人所鬻者，以粤之鱼花易长也……九江之地如棋枰，周回三十余里，其黑脉者堤也，方罫者池塘也。池塘之水，养鱼花者十之七，养大鱼者十之三。养鱼花水浊，养大鱼水清，视其水色，则知所养为何等鱼也。地狭小而鱼占其半，池塘以养鱼，堤以树桑，男贩鱼花，妇女喂爱蚕，其土无余壤，人无敖民。盖风俗之美者也。人之富多以谷估及贩鱼花。史称水居千石鱼陂者此也。”每年正月，“始鬻鱼花，水陆分行，人以万计，筐以数千计，自两粤郡邑，至于豫章、楚、闽，无不之也。其鬻于近者鱼花大，远者小。日以米汤和鸭子黄饲之。又数易以生水。其在舟中者，则舟旁为两水车，昼夜转水，使新水入舟，故水不留，而后鱼花不病也”②。由于九江一带是著名的鱼花生产基地，鱼花贸易很频繁，以至于民间流传着“九江估客，鱼种为先，左手数鱼，右手数钱”的说法。

---

① （清）屈大均：《广东新语》卷22《鳞语·鱼花》，北京：中华书局，1997年。
② （清）屈大均：《广东新语》卷22《鳞语·鱼花》，北京：中华书局，1997年。

养鱼比种粮容易赚钱，故“广州诸大县村落中，往往弃肥田以为基，以树果木。荔支最多，茶、桑次之，柑、橙次之，龙眼多树宅旁，亦树于基。基下为池以畜鱼。岁暮涸之，至春以播稻秧。大者至数十亩。其筑海为池者，辄以顷计”①。据《珠江三角洲农业志》第二册《珠江三角洲堤围和围垦发掘史》统计，万历九年（1581），珠江三角洲各县有课税鱼塘 159 828 亩，其中南海 48 326 亩，顺德 40 084 亩，新会 6588 亩，三水 10 250 亩，中山 711 亩，高明 7810 亩，宝安 2698 亩，东莞 32 659 亩。由此可见广州一带基塘养鱼的盛况。华南地区的其他地方虽无“桑基鱼塘”和“果基鱼塘”，但在陂池中养鱼的情况也很普遍，甚至有在低洼荒田中养鱼者。《岭表录异》载：“新泷等州山田拣荒平处开为町疃，伺春雨丘中贮水，即买鲩鱼子散于田内，一二年后，鱼儿长大，食草根并尽，既为熟田，又收鱼利。”当时内塘养鱼已经积累了许多宝贵的经验。如“凡凿池养鱼必从二，有三善焉。可以畜水，鬻时可去大而存小，右以解泛”。“池不宜太深，深则水寒而难长”。“池之旁树以芭蕉，则露滴而可以解泛，树楝木则落子池中，可以饱鱼；树葡萄架子于上，可以免鸟烘，种芙蓉岸周，可以避水獭”。“池之正北，浚宜特深，鱼必聚矣，则三面有日而易长”。② 这些经验对于提高淡水养鱼的产量具有重要的意义。

除内塘淡水养鱼以外，海洋捕鱼业也有了很大的进步。海洋捕鱼业的进步，主要表现在渔民的活动范围日益扩大，已经到达深海。明代不仅福建近海有人从事捕渔业，而且渔场扩大到了西沙和南沙一带③。广东的渔场即有涠洲岛、琼州、香港、东沃等 36 处，福建有深沪澳、崇武澳、北桑列岛等 9 处④。福建霞浦的官井洋渔场是东海水域最有名的渔场之一。官井洋在霞浦、福安、宁德、罗源四县之间，是福建近海的天然大黄鱼产卵场。明代官井洋的渔业已受到重视，并积累了丰富的经验。现存的古鱼书《官井洋拾捌只招腊与讨鱼秘诀》讲述了官井洋暗礁（即招腊）的位置和根据大黄鱼叫声和产卵洄游的习性寻找鱼群的方法⑤。张曲楼的《官井捕鱼说》则记载了该地捕

① （清）屈大均：《广东新语》卷 22《鳞语·养鱼种》，北京：中华书局，1997 年。

② （明）黄省曾：《养鱼经》，上海：商务印书馆，第 3 册，1938 年影印本。

③ 闵宗殿：《明清时期的海洋渔业》，《古今农业》2000 年第 3 期，第 102—106 页。

④ 中国渔业史编委会编著：《中国渔业史》，北京：中国科学技术出版社，1993 年，第 58 页。

⑤ 杨瑞堂：《官井洋拾捌招腊与讨鱼秘诀一书的科学价值》，《古今农业》，1992 年第 3 期，第 75—82 页。

鱼的热闹场面：

> 潮大则驶往官井捕取，名曰下洋……五十余艚同时并发，夕阳明灭，帆影参参，岸上观者神为之移。及到官井，先寄碇仙人瓦，待潮早后放链，靡不鼓勇争先，橹声四起，当瓜鱼中，水数千艘，汹汹飞桨，浪花交舞，瓜声、橹声、人声、涛声，渺绕杂沓，奔腾澎湃，万艘穿织，海为震动。日影衔山，灯光灿烂，若万点流星浮光水上；月轮满天，鱼炽飘扬，若万军旌旄耀影云中。收网停泊，得鱼盈舱①。

为了适应海洋捕鱼业的需要，出现了许多不同类型的渔具。屈大均在《广东新语》中对广州府番禺的数十种渔具及其用法进行了描述。尽管讲得只是番禺的情况，而非华南地区全貌，但由此可见明代华南地区渔具之一斑。大型深海渔具的出现，说明当时海洋捕鱼的范围已经扩大。由于海洋捕鱼的范围扩大，捕捞的对象也随之增加。据明人屠本畯的《闽中海错疏》记载，明代福建的水产品有261种，其中淡水产品86种，海水产品175种，鱼类90种，非鱼类85种。主要的海洋经济鱼类如黄鱼、带鱼、鲳鱼等均已成为捕捞的对象。黄鱼以东海洋山渔场为多，福建官井亦复不少。《霞浦县志》载："三南海疆，官井过其半，三南渔户，业其中者不少，鱼类甚多，黄瓜（即黄鱼）、马鲛最著，四月立夏日为官井黄瓜时令，盖黄瓜利用官井以育子，及至之时，悉数聚孕，捕之至有满载而归者。"

随着渔具的改进和捕鱼范围的扩大，捕鱼技术也有了很大的提高。人们已经掌握了按鱼群发旺时机和地域进行捕捞的方法。明人屠本畯在《闽中海错疏》说："四明海上，以四月小满为头水，五月端午为二水，六月初为三水，其时生者，名洋生鱼……头水者佳，二水胜于三水。八月出者名桂花石首，腊月出者名雪亮。"明人谢国桢在《涌幢小品》卷31中也说："海鱼以三四月间散子，群拥而来，谓之黄鱼……初至者为头一水，势汹且猛，不可捕，须让过一水，方下网，簇起，泼以淡水，即定，举之如山，不能尽。水族之利无大于此者。"此外，还掌握了利用黄鱼产卵发声来探捕鱼群的技术。王士

① 民国《霞浦县志·实业·渔业》，台北：成文出版社，1967年影印本。

性《广志绎》卷四中载："每岁三月水，每水有期，每期鱼如山排列而至，皆有声，渔师则以篙筒下水听之，鱼声向上则下网，下则不，是鱼命司之也。"带鱼又称白带、裙带、银边、银刀、刀鱼等，在明代华南地区也常见于文献记载。《闽中海错疏》称："带，身薄而长，其形如带，锐口兴尾，只一脊骨而无鲠无鳞，入夜灿然有光，大者长五六尺。"因带鱼栖息于深海，且有昼伏夜浮的习性，故捕捞起来有一定的难度。明代发明延绳钓，从而解决了捕捞方面的难题。

与此同时，海洋养殖业也已兴起。明代华南地区的海洋养殖主要是利用沿海港汊或河口养鱼。此外，还有贝类的养殖等。贝类养殖以牡蛎为主。牡蛎，古代称之为蚝或蠔。有插竹养蚝和投石养蚝两种方法。广东养殖区主要分布在广州府的东莞、新安、番禺和潮州的若干县份。屈大均在《广东新语》中说："蠔，卤水所结，其生附石，磈礧相连如房，故一名蛎房。房房相生，蔓延至数十百丈，潮长则房开，消则房阖，开所以取食，阖所以自固也。凿之，一房一肉，肉之大小随其房，色白而含绿粉，生食曰蠔白，腌之曰蛎黄，味皆美……大者亦称牡蛎，蛎无牡牝，以其大，故名牡也。东莞、新安有蠔田。"①《潮州府志》载："沿岸浅水处多有堆石或蚝壳以繁殖之，是为蚝田，呀蚝埕。潮退时嶙峋突起，横亘达数里之广。"福建牡蛎产地主要分布在罗源、霞浦、宁德等地。《福建通志》载："罗源、霞浦……每旁土埕，面积四十里，均以插竹养蛎。"福宁的牡蛎生产更为重要。明人郑鸿图在嘉靖年间撰《蛎蜅考》，对福宁州养牡蛎情况有详细的记载。

（二）对鱼类及其他水产品认识的深化

由于淡水养鱼和海洋捕鱼业都有了发展，因而人们对鱼类的认识也较此前有所增加。道光《广东通志》卷 98《舆地略·物产五》所载广东海鱼和淡水鱼 100 多种。民国《福建通志·物产志》卷 9《鳞类》所载鱼类更多达 200 余种。据《广东新语》及华南地区各地方志记载，明代华南地区鱼类极多，人们比较喜欢食用的鱼则有 40 余种，其中生长于池塘的有鲢鱼、鳙鱼、鲩鱼、鲤鱼、鲫鱼。生长于江海者有黄花鱼、白花鱼、黄皮蚬、鲚鱼、青鳞、鲥鱼、黄鱼、嘉鱼、竹鱼、马伍、贴沙、鲟鱼、鲇鱼、笋鱼、龟鱼、章鱼、

① （清）屈大均：《广东新语》卷 23《介语·蠔》，北京：中华书局，1997 年。

石冷鱼、倒挂鱼、凤尾鱼、葵鲤等。

产于池塘的鱼类以鲢、鲤、鲩鱼为美。鲢鱼俗名白鲢、鲢子，性活泼，善跳跃，头较大，约为体长的1/4，肉质细嫩，生长较快，三年可长到4千克左右，最大可长到40千克。《八闽通志》载：莲鱼，“口小鳞细，身扁色白，其种来自江西，人家池塘中多畜之。又一种色红，谓之红莲，或作鲢”。《闽产录异》载：“鲢，塘鱼也。福州溪涨漫塘，鲢鱼乘潮入溪，故水口至下江得者肥美，恒二三十斤。江右鲢首不饷客，福州馔者独重之。”鲤鱼生活适应性较强，为杂食性鱼类，品种较多，有团鲤、裸鲤、塘鲤、荷包鲤等，最大个体可达15千克。鲩鱼有青鲩、草鲩之分，喜欢栖居于水的中下层和近岸多水草的地方，食物以水生高等植物为主。四龄体长可达740毫米，重7千克。此外，鲫鱼也受到人们的喜爱。鲫鱼俗称喜头、鲫瓜子，亦为杂食性鱼类，喜欢生活在水草丛生的浅水湖塘。此鱼生长较慢，但肉质细嫩，味道鲜美，被列为上等食品。其中产于桂林象鼻山下的鲫鱼，味尤甘美。故明人韩雍《桂江鲫鱼诗》云：“桂江霜鲫长如许，绝似松江一尺鲈。鲫美终非故乡物，临风长笑忆天吴。”① 至于鳙鱼，华南人则不大喜爱。鳙鱼俗称花鲢，又称胖头鱼，头部很大，约占体长的1/3，喜欢生活于水的中上层，主要以浮游动物为食，二至三龄平均体长可过400毫米左右，虽生长较快，但肉质较粗。华南人认为：鳙鱼不美。鲩鱼之美在头，鲤鱼之美在尾，鲢鱼之美在腹。故民间有“鲩鱼头，鲤鱼尾，鲢鱼之腹甘且旨”的谚语。

产于江海的鱼类，首先以马膏鲫等为美。其次为黄花鱼、白花鱼、鲚鱼和鲈鱼。华南“语有曰：‘黄白二花，味胜南嘉。’又曰：‘寒鲚热鲈。’黄者黄花鱼，白者白花鱼也。又春曰黄花，秋曰石首也。凡有鳞之鱼皆属火。二花不然，其功补益而味甘，故美。鲚鱼冬至益肥，故曰寒鲚。鲈至夏益肥，故曰热鲈。言一以寒而美，一以热而美也。凡鲈鱼以冬初从江入海，趋咸水以就暖，以夏初从海入江，趋淡水以就凉。渔者必惟其时取之”②。嘉鱼状如鲋，小而多脂，味极甘美。广西梧州嘉鱼，以3月出穴，10月入穴。在粤中大小湘峡者，以10月出穴，3月入穴，西水未长，则四五月犹未入穴。嘉鱼出必于端溪高峡间，其性洁，不入浊流，常居石岩，食苔饮乳以自养，霜寒

① 嘉庆《广西通志》卷92《舆地·物产一》，台北：文海出版社，1966年影印本。
② （清）屈大均：《广东新语》卷22《鳞语·鱼》，北京：中华书局，1997年。

江清，潮汐不至，乃出穴嘘吸雪水。其中产于广西横州、梧州一带的嘉鱼最美，“众鱼莫可与比”①。此外，“鱼大至时，其下堆积至数十百丈，不可底极，以枪刺一鱼取之，次鱼饮其血复上，复枪刺取之，如是者相连不断，不可胜取……已上皆鱼之美者。大率出于海者十之七，出于江者十之三。然皆美于池塘者也”②。

有些鱼长得很小，但味道很美。如鲷鱼：

春时自岩穴中出，状似初化鱼苗，宜乾之，食以姜醋。曰银鱼，以秋九月出，九月有风曰银鱼风……其也惠州丰湖第一桥下者，长二黍许，光滑无鳞，表里朗彻，以白瓷盆浥之，与水无异。惟见两目莹漆，希贵弗多。渔者但量器计值，煮以湖上清醒泉及姚坑水，有味无渣。而也于清明节者尤美，曰鹅毛鱼，取者不以网罟，乘夜张灯火艇中，鹅毛鱼见光辄上艇，须臾而满，多则灭火，否则艇重不能载。其气味绝香，一曰香鱼。

又如“跳鱼出海丰县，长二三寸，形如土鲋而细长，顶高而方，两眼生顶上，身有细绿点”，能跳，味甘。“水晶鱼出惠州，长不满寸，大不过分，味甚甘美”。抱石鱼，产于建安、瓯宁、松溪、政和溪涧中，“背偃而腹平，其大如指，常贴于石上”，“无鳞，安溪县以为佳品”。

除食用鱼外，还有一些专供人们观赏的鱼类。

例如：锦鳞鱼者，大可二指，长寸许，身有横理十二道，鳞如错锦，具五色，尾长于身如带，金彩缕缕，以盘盂畜之，于午日中，投花二瓣，皆争覆阴，不得者忿而相斗，翩反鼓舞，各有态度。斗罢复比目而游。又有金鱼者，分鲤、鲫二种。春深咬子，咬子者，雄以口咬雌者眼，子则出腹……子初出色黑，由黑而红而黄则纯金矣。以鬣小三尾五尾者为贵。谓之暇尾咬子，又名趺子。当趺子时，以大暇盖之，则多暇尾。尾

① 嘉庆《广西通志》卷 91《舆地·物产三》，清嘉庆六年（1801）刻本。
② （清）屈大均：《广东新语》卷 22《鳞语·鱼》，北京：中华书局，1997 年。

又以撒开象木芙蓉者为贵，谓之芙蓉尾。此二种则鱼之可玩者也①。

明代华南人在养鱼和捕鱼的过程中，不仅对鱼类有了较多的认识，而且对其他水产品的认识也有增加。比如对虾类的认识。《闽书》载：虾“有赤虾、黄虾、沙虾、水港虾、斑节虾。”《八闽通志》载：“草虾头大身促，前两足大而长，生池泽中。泥虾相传稻花所变者，出田中。以上俱出淡水。对虾土人熟而干之，两两对插，可以寄远。赤尾虾，虾之小者。金钩子又小于赤尾……细如针芒，海滨人盐以为酱，以上俱出卤水。”《闽部疏》载：“海味重于天下者称西施舌、江瑶柱，泉漳间皆有之，而苦不称美。其它鳞介殊状异态，多不可名。而最奇者龙虾，置盘中，犹蠕动。长可一尺许，其须四缭，长半其身，目睛凸出，上起二角，负介昂藏，体似小龙，尾后吐红子，色夺榴花，真奇种也。”《广东新语》卷22《龙虾》：“龙虾，巨者重七八斤，头大径尺，状如龙，采色鲜耀，有两大须如指，长三四尺，其肉味甜，稍粗于常虾，以壳作灯，光赤如血垢珀，曰龙虾灯，东莞、新安、潮阳多有之。”

对蟹的认识也是如此。蟹在福建、两广均有出产。《闽产录异》载：毛蟹，“福兴泉漳潮汐往来之处皆产。曰浦蟹，色黑。曰港蟹，色青。曰洲蟹，色青白，大仅六七寸，西风膏满，南风膏减。石蟹产邵属，螯紫味极清。”《广西通志》载：“蟹出横州平塘江，鲜美胜粤东。”②《广东新语》卷23《介语·蟹》载：

蟹以潮之消长为多少，潮长则蟹少，消则蟹多……其匡初蜕，柔弱如绵絮，通体脂凝，红黄杂糅，结为石榴子粒，四角充满，手触不濡，是名奭蟹。其未蜕者曰膏蟹。盖蟹黄应月盈亏，为月之精所注，故以膏为美。膏多则又曰母蟹，蟹以有膏为母，犹蚌以有珠为母也。次者肉蟹。自扶胥以上，水淡，多肉蟹。近大小虎门，水卤，多膏蟹。盖水淡则蟹多肉，水卤则蟹多膏……然大抵潮减则蟹肥，潮满则蟛蜞肥。每月初九、二十三两日潮必乾，潮乾而蟹食泥则肥，潮满而蟹食水则瘠。又蟹一月

① （清）屈大均：《广东新语》卷22《鳞语·鱼》，北京：中华书局，1997年。
② 嘉庆《广西通志》卷92《舆地·物产·南宁》，清嘉庆六年（1801）刻本。

一解，自十八以后月黑，蟹乘暗出而取食，食至初二三而肥，肥则壳解。月皎时蟹不敢出，则瘠矣。然蟹率以秋深以盛寒而肥，以月黑潮水小而解。盖蟹产于卤淡水之间有白蚬之所。盛寒时白蚬子肥，故蟹食之而肥。又蟹以流水生者色黄而腥，止水生者绀而馨。

（三）“河泊所”的设置与鱼课的征收

由于华南地区河湖众多，渔业发达，故明政府曾在华南地区设置“河泊所”进行管理。有明一代，在福州府的闽县、福清县、罗源县、连江县、长乐县，邵武府的邵武县、光泽县，建宁府的瓯宁县、崇安县，延平府的沙县、将乐县，兴化府的莆田县，泉州府的晋江县、同安县、惠安县，福宁州的宁德县，广州府的南海县、顺德县、番禺县、增城县、清远县、东莞县、香山县、新会县，惠州府的博罗县、海丰县、河源县、龙川县、归善县，潮州府的潮阳县、海澄县，肇庆府的四会县、高要县、阳江县、德庆州、封川县，韶州府的曲江县，雷州府的海康县、遂溪县、徐闻县，廉州府的钦州，高州府的化州、吴川县，琼州府的琼山县、澄迈县、文昌县、临高县、儋州、万州、崖州，梧州府的苍梧县、藤县，浔州府的贵县，平乐府，南宁府的宣化县和武缘县都曾设置过“河泊所”①。

明政府对华南各地的鱼课很重视，规定：“凡鱼课，每岁南京户科编印勘合，通计四川等布政司，并直隶河间等府州县，河泊所等衙门，该勘合六百八十九道，皆以河字为号，南京户部领回，发各该衙门收掌，各记所收鱼课米钞若干，年终进缴勘合底簿，仍送户部。如各衙门缴到勘合，务比对朱墨字号相同，于上明白填写，以凭査考。”② 每当地方官上任时，要求将“所属境内若有鱼湖，须报总计几处，岁办鱼课若干，内某湖坐落某处，岁办若干，逐一开报，以凭稽考”。③ 设置“河泊所”的目的主要是为了征收鱼课。每年征收的鱼课米颇为可观，据《万历会计录》统计，仅福建布政使司每年的“鱼课米”即达 31 900 余石④。宣德十年（1435），行在户部奏称：福建莆田

① （明）申时行等：《明会典》卷 36《户部·河泊所》，北京：中华书局，1989 年。
② （明）申时行等：《明会典》卷 36《户部·鱼课》，北京：中华书局，1989 年。
③ （明）申时行等：《明会典》卷 9《吏部八》，北京：中华书局，1989 年。
④ （明）张学颜等撰：《万历会计录》，北京：书目文献出版社，1989 年影印本。

县民奏本县连江等里，旧课渔户消乏，而续置船只数多，有司不为查补。“今恐各处亦多，似此宁无冒兔不实，乞行浙江等布政司并直隶府州，各委官勘实，如果旧户消耗，准与开除，仍将续置船只补数办课。有不实者罪原勘官吏。从之”①。正统七年（1443）七月，免福建福州宁德县鱼课米二百二十余石②。正统八年（1444），福建布政司奏：“邵武府建宁县鱼课，旧于本县积粮内征纳，河泊所衙门官吏徒为冗设，请革去。从之”。③ 正统十三年（1449），福建布政司奏：“福州、建宁、汀州、兴化、漳州、延平诸府属县之民，比因盗起劫掠伤残，请将鱼课食盐粮米输钞，被伤之民重为抚恤。事下户部，以鱼盐旧额纳米难为变更，民则当优恤。”④ 弘治六年（1493），户部尚书叶淇应诏陈五事，其一，“折鱼课以苏民困。福建岁征鱼课米三万余石，近巡按官奏，鱼户艰困，乞每石折银三钱五分，为彼处官军俸粮之用。今查福建岁入田租存留者，岁支之外，尚余七万有奇，宜从其鱼课折银之奏，而以田税所余岁折五万石进之内库以为常，庶鱼户可苏，而内库亦充”⑤。

鱼课征收过量，常常会影响农民的生产积极性。九江乡鱼种基地的情况就是明证。屈大均在《广东新语》中说：

> 九江乡濒海，粒食惟艰，多以池沼养鱼为业。弘治间，各水蛋户，流亡所遗课米数千石，总制刘大夏上疏，将西江两岸河阜，上自封川，下至都含，召九江乡民承为鱼阜，分别水势，上者纳银五钱，下者二钱五分，贮肇庆府，给帖照船捞鱼，永著令典。其后总制凌云翼荡平泷东西两山，复开罗旁并都含下诸处鱼阜，岁饷约有千金。所谓鱼阜者，鱼花步也……于广、肇二府有正饷，于龙川、南雄、罗定有额输，于始兴、

---

① 《明实录·英宗实录》卷10宣德十年十月己酉条，台北：“中央研究院”历史语言研究所，1962年影印本。

② 《明实录·英宗实录》卷94正统七年七月甲申条，台北：“中央研究院”历史语言研究所，1962年影印本。

③ 《明实录·英宗实录》卷108正统八年九月壬申条，台北：“中央研究院”历史语言研究所，1962年影印本。

④ 《明实录·英宗实录》卷172正统十三年十一月丙午条，台北：“中央研究院”历史语言研究所，1962年影印本。

⑤ 《明实录·孝宗实录》卷75弘治六年五月癸酉条，台北：“中央研究院”历史语言研究所，1962年影印本。

开建、永安、香山、桂林、平乐、浔、贺又有例征。且所兑谷石，非苦遏籴，则厄上仓，鱼商罢困极矣，而龙川为甚。[1]

原载（《中国历史地理论丛》1998 年第 1、3 期，
《中国历史地理论丛》2000 年第 1、3 期）

① （清）屈大均：《广东新语》卷 22《鳞语·鱼饷》，北京：中华书局，1997 年。

中国近代的鸦片问题

在中国近代史上，鸦片泛滥成灾，始终是困扰社会发展的一个重要的问题。20世纪以来，学术界曾对这个问题进行过一些探讨，但基本上都是在论述鸦片战争时才涉及这个问题，离开了“鸦片战争”，便很少有人论及鸦片。这就给人一个印象，似乎鸦片问题只存在于鸦片战争时期，而鸦片战争已经解决了鸦片问题。事实上，鸦片战争之后，中国的鸦片问题不是已经解决，而是更加严重；鸦片对中国社会的危害长达100多年之久。本文拟揭示鸦片问题的来龙去脉，希望大家对这个问题有新的认识。

一、鸦片问题的产生

“鸦片”是从罂粟中提炼出来的一种毒品，在中国又有“大烟”、“烟土”、“烟膏”等不同的名称。罂粟为二年生草本植物，果实似罂、籽粒如粟、花开艳丽、美如芙蓉，所以又被称为“米囊花”、“阿芙蓉”等。这种植物并不是中国的土特产，而是外国的舶来品。据文献记载，罂粟的原产地是在欧洲的希腊，大约在9世纪初经阿拉伯半岛传入中国。当时正是唐德宗统治时期，人们看到这种植物很漂亮，便把它作为观赏花卉栽培。宋朝时，人们逐渐了解到罂粟可以治病，具有敛肺涩肠、益肾固本、治咳败泻的功效，开始将它的果壳和种子作为中药服用。明代中期，熬制及吞食鸦片的方法由爪哇、泰国传入中国。但当时中国人吞食鸦片的极少。所以李时珍在《本草纲目》中说“鸦片前代罕闻，近方有用者”[1]。到了清初，吸食鸦片的方法从台湾传入大陆，有个别人士开始将鸦片与旱烟掺和起来吸食。但社会上的鸦片数量很少，尚未形成“鸦片问题”。

鸦片问题是由西方殖民者的鸦片输入引起的。葡萄牙是最早向中国输入鸦片的殖民国家。16 世纪末，葡萄牙从土耳其向中国输入鸦片。明神宗万历十七年（1589），曾下令对葡萄牙进口的鸦片课税，每十斤征税银二钱。清朝前期，葡萄牙继续向中国输入鸦片。荷兰殖民者也加入了贩卖鸦片的行列。康熙二十四年（1685）海禁开放以后，鸦片输入的数量有所增加。到 18 世纪初叶，葡萄牙每年向中国输入的鸦片达 200 多箱，合计 20 000 斤，已在社会上造成了不良的影响。雍正七年（1729），清政府下令禁止鸦片的输入。但葡萄牙等国仍在进行鸦片走私。18 世纪 60 年代，英属东印度公司占领了印度的鸦片产地孟加拉，开始向中国大量走私鸦片。鸦片输入的数量增加到 1000 箱。20 年后，英属印度政府制定了鸦片侵略政策，使东印度公司取得了鸦片专卖权和制造鸦片的垄断权，从此，英国成为向我国输入鸦片最主要的国家。“一八二〇年进口之数为五千箱，迄一八三〇年竟加至一万六千七百八十八箱，而一八三八年增至二万〇六百十九箱”[2]。美国看到贩卖鸦片“有厚利可图”，也迫不及待地从土耳其向中国贩卖鸦片[3]，并“和英国的专卖权展开竞争”[4]。1817 年，美国运往中国的鸦片为 1900 箱，1818 年“更不至此数”[5]。1821 年，美国也取得了贩卖印度鸦片的资格。由于各国的鸦片贩子竞相向中国贩运鸦片，鸦片输入的数量迅速增加。据统计，列强在 19 世纪前期向中国输入的鸦片，1800—1801 年为 4570 箱，1821—1822 年为 5959 箱，1830—1831 年为 19 956 箱，1835—1836 年为 30 202 箱，1838—1839 年为 40 200 箱[6]。在这种情况下，中国便出现了鸦片问题。

英美等国的鸦片贩子通常是一手执枪，一手拿钱，采用软硬兼施的手段

① （明）李时珍：《本草纲目》卷 23《罂子粟》，北京：线装书局，2009 年。

② 华第：《国际联盟禁烟会之中国鸦片报告》，《东方杂志》1923 年第 13 号，第 125 页。

③ 绍溪：《十九世纪美国对华鸦片侵略》，北京：生活·读书·新知三联书店，1952 年，第 16 页。

④ F. R. Dulles, The old China Trade, New York: Houghton Mifflin Company, 1930, p. 147.

⑤ H. B. Morse, The Chronicles of the East India Company Trading to China, Oxford: Oxford University Press, Vol. 3, 1926, p. 339.

⑥ H. B. Morse, The international relations of the Chinese Empire, New York: Longmans, Green and Company, 1910, p. 209—210.

进行鸦片走私的。如果遇到认真缉私、坚决禁烟的海关人员，就以武力相威胁。如果遇到的腐败官吏兵丁，则用分割利润，行贿收买等手段进行分化瓦解。而“在中国方面，高级官吏与政府人员，对于鸦片走私公开的默许”①。因此，“鸦片贸易进行得很顺利”②。杜勒斯在《早期对华贸易》一书中说：“鸦片贸易在十九世纪二十年代和三十年代中，事实上比合法贸易更容易做。除了付给不法官吏的钱以外，根本不需要纳税；而且鸦片出售的货款是预付的，所以它稳可获得优厚的利润。”③ 亨脱尔在《广州的番鬼》一书中也说：“外国亡命之徒在广州贩卖鸦片，的确是一件轻易和舒服的勾当。交易进行得很快乐……卖掉了可获佣金百分之三，退货则获得百分之一，而且不会有倒账；经销商每箱稳得二十镑，年年如此。”④ 随着鸦片输入的不断增加，在中国内部也形成了鸦片贩卖集团，其人数不下百万。时人徐继畬在《禁鸦片论》中说：“闽越之民，自富商大贾，以及网鱼拾蚌、推理剽劫之徒，逐其利者不下数十万人。”⑤ 东南沿海情况如此，内地情况可想而知。由于烟贩猖獗，吸食队伍逐渐庞大，“烟馆子”也应运而生。“其各府州县开设烟馆者，类皆奸猾吏役兵丁，勾结故家大族不肖子弟，素有声势，于重门深巷之中，聚众吸食”⑥。

鸦片的大量输入，给中国社会造成了很大的危害。首先，它严重地损害了中国人的身体健康。正如时人所说，鸦片“蔓延中国，横被海内，槁人形骸，蛊人心志，丧人身家，实生民以来未有之大患，其祸烈于洪水猛兽”⑦。鸦片毒性很大，易于上瘾，“久食鸦片者，肩耸项缩，颜色枯羸，奄奄若病夫初起”，烟瘾发作时，“即白刃加于前，豹虎逼于后，亦唯俯首就死，不

---

① 《英国蓝皮书》第6件，中国史学会主编：《鸦片战争》二，上海：上海人民出版社，1957年，第643页。

② W. C. Hunter，The Fan Kwae at Ganton Before Treaty Days，1825—1844，Montana：Kessinger Publishing，LLC，2008，p. 65—66.

③ F. R. Dulles，The old China Trade，New York：Houghton Mifflin Company，1930，p. 148—149.

④ W. C. Hunter，The Fan Kwae at Ganton Before Treaty Days，1825—1844，Montana：Kessinger Publishing，LLC，2008，p. 71—73.

⑤ （清）徐继畬：《退密斋文集》卷2，杨家洛主编：《鸦片战争文献汇编》二，台北：鼎文书局，1973年。

⑥ （清）文庆等编：《筹办夷务始末》卷2，上海：上海古籍出版社，2008年。

⑦ （清）张之洞：《张文襄公奏稿》卷3《禁种罂粟片》，赵德馨主编：《张之洞全集》，武汉：武汉出版社，2008年。

能稍为运动也”[①]。其次，它对中国的经济也造成了很大的破坏。鸦片的泛滥，导致白银大量外流，造成了“银贵钱贱”的局面。道光十三年（1833）后，中国每年输出的白银达1000万两。白银的外流不仅使清廷财政困难，而且使银铜比价发生了很大的变化。清代实行白银和铜钱并行的货币制度。一两白银相当于1000枚铜钱。白银外流后，银价攀升。道光十三年（1833）一两白银可换1362.8枚铜钱。到道光十九年（1839），1678.9枚铜钱才能换一两白银。这种银贵钱贱的局面，把百姓的生活推向了困苦的深渊。面对这种情况，社会上的一些有识之士纷纷揭露鸦片的弊端，要求清政府采取措施，严厉禁烟。而在鸦片走私中获益的部分上层官员则提出了“弛禁”的观点。1838年6月，鸿胪卿黄爵滋奏请严禁鸦片[②]，各省督抚表示支持。于是，在全国逐渐兴起了一场大规模的禁烟运动。湖广总督林则徐率先推行黄氏主张，在两湖地区实行禁烟。林则徐认为：“鸦片流毒中华，每年外溢金银数千万。漏卮不塞，足以贫民。吸食者众……足以弱种。”“若犹泄泄视之，是使数十年后中原 无可以御敌之兵，且无可以充饷之银。”[③] 由于他积极禁烟，因而很快成为禁烟派的领袖。1838年12月，道光帝任命林则徐为兵部尚书，以钦差大臣的身份前往广东查办鸦片。1839年3月，林则徐到达广州。经过几个月的努力，收缴鸦片237.6254万斤，并在虎门滩上当众销毁。这一事件，极大地鼓舞了禁烟派的士气。到1839年底，全国各地共查获烟土烟膏1 663 345两。禁烟运动取得了很大的成绩。

1838—1839年的禁烟运动，直接影响了英国殖民当局的利益。英国殖民者“惯卖鸦片”，“利心不死”[④]，要求英国政府对中国采取“强有力的、明确的对策”[⑤]。英国政府遂以林则徐禁烟为借口，悍然发动了蓄谋已久的侵华战争。战争的结果以清朝的失败而告终。从表面上看，林则徐禁烟是鸦片战争

---

① 中国史学会主编：《鸦片战争》第一卷，上海：新知识出版社，1954年，第296页。

② （清）黄爵滋：《请严塞漏卮以培国本折》，中国第一历史档案馆编：《鸦片战争档案史料》第1册，上海：上海人民出版社，1987年，第254—257页。

③ （清）林则徐：《钱票无甚关碍宜重禁吃烟以杜弊源片》，《林文忠公政书》，北京：中国书店，1991年，第104页。

④ 《鸦片奏案》，中国史学会主编：《鸦片战争》二，上海：上海人民出版社，1957年，第121页。

⑤ 《英国蓝皮书》，中国史学会主编：《鸦片战争》六，上海：上海人民出版社，1957年，第634页。

的根本原因，如果没有林则徐的“虎门销烟”，似乎便不会有鸦片战争。但事实上，林则徐禁烟只不过是鸦片战争的导火线。英国早就有武力侵华的打算。可以说，鸦片战争是鸦片“利”与“害”的冲突，也是殖民与反殖民的冲突。鸦片战争因鸦片问题而起，战争的结果使鸦片进一步在中国泛滥。

二、鸦片问题的发展

1842 年 8 月，清政府与英国签订了丧权辱国的《南京条约》，中国开始沦为半殖民地半封建社会。鸦片战争后，虽然清政府并没有取消禁止鸦片的命令，但实际上对鸦片的输入很少采取坚决禁止的行动。因此，英美等国对中国的鸦片走私比鸦片战争前更为猖獗。一位美国传教士谴责英国人向中国大举贩卖鸦片的罪行。他说：“由于英国臣民继续不断地进行一种破坏性毒物的武装违禁贸易，他们自己固然因此发财，但可怜的沉溺其中的中国人，却因之贫苦潦倒，甚至戕身丧命。”① 一位英国传教士马上反唇相讥说：“美国人完全同样地在中国贩卖鸦片，和英国臣民原是一丘之貉呀！两国商人中容或有个别是例外，但大体上，英美在华洋行，都是全力进行这种贸易的。”②

鸦片战争后，英国仍然是向中国走私鸦片的主要国家。1843 年 10 月 8 日签订的中英《善后条款》第十二条规定：英国管事官对来华贸易的英国商人要“加以约束，四面察看，以杜弊端。倘访闻有偷漏走私之案，该管事官即时通报地方官，以便本地方官捉拿，其偷漏之货，无论价值、品类，全数查抄入官”。但事实上，英国方面并没有履行他们的诺言。1843 年 12 月，英国鸦片趸船云集上海吴淞口。上海道台宫慕久请求英国驻上海领事巴富尔协助查处，巴富尔即以趸船“尚在港外的海面上，并未进港，自然并未违反条约”为借口加以阻

① Great Britain Foreign Office, Papers Relating to the Opium Trade in China, 1842—1856: Presented to the House of Common by Command of Her Mazesty, 1857—Primary Source Edition, Caroline: Nabu Press, 2013.

② Great Britain Foreign Office, Papers Relating to the Opium Trade in China, 1842—1856: Presented to the House of Common by Command of Her Mazesty, 1857—Primary Source Edition, Caroline: Nabu Press, 2013.

挠①。香港作为英国的殖民地，在鸦片战争以后很快成为鸦片走私的总站②。据说19世纪50年代后期，总部设在香港的鸦片走私洋行达50余家，这些洋行所拥有的鸦片走私船将近100艘，载重量超过20 000吨③。直接走私的范围遍及广州、南澳、福州、厦门、漳州、泉州、宁波、广州、温州、上海等地，分运鸦片的小船则走遍一切港汊，甚至远达山东、直隶和东北。

鸦片战争以后，美国继续扩大向中国的鸦片走私。尽管1844年中美《望厦条约》第三十三款规定："合众国民人如有擅自向别处不开关之港口私行贸易，及走私漏税，或携带鸦片，及别项违禁货物至中国者，听中国地方官自行办理治罪；合众国官民均不得稍有袒护。若别国船只冒合众国旗号做不法贸易者，合众国自应设法禁止。"④ 但美国对本国的鸦片贩子实际上采取了纵容的态度。"美国从未规定任何办法，以阻止本国国民或别国国民非法利用美国旗。进行走私的美国国民破坏了条约，但美国从未负起阻止或惩罚此种违约情形的责任；除非中国人提出控告，而中国人又很不愿意这样做的。结果走私大大增加了"⑤。当时美国的驻华领事和许多官员都参与走私鸦片。美国走私鸦的"飞剪船"满载鸦片，横行海上，有增无减⑥。就连一度"协助"中国禁烟的美国东印度舰队司令加尼都看不过眼，他在1843年5月19日写给海军部长的报告中说："这种可耻的贸易已众目昭彰，因此我们国家的国格天天在降落中；而且只要公共的领事职务仍由商人担任，将会继续降落下去；因为他们的利益是和上述鸦片贸易密切地结合在一起的。"⑦ 美国政府虽然要求东印度舰队"协助"中国禁烟，但实际上不过是做做表面文章罢了。1843年11月27日，巴克在给海军部长的请示报告中说："我找不到任何一条法

---

① John King Fairbank, Trade and Oiplomacy on the Cbina Coast: The Opening of the Treaty Ports, 1842—1954, Stanford: Standford University Press, 1954, p. 229.

② 严中平主编：《中国近代经济史》上册，北京：人民出版社，1987年，第116页。

③ Basil Lubbock, The China Clippers, Glasgow: Broun, Son Ferguson Ltd, 1957, pp. 382—384.

④ 《中外条约汇编》，台北：文海出版社，1964年，第126页。

⑤ T. Dennett, Americans in Eastern Asia: A Critical Study of the Policy of the United States wich Reference to China Japan and Korea in the 19th Cem Century, New York: Macmillan Company, 1922, p. 168.

⑥ Basil Lubbock, The China Clippers, Glasgow: Broun, Son Ferguson Ltd, 1957, pp. 25—32.

⑦ T. Dennett, Americans in Eastern Asia: A Critical Study of the Policy of the United States wich Reference to China Japan and Korea in the 19th Century, New York: Macmillan Company, 1922, p. 125.

律，授权我采取干涉行动，以阻止或惩罚美国人或别国人在外国的走私行为。在我看来，我所能采取的唯一正当的步骤，不过是他们如果被中国当局扣留，不为他们出来干涉而已！”① 因此，美国人在中国的鸦片走私有增无已，除在广州走私外，还把鸦片船开到了上海、宁波、福州、厦门等地。

在英美等国的庇护和清政府的放纵下，鸦片走私畅通无阻，因而每年输入中国的鸦片越来越多。据统计，19 世纪 40 年代，平均每年从印度输入的鸦片为 37 000 箱，到 19 世纪 50 年代，平均每年输入的鸦片达到 68 000 箱之多②。在不断扩大的走私贸易中，上海成为鸦片走私的又一个中心。1847 年，上海鸦片进口 16 500 箱，1857 年增至 31 907 箱③。比鸦片战争前全国的进口量还多 8000 箱。这一时期英美等国鸦片贩子走私的鸦片仍然主要来自印度。据 1865 年英国监皮书中的《鸦片文件》统计，印度 1840—1844 年平均每年生产鸦片 92 241 箱，1845—1849 年平均每年生产 146 860 箱，1850—1854 年平均生产 209 090 箱，利润率都在 210%—260%。巨大的鸦片产量和高额的利润为英印政府带来了巨大的收益。1845—1849 年，印度平均每年的鸦片收入为 2 475 997 镑，占财政总收入的 10%。1850—1854 年平均每年的鸦片收入为 3 299 365 镑，占财政总收入的 11. 9%。1855—1859 年，平均每年鸦片收入为 4 484 147 镑，占财政总收入的 14. 1%④。这些数字也从一个重要的侧面反映出鸦片战争以后，鸦片输入数量不断扩大的情况。

除鸦片输入数量不断扩大以外，中国内地生产鸦片的情况也不断发生。鸦片战争以后，随着鸦片的大量输入，导致白银继续外流，再次出现“银贵钱贱，官民交困”的局面⑤。在这种情况下，有人建议加重鸦片关税，禁止鸦片进

---

① T. Dennett，Americans in Eastern Asia：A Critical Study of the Policy of the United States wich Reference to China Japan and Korea in the 19th Cem Centuy，New York：Macmillan Company，1922，p. 126.

② D. E. Owen，British opiun policy in China and India，New Haven：Yale Univer sity press，1934，p. 209.

③ H. B. Morse，The International of the Chinese Empire，Boston：Global Oriental，2004，Vol. 1，p. 544.

④ F. S. Turner：British Opium Policy and its Results to India and China，Charleston：Bibliobazaar，2009.

⑤ （清）梁章钜：《浪迹丛谈》卷 5《清铸大钱》，上海：进步书局，1935 年。

口[①]。有人建议在国内广种鸦片，用国内生产的鸦片取代进口的鸦片[②]。由于“种罂粟之利数倍于五谷”[③]，禁止鸦片进口的建议没有起到什么作用，种植鸦片的建议很快得到响应。于是，中国各地迅速掀起了种植鸦片的狂潮。甘肃、陕西、山西、河南、河北、山东、四川、云南、贵州等省都有鸦片生产。以陕西和四川为例：陕西本无鸦片种植，19 世纪 30 年代初，有人从广东带回鸦片种子，在西安附近栽种。19 世纪 40 年代后，种植面积扩大。关中、陕北、陕南的一些地方都出现了罂粟。四川的鸦片在鸦片战争之前主要来自印度，1839 年后，一些不法之徒看到种植罂片有利可图，开始在四川偏僻的会理、平理一带种植罂粟[④]。国内的鸦片生产，使本来就已严重的鸦片问题变得更加复杂。

三、鸦片问题的深化

19 世纪 60 年代以后，鸦片问题进一步深化。造成这种情况的原因，主要是在英美两国对清朝政府的威胁和利诱下，鸦片贸易变成了合法的勾当。

如前所述，清政府在鸦片战争后并没有放弃禁烟的政策。道光皇帝在 1841—1842 年曾两次下令奏报烟犯名单，在以后的几年中，也曾制裁过一些重要的烟犯。但由于英美等国的鸦片走私与日俱增，加之国内的不少省份都已开始生产鸦片，结果，“烟禁未弛而鸦片流毒日广，烟匪横行而社会秩序混乱”。在经济危机加深的情况下，鸦片战争前一度盛行的弛禁论便重新抬头[⑤]。他们说：“国家对一切商货，无不加征税捐，唯独对鸦片无税无捐”，要求政府征收鸦片税，以扩大财源。1851 年 1 月，湖广道监察御史汤云松上疏指出洋船将鸦片向广东、福建、上海、天津等地大量走私，云南、贵州、四川、浙江等地都在种植鸦片，请求“变通烟禁，酌收烟税”，提出了“寓禁

① （清）彭玉麟：《论鸦片》，（清）贺长龄辑：《皇朝经世文三编》卷 63，台北：文海出版社，1966 年。

② （清）杨毓辉：《禁栽罂粟策》，（清）贺长龄辑：《皇朝经世文三编》，卷 35，台北：文海出版社，1966 年。

③ （清）鲍源深：《请禁种植罂粟疏》，王云五编：《道咸同光四朝奏议》，台北：商务印书馆，1970 年，第 3100 页。

④ （清）钟琦：《皇朝琐屑录》卷 5，北京：国家图书馆出版社，2011 年；《清宣宗实录》卷 198，北京：中华书局，1986 年。

⑤ 严中平主编：《中国近代经济史》上册，北京：人民出版社，1987 年，第 122 页。

于征”的建议。次年12月，监察御史吴廷溥建议对鸦片征收10%的关卡税。但这些建议均未被采纳。1853年，太平天国运动风起云涌，对清廷的统治形成很大的威胁。清廷欲调兵遣将，镇压起义，但财政困难，力不从心。在这种情况下，鸦片征税问题又被再一次提了出来。

英美等国的鸦片贩子一开始就希望清政府承认鸦片贸易的合法性，与其他商品同样公开进口。他们认为，鸦片贸易合法化，对他们有许多好处：一则可不再蒙受走私的恶名。二则可以减少船只装备，减少开支，扩大鸦片输入。三则鸦片纳税，可使清政府收入增加，别种商品进口税有进一步减低的可能。但是，一些善良的英国人对此表示不满，纷纷向下院上书请愿，要求禁止制造和贩卖鸦片。鸦片战争结束后，英国政府知道贩卖鸦片不是一件体面的事，未便在条约中正式提出，因此在中英《南京条约》和《虎门条约》中，均对鸦片问题避而不谈。虽然如此，以璞鼎查为首的英国殖民者一直采取威胁利诱、阴谋诓骗等手段扩大鸦片走私，并企图使鸦片贸易合法化。美国在鸦片战争后，曾多次虚伪地表示“不赞成”商人贩卖鸦片。但到1858年，便公然撕毁了《望厦条约》中不袒护本国鸦片贩子的条款，采取了支持鸦片贸易的政策①。

19世纪后半期，英、美等国一再向清政府要求撤销对鸦片输入的禁令，加之清政府为了筹集镇压太平天国的军费，遂将“断禁”的政策改变为“寓禁于征”的政策，1857年，清政府在上海以“义捐”的名义向中国鸦片商人开始征税，规定每100斤纳银10两，后来又增加到20两。1858年，英法两务迫使清政府签订《天津条约》，美国驻华全权公使列卫廉接受英国公使额尔金的建议，删去禁烟的条文②，强迫清政府承认鸦片贸易“合法”。同年9月13日，列卫廉向英使额尔金正式提出照会，请他在即将举行的中英税则谈判中提出鸦片贸易合法化的问题。额尔金在10月19日的复函中表示同意。于是，在上海举行的通商税则谈判中，英国代表就提出了鸦片贸易“合法”化的要求。满清代表桂良、花沙纳等唯唯诺诺，对鸦片贸易的合法

① 绍溪：《十九世纪美国对华鸦片侵略》，北京：生活·读书·新知三联书店，1952年，第96页。

② 《列卫廉一八五八年九月十三日致额尔金函》，见《关于额尔金在中日特别使命的文件》，第394页。

化表示赞同。经过讨价还价，最后规定每箱（100斤）纳税三十两[①]。从此，鸦片贸易完全“合法化”，不仅外国人可以公开进口，中国人也可以公开买卖，当然也可以在国内广泛种植。正如当时一位外国人所说：“鸦片贸易已合法，种植亦已合法了，全国都受到影响。”[②] 鸦片有如决堤之水，很快在全国泛滥成灾。

1858年鸦片贸易的“合法化”，大大调动英美鸦片贩子的积极性。美国公使列卫廉的秘书卫廉姆斯也说：“当一八五八年税则准许鸦片纳税进口后，由于鸦片走私贸易提升为合法许可的商业，本来已很微弱的道德上的抵抗，好像亦消灭了！”[③] 在这种情况下，外国鸦片输入的数量进一步扩大。从1859—1870年的12年间，香港一地每年进口的鸦片平均达到95 000担（一担的重量约等于一箱），比合法化前增加了40%以上。厦门、上海、天津、烟台、牛庄等地的鸦交易十分活跃。鸦片贩子“向内地中国人供应洋药就像供给口岸居民一样的自由”。[④] 鸦片贸易的合法化也没有杜绝鸦片走私，偷税漏税的情况相当严重。“其漏税之口，以粤东为最大，而福州、厦门次之”。香港、澳门成为重要的鸦片走私基地。李鸿章在光绪七年（1881）的一份奏折中说：“印主芭洋药之来中国，必须先到香港，而私销即在该处为多。按总税务司开呈总册，每年私销者约有二万数千箱，以现议每箱税厘百五十两计之，是每年偷漏税银已三百数十万两。”[⑤] 由此可见情况之严重。

另外，鸦片贸易的“合法化”也大大刺激了中国的鸦片生产。19世纪80年代以后，“民间种植罂粟之盛，惟江浙、两湖差少，其他各省，随在有之”[⑥]。四川、云南、贵州成为土烟的主产区，其产量占全国土产烟的一半以上。山西、陕西、甘肃次之，占1/5，直隶、山东、河南、江苏、浙江、安徽又次之，占1/10，东北占1/3，此外，广东、福建、江西、湖南、湖北、

---

① 《中外条约汇编》，台北：文海出版社，1964年，第129页。

② E. O. Hauser，Shanghai，City for Sale，New York：Harcourt，Brace Company，1940，p. 72—73.

③ S. W. Williams，The Middle Kingdom，New York：Charles Scribner's Sons，1883，p. 380.

④ D. E. Owen，British Opium Policy in China and India，New Haven：Yale Vniversity Press，1934，p. 224.

⑤ 顾廷龙、戴逸主编：《李鸿章全集》奏稿类卷41，合肥：安徽教育出版社，2007年。

⑥ （清）鲍源深：《清禁种植罂粟疏》，王云五编：《道咸同光四朝会议》，台北：商务馆印书馆，1970年。

广西、新疆等省的鸦片产量亦较可观[①]。史载，晚清四川种植罂粟大有后来居上之势，除省城所在的成都平原外，全省一切适宜罂粟生长的地方都在不同的程度上种植了罂粟，甚至连彝族地区和羌族地区也有了鸦片的生产[②]。陕西罂粟的种植已达到“无县无之”的地步。山西也几乎达到“无县无之”的程度，其中产烟“最盛者二十余厅、州、县”[③]，“省南以霍州、洪洞、赵城、汾阳、永宁、交城、文水等州县为最多；夏县、曲沃、河津、长子、长治、潞城等县次之。省北向以代州、河曲、浑源各州县为最多，五台、繁峙、崞县等处次之”[④]。光绪二十四年（1898），太原种罂粟 4535 亩，榆次 3013 亩，交城 3573 亩，文水 4302 亩，代州 5096 亩[⑤]。河南鸦片原来只有豫西伏牛山一带生产，同治年间扩展到豫东平原，开花时节罂粟花“漫烂于阡陌”[⑥]。山东罂粟种植面积也大量增加，据当时官方统计，1905 年、1906 年、1907 年的鸦片产量分别为 5717 担、5863 担和 3155 担[⑦]。实际产量比这个数字要大，估计 1906 年的产量为 18 000 担。种植面积约为 57 万亩。山东的鸦片产地主要分布于鲁西大平原，泰安、兖州、济宁、曹州、沂州所属各县是主产区，位于胶东的青州、莱州、胶州所属各县也盛产鸦片。“福建沿北半省，农民嗜利，大半栽种罂粟为衣食之谋，近日有增无已，连畦接畛，几如丰台之芍药，无处不是，而嗜烟者传染愈众”[⑧]。

由于国外进口鸦片和国内土产鸦片都有了增加，鸦片的总数量直线上升。与此相应，鸦片的运输和交易进一步活跃，社会上吸食鸦片的人越来越多。当时有位外国人曾对吸食鸦片的人数进行过估计。他把吸食者分为有节制吸

① 李文治编：《中国近代农业史资料》第一辑，北京：生活·读书·新知三联书店，1957 年，第 457 页。

② 四川省编写组：《四川省凉山彝族社会历史调查》，成都：四川省社会科学院出版社，1985 年，第 15 页；四川省编写组：《羌族社会历史调查》，成都：四川省社会科学院出版社，1986 年，第 202 页。

③ （清）张之洞：《张文襄公奏稿》卷 3，赵德馨主编：《张之洞全集》，武汉：武汉出版社，2008 年。

④ （清）刘锦藻撰：《清朝续文献通考》卷 52《征榷》，杭州：浙江古籍出版社，2000 年。

⑤ 李文治编：《中国近代农业史资料》第一辑，北京：生活·读书·新知三联书店，1957 年，第 463 页。

⑥ 光绪《鹿邑县志》卷 9《风俗物产》，清光绪二十二年（1896）刻本。

⑦ 《光绪三十一、二、三等年各省出产土药数目》，《东方杂志》1908 第 11 期。

⑧ 李文治编：《中国近代农业史资料》第一辑：北京：生活·读书·新知三联书店，1957 年。

食、无节制吸食和偶尔吸食三类，认为“鸦片吸食者即占了全部成年人口的一半”。他说他的估计和本地的一位绅士的估计正好相符合，应当是正确的[①]。时人郑观应也说：“吸食日众，贩运日多”。“以每人岁食六斤计之，当得四千四百万人。而佣工小贩之依此为生者，约十之一。其余自种自吸者，或相倍蓰。年年坐困于此，犯法伤生，废时失业者不下千百万人。”[②] 这些估计虽然有所差异，但都说明吸食鸦片的人数有直线上升，至少已达到成年男子的三分之一[③]。

1880 年 11 月 17 日，中美两国签订续约，在附立条款的第二款中，曾对鸦片问题重新做出规定：“中国商民不准贩运洋药入美国通商口岸，美国商民亦不准贩运洋药入中国通商口岸，并由此口运往彼口，亦不准作一切买卖洋药之贸易。所有两国之商民无论雇用本国船、别国船，及本国船为别国商民贩运洋药者，均由各本国自行永远禁止。”[④] 这个条款讲得很好听，实际上并没有很好地实行。据摩尔斯讲：1884—1885 年，“美国美旗又在沿海出现，进行贩毒贸易了，美国政府亦不设法制止”[⑤]。1887 年 2 月 23 日，美国国会才通过了一个禁贩鸦片的法案。规定凡来华贩毒的美国人，应处 500 元以下 50 元以上的罚金。直到 19 世纪末 20 世纪初，帝国主义掀起了瓜分中国的狂潮，中国的市场完全被打开，鸦片进口的数量才大幅度削减，外国鸦片逐渐被中国鸦片所取代[⑥]。

四、鸦片问题的解决

随着鸦片的长期泛滥，烟毒对社会所造成的巨大危害也日益暴露出来。有识之士奔走相告，禁烟的呼声越来越高。1906 年 6 月，中国的禁毒运动再

---

① 姚贤镐编：《中国近代对外贸易史资料》，北京：中华书局，1962 年，第 2 册，第 862 页。

② 《盛世危言·禁烟上》，夏东元编：《郑观应集》上册，上海：上海人民出版社，1982 年，第 395 页。

③ 中国海关：《海关贸易报告》(1882)，第 257 页。

④ 《中外条约汇编》，台北：文海出版社，1964 年，第 132 页。

⑤ H. B. Morse, The Trade and Administration of the Chinese Empire, New York: Longmans, Green & Company, 1913, p. 352.

⑥ 林满红：《清末本国鸦片之替代进口鸦片（1858—1906）——近代中国“进口替代”个案研究之一》，《近代史研究所集刊》1980 年第 9 期，第 385—432 页。

度高涨。光绪皇帝看到“自鸦片弛禁以来，流毒几遍中国……（中国）日形贫弱”，发布上谕禁烟，以十年为期①。11月，政务处制定《禁烟章程十条》，要求杜绝鸦片来源，严禁新吸，戒除烟瘾。同月，清廷下令在京师设立禁烟总局，在上海设立禁烟总会，负责调查各省的禁烟事宜。次年，禁烟运动取得一定成效②，赢得了国际舆论的支持。英国政府同意在清政府切实禁烟的前提下，按每年10%的比例递减鸦片的进口量。宣统元年（1909）美国发起在上海召开“万国禁烟会议”。清政府表示坚决禁烟并敦请各国支持。这个会议的决议案对各国政府并没有拘束力，因此，不过是哄骗中国的一堆废纸而已③。虽然这次禁烟也有一些效果，但鸦片问题仍然没有得到解决。

1907年，清政府与英国签订《中英禁烟条约》，在这个条约中，英国承诺：在中国禁烟确有成效的前提下，英国将在10年内完全禁止向中国输入鸦片。辛亥革命后，孙中山在就任临时大总统时，曾明令查禁鸦片，他认为“禁烟之第一要者，固在全国禁种，然如不于禁种之时同时禁卖，则禁烟之令，极难施行”④。北洋政府建立后，也曾采取了一些积极的禁烟措施。1912年10月28日，颁布《重申鸦片禁令》，规定吸食者立即戒除，贩卖者分别停歇，种植者若不将烟田改种他物一律治罪，官员故纵者也要受到惩治。不久，又对禁吸、禁运、禁种的具体事宜做了安排，把禁种放到很重要的位置。1914年颁布《禁种罂粟条例》，规定各省栽种罂粟，不论已未禁绝，自今“不得再行栽种”。县知事若发现境内栽种鸦片，应立即强制铲除，并将栽种者治罪。县知事及各地民政长官若查禁不力，将会受到处罚。要求各地将种烟情形“按月造册，汇报内务总长”⑤。1914年3月，成立禁烟督察处，附设于内务府警政司，以负责全国的禁烟督察事宜。此外，还在各省设立了大体相应的禁烟机构。由于北洋政府采取了这些措施，所以从1913—1917年禁烟工作取得了一定的成效。

---

① （清）朱寿朋：《光绪朝东华录》，北京：中华书局，1958年，第5570页，

② （清）刘锦藻：《清朝续文献通考》卷55《征榷》，杭州：浙江古籍出版社，2000年，第8100—8106页。

③ International Opium Commission，Jan. 8，1910，pp. 11—16。

④ 中国国民党中央委员会党史委员会编订：《国父全集》第三册，台北：“中央文物供应社”，1973年，第264—265页。

⑤ 《增补再版法令大全》，上海：商务印书馆，1921年，第32页。

但1917年，副总统冯国璋以医用为名，按每箱6200元的价格收买价值2000万元的烟土，又以每箱8000元的价格转销于江苏、江西等省。从1918年开始，烟禁渐废，各地军阀以鸦片为利大，操纵鸦片生产，巧立名目，征收烟税，作为财政的主要来源。于是，鸦片又重新泛滥起来。当时复种最猖狂的省份计有云南、贵州、安徽、湖南、河北、河南、山西、陕西等省。1920年后，云南每年种烟90万亩左右，产量达250万千克。云贵川的鸦片大部分运往外地销售。云贵两省的鸦片一般是从昆明、昭通经重庆转运湖北，或经贵阳、长沙转运湖北。四川的鸦片大部分集中于万县，然后沿江而下，至于武汉。各大城市烟馆林立，吸食者遍天下。

鸦片的泛滥引起了一些开明人士的关注。1918年2月，部分中外人士成立“万国拒土会”，1923年成立“中华基督教协进会拒毒委员会”，1924年成立“中华国民拒毒会”。这些组织自发地行动起来，督促北洋政府和地方政府禁烟，但由于当时政治腐败，军阀林立，官商勾结，贿赂公行，禁烟之事很难推行，所以，虽然他们奔走呐喊，但并没有取得多少实际的效果。

在北洋政府统治的后期，鸦片再度泛滥，弛禁之说流行，以为“鸦片复兴，遍地皆毒，不如法律正式允许烟土之营业，海关放任外洋鸦片入口，以充裕饷源”。对于这种观点，孙中山先生曾进行过反驳，他说:“苟有主张法律准许鸦片，或对营业鸦片之恶势力表示降服者，即使为一时权宜之计，均为民意之公敌”。“苟负责之政府机关，为自身之私便，及眼前之利益，倘对鸦片下旗息战，不问久暂，均属卖国之行为。欲达禁烟之目的，必须由国民政府采定全国一致遵守之计划。”①

南京国民党政府成立后，成立了禁烟机构，并且制定了禁烟的法规。1928年8月，国民政府行政院成立了禁烟委员会。同年11月1日，在南京召开了第一次全国禁烟会议，通过了44个禁烟决议案。1929年5月，国民政府规定每年6月3日为禁烟纪念日②，并且公布了禁烟法，展开了较为全面的禁烟工作。1928年7月1日—1929年6月，江苏、河北、山东、河南、黑龙江、广东、湖南、福建、江西、浙江等15省的警察部门共办理烟案

① 中国国民党中央委员会党史委员会编订：《国父全集》第2册，台北：“中央文物供应社”，1973年，第881—882页。

② 于恩德：《中国禁烟法令变迁史》，上海：中华书局，1934年，第214页。

21 429起。1930 年 1—9 月，共查获鸦片 331 429 两（另有外来鸦片 7131 两）。1929—1933 年，各海关共查获境外私运进口烟土 238 480 两，烟膏 4315 两①。东北沦陷后，日寇在东北强种鸦片，使禁烟工作出现新的困难。

1935 年 6 月，国民政府裁撤禁烟委员会，废止禁烟法，特设禁烟总监，颁布新的禁烟条例，制定 6 年禁烟计划，以办理全国的禁烟事宜。六年禁烟计划的期限是从民国二十四年（1935）—民国二十九年（1940），计划的主要内容是两年禁毒，六年禁烟，“计划所持的精神，是以渐禁的方式，分年分区肃清中国境内之烟毒”②。1935 年 11 月，军事委员会委员长行营设立禁烟委员会总会。1936 年初，将该会直隶于军事委员会，改称禁烟总会。1938 年 2 月，该总会又改隶内政部，称内政部禁烟委员会，同时，于各省市设立相应的禁烟委员会。规定各级禁烟机关都要随时查禁鸦片之种植、制造、运输、贩卖、持有或吸食，同时查禁一切专供制烟、吸烟之器具③。鉴于各地鸦片的危害程度不同，南京政府规定，河南、湖北、湖南、江西、安徽、江苏、浙江、福建、广东、广西、山东、山西、河北、察哈尔、青海、西康、新疆等 17 省为绝对禁种省份。陕西、甘肃、贵州、云南、四川、绥运、宁夏 7 省因属产烟省区，划为分期禁种省份。抗日战争爆发后，分期禁种的省份也先后宣布提前禁种。到 1940 年下半年，原来种植罂粟的土地大部分都种上了农作物，并且取得了较好的收成。

但此时在日本占领下的东北、台湾鸦片种植面积却在不断扩大。1941 年，伪满洲国的烟田面积达到 116 万亩，烟土产量达 4000 万两。1945 年抗战胜利后，内政部公布《修正肃清烟毒善后办法》规定各级地方政府为肃清烟毒的主办机关，各地驻军及交通、财务、教育、卫生等为协办机关，此外，颁布了《收复地区肃清烟毒办法》等文件④。到 1947 年，禁烟又取得了一定的成绩。当年在 20 个省份查处种烟案 386 起，铲除烟苗 107 911 市亩，查办其他烟案 20 597 起，缉办犯人 30 363 人，在收复区，也有 119 969

① 赖淑卿：《国民政府六年禁烟计划及其成效》，台北：俊人印刷事业有限公司，1986 年，第 25 页。

② 赖淑卿：《国民政府六年禁烟计划及其成效》前言，台北：俊人印刷事业有限公司，1986 年。

③ 《内下部禁烟委员会组织条例》，《湖北省政府公报》1938 年第 356 期。

④ 中华年鉴社编：《中华年鉴》上册，上海：北华捷报出版社，1934 年，第 611 页。

人戒烟[1]。

在苏区和解放区，中国共产党也设立过禁烟机构，制定禁烟政策，进行过严厉的禁烟活动。在中央苏区和各革命根据地，禁烟工作都有专人负责。对鸦片等毒品的制造、贩运、出售和吸食等采取防范和制裁的措施。禁种是禁烟的关键。在川陕根据地，因过去吸食鸦片已成风气，不能立即禁绝，采取了限期禁绝的策略。《苏北区禁烟禁毒暂行办法》规定：若有人种植罂粟，即将烟苗予以铲除，并对种烟者加以处罚。在赣东北等地，对种烟者处罚甚重。《赣东北特区苏维埃暂行刑律》规定："意图制造鸦片烟而栽种罂粟者，处死刑至三等有期徒刑"。《晋西北禁烟治罪暂行条例》规定：对这种人处以死刑。对于制造鸦片的犯罪活动，各根据地处罚不一，一般是没收器械，视其情节进行一定的处罚。晋冀鲁豫边区则规定：制造毒品者处死刑，没收其财产之全部或一部分。对于贩运鸦片等毒品的犯罪活动，陕甘宁边区是根据贩运烟毒的价值确定处罚的程度。量刑从罚苦役一个月以下，并科10元以下罚金至判处死刑、没收家产不等[2]。晋冀鲁豫边区规定对以运输或包庇运输为常业者处死刑或无期徒刑，对初犯且数量极少者适当减刑或处3000元以下罚金。对于吸食者，各根据地大体上都采取了限期禁吸的方针。1943年9月11日，陕甘宁边区政府发出《指示信》，通知各基层组织将境内烟民按烟瘾程度、年龄大小、戒绝期限进行登记。规定30岁以下者3个月戒绝，40岁以下者5个月禁绝，60岁以下者10个月戒绝，年老有病者可酌情延长。为收到预期的效果，边区政府要求地方政府和卫生机关向烟民发放戒烟丸药[3]。其他根据地所采取的方法和步骤不尽一致，但都采取了一些具体的措施。因此，禁烟工作都取得了显著的成绩[4]。但烟毒亦未能禁绝。

中华人民共和国成立后，人民政府决心根除烟毒和其他丑恶现象。1950年2月24日，中央人民政府政务院颁布《严禁鸦片烟毒的通令》，要求各级

---

① 中华年鉴社编：《中华年鉴》上册，上海：北华捷报出版社，1934年，第608—612页。

② 甘肃省社会科学院历史研究室编：《陕甘宁革命根据地史料选辑》第一辑，兰州：甘肃人民出版社，1981年，第471—472页。

③ 甘肃省社会科学院历史研究室编：《陕甘宁革命根据地史料选辑》第一辑，兰州：甘肃人民出版社，1981年，第337页。

④ 敖文蔚：《革命根据地治理社会问题的成就与经验》，《武汉大学学报》（社会科学版）1991年第3期，第40—46页。

政府积极行动起来，严厉禁止鸦片：发动群众进行禁烟禁毒的工作；严禁种植、贩运、制造和售卖鸦片毒品；限期缴出烟土，限期登记和戒除；宣传戒烟药方，配制戒烟药品①。不久，各大军区成立了专门的禁烟禁毒委员会，结合实际情况，先后发布了《禁烟禁毒实施办法》和《严禁鸦片烟毒的布告》。9月12日，中央人民政府内务部又颁发了《关于贯彻禁烟禁毒工作的指示》。在全国范围内掀起了大规模的禁烟禁毒斗争。1951年初，内务部、公安部和卫生部联合组成戒烟办公室，拨出专款200亿元制造戒烟药品。同年，西南地区的1545万亩烟田已基本绝种。1952年4月15日，中共中央发出《关于肃清毒品流行的指示》，进一步要求各地彻底扫清鸦流毒。在全国人民的努力之下，1952年底，禁烟工作取得重大进展，除个别少数民族地区外，鸦片的种植和制造已在全国基本绝迹②。1953年，全国400万吸毒者已相继戒绝。至此，流毒中国100多年的鸦片之祸才算结束。

从19世纪初叶算起，鸦片问题在中国存在了100多年。时间之长，影响之大，在世界历史上都是罕见的。清王朝发动了两次大规模的禁烟运动，结果没能解决鸦片问题。北洋政府和国民政府也曾下令禁烟，结果同样没有成功。由此可见，鸦片问题是很难解决的。从历史的角度看，鸦片问题难以解决的原因是多方面的：除了西方列强的干涉、中外鸦片贩子的阻挠和其他鸦片经营者的破坏之外，政治腐败是一个十分重要的因素。从满清王朝到南京国民政府，虽然成立了各种禁烟机构，颁布了许多禁烟的法规和章程，但往往都是“寓禁于征”，没有彻底禁绝鸦片的决心，更没有对人民进行引导和教育，发动人民从根本上解决问题。由于吏治腐败、军阀割据，许多官吏从鸦片的进口、种植、制造、运输、贩卖、查禁中获得暴利，因而禁烟的活动很难顺利进行，不是虎头蛇尾，就是半途而废，结果陈陈相因，形成积重难返之势。鸦片问题最后在20世纪50年代初得以解决，可以说是中国政府改良政治、总结经验、发动群众、厉行禁烟的结果。

鸦片曾经给中国造成巨大的灾难。在鸦片泛滥的100多年间，无数的中国家庭被鸦片破坏，无数的中国人被鸦片夺去了生命，而活着的中国人也被西方列强称为“东亚病夫”。从某种意义上说，鸦片使中国民贫兵弱，鸦片使

① 《政务院关于禁鸦片烟毒的通令》，《人民日报》1950年2月24日。

② 王金香：《中国禁毒简史》，北京：学习出版社，1996年，第323页。

中国被动挨打。鸦片使中国人蒙受耻辱，鸦片害惨了中国！值得庆幸的是，中国在 21 世纪 50 年代清除了烟毒，并以“无烟国”而著称。近些年来，随着国际国内形势的变化，烟毒在中国又有抬头的迹象。这是令人痛心的。古人云：前事不忘，后事之师。中国近代鸦片之祸的教训是应当吸取的。

原载（《鸦片战争的再认识》，香港中文大学出版社 2003 年版）

新时期中国农业的机遇与挑战

中国是世界上最著名的农业国之一。在古代，中国的农业曾长期处于领先的地位。但到近代，在帝国主义和封建主义的双重压迫下，中国的农业出现了停滞和倒退的局面，并逐渐落后于西方国家。1949 年中华人民共和国成立后，中国农业重新步入发展一途。虽然经过多次波折，但目前已经取得了举世瞩目的成就。在 21 世纪即将来临的时候，美国学者莱斯特·布朗（Lester R. Brown）对中国农业的前景表示悲观，并提出了“谁来养活中国”的问题①，在国际上引起广泛关注。中国学者对布朗的观点进行了反驳，认为中国人完全可以养活自己②。现在，许多人都对中国粮食的中长期平衡问题持乐观的态度。笔者相信中国人能够养活自己，也只能靠自己养活自己，但认为未来中国的粮食问题比较严重，不可掉以轻心。现在中国的农业正面临着新的机遇和挑战。中国人必须抓住机遇，迎接挑战，努力发展农业生产。

一、五十年来的中国农业

中华人民共和国成立到现在已经五十个春秋。五十年来，中国农业逐渐由传统农业向现代农业转变。在这个过程中，中国的农业曾几度出现辉煌，

① L. R. Broun，Who Will Feed China：Wake-up Call for a Small Planet，New York：W. W. Norton & Company，1995.

② 田雪原：《大国之难——当代中国的人口问题》，北京：今日中国出版社，1997 年，第 34—63 页。

也曾几度受到挫折①。大体说来，新中国农业的发展可划分为五个阶段：

第一阶段是1949—1957年。新中国成立之初，中国政府十分重视农业生产，采取了一系列发展农业的措施，经过几年的努力，在全国范围内废除了封建土地所有制，完成了土地改革及合作化运动。新的农业政策大大激发了农民的生产积极性。粮食产量连年增加，农业总产值平均每年以7%的速度增长。据统计，1949年全国的粮食总产量只有2264亿斤，到1957年就达到3901亿斤。可见农业发展的速度是十分惊人的。

第二阶段是1958—1965年。这一阶段在“极左思潮”的影响下，开展“大跃进”和人民公社化运动，瞎指挥，浮夸风，加上自然灾害，农业生产遭到了极大的破坏。从1959—1961年，农业总产值连续三年大幅度下降。以粮食为例：1958年粮食总产量为4000亿斤，1959年降至3400亿斤，1960年降至2870亿斤，1961年稍有回升，仅2950亿斤，1962年才升至3200亿斤。1962年比1957年下降了19.9%。人均粮食也由603斤下降到476斤。此后国家采取减少征购、提高价格、适当进口等措施发展农业，到1965年，农业总产值基本上恢复到了1957年的水平。

第三阶段是1966—1977年。“文化大革命”初期，农业生产受到较大的影响。1966年，全国产粮4280亿斤，1968年降至4181亿斤。针对这种情况，国家加大了农业投入力度，通过大搞农田基本建设及兴修水利等措施，农业生产逐步恢复，但粮食产量升降不定。1971年粮食总产量达到5003亿斤，1972年降至4810亿斤。1973年后，年产粮食超过5000亿斤。1976年达到5726亿斤，1977年降至5655亿斤。十年间，农业波动较大，农业总产值出现了三度大滑坡，四年负增长。

第四阶段是1978—1988年。十一届三中全会以后，进行了农业改革，在农村实行联产承包责任制，不久，又改革了农产品的流通体制。在这种情况下，中国农业发生了历史性的变化。改革开放的前六年，粮食生产增长迅速。1978年粮食总产量为6095亿斤，1981年增至6500亿斤，1985年更增至8146亿斤。但1985—1988年，由于自然灾害和政策偏差的影响，粮棉生产大幅度下降，再次出现徘徊不前的局面，1985年产粮7582亿斤，1988年也

① 农业部农村经济研究中心当代农业史研究室：《中国农业大波折的教训》，北京：中国农业出版社，1996年，第4—49页。

只有 7882 亿斤。

第五阶段是从 1989 年至今。这一阶段，随着改革开放力度的加大，中国农业呈现出前所未有的发展态势。1991—1995 年，农村经济全面发展，产业结构得到优化。粮食总产出为 22.46 亿吨，比“七五”时期多 2.04 亿吨，增长了 10%。农村贫困人口减少了 2000 万。农民的生活水平也有了明显提高。1996 年以后，中国农业继续保持着强劲发展的势头。

显然，50 年来中国农业的发展不是一帆风顺的，曾经遭受过挫折，也走过一些弯路。但总的说来，这 50 年的中国农业是发展的，是有很大成就的。在这 50 年的岁月中，中国不仅用世界 7%的耕地养活了 22%的人口，而且使人民的生活水平得到了较大的改善，基本上解决了温饱问题。这是有目共睹的事实，应当予以充分的肯定。

二、中国农业发展的新机遇

从历史农业地理的角度来看，中国农业自成体系，是可以持续发展的。当历史进入 21 世纪的时候，中国农业又出现了新的发展机遇。

第一，50 年来中国农业所取得的成就为中国农业的进一步发展奠定了比较坚实的基础。一方面，经过 50 年的艰苦努力，中国农业的基础设施已经有了很大的改善。农业机械总动力已由数万千瓦增加到将近 4 亿千瓦，化肥施用量比建国初增加了 5000 多倍。农田的有效灌溉面积也由 1995.9 万公顷增加到 5000 多万公顷。与此同时，粮、棉、油、肉等主要农产品成倍增长。其中粮食总产量增加 4 倍多，棉花总产量增加 10 倍多，油料增加近 9 倍，糖料增加近 30 倍，肉类增加 20 倍，水产品更增加 60 余倍。随着农村经济的调整和改革，农业的内部结构也得到改善。粮食作物、经济作物和饲料作物的比例有所调整。种植业、畜牧业和水产业全面发展。另一方面，中国农业的发展还有一定的潜力。例如，中国尚有宜农荒地 3500 万公顷，可开垦为耕地的即有 1470 万公顷。又如中国的中低产田约占耕地总面积的 73%左右，其中有相当一部分可以改造为高产田地。再如中国有 1747 万公顷的水域、3.9 亿公顷的草地和数量更多的山地，这些水域、草原和山地有开发非粮食食物资源的潜力，对今后农业的发展也有积极的意义。由于中国农业现在正处在一个强势发展的阶段，因此未来农业的发展可以在较高的起点上进行。

第二，中国的改革开放正在逐步深入。随着改革开放的不断深化，中国的经济体制将进一步得到完善，中国的综合国力将会明显提高。综合国力的提高必然会对农业生产的发展产生有利的影响。目前中国政府已经调整了农村政策，要求各级领导关心“米袋子”和“菜篮子”，把发展农业作为国家的大事来抓。为了确保农业的发展，国家先后颁布了《森林法》、《草原法》、《渔业法》、《水法》、《国土管理法》、《农业法》和《农业技术推广法》，此外，还颁布了《加强土地管理、制止乱占耕地的通知》、《切实减轻农民负担的通知》和《基本农田保护条例》。与此同时，又适当提高了粮棉收购价格，延长了土地承包的期限，建立了基本农田保护区，大力支持中低产田的改造，支持中西部地区乡镇企业的发展，支持贫困县的脱贫工作。这些政策和措施，比较符合中国的国情，已受到广大农民群众的拥护，必将对今后农业的进一步发展产生积极的作用。

第三，科学技术的发展将给中国农业注入新的活力。经过科技工作者几十年的努力，我国已取得较大的农业科研成果 3 万余项。这些成果如果在农业领域全面转化和推广，将大大促进农业的繁荣。比如我国现在已经培育出一大批农作物的优良品种。如果把这些品种推广开来，全面替换旧品种，将可使粮食产量增加 100 亿千克以上。又如我国农作物的栽培管理技术有了提高。当前在全国各地重点推广的水稻、小麦、玉米等农作物的规范化高产栽培技术，以及在北方地区推广的玉米等农作物的薄膜覆盖技术已收到良好的效果。再如我国的施肥和灌溉技术也有了进步。配方施肥和深施肥技术在农村的应用，亦可使粮食大量增产。节水灌溉技术的普及将使灌溉面积扩大 10%以上。而北方旱作区通过耕作保墒、秸秆还田、增施肥料等技术，也可提高粮食产量。此外，我国病虫害防治技术亦逐步提高。应用现有技术，有望使病虫害所造成的损失由 7%—8%下降到 2%—3%。21 世纪资讯科技突飞猛进，必然会进一步促进中国农业的发展。

第四，中国已经加入世界贸易组织，加入世贸组织将给中国农业引入竞争机制。改革开放以来，中国农业已朝着市场化和国际化的方向迈进。自从 1986 年中国提出恢复在 GATT 的合法席位后，进而参加了 GATT 的乌拉圭回合谈判。目前中国已经加入世贸组织。这就意味着中国已经开始享受国际经济分工与合作的利益。毫无疑问，这对未来中国农业的发展也有一定的好处。加入世贸组织以后，中国可以享受关贸总协定各缔约国在开放贸易尤其是在降低关税方面的成果，并取得大多数成员国的无条件贸易最惠国待遇，从而有效地利用国际农业资源和市场；可以灵活地利用世贸组织的争端解决机制，保护国内农业生产和农产品市场，并以成员国的身份参加国际农业多边贸易安排，维护国际农产品贸易的秩序；可以减少其他国家对我国农产品出口的不公平待遇，促进我国农产品进入国际市场；还可以扩大中国农产品特别是水果、水产品及肉类产品的出口量[①]。

上述情况表明：中国农业具有可持续发展的潜力。所以，我们不必为“谁来养活中国”的问题而烦恼。相反，应当对未来中国的农业充满信心，

三、中国农业所面临的困难

中国农业有新的发展机遇，这是十分可喜的一面。但是，中国农业的发展也面临着严峻的挑战。环境恶化、人口大量增加、耕地不断减少以及其他不利因素都会对未来中国农业产生消极的影响。

其一，自然环境的挑战。农业生产总是在一定的自然环境下进行的。气候、地貌、水文、土壤、动物、植物以及生态环境都对农业生产有一定的影响。近50年来，中国的农业虽然有了较大的发展，但农业的自然环境却呈现出恶化的趋势。受温室效应的影响，气候逐渐变暖，气象灾害频繁发生。由于乱垦滥伐，森林迅速缩减，植被大量破坏，水土流失严重，导致地力下降和水资源不足。而森林和植被的破坏又使动植物减少，生态环境亦受到影响。据统计，近期全国每年排放废水达370亿吨，二氧化碳1564万吨，烟尘1364万吨。已有80%的江河湖泊受到不同程度的污染。酸雨出现的频率大大增加。每年受灾面积达四五千万公顷，使粮食减产30多亿公斤。虽然现在政府已采取了保护森林的措施，并下决心要改善生态环境，但这些措施不能在短期内收到明显的效果。所以自然条件的恶化，将会成为制约农业发展的一个重要因素。

其二，巨大的人口压力。中国是世界上人口最多的国家。在相对和平的环

① 程国强：《加入世贸组织与我国农业发展》，《农业经济问题》1997第7期，第11—13页。

境下，这50年人口呈现出直线上升的态势：1949年全国人口总数为5.4167亿，1959年增至6.7207亿，1969年增至8.0671亿，1979年增至9.7542亿，1989年增至11.1325亿。现在更增加到12亿以上。据统计，中国人口占世界总人口的22%，人口密度平均每平方千米达129人，比世界平均人口密度高3.4倍。尽管中国政府大力推行计划生育政策，但人口增长的势头无法全面扼制。现在中国正处于人口生育的高峰期，大约每3秒钟就有2个人出生，每年净增人口2300万。照这个势头发展下去，中国人口很快将接近13亿。人口的不断增加不仅要占用大量耕地，消耗水、木材等自然资源，还需要越来越多的粮食。按低标准估计，2000年中国的粮食需求量为5亿吨，2010年为5.5亿吨，2030年为6.4亿吨①。这就在客观上要求中国在2000—2030年的粮食生产必须达到1.2%—1.4%的增长速度。只有这样，才能做到粮食供需总量的基本平衡②。而要达到这样的增长速度是具有一定难度的。

其三，严重的耕地问题。中国幅员辽阔，但难于开发利用和质量不高的土地比例较大。50年来，耕地虽在新中国建立初期一度增加，但由于对环境和耕地保护不力，土地资源破坏和退化的情况相当严重③。1949年，中国的耕地面积为14.68亿亩，1952年增至16.18亿亩，1957年增至16.77亿亩，此后逐年减少，1959年减至15.68亿亩，1969年减至15.21亿亩，1974年减至14.98亿亩，1988年减至14.35亿亩，已跌破14.5亿亩的警戒线。最近10年，国家三令五申，制止乱占耕地的现象，取得了一些成效，但国家基建占地、乡村集体占地和农民个人建房占地越来越多，所以耕地减少的情况仍然相当严重。1992年搞“开发区”建设，损失耕地近230万亩，1993年损失耕地484万亩④。1994年损失耕地面积达274万亩⑤。除建设用地以外，因

① 国务院新闻办公室：《中国的粮食问题》，《中国农业年鉴》编辑委员会编：《中国农业年鉴（1997）》，北京：中国农业出版社，1997年，第545页。

② 黄佩民、俞家宝：《2000—2030年中国粮食供需平衡及其对策研究》，《农业经济题》1997年第3期，第9—14页。

③ 中国科学院、国家计划委员会自然资源综合考察委员会编：《中国自然资源手册》，北京：科学出版社，1990年，第24页。

④ 中国土地年鉴编委会：《中国土地年鉴（1994—1995）》，北京：人民出版社，1995年，第130—131页。

⑤ 中华人民共和国农业部编：《中国农业统计资料（1995）》，北京：中国农业出版社，1996年，第9页。

自然灾害和荒漠化而损失的耕地也不在少数。北方地区每年有1300多万亩农田受到风沙的危害。由于耕地总面积逐渐下降，加之人口逐年增加，人均耕也呈现出下降的趋势。据统计，中国的人均耕地1949年为2.71亩，现在已减少到1.2亩以下，仅为世界平均水平的1/3，远低于美国、加拿大等发达国家。有人估计，到2000年，全国人均耕地仅1亩左右，其中湖南、广东、浙江人均耕地更少至7分左右①。2010年后，人多地少的矛盾将会更为突出。在耕地数量减少的同时，耕地质量也令人担忧。由于生态环境遭到破坏，水土流失的问题在短期内无法很好的解决。目前全国水土流失面积达到492万公顷，每年流失土壤达50亿吨，相当于数十万公顷的良田沃土流入海洋。与此同时，全国有400万公顷的农田和1/3的草地受到缺水的威胁。这些因素也将导致地力的下降。耕地面积的缩小和耕地质量的下降都会对未来农业的发展产生不良的作用。

其四，其他不利因素。中国农业正处在转型阶段，农业现代化的程度相对较低。农业基础建设的投入总量严重不足。农业生产资料价格增长过快，而农民收入增长缓慢。农业科技总体水平与发达国家相比也存在明显差距②。所有这些，都不利于农业的持续发展。此外，加入世贸组织也会在某些方面给中国农业带来不利的影响。从目前国际农产品的生产状况和供求关系分析，未来中国面临进口冲击的农产品主要有以下几种：一是粮食。中国粮食的总产量虽居世界第一，但由于人口众多，国内市场粮价偏高的问题一时很难解决，故中国粮食在国际竞争中没有价格方面的优势。小麦、大豆和稻谷都面临着国际市场的压力。二是棉花。国内的棉花生产近年波动较大，徘徊不前。棉花的价格已超过国际价格，失去了竞争优势，也面临着进口的压力。三是植物油。中国油料价格较低，但加工工艺落后，出油率低，成本太高，故成品油价格反而高于国外。实行关税配额管理后，中国的植物油生产也将受到冲击。四是食糖。尽管中国具有发展甘蔗和甜菜生产的优势，糖料充足，但加工设备陈旧、出糖率低、品质差、价格高，也会受到国际市场的冲击。五

① 邢廷铣：《浅析我国农业可持续发展面临的困难》，《中国人口·资源与环境》1996年第4期，第59—62页。

② 郑有贵、李成贵等：《中国传统农业向现代农业转变的研究》，北京：经济科学出版社，1997年，第139—144页。

是羊毛。中国羊毛产量居世界第四位，但羊毛无论是品质还是生产规模都不具备与澳大利亚等国竞争的实力，加入世贸组织后市场受到的压力将会是很大的。

由于这些原因，中国农业的持续发展将会遇到许多困难。特别是人地关系的矛盾集中体现在农业问题上，很难处理；未来中国农业发展的任务将很艰巨。因此，我们不能盲目乐观，而要做好充分的思想准备。

四、未来发展中国农业的策略

如前所述，在新的历史时期将到来的时候，中国农业出现新的发展机遇，也面临着重大的挑战。那么，未来究竟应当怎样发展中国的农业呢？对于这个问题。学术界已经有人进行过探讨。我认为要保证未来中国农业的发展，就必须对中国农业的机遇和挑战有清醒的认识，认真总结国内外农业的经验和教训，制定正确的政策和策略，采取一系列有效的措施，进一步理顺工农关系和城乡关系，大力控制人口，促进农业现代化的进程，使中国农业真正走上可持续发展的道路①。大体说来，可概括为以下几点。

（1）调动农民的生产积极性。农民是农业生产的主体，他们生产粮食的目的不仅是为了自己食用，而且是为了出售并改善自己的生活条件。中国的粮食问题终归要靠农民来解决。所以必须重视农民问题，必须关心他们的疾苦，考虑他们的愿望和要求。除对农民进行思想教育以外，要依法保护农民的合法权益，切实减轻农民的负担，并用价格的杠杆使农民的劳动得到回报。还要大力提高农民的素质，引导农民克服小农意识，采用科学种田的方法。

（2）发挥科技优势，加快农业现代化的步伐。科学技术就是生产力。加强农业科研，促进科技成果在农业领域里的转化，对于今后中国农业的发展具有十分重要的意义。农业管理部门要大力调整农业结构，推广优良品种，更新耕作制度，改造中低产田，开发宜农荒地，改进栽培管理技术，防治各种自然灾害。同时，特别要注意农业科研队伍的建设，加强对生产技术的研究，把农业科研与农业生产结合起来，缩短科研成果的转化周期。使农业向

① 康晓光、王毅：《农业与发展—中国农业若干问题研究》，北京：北京大学出社，1993年，第26—30页。

高产、优质、高效的方向发展。

（3）采取有效措施，稳定粮食市场。农产品的市场化是农业现代化的重要组成部分。要建立完善的农产品市场机制和政府调控机制。中国加入世贸后，农产品的贸易必然会有扩大的趋势。政府部门要对粮食的进口和出口实行宏观调控，有效控制粮食进出口的规模。要密切留意国内外粮价的变动及各类粮食的供需情况，及时采取进口或出口的措施，有效地化解国外粮食对我国粮食市场的冲击，尽量争取在国内粮食市场过剩的情况下出口，在国内粮食短缺的情况下进口。

（4）加强基础建设，发展“生态”农业。要切实采取措施保护耕地和农作物的播种面积，积极开发尚未充分利用的土地资源，因地制宜，精耕细作。要增加农业投入，建设一大批大型的水利设施，采用节水灌溉技术，扩大农田的灌溉面积；加速肥料生产，平整土地，改良土壤，改善农业生产的基本条件，提高抗灾保产的能力。要进一步调整种植业、畜牧业和水产业的结构。要加强农业的现代化，形成高产优质高效的生态农业体系，培养新的农业增长点。

总之，中国自古以农业立国，农业在国民经济中占有举足轻重的地位。中华人民共和国成立以来，中国农业有了很大的进步。在 21 世纪到来的时候，中国的农业面临着新的机遇和挑战。从中国农业发展的历史、现状和潜力分析，中国的农业将会朝着现代化的方向持续发展。但由于人口增加和耕地减少的矛盾趋于尖锐，加上其他不良因素的影响，中国农业的形势也不容过于乐观。只有真正抓住机遇，勇敢迎接挑战，制定科学的农业政策，发挥农业科技的优势，想方设法调动农民的积极性，大力发展农业生产，才能实现中国粮食供需的总平衡，中国农业才有光明的前景。

原载（《陕西师范大学学报》2003 年第 6 期）

我国历史上开发西部的经验教训

我国当前所进行的西部大开发，是历史时期西部开发的继续和发展。历史上的西部开发表明：中央政府在西部开发中处于重要地位；民族团结和社会安定是西部开发的必要条件；适当进行基础建设有利于西部经济社会发展；农牧并重、多种经营适合西部情况；水利建设在西部地区具有重要意义；战争和动乱会制约西部开发的进程；不按经济规律办事便不可能使西部开发达到预期的目标；不注意保护生态环境就会造成严重的后果。这些经验和教训都是宝贵的财富，值得我们去认真对待。

一、历史上开发西部的几种模式

中国西部地域辽阔，民族众多，自然条件和社会条件千差万别。历史上各地虽然都在开发，但开发的程度却很不相同。由于各地发展不平衡，因而历史时期西部地区的开发呈现出明显的区域特征。这种情况在关中平原、黄土高原等地有充分的表现。

（一）关中平原等地的精细化开发

关中地区具有得天独厚的自然条件，无论是气候、地貌、土壤、水文、动植物，还是自然区划都是值得称道的[①]。战国时期，苏秦说关中“沃野千

① 陈桥驿主编：《中国七大古都》，北京：中国青年出版社，1991年，第73—78页。

里，蓄积饶多”[①]。秦汉之际，张良也说关中金城千里，是天府之国。由此可见，关中地区的生态环境本来是很好的。但现在却没有人把关中与天府之国联系起来，甚至已经淡忘了关中曾是“天府”的事实。这种情况是值得深思的。

中国历史上曾有九个地区被称为“天府”：关中地区、华北北部（河北、北京一带）、四川盆地（成都平原）、江淮以南地区、太原附近、闽中、盛京（今沈阳一带）、河西一带和台中地区。在这些“天府”中，前三者在文献中记载较多。其中关中地区作为“天府之国”多次被载入二十五史，显示出关中地区在历史上曾处于相当重要的地位。

关中地区曾经是历史上最早的“天府之国”。所谓“天府”，本意是天然府库，指地势形便，土地肥沃，物产丰富的地方，后来也指京师或天子的府库。司马迁在《史记·苏秦列传》中讲，公元前 338 年，苏秦游说秦惠王时说：“秦四塞之国，被山带渭，东有关河，西有汉中，南有巴蜀，北有代马，此天府也。”[②] 这是文献中关于“天府”之地的最早记载。据《资治通鉴》卷十一载，公元前 202 年，娄敬在谈到关中形势时也说：“秦地被山带河，四塞以为固……资甚美膏腴之地，此所谓天府者也。”[③] 这些记载充分说明，关中在历史上确曾是很富庶的地方。

关中不仅是历史上最早被称为“天府”的地方，而且是最早被称为“天府之国”的地方。关中被正式称为“天府之国”，始于秦汉之际的张良。《汉书》卷四十记载，张良建议刘邦定都关中时说：“夫关中左崤函，右陇蜀，沃野千里……此所谓金城千里，天府之国。”[④] 在唐代以前，关中地区是全国的政治中心，也是最重要的经济区之一，生态环境良好，稳居各“天府”之首。成都平原被称为“天府”约在公元 208 年，诸葛亮所作《隆中对》时说蜀地是“天府之土”，比关中称“天府”晚了 500 多年。而把四川称作“天府之国”最早见于唐代陈子昂所写的文章中，此时已比关中称为“天府之国”晚了 800 多年。华北北部的燕京一带虽在战国后期亦被称为“天府”，但秦汉以

① （西汉）刘向：《战国策》卷 3《秦一·苏秦始将连横》，上海：上海古籍出版社，1985 年，第 78 页。

② 《史记》卷 69《苏秦列传》，北京：中华书局，1959 年标点本，第 2242 页。

③ （宋）司马光：《资治通鉴》卷十一“高帝五年二月”条，北京：中华书局，1956 年标点本，第 361—362 页。

④ 《汉书》卷 40《张良传》，北京：中华书局，1962 年标点本，第 2032—2033 页。

来并没有人这样讲，直到明清时期建都北京，才获得了“天府之国”的美誉。

关中被称作“天府之国”的时间很长，从先秦到元明时期，关中地区都曾被称作“天府”或“天府之国”。战国秦汉之际，苏秦、娄敬、张良的说法最具代表性，前面讲到，此处不必赘述。秦汉以后，称关中为“天府之国”者大有人在。如西晋时，南阳王司马模的谋士淳于定说：“关中天府之国，霸王之地。今以不能绥抚而还，既于声望有亏，又公兄弟唱起大事，而并在朝廷，若自强则有专权之罪，弱则受制于人，非公之利也”①。十六国时，尹纬姚晃对古成诜说：“苻登穷寇，历年未灭，奸雄鸱峙，所在纠扇，夷夏皆贰，将若之何?”诜曰：“主上权略无方，信赏必罚，贤能之士，咸怀乐推，岂虑大业不成，氐贼不灭乎！”纬曰：“（苻）登穷寇未灭，奸雄所在扇合，吾等宁无惧乎？”（古成）诜曰：“三秦天府之国，主上十分已有其八。今所在可虑者，苻登、杨定、雷恶地耳，自余琐琐，焉足论哉！”② 隋朝末年，李密也曾对杨玄感说：“关中四塞，天府之国。有卫文升，不足为意。今宜率众，经城勿攻，轻赍鼓行，务早西入。天子虽还，失其襟带，据险临之，故当必克，万全之势”③。像这样的例子，还可以举出很多。说明魏晋南北朝隋唐时期，关中地区仍然是人们心目中的天府之国④。

这种情况甚至到宋明时期继续存在。如北宋时，西夏逼近关中，有人即上书建议力保关中，说关中“据山河百二之险，自古号天府之国。保关中所以卫京师，脱若关中有警，则所以为朝廷忧者又不可胜言矣”。⑤ 南宋建立之初，高宗赵构“谋巡近甸金陵、南阳、长安为驻跸计，（郑）骧言：‘南阳、金陵偏方，非兴王地；长安四塞，天府之国，可以驻跸’”。⑥ 明初朱元璋诏问群臣建都之地，还有人说“关中天府之国”建议定都关中。后来朱元璋“以平定之初，民未休息，供给力役，悉资江南，建业长江天堑，足以立国，临濠前江后淮，以险可恃，以水可漕，诏以为中都”⑦。

---

① 《晋书》卷37《南阳王传》，北京：中华书局，1974年标点本，第1097—1098页。

② 《晋书》卷116《姚苌传》，北京：中华书局，1974年标点本，第2969页。

③ 《隋书》卷70《李密传》，北京：中华书局，1973年标点本，第1625页。

④ 王双怀：《中国历史上的“天府之国”》，《陕西师范大学学报》（哲学社会科学版）2008年第4期，第77—84页。

⑤ （宋）徐梦莘：《三朝北盟会编》卷77，上海：上海古籍出版社，1987年，第581页。

⑥ 《宋史》卷448《郑骧传》，北京：中华书局，1977年标点本，第13203页。

⑦ （清）谷应泰：《明史纪事本末》卷14《开国规模》，上海：商务印书馆，1935年万有文库本，第72页。

关中地区之所以能够长期成为中国历史上的政治中心，并保有“天府之国”的美名，不仅是因为它具有得天独厚的自然条件，还与历代王朝在关中地区采取的精细化开发模式有密切的关系。

（二）黄土高原等地的粗放式开发

黄土高原东起太行山，西到日月山，南界秦岭，北抵鄂尔多斯高原，包括山西省全部、陕西省中北部、甘肃省东南部、宁夏东南部、青海东北部、河南西北部、内蒙古南部三旗及河北省西北四县，凡 8 省 264 县之地，总面积为 51.7 万平方千米，是我国北方一个相对独立的地理单元，也是水资源比较短缺的地区。目前，这个地区陆地水的基本特征是：河沟多、径流小、水源缺。但在历史时期，情况并非完全如此。也就是说，历史时期黄土高原地区陆地水经历了一个演变的过程，现在黄土高原地区的水文情况是在历史时期逐渐形成的。

黄土高原上的沟道很多，但比较大的河流只有十几条。这些河流分属于黄河水系和海河水系。属于黄河水系的有洮河、湟水、祖厉河、清水河、大黑河、窟野河、无定河、延河、洛河、泾河、渭河、汾河、沁河等，流域面积 45.8 万平方千米，占黄土高原总面积的 88.6%；属于海河水系的有桑干河、滹沱河、漳河等，流域面积 5.91 万平方千米，占黄土高原总面积的 11.4%。这些河流在历史时期曾发生过一些显著的变化。其变化的趋势是不断侧蚀与下切，水量变小，泥沙增大。除河流以外，黄土高原地区还有许多沼泽与湖泊，如太液池、百子池、唐中池、影娥池、飞外池、沧池、鱼池、酒池、琳池、鹤池、盘池、冰池、镐池、初池、麋池、蒯池、郎池、牛首池、积草池、东陂池、西陂池、当路池、洪池陂、曲江池、昆明池、苇埔、美陂、焦获薮等。这些沼泽和湖泊在历史上曾经发生过一系列变化。变化的趋势是由大变小，由多变少。此外，黄土高原地区的地下还有孔隙水、黄土水、裂隙孔隙水和岩溶水。孔隙水主要分布于关中盆地、银川盆地、河套盆地、汾河盆地、库布齐沙地和毛乌素沙地。黄土水主要分布于吕梁山以西，日月山以东，秦岭以北，长城以南的黄土地地带。孔隙裂隙水分布于鄂尔多斯高原及太行、吕梁、六盘诸山的分水岭地带。至于岩溶水则主要分布于黄土高原东部太行山和吕梁山区。这些地下水在历史上经历了由多变少的过程。

造成这种情况原因是多方面的，既有自然因素，也有社会因素。其中气候振荡与自然灾害的影响、森林植被缩减的影响和荒漠化的影响是相对较大的。

1. 自然因素对陆地水的影响

黄土高原各地的自然条件不尽相同，水环境也存在着一定的差异。而自然环境的变化，特别是气候振荡和自然灾害必然会对陆地水产生相应的影响。一般说来，陆地水的演变受地质、地貌、气候三大条件的制约，而来水、来沙及边界条件则会直接参与河流的演变活动。

黄土高原结构特殊，地形复杂，黄土堆积的厚度各不相同。在更新世之前，黄土高原至少已经历了三次堆积、侵蚀交替的轮回期；在全新世期间，黄土高原虽然继续存在着堆积现象，但地貌过程以侵蚀为主。也就是说，黄土本身所具有的物理特性以及黄土高原的综合自然地理条件在黄土高原的侵蚀过程中起着重要的作用。由于黄土高原侵蚀严重，地形破碎，因而河沟很多，呈现出一种独特的地理景观。黄土高原的这种地质地貌对气候变化和地质灾害十分敏感，每当气候振荡或发生地质灾害之时，黄土高原上的陆地水都会在不同程度上受到影响。

说到气候变化，不能不涉及降水问题。因为降水对黄土高原的陆地水有直接的影响。历史文献中有许多资料显示了这方面的情况。目前黄土高原降水年际和年内分配不均，变化较大。夏季降水集中，6—8 月的降水占全年降水总量的 50%—60%，9—11 月占 20%—30%，来年 3—5 月占 13%—20%。降水分布的总趋是由东南向西北逐渐减少，山区降水大于平原。东南部多年平均降水量为 750 毫米，西北部仅为 150 毫米。降水的高值区在秦岭北坡，多年平均降水达 900 毫米以上；低值区在内蒙古临河及杭锦旗一带，仅为 138.4 毫米。400 毫米年降水量等值线从河口镇经榆林、靖边、环县以北、定西、兰州以南绕祁连山，至贵德把黄土高原分为干旱、湿润两大部分，详见表 1、表 2、表 3。

表 1　黄土高原降水量的地区差异①

地带名称	地理范围	总面积（万平方千米）	年均降水量（毫米）	年均降水总量（亿立方米）	在全区降水总量中所占比例	万平方千米平均降水量（亿立方米）
风沙草原地带	鄂尔多斯、银川平原、河套平原及其西北边缘地带	17.952	200	359.04	15.0	20.0

① 杨文治：《黄土高原土壤水资源与植树造林》，《自然资源学报》，2001 年第 5 期，第 433—438 页。

续表

地带名称	地理范围	总面积（万平方千米）	年均降水量（毫米）	年均降水总量（亿立方米）	在全区降水总量中所占比例	万平方千米平均降水量（亿立方米）
草原地带	风沙草原带以南，山西五寨、陕西绥德、青海民和以北	13.038	400	521.52	21.90	40.0
森林草原地带	秦岭以北，草原地带以南，太行山以西，甘青石山以东	22.520	550	1238.60	51.9	55.0
森林地带	秦岭北坡、崤山、熊耳山及西秦岭向西的延伸部分	3.570	750	267.75	11.20	70.5

表 2：黄土高原各地多年平均产水模数①

（单位：万立方米/平方千米）

流域名称	产水模数	流域名称	产水模数
黄河兰州以上干流区间	14.86	洛河流域	4.05
兰州至河口镇干流区间	2.22	泾河流域	4.80
河口镇至龙门干流区间	6.31	渭河流域	13.71
龙门至三门峡干流区间	9.87	汾河流域	8.79
湟水流域	15.28	伊洛河流域	19.28
洮河流域	20.81	海河南系	14.32

表 3：黄土高原地区主要河流年径流量统计表（1956—1979）

（单位：亿立方米）

流域名称	平均年径流量	流域名称	平均年径流量	流域名称	平均年径流量
湟水	50.2	北洛河	9.93	黄河（花园口）	603.23
洮河	53.1	汾河	26.6	桑干河	7.28
渭河	73.1	伊洛河	34.7	滹沱河	16.9
泾河	20.7	沁河	18.4	漳河	16.8

资料来源：黄河水利委员会水文局：《黄河流域片水资源评价》，1986 年 6 月。

按照多年平均降水量的多少，可将全区分为四个气候区域：（1）湿润区。年降水量大于 800 毫米，气候湿润，大致相当于落叶阔叶和常绿阔叶混合林带。主要分布于秦岭石山林带和六盘山、太子山、五台山等山区。（2）半湿润区。年降水量 400—800 毫米，气候半湿润、半干旱区相当于落叶阔叶和森林草原带。兰州会宁、靖边、河口镇以南均属此区范围。其中豫西北、晋东南、运城盆地、关中盆地、渭北塬区、陕北南部、陇东渭河谷地降水量在

① 据《中国经济地理》第 65 页“中国各流域多年平均产水模数”表编制。

600—800 毫米，具有旱作农业的条件，是黄土高原的主要粮、棉产区。(3) 半干旱区。年降水量 200—400 毫米，气候干燥，相当于草原和半荒漠地带，主要分布于兰州至河口镇区间，是黄土高原上的主要牧区。(4) 干旱区。年降水量小于 200 毫米，主要分布在祁连山和贺兰山及贺兰山与狼山之间，甘肃宁夏的晾泰、卫宁，内蒙古的乌海、巴彦高勒等地即属此类，除河套灌区外，牧草生长稀疏①。

自然灾害对陆地水的影响也相当明显。渭河在关中平原的摆动，在某种程度上就是因为受到了地震的影响。据文献记载，宋明之际，关中地区地震频繁，大小地震百余次，其中宋太宗至道二年（996）、神宗熙宁五年（1072）、明孝宗弘治十四年（1501）和世宗嘉靖三十四年（1556）的地震都很严重，曾导致黄河、渭河的泛滥。每次较大的地震都会在不同程度上造成渭河的北移。至嘉靖三十四年后，最终形成了现在的格局。这种情况可以从渭河故道的积沙情况看出。从西渭桥到东渭桥东西几十千米、南北 3 千米左右的范围内积有 5—8 米厚的渭河淤沙。这些泥沙大部分是由于受地震的影响而形成的。嘉靖大地震之后，文献中就有“河渭大泛”、“河雍数日”的记载。据渭河华县站的统计，渭河的含沙量是每立方米 52.5 千克。渭河全年的径流量是 55.54 亿立方米，每年会携带 2915.75 亿千克的泥沙。这些泥沙多为悬移质类型，大部分被输入黄河。只有发生突发事件，引起渭河下游流动不畅，才可能沉积下这么多的泥沙，否则是不可能的。

2. 滥垦滥伐和过度开发对陆地水的影响

商周以来，由于人类在黄土高原地区活动的加强，黄土高原的平原河谷地带逐渐被开垦成农田，因此，平原河谷地带的森林随之缩减。秦汉时期由于农业区的扩大，平原地区规模较大的森林逐渐消失。唐宋时期黄土高原地区的森林和草原继续缩小。当时关中等平原地带开垦殆尽，几乎已经没有什么森林可言，只是在关中西部还残存着一定规模的竹木②。不过，由于长安、

① 中国科学院黄土高原综合考察队：《黄土高原地区水资源问题及其对策》，北京：中国科学技术出版社，1991 年，第 6 页。

② 当时在周至、户县有司竹园，内设司竹监。《新唐书》卷 37《地理志》、卷 83《平阳公主传》，北京：中华书局，1975 年标点本。

洛阳等城市建设和薪炭的需要，远程采伐有增无减，许多山区的森林已被采空。如盛唐时期在长安城南开凿漕渠，又在宝鸡、眉县、周至、户县等地设立监司，大量伐运秦岭北坡的木材①。胜州、岚州的森林也被砍伐。到了宋代，采伐的范围较隋唐更大，秦岭、陇山、黄龙山、岚州、石州、汾州等地的林木被大量破坏，岐山上的树木甚至被伐光，成为濯濯童山②。到了明清时期，黄土高原地区的森林和草场进一步缩小。由于大量屯田，过度开垦，加之滥砍滥伐，平原地带自不必言，丘陵和山区的森林也迅速减少。清代中期以后，对森林的破坏尤为严重。据说在周至至洋县的300里间，砍伐林木的人经常不下数万③。如此乱伐，自然对森林的存在构成巨大的威胁。森林和草场是可以涵养水分的。正如著名历史地理学家史念海先生所说："河流侧畔的森林可以有助于河流保持一定的流量。森林稠密的地方，遇到大雨、骤雨、阴雨，落下来的降水得到森林的涵蓄，不至于骤然流下。如果没有森林，到处是童山濯濯，不论降水多少，没有涵蓄，所有降水都会倾泻而下。及雨过天晴，河流的水源就仅靠地下的泉水了。如果泉水不多，流量就难得很大"④。

3. 土地荒漠化对陆地水的影响

黄土高原的北部、西北部和东北部有大片沙漠存在。其中对黄土高原地区影响较大的是鄂尔多斯沙地。这片沙地分布在河套以南，长城以北，由毛乌素沙地、库布齐沙地和宁夏河东沙地组成。在这些沙漠的周边地区，土地沙漠化的情况普遍存在。据统计，陕北黄土高原地区的沙漠化总面积为21 686平方千米，其中严重沙漠化的土地为8184平方千米，强烈沙漠化的土地为5384平方千米，正在沙漠化的土地8088平方千米。其面积之大，仅次于毛乌素沙地主体所在的鄂尔多斯，远远超过后套、狼山以北及宁夏中东部地区。沙漠化面积是土地荒漠化的极端形式，由此可以看出黄土高原土地荒漠化情况之一斑。

黄土高原地区的土地荒漠化并非一朝一夕之故，而是经历了一个发展变化的过程。从地质资料、考古资料和文献资料来看，陕北黄土高原地区的沙

---

① 《旧唐书》卷44《职官志》：将作监所辖百工、就谷、库谷、斜谷等监，掌采伐材木。《新唐书》卷37《地理志》：天宝二年，京兆尹韩朝宗引渭水入金光门，置潭西市，以贮材木。

② （北宋）苏轼：《苏东坡集》卷2，扬州：广陵书社，2012年。

③ （清）严如熤：《三省边防备览》卷14《艺文志》，上海：上海古籍出版社，1995年。

④ 史念海：《黄土高原历史地理研究》，郑州：黄河水利出版社，2001年，第148页。

漠是在第四纪以来逐渐形成的。夏、商、周时期，这里沙漠的面积并没有现在这样大。大约从秦汉时期开始，随着人类活动的加强，北方地区的土地荒漠化逐渐加剧，从而形成不断扩大的趋势。秦汉时期的文献典籍中所提到的沙漠主要是所谓“流沙”。不过，那时的“流沙”只有三处：一是指敦煌以西的沙漠，即今新疆境内白龙堆沙漠一带的流沙。二是居延海的流沙，即今内蒙古额济纳旗北部的沙漠。三是阴山以北的沙漠，史书上称之为“大漠”或“大幕”。对于陕北黄土高原上的沙漠并没有明确记载，说明那时这片沙漠很小，尚未引起人们的关注。

秦汉以后，伴随着疆域的开拓和人类活动的增加，文献中对沙漠的记载也较前增多。这一时期文献中讲到的沙漠，仍然主要是前面提到的流沙。但对鄂尔多斯南缘的沙漠，已经有所涉及，说明这里的沙漠较前扩大。到了宋元时期，由于战争和动乱，北方地区人口逃亡情况严重，不少地方农田荒芜，水利失修，沦为荒漠。明清之际，由于人口大量增加，北方地区再次掀起开垦土地的热潮，许多地方的天然植被遭到严重破坏，荒漠化不断扩大。在西域地区，绿洲面积急剧缩减，许多汉唐时期的遗迹都被淹没在黄沙之下。在鄂尔多斯高原南部，毛乌素沙地不断向东南地区推进。在黄土高原，水土流失的情况与日俱增。史载毛乌素沙地南缘在明代出现大规模屯垦。清初长城沿线放垦，结果出现“古沙翻新”或“就地起沙”的情况，形成“地拥黄沙草不生”的荒凉景观。民国时期，鄂尔多斯与黄土高原之间的天然植被继续遭到破坏，荒漠化随之不断扩大，最终形成了目前的状况。

土地荒漠化的直接后果是水环境的恶化。而水环境的恶化，又与水源短缺和水旱灾害密切相关，会导致生态环境的恶性循环，对陆地水的影响是全面而又深远的。其危害之大，绝不可等闲视之。

二、历史上开发西部的经验教训

世纪之交，党和政府确立了实施西部大开发的伟大战略。这个决策是十分正确的，对于全面推进我国的现代化建设具有极为深远的意义。我国对西部的开发，经历了数千年的历程，积累了丰富的经验，也留下了深刻的教训。当前所进行的西部大开发是历史时期西部开发的继续和发展，因此，在实施西部大开发战略的时候，有必要吸取历史上开发西部的经验和教训。这样可以使我们在西部大开发的过程中因地制宜、扬长避短、少犯错误、少走弯路。

（一）历史时期开发西部的主要经验

历史时期的西部开发，曾出现过几次高潮，不乏成功的范例。在长期开发西部的过程中，积累了宝贵的经验。纵观西部开发的历程，至少可以得到下列启示。

1. 中央政府在西部开发中起着十分重要的作用

历史上的西部开发基本上都是在中央政府的组织下进行的。西部地区幅员辽阔，各地经济社会发展存在着较大的差异。这就在客观上要求中央政府从总体上制定西部开发的政策，协调各地之间的关系，在西部开发中充当重要角色。纵观西部开发的过程，我们可以清楚地看到：当中央政府重视西部开发，并能在西部开发中发挥作用时，西部开发就会有较大的进展；当中央政府不重视西部开发，不能在西部开发中发挥主导作用时，西部开发就会陷入无序的状态。如秦汉时期、隋唐时期及清朝前朝，国家注重西部建设，采取一系列比较切合实际的措施，西部开发的步子就迈得较大，就获得了较大的成功；魏晋南北朝及五代辽宋夏金时期，国家分裂，社会动荡，西部开发的事业就受到影响，甚至出现倒退的情况。当然，这并不是说地方政府在西部开发中无足轻重。西部地方政府位于西部开发的主战场，是西部开发政策的实施者，在西部开发中的作用也是不可低估的。

2. 民族团结和社会安定是西部开发的必要条件

中国西部是少数民族聚居的地方。现在，生活在西部地区的少数民族达 55 个；西部少数民族人口在全国少数民族人口中所占的比重达到 86%。也就是说，大部分的少数民族人口都生活在西部地区；而且每个少数民族在西部地区都有分布。这种情况是在历史时期形成的。历史上西部地区曾经出现过许多民族，如秦汉时期的匈奴、羌族、西南夷和西域各族；隋唐时期的突厥、回纥、薛延陀、吐谷浑、吐蕃、南诏等族；宋元之际的沙陀、党项、蒙古等族。由于历史、地理原因和文化传统的影响，西部地区各民族的发展程度不同，生产、生活状况存在着显著的差异。但无论哪个民族，在西部大开发中都扮演着重要的角色。从西部开发的历程来看，当各民族和睦相处，安居乐业的时候，西部开发就会兴起，就会成功。如汉唐时期实行开明的民族政策，为西部开发营造了良好的社会环境。尤其是唐王朝抛弃了“贵中华，贱夷狄”的思想，增强了西部各民族的向心力和凝聚力，使各民族在较长的时间中，能够和睦相处，共同致力于西部开发。这是当时西部大开发获得成功的重要保障。显然，在西部大开发的过程中，妥善地处理西部地区的民族关系，调动各民族人民开发西部的积极性，促进边疆地区的发展，是十分重要的问题。国家的统一，社会的安定，边疆的巩固，是西部开发不可缺少的条件。而西部开发又会反过来进一步稳定社会秩序，巩固国家的统一和强大。

3. 适当进行基础建设有利于西部开发

所谓基础建设主要是指城市、交通等方面的建设。城市往往是一个地方的政治、经济、文化中心，而交通则是连接城乡，促进交流，发展经济的纽带。历史上汉唐时期西部的辉煌在很大程度上与城市的政治地位以及城市的发展水平有密切的关系。汉都长安是全国最大的城市，围绕长安还有许多以陵园为中心的城邑。这些城市等级高、规模大，对经济发展有很大的带动作用。到了唐代，情况比汉代又有所发展。唐都长安相当于汉长安的数倍，是著名的国际性大都市。在长安城的带动下，中国西部的许多城市，特别是丝绸之路沿线的城市如武威、张掖、敦煌等都有所发展。西汉和隋唐时期西部特别是关中平原的富足和繁荣，充分说明城市的发展对区域经济和文化的发展起着积极的促进作用。而一些重要的交通道路，也可加强各地之间的联系，促进经济文化交流。在这方面，丝绸之路就是最好的证明。五代以后西部地区政治、经济、文化的衰落有自然环境恶化的因素，而城市的衰落也是重要的原因之一。宋元明清时期，中国政治中心东移，西部地区从全国政治中心所在地降为政治地位相对次要的地区，也与西部城市的衰落有很大的关系。显然，城市的发展与区域经济的发展有相辅相成的关系，这是一条规律[①]。利用这一规律建设西部地区的城市，突出其经济特色和文化特色，将会大大促进西部地区经济社会的发展。

---

① 张积玉、杨发民主编：《中国西北经济社会发展研究》，西安：陕西人民出版社，1998 年，第 347—354 页。

4. 农牧并重，多种经营符合西部地区的情况

西部地区地大物博，资源丰富，有以种植业为主而兼营林、牧、副、渔的农业区，同时又有以畜牧业为主体经济的游牧区。这种情况与东部地区很不相同，在客观上要求实行农牧并重的政策。汉唐时期和清代前期在西部开发方面之所以能够取得较大的成绩，就是与实行农牧并重的政策分不开的①。汉唐两代在西部的朔方、河西、西域、河湟、陇右等地实行大规模屯田，努力发展粮食生产②。同时也在蒙古高原等地大量养马、养羊，发展畜牧业生产③。明清时期继续在西部地区实行有利于农业发展的政策，使农业在西北社会经济结构中的主导地位得以最后完成④。除农牧业外，开发工商业资源也有利于西部经济社会的发展。历史上对西部煤炭、石油、食盐和其他矿产的开发对西部经济的发展都有明显的促进作用。西部开发说到底是经济开发，因此应当按经济规律办事，宜农则农，宜牧则牧，这样才能收到良好的效果。

5. 兴修水利对西部开发具有重要的意义

西部地处东亚大陆深处，气候相对比较干旱。这对农牧开发是不利的。在这种情况下，兴修水利工程，修渠筑坝，引水灌溉或从事航运便具有特殊的意义。关中和四川之所以能够成为“天府之国”，都与兴修水利有很大的关系。史载秦昭王时，李冰父子在四川盆地修建都江堰，“旱则引水浸润，雨则杜塞水门”，从此，成都平原“水旱从人，不知饥馑，时无荒年”⑤。秦王政时，在关中平原上修建了郑国渠，“溉泽卤之地四万余顷，收皆亩一钟。于是关中为沃野，无凶年，秦以富强”⑥。汉武帝时，又在关中修建白渠、漕渠和六辅渠等。这些水利工程，奠定了西部地区水利事业的基础。到了唐代，西部的一些重要的农业区，如关中平原、成都平原、河西走廊及敦煌吐鲁番地

---

① 张波：《西北农牧史》，西安：陕西科学技术出版社，1989 年，第 194—204 页。

② 赵俪生主编：《古代西北屯田开发史》，兰州：甘肃文化出版社，1997 年，第 20—75、169—191 页。

③ 张泽咸：《汉唐间蒙古高原地区农牧生产述略》，《中国经济史研究》1998 第 4 期，第 94—110 页。

④ 王致中、魏丽英：《明清西北社会经济史研究》，西安：三秦出版社，1989 年，第 46 页。

⑤ （晋）常璩撰、刘琳校注：《华阳国志校注》卷 3《蜀志》，成都：巴蜀书社，1984 年，第 202 页。

⑥ 《史记》卷 29《河渠书》，北京：中华书局，1959 年标点本，第 1408 页。

区，已经形成了比较发达的水利灌溉网①。明清时期，西部地区也曾修建过一些水利工程。如清代在宁夏创修大清渠、惠民渠和昌润渠，溉田近 8000 顷。到光绪末年，新疆修建的各种水渠即达 2000 余条，长 7 万里，可溉田 1000 万亩以上。水利事业的发展，改善了农业环境，提高了粮食产量，直接促进了西部地区经济社会的发展。

（二）历史上开发西部的几点教训

值得注意的是，历史上的西部开发，也曾多次出现过挫折和失败。这些挫折和失败，又给我们留下了一些沉痛的教训。

3. 战争和动乱会严重制约西部开发的进程

西部地区民族众多，又有漫长的边疆，社会环境相对比较复杂。从总体上讲，历史时期中原王朝与西部民族、中亚邻国的关系都还不错。但毋庸讳言，有时也存在着矛盾和斗争。自周秦以来，西部地区曾发生过数以百计的战争和动乱。有些战乱时间长，规模大，影响深远。比如两汉与匈奴的战争，魏晋南北朝时期西部各族之间的战争，唐代与突厥、吐蕃、南诏的战争，北宋与西夏的战争，明代与瓦剌的战争，清代与准噶尔及大小和卓的战争。这些战争有的是正义的，进步的，有的则是非正义的②。但无论其性质如何，都曾对西部经济社会的发展产生过一定的影响。战争总是有巨大的破坏性，历史上西部社会经济的每一次衰落，几乎都与战争和动乱有关。秦汉时期西部开发的高潮是被战乱中断的，隋唐时期西部开发的高潮也是在战乱中结束的。这些虽然都是过去的情况，但依然值得后人深思。

2. 不按经济规律办事便不可能使西部开发达到预期的目标

西部地区自然资源丰富，除耕地资源以外，其他主要自然资源的绝对数量一般都超过了东部地区，其中能源、矿产、草地、森林在全国都占有比较重要的地位。但由于气候、地貌等方面的条件不同，西部地区自然资源的空间分布极不平衡，难以开发利用和质量不高的自然资源所占的比例较大。历史时期有些王朝在进行西部开发时，不考虑西部各地经济社会的

---

① 王双怀：《论盛唐时期的水利建设》，《陕西师范大学学报》（哲学社会科学版）1995 第 3 期，第 54—60 页。

② 翁独健主编：《中国民族关系史研究》，北京：中国社会科学出版社，1984 年，第 159—169 页。

差异。如元代前期，就曾把西部的不少农区变为牧区，致使当地土壤退化，农业生产大幅下降。清代中期有许多山东、山西、直隶、陕西等地的汉民前往蒙古垦荒，到嘉庆年间，内扎萨克地区已是“开垦地亩较多，牧场较少”①。从表面上看，农田的大量开垦对农业是有好处的。但从长远看，不顾农业生产的自然条件，盲目地进行过度的垦殖，结果往往适得其反，导致水土流失，土壤贫瘠，灾害频率增大，农作物单位面积产量下降②。

3. 不注意保护生态环境就会造成十分严重的后果

西部地区是我国生态环境的脆弱地带。历史时期在开发西部的过程中，由于不少王朝缺乏生态保护意识，致使西部地区的生态环境趋于恶化。西部地区生态环境的恶化主要表现在四个方面。

一是植被锐减。西部地区的不少地方原来有大片的森林和草场。但5000年来由于自然和人为的破坏，森林逐渐消失，不少林木茂盛的地方变成了濯濯童山，不少水草丰美的地方无复水草可言，有些地方甚至成为不毛之地。如黄土高原东南部在先秦时代曾经分布着大片的森林，秦汉以后，经过历代的乱砍滥伐，不断破坏，至今已经所剩无几③。陕北横山统万城一带在魏晋之际水草丰美，曾经被赫连勃勃看做是建都的理想之地，后来也变成了一片荒漠。现在，西部地区森林的平均覆盖率为6.9%，远低于全国的平均水平。其中青海的森林覆盖率仅为0.35%，新疆为0.99%，宁夏为1.54%。草场衰退也是普遍现象。宁夏草场退化率达到97.37%，新疆和内蒙古的情况更为严重④。

二是水资源短缺。西部地区普遍干旱，水资源主要是分属于黄河中上游水系、长江上游水系、西南江河水系和西北内陆河水系的地表水。先秦时期，西部地区的地表水比较丰富，西南地区自不待言，就连干旱的西北地区也无缺水之说。秦汉以后，由于森林等植被不断减少，水环境逐渐恶化，有的河

① 《清实录·仁宗实录》卷229，嘉庆十五年五月壬午条，北京：中华书局，1986年影印版，第31册，第86页。

② 蓝勇：《乾嘉垦殖对四川农业生态和社会发展影响初探》，《中国农史》，1993年第1期，第19—28页。

③ 史念海：《黄土高原历史地理研究》，郑州：黄河水利出版社，2001年，第433—511页。

④ 姚建华主编：《西部资源潜力与可持续发展》，武汉：湖北科学技术出版社，2000年，第150—158页。

水断流，有些湖泊消失，许多地方农田缺水灌溉，生活用水也成了问题。如关中在周秦汉唐时期是水资源丰富的地方，有“八水绕长安”之说，泾、渭诸河水量较大。宋代以后，地表水日益减少，最终变成了缺水之地。目前西部地区的水资源总量约为 15 493 亿立方米，总量虽然不少，但分布很不均匀：西南有水难用，西北干旱缺水。有人估计，西北五省区 2010 年缺水 106.7 亿立方米，2020 年缺水 204.1 亿立方米，2030 年缺水 231 亿—256 亿立方米。

三是土壤退化。先秦时期西部地区草原多而耕地少，其后历代开垦、抛荒，耕地增减不定，而草原大体上呈现出减少的趋势。由于植被破坏，不能有效地涵养水分，造成严重的水土流失。现在西部地区耕地总数虽然不少，但已经成为世界上水土流失最严重的地区，仅西北地区水土流失的面积就达到 41.7 万平方千米。宁夏的水土流失率为 69.94%，陕西 66.87%，四川 43.65%，贵州 43.55%。情况之严重，于此可见一斑。尽管已有将近 1/3 的面积得到了初步治理，但形势依然是十分严峻的。由于水土流失，地力不断下降，不少地方出现沙漠化的倾向。现在沙漠化的土地面积已达到 13.39 万平方千米，受到荒漠化影响的地区就更为广阔。随着沙漠的扩大，绿洲不断减少。如塔里木盆地南部汉唐时代的绿洲和城堡，大部分都被塔克拉玛干沙漠掩埋[①]。河西走廊汉唐时期的古绿洲也受到沙漠的威胁，沙化面积较大的有 10 片，总面积达到 4700 多平方千米[②]。

四是污染增加。污染问题古已有之，但尚不突出。洋务运动以后，特别是 20 世纪以来，随着工业“三废”的增加，污染情况日益严重。西部地区城市污染和工业污染的情况也令人担忧。统计资料显示，西部各省区工业“三废”的排放量大部分都高于全国平均水平。大城市的污染指数也普遍偏高[③]。

生态环境的恶化不仅对西部的历史产生过不良的影响，而且直接影响到当前西部经济社会的发展，给西部大开发带来了很大的困难。

---

① 王永兴、阚耀平：《塔里木盆地南部 2000 年来的环境变迁》，《干旱区地理》1992 年第 3 期，第 36—43 页。

② 李并成：《河西走廊汉唐古绿洲沙漠化的调查研究》，《地理学报》1998 年第 2 期，第 106—114 页。

③ 邹东涛主编：《中国西部大开发全书》第二卷，北京：人民出版社，2000 年，第 211 页。

上面简单地总结了我国历史上开发西部的经验和教训。这些经验和教训都是宝贵的财富，值得我们在西部大开发的过程中认真借鉴。当前进行的西部大开发，规模和意义都超过了以往的任何时代。我们应当对西部大开发充满信心，努力吸取历史上开发西部的经验教训，扬长避短，因地制宜，妥善处理民族关系，加强民族团结，维护社会安定，加强基础设施建设，把兴边富民和经济效益放在重要的地位。与此同时，还要特别注意生态环境的保护和建设，把退耕还林、保持水土、整治沙漠、优化环境作为西部开发的重要内容。从而使我们现在的开发工作沿着健康的道路发展，在新的世纪，新的时代，取得更大的成绩。

三、破解西部开发瓶颈的对策

西部地区是我国生态环境的脆弱地带。当前，西部在生态环境方面存在的问题很多。择其要者，盖有两端：一是水资源短缺。西部地区的水资源总量约为 15 493 亿立方米，但水源分布不均：西南有水难用，西北干旱缺水。在广大的西北地区，有的河水断流，有些湖泊消失。二是土壤退化。西部地区耕地总数不少，但水土流失、地力下降，荒漠漫延。由于水土流失，地力不断下降，不少地方出现沙漠化的倾向。水资源短缺，土壤退化，导致植被不断减少。现在西部地区的森林覆盖率很低。此外，草场衰退也是普遍现象。宁夏草场退化率达到 97.37%，新疆和内蒙古的情况更为严重。这些问题都已成为制约西部大开发的瓶颈。在此仅就解决水资源短缺和土地退化问题的对策谈点个人的看法。

（一）关于水资源短缺问题

近些年来，我国西部水资源时空分布不均的情况越来越严重。西北内陆地区及额尔齐斯河流域面积占全国的 63.5%，但拥有的水资源量仅占 4.6%。水资源最多的省份是西藏、四川、云南、广西。最少的是宁夏。这是造成西部地区的许多地方出现资源性缺水的根本原因。再就是水资源与人口、耕地、矿产资源分布不匹配。具体情况如表 4 所示①：

---

① 刘昌明、何希吾等编：《中国 21 世纪水问题方略》，北京：科学出版社，2001 年，第 5 页。

表 4　西部水资源与人口、耕地、矿产资源分布表

地域名	省区名称	水资源总量（亿立方米）	人口		耕地		45 种矿产潜在价值		工农业产值（亿元）
			数量（万人）	人均水量（立方米）	面积（万平方千米）	公顷水量（万平方千米）	价值（亿元）	百亿元拥水量（立方米）	
西北地区	陕西	441.9	3 316	1 332.6	353.3	12 508.5	1 443.5	31	804.9
	甘肃	274.3	2 255	1 216.4	347.6	7 890.0	1 048.1	26	489.8
	宁夏	9.9	470	210.6	79.6	1 243.5	802.3	0.1	117.7
	新疆	882.8	1 529	5 773.7	308.7	28 600.5	1 012.3	87	489.6
	青海	626.2	448	13 977.7	57.8	108 414	748.18	84	95.5
小计		2 235.1	8 018	2 787.6	1 147	19 486.5	5 054.4	44	1 997.5
所占比重（%）		8.14	7	—	12	—	8.8	—	4.3
西南地区	四川	3 133.8	10 840	2 900.6	629.9	49 752.0	13 239.4	24	2 594.6
	云南	2 221.0	3 731	5 952.8	284.5	78 055.5	2 648.7	84	727.4
	贵州	1 035.0	3 268	3 167.1	185.4	55 819.5	1 736.9	60	479.0
	广西	1 880.0	4 261	4 414.5	259.6	72 421.5	488.4	385	915.9
	西藏	4 482.0	222	201 892	22.2	2 016 496.5	43.57	10 287	26.4
小计		12 751.8	22 286	5 721.9	1 381.7	92 292.0	18 156.88	70	4 743.3
所占比重（%）		46.44	19.55	—	14.44	—	31.69	—	10.28

从表 4 来看，西部地区水资源的总量应当算是比较丰富的。但西北地区仅有 2235.1 亿立方米的水，形成干旱缺水的格局；西南地区虽有 12 751.8 亿立方米的水，但山高谷深，利用率很低。因此，缺水是西部地区的普遍现象，而西北地区尤为严重。在西部的许多地方，工农业生产缺水，生态环境建设缺水，人们的日常生活也缺水。水的问题已经成为制约西部大开发的重要因素。因此，在西部大开发的过程中，必须想方设法解决水的问题。而涵养水源、兴修水利则是解决西部水问题的不二法门。

西部地区虽然有不少地方处于干旱、半干旱区，水资源比较短缺，但仍有开发的余地。西南地区自不必说，即以西北地区而论也是如此。西北地区有许多冰川，其中天山山脉有冰川 6896 条，面积 9548.45 平方千米，祁连山有冰川 3306 条，面积 2062.72 平方千米，此外，阿尔泰山脉、昆仑山脉也有大量的冰川存在①。这些冰川都是储水丰富的固体水库，有很大的开发潜力。西北地区地下水的利用率比较低，也有开发的潜力②。此外，黄河水利也有

① 任炳辉：《我国冰川资源》，《自然资源》1978 年第 1 期，第 46—57 页。

② 陈志恺、沈振荣：《我国干旱地区的水资源》，《自然资源》1985 年第 2 期，第 34—40 页。

开发的余地[①]。在开源的同时，节流也可以提高水资源的利用率。大水漫灌不仅严重浪费水资源，而且容易引起灌区土区次生盐渍化。若改为喷灌或滴灌，灌溉面积至少可以扩大 1/2。若再采取开渠造林并重的方法，解决好水库和渠道的渗漏和蒸发等问题，节约下来的水就更可观了[②]。总之，西部经济社会的发展需要对水资源进行进一步的开发。而目前西部地区的水资源尚有较大的开发余地。一旦水的问题得到解决，西部开发中的许多问题都会随之解决，西部社会经济建设和生态环境建设都会有新的起色。

然而，要解决水资源短缺问题谈何容易！历史的经验告诉我们，影响西部水利建设的因素很多，有自然的因素，也有社会的因素，有时二者往往交织在一起，严重制约水利事业的发展。

第一，自然条件对水利建设会有影响。农田水利是否发达，在一定程度上取决于当地的自然条件。因为水利建设必然会受到水源、地形、地貌等自然要素的影响。大体说来，河川众多、水源丰富、地势平坦的地方有利于水利建设，否则，水利建设便会受到这样那样的制约。例如，有些地方虽然水源丰富，但山高水深，很难开发；有些地方虽然坦荡如砥，但没有水源，也不具备兴修水利的条件。纵观西部水利史，我们可以清楚地看到：历史时期西部地区所形成的主要农业区和灌溉区，无一例外都分布在水源丰富且地势平坦的地方，关中平原、四川盆地是如此，河西走廊、宁夏平原、河套地区也是如此。这种情况的出现，原因固然很多，但其中一个重要的原因，就是受到自然条件的影响。

此外，自然条件又是变化的，当自然条件发生变化后，水利建设就不能不做出相应的调整。当年秦国修建郑国渠时，动用了大量的人力、物力，历史达十年之久，其艰难是可想而知的。此后历代修整，也常遇到一些来自自然方面的问题，如河床下切、泥沙淤积等。河床下切是自然现象，在落差较大水流湍急的地方，下切的速度更快。正如宋人何亮所说："其制置之始，泾河平浅，直入渠口。暨年代浸远，泾河陡深，水势渐下，与渠口相悬，水不

① 张一帆、马正明：《黄河上游的水利资源与开发》，《兰州学刊》1985 年第 5 期，第 48—51 页。

② 唐少卿：《试论荒漠生态系统的整体性规律》，《兰州学刊》1985 年第 2 期，第 42—47 页。

能至。”[①] 元人李好文在《长安志图》的《泾渠总论》中说：“（郑）渠初凿之时，渠与河平，势无龃龉，岁月漱涤，河低渠高，遂不可用。”[②] 宋秉亮在修整泾渠时也说：“尝考古今渠利之严，盖因河身渐低，渠口渐高，水不能入，是白公不容不继于郑渠，丰利不得不开于白公之治也……今得郑口至水平计高五十余尺，白渠口至水面计高一丈一尺，相悬如此，虽欲不改，不可得也。今丰利渠面至水亦高七尺有余。”[③] 宋秉亮大约是至元三年（1337）说这番话的，离郑国渠的修建有 1560 多年，离白渠的修建有 1430 多年，离丰利渠的修建有 23 年。由此不难看出泾河河床下切的速度。由于河床不断下切，造成渠高河低、不能引水的情况，使人们不得不一而再再而三地动工，在旧渠口的上面兴建新的引水口。这正是历史上引泾工程的重点一直在渠口的原因所在。

除河道下切造成渠道引水困难之外，渠道的淤塞也是很大的问题。泾河在历史上是以混浊见称。西汉时曾有“泾水一担，其泥数斗”的说法，可见其泥沙含量之大。大量的泥沙堆积在河道中，不仅会造成渠口壅塞的现象，也会使渠道变浅，引水量逐渐减少。关于这方面的问题，文献中也有记载。元人宋秉亮说：“泾渠自古穿淘，两岸堆积如山，力难运上，一遇霖雨，其土又崩塌入渠。”李好文也说：“今泾渠两岸，屡年淘出泥沙，堆积益增，高至三十五尺，下窥渠面，如视井底，每年差五县人夫入渠，负龙挠曳而上，依旧堆积。”可见泥沙堆积的情况相当严重。以此之故，引水量会减少，灌溉面积自然也会缩小。汉代郑白二渠灌溉 45 000 多顷，唐代以后，一般只有几千顷了。

第二，水利建设会受到自然灾害的影响。自然条件有时会发生异常变化。比如气候振荡、地壳震动等。这些变化常常会带来自然灾害。自然灾害的种类很多，其中洪涝、干旱、地震等灾害对水利建设都有直接的影响。洪涝灾害对水利建设的影响主要是毁坏水利设施。这种事情在西部水利史上经常发生，屡见不鲜。关于西部地区的洪涝灾害，文献中有许多记载。如汉文帝后元三年（前 141），“秋，大雨，昼夜不绝三十五日。蓝田山水出，流九百余

① 《宋史》卷 94《河渠四》，北京：中华书局，1977 年标点本，第 2346 页。

② （元）李好文：《长安志图·泾渠总论》，上海：上海古籍出版社，1993 年山川风情丛书本。

③ （元）李好文：《长安志图·建言利病条》，上海：上海古籍出版社，1993 年山川风子局丛书本。

家”[1]。元帝建昭四年（前35）六月，“蓝田地沙石雍霸水，安陵岸崩，雍泾水，水逆流”[2]。成帝永始二年（前15年）夏，大水，三辅霖雨三十余日，郡国十九雨，山谷水出，凡杀四千余人，坏官寺民舍八万三千余所。唐高宗永徽元年（655）六月，新丰、渭南大雨，零口山水暴出，漂庐舍。唐玄宗开元十五年（727）七月，洛水溢，入鄜城，平地丈余，死者无算。同州城市及冯翊县漂居民二千余家[3]。宋太宗太平兴国六年（981），鄜州河水涨溢，入州城。哲宗元符二年（1099）六月陕西河溢，流漂人民庐舍[4]。元泰定帝泰定元年（1324）六月，陕西大雨，渭水及黑水河溢，损民庐舍。七月，奉元朝邑县河溢。九月，延安洛水溢，奉元长安县沣水溢。明世宗嘉靖十一年（1532），渭河大水。嘉靖十三年（1534）五月，邠宁、泾阳等州县大水，淹没泾渭两岸居民畜产无数。嘉靖四十一年（1562）七月，泾水暴溢，高数丈，漂没居民商贾无算[5]。大水常常毁坏水利设施，反观历史时期西部地区的“复修工程”，许多都是被大水冲毁的。

旱灾对水利建设的影响主要是造成水源短缺，水利设施被迫废弃。历史时期西部地区特别是西北地区多次出现过大旱。据正史《五行志》记载，晋惠帝元康元年（291）七月雍州大旱。元康三年又发生大旱。唐德宗贞元元年（785），春旱无麦苗，至于八月，旱甚，灞浐将竭，井皆无水。宋高宗绍兴十二年（1142）十二月陕西不雨，五谷焦枯，泾渭灞浐皆竭。明宪宗成化二十一年（1485），关中连岁天旱，百姓流亡殆尽，人相食，十亡八九。崇祯十三年（1640）八月，华阴县渭水赤，十二月陕西大旱，人相食，草木俱尽。干旱缺水对生态环境的影响十分巨大。干旱、半干旱地区因缺水使生态系统变得相当脆弱。草原退化，沙漠化面积不断扩大，河流、湖泊、水库的水体面积日益缩小，都与此有密切关系。在极度干旱的情况下，水利显得十分重要，但由于严重缺水，大部分水利工程根本不能发挥作用。

地震也会毁坏水利设施，从而对水利建设造成不良的影响。如元至正二十六年（1366）十一月辛丑，华州蒲城县洛岸崩，雍水绝流三日。明惠帝建

① 《汉书》卷27《五行志》，北京：中华书局，1962年标点本，第1346页。
② 《汉书》卷9《元帝本纪》，北京：中华书局，1962年标点本，第296页。
③ 《新唐书》卷36《五行三》，北京：中华书局，1975年标点本，第928、931页。
④ 《宋史》卷61《五行一上》，北京：中华书局，1977年标点本，第1322、1328页。
⑤ 雍正《陕西通志》卷46《祥巽一》，西安：三秦出版社，2013年。

文时，陕西山崩，压数千家，山移有声号三日黄河东流没千余家。明成化二十三年（1476）七月二十二日，关中地震，声如雷，山多崩圮，屋舍坏，男女死者1900余人。嘉靖三十四年（1555）十二月陕西地震，或地裂泉涌，或城房陷入地中，或平地突成山阜，或一日连震数次，或累日震不止，河渭泛，华岳、终南山鸣，或移数里，压死奏报有名官吏军民数万。像这样的地震，对水利工程自然也会造成一定的破坏。

第三，生产方式对水利建设会有影响。从人文方面来讲，生产方式对水利建设有明显的影响。我国西部地域辽阔，有些地方宜农，有些地方则宜牧。在历史上，我国农牧业的分界线大抵在龙门（陕西韩城）至碣石（河北昌黎）之间[①]。此线以北为牧区，以南则为农区。在农区和牧区之间，还存在着一个农牧交错地带。位于交错地带上的北地、朔方、上郡、五原、云中、西河、河西属于半农半牧区。由于水利建设与种植业关系最为密切，故农业区对水利建设有较高的要求，而畜牧区则不然，一般不需要兴修水利。

自先秦时代以来，西部地区的少数民族多是经营畜牧业，过着逐水草而居的游牧生活。比如秦汉时期的匈奴、隋唐时期的突厥、宋元时期的蒙古等。这些民族都是马背上的民族，经济生活以畜牧业为主，其次是狩猎，很少从事农耕。因此，并不关心水利事情。而生活在西部地区的汉族则以农业为主，在开垦土地，种植粮食作物和经济作物的过程中，为了给农业作物补充水分或防止水灾，不能不考虑水利的问题。所以，水利工程一般都是修建在农业区域。数千年漫长的历史岁月中，农耕民族和游牧民族的活动区域并不是一成不变的。当中原王朝强大的时候，往往在边疆地区实行屯田，把草场变成农田，并在那里兴修水利。这样的事例很多，如汉唐时期在西域、河西屯田，明清时期在河套屯田，都曾修建过许多水利工程。相反，当少数民族强大的时候常常南下，甚至入主中原，这时，他们往往会把农田变为牧场，使原先修建的水利设施失去应有的作用。如魏晋南北朝时期和元朝统治时期，黄土高原许多地方的耕地都成了牧场，秦汉以来修建的水利工程全部废弃。

在农业生产中，不同的耕作方法也会对水利产生影响。粗放经营，广种

---

① 史念海：《论两周时期农牧业地区的分界线》，《中国历史地理论丛》1987年第1期，第19—57页。

薄收，自然不必兴修水利。但若要精耕细作，做到旱涝保收，就不能不讲求水利。在历史上，我国西部的许多地方，尤其是地广人稀、自然条件较差的地方，长期实行“刀耕火种”等落后的耕作方法，广种而薄收，靠天吃饭。但在自然条件较好的传统农业区，为了提高粮食产量，一般都注意采用精耕细作的方式，大力发展水利事业。因此，中国历史上的基本农业区与水利事业的发展是相辅相成的。如果在灌溉条件较好的农耕区采用了粗放的耕作方法，灌区的水利肯定会衰落。如果在条件不太好的地方采用先进的农业技术，精耕细作，水利肯定会有起色。

水资源在生态系统中处于十分重要的地位。它的变化能对生态环境产生正面的影响，也能产生负面的影响。就灌溉本身而言，方法是否科学对水利建设也有影响。我国古代一般是实行大水漫灌，这种灌溉方式虽然简便易行，但并不科学，往往会造成浇水不足或浇水过量的情况。如果某地长期浇水过量，加之排水不畅，就会导致土地次生盐碱化，轻者会使粮食减产，重者会造成土地荒芜，寸草不生。

第四，战争和动乱对水利建设会影响。历史时期战争和动乱也曾影响到水利建设。西部地区民族众多，又有漫长的边疆，社会环境相对比较复杂。从总体上讲，历史时期的战争总是有巨大的破坏性，历史上西部社会经济的每一次衰落，几乎都与战争和动乱有关。同样，历史上西部水利建设的高潮也是因战争和动乱衰落的。

第五，开发策略对水利建设也有影响。历代开发西部的策略不尽相同，对水利建设的影响也有所差异。人们为了利用水资源，采取了许多工程措施，拦河筑坝，打井灌田，以便改善人们的生产和生活条件。但由于大规模的开发，使原来的水量平衡受到破坏，又给生态环境带来了新的问题。

盲目开发或开发不当，常常会造成严重的后果。古往今来，因盲目开发或水资源利用不当而引起的河流萎缩、绿洲蜕化、地力下降等现象屡见不鲜。新疆塔里木河流域的情况就是如此。近半个世纪以来，塔里木河流域水环境恶化的情况进一步加剧。1950 年以后，新疆生产建设兵团的三个屯垦，使耕地面积由 1949 年的 35.12 万平方千米，增加到 1995 年的 99.5 万平方千米。为了浇地，修大小库 70 座，容水 26.9 亿立方米。“由于渠库结合，把大量地表水引入灌区，强烈地改变了地表水的时空分配。上游灌区过量引水，再加上水库渗透漏影响，使地下水位上升，次生盐渍化发展，盐渍化耕地面积占总耕地面积 35%—45%。源流输往干流水量减少，使干流中下游地下水位下降，中游区平均下降 1—2 米，下游平均下降 4—6 米。地下水位下降，植被衰败，土壤风蚀加剧，沙漠化不断扩大，平均每年以 0.25%的速度递增。生态环境恶化，局部地区（如铁干里以下）完全崩溃”①。

此外，由于滥垦、滥伐、滥牧，森林、植被资源遭到严重破坏。土表剥蚀，水土流失就会加重。这种情况在黄土高原地区表现得最为突出。如 1987 年神府煤田开发以来，对窟野河流域的下垫面产生了较大的破坏，从而加大了该流域的洪峰和输沙量。据 1989 年温家川水文站的实测，当年 7 月流域内的一次暴雨所产生的洪峰流量与输沙量比 20 世纪 80 年代相同降水量所产生的洪峰流量增加了 11.6%，输沙量增加了 91.4%。诸如此类，触目惊心，充分说明植被破坏会带来严重的恶果。

那么，我们究竟该如何破解水资源短缺的瓶颈呢？对此，大家自然可以仁者见仁，智者见智。笔者认为应采取以下对策。

其一、总结经验，吸取教训，充分认识优化西部水资源的重要意义。从西部水利建设发展的历程来看，历史时期西部地区水资源开发的经验主要有两点：（1）加强水政管理，有利于充分认识水利在经济社会发展过程中的地位和作用。如汉唐时期制定协调利用水资源的水利法规，力图使有限的水资源取得较好的社会经济效益。宋代针对围湖垦田、生态失衡等问题，提出对水土资源进行统一规划和管理以及兴利除害的主张。明清时期，更有人提出了水土之间应保持一定比例的观点。这些思想，对西部水利建设的发展是有推动作用的。（2）调集各方力量，因地制宜地修建不同类型的水利工程，有利于各地水利事业的发展。大型工程由国家统一组织，中型工程由相关州县合办，小型工程则由受益地方出资兴建。在有引水条件，耕地面积较大的平原、盆地或河谷地带，修建大中型的水利工程，筑坝开渠，设置斗门，进行自流灌溉，建立农田灌溉网络。在耕地面积较小又不能自流灌溉的丘陵、山区，开塘作堰，用提水工具灌溉。在没有河川径流的地方，则疏泉、凿井灌溉。对于毁坏的水利设施，及时予以修复。除灌

---

① 宋郁东等：《中国塔里木河水资源与生态问题研究》，乌鲁木齐：新疆人民出版社，2000 年，第 194 页。

溉工程外，还要修筑防涝工程和航运工程，充分发挥水利建设的各种功能。

历史时期西部水利建设的教训也可归纳为两点：（1）对水资源开发失当，会引起不良后果。比如河流中上游引水过度，引起下游农田萎缩；长期大水漫灌，造成土壤退化等等。在这方面，新疆塔里木盆地绿洲的演变是最好的说明：

> 新疆绿洲农业的生态环境是脆弱的，只要水资源开发利用不当，很容易造成严重的后果。从新疆屯垦水利发展史可见，新疆绿洲变为荒漠，天然水资源的减少是荒漠化扩大的基础和前提而人类活动的失误将显著地强化这一过程和趋势。以往人们对荒漠化的治理，只注意从生物措施和工程措施入手，很少调整人类自身的行为以减少对自然环境的破坏，维护良好的生态系统。这样的后果是治理荒漠的成效被抵消，未能扭转荒漠化发展的基本原因，这是历史留给后人的教训。

（2）不注重水源的保护，会造成水资源减少，灌溉能力下降。史载河西走廊主要靠祁连山雪水灌溉，甘州南山林木较多，其中境南八宝山松林被视为“甘人养命之源”①。遗憾的是，河西林木并未受到良好的保护。祁连山原有森林2000万亩，20世纪40年代末仅余200余万亩，20世纪70年代减少至167万亩，最近10年又减15万亩。由于森林破坏，不能很好地涵养水分，故“河西在在可垦之田，因渠水未到，废弃不耕者不少”②。这些经验教训都是应当认真汲取的。只有因地制宜，扬长避短，克服过去水利建设中存在的问题，才能在今后的水利建设中不犯错误，少走弯路。

其二，统一规划，开源节流，大力发展西部地区的水利事业。西部水资源的开发是一个巨大的系统工程，因此要全面规划，采取开源节流的措施。开源，即指开发水源。节流，则是要想方设法减少饮用水的蒸发和损耗，实行节水灌溉。

在开源的同时，要特别注意节流。水资源的消耗包括水面蒸发、作物蒸腾、生态蒸腾和荒地蒸发。如塔里木河干流河道耗水（蒸发、渗漏、漫溢）占70%，从河道中引出的水，被水库和渠道蒸发渗漏损失约占84%。在年总

---

① 乾隆《甘州府志》卷4《山川附·八宝山来脉说》，兰州：甘肃文化出版社，2008年，第124页。

② 光绪《甘肃新通志》卷10《饬修渠道以广水利檄》，兰州：甘肃省图书馆，1964年油印本。

耗水中，生态耗水约占70%，农业直接耗水约5%，水面和荒地蒸发约占25%。故提高水的有效利用率，减少无效消耗是当务之急。应当大力发展节水蓄水型农业；加强渠道管理，进行防渗处理，减少明渠，采用管道输水，以减少输水过程中所造成的损失；推广喷灌技术和滴灌技术，改长渠为短渠，改宽渠为窄渠，改大畦为小畦，保墒蓄水。要实行节水灌溉，建立节水型工农业生产体系，从而缓解水资源的供需矛盾。

其三，植树造林，涵养水源，促进西部经济社会持续发展。从长远来讲，要使西部经济社会走可持续发展的道路，还必须涵养水源，优化环境。由于西部地区是长江源与黄河源的所在地，加之西部存在着比较严重的缺水情况，因此涵养水源对于西部水利建设具有重要意义。涵养水源的关键是保护植被，植树造林。山区水源地对水资源来说是至关重要的，因此要千方百计地保护山地植被，种树种草，退耕还林，加强绿化，减少水土流失，使之能够持久地发挥产流和涵养水源的作用。同时，避免盲目垦荒、过度放牧、乱砍滥伐的情况发生。土地荒漠化对水资源影响很大，要加紧治理荒漠，生物措施与工程措施并举，集体治理与个人治理结合，努力把流动、半流动沙丘变为固定沙丘，防止流动沙丘向外扩展蔓延。如果西部地区的生态环境得到优化，西部地区缺水和情况将会有所缓解，西部地区的水利事业就会持续发展下去，并不断给西部地区经济社会的发展注入新的活力。

（二）关于土地退化问题

土地退化的现象在西部地区十分普遍，其极端形式是荒漠化。中国北方地区有大片沙漠存在。据测量，中国沙漠总面积为70多万平方千米。具体情况如表5所示。

表5　中国主要沙漠一览表①　　（单位：万平方千米）

沙漠名称	所在省区	面积	沙漠名称	所在省区	面积
塔克拉玛干沙漠	新疆	33.76	腾格里沙漠	内蒙古、甘肃	4.27
古尔班通古特沙漠	新疆	4.88	雅玛利克沙漠	内蒙古	0.56
库姆达格沙漠	新疆	1.95	毛乌素沙地	内蒙古、宁夏、陕西	3.21
柴达木沙漠风蚀地	青海	3.49	科尔沁沙地	内蒙古、吉林、辽宁	4.23
巴丹吉林沙漠	内蒙古	4.43	浑善达克沙地	内蒙古	2.14
乌兰布和沙漠	内蒙古	0.99	小计		63.91

① 朱震达等：《中国沙漠概论》修订版，北京：科学出版社，1980年，第3页。

从表5可以清楚地看出，中国的沙漠主要分布在中国北方的陕西、内蒙古、宁夏、青海、新疆等区。除沙漠外，这些省区还有将近60万平方千米的戈壁。在这些沙漠、戈壁的周围地区，土地荒漠化的情况普遍存在。其中科尔沁沙漠、毛乌素沙地和塔克拉玛干沙漠边缘地带的荒漠化问题尤为严重。

目前，有关我国荒漠化面积统计数据不一。一种观点认为，我国各种成因的荒漠化土地面积83.7万平方千米，占国土面积的8.7%①。其中，水蚀作用形成的荒漠化土地37.7万平方千米，占荒漠化土地的45%；风力作用形成的沙漠化土地37.1万平方千米，占44.3%；物理及化学作用（包括盐渍作用和水渍荒漠化土地）6.9万平方千米，占8.2%；工矿开发引起的为2万平方千米。我国还有易受荒漠化影响的土地141万平方千米，其中，易受水蚀荒漠化影响的土地87.5万平方千米；易受风蚀的沙漠化土地53.7万平方千米。总计已经荒漠化和易受荒漠化影响的土地224.7万平方千米。我国的干旱、半干旱区和半湿润干旱区主要分布在西北五省区、内蒙古自治区，而西藏和青海涵盖了青藏高原高寒干旱区。

另一种观点认为，目前中国荒漠化土地共33.4万平方千米（3340万公顷），其中已经沙化的土地为17.6万平方千米，潜在沙化的土地15.8万平方千米。涉及辽宁、吉林、黑龙江、内蒙古、河北、山西、陕西、宁夏、甘肃、新疆、青海等省区的212个县、旗。沙化的土地约占现有耕地总面积的25.68%。荒漠化土地在干旱草原和荒漠草原地带，以密集的斑点状分布在农田、牧场、居民点或水井附近；在干旱荒漠地带，则主要分布在绿洲附近或河流下游。造成这种情况的原因主要是统计标准不同。尽管这两种数据存在着较大的差异，但有一点是共同的，都涵盖了中国荒漠化较为严重的地区。为节省篇幅，兹列举中国荒漠化的重灾区见表6。

表6　中国北方沙漠化土地分布表　　（单位：平方千米）

地区	沙漠化总面积	正在沙漠化	强烈沙漠化	严重沙漠化
呼伦贝尔	3799	3481	275	43
兴安岭东侧（兴安盟）	2335	2275	60	
科尔沁（哲里木盟）	21 657	16 587	3085	1175
西拉木伦河上游（昭乌达盟）	7475	3975	1875	1625
锡林郭勒及察哈尔草原	16 862	8587	7200	1075

① 国家环保局1997年组织完成的“中国土地退化（荒漠化）防治国家行动方案预研究”报告。

续表

地区	沙漠化总面积	正在沙漠化	强烈沙漠化	严重沙漠化
后山地区（乌盟）	3867	3837	30	
前山地区（乌盟）	784	256	320	208
陕北地区	21 686	8912	4590	8184
鄂尔多斯	22 320	8088	5384	8848
后套及乌兰布和北部	2432	512	912	1008
狼山以北	2174	414	1424	336
宁夏中部及东部	7687	3262	3289	1136
贺兰山西麓山前平原	1888	632	1256	
腾格里沙漠南缘	640		640	
弱水下游	3480	344	2848	288
阿拉善中部	2600	392	2208	
河西走廊绿洲边缘	4656	560	2272	1824
柴达木盆地山前平原	4400	1136	1824	1440
古尔班通古特沙漠边缘	6248	952	5296	
塔克拉玛干沙漠边缘	24 223	2408	14 200	7615
合计	161 175	66 662	59 708	34 805
占全国沙漠化土地比重（%）	91	82	98	100

由表6可以看到，中国荒漠化的地方主要是在北方，具体些说，主要是在新疆、内蒙古、青海、甘肃、宁夏、陕西等省区的沙漠边缘地带。

中国西部土地荒漠化的原因是什么？为什么西部土地荒漠化会呈现出加速的态势？自然因素和人为因素在土地荒漠化过程中起了怎样的作用？这些问题都很重要，值得我们反复思考。土地荒漠化既是自然现象，又是社会现象，可以说是人类活动作用于自然环境的结果。因此，我们在研究西部土地荒漠化原因的时候，必须从自然和社会两方面入手。

从自然方面来看，中国西部存在着容易导致土地荒漠化的条件。中国西部是我国四大高原和四大盆地的所在地，在高原与高原和高原与盆地的结合部，地形地貌十分复杂，生态环境非常脆弱。全新世以来，我国气候曾发生过周期性的变化。据竺可桢先生研究，历史时期中国气候大致可分为四个温暖期和四个寒冷期①。温暖期气候温热，水草增加；寒冷期气候干凉，风力强劲。在由暖到寒或由寒到暖的过渡阶段，气候振荡，灾害频繁，往往对西部脆弱的生态环境造成负面的影响。尽管西北地区和西南地区存在着较大的

① 竺可桢：《竺可桢文集》，北京：科学出版社，1979年，第475—498页。

差异，但无论是干旱的西北地区，还是多水的西南地区，都曾因风力侵蚀和水力侵蚀而发生过土壤退化的事。

西北地区深处内陆，属于干旱、半干旱地区，气候干燥，沙漠较多。陕西、甘肃、宁夏、内蒙古大部及新疆北部的一些地方年降水量在100—700毫米，而内蒙古西部和新疆大部分地区年降水量均在100毫米以下，有些地方年降水量甚至不足20毫米。由于降水主要集中在7月、8月、9月月，加之气候干旱，蒸发量大，所以一年中湿度差别较大，容易出现水灾、旱灾和风灾。历史时期西北地区此类灾害屡见不鲜。如汉文帝后元三年（前141）秋季大雨，昼夜不绝，连续35日，蓝田山水暴涨，漂没900余家。又如明宪宗成化二十一年（1485），关中连年大旱，百姓流亡殆尽，出现“人相食”的悲剧。再如1983年4月27日，沙暴吹袭陕北，顿时天地昏黑，伸手不见五指。在野外耕牧的农民来不及躲避，或迷路失足，或为狂风卷起，或被沙尘窒息，死伤者多达数十人。水灾的直接后果是造成水土流失，而水土流失就意味着地力下降，开始向土地荒漠化的方向发展。旱灾的后果是造成土壤水和地下水大量蒸发。而土壤水、地下水与植物生长有着十分紧密的关系。在降水量极少的西北干旱地区，土壤的含水量主要是靠地下水毛管供给。当地下水位下降，毛管上升水不能达到地表或植物根系层时，植被开始衰退，覆盖度降低，受到沙化的潜在威胁。如果地下水位进一步下降，土壤发育成干旱土时，植物便会干枯死亡。而当土壤上层长期处于干燥状态，植被衰败以后，就容易受到风蚀破坏，从而出现沙漠化。地下水位越深，荒漠化的可能性越大；植被越少，荒漠化等级越高。风灾对土地荒漠化的影响更为明显。风是沙漠扩展的原动力，地表一旦失去植被保护就会受到风蚀。在风蚀的作用下，地表的枯枝落叶层、粗腐殖质层、腐殖质层、泥炭层、盐聚层逐渐被风吹掉，形成光板地。当风沙流作用于裸露的地表时，会产生线状风蚀擦痕，擦痕加深，形成略微凸起的土墩与风蚀线状凹地。随着风蚀作用的不断发展，光板地演变成风蚀劣地，被吹蚀的物质形成风沙流。当风沙流速度降低或遇到障碍时，所挟沙尘下落堆积，受不同风向的影响而形成各种类型的沙丘，从而使该地变成沙漠景观。

西南地区的大部分地方属于热带季风气候，气温较高，降雨较多，水资源相当丰富。这一地区虽然没有什么沙漠，但存在着大量的喀斯特地貌。此类地貌石多土薄、植被很少，极易受到水力侵蚀。在水力侵蚀的情况下，水土大量流失，形成石漠化景观。古代西南地区水土流失和石漠化问题似乎并不严重，但近代以来由于人口骤增，情况发生很大变化。20 世纪 50 年代，贵州省的水土流失面积占该省国土总面积的 14.2%，60 年代增至 18.9%，80 年代增至 28.4%，90 年代增至 43.5%①。四川等省水土流失和石漠化现象也较严重。正因为如此，长江之水日见浑浊，被人称为“第二条黄河”。

从社会方面来看，人类不合理的经济活动大大加速了西部土地荒漠化的进程。我国对西部地区的开发已有 5000 年的历史。在 5000 多年的历史岁月中，西部开发的活动基本上没有停止，但由于自然因素和人文因素的影响，有时出现高潮，有时停滞不前，有时甚至出现倒退的局面。大体说来，西部开发的历程可以分为八个阶段，每个阶段都有自己的特点②。有些王朝在进行西部开发时，不考虑西部各地经济社会的差异：或只注重军事控制，不注意经济效益；或只注重开荒种田，不注重多种经营。对于自然条件较好的地方或具有重大战略的意义地方，进行过度开发，甚至竭泽而渔；对其他地方则视而不见或很少过问。有的为了扩大马、羊的生存空间，不惜驱逐农户，破坏庄稼，把农田变为牧场；有的为了扩大耕地面积，不惜砍伐森林，开垦草场，把宜林宜牧地区变为农业区。而滥垦滥牧、毁坏森林和粗放的耕作方式则直接影响着西部土地荒漠化的进程，对西部土地荒漠化起着决定性的作用。

历史时期在西部的许多地区都曾发生过滥垦滥牧的现象。滥垦主要发生在西部传统的农业区域和农牧交错地带，其结果往往与土地荒漠化相联系。如在塔里木河上游的阿拉尔地区，1959—1996 年，耕地面积从而 2870.6 公顷发展到 37 691.7 公顷，增加 14 821.1 公顷。同期下游阿拉干地区沙漠化土地则由 137 120 公顷发展到 149 420 公顷，增加 12 307 公顷。而塔里木河下游的铁干里克农耕区 1970 年后因缺水灌溉被迫弃耕的 16 600 公顷土地已经沙化③。滥牧主要发生于草原区，其结果也与草场退化联系在一起。如内蒙古的锡盟草原在 20 世纪 80 年代放牧超载 15.4%。由于放牧严重，导致大量

---

① 奚国金、张家桢主编：《西部生态》，北京：中共中央党校出版社，2001 年，第 284 页。

② 王双怀：《我国历史上开发西部的经验教训》，《陕西师范大学学报》2002 年第 3 期，第 95—101 页。

③ 王让会，樊自立：《利用遥感和 GIS 研究塔里木河下游阿拉干地区土地沙漠化》，《遥感学报》1998 第 2 期，第 137—142 页。

草场严重退化，迫使175户牧民迁往他乡[①]。这样的事例在史籍中俯拾即是，不胜枚举。

由于滥垦滥牧，毁坏森林草原的事件也时有发生，其后果是森林和草原不断缩减，有些地方甚至成为濯濯童山。这种情况在黄土高原地区表现得尤为明显。黄土高原地区曾经存在过大片的森林和草原。在原始社会末期，黄土高原东南部、秦岭山脉、中条山、吕梁山、豫西诸山及渭河、涑汾河、伊洛河诸平原都属于森林地带，黄土高原西北部地区则属于草原地带或森林草原地带[②]。春秋战国时期，由于人类活动的加强，黄土高原的平原河谷地带逐渐被开垦成农田，平原河谷地带的森林随之缩减。秦汉魏晋南北朝时期，由于农业区的扩大，平原地区规模较大的森林逐渐消失，除关中地区的上林苑中尚有较多林木外，其他平原已经很少有森林的记载。平原地区的森林消失以后，陇山以西、秦岭、晋西北诸山及阴山山脉的森林开始受到人们的重视。唐宋时期黄土高原地区的森林和草原继续缩小。据民国《横山县志》讲，"草地仅十之二三"。森林和草场的毁灭，使土壤失去了应有的屏障，不仅难以涵养水分，而且在风力、水力侵蚀的作用下日益退化，甚至就地起沙。这两个原因互为表里，恶性循环，使土地荒漠化情况愈演愈烈，不少地方因此变成了沙漠。

此外，对水资源使用不当也曾导致土地荒漠化。如塔里木河两岸原在汉唐时期曾有不少规模较大的城镇，天然植被良好，农业发达，但过渡开垦用水，使河流萎缩，水系变迁，从而导致大片土地荒漠化，昔日繁荣的城镇也相继沦为废墟。塔克拉玛干沙漠南缘的楼兰、且末、精绝等地在汉代都是发达的农业区，后来均被沙漠吞没。近代以来，由于山前地带新绿洲大量引水，使河流中下游水量日益减少，直接导致古代绿洲的消亡。目前塔里木河两岸的胡杨林面积由686万亩减至150万亩，下游地区在20世纪60年代开垦的45万亩良田仅存18万亩。著名的罗布泊已经干涸，荒漠化的发展呈现出加速的趋势。

土地荒漠化对中国经济社会发展造成很大危害，因此，中国政府一直比

---

① 石玉林主编：《西北地区土地荒漠化与水土资源利用研究》，北京：科学出版社，2004年，第93页。

② 史念海：《黄土高原历史地理研究》，郑州：黄河水利出版社，2001年，第434页。

较重视防治荒漠化的工作。早在1958年，国务院就召开了全国治沙会议，周恩来总理在会上发出了“向沙漠进军”的号召。此后陕西、甘肃等省区都成立了治沙研究所，地处沙区的地方政府组织群众植树造林，防沙治沙，并取得了一定的成效。从20世纪90年代开始，中国防治荒漠化的工作进入了有计划、有步骤、求规模、求效益、全面推进的新阶段。据国家林业局防治荒漠化管理中心公布的材料，在1991年以后的7年间，全国共完成荒漠治理开发面积644万公顷，其中人工造林207万公顷，封沙育林、育草203万公顷，飞播造林44万公顷，人工种草及改良草场83万公顷，治沙造田及改造中低产田63万公顷，在沙区种植各种经济作物29万公顷。在这个过程中，涌现出内蒙古赤峰、陕西榆林、新疆和田、宁夏沙坡头等治沙典型区域。

虽然国家十分重视荒漠化的治理，并采取了一系列生物措施和工程措施，但总体上北方土地荒漠化的势头并未得到遏制。“一边治理，一边破坏”的情况时有发生，破坏的规模甚至超过了治理的规模。因此，中国土地荒漠化仍以每年扩展3000平方千米的速度继续扩大。目前北方治理荒漠化中存在的主要问题主要是：(1) 立法尚不配套。虽然已经有了《水土保持法》、《防沙治沙法》专项预防与治理土地退化的法律，但至今没有关于综合决策的法律规定。此外，有法不依，执法不严，执法体系不完善，也是一个严重问题。(2) 缺乏防治土地荒漠化的科学规划。现在制订的一些总体规划缺乏科学根据。例如北方地区全国退耕还林（草）的试点示范县为13个省（区、市）的174个县，有的地区扩大试点范围，实际退耕县达到312个，盲目扩大的比例高达79%，硬性规定一次性全部退耕还林（草）；有些地方用行政命令统一造林种树。有的把不该退的基本农田退下来了，农民失去基本口粮田，而生态环境却得不到改善，并孕育着“走回头路”，毁树毁草，重新种田的危险。(3) 缺乏治理荒漠化的资金。北方的许多地方是相对贫困的地区，土地严重退化的地区更加贫困，由民间筹集资金相当困难，更增加了环境建设和防治土地退化的难度。

土地荒漠化严重地制约着西部经济社会的发展。治理荒漠化的土地已成为西部大开发的当务之急。如何治理西部荒漠化的土地？海内外曾有不少学者献计献策。在这里，笔者拟从历史地理的角度谈点个人粗浅的看法。

要治理好西部荒漠化的土地，首先要在思想上充分认识西部土地荒漠化的危害，认识治理西部荒漠化土地的必要性和紧迫性。从土地荒漠化的历程来看，西部土地荒漠化呈现出不断加快的趋势：时间离现在越近，土地荒漠化的频率就越快，强度也就越大。如陕北榆林所属定边、靖边、横山诸县在先秦至魏晋南北朝时期生态环境较好，隋唐以后受到毛乌素沙漠的威胁，逐渐出现荒漠化的倾向。宋元明清时期，荒漠化情况加剧。到20世纪前期，流沙向南推移50千米以上，吞没农田牧场210万亩，390万亩草地沙化，6个乡镇的421个村落受到风沙的侵袭或压埋，就连著名的榆林城也受到风沙的严重威胁，以致有“榆林三迁”的说法。建国后各地建设步伐加快，土地荒漠化的情况有增无减。毛乌素沙地近40年面积增加了47％，林地面积减少了76.4％，草地减少了17％。浑善达克沙地的扩展更为惊人，9年间流沙增加了98.3％，草地面积减少了28.6％[①]。近年荒漠的扩展速度还在加快：内蒙古阿拉善地区、新疆塔里木河下游、青海柴达木盆地东南部等地区，土地沙漠化扩展速率年均达4％以上。目前中国西部荒漠化土地数量之大、分布之广、危害之大已经超过了以往任何时期，每天的经济损失超过1亿元人民币。严峻的事实触目惊心，不能不引起我们的重视。西部地区土地荒漠化的情况确实是令人担忧，如不痛下决心治理荒漠化的土地，西部经济社会将难以持续发展，其后果是不堪设想的。

其次，要正确认识自然因素和人为因素在土地荒漠化过程中所起的作用。从中国西部土地荒漠化的成因来看，自然因素和人为因素在土地荒漠化的过程中都曾发生过作用，但这并不是说二者的作用是相同的。在史前岁月中，西部地区的土地荒漠化只是一种自然的过程；但在人类活动的历史时期，西部地区的土地荒漠化就加入了人为的因素；随着时间的推移和人类活动的加强，人为因素对土地荒漠化的影响越来越大，成为加速土地荒漠化的主要因素。这一点无需引经据典，只要看看近年西部土地荒漠化的发展情况就会一目了然。据统计，在我国近几十年来土地沙漠化的面积中，因滥采滥伐引起的占28％，过度放牧占20％，滥垦占24％，垦殖后水系改变导致沙漠化的占16％，工矿交通破坏植被导致沙化的占9％，只有一小部分是沙丘前移侵占邻近土地造成的沙化。由此可见，人类不恰当的活动已经成为土地荒漠化

① 吴薇、王熙章、姚发芬：《毛乌素沙地沙漠化的遥感监测》，《中国沙漠》1997第4期，第415—420页。

的主要原因。自然因素可以导致西部地区的土地荒漠化，但它本身有一定的调适功能，当环境有所改善时，也可能有利于荒漠地带恢复它的生态系统。与自然相比，人类具有强烈的主观能动性。如果人类能够改变自己的生产生活方式，树立牢固的生态意识，减少对自然的破坏活动，使人与自然处于和谐发展的状态，就完全可以防止或减少荒漠化的发生。只有充分利用大自然的生态恢复机能，发挥民众保护环境的主观能动性，兴利除弊，未雨绸缪，才能在治理西部荒漠化土地的过程中有较大的建树。

再者，要吸取以往防风治沙的经验教训。我国政府对治理荒漠化的工作是相当重视的。20 世纪 90 年代，涌现出内蒙古赤峰、陕西榆林、新疆和田、宁夏沙坡头等治沙的先进区域。这些区域防风治沙的措施主要是种树种草。种树种草的方法分为人工和飞播两种。人工措施主要是在流动沙丘上设置沙障，条、灌、草结合，合理布局，层层推进。栽的树种有杨树、油松、樟子松、侧柏、花棒、踏郎、紫穗槐、刺槐、沙棘、沙柳、旱柳、柠条等。种的草种主要有沙蒿、沙打旺等。飞播措施主要是在离村落较远的大沙中用飞机播撒花棒、踏郎、沙蒿、沙打旺等。近年来国家又实行退耕还林的政策，鼓励农民种树种草。虽然国家十分重视荒漠化的治理，并采取了一系列生物措施和工程措施，但在总体上西部土地荒漠化的势头还没有得到遏制。原因是一些西部地区的开发者缺乏生态保护意识，急功近利，不计后果；“一边治理，一边破坏”的情况时有发生，破坏的规模甚至超过了治理的速度。这种情况是令人痛心的。只有吸取古今中外治理荒漠化的经验教训，在西部开发的过程中扬长避短，才有可能将治理荒漠化的工作落到实处，收到较好的效果。

最后，针对西部地区土地荒漠化的实际和治理荒漠化过程中存在的问题制定科学的方案。在新的历史时期，我们应当从西部地区的实际出发，系统地解决这些问题，因地制宜，全面规划，构建西部防治土地荒漠化的生产-生态安全体系①，把治理荒漠化的工作长期不懈地坚持下去。争取使荒漠化土地的逐步逆转，为西部大开发和西部经济社会的发展做出应有的贡献。

原载（《陕西师范大学学报》2002 年第 3 期）

---

① 石玉林主编：《西北地区土地荒漠化与水土资源利用研究》，北京：科学出版社，2004 年，第 18 页。

第三编　环境变迁

曲江风景区的环境变迁

唐都长安是一座美丽的城市。这座城市不仅有宽广的道路、宏伟的建筑，而且有许多园林和池沼。在这些园林和池沼中，曲江池以风景绮丽、环境优美而著称，是唐代规模最大的皇家园林，也是长安一带最著名的风景区。这个风景区的盛衰变迁，在一定程度上体现了关中地区生态环境的变化，值得进行深入研究。本文拟从历史地理学的角度，对曲江风景区的演变进行科学的考察，恢复唐代曲江风景区的基本面貌，分析曲江风景区演变的内在机制，通过唐代曲江风景区的变迁，说明人类活动对生态环境的影响。

一、曲江风景区的形成

曲江风景区的形成与曲江池的存在是密切相关的。曲江池地处少陵原与乐游原之间。少陵原在长安城的东南部，是秦岭北麓的一个大原，原面长约19千米，略呈东南西北走向，地势由南而北逐渐降低。乐游原在少陵原之北，因汉宣帝乐游庙而得名，原面相对较小，但地势高爽，视野开阔。在少陵原和乐游原之间有一块不规则的洼地。曲江池就位于这块洼地中。

关于曲江池的成因，文献中有不同的记载。宋人程大昌在《雍录》中写道："唐曲江本秦隑州，至汉为宣帝乐游庙，亦名乐游苑，亦名乐游原，基地最高，四望宽敞。隋营京城，宇文恺以其地在京城东南隅，地高不便，故阙此地不为居人坊巷，而凿之为池以厌胜之。又会黄渠水自城外南来可以穿城而入。故隋世遂从城外包之入城为芙蓉池，且为芙蓉园也。”① 宋人乐史则在《太平寰宇记》中说：“曲江池，汉武帝所造，名为宜苑。”②《广舆记》等书中也有类似的记载。尽管《雍录》、《太平寰宇记》等书对曲江池开凿的时间和开凿者的记载存在着很大的差别，但有一点是相同的，那就是都说曲江池是人工开凿而成的。后代学者多以此为据，认为曲江池是人工修成的池沼。

事实上，《雍录》等书对曲江池成因的记载并不是完全可靠的。从唐朝人的论著和考察资料分析，曲江池原本是在历史时期逐渐形成的天然池沼。唐人欧阳詹在《曲江池记》中曾经写道：“苑之沼，囿之池，力垦而成者则多，天然而成者则寡。兹池者，其天然欤……当天邑别卜，缭垣未绕，乃空山之泺，旷野之湫。”③ 显然，在欧阳詹看来，曲江池是天然形成的，而不是人工开凿的。欧阳詹是福建地区的第一位进士，与韩愈、李观皆为天下选，当时称为“龙虎榜”。德宗时，官至博士④。他从福建泉州来到长安后，被曲江风景区所吸引，遂“瞩太始之元造，访前踪于硕老。天生地成之理，识之于性情；物仪人事之端，徵之于耳目”，在此基础上，于贞元五年（789）五月十五日写成了《曲江池记》⑤。由于欧阳詹曾多次到过曲江池，并对曲江池进行了研究，因此他的说法应当是可信的。最近，笔者曾对曲江池进行了多次考察。据曲江池村的老人讲，曲江池过去并非一马平川，除南北两头外，川岸小丘相间，地面颇有起伏。20 世纪 70 年代搞农田基本建设，曾大规模挖岸填沟，平整土地。后来为了饮水和浇地需要，当地居民在曲江旧址打了不少水井。曲江的水位很高。在池的中心地带，一般下挖 3 米即可成井。而在池的四周，下挖 6 米多才能见水。曲江池底有二三米深的淤泥，在有些地方打井，可挖出泥沙，有时还会挖出贝壳。当地老百姓说，打井时遇到泥沙，井身容易倒塌，说明这些地方是曲江池水浸泡的地方；打井时若遇到生土，说明该地地势较高，是曲江中的小丘，或者是在曲江水域的范围之外。这些说

---

① （宋）程大昌：《雍录》卷 6《唐曲江》，上海，上海古籍出版社，1993 年山川风情丛书本，第 343 页。

② （宋）乐史：《太平寰宇记》卷 25《长安县》，王文楚等点校，北京：中华书局，2007 年。

③ （清）董诰等：《全唐文》卷 597《曲江池记》，上海：上海古籍出版社，1990 年影印本，第 3 册，第 2673 页。

④ 《新唐书》卷 203《文艺·欧阳詹传》，北京：中华书局，1997 年，第 1478 页。

⑤ （清）董诰等：《全唐文》卷 597《曲江池记》，上海：上海古籍出版社，1990 年影印本，第 2673 页。

法是很有道理的。从考察的结果来看，欧阳詹的观点是可以肯定的。

曲江池虽然是一个天然池沼，但后来确实经过人为的改造。据史书记载，曲江一带山水明媚、树木葱茏、鸟语花香，自然景观十分宜人，故秦代在曲江西南部的台塬上修建宜春苑。秦朝灭亡后，秦二世胡亥就埋在塬边。到了汉代，仍以宜春苑为离宫。汉武帝十分欣赏曲江一带的景色，对曲江池的水域进行了修整，挖凿了新的泉眼，以扩大曲江池的水源。使曲江池的水面增加到六里。“刘苏餗曰：（曲江池）本古曲江，文帝改名芙蓉。汉时周六里余”①。据说汉武帝曾多次到曲江游幸。由此可见汉时曲江已经受到重视。魏晋南北朝时期，关中地区战乱频繁，曲江周围的自然环境遭到破坏，曲江池中的水也逐渐干涸。隋朝在修建大兴城（即长安城）时，曲江池的大部分地方被规划在城内。《雍录》记载说：“曲江水会黄渠，自城外南来，隋世遂包之入城，为芙蓉渠，且为芙蓉园也。”由于曲江一带低洼潮湿，不宜兴建住宅，故宇文恺建议将曲江池辟为皇家园林。隋王朝动用大量的人力、物力对曲江池进行了修复改造，使曲江池中不仅又有了水，而且水量还相当大。《长安志》载：“皇城东南升道坊龙华尼寺南，有流水屈曲，谓之曲江，其深处不见底。”就连曲池坊东南的静觉寺一带，也有较深的水。《续高僧传》卷28《隋释法周传》载，静觉寺“林竹丛翠，莲沼盘游”。当时，曲江池四周盛产莲花，隋文帝遂下令将曲江池改名为“芙蓉池”。经过隋代的经营，曲江池的自然景观和人文景观都有了改善。到了唐初，曲江风景区便逐渐形成。

曲江风景区是以曲江池为中心的游乐胜地，但对于曲江池的形状，文献中并没有留下多少记载。清代以来，中外学者曾绘制过一些曲江池图，可是图的形状却不大相同。清人徐松及日本学者足立喜六等人所绘的曲江图像个倒立的“人”字，仅局限于城内，且面积偏小②。夏承焘先生根据《白氏长庆集》中的有关材料对唐代曲江进行了考证，认为“曲江的面积，除了芙蓉园之外，实占有晋昌、青龙、曲池、敦化、立政、升道数坊的一部分，可能

① （清）穆彰阿等：《嘉庆重修一统志》卷227《西安府·山川》，北京：中华书局，1986年影印本，第11138页。

② （清）徐松：《唐两京城坊考》所附《西京外郭城图》；（日）足立喜六：《长安史迹考》，杨炼译，上海：商务印书馆，1935年，第95页。

也侵及修政。徐松的曲江图仅限于芙蓉苑的一角，实缩小了它的占地十之四五了”①。这一考证基本上弄清了城内曲江的情况。但唐代的曲江并非仅仅只在城内，城外还有紧紧相连的一部分。1958年，陕西省文物管理委员会在探测长安城地基的时候，曾对曲江池遗址进行过探测。探测报告称，实测结果：

沿南城自西向东，至8150米明代王尚书坟园内，以直角形北折510米，再以直角形东折1360米，再南折1060米（此折角是沿东郭城一直向南的），再西折250米，夯土渐薄，以至消失（系晚期破坏所致）。构成一面积约1 441 600平方米的矩形地带，该矩形的西南角无夯土，仅在南城墙北折处，发现沿南城墙东伸约110米有夯土，也是逐渐稀薄以至消失的。根据此种情况，结合各文献记载，此矩形地带，当为芙蓉园，无夯土处，便是曲江池。池底有淤泥土厚约2.8米。池为南北长东西短的不规则形状，面积约700 000平方米。曲江池是将该矩形地带（即芙蓉园）分为东西两部的，东部大西部小。②

根据这次考古探测的结果，有人对曲江池的形状进行了描述，“曲江池就是少陵原头突然凹陷的一块低洼地带，南北长而东西短，像一个葫芦瓢，仰口镶嵌在原面上，东西南三面封闭，只有北面有一个很窄的出口。这个出口就是今天通往曲江池的公路，大致也是唐代黄渠的遗迹”③。从曲江一带的地形来看，这种描述有一定的道理，但并不完全符合实际。

曲江池自古以江岸曲折而著称。张礼《游城南记》说：“江以水流屈曲，故谓之曲江。其深处下不见底。”④ 汉武帝时，司马相如在《哀秦二世赋》中

---

① 夏承焘：《据〈白氏长庆集〉考唐代长安曲江池》，《中华文史论丛》1963年第4期，第245页。

② 陕西省文物管理委员会：《唐长安城地基初步探测》，《考古学报》1958年第3期，第79—94页。

③ 马正林：《唐长安城风景区的地理特征》，《陕西师范大学学报》（哲学社会科学版）1980年第4期，第63—68页。

④ 张礼，字茂中，浙江人，宋哲宗元祐元年（1086）闰二月二十日至二十六日游览故长安城（当时称为京兆城）南，写下《游城南记》。此书是记载长安城南古迹较早的文献之一，有较高的史料价值。详见曹尔琴：《张礼和〈游城南记〉》，《中国历史地理论丛》1990年第3期，第79—88页。

曾对曲江一带的自然形势有所描写。他说，俯察曲江曲折的隑州，遥望高峻逶迤的南山，三面土山夹着宽阔的长谷，清水汩汩向北流去，浇灌近水的平畴沃野①。唐人欧阳詹在《曲江池记》中对曲江一带的情况也有所描写。他说，曲江池“修原北峙，回冈旁转，圆环四匝，中成窗坎……东西三里而遥，南北三里而近”。由于时代不同，二人的说法不尽一致。但从他们的描述中可知，曲江池并不是一个倒立的“人”字，也不是一个规则的葫芦。结合文献资料、考古资料和实地勘察的结果，可知曲江池是一个湖面较大的池沼，湖水主要分布在南北两端，东西两岸蜿蜒曲折，富有变化，远远望去，犹如一幅天然图画。曲江池湖面的高程在海拔 450 米左右。按照 450 米等高线可以勾画出曲江池的基本轮廓。

二、曲江风景区的繁荣

曲江风景区形成后，到盛唐时期趋于繁荣。唐代曲江风景区的繁荣是与唐玄宗时期对曲江池的修凿分不开的。史载，唐玄宗开元年间，对曲江池进行了大规模的修凿。一方面，挖掘池边的淤泥，疏通曲江风景区各洼地间的水道。另一方面，开黄渠引南山义谷水流入池中，使曲江池的面积进一步扩大。此外，还在曲江周围修建了许多亭、台、楼、阁及其他游乐设施。这些人文景观或高大雄伟，或小巧玲珑，大部分都是比较优秀的。尤其是这些人文景观和自然景观做到了和谐的统一，彼此之间，相得益彰，使曲江池曲江风景区成为长安地区最有名的游览“胜境”。

唐代曲江风景区以曲江池为中心，由曲江池、芙蓉苑、慈恩寺、杏园等一批重要景点组成，自然景观和人文景观都很优美。故宫博物院有一幅《唐李昭道曲江图》，该图绘于绢上，“设色画山水楼阁桥榭舟车人物凡数百”。生动形象地展现了唐代曲江壮丽景色和繁盛场面，看上去十分壮观②。《剧谈录》载：“曲江池……南有紫云楼、芙蓉苑；西有杏园、慈恩寺。花卉环周，

① 《史记》卷 117《司马相如传》，北京：中华书局，1997 年，第 773 页。

② 《石渠宝笈续编·养心殿藏第二》云：该图为绢本，长五尺三寸五分，宽三尺四寸五分，原藏斋宫。有乾隆四十三年（1778）御书数行。鉴藏宝玺八玺俱全，又盖有“古希天子五福五代堂古稀天子宝”和“寿八徵耄念之宝”。北平故宫博物院古物馆所编《故宫》周刊第十七期中有影印件。

烟水明媚。都人游玩，盛于中和、上巳之节。赐宴臣僚，会于山亭。赐太常教坊乐。池备彩舟，惟宰相三使北省官与翰林学士登焉。”《旧唐书》载：曲江池“四岸皆有行宫台殿、百司廨署”①。这些记载均可与李昭道的曲江图相互印证。

从史书记载和唐人诗文来看，唐代曲江池的水域面积广大，而且池中不少地方的水很深，水中有大量的鱼类生长。在池的四周，特别是东西两岸的大片浅水区域，到处生长着芙蓉。在池的四周还生长着许多杨柳、松柏、槐柿、梅竹和菰蒲等。至于花卉更多，不能一一道及。每当春和景明，曲江一带鸟歌枝头，鱼翔浅底，湖光山色，美不胜收，总是引来无数的游客。卢纶《曲江春望》诗云：“菖蒲翻叶柳交枝，暗上莲舟鸟不知。更到无花最深处，玉楼金殿影参差。”“泉声遍野入芳洲，拥沫吹花草上流。落日行人渐无路，巢乌乳燕满高楼。”雍裕之《曲江池上》诗云：“殷勤春在曲江头，全藉群仙占胜游。何必三山待鸾鹤，年年此地是瀛洲。”秦韬玉《曲江》诗云：“曲沼深塘跃锦鳞，槐烟径里碧波新。此中境既无佳境，他处春应不是春。金榜真仙开乐席，银鞍公子醉花尘。明年二月重来看，好共东风作主人。”

芙蓉苑位于曲江东岸②，是唐代的皇家花园。因这个花园与城北的皇家禁苑遥遥相对，故有“南苑”之称。张礼《游城南记》注云：芙蓉苑“与杏园皆秦宜春下苑之地。园内有池谓之芙蓉池，唐之南苑也。”《太平御览·居处部·园圃》条载：“芙蓉园，本隋氏之离宫，居地三十顷，周回十七里。贞观中赐魏王泰，泰死，又赐东宫令属家令寺。园中广厦修廊，连亘屈曲。其地延袤爽垲，跨带原隰，又有修竹茂林，绿被冈阜，东坂下有凉堂，堂东有临水亭。”芙蓉苑是曲江风景区的精华，景物极佳。入夏以后，苑中莲花盛开，柳丝低垂，清风习习，荷香阵阵，令人流连忘返。但由于芙蓉苑是皇家禁苑，所以一般人不能入内，只有具有特殊身份的人才能入苑赏花。李绅在《忆春日曲江宴后许至芙蓉园》诗中对芙蓉苑的情况有所反映。诗中写道：“春风上苑开桃李，诏许看花入御园。香径草中回玉勒，凤凰池畔泛金樽。绿丝垂柳遮风暗，红药低丛拂砌繁。归绕曲江烟景晚，未央明月锁千门。”虽然

① 《旧唐书》卷17《文宗纪》，北京：中华书局，1997年，第161页。

② 关于芙蓉苑的位置，文献中有南岸、东岸、西岸等不同说法。从夹城的位置和曲江一带的地形来看，当以东岸说为是。

普通人不能进入芙蓉苑赏花，但曲江池四周浅水之处，均有莲花分布。每至夏秋，莲花盛开，常有游人前来观赏。《剧谈录》卷下载：曲江入夏，“则菰蒲翠，柳阴四合，碧波红蕖，湛然可爱”。姚合的《和李补阙曲江看莲花》诗云：“露荷迎曙发，灼灼复田田。”“醉艳酣千朵，愁红思一川。绿茎扶萼正，翠药满芳园。”“客至应消病，僧来欲破禅。晓多临水立，夜只傍堤眠。”“绕行香烂缦，折赠意缠绵。谁计江南曲，风流合管弦。”

大慈恩寺在曲江池西北。寺中的大雁塔十分有名。岑参的《与高适薛据同登慈恩寺浮图》诗云：“塔势如涌出，孤高耸天宫。登临出世界，磴道盘虚空。突兀压神州，峥嵘如鬼工。”章八元的《题慈恩寺塔》诗：“十层突兀在虚空，四十门开面面风。却怪鸟飞平地上，自惊人在半天中。”宋敏求的《长安志》卷 8 进昌坊条云：“大慈恩寺南临黄渠，水竹森邃，为京都之最。”这种说法是符合实际的。唐人韦应物的《慈恩伽蓝清会》诗云：“氲氛芳台馥，萧散竹池广。平荷随波泛，回飙激林响。”[①]《慈恩精舍南池作》诗亦云：“清境岂云远，炎氛忽如遗。重门布绿阴，菡萏满广池。”[②] 可见当时曲江南池的水很大。慈恩寺中的花木十分繁茂，除修竹、红莲外，还有柿子树、牡丹。白居易的《慈恩寺有感》诗中有“柿叶红时独自来”之句。据《新唐书》卷202《郑虔传》记载，天宝初，慈恩寺常“贮柿叶数屋”。于此可见柿树之多。慈恩寺的牡丹特别有名。《南部新书》卷丁载：“长安三月十五日两街看牡丹，奔走车马。慈恩寺元果院牡丹先于诸牡丹半月开；太真院牡丹后诸 牡丹半月开。”在当时深受欢迎。慈恩寺春有杏花、牡丹，夏有碧荷红莲，秋有金菊柿树，四季修竹长青，是曲江风景区中的一个重要景点。

杏园位于大慈恩寺之南。宋人张礼在《游城南记》中说：“东南至慈恩寺……出寺涉黄渠上杏园。”他还在注中说：“杏园与慈恩寺南北相直。”唐时省试诗题中有《曲江亭望慈恩寺杏园花发》者，今《文苑英华》收有同题诗四首，可见杏园与慈恩寺及曲江亭相去不远。杏园以“杏”为主景，每至阳春日，十亩树花发，“异香飘九陌，丽色映千门”，“映云犹误雪，照日欲成霞”。新科进士常在此地举行“杏园宴”。长安居民也争先恐后，来园中赏花。姚合《杏园》诗：“江头数顷杏花开，车马争先尽此来。欲待无人连夜看，黄

① （清）彭定求等：《全唐诗》卷 186，北京：中华书局，1960 年，第 1899 页。
② （清）彭定求等：《全唐诗》卷 186，北京：中华书局，1960 年，第 1978 页。

昏树树满尘埃。”

唐朝人很喜欢曲江池，常常撰写诗文予以歌颂。其中欧阳詹和王棨的作品影响是最大的。欧阳詹认为曲江池的存在有许多好处：首先，曲江池改善了长安城的环境，“流恶含和，厚生蠲疾”，可以消除污秽，减少疾病，有益于人们的身体健康。其次，曲江池改善了长安城一带的空气，“涵肃虚抱景，气象澄鲜”，使长安城具有良好的生态环境。再者，曲江池景色优美，引人入胜，“洗虑延欢，俾人怡悦”，可以使人消除疲劳和忧虑，保持愉快的心情。此外，曲江池还可以“栖神育灵，与善惩恶”，使人们的生活得到安宁。他在《曲江池记》中说：“夫流恶合和，厚生蠲疾，则去阴之慝，辅阳之德也。涵虑抱景，气象澄鲜，则藻饰神州，芳荣帝宇也。洗虑延欢，俾人怡悦，则致民乐土，而安其志也。栖神育灵，与善惩恶，则俗知所劝而重其教也。号惟天邑，非可谬创一山一水，拳石草树皆有所谓兹池者，其谓之雄焉。意有我皇唐须有此地以居之，有此地须有此池以毗之。佑至仁之亭毒，赞无言之化育。至矣哉！”[①] 王棨更认为曲江池的好处超过了长安西南的昆明池和皇宫中的太液池。他在《曲江池赋》中说：

帝里佳境，咸京旧池，远取曲江之号，近侔灵沼之规。东城之瑞日初升，深涵气象；南苑之光风才起，先动沦漪。其地则复道东驰，高亭北立，旁吞杏圃以香满，前嗡云楼而影入。嘉树环绕，珍禽雾集。阳和稍近，年年而春色先来；追赏偏多，处处之物华难入。只如二月初晨，沿堤草新，莺啭而残风袅雾，鱼跃而圆波荡春。是何玉勒金策，雕轩绣轮，合合沓沓，殷殷辚辚，翠亘千家之幄，香凝数里之尘。公子王孙，不羡兰亭之会；蛾眉蝉鬓，遥疑洛浦之人。是日也，天子降銮舆，停彩仗，呈丸剑之杂伎，间咸韶之妙唱。帝泽旁流，皇风曲畅，固知轩后徒游赤水之滨，何必穆王远宴瑶台之上。复若九月新晴，西风满城。于时嫩菊金色，深泉镜清。浮北阙以光定，写南山而翠横。有日影云影，有凫声雁声。怀碧海以欲垂钓，望金门而思濯缨。或策蹇以长愁，临川自叹；或扬鞭而半醉，绕岸闲行。是日也，樽俎罗星，簪裾比栉，云重阳之赐宴，顾多士以咸秩。上延良辅，如临凤沼之时，旁立群

① （清）董诰等：《全唐文》卷 597《曲江池记》，上海：上海古籍出版社，1990 年影印本，第 2673 页。

公，异在龙山之日。若夫冬则祁寒裂地，夏则晨景烧空，恨良时之其隔，惜幽致以谁同。孰见其冰连岸白，莲照沙红。蒹葭兮叶叶凝雪，杨柳兮枝枝带风。岂无昆明而在乎畿内，岂无太液而在乎宫中。一则但畜龟龙之瑞，一则犹传战伐之功，曷若轮蹄辐凑，贵贱雷同，有以见西都之盛，又以见上国之雄。愿千年兮万岁，长若此以无穷。①

在唐代，曲江风景区具有政府园林的性质。唐朝的许多皇帝都曾到曲江游乐。其中唐玄宗到曲江去的次数最多。为了方便前往曲江游乐，唐玄宗专门让人在长安城的东墙边修筑了“夹城”。据说唐玄宗常带杨贵妃前往曲江赏花。杜甫在安史之乱以后曾对此事进行过回忆。他在《哀江头》诗中写道：“忆昔霓旌下南苑，苑中万物生颜色。昭阳殿里第一人，同辇随君侍君侧。辇中才人带弓箭，白马嚼啮黄金勒。翻身向天仰射云，一笑正坠双飞翼。”唐玄宗还常与大臣一起在曲江游宴，甚至作诗唱和。王维《三月三日曲江侍宴应制》诗云：“万乘亲斋祭，千官喜预游。奉迎从上苑，祓褉向中流。草树连容卫，山河对冕旒。画旗摇浦溆，春服满汀洲。仙筑龙媒下，神皋凤跸留。从今亿万岁，天宝继春秋。”有时，唐玄宗还要举行曲江大会。曲江大会盛况空前。《唐摭言》卷3散序条载：“逼曲江大会，则先牒教坊请奏，上御紫云楼垂观焉。时或拟作乐，则为之移日……曲江之宴，行市罗列，长安几于半空。”

盛唐以来，新科进士例游曲江，参加曲江盛宴。据说这项活动是汉代校文仪式的延续。韦述在《两京新记》中说：“（汉）宣帝起乐游苑于曲江池，以为校文之所。唐开元中更疏凿之。池菰蒲葱翠②，柳阴四合。都人游赏，三月三日最盛，元宗赏赐臣僚宴焉。后以秀士每年登科第赐宴曲江。盖不忘校文之意也。”进士游曲江，参加杏园宴后，还要到大雁塔下题名。五代人王定保在《唐摭言》卷3《慈恩寺题名游赏赋咏记》中记载：“神龙已来，杏园宴后，皆于慈恩寺塔下题名，同年中推一善书者纪之。”参加曲江流饮及雁塔

① （清）董诰等：《全唐文》卷770《曲江池赋》，上海：上海古籍出版社，1990年影印本，第3557—3558页。

② 菰蒲均为多年生浅水植物。菰俗名“茭白”，初夏或秋季抽生花茎，可作蔬菜。蒲嫩者可食，老者可以制席。

题名是当时的盛事，故预宴之人多赋诗抒怀。如刘沧《及第后宴曲江》诗云："及第新春选胜游，杏园初宴曲江头。紫毫粉壁题仙籍，柳色箫声拂御楼。霁景露光明远岸，晚空山翠坠芳洲。归时不省花间醉，绮陌香车似水流。"在一般情况下，曲江池的水面是平静的。故韩愈在《奉酬卢给事同江荷花行见寄》诗中说："曲江千顷秋波静，平铺红云盖明镜。"但若有风雨，也会掀起大浪。杜甫在《曲江诗》中有"曲江箫条秋气高，菱荷枯折随风涛"的名句。游人有时也会乐极生悲。《朝野佥载》载：开元五年春，新科进士三十人坐着几艘船畅游曲江，结果"画舸平沉，声妓蒿工不知纪极，三十进士无一生者"。当然，诸如此类的情况毕竟是极少的。

除进士之外，皇亲国戚，文武官员，僧尼道士，都中士女亦多前往曲江。曲江一年四季都有游人观光。春季百花盛开，风和日丽，游人最多。唐人王涯《游春词》云："曲江丝柳变烟条，寒谷冰随暖气消。才见春光生绮陌，已闻清乐动云韶。"林宽《曲江》诗云："曲江初碧草初青，万毂千蹄匝岸行。倾国妖姬云鬓重，薄徒公子雪衫轻。"章碣在《曲江》诗中写道："日照香尘逐马蹄，风吹浪溅几回堤。无穷罗绮填花径，大半笙歌占麦畦。"杜甫在《丽人行》中也说："三月三日天气新，长安水边多丽人。"由此可见曲江春游之盛。唐人善于吟诗，不少人在游曲江时都曾用诗歌描述当时曲江风景区的盛况，或自己当时的心境。白居易大概是描写曲江最多的诗人。他曾多次游历曲江，并写下了不少有关曲江的诗篇。如他在《曲江》诗中写道："细草岸西东，酒旗摇水风。楼台在花杪，瓯鹭下烟中。翠幄晴相接，芳洲夜暂空。何人赏伙景，兴与此时同。"在《曲江早春》诗中写道："曲江柳条渐无力，杏园伯劳初有声。可怜春浅游人少，好傍池边下马行。"在《曲江感秋》诗中写道："沙草新雨地，岸柳凉风枝。三年感秋意，并在曲江池。"翻开《白氏长庆集》，其中涉入曲江者还有不少。尽管白居易常到曲江游玩，还是有人嫌他去的少。韩愈的《同水部张员外籍曲江春游寄白二十二舍人》诗云："漠漠轻阴晚自开，青天白日映楼台。曲江水满花千树，有底忙时不肯来。"①

曲江风景区在唐玄宗统治的开元、天宝年间进入极盛时期，但安史之乱发生以后，曲江风景区遭到了很大的破坏。天宝十四载（755），叛军西入关

① "白二十二舍人"即白居易。白居易在同族兄弟中排行二十二，此时担任中书舍人之职。

中，唐玄宗逃往四川。曲江沿岸的宫殿亭阁多被烧毁。大历二年（767），鱼朝恩亦曾“奏坏曲江亭馆”以修章敬寺[①]。安史之乱平息以后，唐王朝又对曲江风景区进行了修复，曲江池基本上又呈现出安史之乱以前的风貌。《唐摭言》卷3《慈恩寺题名游赏赋咏杂记》条载：“曲江亭子，安史未乱前，诸司皆列于岸浒。幸蜀之后皆烬于兵火矣。所存者惟尚书省亭子而已，进士关宴，常寄其间。”后来，到唐文宗时，又对曲江池地行挖深改造。文宗时郑注为相，说秦中有灾，宜兴工役以禳之。文宗会做诗，看杜甫《哀江头》，读到“江头宫殿锁千门，细柳新蒲为谁绿”，始知天宝以前曲江四岸有楼台行宫廨署，心中十分羡慕，听了郑注的话，“即命左右神策军差人淘曲江、昆明二池，仍许公卿士大夫之家于江头立亭馆以时追赏。时两军造紫云楼、彩霞亭，内出楼额以赐之”[②]。太和九年（835）二月“丁亥发神策军一千五百人修淘曲江”[③]。在修淘曲江的同时，唐文宗颁发《听诸司营造曲江亭馆敕》。敕文说：“都城胜赏之地，惟有曲江。承平已前，亭馆接连。近年废毁，思俾葺修，已令所司芟除栽植。其诸司如有力，及要创制亭馆者，给予闲地，任其营造。”[④] 通过这次修葺，曲江风景区又得到了复苏。此后，来曲江游赏者再度增多。皇帝也经常在三月三日或九月九日在曲江赐宴，举行大规模的联谊活动。届时由御厨炮制山珍海味，陈列大内常用茶果，并出动宫廷乐舞前来助兴，场面十分热闹[⑤]。

三、曲江风景区的衰落

唐末战乱之后，曲江风景区遭到极大破坏，迅速走向衰落。曲江风景区的衰落，与长安城的毁灭有很大的关系。唐昭宗天祐元年（904）正月，军阀

---

① 《新唐书》卷207《鱼朝恩传》，北京：中华书局，1997年，第1498页。

② （宋）王溥：《唐会要》卷48《寺》，北京：中华书局，1955年，第847页；《旧唐书》卷169《郑注传》，北京：中华书局，1997年，第1126页。

③ 《旧唐书》卷17《文宗纪》，北京：中华书局，1997年，第160页。

④ （清）董诰等《全唐文》卷74《听诸司营造曲江亭馆敕》，上海：上海古籍出版社，1990年影印本，第3册，第338—339页。

⑤ （清）董诰等：《全唐文》卷668《三日三日谢恩赐曲江宴会状》，上海：上海古籍出版社，1990年影印本；（清）董诰等：《全唐文》卷668《九月九日谢恩赐曲江宴会状》，上海：上海古籍出版社，1990年影印本，第3009—3010页。

朱温强迫唐昭宗迁都洛阳，对长安城进行了彻底破坏。史载朱全忠“毁长安宫室百司及民间庐舍，取其材，浮渭河而下，长安自此遂丘墟矣”①。经过这次浩劫，长安城被毁灭了，关中地区也遭受了巨大的创伤，曲江风景区的人文景观破坏殆尽，自然景观也被弄得面目全非。

曲江风景区的衰落与黄渠的断流也有一定的关系。曲江风景区的水主要来自于黄渠。张礼《游城南记》载：“（曲）江（池）故有泉，又引黄渠之水以涨之。泉在江之西，旱而祷雨有应。”曲江池原来的水源主要是“汉武泉”，故水域面积较小。唐代在修凿曲江池时，为了从根本上解决曲江池的水源问题，专门修筑了黄渠。“黄渠水出义谷，北上少陵原，西北流经三像寺，鲍陂之东北，今有亭子头，故巡渠亭子也。北流入鲍陂。鲍陂，隋改曰杜陂，以其近杜陵也。自鲍陂西北流，穿蓬莱山，注之曲江”。自终南山的义谷引水，流经鲍陂，再向北流入曲江，全长约 20 千米。其主渠遗址自今大峪向西北，缘韦兆之东，戎店之西，大兆之西，东曹之东一分为二：一支经大鲍陂、五殿坡、春临村、至于曲江。今曲江池东南有一沟形地段，俗谓之寒窑的地方，就在这沟形地段中。这条沟形地段长约半公里，沟深约 15 米，显然是黄渠流入曲江的地方。另一支过大鲍陂之东，经亭子头，三兆东，至黄渠头，折向西南，流入曲江②。黄渠水沿少陵原东侧流向西北。少陵原的地势是东南高西北低。今大峪口的海拔高度为 715 米，西北部的大兆海拔 648 米，大鲍陂西北 561 米，曲江池村 450 米。由于南北地势落差明显，开渠引水，自然较为顺畅。黄渠之水注入曲江池后，曲江池水量大增，成为长安城东南隅最大的湖泊。唐末朱全忠毁坏长安城后，关中一片残破，渠水无人管理。于是黄渠渠道逐渐残破，至五代终于断流。在这种情况下，曲江池便无法逃脱干涸的命运。

五代以后，长安城失去了国都的地位，曲江池一带也变得越来越萧条：湖水干涸了，莲花没有了，树木毁坏了，鸟儿大量飞走，不仅人文景观不复存在，生态环境也进一步遭到破坏。时人荆叔在《题慈恩寺塔》中写道：“汉

① （宋）司马光：《资治通鉴》卷 264“天祐元年正月壬戌”条，北京：中华书局，1997 年，第 2186 页。

② 曹尔琴：《长安黄渠考》，《中国历史地理论丛》1990 年第 1 期，第 53—66 页。

国山河在，秦陵草木深。暮云千里色，无处不伤心。”① 覃用之的《再游韦曲山寺》也说：“六街晴色动秋光，雨霁凭高只自伤。一曲晚烟浮渭水，半桥斜日照咸阳。休将世路悲尘事，莫指云山认故乡。回顾汉宫楼阁暮，数声钟鼓自微茫。”② 这种荒凉的情形直到北宋初尚无多大改变。方回诗云：“客从函谷过南州，略说长安旧日愁。仙隐有峰存紫阁，僧居无寺问红楼。兰亭古瘞藏狐貉，椒壁遗迹牧马牛。万古不随人事改，独余清渭向东流。”③ 由于五代以后曲江池逐渐干涸，加之关中地区丧失了首都的地位，没有人再对曲江风景区进行修复，所以到曲江池去的人就越来越少。

到北宋前期，曲江风景区已变得相当荒凉。宋人张礼在《游城南记》中描述了当时的情况。他说：“（大雁）塔自兵火之余，止存七层，长兴中，西京留守安重霸再修之，判官王仁裕为之记，长安士庶每岁春时游者道路相属。熙宁中，富民康生遗火，经宵不灭，而游人自此衰矣。”“倚塔下瞰曲江宫殿，乐游燕喜之地，皆为野草，不觉有黍离麦秀之感”④。宋人惠崇在《游长安》诗中有“人游曲江少，草入未央深”的说法。北宋中期以后，曲江风景区便被“兴庆池”所取代⑤。到了明代，文人学士来到曲江，无不为曲江的荒废而感叹。明人胡侍《曲江池》诗云：“曲江旧是跃龙川，江上云霞媚远天。钟鼓夹城通辇道，跂鼋出水负龙船。佳人晚拾金堤翠，彩凤春楼碧树烟。乐事胜游今不再，野风斜日草芊芊。”当然，如果遇到雨很多的年份，曲江池中偶尔也会积水。末寿的《曲江新水》诗云：“废苑千年余瓦砾，瀦潴重见是龙渊。”即便如此，池中的积水也不过是昙花一现，给人留下的依然是曲江风景区衰落的伤感。虽然曲江池在明清时期仍被列为“关中八景”之一，但实际上已经不能与唐代同日而语。现在西安碑林藏有朱集义的“关中八景图”。朱集义对曲江流饮津津乐道，咏诗赞美：“坐对回波醉复醒，杏花春宴过兰亭。如何但说山阴事，风度曾经数九令。”但在绘制“曲江流饮”图时，曲江风貌

① 雍正《陕西通志》卷 97，兰州：兰州古籍出书店，第 5 册，1990 年影印本，第 455 页。

② 雍正《陕西通志》卷 96，兰州：兰州古籍书店，第 5 册，1990 年影印本，第 434 页。

③ 雍正《陕西通志》卷 96—97，兰州：兰州古籍书店，第 5 册，1990 年影印本。

④ （宋）张礼：《游城南记》，北京：中华书局，1985 年丛书集成初编本，第 1086 册，第 2—3 页。

⑤ 庆历二年（1042）春，范雍游兴庆池，并作诗云：“长安本佳丽，况复当盛春。撷盛在城曲，起亭临水滨。隔花皆戏艇，满目尽游人”。

已荡然无存。故从所绘图画中，已不能看出昔日“曲江流饮”的盛况。

四、曲江风景区的现状

20世纪初期，日本学者足立喜六曾对曲江风景区进行过考察。他在《长安史迹考》中写道：曲江“地处城外，脱离尘俗，然以接近城之东南隅，故与长安中心之热闹处相隔不远，且地址高燥，青林重叠，在江水澄清之上，芙蓉盛开，实为帝都之第一胜景”。“今日至其遗址，苟欲寻访昔时豪游遗迹，见有直径一里许之圆形凹地，盖即池底。黄渠在曲池东北而向东南，为一阔及三十余尺长数里之残迹。又江头西北岸上，隆起之古冢、高墩颇多，古色瓦砾触目皆是，不禁惹人回想盛唐情景焉”①。据足立喜六所说，20世纪30年代前后，曲江沿岸还保留着一些唐代的瓦砾。到20世纪50年代，曲江池一带的唐代遗物越来越少，但仍有一番天然风韵，“在风和日暖的日子，人们爱到曲江附近欣赏田野景色，呼吸清新空气”②。

20世纪50年代以来，曲江池一带的地貌发生了很大的变化。这种变化主要是人为因素造成的。20世纪50年代后期，曲江池附近人口增多，为了发展农业，对不少地方的土地进行了修整。“文化大革命”后，在“农业学大寨”时期，曲江一带年年都搞规模较大的农田基本建设。为了平整土地，农民不断从曲江四岸和池中的高地取土，填平池中的低地。于是，曲江池中的沟壑、小丘逐渐消失，曲江边上一些弯曲的湖岸也被挖直，而曲江池东、西、南三面原上的土丘、小冈大多也被夷为平地。这样一来，曲江池东西两侧的台地便变得较为平坦，而曲江池便成了一个相当低平的小盆地。另一方面，曲江池及其周围地区的各种建筑也在不断增加。今曲江池北部北池头一带建筑物已连成一片③。由于这一带地势低下，如下大雨，会受到曲江洪水的威胁。为此，20世纪50年代曾在“秦宫”以南修了一条防洪堤堰。曲江池之西，自北而南，有太平堡、省射击场、赵长军武术学院、曲江水厂。曲江西

---

① （日）足立喜六：《长安史迹考》第八章《唐代长安之名迹》，杨炼译，上海：商务印书馆，1935年，第156页。

② 黎南：《雁塔和曲江》，《旅行家》1956年第7期，第38—39页。

③ 北池头村原在唐立政坊西南部，是以经营豆腐而出名的小村。现在人口增加，规模不断扩大，北边发展到西影路，南边到达精神病第十医院。一部分人已经居住到唐曲江池的范围之内。

南部有西曲江池村[1]，曲江池之东，自南而北则有创世纪人间伊甸园、东曲江池村、王家庄等。雁引公路自北面南，从曲江池中穿过。池中村落及其他建筑亦复不少。这种情况与50年前又有不同。

由于曲江风景区曾经是生态环境极佳的游乐胜地，在历史上有很大的影响，所以长期以来，人们一直对唐代曲江的景观十分想往。不少人倡议重建曲江风景区，有人甚至还进行过一些具体的规划。但由于种种原因，一直未能付诸实施。改革开放以来，随着人们物质生活水平的逐步提高和保护生态环境意识的增强，重建曲江风景区的呼声越来越高。因此，西安市政府规划按原貌建成游览区，重现当年“曲江水暖花千树”的旎丽风光。为了达到这个目的，专门成立了曲江风景区管理处，改善了大雁塔周围的环境，改造了寒窑等旅游点，并且开始筹划一些新的景点。1990年，在曲江池遗址近旁建成曲江水厂，在改善西安市供水的同时，为曲江造湖做好了准备[2]。最近几年开始逐步实施规划方案，将在曲江的南北两端修两个湖，称之为“北湖”和“南湖”。其中“北湖”列为第一期工程，规划面积1000亩，目前已动工打造地基。“南湖”列为第二期工程，尚在筹划阶段。与南北二湖相配合，在曲江沿岸修建“曲江旅游度假村”，已修建了“曲江皇家花园”、“凤苑酒店”、“创世纪人间伊甸园”等娱乐休闲的服务设施。现在，西部大开发又给曲江风景区重建带来了新的机遇。但愿在21世纪，曲江风景区能够再现辉煌。

原载（《中国历史地理论丛》1999年增刊）

① 曲江池村位于曲江南部池底及东西两侧的台地上，以雁引公路为界，分为东西两区，由8个自然村组成，是西安南郊规模较大的一个村落。

② 曲江水厂是黑河引水工程的重要组成部分之一，占地135 000平方米，是目前我国西北规模最大、现代化程度最高的水厂。

五代时期关中生态环境的巨变

关中地区具有得天独厚的自然条件，无论是气候、地貌、土壤、水文、动植物，还是自然区划都是值得称道的[①]。战国时期，苏秦说关中“沃野千里，蓄积多饶”[②]。秦汉之际，张良也说关中“金城千里”，是“天府之国”[③]。由此可见，关中地区的生态环境本来是很好的。但是，到了五代时期（907—960），关中地区的生态环境却急剧恶化，甚至出现了满目萧条的景象。这种情况，是值得进行深入研究的。

一、导致唐宋之际关中生态环境巨变的因素

唐宋之际关中生态环境的巨变是与唐末以来关中地区的战乱密切相关的。唐末以来关中地区兵连祸接，战乱不已。到五代时，关中地区仍然笼罩在战争的阴影中。这些战争地严重破坏了关中地区的人文景观和自然景观，使关中地区的生态环境发生了很大的变化。

据文献记载，唐末关中地区的战乱是从唐僖宗中和年间开始的。中和三年（883），黄巢军与唐军在长安一带激战，结果长安城中的许多建筑被付之一炬，以致出现“荆棘满城，狐兔纵横”的凄凉景象[④]。虽然唐僖宗让王徽

---

① 陈桥驿主编：《中国七大古都》，北京：中国青年出版社，1991 年，第 73—78 页。

② （西汉）刘向：《战国策·秦策一》，上海：上海古籍出版社，1985 年。

③ 《史记》卷 55《留侯世家》，北京：中华书局，1997 年。

④ （宋）司马光：《资治通鉴》卷 256“僖宗光启元年二月丙申”条，北京：中华书局，1956 年标点本，第 8320 页。

对长安城进行了修复，但不久军阀田令孜和李茂贞等又对长安坊市及宫城进行了焚烧，致使“宫阙萧条，鞠为茂草”①。这些战争都在一定程度上对长安城造成了破坏。而此后朱全忠的暴行，则造成了更为严重的后果，导致了长安城的毁灭②。

唐昭宗天祐元年（904）正月，军阀朱温强迫唐昭宗迁都洛阳，对长安城进行了彻底破坏。《旧唐书》卷 20 上《昭宗纪》载：天祐元年正月十三日，“（朱）全忠率师屯河中，遣牙将寇彦卿奉表请车驾迁都洛阳。全忠令长安居人按籍迁居，撤屋木，自渭浮河而下，连甍号哭，月余不息”。《资治通鉴》卷 264 也记载说：朱全忠“毁长安宫室百司及民间庐舍，取其材，浮渭河而下，长安自此遂丘墟矣”。经过这次浩劫，宏伟的长安城被毁灭了，一代名城，化为灰烬。关中地区也遭受了巨大的创伤，到处是残破的景象。

五代时期，在后梁、后唐、后晋、后汉、后周诸王朝更替的过程中，关中一带又发生了一连串的战争。如后梁开平二年（908），蜀主王建与岐王李茂贞联兵 5 万攻入关中腹地，与后梁大将刘知俊、王重师大战于幕谷。开平三年（909），刘知俊叛梁，以同州归附岐王，进攻华州、长安。梁太祖令杨师厚讨伐刘知俊；刘知俊则引岐兵据长安与之对抗。后梁均王乾化元年（911），岐王以温韬为节度使，进攻长安，与后梁同、华、河中之兵大战于长安附近。后唐明宗长兴三年（932），潞王李从珂反于凤翔，西京留守王思同率兵讨之。后汉乾祐元年（948），赵思绾夺取长安，“集城中少年，得四千余人，缮城隍，葺楼堞”，与后汉军队对抗。后汉遣诸将进讨。这些战争，都曾造成大量伤亡。如赵思绾入城时，有丁口 10 万。“及开城，惟余万人而已，其饿毙之数可知矣”③。关中地区在唐末久经战乱，本来已经残破不堪，加上五代时期的这些战乱，就更加残破了④。

---

① 《旧唐书》卷 19《僖宗纪》，北京：中华书局，1975 年。

② 马正林：《丰镐—长安—西安》，西安：陕西人民出版社，1978 年，第 83—84 页。

③ 《旧五代史》卷 109《赵思绾传》，北京：中华书局，1976 年标点本。

④ 杨德泉：《试谈宋代的长安》，《陕西师范大学学报》（哲学社会科学版）1983 年第 4 期，第 102—110 页。

二、五代时期关中的人文景观和自然景观

由于唐末战乱的影响，五代时期关中的生态环境迅速恶化，人文景观和自然景观都呈现出与前代截然不同的景象。从人文方面来看，五代以前，关中作为周、秦、汉、唐等 11 个王朝建都的地方，有许多宏伟的城市、高大的建筑和著名的文物古迹；到五代时，这些景观大量减少，而且都被弄得面目全非。就自然而言，五代以前关中田畴良沃、河流众多、植被丰富；到五代时，耕地荒芜，河渠阻塞，林木也遭到很大的破坏。这种变化，在城市规模、郊区村落和水文林木方面表现得最为突出。

五代时期，宏伟壮丽的长安城已不复存在，代之而起的是所谓“新城”。“新城”是五代前夕由佑国军节度使韩建主持修建的。唐昭宗天祐元年（904）三月，朱温以唐昭宗的名义，命佑国军节度使韩建镇守关中。韩建至长安，见长安城千疮百孔，残破不堪，已无法据守，遂对长安城进行了改建，筑成了“新城”。李好文《长安志图》卷上载：“时朱全忠迁昭宗于洛，毁长安宫室百司及民庐舍，长安遂墟。建遂去宫城，又去外郭城，重修子城（即皇城也），南闭朱雀门，又闭延喜门、安福门，北开玄武门，是为新城……城之制，内外二重四门，门各三重……东西又有小城二，以为长安、咸宁县治所”。也就是说，韩建到长安后，去掉原来的宫城和外郭城，重新修建子城，封闭朱雀门、延喜门和安福门，在皇城的基础上建成“新城”，作为佑国军的治所，另在“新城”的东西两侧各建一座小城，作为长安、万年二县的治所①。至此，长安城的惨景才有了一点改变。韩建所修的“新城”，比唐都长安要小得多。而五代时期的“新城”仅仅与长安宫城相同。考古实测东西宽 2820.3 米，南北长 1843.6 米，周长 9327.8 米，面积约 5.2 平方千米，仅及当年长安城的 1/16②。这样的面积，不仅不能与汉代的长安城相比，而且也不能与拜占庭等国际性的都会相比。也就是说，唐朝末年，长安城失去了昔日宏伟壮观的风貌，规模较前大大缩小，已经根本算不上国际性的大城市。另外，唐末以来长安城的内部建筑也不能与盛唐时期相比。唐末“新城”共

① （元）李好文：《长安志图》卷上，上海：上海古籍出版社，1993 年山川风情丛书本。

② 马得志：《唐长安城考古纪略》，《考古》1963 年第 11 期，第 598 页。

有五座城门，即东边的景风门，北边的玄武门，西边的顺义门，南边的含光门和安上门。城中有官署、学校、市肆、寺观及民居等建筑，文献中提到的有数十处，目前能够确定方位的只有横街、含光门街、朱雀门街、安上街、草场街、景风街、府衙、府学、文庙、北市、菜市、草场、秦川驿、大社坛、太庙院、通城巷、樗里庙、真武庙、迎祥观、天宁寺、开元寺、香城寺、资圣院、杜祁公庙、显圣侯庙等①。城外建筑极少，除东边的万年县和西边的长安县外，没有什么新的设置。太极宫早已荡然无存。兴庆宫周围也已辟为农田，长安百姓地契中至有"某处至花萼楼，某处至含元殿者"②。大明宫"旧迹悉废，唯复道及含元、蓬莱殿、蓬莱山遗址略存"③。曲江池、昆明池等地建筑被毁，池水干涸，"宫殿乐游燕嬉之地，皆为野草"。至于"新城"的人口，最多时不过十余万，也是无法与唐都长安相提并论的。此时"新城"周围仍然是满目疮痍。正如诗人荆叔在《题慈恩寺塔》诗中所说："汉国山河在，秦陵草木深。暮云千里色，无处不伤心。"④

经过唐末五代的战乱，长安郊区也急剧衰落。这首先表现在各县人口大量流失。有些人被迫离开故土，流落他乡；有些人则在战争中死亡。《重修文宣王庙记》载："昔唐之季也，大盗寻戈，权臣窃命，四维绝纽。八銮迁胥于东周，天邑成墟，三辅悉奔于南雍。"⑤ 这说的是唐末朱温毁坏长安，胁迫唐昭宗及长安居民迁往洛阳，而关中百姓为避战乱大量南迁的事。《资治通鉴》卷289载：乾祐三年（950）正月28日，"遣使赴河中、凤翔收瘗战死及饿殍遗骸，时有僧已聚二十万矣"。胡三省注释说："已聚二十万，史言其未聚者尚多。大兵攻围积久，其祸如此。"此类记载则是说在唐末五代的战争中，留在关中的百姓又大量的死于非命。迁徙和死亡的结果导致关中人口的急剧下降。到北宋初年，京兆府人口降至52720户⑥，全部关中户数相加，才十几万，口数更少，根本不能与唐朝时期的情况相比。与此同时，地方基层组织

① 史念海主编：《西安历史地图集》，西安：西安地图出版社，1996年，第108—109页。

② （宋）陆游：《老学庵笔记》卷2，北京：中华书局，1979年，第23页。

③ （宋）宋敏求：《长安志》卷11，上海：上海古籍出版社，1993年山川风情丛书本。

④ 雍正《陕西通志》卷97，兰州：兰州古籍书店，1990年影印本，第5册，第455页。

⑤ （清）王昶：《金石萃编》卷123《重修文宣王庙记》，西安：陕西人民美术出版社，1990年影印本。

⑥ （宋）宋敏求：《长安志》卷1，上海：上海古籍出版社，1993年山川风情丛书本，第81页。

也大量减少。今西安辖区内的基层组织，到五代初仅存 47 乡[①]。由于人口锐减，土地大片荒芜，因而到处是一派残破荒凉。在动乱的日子里，关中地区的许多名胜古迹都遭到了破坏，就连地处渭北的唐代帝王陵墓也未能幸免。后周时人覃用之《再游韦曲山寺》诗中写道："六街晴色动秋光，雨霁凭高只自伤。一曲晚烟浮渭水，半桥斜日照咸阳。休将世路悲尘事，莫指云山认故乡。回顾汉宫楼阁暮，数声钟鼓自微茫。"[②] 这种荒凉的情形直到北宋初尚无多大改变。宋人张礼在城南樊川一带"寻所谓何将军山林而不可得"。岑参的杜陵别业、郎士元的吴村别业、段觉的杜村闲居、元稹的终南别业、梁升卿的安定庄皆已湮没，"漫不可寻，不特何将山林而已"[③]。尚友康诗云："长安宫阙半蓬蒿，尘暗红梁羯鼓滔。"方回诗云："客从函谷过南州，略说长安旧日愁。仙隐有峰存紫阁，僧居无寺问红楼。兰亭古瘗藏狐貉，椒壁遗迹牧马牛。万古不随人事改，独余清渭向东流。"[④]

在人文景观发生变化的同时，关中一带的自然景观也发生了很大的变化。关中位于黄土高原的南端，自然景观本来是很好的。据文献记载，历史时期关中气候虽有变化，但总的说来还是温暖宜人的。这里地势平坦，号称"八百里秦川"，又有白鹿、少陵、神禾、铜人、细柳、洪渎等原，土质肥美。《禹贡》定之为"上上"等，荣居全国之首。司马迁在《史记》中也说："关中自汧雍以东至河华，膏壤沃野千里，自虞夏之贡以为上田。"[⑤] 这里河湖众多，水源丰富，有泾、渭、霸、浐、丰、滈、潏、涝八水。八水之中，渭水为大，自西而东，奔流不息，其他诸水多汇流入渭，纵横交错，形成"八水绕长安"的格局。这里植被丰富，古称"陆海"，非常适宜农作物的生长……。但经过长期的战乱，这里的自然环境恶化，已不能和从前相比。一则树木植被大量减少。这种情况在唐末即已相当严重。唐人韦庄在《秦妇吟》中写道："长安寂寂今何有，废市荒街麦苗秀。采樵砍尽杏园花，修寨诛残御沟柳。华轩绣毂皆销散，甲第朱门无一半。含元殿上狐兔行，花萼楼前荆棘

① 《长安志》卷 11—17 及各县旧志。

② 雍正《陕西通志》卷 96，兰州：兰州古籍书店，第 5 册，1990 年影印本，第 434 页。

③ （宋）张礼：《游城南记》，北京：中华书局，1985 年丛书集成初编本，第 1086 册，第 2—3 页。

④ 雍正《陕西通志》卷 96，兰州：兰州古籍书店，第 5 册，1990 年影印本，第 436 页。

⑤ 《史记》卷 129《货殖列传》，北京：中华书局，1959 年标点本，第 825 页。

满。昔时繁盛皆埋没，举目凄凉无故物。内库烧为锦绣灰，天街踏尽公卿骨……破落园田但有蒿，摧残竹树皆无主。”二则水资源变得相当短缺。由于乱砍滥伐，森林减少，唐末以来，水资源明显减少。泾、渭、霸、浐等水流量变小，龙首、清明等人工渠道相续干涸，居民生活主要依靠井水。但由于城市污染，长安一带已变为舄卤之地，“井水焦咸，凡阙膳羞烹饪，皆失其味，求其甘者，略无一二”①。三则耕地质量大幅度下降。由于人口锐减，水利失修，不少地方又走上了粗放经营的老路。上述情况表明，五代时期关中的人文景观和自然景观与唐代相去甚远，关中地区的生态环境已趋于恶化。

三、生态环境恶化对关中历史的影响

五代以前，关中是古代王朝建国立都的理想场所。据统计，中国古代统一王朝、割据政权和周边少数民族政权共建立过 217 处都城。其中立都时间最长的地方就是长安。五代以前先后有 11 王朝、3 位流亡皇帝和 3 位农民起义领袖把国都建在这里。他们是西周、秦、西汉、新、绿林、赤眉、东汉献帝、西晋惠帝和愍帝、前赵、前秦、后秦、西魏、北周、隋、唐以及黄巢的大齐，总计历时长达 1077 年，这在中国古代都城史中是绝无仅有的②。此外，长安作为国都，其规模之大，在中国古代都城中也是少见的。盛唐时期的长安城更是首屈一指的。它的面积比隋唐洛阳城大 1.8 倍，比明代南京城大 1.9 倍，比清代北京城大 1.4 倍，比安阳、开封、杭州就更大了。这说明，长安一带在五代之前是最适宜建都的地方。但是，从五代到清朝灭亡，除农民领袖李自成外，再也没有人把国都建在长安。国都的位置逐渐由西向东转移。五代时，后梁、后唐、后晋、后汉、后周分别以开封和洛阳为都。其后，两宋分别以开封、杭州为都，元建大都，明朝先居南京，后徙北京，清朝亦以北京为都。定都立制乃国之大事，都是经过深思熟虑才做出的决定。在唐末以后的千余年间，所有王朝都不再选择长安一带作为国都，这一事实本身就说明了一个问题，那就是关中已不再是理想的建都之地。很显然，五代时期是关中历史的转折点。

---

① 《善感禅院新井记碑》，藏碑林博物馆。

② 史念海：《中国古都和文化》，北京：中华书局，1998 年，第 136—148 页。

为什么从五代开始，长安丧失了首都的地位？一种观点认为，长安之所以失去首都地位，主要是由于长安的地理位置不太适中。从中国古代都城的地理分布情况来看，这种观点是比较片面的。地理位置固然重要，但都城的确立是由多种因素决定的，并不是简单的取决于地理位置。如果我们全面考察一下中国古代的都城，就会发现地理位置适中的都城是很少的。即以“七大古都”而言，南京、杭州地处江南，开封偏东，安阳偏北，北京更靠近东北，都不能说是“适中”。另一种观点认为，长安丧失国都地位，是经济方面的原因。具体些说，是由于唐朝中期以后，经济重心南移，关中距江南过于悬远，漕运不便。这种观点是有一定道理的，但似乎也不够全面。唐宋之际中国经济重心逐渐南移是客观的事实，但这并不意味着政治中心也必须移到江南。明清之际江南经济的发展超过了以往任何时期。此时的都城就不是在江南，而是在北京。至于漕运的问题，则是任何一个统一王朝都不可避免的，不论都城设在哪里，都需要得到漕粮的接济，只是漕粮所占的比重不同而已。关中地区本来就是一个经济区。这个经济区面积不大，但当关中经济繁荣之时，漕运并不占有重要的地位；当关中经济区遭受破坏后，漕运才显得重要起来。所以我认为经济并不是长安失去国都地位的唯一原因。

从五代以后的历史状况来看，长安之失去国都地位，主要还是长安城被彻底毁灭、关中生态环境恶化的结果。关中生态环境的恶化不是一朝一夕之故。隋唐两代300余年，关中地区人口大量增加，黄土高原开发过度，森林急剧消失，天然植被大量减少，水土流失严重，土壤肥力下降，环境污染，水旱灾害不断出现，所有这些，都在一定程度上破坏了关中地区的生态环境。但总的来看，影响最大的还是唐末以来的战乱。唐末以来的战乱毁灭了举世闻名的长安城，也使往日富庶的关中地区变得千疮百孔。这样一来，长安已不如洛阳、开封，关中也不如中原。五代时期是多事之秋，不可能进行大规模的城市建设。长安城既已毁灭，关中又如此残破，当然不如定鼎中原，在洛阳或开封建都。正因为如此，五代时长安失去了首都的地位，下降为一般性的地方都会。五代以后，中国的政治、经济、军事形势发生了很大变化，东部地区成为历代关心的重点。另外，关中地区恢复的速度很慢，到宋元时，依然是残破的景象。宋代西北用兵，关中之民“畜产荡尽”，“十室九空”①。可见宋时关中尚未复苏。及金人占据关中，长安一带再遭受燹。时人李献甫在《长安行》中写道：“长安大道无行人，黄尘不起生荆棘。高山有峰不复险，大河有浪亦已平。”② 在这种情况下，统治者自然就不会在关中建都了。

虽然唐朝末年以后长安不再是国都，但比较而言，长安一带毕竟是周秦汉唐诸朝的中心所在，地理位置仍然是相当重要的。因而无论是哪一个王朝，都不能不重视长安一带的问题。如后梁开平元年（907）四月，改京兆府为大安府，以长安县为大安县，万年县为大年县。开平三年（909）七月，改佑国军为永平军。后唐同光元年（923）十一月，废永平军，复以大安府为西京京兆府，以大安县为长安县，大年县为万年县。后晋天福三年（938）十月，废西京，在京兆府设晋昌军。后汉乾祐元年（948）三月，改晋昌军为永兴军。后周仍以京兆府永兴军为管理关中地区事务的重要机构。宋元以降，建置不一。元时长安称“奉元城”，明清改称西安，亦为西部重要的军事重镇③。建国后，西安逐渐恢复了自身的活力，发展成为西部地区最重要的城市。西安曾经有过辉煌的过去。随着关中地区的生态环境的恢复和社会经济的发展，西安必将迎来再度辉煌。

原载（《中国历史地理论丛》2001 年增刊）

① 《宋史》卷 277《张鉴传》，北京：中华书局，1997 年，第 2407 页。《宋史》卷 320《余靖传》，北京：中华书局，1997 年，第 2656 页。

② 雍正《陕西通志》卷 95，兰州：兰州古籍书店，第 5 册，1990 年影印本。

③ （宋）宋敏求：《长安志》卷 1，上海：上海古籍出版社，1993 年山川风清丛书本；（清）顾炎武：《历代宅京记》卷 6，北京：中华书局，2004 年。

明代华南的自然灾害

华南北接内陆，南临大海，山川纵横，地形复杂，容易受到陆地灾害和海洋灾害的双重威胁。因此，华南自古以来就是我国自然灾害的多发区、常发区和重灾区，而且自然灾害的类型较多。

一、自然灾害的类型

明代华南备受自然灾害的侵扰：有时台风骤起，海潮汹涌；有时大雨滂沱，江河泛滥；有时阳亢干旱，赤地千里；有时寒风入侵，冷冻为患；有时地震不断；有时疾疫流行。这些灾害或为气象灾害，或为地质灾害，或为生物灾害，种类相当齐全。从大的方面来看，明代华南地区的自然灾害可以划分为水灾、旱灾、风灾、冷冻、地震、饥荒、瘟疫和生物灾害等8种类型。

（一）水灾和旱灾

水灾是华南地区最常见的自然灾害之一。华南地跨热带和亚热带，具有高温多雨的特点。地势北高南低，山脉多呈东北西南走向。北部多山，阻挡海洋暖流。南部多河，在平原上纵横交错。这种地质气候条件是孕育水灾的温床：暴雨骤至，可以造成水灾；霪雨连绵，可以造成水灾；海水横溢，也可以造成水灾。明代华南的水灾正是在这样的孕灾环境下形成的。从大量资料分析，明代华南的水灾主要是由暴雨引起的。福建、广东、广西有几个暴雨中心，常受热带风暴和其他因素的影响而连降暴雨。如嘉靖三十九年

(1560) 四月，广东“惠州大雨，罗浮山崩”①。万历四十五年（1617）广西“恭城县大雨如注，山涧水涌，连崩一十三岭”②。霖雨也是造成明代华南水灾的重要因素。正德十五年（1520）八月，广东琼州“淫雨连月”，到九月“洪水涨溢”，对琼、澄、临、定四县造成重大损失。万历十一年（1583）八月，福建兴化“霖雨至次年正月，阴云不开，田没水中”③。万历三十九年（1611）夏，“广西积雨五月”，使夏秋作物濒于绝收的境地。此外，华南大部分地方与海相接，海潮也会造成很大的水灾。永乐二十年（1422）五月，广东诸府潮溢,“漂庐舍，坏仓粮，溺死三百六十余人”④。嘉靖十八年（1539）闰七月，福建兴化“大风偃禾黍，海潮涨溢，高二丈余，漂没庐舍人及畜不可胜计”⑤。像这样的事例还可以找出很多。

据笔者初步统计，明代华南较大的水灾有 240 多次，涉及的州县数以百计，有些水灾是相当严重的。永乐七年（1409）广东大水，广州府的南海、番禺、东莞，肇庆府的高要、德庆，雷州府的遂溪、徐闻等州县深受其害⑥。永乐十四年（1416）七月，福建北部地区大雨，建宁、邵武、延平等府“溪水暴涨，坏城垣，漂房舍，溺死人民甚众”⑦。弘治十四年（1501）夏秋之际，福建福州府风雨大作，广东广州府、琼州府发生特大洪水，广西太平府也发生了较大的水灾。正德十年（1515）九月，琼州临高县“淫雨盈月，江水泛滥，漂没民居牲畜”。翌年，广东广州、肇庆二府所辖诸县大水，阳江、四会诸县受灾尤重。广西梧州亦受水灾，“自夏历秋，霪雨淹人畜，公署、民居多倾”⑧。嘉靖三年（1524）七八月间，福建邵武“霖雨害稼”；广东潮州“飓风溢海”，“沿海民居漂没无算”；惠州“归善大水”；琼州乐会、万宁二县大风，“海溢数十里”。嘉靖十四年（1535）五月，广东广、肇、南、韶四府大水，在南海、番禺、香山、顺德、新会、三水、高要、四会、新兴、阳春、

① 道光《广东通志》卷 188《前事略》，清道光二年（1822）刻本。

② 雍正《广西通志》卷 3《禨祥》，清雍正十一年（1733）刻本。

③ 道光《福建通志》卷 271《明祥异》，清同治十年（1871）正谊书院刻本。

④ 《明史》卷 28《五行志一》，北京：中华书局，1974 年标点本，第 447 页。

⑤ 康熙《兴化县志》卷 1，清康熙二十三年（1684）刻本。

⑥ 道光《广东通志》卷 187《前事略》，清道光二年（1822）刻本。

⑦ 《明实录·太宗实录》卷 178 永乐十四年七月己未条，台北：“中央研究院”历史语言研究所，1962 年影印本。

⑧ 雍正《广西通志》卷 3《禨祥》，清雍正十一年（1733）刻本。

阳江、高明、恩平、德庆、保昌、始兴、清远、英德、翁源、乳源等数十县造成百年罕见的灾害。万历十四年（1586），广东再次发生严重的水灾。南雄府四月中旬“大雨如注，洪崖山崩，巨潦暴涨，府城倾圮者数十丈，沿河水域尽被冲陷”。肇庆府自春徂夏淫雨不绝。广州府三水县夏季大水。广西也出现了规模空前的水灾。桂林府的义宁、兴安，柳州府的马平、罗城，梧州府的苍梧、郁林、北流、博白、藤县等地相继出现严重灾情。此类事例甚多，兹不一一列举。

华南地区虽然降雨丰富，但是很不均匀。尤其是华南地区气温较高，受副热带高压势力的影响，往往出现干旱天气。与北方的干旱一样，华南地区的干旱有发生范围广、持续时间长的特点。但与北方地区不同的是，华南的干旱不是以春夏为主，而是以夏、秋、冬为主，春季的干旱也有，不过比较少见，只有福建、广西的山区零星出现。明代华南发生的干旱也很多，虽然没有水灾那样频繁，但也在自然灾害中占有重要地位。据统计明代华南较大的旱灾将近100次，受害程度也是相当严重的。

明代华南旱情特别严重的旱灾有二三十起。成化十二年（1476）年夏，福建泉州、漳州、邵武、兴化、延平诸府大旱。延平府顺昌县灾情最重，“自四月不雨至十二月，原田拆裂，禾稼无收”[①]。弘治十一年（1498）夏季至秋季，广西大旱。南宁府的宣化，太平府的崇善，梧州府的苍梧、藤县，浔州府的桂平，平乐府的平乐，柳州府的马平、来宾，桂林府的临桂、义宁、灵川、阳朔、灌阳、全州相继出现持续旱灾。次年，福建泉州府“自夏至冬大旱”，兴化府“夏秋冬不雨，井塍溪塘皆涸，民至无水可食”。正德十三年（1518），广西南宁、田州、思恩三府交界处的武缘、果化等州县，柳州府的马平、罗城，桂林府的义宁、兴安，平乐府的平乐、荔浦等县大旱。嘉靖五年（1526）夏，福建遭受特大旱灾：“福州大旱；兴化旱，无麦禾；福宁旱至九月，禾麻菽粟皆死。”[②] 万历二十三年（1595）夏秋之际，广州府的南海、番禺、顺德、新会、三水、清远，惠州府的博罗、龙川、兴宁、永安、和平，高州府的茂名、吴川，雷州府的海康、遂溪、徐闻等县皆遇大旱，高、雷二府旱情尤甚。次年，南海、顺德、三水、龙门、保昌、始兴、徐闻及琼州府

① 道光《福建通志》卷271《明祥异》，清同治十年（1871）正谊书院刻本。
② 道光《福建通志》卷271《明祥异》，清同治十年（1871）正谊书院刻本。

的琼山等县再次遭受大旱。万历四十五年（1617），广西柳州、桂林、平乐等府遭受旱灾。万历四十六年（1618），又发生了广西“全省大旱”的事[①]。桂林府的义宁、兴安、灵川、全州、灌阳，柳州府的马平、柳城、来宾、迁江、武宣、象州，南宁府的宣化、隆安、果化，庆远府的宜山、忻城，平乐府的平乐、富川、昭平、贺县，梧州府的苍梧、岑溪、藤县、郁林、北流，浔州府的桂平等36县春旱一次，秋季又旱一次，其灾情之重是不言而喻的。

（二）风灾、冷冻和地震

除水灾和旱灾以外，华南地区的自然灾害就要数风灾。华南地区的风灾主要是热带气旋所造成的灾害。现在我国采用国际标准，将热带气旋划分为4个等级：风力小于8级的称作热带低压，8—9级称作热带风暴，10—11级称作强热带风暴，大于12级称作台风。但在古代并没有这样的划分，人们一般将热带气旋统称为“飓”或“飓风”。飓风灾害主要是由大风、暴雨和海潮造成的。这种灾害具有发生频率高，影响范围广，突发性强，连锁反应显著，成灾强度大等特点[②]。明代华南的飓风灾害也是如此。

明代华南风灾较多，见于正史和通志记载的较大风灾有120多个年次。从数量上看，比水灾、旱灾都少，但就灾害程度而言，却是相当惊人的。永乐九年（1411）九月，广东雷州府“飓风暴雨，淹遂溪、海康，坏田禾八百余顷，死千六百余人”[③]。永乐二十年（1422）五月，广东广州府所辖南海、番禺、东莞、新会等县“飓风暴雨，潮水泛溢，溺死者三百六十余口，漂没庐舍千二百间，坏仓粮二万五千三百余石”。天顺二年（1458）七月，广东琼州府琼山、临高二县“飓风大作，声吼如雷，毁屋拔木，彻三日夜不息”。成化十九年（1483）六月，福建福州府“大风拔木发屋”。正德十年（1515）广东潮州揭阳等县遭受“铁风筛”袭击。琼州府也受到影响：“大风从东北来，海水飞卷”，造成不小的损失。嘉靖二十年（1541）九月，广东琼州大风，“宫室圮坏，草木摧折殆尽”。万历三十四年（1606）八月七日，福建福、泉二州大风，溺死福、漳、泉三府考生千余人。

华南处于低纬度地区，气候比较温暖，基本上没有冬天。但是，受寒潮

---

① 雍正《广西通志》卷3《禨祥》，清雍正十一条（1733）刻本。
② 梁必骐主编：《广东的自然灾害》，广州：广东人民出版社，1993年，第110页。
③ 道光《广东通志》卷187《前事略》，清道光二年（1822）刻本。

或北方强冷空气的影响，有时也会出现比较严重的冷冻灾害。这里所说的冷冻包括冰雹、霜雪、严寒、低温等自然灾害。明代华南的冷冻灾害以冰雹为主，有 50 多个年份发生过较大的雹灾。其次是霜雪，较大的霜雪灾害有 15 个年次。单纯的严寒相对较少。至于低温，尽管时有发生，但因灾情较小，文献中很少记载。

明代华南地方的冰雹分布较广，福建、广东、广西都曾遭受过较大的雹灾。成化五年（1469）闰二月，广东琼州府“雨雹，大如斗”。正德十二年（1517）四月十二日，广西柳州府的来宾、迁江 2 县白昼如夜，冰雹大作，“破屋、折木、杀鸟”①。嘉靖三十七年（1558），福建漳州府遭到冰雹袭击，“漳浦、海澄雨雹，大如斧，碎屋伤畜无数”。嘉靖四十五年（1566），广东潮州府程乡县“春二月雨雹，大如斗如瓮，房屋破坏，人物触之皆死”；高州府电白县“春三月雨雹，大者如斗，瓦屋皆坏，禽兽多有击死者”。隆庆五年（1571）三月，广东广州府之新会、潮州府之大埔又遭雹灾：其中大埔雹下甚巨，俗谓之“人头雹”。崇祯十四年（1641）二月，广东琼州澄迈县再降大雹，“碎屋瓦，毙耕牛，飞鸟多死”。

除冰雹外，明代华南也曾发生过严霜、大雪和严寒灾害。弘治十四年（1501）冬，福建兴化府受到寒潮的侵袭，“莆田隆寒，冰结厚半寸，荔枝冻枯”。正德四年（1509）十月，福建福宁州出现奇寒。同年同月，广东潮州陨雪，“厚尺许”。嘉靖十一年（1532）春，福建“福州大雨雪，里巷中群犬惊吠”。到了冬季，广东又出现严重的冷冻灾害。韶州府的曲江、乐昌、翁源，肇庆府的阳春、德庆，潮州府的揭阳等县受到霜冻和大雪的威胁：曲江大雪，“冰厚一尺。山木、河鱼，冻死几尽”。乐昌大雪，“冰坚尺许”。翁源大雪，“冰厚一尺，畜皆冻死”。揭阳“陨霜为灾，草木皆枯，昆、鱼冻死”。万历四十六年（1618）十二月六日至八日，广东广州、肇庆二府遭受严寒灾害。从化县“雪昼下如珠，次日如鹅毛”。东莞、顺德二县的情况大体上与从化相同。崇祯九年（1636）十一月，福建漳州大雪，“积冰厚一尺，牛羊木草多冻死”。十二月，广东潮、惠二府霜雪成灾。惠来县十二月陨霜三日，水面冰冻四五寸厚，“草木禽鱼冻死无数”。海丰一带的树木也多被冻死。

① 雍正《广西通志》卷 3《機祥》，清雍正十一年（1733）刻本。

华南受南北亚热带特殊区域自然地理环境的影响，地质构造条件相当复杂，在内动力地质作用的影响下，容易导致地壳岩层能量突然释放，从而形成地震。地震不仅具有突发性，而且具有惨重性。据说 6 级地震大致相当三四十万吨黄色炸药（TNT）爆炸。7 级以上地震破坏性就更大了。所以地震灾害的后果一般都比较严重。明代华南地震频仍，较大的地震达 200 次之多，也是一种重要的自然灾害。

从文献记载来看，明代前期华南地区的地震主要集中在洪武年间。洪武年间华南地震 18 次，涉及福建、广东、广西的许多州县。其中福建地震 14 次，位居三布政司之首。洪武三年（1370）六至十月，福州府两次发生地震①。六年，福州府再次地震。十二年九月，福州府闽县地震，兴化府地震，十月，兴化府又震。十三年十二月，福州府与广州等府同日地震。二十一年四月，泉州府地震。二十七年四月，泉州府地震；五月、八月复震；十月福州府地震；十一月兴化府地震。二十九年十二月，泉州府地震②。其频繁程度于此可见一斑。明代中期以后地震日益增多。成化十四年（1478）六至八月，广西太平府发生七次地震③。二十一年九月，广东廉州府与广西梧州府“连震者十六日”。次年六月，福建福州、兴化、泉州、漳州、福宁等府同日地震，九月，又同日地震④。正德十二年（1517）四月，福建福、泉、延、兴四府及福宁州同日地震，接着又多次地震⑤。万历三十一年（1603）九月，漳州“地大震有声，连震二十余日，至十二月初乃止”。

在明代华南发生的比较重大的地震中，属于破坏性地震而被列入《中国地震目录》的有 23 次。其中福建 8 次，广东 12 次，广西 3 次。在这些地震中，1604 年 12 月 29 日发生在福建泉州府海外的地震和 1605 年 7 月 13 日发生在广东琼州府琼山、文昌一带的地震影响最大。前者波及福建、浙江、江西、江苏、广东、广西、安徽、湖南 8 省 115 个县的广大地区，福建泉州、福州、漳州、

---

① 《明实录·太祖实录》卷 53 洪武三年六月条，台北：“中央研究院”历史语言研究所，1962 年影印本

② 《明实录·太祖实录》卷 232 洪武二十七三月条，台北：“中央研究院”历史语言研究所，1962 年影印本。

③ 《明史》卷 30《五行志三》，北京：中华书局，1974 年标点本，第 495 页。

④ 道光《福建通志》卷 271《明祥异》，清同治十年（1871）正谊书院刻本。

⑤ 《明实录·武宗实录》卷 148 正德十二年四月条，台北：“中央研究院”历史语言研究所，1962 年影印本。

兴化、延平等府受灾较重。后者范围虽没有前者广，也涉及两广的40多个州县。受灾最重的地方是琼州府和雷州府，即今海南省和广东西南部[①]。

(三) 饥荒和瘟疫

饥荒从广义上讲也属于自然灾害的范畴。受天灾人祸的影响，历史时期常常出现饥荒。明代华南地区曾有90多个年份发生过饥荒。这些饥荒有人为的因素，但绝大部分都是由于水灾、旱灾、风灾、冷冻、地震导致粮食大幅度减产或者绝收而引起的。如成化十二年（1476），福建泉州、邵武、兴化三府大旱，紧接着就出现了饥荒[②]。成化十五年（1479），福建兴化府“虫食禾，大饥，境内无可籴者”。成化二十一年（1485）三月，广东“顺德雨雹，是冬大饥”。正德十一年（1516），广西“太平府大旱，饥。越明年，仍饥”[③]。嘉靖十六年（1537），福建漳州旱，“漳浦大饥”。正德二十年（1525）九月，广东琼州府大风降灾，“是岁大饥”。万历三年（1575）福建延平府的南平、顺昌、将乐、尤溪等县大水之后出现“大饥”[④]。同年，广西梧州府“怀集县大旱，民饥”。这些材料说明，水旱等自然灾害的确是导致饥荒的重要原因。在明代华南发生的饥荒中，有十几个年份灾情相当严重。宣德九年（1434），广东琼州大饥，出现罕见的“年荒”。天顺六年（1462），两广发生大面积饥荒，广西太平尤甚，“斗米千钱”[⑤]。弘治十二年（1499），福建延平府的顺昌、沙县遭受饥荒；广东广州府的“南海、番禺大饥，东莞、增城亦饥”。正德十四年（1519），广西“桂林、柳州大饥，融县尤甚”。嘉靖十五年（1536），广东广州、肇庆、惠州等府属县大饥，惨景难以言状。

瘟疫大体上也是由较大的自然灾害引起的，属于破坏性自然灾害的次生灾害，所以一般也被当作自然灾害看待。明代华南的瘟疫同样与水旱等灾害有着密切的关系。正统十四年（1449），福建邵武府在饥荒之后出现瘟疫。成化二十二年（1486）三月，福建福宁“连数日大雨，山田摧毁甚众”，“五月大旱，八月大疫”。同年五月，“福州大旱，禾稼薄收”，古田、连江出现瘟疫。嘉靖三十五年（1556）夏，福建“延平郡饥，秋，大疫”。可见，较大的

---

① 顾功叙：《中国地震目录》，北京：中国科学技术出版社，1983年，第63—67页。

② 道光《福建通志》卷271《明祥异》，清同治十一年（1871）正谊书院刻本。

③ 雍正《广西通志》卷3《禨祥》，清雍正十一年（1733）刻本。

④ 道光《福建通志》卷271《明祥异》，清同治十一年（1871）正谊书院刻本。

⑤ 雍正《广西通志》卷3《禨祥》，清雍正十一年（1733）刻本。

水旱、饥馑等自然灾害都可能导致瘟疫。

明代华南地区有40多个年份发生过较大的瘟疫。洪武二年（1369），福建东部出现严重的疫情，福宁州大疫，“死者相枕藉”。永乐五年（1407）至六年（1408）正月，福建建宁、邵武与江西建昌、抚州发生大疫，疫死78 400余人①。到永乐八年（1410）十二月，邵武府的瘟疫使1200余户人家死绝②。但疫情并没有结束，永乐十四（1416）年八月，邵武府再次受到瘟疫的侵袭③。经过连续几年的疫灾，邵武府元气大伤，面目全非，失去了昔日的繁荣景象。正统七年（1442）十一月至次年四月福州古田县疫死1440余户④。景泰七年（1456）五月，广西桂林大疫。成化十一年（1475）八月，福建延平府因旱灾引起疾疫并很快向外扩展，波及整个福建和江西。到成化十二年（1476）正月，造成严重的灾害，“诸郡县疫气蔓延，死者相继”⑤。正德元年（1506）七八月间，湖广大疫，延及福建北部，“建宁、邵武自八月始亦大疫”。正德十六年（1521）六月，福州等府亢旱，疠疫盛行。嘉靖元年（1522）福建福宁州“痘疹大作，殇者千人。二年亦然”。嘉靖四十一年（1562）福建泉州城大疫。万历二年（1574），广西柳州少数民族居住区也发生了疫灾，“瑶僮村大疫”⑥。此后，还发生过一些较大的瘟疫。如万历二十四年（1596），广东高州石城县“夏五月大疫，县民及雷州流民入境，死尸横道。数岁子女只博一饱，或易米数升，邑中不染疫者十之一二”。像这样的事例还可举出不少。

（四）生物灾害及其他灾害

生物灾害也是常见的自然灾害。从生物大类群害的角度来看，生物灾害可以划分为动物灾害、植物灾害、微生物灾害等四五种类型。明代华南的生物灾害有森林和农作物的病虫害，但主要是蝗、鼠、虎、象等动物所造成的灾害。

明代华南有50多个年份发生过较大的动物灾害。蝗灾是当时重要的动物灾

---

① 《明史》卷28《五行志一》，北京：中华书局，1974年标点本，第442页。

② 《明实录·太宗实录》卷111永乐八年十二月甲辰条，台北：“中央研究院”历史语言研究所，1962年影印本。

③ 道光《福建通志》卷271《明祥异》，清同治十一年（1871）正谊书院刻本。

④ 《明实录·英宗实录》卷106正德八年七月戊午条，台北：“中央研究院”历史语言研究所，1962年影印本，第2156页。

⑤ 《明实录·宪宗实录》卷149成化十二年正月庚戌条；台北：“中央研究院”历史语言研究所，1962年影印本。

⑥ 雍正《广西通志》卷3《禨祥》，清雍正十一条（1733）刻本。

害之一。弘治元年（1488）正月，广东出现大面积蝗灾。广州正月蝗，五月又蝗，香山县“正月有蜚，早禾不获”。正德年间，广东蝗灾尤多。正德六年（1511）春，广州新会、增城二县大蝗。正德七年（1512）正月，惠州府“飞蝗蔽天”，“所至食田禾殆尽”。正德八年（1513），增城蝗虫害稼。正德九年（1514），东莞也发生了类似的情况。正德八年，梧州府北流县蝗虫害稼，并引起饥荒①。嘉靖九年（1530）春，广东出现蝗灾。顺德县“蝗虫杀稼，岁大饥”。乳源、翁源、乐昌诸县也因蝗而饥。万历五年（1577）秋，广东再次遭受蝗虫侵害。广州南海县“飞虫食苗殆尽”，香山县“蝗虫飞，食苗尽白”，顺德县“飞蝗食禾苗尽”。除蝗灾以外，鼠、象也曾造成灾害。如洪武十八年（1385）广西太平府“十万山象出害稼”，政府命南通侯率兵2万驱捕，并专门设立“驯象卫”才减轻了灾情②。嘉靖四十一年（1562），福建德化“田鼠害稼，一亩之田至有数千，春食秧，冬食谷”，为害甚巨。鼠、象之灾虽然较重，但年次少，都没有华南虎造成的危害大。

华南虎是珍贵的野生动物。明代华南虎很多，在福建、广东、广西均有分布。现在看来，虎多应当是件好事。但在当时群虎出没，伤害人畜，往往造成严重的灾害。明代华南较大的虎灾达25次之多。据文献记载，明代前期，华南虎灾较少。只有福建泉州等地发生过老虎为害的事。明代中期，虎灾增多。英宗天顺三年（1459），福建莆田县城北依山诸村遭到群虎袭击，人畜伤亡数以百计。宪宗成化八年（1472），又发生了虎灾，“伤人畜不减天顺三年之数”。成化十三（1477）年，虎入福宁州宁德县城。成化二十三年（1487）秋，邵武府老虎“伤人逾百数”。到世宗嘉靖年间，虎灾更加频繁。嘉靖六年（1527）虎入广西武缘县城为害。嘉靖七年（1528），福建延平府多虎暴。嘉靖十一年（1532），虎入广西梧州府城。嘉靖十四年（1535），群虎二度进入广西太平府城。嘉靖十五年（1536），福建沙县五虎为患。同年，七虎袭击梧州兴业县城。嘉靖二十三年（1544），福宁州寿宁县群虎往来，阻隔行人。三十四年，虎在将乐县伤人。嘉靖四十一年（1562），沙县五都八虎为患，“食人凡数百”。嘉靖四十二年（1563），一虎在延平大道边“半日伤九人”。次年，长泰县三虎同日下山，“杀一家七口”。明代后期，虎灾相对减少。但仍形成很大威胁。如万历元年

---

① 雍正《广西通志》卷3《禨祥》，清雍正十一年（1733）刻本。

② 雍正《广西通志》卷3《禨祥》，清雍正十一年（1733）刻本。

(1573) 七月，福建福宁州“有虎自春至秋在宁德西乡，白昼行村落，人被伤四五十”，畜被伤者无算。万历十一年（1583），有虎自福州奔至沙县尤溪，“伤人无数”。从这些材料分析，明代华南的虎灾以福建为多，其次是广西，广东最少。这大概与三省的自然条件有关。福建的虎灾又以延平府为最。延平府地当今福建三明、南平一带，在明代是老虎分布最多的地方。其次是福宁州。福宁州当今福安、福鼎、宁德、霞浦四县之地，也是老虎分布较多的地方。明代华南的虎灾对当时华南的经济曾产生过一定的消极影响。一方面，它直接伤害了生产者，破坏了正常的生产秩序，使人民“死亡转徙”，田野荒芜。另一方面，它在人们的思想上造成了很大的压力，打破了人们的正常生活。因此，可以说明代华南的“虎灾”也是一种自然灾害。

明代华南地区还发生过一些其他灾害，比如火灾等。火灾不是纯粹的自然灾害，但却与自然灾害有关。明代福建曾多次发生火灾。据笔者统计，明代华南火灾共 78 起，其中 73 起发生在福建。这种情况在其他省份是极为罕见的。明代洪武年间福建发生过 2 次火灾，正统时火灾 3 次，成化时 4 次，弘治时 4 次，正德时 11 次，嘉靖时 20 次，隆庆时 2 次，万历时 21 次，泰昌时 1 次，崇祯时 8 次。显然，在明代 270 多年间，福建的火灾是很普遍的。特别是明代中期以后，火灾多到了惊人的程度。从地理范围来看，明代福建大型火灾的分布也十分广泛。其中：福州府 6 次，建宁府 11 次，泉州府 2 次，邵武府 3 次，汀州府 5 次，兴化府 3 次，延平府 29 次，漳州府 4 次，福宁州 7 次。延平府受灾最多，其次是建宁府、福宁州和福州府。

明代福建的火灾绝大多数都发生在府州县城，属于城市火灾。这种火灾来势凶猛，规模较大。或焚庐舍，或烧人畜，数量动以千计，后果特别严重。例如，正统七年（1442）二月，福州常盐仓火，焚仓 80 余间，米 28 970 石。成化二十三年（1487）延平府西水楼起火，“延烧民居佛寺千余区”。弘治十二年（1499）将乐县失火，“烧公私舍宇二千余家”。正德十一年（1516）正月，福宁州大火，烧官民房屋数万，整个州治“仅存两隅”。正德十四年（1519）七月，泰宁县大火，5000 间庐舍化为灰烬。又如嘉靖三年（1524），永安县“火烧民居千余家”。嘉靖三十年（1561），延平府大火，“毁官民庐舍数千间”。万历十二年（1584），福宁州火，焚城内民居 1/3。次年，建宁府管门巷火，巷隘火急，蹂躏死者 300 人。万历十八年（1590），建宁府政和门火，“延烧千余家”。再如万历三十四年（1606）归化县大火，毁民居千余家。崇祯八年（1635）七月，南平县火，焚 14 坊，计 3000 余家。崇祯十五年（1642），福州府火灾，“烧千余家”。有的火灾甚至在文化方面造成永远无法弥补的损失。如弘治十二年（1499）十二月，建宁府建阳县书房失火，“古今书板皆焚”。总之，明代福建的火灾不仅数量多，而且损失惨重。每当火灾之时，总有不少人畜被烧死，总有许多财物被烧毁。火灾之后，总有许多人流离失所，无家可归，不能正常从事生产。

造成明代福建火灾的原因是多方面的，有自然因素，也有人为的因素。从自然方面来讲，明代华南常有风、雷、地震等自然灾害。这些灾害有时会诱发火灾。如万历十七年（1589）福宁州地震，引起火药库起火爆炸，使半个城市沦为废墟。崇祯十三年（1640）延平沙县地震时也曾三次引起大火。就人为因素而言，当时城中人多，燃料用柴，容易引起火灾。当时福建倭寇猖獗，战争频繁，也易于起火。当然，福建山区多，城市拥济，建筑又多为木结构，恐怕也是造成火灾的重要因素。

当然，几种自然灾害同时发生的情况也是有的。例如，海潮总是与风灾连带发生的。而瘟疫则常与饥荒相伴而生。山崩、地陷、滑坡多与地震或水灾有关。翻开有关明代华南地区自然灾害的资料，这样的事例很多，俯拾即是，不胜枚举，这里就不再赘述了。

二、自然灾害及其时空征

华南在历史时期经常受到自然灾害的侵袭。有明一代，华南地区的自然灾害尤为严重，较大的灾害即达 1069 次。这些灾害或为气象灾害，或为地质灾害，或为水文灾害，或为生物灾害，种类繁多，不一而足。本文拟在全面考察明代华南自然灾害的基础上，具体分析一下明代华南自然灾害的时空特征。

（一）时代特征

据笔者统计，明代华南地区共发生过 1069 次较大的自然灾害，平均每年 3.87 次。在这 1000 多次自然灾害中，共有水灾 301 次，年均 1.09 次，占明代全部自然灾害的 28.16%。有旱灾 142 次，年均 0.51 次，占全部灾害的 13.82%。有风灾 106 次，年均 0.38 次，占 9.92%。冷冻 103 次，年均 0.37

次，占9.64%。地震212次，年均0.77次，占19.83%。饥荒99次，年均0.36次，占9.26%。瘟疫49次，年均0.18次，占4.58%。生物灾害57次，年均0.21次，占全部灾害的5.33%。从大量资料来看，明代华南的自然灾害的发生，在时间分布上是很不平衡的。明朝的历史大体上以1435年和1572年为界，分为前、中、后三个时期。如果我们把这些灾害按照时间顺序予以排列，就可以清楚地看出各个时期发生在华南的自然灾害是很不相同的，详见表1。

表1 明代华南地区自然灾害情况表

灾害类型	前期			中期			后期		
	次数	年均	周期	次数	年均	周期	次数	年均	周期
水灾	34	0.5	2.00	180	1.31	0.76	87	1.23	0.82
旱灾	10	0.15	6.80	85	0.62	1.61	47	0.66	1.51
风灾	5	0.07	13.60	67	0.49	2.04	34	0.48	2.09
冷害	1	0.01	68.00	64	0.47	2.14	38	0.54	1.87
地震	20	0.29	3.40	105	0.77	1.30	87	1.23	0.82
饥荒	5	0.07	13.60	68	0.50	2.01	26	0.37	2.73
瘟疫	3	0.04	22.67	33	0.24	4.15	13	0.18	5.46
生物	3	0.04	22.67	45	0.33	3.04	9	0.13	7.89
合计	81	1.19	0.84	6.47	4.72	0.21	341	4.80	0.21

明代前期从1368年开始，到1435年结束，历太祖、惠帝、成祖、仁宗、宣宗五朝，共67年时间。在这67年中，华南地区有39个年份发生过自然灾害，约占明代前期总年份的58.2%。这一时期，风调雨顺的年份较多，因而自然灾害发生的年次相对较少，就每一种自然灾害来说，也不太频繁。1381—1383年，1391—1393年均连续三年未发生较大的自然灾害。1399—1402年，1412—1415年更连续四年未发生较大的自然灾害。这种情况在明代中后期是极为罕见的。这一时期共发生自然灾害81次。其中水灾34次，平均每年0.51次，1.97年一遇。旱灾10次，平均每年0.15次，6.7年一遇。风灾5次，平均每年0.07次，13.4年一遇。冷冻1次，平均每年0.01次，67年一遇。地震20次，平均每年0.3次，3.35年一遇。饥荒5次，平均每年0.07次，13.4年一遇。瘟疫3次，平均每年0.04次，22.3年一遇。生物灾害的情况与瘟疫相同。显然，在明代前期的自然灾害中，水灾最多，约占同期自然灾害总数的42%。其次是地震，占24.7%。再次是旱灾，占12.3%。其他灾害更少，在同期的自然灾害中所占比重较小。这一时期影响较大的灾害是发生在福建兴化、福宁、广东南海、番禺、遂溪等地的大水和

发生在福建建宁、邵武等地的瘟疫①。

明代中期从1436年开始，到1572年结束，历英宗、代宗、宪宗、孝宗、武宗、世宗、穆宗诸朝，凡136年。大体说来，明代中期的前25年，自然灾害的情况基本上与明代前期相同，甚至比明代前期的情况还要好些。但孝宗弘治以后，自然灾害连年发生，各种灾害发生的频次也呈现出上升的趋势。弘治十四年（1501）至十七年（1504），正德八年（1513）至十五年（1520），嘉靖三十九年（1560）至四十五年（1566），情况更加严重。自然灾害最多的年份是武宗正德十二年（1517），达20次之多。其次是正德十四年（1519），15次；成化二十一年（1485）年、嘉靖三年（1524），各13次；嘉靖四十五年（1566），12次；弘治十四年（1501）、正德八年（1513）、嘉靖十四年（1535）、嘉靖二十三年（1544），各11次。水旱、地震、瘟疫、饥荒，各种自然灾害此起彼伏，或交互发生，具有频繁性、复杂性和严重性。据统计，明代中期有121个年份发生过自然灾害，占同期总年份的87.8%。自然灾害的总数为647，平均每年达4.69次之多。这一时期发生水灾180次，占同期自然灾害总数的27.8%，平均每年1.3次，0.77年一遇。旱灾85次，占13.1%，年均0.62次，1.62年一遇。风灾67次，占10.4%，年均0.49次，2.06年一遇。冷冻64次，占9.9%，年均0.46次，2.16年一遇。地震105次，占16.2%，年均0.76次，1.31年一遇。饥荒68次，占10.5%，年均0.49次，2.03年一遇。瘟疫33次，占5.1%，年均0.24次，4.18年一遇。生物灾害45次，占7%，年均0.33次，3.07年一遇。水灾最多，其次是地震、旱灾、饥荒、风灾、冷冻，其他灾害相对较少。这一时期发生的重大灾害也比较多。景泰四年福建的旱灾，景泰七年桂林的瘟疫，成化十一二年福建的瘟疫、旱灾，成化二十一年（1485）广东的风灾、雹灾，弘治十一年（1498）广西的旱灾，正德十年（1515）广东潮州的大水等都曾造成严重的后果②。

明代后期从1573—1644年，包括神宗、光宗、熹宗、思宗四朝，凡71年。这一时期华南地区自然灾害的情况与明代中期大体相似。各年份受灾情

① 《明史》卷28《五行志》，北京：中华书局，1974年标点本；道光《广东通志》卷187《前事略》，清道光二年（1822）刻本；道光《福建通志》卷271《明祥异》，清同治十一年（1871）正谊书院刻本。

② 《明史》卷30《五行志三》，北京：中华书局，1974年标点本；乾隆《潮州府志》卷11，清乾隆二十七年（1762）刻本。

况及各类自然灾害的分布情况虽然各不相同，但总的看来都比较严重，除万历四年（1576）、万历二十一年（1593）、天启三年（1623）和崇祯二年（1629）外，各年份都程度不同地发生过自然灾害。从自然灾害发生的先后顺序来看，神宗朝的灾害最为频繁，其次是思宗朝，熹宗、光宗朝相对较少。水灾以神宗万历前后期及崇祯后期为多，旱灾以万历六年（1578）至七年（1579）、二十二年（1594）至二十四年（1596）、四十二年（1614）至四十七年（1619）、崇祯九年（1636）至十四年（1641）较多。地震以万历二年至三年、（1589）十七年至二十年（1592）、二十二年（1594）至二十四年（1602）、二十六年（1604）至三十七年（1615）及崇祯十二年（1639）至十七年（1644）为多。其他灾害较为分散，难得一概而论。明代后期华南地区共发生较大的自然灾害 341 次，平均每年 4.8 次。在这 341 次自然灾害中，水灾 87 次，年均 1.23 次，占明代后期自然灾害总数的 25.5%，仍然是最主要的灾害之一。地震总数、发生频次及在同期自然灾害中所占的比重与水灾相同。可见明代后期地震灾害也很严重。旱灾 47 次，年均 0.66 次，占 13.8%，居于第三位。风冷冻 38 次，年均 0.54 次，占 11.1%。风灾 34 次，年均 0.48 次，占 10%。饥荒 26 次，年均 0.37 次，占 7.6%。瘟疫 13 次，年均 0.18 次，占 3.8%。生物灾害 9 次，年均 0.13 次，占 2.6%。这一时期福建、广东等地的水灾严重，地震也曾造成很大的影响①。

目前学术界有一种流行的说法，认为 16、17 世纪“水灾少于旱灾几乎是各省的普遍现象”②。这个结论并不符合华南地区的实际情况。从水灾发生的频率来看，无论是明代前期、中期还是后期，水灾都是最主要的自然灾害，其发生频率始终高于旱灾。14 世纪后期水灾尚少。15 世纪初叶，水灾一度猛增，但不久减弱到一两年一遇的状况。15 世纪 60 年代以后，情况发生了很大变化，水灾越来越多。16 世纪前 20 年水灾尤为严重。16 世纪 60 年代前期、16 世纪 70 年代前期及 17 世纪 20 年代水灾也很严重。

一般说来，旱灾与水灾是相互排斥的。这种情况在明代的华南地区也有体现，但是水灾与旱灾连带发生的情况似乎更为普遍。有时先旱后涝，有时先涝后旱，有时则在不同的地区旱涝并作，甚至相互交织在一起。旱灾在明

---

① 顾功叙：《中国地震目录》，北京：中国科学技术出版社，1983 年，第 63—67 页。

② 吴滔：《建国以来明清农业自然灾害研究综述》，《中国农史》1992 年第 4 期，第 42—49 页。

代前期比较少，明代中期旱灾有增多的趋势。弘治年间旱灾发生的频率最高。其次是正德年间，再次是成化年间，天顺、嘉靖、万历、崇祯时期的情况基本相同。

水旱灾害之外，其他灾害的时间分布比较复杂。风灾与水灾常常同时发生，所以风灾发生的频次及时间分布基本上与水灾相同。冷冻主要集中在16世纪20年代、30年代、50年代、60年代、90年代及17世纪前期。地震在明代前期很少，进入明代中期以后增多。成化、弘治、正德、嘉靖、隆庆、万历、崇祯诸朝均较频繁，正德、万历、崇祯年间尤多，特别是正德时期，情况更加严重。饥荒、瘟疫的出现大体上与其他自然灾害的出现成正比，其他灾害越多越严重，发生饥荒、瘟疫的可能性就越大。至于生物灾害，虽然比较分散，但出现的频次基本上与其他灾害也是相应的。

（二）区域特征

明代华南自然灾害的地理分布也是很不平衡的。不仅东部与西部不同，沿海与山区不同，就是同一个布政司，灾害的地理分布也有一定的差异。从福建、广东、广西三布政使司所辖诸府州县的具体情况来看，明代华南的自然灾害还具有明显的区域特征。各布政使司受灾情况如表2所示。

表2　明代华南地区各布政司自然灾害统计表

省名	府名	水灾	旱灾	风灾	冷害	地震	饥荒	瘟疫	生物
福建	福州	12	7	10	3	39	3	2	1
福建	泉州	9	6	5	2	24	5	2	1
福建	建宁	6	2	3	3	1	1	3	1
福建	邵武	10	3	—	2	4	4	9	1
福建	漳州	8	3	6	2	13	2	1	1
福建	兴化	8	12	8	3	19	2	—	3
福建	延平	12	1	—	1	2	1	3	1
福建	汀州	8	—	2	3	6	—	1	1
福建	福宁	13	9	1	5	4	2	6	5
广东	广州	12	4	3	3	7	3	—	2
广东	高州	—	1	1	1	3	1	1	—
广东	雷州	2	1	1	—	1	—	1	—
广东	潮州	10	1	8	4	4	—	—	1
广东	惠州	7	2	1	1	3	1	—	1
广东	南雄	4	3	—	3	—	—	—	—
广东	罗定	1	—	—	—	—	1	—	—
广东	韶州	3	3	—	1	1	1	—	1
广东	肇庆	9	5	1	1	1	1	1	—
广东	廉州	3	1	—	—	4	—	—	—

续表

省名	府名	水灾	旱灾	风灾	冷害	地震	饥荒	瘟疫	生物
广东	琼州	6	2	4	1	1	4	—	1
广西	桂林	1	2	1	1	4	1	1	—
广西	柳州	3	5	1	1	1	3	2	1
广西	浔州	—	1	1	—	—	—	—	—
广西	平乐	5	1	1	1	4	1	—	1
广西	庆远	1	2	—	2	—	1	1	2
广西	南宁	2	3	—	1	1	1	—	1
广西	梧州	6	4	—	1	3	1	—	1
广西	太平	5	3	—	1	7	5	—	2
广西	镇安	—	1	—	—	—	—	—	1
广西	思恩	2	1	—	1	1	2	—	1
广西	田州	—	5	—	—	2	2	—	—

福建东南临海，西北多山，地形复杂，降水不均，容易发生各种类型的自然灾害。特别是沿海地区，多为台地、丘陵，加之海岸绵长，发生自然灾害的可能性更大。有明一代，福建自然灾害频繁。明代福建发生过全省性的水灾 8 次、旱灾 18 次、风灾 2 次、冷冻 4 次、地震 13 次、饥荒 3 次、瘟疫 5 次、生物灾害 1 次。除此之外，福建 8 府 1 州所属各县发生的自然灾害平均每县达 39.1 次之多。其中地震占该省自然灾害总合的 36.2%，是频次最高、涉及面最广的灾害。水灾占 24.38%，仅次于地震。风灾占 10.98%，居第三位。处于第四位的是旱灾，占 9.88%。第五位是瘟疫，占 6%。第六位是冷冻，占 5.86%。第七位是饥荒，占 5.29%。生物灾害最少，仅占 1.59%。由于各府县环境不同，所受灾害也不尽一致。从统计资料来看，明代福建的自然灾害，以福州府平均受灾次数为多，占各府平均受灾次数的 34.35%。泉州府处于第二，占 16.18%。漳州府第三，占 14.86%。汀州府第四，占 6.92%。延平府第五，占 6.75%。建宁府第六，占 6.7%。邵武府第七，占 5.64%。兴化、福宁较少，分别占 4.81%和 3.79%。水灾频繁是福建各府县的普遍现象，旱灾以兴化、福宁为多。风灾多集中在福、兴、泉、漳频海四府。冷冻以纬度较北的福宁、建宁、汀州为多。地震与风灾一样，主要集中在福、兴、泉、漳四府，汀州府地震也比较多。饥荒、瘟疫以邵武、建宁、延平等府为多。生物灾害则主要发生在福宁、延平等府①。

① 《明史》卷 28《五行志》，北京：中华书局，1974 年标点本；道光《福建通志》卷 271，清同治十年（1871）正谊书院刻本。

广东位于华南中部，自古以来就是自然灾害的多发地区。明代广东地区的自然灾害相当频繁。属于全省性的水灾有8次、旱灾3次、冷冻1次、地震5次、饥荒3次、生物灾害2次。至于各府县发生的自然灾害就更多了。据统计，明代广东各县的自然灾害平均为18.11次。其中水灾平均7.11次，占39.26%。旱灾平均2.46次，占13.57%。风灾平均2.21次，占12.2%。冷冻平均1.2次，占6.61%。地震平均2.96次，占16.36%。饥荒平均1.52次，占8.38%。生物灾害和瘟疫较少。显然，水灾、地震、旱灾、风灾是明代广东的主要灾害。这些灾害在各府县的分布也是不尽相同的。在广东布政司所辖诸府中，广州府灾害最多，占全平均自然灾害总合的33.4%。其次是潮州府，占17.25%。琼州府居第三位，占16.91%。肇庆府位于第四，占12.82%。第五位是惠州府，占10.16%。第六位是韶州府，占3.27%。第七位是高州府，占2.04%。其余依次是廉州府占1.5%，南雄府占1.3%，雷州府占1.16%。罗定州最少。在广东的灾害类型中，除高州府外，各府水灾均较频繁。旱灾在广州、高州、惠州、南雄、韶州、肇庆诸府所占比重较大。风灾以琼州、潮州二府为多。地震在高州、廉州、广州等府较多。冷冻也比较大。但生物灾害和饥荒较少，瘟疫更少①。

广西也是自然灾害的多发地区。明代广西地区大规模的自然灾害计有水灾5次、旱灾6次、冷冻3次、地震5次、饥荒2次、瘟疫1次。撇开这些灾害不谈，以州县为单位，平均起来较大的自然灾害达11.52次。在这些灾害中，各县水灾平均2.73次，占该省自然灾害平均数的23.68%。旱灾平均2.42次，占21.04%。冷冻平均0.96次，占8.3%。地震平均2.35次，占20.38%。饥荒平均1.8次，占15.66%。风灾、瘟疫和生物灾害所占比重较少。各府州县的具体情况亦存在着一些差异。广西自然灾害的分布情况比较复杂。以府而论，太平府灾害频率较高，平均受灾次数占广西灾害总数的30%以上。其次是梧州府，占17%左右。再次是柳州府，占15.75%。桂林府处于第四位，平均受灾次数上10%。平乐府占7.83%。庆远府占7.08%。南宁府占5.74%。其他各府自然灾害更少一些。广西的水灾也比较普遍，但与福建、广东不同，广西的旱灾在柳州、庆远、南宁等府州超过了水灾。广

① 《明史》卷28《五行志》，北京：中华书局，1974年标点本；道光《广东通志》卷187至188，清道光二年（1822）刻本。

西的地震以桂林、平乐、梧州、太平诸府为多。饥荒分布较广，瘟疫范围相对较小。这也是广西的自然灾害与广东、福建不同的地方①。

综观福建、广东、广西三布政司的灾害情况，可以说在明代的华南地区，福建的自然灾害最多，其次是广东，广西相对较少。明代华南发生频次最多的自然灾害是水灾，占灾害总数的28%以上，其次是旱灾和地震，其他灾害相对较少。由于各地的自然环境不同，因而发生自然灾害的情况千差万别。在一般情况下，沿海地区容易遭受台风、海潮的袭击，也容易发生地震；水源丰富的地方容易遭受水灾，水源短缺的地方则常常出现旱灾；山区容易出现洪水暴发、山体滑坡及生物灾害。

上面分析了明代华南的自然灾害及其时空特征。大体说来，明代华南自然灾害的时空分布状况，与当时华南各地的自然条件和社会环境有着极为密切的关系。比如明代前期的自然灾害较少，到明代中期以后逐渐增多，就与明代华南气候的变化有关，与当时华南区域形势的变化也有一定的关系。又如明代华南沿海府县的自然灾害比北部山区的灾害多是由诸府县所处的地理位置决定的，但与诸府县的开发程度和对自然灾害的重视程度也不无关系。具体问题尚需具体分析。

原载（《历史地理》第15辑，上海人民出版社1999年版；
《地理研究》1999年第2期）

① 《明史》卷28《五行志》，北京：中华书局，1974标点本；万历《广西通志》卷41，明万历二十七年（1599）刻本；雍正《广西通志》卷3，清雍正十一年（1733）刻本等。

中国历史上的“天府之国”

据史书记载，战国后期，关中盆地和北京一带就先后获得“天府”的美誉。秦汉之际，关中成为著名的“天府之国”，成都平原开始跻身于“天府”的行列。南北朝末年，太原附近一度被称为“天府之国”。隋唐两代，关中盆地高度发展，成都平原也有了“天府之国”的美名。宋辽夏金时期，北方地区战争频繁，社会动荡，而江南地区越来越受到人们的关注，成为新的“天府之国”。到元明清时期，北京作为首善之区受到统治者的高度重视，成为文人墨客津津乐道的“天府之国”，而闽中、盛京（沈阳）、凉州（武威）、台东等地也有了“天府之国”的美称。近代以来，关中等老天府或趋于衰落，或有了新的称谓，只有四川盆地仍保有“天府之国”的称号。如此算来，在中国历史上，共有9个“天府之国”。这些“天府之国”分布在西北、西南、东北、华北、华中、华南等不同的地理单元。其中关中盆地、北京一带和成都平原影响较大，其他几个地区知名度则相对较小。本文拟对这些“天府之国”的具体情况加以探讨，希望有助于大家对“天府之国”的认识。

一、关中盆地

关中盆地位于陕西中部，被山带河，金城千里，土地肥沃，物产丰富，古称“陆海”，是我国历史上最早的“天府”和“天府之国”。从文献记载来看，关中作为“天府”的历史，可以追溯到战国后期，作为“天府之国”的历史，则可以追溯到秦汉之际。历史上最早把关中称为“天府”的人是苏秦，最先将关中称为“天府之国”的是张良。自战国至明代，关中盆地一直享有

“天府”及“天府之国”的美誉。

关中盆地的基本特点是山环水绕、沃野千里。秦岭山脉、渭北山系与黄河形成天然屏障，泾、渭、浐、灞诸水从八百里秦川上流过，非常适宜农业生产和人类生活。早在旧石器时代，这里就有人类繁衍。夏商周三代，这里曾是西周王朝的统治中心。到春秋战国时期，经过秦人的开发，这里已变得相当富庶。故苏秦在公元前338年对秦惠王说：“秦四塞之国，被山带渭，东有关河，西有汉中，南有巴蜀，北有代马，此天府也。”[①] 战国末年，秦国在渭北地区修建了著名的郑国渠，进一步优化了关中的生态环境，促进了这里的农业生产，提高了秦的综合国力，从而很快完成了统一全国的大业。虽然秦朝二世而亡，但关中的统治基础依然很好。正因为如此，楚汉战争结束后，刘敬建议汉高祖定都关中。他认为：“秦地被山带河，四塞以为固。卒然有急，百万之众可具也。因秦之故，资甚美膏腴之地，此所谓天府者也。陛下入关而都之，山东虽乱，秦之故地可全而有也。”[②] 汉高祖身边的大臣多劝他建都洛阳。认为“洛阳东有城皋，西有殽黾，倍河向伊雒，其固亦足恃”。汉高祖犹豫不决。张良对他说：“雒阳虽有此固，其中小不过数百里，田地薄，四面受敌，此非用武之国也。夫关中左殽、函，右陇、蜀，沃野千里，南有巴蜀之饶，北有胡苑之利，阻三面而守独以一面专制诸侯。诸侯安定，河渭漕挽天下西给京师；诸侯有变，顺流而下足以委输。此所谓金城千里，天府之国也。刘敬说是也”[③]。于是汉高祖决定定都关中。自从张良将给关中戴上“天府之国”的桂冠之后，人们便开始将关中称为“天府之国”。

秦汉两代十分重视对关中地区的开发与经营。秦统一全国后，徙各地富豪12万户于咸阳。汉初徙齐、楚大姓及韩、赵、魏王室成员10余万口到关中，又徙诸郡豪民于关中陵邑。同时，在关中大力兴修水利，不仅扩大了旧有的灌溉渠系，而且兴建了白渠、成国渠、漕渠和龙首渠等规模较大的工程。班固《西都赋》云：“郑白之沃，衣食之原。提封五万，疆场绮纷。沟塍刻镂，

① 《史记》卷69《苏秦列传》，北京：中华书局，1959年标点本，第2242页。

② 《史记》卷99《刘敬叔孙通列传》，北京：中华书局，1959年标点本，第2716页。

③ 《史记》卷55《留侯世家》，北京：中华书局，1959年标点本；《汉书》卷40《张良传》，北京：中华书局，1962年标点本。

原隰龙鳞。决渠降雨，荷臿成云。五谷垂颖，桑麻铺棻。”[①] 民谣中也有“泾水一石，其泥数斗，且溉且粪，长我禾黍，衣食京师，亿万之口”的说法[②]。渠道两岸万顷农田得到灌溉，呈现出一派富庶繁荣的景象。此外，这一时期还在关中推广冬麦，又采用先进的犁、耧等生产工具，推广代田法和区田法，通过集约使用水肥，实现精耕细作，夺取高额丰产。随着中外农业文化的交流，黄瓜、大蒜、苜蓿、石榴、葡萄、胡桃等域外经济作物也开始在关中种植。于是关中成为全国最重要的农业区。司马迁在《史记》中说：“关中之地，于天下三分之一，而人众不过什三，然量其富，什居其六。”[③] 由此可见关中盆地的富庶程度。

魏晋南北朝时期，关中地区多次遭受战争的摧残，但不少人在谈到关中时仍不约而同地称之为“天府之国”。如西晋时，东海王司马越表征镇守关中的王模为司空。王模的谋士淳于定对他说:“关中天府之国，霸王之地”[④]，建议他继续镇抚关中，不到朝廷任职。十六国时，苻登等人与姚苌争夺关中地区的统治权。古成诜对姚苌说：“三秦天府之国，主上十分已有其八。今所在可虑者苻登、杨定、雷恶地耳，自余琐琐焉足论哉。”[⑤] 北魏末年，孝武帝元修为高欢所迫，欲逃往荆州。柳庆对他说：“关中金城千里，天下之强国也。宇文泰忠诚奋发，朝廷之良臣也。以陛下之圣明，仗宇文泰之力，用进可以东向而制群雄，退可以闭关而固天府。此万全之计也。”[⑥] 建议他前往关中投靠宇文泰。北周时，防城大都督兼夏州长史于谨对北周太祖说:“关右，秦汉旧都，古称天府，将士骁勇，厥壤膏腴，西有巴蜀之饶，北有羊马之利。今若据其要害，招集英雄，养卒劝农，足观时变。”[⑦] 这些事例充分说明，在这个大分裂的时代，关中地区虽受到破坏，但在全国仍处于领先的地位，还是当时人的心目中的“天府之国”。

隋唐时期，关中作为帝都长安的所在地，受到世人的高度关注。隋朝末

---

① （清）严可均辑：《全上古三代秦汉三国六朝文》第二册《全后汉文》卷 24，北京：中华书局，1958 年；（东汉）班固：《西都赋》，北京：中华书局，1958 年。

② （清）杜文澜辑：《古谣谚》卷 5《郑白渠歌》，北京：中华书局，1958 年。

③ 《史记》卷 129《货殖列传》，北京：中华书局，1959 年标点本，第 3262 页。

④ 《晋书》卷 37《南阳王模》，北京：中华书局，1974 年，第 1097—1098 页。

⑤ 《晋书》卷 116《姚苌传》，北京：中华书局，1974 年标点本，第 2969 页。

⑥ 《周书》卷 22《柳庆传》，北京：中华书局，1971 年，第 369—370 页。

⑦ 《周书》卷 15《于谨传》，北京：中华书局，1971 年标点本，第 246 页。

年，李密对杨玄感说：“关中四塞，天府之国，有卫文升不足为意。若经城勿攻，西入长安，掩其无备，天子虽还[1]建议他西入关中，夺取天下。杨玄感未予采纳。刘文静和裴寂对李渊说：“晋阳之地，士马精强，宫监之中，府库盈积。以兹举事，可立大功。关中天府，代王冲幼，权豪并起，未有适从。愿公兴兵，西入以图大事，何乃受单使之囚乎！”[2] 李渊接受了他们的建议，起兵晋阳，夺取关中，建立了唐朝。为了解决长安城的物资需求，唐王朝大力发展漕运，同时加大了开发关中的力度。到唐玄宗统治的开元、天宝年间，关中达到了繁华的顶点。但安史之乱使关中地区遭受了一场浩劫。程元振劝唐肃宗迁都洛阳。但郭子仪委托兵部侍郎张重光上奏说：“臣闻雍州之地，古称天府，右控陇蜀，左扼崤函，前有终南太华之险，后有清渭浊河之固，神明之奥，王者所都，地方数千里，带甲十余万，兵强士勇，雄视八方，有利则出攻，无利则入守。此用武之国，非诸夏所同，秦汉因之，卒成帝业。”[3]显然，尽管安史之乱对关中造成了很大的破坏，但关中在唐人的心目中仍占有十分重要的地位。唐末长安城为朱全忠所毁，关中的地位随之大幅度下降。

五代以后，关中地区失去了首都的地位，经济形势每况愈下。不过，仍有人将关中称为天府之国。如宋“高宗初以直秘阁知同州兼沿河安抚使，时谋廵近甸金陵、南阳、长安为驻跸计。郑骧言南阳、金陵偏方，非兴王地。长安四塞，天府之国，可以驻跸”[4]。《三朝北盟会编》的作者说，关中“据山河百二之险，自古号天府之国。保关中所以卫京师。脱若关中有警，则所以为朝廷忧者，又不可胜言也。经略左丞忠义一节，勤劳百倍，所以为国家计者，至矣尽矣”[5]。张阐也有类似的说法：“金归我关中，此地古号天府，乃祖宗社稷之灵，天下莫大之福。而议者过计，以为金弃空城以饵我，他日富实敌将复至不，如守蜀之得策，其说疎矣。”[6] 这说明，到两宋时期，关中地区已经衰落，但它的影响依然存在。

元明之际，关中的地位继续下降，但人们还对它保持着“天府之国”的历

① 《旧唐书》卷53《李密传》，北京：中华书局，1975年标点本，第2208页。
② 《旧唐书》卷57《刘文静》，北京：中华书局，1975年标点本，第2291页。
③ 《旧唐书》卷120《郭子仪传》，北京：中华书局，1975年标点本，第3457页。
④ 《宋史》卷448《郑骧传》，北京：中华书局，1977年标点本。
⑤ （宋）徐梦莘：《三朝北盟会编》卷77，扬州：广陵古籍刻印社，1987年。
⑥ （宋）熊克：《中兴小纪》卷28，北京：中华书局，1985年。

史记忆。如在蒙古国晚期，宪宗蒙哥大封同姓，让忽必烈在南京和关中之间选择封地。忽必烈的谋士姚枢对他说：“南京河徙无常，土薄水浅，舄卤生之，不若关中厥田上上，古名天府、陆海”①，建议他选择关中。于是忽必烈据有关中，成为关中的统治者。明初朱元璋与群臣讨论建都之地，“或言关中险固金城，天府之国”②。朱元璋对此表示认可，但他最后还是选择了南京。《大明一统志》在讲到关中形势时仍沿用关中是“天府之国”的说法③。此外，明代的不少学者在论及建都形势时，也都对关中的形胜表示赞赏。如邱濬在其《大学衍义补》中说：“今日京师之势，大非汉唐都关中比也。”④ 武夷熊氏说：“雍州秦地，周之岐丰镐京，汉之三辅，皆此焉……故言定都必先焉。”有人甚至从风水的角度，说关中是“中龙”所在⑤，认为“天下形胜，惟地与兵。汉都长安，阻河山之险，左殽右蜀，太华泾渭，表里襟带，金城千里，隐然天府之国矣……可谓兵形地势两兼得之，于以镇安四方，巩固万代，永永无斁”⑥。

但到了清代，关中已失去了“天府之国”的美誉。“天府之国”仅见于方志的记载中：“秦形胜之国，带山河之险，悬隔千里……金城千里，天府之国。三辅南有江汉，北有河渭，汧陇以东，商雒以西，厥田肥饶，所谓陆海。东有函谷、蒲津，西有散关、陇山，南有峣山、武关，北有萧关、黄河，践华为城，因河为池。”⑦ 清朝灭亡后，再也没有人把关中地区称作“天府之国”了，甚至就连生活在关中地区的一些人，都不知道关中曾经是“天府之国”，只知道它是“八百里秦川”，这是多么令人伤感的事。

二、北京一带

北京小平原东临渤海，西靠太行，南环河济，北枕燕山，水深土厚，自然条件相对较好。这一带被称为“天府”的历史，也可追溯到战国末年，但

---

① 《元史》卷158《姚枢》，北京：中华书局，1976年标点本。

② 《明实录·太祖实录》卷45洪武二年九月癸卯条，台北：“中央研究院”历史语言研究所，1962年影印本，第881页。

③ （明）李贤：《大明一统志》卷32，西安：三秦出版社，1990年。

④ （明）邱濬：《大学衍义补》卷86，北京：京华出版社，1999年。

⑤ （明）章潢：《图书编》33，上海：上海古籍出版社，1992年。

⑥ （明）王袆：《王忠公文集》卷11《汉南北军记》，北京：书目文献出版社，1998年。

⑦ （清）刘于义等：《陕西通志》卷7，台北：商务印书馆，1983年。

它真正受到重视，被称为“天府之国”则是明代以后的事。

北京小平原在战国时代是燕国的领地，燕国的都城蓟就坐落在这里。苏秦在离开秦国后，奔走于齐、赵、魏、秦诸国之间，设计防止齐国攻燕，并发动五国攻秦，成为燕国的重要谋士。为了鼓励燕文侯争霸的决心，他对燕文侯说：“燕东有朝鲜、辽东，北有林胡、楼烦，西有云中九原，南有滹沱、易水，地方二千余里，带甲数十万，车六百乘，骑六千匹，粟支数年。南有碣石、雁门之饶，北有枣栗之利。民虽不佃作而足于枣栗矣，此所谓天府者也。”① 因此，北京小平原也有了“天府”的美称。但由于当时燕国自然环境不如关中，经济相对较为落后，知名度相对较低，苏秦提出的这个“天府”，并没有引起其他人士的共鸣。

秦汉至魏晋南北朝时期，北京小平原陆续得到开发。秦统一全国后，在燕地设广阳等六郡进行管理，蓟成了秦在东北地区的重要城市。故司马迁在《史记》中说：“夫燕亦勃、碣之间一都会也。”② 西汉时北京一带分属广阳国及涿、渔阳诸郡，属幽州刺史部。东汉设广阳、渔阳、涿郡，属冀州。秦汉两代，农业生产有所发展，手工业也有所进步。魏晋南北朝时期，北京小平原曾是“前燕”的中心区域。由于社会动荡，战乱不已，北京一带也受到战火的摧残。但当地人民仍努力从事社会生产。如三国时代在北京近郊的永定河流域，修建了拦水坝戾陵遏，开凿了车箱渠等规模较大的水利工程，为北京地区农业生产的发展做出了重大贡献。然而，由于远离全国的政治中心，加之经济相对比较落后，北京小平原一直处于默默无闻的状态。

隋唐时期，蓟城在北方地区的军事地位重要起来。隋以蓟为涿郡治所，并开通了南迄余杭，北到涿郡的南北大运河。唐代改涿郡为幽州，改蓟城为“幽州城”。唐太宗征高丽，即以幽州城为大本营。唐玄宗时实行重外轻内的军事部署，在北方设置八个节度使，幽州是范阳节度使的驻地。天宝十四载（755），身兼范阳、平卢、河东三镇节度使的安禄山发动了叛乱，给中原地区造成了深重的灾难，同时也给北京小平原造成了巨大的创伤。安史之乱以后，北京小平原在全国的地位有所下降。

五代宋辽夏金元时期，北京由辽南京、金中都发展为元大都，逐渐成为

---

① 《史记》卷69《苏秦列传》，北京：中华书局，1959年标点本，第2243页。

② 《史记》卷129《货殖列传》，北京：中华书局，1959年标点本，第3265页。

全国的政治中心。公元936年，石敬瑭为了当皇帝，将燕云十六州割让给契丹；辽太宗派兵占据幽州城，并将它变成辽的陪都，称之为“南京”、“燕京”。在辽代，北京一带虽然与内地缺乏联系，但仍不失为一个人口稠密、市井繁华的大城市。北宋前期曾多次打算收复燕云十六州，结果均以失败而告终。12世纪初叶，金人崛起，灭辽、灭宋，将都城从松花江边的会宁迁至燕京。1151年，金主完颜亮改建燕城，两年后正式迁都于此，改名“中都”，使之成为金王朝的统治中心。金朝末年，中都毁于战火。至元四年（1267），元世祖忽必烈在中都的东北郊外修建了规模宏大的“大都”城。从此，北京一带迅速发展起来，成为全国的政治中心。

明代迁都北京，有人出于维护统治的目的，对北京的地理形势进行重新审视，认为北京是“天府之国”。史载明成祖即位后，“诏群臣议营建北京……公侯伯五军都督及在京都指挥等官上疏曰：‘臣等切惟北京河山巩固，水甘土厚，民俗淳朴，物产丰富，诚天府之国，帝王之都也’”①。《大明一统志》的作者说：“京师古幽蓟之地，左环沧海，右拥太行，北枕居庸，南襟河济，形胜甲于天下，诚所谓天府之国也。我太宗文皇帝龙潜于此，及继承大统，遂建为北京而迁都焉。于以统万邦而抚四夷，真足以当形势之胜而为万世不拔之鸿基，自唐虞三代以来都邑之盛未有过焉者也。”② 明人章潢在《图书编》中也说：“古幽蓟之地，左环沧海，右拥太行，北枕居庸，南襟河济，形胜甲于天下，诚所谓天府之国也……自唐虞三代以来都邑之盛未有过焉者也。”③

清代的统治者认定北京是“天府之国”，并有意识地进行宣传。如乾隆十二年（1747）敕撰之《皇朝文献通考》云：“京师为古燕蓟之域，地势雄厚，沧海环其左，太行峙其右，喜峰、古北诸关口卫其后，据九州之上游，南面而临天下。自古天府之国无过于此。”④ 乾隆三十九年（1774）敕撰《钦定日下旧闻考》云：“幽州之地，左环沧海，右拥太行，北枕居庸，南襟河济，诚天府之国。而太行之山，自平阳之绛西来，北为居庸，东入于海，龙飞凤舞，绵亘千里，重关峻口，一可当万，独开南面以朝万国，非天造此形胜也

---

① 《明实录·太宗实录》卷182，台北：“中央研究院”历史语言研究所，1962年。
② （明）季贤：《大明一统志》卷1，西安：三秦出版社，1990年。
③ （明）章潢：《图书编》卷35，上海：上海古籍出版社，1992年。
④ （清）嵇璜等：《皇朝文献通考》卷269，杭州：浙江书局，1882年。

哉!"[①] 吴元莱在《畿辅通志》原序中说:"京师故燕冀地，抱卫齐，连晋赵，山海峙其左，居庸扼其右。倚长城为屏障，凭太行为股肱。潞水南趋，直沽东下，达济汶以通漕运，所谓金汤千里，天府之国也。故自辽、金、元、明皆都此而莫之易。"[②] 陆世仪在《思辨录辑要》中也说:"建都之地，自古为关中、洛阳，近则有北平。其余如汴、如金陵，地势偏坦，俱不可用。三者之中，议者以关中为第一，北平次之，洛阳为下。愚窃谓不然。"[③] 在他看来还是北京最好。

另外，也有人认为北京作为"天府之国"存在一定的缺陷。《五杂俎》的作者说:"今国家燕都可谓百二山河，天府之国，但其间有少不便者，漕粟仰给东南耳。运河自江而淮，自淮而黄，自黄而汶，自汶而卫，盈盈衣带，不绝如线，河流一涸，则西北之腹尽枵矣。元时亦输粟以供上都，其后兼之海运，然当群雄奸命之时，烽烟四起，运道梗绝，惟有束手就困耳。此京师之第一当虑者也。"[④]

三、成都平原

成都平原位于四川盆地西北部，气候温润，"土地肥美，有江水沃野、山林竹木疏食果实之饶"[⑤]，是长江上游古代文明的中心，具有良好的自然条件。在中国古代，最早把成都平原称作"天府"的人是东汉末年的诸葛亮，而最早把它称为"天府之国"的则是唐代的陈子昂。从东汉末年到现在，成都平原一直保有"天府"和"天府之国"的美名。

成都平原的特点与关中相似，具有"沃野"和"险塞"[⑥]。先秦时代，成都平原在开明氏的统治之下，时常遭受岷江水患，人民生活颇为艰难。公元前316年，秦惠王派大将司马错入川，设置蜀郡，修筑栈道，加强了蜀地与关中的联系，使蜀成为秦国的重要组成部分。数十年后，秦昭王使李冰修都

---

① (清) 于敏中等:《日下旧闻考》卷5引《读书一得》。北京:北京古籍出版社，1983年。

② (清) 李鸿章等:《畿辅通志·原序》，石家庄:河北人民出版社，1989年。

③ (清) 陆世仪:《思辨录辑要》卷15，北京:中华书局，1985年。

④ (明) 谢肇淛:《五杂俎》卷3《地部一》，北京:中华书局，1959年。

⑤ 《汉书》卷28《地理志》，北京:中华书局，1962年标点本。

⑥ 卢华语等编:《古代长江上游的经济开发》，重庆:西南师范大学出版社，1989年，第89页。

江堰，"蜀守冰凿离堆，辟沫水之害，穿二江成都之中，此渠皆可行舟，有余则用溉浸，百姓享其利"[①]。都江堰修成后，灌溉蜀、广汉、犍为三郡，既除水害，又利农业，不仅便利了交通，而且使蜀中生态环境得到优化，逐渐成了最适宜人类生活的地区之一[②]。故清代学者朱鹤龄说："史称岷山之下，沃野千里，与汉中俱号天府之国。盖成于李冰，而肇于神禹也。"[③]

秦汉时期成都平原有所开发，开始跻身于"天府"之列。秦朝灭亡后，楚汉战争爆发，刘邦以益州、汉中和关中为大后方，最终战胜了项羽。故诸葛亮在隆中对策时说，"益州险塞，沃野千里，天府之土，高祖因之以成帝业"[④]。汉景帝时，郡守文翁发动百姓疏凿都江堰宝瓶口以下河床，引内江水灌溉繁县（今彭县、郫县及新都县部分地区）农田一千七百余顷[⑤]。其后武阳县（今属彭山、蒲江）拦蒲江水修筑大堰，开六水门引水灌溉农田。东汉时，将都江堰的岁修工程从民间自理改为政府主持。并在广都等县修建水利工程，引郫江及绵水建造陂塘，造福一方[⑥]。汉代继续在成都平原扩大水稻种植的范围，大体上形成了北至绵阳，南到乐山的水田农业区，旱作区也呈现出不断增加的趋势。西汉元始二年（2），成都平原耕地面积有所增加，基本形成了渠—塘灌溉系统和多种经营、蓬勃发展的农业景观："沃野千里，号为陆海，旱则引水浸润，雨则杜塞水门，故记曰水旱从人，不知饥馑，时无荒年，天下谓之天府也"[⑦]。到东汉末年，成都平原的社会经济有了新的发展："果实所生，无饥而饱。女工之业，覆衣天下。名材竹干，器械之饶，不可胜用"[⑧]。上述资料表明：成都平原在秦汉时期开始繁荣。

三国时期，成都平原迅速崛起，成为历史舞台上的一个亮点。从某种意义上讲，成都平原的崛起是与蜀汉政权和诸葛亮的名字联系在一起的。诸葛亮在治蜀期间，对都江堰格外重视，专门设置堰官进行管理，同时征调丁男一千二百人对都江堰进行保护和治理，大力发展农业生产。左思在《蜀都赋》

---

① 《史记》卷29《河渠书》，北京：中华书局，1959年标点本，第1407页。
② 陈瑶、李冰：《成就天府之国》，《资源与人居环境》2005年第3期。
③ （清）朱鹤龄：《禹贡长笺》卷8，清抄本。
④ （东晋）陈寿：《三国志》卷36《诸葛亮传》，北京：中华书局，1959年标点本。
⑤ （东晋）常璩：《华阳国志》卷3《蜀志》，北京：中华书局，1985年。
⑥ （宋）洪适《隶释》卷15《广汉太守沈子琚绵竹江堰碑》，北京：中华书局，1986年。
⑦ （东晋）常璩：《华阳国志》卷3《蜀志》，北京：中华书局，1985年。
⑧ 《后汉书》卷13《公孙述传》，北京：中华书局，1965年标点本。

中描绘说：“沟洫脉散，疆里绮错，黍稷油油，粳稻莫莫……夹江傍山，栋宇相望，桑梓接连。家有盐泉之井，户有橘柚之园。”① 由此可以想见蜀国经济的繁荣景象。可以说，诸葛亮治蜀期间，是西南开发史上的第一个黄金时代。遗憾的是，后来诸葛亮六出祁山，病死于五丈原，蜀汉为西晋所灭。西晋时，“蜀有仓储，人复丰稔”②。但到东晋南朝时期，谯纵一度割据益州，致使“益土荒残”③，与江南地区相比，逐渐丧失了领先的地位。好在后来蜀地的农业得到恢复，织锦、井盐等手工业也有了发展。虽然不像三国时期那样受人关注，但仍保持着“天府”的形象。

经过魏晋南北朝时期的螺旋式发展，到隋唐时期，成都平原成为全国重要的经济区域，成为名副其实的“天府之国”。隋末天下大乱，“唯蜀中丰静”④。唐代为了开发四川盆地，曾修建过许多水利工程。这些工程大致可以分为三种情况：一是扩建都江堰灌区，增加益州和鼓州的溉田面积。二是在成都平原北部和涪江冲积平原上兴建水渠，以灌溉绵州和汉州境内的农田。三是在成都平原南面的岷江冲平原上兴建堤堰，以灌溉眉州境内的农田⑤。因此，成都平原经济飞速发展，大有后来居上之势。陈子昂多次上疏盛赞巴蜀的富足。他说：“国家富有巴蜀，是天府之藏，自陇右及河西诸州，军国所资，邮驿所给，商旅莫不皆取于蜀，又京都府库，岁月珍贡，尚在其外，此诚蜀国之珍府。”⑥ “蜀为西南一都会，国家之宝库，天下珍货，聚出其中，又人富粟多，顺江而下，可以兼济中国。”⑦ “夫蜀都天府之国，金城铁冶，而俗以财雄，弋猎田池，而士多豪侈。”⑧ 到唐代后期，以益州为中心的成都平原，生态环境良好，人民安居乐业，社会经济仅次于扬州，故当时有“扬

---

① （梁）萧统辑：《文选》卷4《蜀都赋》，北京：北京图书馆出版社，2006年。

② （东晋）常璩：《华阳国志》卷7《后主志》，北京：中华书局，1985年。

③ 《宋书》卷47《刘敬宣传》，北京：中华书局，1974年标点本，第1413页。

④ （唐）慧立、彦悰：《大慈恩寺三藏法师传》卷1，北京：中华书局，2000年。

⑤ 《新唐书》卷42《地理志》，北京：中华书局，1975年标点本，第1079—1080页。

⑥ （清）董诰等：《全唐文》卷211《上蜀川军事》，上海：上海古籍出版社，1990年影印本。

⑦ （清）董诰等：《全唐文》卷212《谏雅州讨生羌书》，上海：上海古籍出版社，1990年影印本。

⑧ （清）董诰等：《全唐文》卷215《临邛县令封君遗爱碑》，上海：上海古籍出版社，1990年影印本。

一益二”的说法[1]。由于蜀地“土腴谷羡，储从易办”[2]，故每当中原有事，关中受到威胁的时候，唐代帝王都要驾幸巴蜀。

宋元明清时期，中国经济重心南移，政治中心也发生了东移、南移、北迁的变化，远离政治中心和经济重心的成都平原在全国的地位有所下降。此外，这一地区在北宋前期、宋元之际和明清之际还遭受过战争的巨大创伤。但在战争的间歇阶段，成都平原相对较为安定，在“湖广填四川”的过程中，成都平原的劳动力进一步增加，资源也得到一定开发，曾出现过“家给人足，民庶晏然，年谷丰衍”的局面[3]。元末刘桢建议徐寿辉部将红巾元帅明玉珍在四川称帝，说“西蜀形胜之地，东有瞿塘，北有剑门，沃野千里，所谓天府之国”[4]。而明玉珍在重庆建立夏政权后，派人向朱元璋夸耀四川的富庶时，也说四川“沃壤千里，财利富饶，实天府之国”[5]。明人蔡清称：“蜀西南也，自古说蜀道难，然其险处亦只在蜀门。若到其地，则所谓沃野千里，天府之国，似乎果平易矣。”[6] 王樵称：“岷山江源，嶓冢汉源。岷山之下，沃野千里与汉中俱号天府之国。江汉之源既涤，则岷嶓之墟皆可种艺矣。”[7] 彭韶的《山川形势述》载：“蜀之地，南抚蛮獠，西抗吐蕃，上络东井。岷嶓镇其域，汶江出其徼，以褒斜为前门，灵关为后户，峩眉为城郭，南中为苑囿。缘以剑阁，阻以石门，而越负秦，地大且要，诚天府之国也。”[8]

值得注意的是，时人所说的天府之国主要是指成都平原，而不是四川全境。故明人王士性在《广志绎》中说：“川中郡邑，如东川、芒部、乌撒、乌蒙四土府亡论，即重庆、夔府、顺庆、保宁、叙州、马湖诸府，嘉、眉、涪、泸诸州，皆立在山椒水濆，地无夷旷，城皆倾跌，民居市店半在水上。惟成都三十余州县一片真土，号称沃野，既坐平壤，又占水利，盖岷、峨发脉，

---

① （宋）洪迈：《容斋随笔》卷 9，长沙：岳麓出版社，2006 年。

② 《新唐书》卷 140《崔圆传》，北京：中华书局，1975 年标点本，第 4641 页。

③ （元）苏天爵：《滋溪文稿》卷 14《碑志八》，北京：中华书局，1997 年。

④ 《明实录·太祖实录》卷 19 丙午春正月癸录条，台北：“中央研究院”历史语言研究所，1962 年影印本。

⑤ （清）谷应秦撰：《明史纪事本末》卷 11《太祖平夏》，北京：中华书局，1977 年。

⑥ （明）朱柏庐辑：《易经蒙引》卷 6，民国抄本。

⑦ （清）余宏淦：《尚书日记》卷 5，清光绪十六年（1890）刻本。

⑧ （明）杨慎：《全蜀艺文志》卷 48，北京：线装书局，2003 年。

山才离祖，满眼石垄，抱此土块于中，实天作之，故称天府之国云。”[①] 四川的富庶更令人称羡。“四川天府之国也，其民数十兆，既庶且富”[②]。当然，成都平原的富庶也是有限的。有人曾对四川这个“天府之国”提出质疑：“送按察王君督四川屯政序：益州古称沃野千里，天府之国，非耶……蜀之赋足以自国……然不闻转巴蜀粟南浮江，北出子午助县官，费库藏尠，溢羡陈陈之积，其说何耶？”[③] 不过，晚清之后，其他“天府”相继衰落，四川地区仍享有“天府之国”的美称。

四、其他地区

除上述地区之外，太原一带、江南地区、闽中地区、沈阳一带、武威一带和台东地区也曾被称为“天府之国”。这些地方往往是因受到某个人的钟爱，或是在某种特殊的情况下被称为“天府之国”的。虽然也具有“天府”的某些条件，但作为“天府之国”，知名度相对较小。

太原古称“晋阳”，位于太原盆地北部，是历史文化名城。春秋战国以来，太原盆地逐渐得到开发。到南北朝时，如有“天府之国”之称。《北齐书》记载：“唐邕，天保初为给事中，兼中书舍人……邕非唯强济明辨，然亦善揣帝意，取进多途，是以恩宠日隆，委任弥重。帝又尝对邕曰：‘太后云唐邕分明强记，每有军机大事，手作文书，口且处分，耳又听受，实是异人。’一日之中，六度赐物……十年，从幸晋阳，除兼给事黄门侍郎，领中书舍人。帝尝登童子佛寺，望并州城，曰：‘是何等城？’或曰：‘此是金城汤池，天府之国。’帝曰：‘我谓唐邕是金城，此非金城也。’其见重如此。”[④] 在隋朝末年，太原成为唐王朝的发祥地，故唐代统治者对太原高度重视。唐太宗和唐高宗都曾亲至太原视察。唐高宗派李勣扩建太原城池。武则天以太原为北都，派精明强干的崔神庆为并州长史，神庆架桥筑“中城”，把东西二城连为一个

① （明）王士性：《广志绎》卷 5，北京：中华书局，1981 年。
② （清）陈忠倚：《皇朝经世文三编》卷 49《兵政・边防上》，台北：文海出版社，1972 年。
③ （明）王世贞：《弇州山人四部稿》卷 56，济南：齐鲁书社。1997 年。
④ （宋）王钦若等：《册府元龟》卷 461，北京：中华书局，1960 年；《北齐书》卷 40《唐邕传》，北京：中华书局，1972 年标点本。

统一的整体[①]，使并州成了名副其实的北方重镇。但安史之乱后，这一地区呈现出衰落的趋势，已经没有人把这里称为“天府之国”。

江南地区河湖众多，雨量丰沛，日照充足，是闻名遐迩的鱼米之乡。秦汉以前，江南地区地广人稀，生产落后。魏晋南北朝时期，北方人口大量南迁，给当地注入新的活力。经过吴、东晋、宋、齐、梁、陈等“六朝”的开发，江南经济有了长足发展。盛唐时期，南北经济基本持平。安史之乱后，中原板荡，唐王朝在财政上不得不倚重于“江南八道”。到了宋代，中国经济重心南移。宋人李观说：“嗟乎！江淮而南，天府之国。周世宗之威武，我太祖之神圣，非一朝一夕而得。”[②] 显然，在宋人心目中，江南地区已经是“天府之国”。明清时期，已经没有人再把江南称为“天府之国”。但江南在人们心目中的地位却是很高的。当时有“苏湖熟，天下足”，“上有天堂，下有苏杭”民谚[③]，其推重于此可见一斑。

闽中即福州及其西南一带。福建在宋代有了较大发展，到明代形成八府分治的格局，人们在习惯上称之为“八闽”。位于福建东南部的福州、兴化、泉州、漳州四府，自然条件相对较好，人口分布较为合理，粮食作物的种植和经济作物的栽培达到较高水平，商品贸易也呈现出前所未有的景象。明代学者屠本畯非常喜欢这里，他在《闽中海错疏·原序》中说：“禹奠山川，鱼鳖咸若。周登俎豆，鲂鳢是珍。海镜江珧，虎头脚凭。虾寄、蟹变、蛤化凫，奇形异质，总总林林。闽故神仙奥区，天府之国也。并海而东，与浙通波。遵海而南，与广接壤。其间彼有此无，十而二三耳。”[④] 因此，就有人把闽中称为“天府之国”。当然，在历史文献中，这种称呼并不多见。

盛京即沈阳，位于辽河平原中部，是满清王朝的发祥地。这里海拔较低，属暖温带季风型大陆气候，物产也较为丰富。清代有学者从尊君的角度出发，有意抬高盛京的地位。《钦定满洲源流考》卷十九《国俗·物产·御制盛京土产杂咏十二首》：“盛京山川浑厚，土壤沃衍。盖扶舆旁薄，郁积之气所钟，

---

① 《旧唐书》卷77《崔义玄传附崔神庆传》，北京：中华书局，1975年标点本，第2690页。
② （宋）李观：《盱江先生全集》卷28《寄上孙安抚书》，北京：中华书局，1981年。
③ （明）郎瑛：《七修类稿》卷22《辨证类·苏杭湖》，上海：上海书店出版社，2001年。
④ （明）屠本畯：《闽中海错疏·原序》，上海：商务印书馆，1937年。

洵乎天府之国，而佑启我国家亿万年灵长之王业也。”清高宗至了盛京，认为该地“洵乎天府之国，兴王之会也。”① 其后《钦定满洲源流考》卷十九《国俗·物产·御制盛京土产杂咏十二首》亦云：“盛京山川浑厚，土壤沃衍。盖扶舆旁薄，郁积之气所钟，洵乎天府之国，而佑启我国家亿万年灵长之王业也。”于是，盛京也就跻身于“天府之国”的行列。但终清之世，将盛京称为“天府之国”的人多。辛亥革命之后，随着满清王朝的覆灭，再也没有人说“盛京”一带是“天府之国”。

武威古称“姑臧”、“凉州”，地处甘肃河西走廊东部。东汉末年天下大乱，河西相对比较安定，“姑臧称为富邑”②。三国时，姑臧为凉州治所。到十六国，前凉、后凉均建都于此。前凉张轨至张骏时，曾对姑臧进行过大规模地改造③，使其成为河西地区的政治中心。北魏以后，凉州人口大量内迁，姑臧趋于衰落。至唐代，这里又出现繁荣的盛况。唐人沈亚之说：“唐之盛时，河西陇右三十三州，凉州最大，土沃物繁而人富乐。”④ 安史之乱后，凉州一度陷于吐蕃，就像河西地区的其他城市一样，“一沦异域，顿化为龙荒沙漠之区，无复昔之殷富繁华矣”⑤。宋元以降，河西走廊一带的经济有所恢复。清人吴大成对凉州十分赞赏，他在《西夏书事》中写到咸平六年（1003）冬十月赵保吉袭破西凉府时说：“得西凉则灵州之根固。况其府库积聚，足以给军需、调民食，真天府之国也。嗣后保吉身亡，德明终能保守灵、夏，岂非凉州畜牧甲天下，借以养成锐气哉！”⑥ 这是将武威称作“天府之国”的唯一记载。

至于把台湾东部地区称为“天府之国”，也是清代才有的事。清初郑成功准备收复台湾的时候，有“荷兰甲螺何斌负债走夏，盛陈［台湾］沃野千里，为天府之国，且言可取之状”。⑦《台湾通史》的作者连横也说：“台

① 《清实录·高宗实录》卷202乾隆年十月，北京：中华书局，2012年影印本。

② 《后汉书》卷61《孔奋传》，北京：中华书局，1965年标点本。

③ 《晋书》卷86《张轨传附张骏传》，北京：中华书局，1974年标点本。

④ （清）董诰等：《全唐文》卷784《对贤良方正直言极谏策》，上海：上海古籍出版社，1990年影印本。

⑤ （元）马端临：《文献通考》卷322《古雍州》，北京：中华书局，1972年。

⑥ （清）吴广成：《西夏书事》卷7，台北：广文书局，1986年。

⑦ （清）连横：《台湾通史》卷1，上海：上海书店出版社，1991年。

湾为天府之国”[1]，“台东，天府之国也。”[2] 在清代，台湾自然条件较好，且农业较发达的地区主要是台东和嘉南平原。其所谓“天府之国”，主要是指台东而言。

以上是历史时期“天府之国”演变的基本情况。由此我们可以看出两千多年来“天府之国”演变的历史轨迹。为什么“天府之国”会有这样的变化呢？这个问题是耐人寻味的。

从关中盆地、北京一带、成都平原和其他地区的情况来看，“天府之国”的形成与演变是由多种因素造成的，有自然的作用，也有人为的影响，有时候自然因素与人文因素相互交织在一起，情况相当复杂。如关中盆地在周秦汉唐时期自然环境和人文环境俱佳，是最适合人类居住的地方，也是最理想的建都之地，因而成为最早的“天府”和“天府之国”。这在很大程度上促进了关中地区的开发，但也给关中带来了巨大的人口压力。人们为了生存，长期大规模开发土地资源，茂密的森林被砍伐破坏，水土流失加剧，地力不断下降。到唐代后期，关中这个天府之国就出了问题。唐末五代战乱频仍，军阀朱温对长安城进行了毁灭性的破坏，导使关中人口外迁，水利失修，土地荒芜、经济衰退，生态环境急剧恶化。《钦定续通志·都邑略》的作者所说：关中为周秦汉唐古都之所在“议都邑者以此为首选。然阅世久远，盛极而衰。所谓地绝其脉，水化其味者，非复秦、汉以前之旧”。[3] 这种说法在一定程度上反映了关中生态环境恶化的事实。此后随着全国政治中心和经济重心转移，关中失去了中心地位，不再受到关注，再加上自然灾害的摧残，残破的景象长期得不到恢复。到了明清时期，江南经济发展起来，关中在全国的地位继续下降，最终失去了“天府之国”的桂冠。

总之，天府之国的形成，首先是当地具有优越的自然条件和良好的生态环境，其次是人为活动的结果，开发了该地的资源，发掘了该地的潜能，使该地变成了安全、舒适、富饶，并具有较大影响的区域。天府之国的衰落，则与生态环境的恶化有关，而生态环境的恶化，往往是恶性开发带来的恶果。

---

① （清）连横：《台湾通史》卷28《虞衡志》，上海：上海书店出版社，1991年；（清）连横：(台湾通史)卷31《拓植列传》，上海：上海书店出版社，1991年。

② （清）连横：《台湾通史》卷31《拓植列传》，上海：上海书店出版社，1991年。

③ （清）嵇璜等：《钦定续通志》卷110《都邑略》，杭州：浙江书局，1886年铅印本。

经过千百年的风雨沧桑，历史上的这些“老天府”大多失去了昔日的荣光，但它在我们民族记忆的深处却留下了不可磨灭的印象。“天府之国”的演变所留下来的历史启示，是值得我们认真总结的。

原载（《陕西师范大学学报》2008 年第 4 期）

中国西部土地荒漠化问题探索

土地荒漠化是指干旱、半干旱和亚湿润干旱地区的土地退化现象。这种现象在世界各国是普遍存在的。作为土地荒漠化的重灾区，我国西部存在着大量荒漠化的土地①。从某种意义上讲，土地荒漠化已成为制约西部经济社会发展的重要因素。本文拟对西部地区的土地荒漠化问题进行宏观考察和微观研究，希望有助于大家对这个问题的认识。

一、中国西部荒漠化土地的分布

中国西部分为西北和西南两大区域：西北包括陕西、甘肃、宁夏、青海、新疆、内蒙古等省区，西南则包括四川、云南、贵州、广西、重庆、西藏等省区。学术界一致认为，西北地区土地荒漠化的情况很严重，但对西南地区的土地荒漠化尚未达成共识。事实上，土地荒漠化的问题在西北和西南地区都是存在的，只是表现的特征不同而已。

据国家林业局《第二次全国荒漠化监测》结果，1999 年我国荒漠化土地面积达到 267.4 万平方千米，占全国土地总面积的 27.9%。其中风蚀荒漠化面积 187.3 万平方千米，占荒漠化土地总面积的 70%；水蚀荒漠化面积 26.5 万平方千米，占 9.9%；土壤盐渍化面积 17.3 万平方千米，占 6.5%；冻融

① 董光荣、吴波等：《我国荒漠化现状、成因与防治对策》，《中国沙漠》1999 第 4 期，第 318—332 页。

荒漠化面积36.3万平方千米，占13.6%[①]。这些荒漠化的土地主要分布在18个省（区）的471个县（旗）。而这些县（旗）大部分位于西部地区。

西北地区的土地荒漠化主要表现为农田和草场的沙化。我国西北地区有十几处面积较大的沙漠，它们是新疆的塔克拉玛干沙漠、古尔班通古特沙漠、库姆达格沙漠，青海的柴达木沙漠风蚀地，内蒙古的巴丹吉林沙漠、乌兰布和沙漠、雅玛利克沙漠、浑善达克沙地，内蒙古、甘肃的腾格里沙漠，内蒙古、宁夏、陕西的毛乌素沙地等。这些沙漠分布于东经75°至东经122°，北纬37°至北纬47°的高原、盆地和平原之间，总面积达70多万平方千米[②]。除沙漠之处，西部地区还有将近60万平方千米的戈壁。如此广袤的沙漠、戈壁是中国西部独特的自然景观，也是西部土地荒漠化的重要表现。

在茫茫沙漠和漫漫戈壁的周边地区，土地荒漠化的情况随处可见，不少地方的耕地和草场已经完全沙化。内蒙古沙漠化土地最多，达80 560平方千米；其次是新疆，沙化总面积为30 471平方千米；陕北地区沙化21 686平方千米；甘肃沙化面积10 736平方千米；宁夏沙化面积10 215平方千米；青海沙化面积亦达到4400多平方千米。其中正在沙漠化的土地约67 000平方千米，强烈沙漠化的土地约60 000平方千米，严重沙漠化的土地约35 000平方千米。陕北地区和内蒙古鄂尔多斯地区，内蒙古科尔沁、西拉木伦河上游、锡林郭勒及察哈尔草原，宁夏中东部地区、贺兰山西麓山前平原，甘肃弱水流域、阿拉善中部及河西走廊绿洲边缘地带，沙漠不断向外扩展[③]，使大片农田、草场呈现出荒漠景观。据统计，陕西土地荒漠化率为15.96%，甘肃为50.62%，宁夏为75.98%，青海为33.06%，新疆为86.07%，内蒙古为59.27%[④]。情况之严重，于此可见一斑。

西南地区的土地荒漠化则主要表现为农田的石漠化。石漠化地区土层浅薄，植被稀少，生态环境脆弱。在地质历史时期，西南诸省区形成一些面积较大的岩溶地貌和石漠景观。如云南全省岩溶面积达11.1万平方千米，主要分布在滇东、滇东南和滇东北地区，占全省总面积的29%。贵州省石漠化土

---

① 国家林业局：《第二次全国荒漠化监测报告》（送审稿），2000年12月。

② 朱震达等：《中国沙漠概论（修订版）》，北京：科学出版社，1980年，第3页。

③ 朱震达：《中国北方沙漠化现状及其发展趋势》，《中国沙漠》1985第3期，第1—9页。

④ 姚建华主编：《西部资源潜力与可持续发展》，武汉：湖北科学技术出版社，2000年，第153页。

地在黔南、黔西南、黔东南、六盘水、安顺、毕节、铜仁、遵义等地均有分布，总面积达 13.888 万平方千米，占全省总面积的 7.9%。在石漠化地区，岩石裸露率在 70%以上者占石漠化面积的 38.9%。有不少旱地还潜伏着石漠化的危机①。广西石漠化的情况更为严重。岩溶山区面积已占总面积的 37.8%②。

除沙漠化和石漠化外，水土流失等原因引起的土地退化也相当普遍。20 世纪末，全国水土流失面积为 179 万平方千米，西部地区水土流失面积约占全国水土流失总面积的 2/3。据中国科学院可持续发展研究小组《1999 年中国可持续发展战略报告》和陆大道等《1999 年中国区域发展报告》，1999 年西北各省区的水土流失面积为 56.22 万平方千米，西南各省区水土流失面积为 45.99 万平方千米，这还没有包括西藏的水土流失面积，如果加上西藏，数字就更大了。在西部各省区中，宁夏的水土流失率达 69.94%，陕西 66.87%，四川 43.65%，贵州 43.55%，高出全国平均值的 1—3 倍。由于水土流失，地力不断下降，不少原本适宜农牧的地方也出现了荒漠化的倾向。

二、西部土地荒漠化的历史过程

从历史地理学的角度来看，中国西部地区土地荒漠化并非一朝一夕之故。无论是西北地区的沙漠化现象，还是西南地区的石漠化现象，都是在“史前”时期和历史时期逐渐形成的。换言之，西部地区的土地荒漠化经历了一个发展变化的过程。

据地质资料、考古资料和文献资料，位于西部地区的塔克拉玛干沙漠、古尔班通古特沙漠、巴丹吉林沙漠、腾格里沙漠和浑善达克沙地在地质历史时期就已经存在。陕北黄土高原与鄂尔多斯高原之间的毛乌素沙地则是在第四纪以来逐渐形成的③。尽管这些沙漠形成的时间有先有后，但都经历了由小到大的变化。

---

① 罗中康：《贵州喀斯特地区荒漠化防治与生态环境建设浅议》，《贵州环保科技》2000 年第 1 期，第 7—10 页。

② 奚国金、张家桢主编：《西部生态》，北京：中共中央党校出版社，2001 年，第 336 页。

③ 吴波、慈龙骏：《毛乌素沙地荒漠化发展的阶段和成因》，《科学通报》1998 第 22 期，第 2437—2440 页。

翻开丰富的历史典籍，我们在先秦、秦汉时期的文献中已可看到“流沙”的记载。不过，那时的“流沙”只有三处：一处是指敦煌以西的沙漠，即今新疆境内白龙堆沙漠和塔克拉玛干大沙漠。一处是居延海一带的流沙，即今内蒙古的巴丹吉林沙漠和腾格里沙漠。还有一处是指阴山以北的沙漠，史书上称之为“大漠”或“大幕”。敦煌以西的沙漠位于丝绸之路沿线，当年张骞凿空、班超通西域、赵充国在西域屯田皆经过其地，故文献中对这一沙漠记载较多。《高僧传》载法显赴印度时，“发自长安，西渡流沙”。所谓“西渡流沙”就是向西穿过白龙堆的沙漠。居延是汉代重要的屯田区域，故居延以东以北的流沙多见于汉代史籍。《汉书》卷二十八《地理志》载，弱水“余波入至流沙”。《后汉书》卷十三解释说，居延又称“居延海”，是古代的流沙之地。至于阴山之北的流沙，则往往与匈奴相连。《说文解字》说：“漠，北方流沙也。”《后汉书》卷二十三载：“遂陵高阙，下鸡鹿，经碛卤，绝大漠。”《晋书》卷九十七载：“匈奴地南接燕赵，北暨沙漠。”当时对于陕北黄土高原上的毛乌素沙地并没有明确记载，说明那时毛乌素沙地明沙很少，尚未引起人们的注意。

魏晋南北朝时期，文献中对沙漠的记载明显增多。这一时期文献中记载的沙漠，仍然主要是前面提到的流沙。如《博物志》卷八载：“自敦煌涉流沙往外国，沙石千余里。”《周书》卷五十载：“鄯善，古楼兰国也……地多沙卤，少水草。北即白龙堆路……西北有流沙数百里。”这些记载所说的流沙显然是指塔里木盆地中的沙漠。《晋书》卷二载：“前者明公西征灵州，北临沙漠，榆中以西，望风震服。”《魏书》卷九十九载：“鲜卑秃发乌孤八世祖匹孤自塞北迁于河西。其地东至麦田、牵屯，西至湿罗，南至浇河，北接大漠。”这里所说的沙漠或大漠则是指甘肃以北内蒙古地区的沙漠。此外，这一时期的文献中还提到青海柴达木盆地的沙地。《洛阳伽蓝记》卷五载：“发赤岭西行二十三日，渡流沙，至吐谷浑国。路中甚寒，多饶风雪，飞沙走砾，举目皆满，唯吐谷浑城左右暖於余处。”这说明人类活动范围扩大，认识的沙漠较前增多。由于战争和动乱等因素的影响，有些地方已出现荒漠化的倾向。最典型的事例就是西汉时在河西走廊和“西域”开垦的一些“屯田”被迫放弃，沦为荒漠化的土地。时至今日，在武威、张掖、敦煌等地的沙漠和戈壁上，仍然可以依稀地看出汉代城堡、烽燧和农田的遗迹。但此时的土地荒漠化是有限的。许多后来沙化非常严重的地方在当时生态环境仍然是较好的。如当时黄土高原北端的白于山南麓有茂密的森林，白于山北麓的芦河流域和红柳河流域则是灌木草原，间有乔木散生其间。公元5世纪初，匈奴首领赫连勃勃曾说："美哉斯阜！临广泽而带清流。吾行地多矣，未见若斯之美！"[①] 并在此地修建了著名的"统万城"，作为大夏的国都。说明此地生态环境很好，根本不存在荒漠化的问题[②]。

隋唐五代时期，文献中对西部地区的主要沙漠均有记载。由于人类活动的加强，西部荒漠化地区有所扩大。例如，唐代前期，统万城周围地区仍是有名的"卧马草地"。其后由于毛乌素南缘地区过度开垦和放牧，天然植被遭到严重破坏，毛乌素流沙不断南移。到唐代晚期，统万城一带已受到风沙的侵袭。河西走廊地区自汉代设郡以来，人口不断增加，土地开发的规模日益扩大。经过长期的经营，到唐代显得相当富庶。但由于人们对绿洲水土资源过度利用，以及采取过度采伐等不良土地利用方式，在一定程度上破坏了绿洲的生态环境，从而导致了沙漠化的扩大。唐代以后，石羊河下游、黑河下游、马营河及摆浪河下游等地的汉唐绿洲都经历了沙漠化的过程[③]。由于昆仑山北麓河水的退缩，塔克拉玛干沙漠的南移，塔里木盆地南缘的大片绿洲变成荒漠，楼兰、精绝等西域古国被掩埋在沙漠之中，成为沙漠深处的废墟[④]，丝绸之路南道也随之衰落。

宋元明清时期，荒漠化的规模进一步扩大。在宋辽夏金对峙阶段，由于战争和动乱，北方地区人口逃亡情况严重，不少地方农田荒芜，水利失修，沦为荒漠。在辽、金和西夏统治的北方地区，荒漠化的情况特别突出。《辽史》卷三二载："辽国尽有大漠"，《宋朝事实》卷二十载："自京、镇等处土田丰好，兵马强盛，地利物产颇有厚利，其他自中下州固已寂寥荒漠。"《西夏书事》卷三三云："夏南境地仅存五六千里，居民皆散处沙漠、山谷间"。显然，宋元之际是北方荒漠化扩大的重要阶段。明清之际，由于人口大量增加，西部地区再次掀起开垦土地的热潮，许多地方的天然植被遭到严重破坏，

① （北宋）李昉等：《太平御览》卷555引崔鸿《十六国春秋》，北京：中华书局，1960年。

② 侯仁之：《从红柳河上的古城废墟看毛乌素沙漠的变迁》，《文物》1973年第1期，第35—41页。

③ 王福成、王震亚主编：《甘肃抗旱治沙史研究》，兰州：甘肃人民出版社，1995年，第79—144页。

④ 景爱：《沙漠考古》，天津：百花文艺出版社，2000年，第19—27页。

荒漠化不断扩大。在西域地区，绿洲面积急剧缩减，许多汉唐时期的遗迹都被淹没在黄沙之下。在鄂尔多斯高原南部，毛乌素沙地不断向东南地区推进。在黄土高原，水土流失的情况与日俱增。在西南四川、贵州等地，石漠化区域也在扩大。以毛乌素沙地南缘为例。毛乌素沙地南缘在明代出现大规模屯垦，清初长城沿线放垦，所留草地仅十之二三。结果出现“古沙翻新”或“就地起沙”的情况，形成“地拥黄沙草不生”的荒凉景观。民国时期，鄂尔多斯与黄土高原之间的天然植被继续遭到破坏，荒漠化随之不断扩大，最终形成了目前的状况。

三、导致西部土地荒漠化的原因

中国西部土地荒漠化的原因是什么？为什么西部土地荒漠化会呈现出加速的态势？自然因素和人为因素在土地荒漠化过程中起了怎样的作用？这些问题都很重要，值得我们反复思考。土地荒漠化既是自然现象，又是社会现象，可以说是人类活动作用于自然环境的结果。因此，我们在研究西部土地荒漠化原因的时候，必须从自然和社会两方面入手。

从自然方面来看，中国西部存在着容易导致土地荒漠化的条件。中国西部是我国四大高原和四大盆地的所在地，在高原与高原和高原与盆地的结合部，地形地貌十分复杂，生态环境非常脆弱。全新世以来，我国气候曾发生过周期性的变化。据竺可桢先生研究，历史时期中国气候大致可分为四个温暖期和四个寒冷期[①]。温暖期气候温热，水草增加；寒冷期气候干凉，风力强劲。在由暖到寒或由寒到暖的过渡阶段，气候振荡，灾害频繁，往往对西部脆弱的生态环境造成负面的影响。尽管西北地区和西南地区存在着较大的差异，但无论是干旱的西北地区，还是多水的西南地区，都曾因风力侵蚀和水力侵蚀而发生过土壤退化的事。

西北地区深处内陆，属于干旱、半干旱地区，气候干燥，沙漠较多。陕西、甘肃、宁夏、内蒙古大部及新疆北部的一些地方年降水量在100—700毫米，而内蒙古西部和新疆大部分地区年降水量均在100毫米以下，有些地方年

① 竺可桢：《竺可桢文集》，北京：科学出版社，1979年，第475—498页。

降水量甚至不足20毫米。由于降水主要集中在7月、8月、9月三个月，加之气候干旱，蒸发量大，所以一年中湿度差别较大，容易出现水灾、旱灾和风灾。历史时期西北地区此类灾害屡见不鲜。如汉文帝后元三年（前141）秋季大雨，昼夜不绝，连续三十五日，蓝田山水暴涨，漂没九百余家。又如明宪宗成化二十一年（1485），关中连年大旱，百姓流亡殆尽，出现“人相食”的悲剧。再如1983年4月27日，沙暴吹袭陕北，顿时天地昏黑，伸手不见五指。在野外耕牧的农民来不及躲避，或迷路失足，或为狂风卷起，或被沙尘窒息，死伤者多达数十人。水灾的直接后果是造成水土流失，而水土流失就意味着地力下降，开始向土地荒漠化的方向发展。旱灾的后果是造成土壤水和地下水大量蒸发。而土壤水、地下水与植物生长有着十分紧密的关系。在降水量极少的西北干旱地区，土壤的含水量主要是靠地下水毛管供给。当地下水位下降，毛管上升水不能达到地表或植物根系层时，植被开始衰退，覆盖度降低，受到沙化的潜在威胁。如果地下水位进一步下降，土壤发育成干旱土时，植物便会干枯死亡。而当土壤上层长期处于干燥状态，植被衰败以后，就容易受到风蚀破坏，从而出现沙漠化。地下水位越深，荒漠化的可能性越大；植被越少，荒漠化等级越高。风灾对土地荒漠化的影响更为明显。风是沙漠扩展的原动力，地表一旦失去植被保护就会受到风蚀。在风蚀的作用下，地表的枯枝落叶层、粗腐殖质层、腐殖质层、泥炭层、盐聚层逐渐被风吹掉，形成光板地。当风沙流作用于裸露的地表时，会产生线状风蚀擦痕，擦痕加深，形成略微凸起的土墩与风蚀线状凹地。随着风蚀作用的不断发展，光板地演变成风蚀劣地，被吹蚀的物质形成风沙流。当风沙流速度降低或遇到障碍时，所挟沙尘下落堆积，受不同风向的影响而形成各种类型的沙丘，从而使该地变成沙漠景观。

西南地区的大部分地方属于热带季风气候，气温较高，降雨较多，水资源相当丰富。这一地区虽然没有什么沙漠，但存在着大量的喀斯特地貌。此类地貌石多土薄，植被很少，极易受到水力侵蚀。在水力侵蚀的情况下，水土大量流失，形成石漠化景观。古代西南地区水土流失和石漠化问题似乎并不严重，但近代以来由于人口骤增，情况发生很大变化。20世纪50年代，贵州省的水土流失面积占该省国土总面积的14.2%，60年代增至18.9%，

80 年代增至 28.4%，90 年代增至 43.5%[①]。四川等省水土流失和石漠化现象也较严重。正因为如此，长江之水日见浑浊，被人称为“第二条黄河”。

从社会方面来看，人类不合理的经济活动大大加速了西部土地荒漠化的进程。我国对西部地区的开发已有 5000 年的历史。在 5000 多年的历史岁月中，西部开发的活动基本上没有停止，但由于自然因素和人文因素的影响，有时出现高潮，有时停滞不前，有时甚至出现倒退的局面。大体说来，西部开发的历程可以分为八个阶段，每个阶段都有自己的特点[②]。有些王朝在进行西部开发时，不考虑西部各地经济社会的差异：或只注重军事控制，不注意经济效益；或只注重开荒种田，不注重多种经营。对于自然条件较好的地方或具有重大战略的意义地方，进行过度开发，甚至竭泽而渔；对其他地方则视而不见或很少过问。有的为了扩大马、羊的生存空间，不惜驱逐农户，破坏庄稼，把农田变为牧场；有的为了扩大耕地面积，不惜砍伐森林，开垦草场，把宜林宜牧地区变为农业区。而滥垦滥牧、毁坏森林和粗放的耕作方式则直接影响着西部土地荒漠化的进程，对西部土地荒漠化起着决定性的作用。

历史时期在西部的许多地区都曾发生过滥垦滥牧的现象。滥垦主要发生在西部传统的农业区域和农牧交错地带，其结果往往与土地荒漠化相联系。如在塔里木河上游的阿拉尔地区，1959—1996 年，耕地面积从而 2870.6 公顷发展到 37691.7 公顷，增加 14821.1 公顷。同期下游阿拉干地区沙漠化土地则由 137120 公顷发展到 149420 公顷，增加 12307 公顷。而塔里木河下游的铁干里克农耕区 1970 年后因缺水灌溉被迫弃耕的 16600 公顷土地已经沙化[③]。滥牧主要发生于草原区，其结果也与草场退化联系在一起。如内蒙古的锡盟草原在 20 世纪 80 年代放牧超载 15.4%。由于过牧严重，导致大量草场严重退化，迫使 175 户牧民迁往他乡[④]。这样的事例在史籍中俯拾即是，

① 奚国金、张家桢主编：《西部生态》，北京：中共中央党校出版社，2001 年，第 284 页。

② 王双怀：《我国历史上开发西部的经验教训》，《陕西师范大学学报》2002 年第 3 期，第 95—101 页。

③ 王让会、樊自立：《利用遥感和 GIS 研究塔里木河下游阿拉干地区土地沙漠化》，《遥感学报》1998 第 2 期，第 137—142 页。

④ 石玉林主编：《西北地区土地荒漠化与水土资源利用研究》，北京：科学出版社，2004 年，第 93 页。

不胜枚举。

由于滥垦滥牧，毁坏森林草原的事件也时有发生，其后果是森林和草原不断缩减，有些地方甚至成为濯濯童山。这种情况在黄土高原地区表现得尤为明显。黄土高原地区曾经存在过大片的森林和草原。在原始社会末期，黄土高原东南部、秦岭山脉、中条山、吕梁山、豫西诸山及渭河、涑汾河、伊洛河诸平原都属于森林地带，黄土高原西北部地区则属于草原地带或森林草原地带[①]。春秋战国时期，由于人类活动的加强，黄土高原的平原河谷地带逐渐被开垦成农田，平原河谷地带的森林随之缩减。秦汉魏晋南北朝时期，由于农业区的扩大，平原地区规模较大的森林逐渐消失，除关中地区的上林苑中尚有较多林木外，其他平原已经很少有森林的记载。平原地区的森林消失以后，陇山以西、秦岭、晋西北诸山及阴山山脉的森林开始受到人们的重视。唐宋时期黄土高原地区的森林和草原继续缩小。到了宋代，秦岭、陇山、黄龙山、岚州、石州、汾州等地的林木被大量破坏。明清时期，黄土高原地区的森林和草场进一步缩小。由于大量屯田，过度开垦，加之滥砍滥伐，平原地带自不必言，丘陵和山区的森林也迅速减少。如渭河上游的森林在这一时期大量消失，只有渭源、陇西、天水诸县的五竹山、首阳山、马鹿山、辛家山等地尚有少量森林残存下来。陕北地区的森林，主要分布在黄陵、洛川、富县、延安、延长、宜川等县的某些山区。清代中期以后，对森林的破坏尤为严重。据说在周至至洋县的300里间，砍伐林木的人经常不下数万。如此乱伐，自然对森林的存在构成巨大的威胁。此外，清代对河套等地的大规模开垦，不仅使草原面积越来越小，而且也使畜牧区、半农半牧区和农耕区的植被大量减少。据民国《横山县志》讲，“草地仅十之二三”。森林和草场的毁灭，使土壤失去了应有的屏障，不仅难以涵养水分，而且在风力、水力侵蚀的作用下日益退化，甚至就地起沙。这两个原因互为表里，恶性循环，使土地荒漠化情况愈演愈烈，不少地方因此变成了沙漠。

此外，对水资源使用不当也曾导致土地荒漠化。如塔里木河两岸在汉唐时期曾有不少规模较大的城镇，天然植被良好，农业发达，但过渡开垦用水，使河流萎缩，水系变迁，从而导致大片土地荒漠化，昔日繁荣的城镇也相继

---

① 史念海：《黄土高原历史地理研究》，郑州：黄河水利出版社，2001年，第434页。

沦为废墟。塔克拉玛干沙漠南缘的楼兰、且末、精绝等地在汉代都是发达的农业区，后来均被沙漠吞没。近代以来，由于山前地带新绿洲大量引水，使河流中下游水量日益减少，直接导致古代绿洲的消亡。目前塔里木河两岸的胡杨林面积由 686 万亩减至 150 万亩，下游地区在 20 世纪 60 年代开垦的 45 万亩良田仅存 18 万亩。著名的罗布泊已经干涸，荒漠化的发展呈现出加速的趋势。1950 年后，新疆生产建设兵团的三个屯垦区使耕地面积大量增加。为了浇地，修大小水库 70 座，容水 26.9 亿立方米。“由于渠库结合，把大量地表水引入灌区，强烈地改变了地表水的时空分配。上游灌区过量引水，再加上水库渗透漏影响，使地下水位上升，次生盐渍化发展，盐渍化耕地面积可占总耕地面积 35%—45%。源流输往干流水量减少，使干流中下游地下水位下降，中游区平均下降 1—2 米，下游平均下降 4—6 米。地下水位下降，植被衰败，土壤风蚀加剧，沙漠化不断扩大，平均每年以 0.25%的速度递增。生态环境恶化，局部地区（如铁干里以下）完全崩溃”。[①]

四、治理西部荒漠化土地的策略

土地荒漠化严重地制约着西部经济社会的发展。治理荒漠化的土地已成为西部大开发的当务之急。如何治理西部荒漠化的土地？海内外曾有不少学者献计献策。在这里，我想从历史地理的角度谈点个人粗浅的看法。

笔者认为要治理好西部荒漠化的土地，首先要在思想上充分认识西部土地荒漠化的危害，认识治理西部荒漠化土地的必要性和紧迫性。从土地荒漠化的历程来看，西部土地荒漠化呈现出不断加快的趋势：时间离现在越近，土地荒漠化的频率就越快，强度也就越大。如陕北榆林所属定边、靖边、横山诸县在先秦至魏晋南北朝时期生态环境较好，隋唐以后受到毛乌素沙漠的威胁，逐渐出现荒漠化的倾向。宋元明清时期，荒漠化情况加剧。到 20 世纪前期，流沙向南推移 50 千米以上，吞没农田牧场 210 万亩，390 万亩草地沙化，6 个乡镇的 421 个村落受到风沙的侵袭或压埋，就连著名的榆林城也受到风沙的严重威胁，以致有“榆林三迁”的说法。建国后各地建设步伐加快，

① 宋郁东等：《中国塔里木河水资源与生态问题研究》，乌鲁木齐：新疆人民出版社，2000 年，第 194 页。

土地荒漠化的情况有增无减。毛乌素沙地近40年面积增加了47%，林地面积减少了76.4%，草地减少了17%。浑善达克沙地的扩展更为惊人，9年间流沙增加了98.3%，草地面积减少了28.6%①。近年荒漠的扩展速度还在加快：内蒙古阿拉善地区、新疆塔里木河下游、青海柴达木盆地东南部等地区，土地沙漠化扩展速率年均达4%以上。目前中国西部荒漠化土地数量之大、分布之广、危害之大已经超过了以往任何时期，每天的经济损失超过1亿元人民币。严峻的事实触目惊心，不能不引起我们的重视。西部地区土地荒漠化的情况确实是令人担忧，如不痛下决心治理荒漠化的土地，西部经济社会将难以持续发展，其后果是不堪设想的。

其次，要正确认识自然因素和人为因素在土地荒漠化过程中所起的作用。从中国西部土地荒漠化的成因来看，自然因素和人为因素在土地荒漠化的过程中都曾发生过作用，但这并不是说二者的作用是相同的。在史前岁月中，西部地区的土地荒漠化只是一种自然的过程；但在人类活动的历史时期，西部地区的土地荒漠化就加入了人为的因素；随着时间的推移和人类活动的加强，人为因素对土地荒漠化的影响越来越大，成为加速土地荒漠化的主要因素。这一点无需引经据典，只要看看近年西部土地荒漠化的发展情况就会一目了然。据统计，在我国近几十年来土地沙漠化的面积中，因滥采滥伐引起的占28%，过度放牧占20%，滥垦占24%，垦殖后水系改变导致沙漠化的占16%，工矿交通破坏植被导致沙化的占9%，只有一小部分是沙丘前移侵占邻近土地造成的沙化。由此可见，人类不恰当的活动已经成为土地荒漠化的主要原因。自然因素可以导致西部地区的土地荒漠化，但它本身有一定的调适功能，当环境有所改善时，也可能有利于荒漠地带恢复它的生态系统。与自然相比，人类具有强烈的主观能动性。如果人类能够改变自己的生产生活方式，树立牢固的生态意识，减少对自然的破坏活动，使人与自然处于和谐发展的状态，就完全可以防止或减少荒漠化的发生。只有充分利用大自然的生态恢复机能，发挥民众保护环境的主观能动性，兴利除弊，未雨绸缪，才能在治理西部荒漠化土地的过程中有较大的建树。

① 吴薇、王熙章、姚发芬：《毛乌素沙地沙漠化的遥感监测》，《中国沙漠》1997第4期，第415—420页。

再者，要吸取以往防风治沙的经验教训。我国政府对治理荒漠化的工作是相当重视的。早在 1958 年，国务院就召开了全国治沙会议，周恩来总理在会上发出了“向沙漠进军”的号召。此后陕西、甘肃等省区都成立了治沙研究所，地处沙区的地方政府组织群众植树造林，防沙治沙，并取得了一定的成效。20 世纪 90 年代，涌现出内蒙古赤峰、陕西榆林、新疆和田、宁夏沙坡头等治沙的先进区域。这些区域防风治沙的措施主要是种树种草。种树种草的方法分为人工和飞播两种。人工措施主要是在流动沙丘上设置沙障，条、灌、草结合，合理布局，层层推进。栽的树种有杨树、油松、樟子松、侧柏、花棒、踏郎、紫穗槐、刺槐、沙棘、沙柳、旱柳、柠条等。种的草种主要有沙蒿、沙打旺等。飞播措施主要是在离村落较远的大沙中用飞机播撒花棒、踏郎、沙蒿、沙打旺等。近年来国家又实行退耕还林的政策，鼓励农民种树种草。虽然国家十分重视荒漠化的治理，并采取了一系列生物措施和工程措施，但在总体上西部土地荒漠化的势头还没有得到遏制。原因是一些西部地区的开发者缺乏生态保护意识，急功近利，不计后果；“一边治理，一边破坏”的情况时有发生，破坏的规模甚至超过了治理的速度。这种情况是令人痛心的。只有吸取古今中外治理荒漠化的经验教训，在西部开发的过程中扬长避短，才有可能将治理荒漠化的工作落到实处，收到较好的效果。

最后，针对西部地区土地荒漠化的实际和治理荒漠化过程中存在的问题制定科学的方案。目前西部治理荒漠化主要存在四个方面的问题：（1）立法尚不配套。虽然已经有了《水土保持法》、《防沙治沙法》专项预防与治理土地退化的法律，但至今没有关于综合决策的法律规定。此外，有法不依，执法不严，执法体系不完善也是一个严重问题。（2）缺乏防治土地荒漠化的科学规划。现在制订的一些总体规划缺乏科学根据。例如全国退耕还林（草）的试点示范县为 13 个省（区、市）的 174 个县，有些地方用行政命令统一造林种树。有的把不该退的基本农田退下来了，农民失去基本口粮田，而生态环境却得不到改善，并孕育着“走回头路”，毁树毁草，重新种田的危险。（3）缺乏治理荒漠化的资金。西部的许多地方是相对贫困的地区，土地严重退化的地区更加贫困，由民间筹集资金相当困难，更增加了环境建设和防治土地退化的难度。在新的历史时期，我们应当从西部地区的实际出发，系统地解决这些问题，因地制宜，全面规划，构建西部防治土地荒漠化的生产——生态安全体系[①]，把治理荒漠化的工作长期不懈地坚持下去。争取使荒漠化土地的逐步逆转，为西部大开发和西部经济社会的发展做出应有的贡献。

原载（《西北大学学报》2005 年第 4 期）

① 石玉林主编：《西北地区土地荒漠化与水土资源利用研究》，北京：科学出版社，2004 年，第 18 页。

五千年来中国西部水环境的变迁

中国西部目前水资源总量约为 14 272 亿立方米。其中西北地区仅有 2741 亿立方米的水，形成干旱缺水的格局；西南地区虽有 11 531 亿立方米的水，但山高谷深，利用率很低。因此，缺水是西部地区的普遍现象，西北地区情况尤为严重。有人估计，西北五省区 2010 年缺水 106.7 亿立方米，2020 年缺水 204.1 亿立方米，2030 年缺水 231 亿—256 亿立方米。显然，缺水已经成为制约西部经济社会发展的“瓶颈”。从历史地理学的角度来看，西部缺水的状况是在漫长的历史岁月中逐渐形成的。因此，探讨 5000 年来中国西部水环境的变迁，弄清导致西部水环境变迁的主要因素，探索优化西部水环境的对策，对于解决西部地区的缺水问题无疑是有积极意义的。

一、中国西部水环境演变的历史过程

中国西部幅员辽阔，通常被划分为西北和西南两个较大的自然区域。尽管西北地区和西南地区的水环境存在着很大的差异，但其水资源都是由地表水和地下水组成的。地表水包括河流、湖泊、沼泽、冰川等，地下水包括孔隙水、岩溶水、裂隙水和黄土水等。这些水资源分属于黄河水系、长江水系、西南江河水系和西北内陆河水系。近 5000 年来，西部地区的水环境发生了一系列变化，主要表现为河流的演变、湖沼的盈缩和地下水的消长。这些变化在不同的历史时期具有不同的特点。

（一）先秦时期西部地区的水环境

西部地区是中华民族重要的发祥地，早在旧石器时代，就有人类繁衍生息。到新石器时代，人类的足迹已遍及西部的许多高原、盆地、平原和山区。因此，从遥远的古代开始，人们就不可避免地与西部地区的水环境发生了密切的联系。先秦文献中提到的西部水体，主要分布于黄河、长江的中上游地区，至于西北内陆河及西南诸水则很少涉及。这说明当时人类主要活动在西北和西南的东部地区，对青藏高原和“西域”一带的水环境还没有形成足够的认识。

从地质资料、考古资料和文献记载来看，先秦时期西部地区的水资源相当丰富。西南地区降水丰沛，植被茂盛，有长江、金沙江、岷江、沱江、乌江、汉水、澜沧江、怒江等大江大河；西北地区虽属干旱、半干旱区，但气候比较温润，也有黄河、洮河、湟水、祖厉河、清水河、无定河、塔里木河、伊犁河等水体存在。因此，当时西部地区并不存在缺水的问题。西北的一些地方不仅无缺水之虞，水环境还是很优越的。如关中平原有著名的泾水、渭水、洛水、灞水、浐水、沣水、滈水、潏水和涝水，还有鹤池、盘池、冰池、镐池、初池、麋池、蒯池、郎池、牛首池、积草池、东陂池、西陂池、当路池、洪池陂、苇埔、美陂、樵获泽等湖泊。由于河湖池沼众多，被称为“陆海”①、“天府”或“天府之国”。西汉人司马相如在《子虚赋》中说：“荡荡乎八川分流，相背异态，东西南北，池窈往来，出乎椒丘之阙，行乎州淤之浦。”由此可见先秦西部地水环境水环境之一斑。这些河流与池沼的存在，在一定程度上起到了调节地表径流的作用。另外，也为农田灌溉和渔猎创造了条件。

水是生命之源。水环境与人们的生活是息息相关。因此，自古以来人们就比较注意对水环境的适应、改造和利用。西部地区有适宜种植业的农业区，有适宜游牧的畜牧区，也有农牧兼宜的半农半牧区。先秦时期，西部地区的大部分地方都是畜牧区，农业区主要集中在关中平原、四川盆地及其附近地区。西北内陆河流域和西南江河流域地广人稀，水环境基本上保持着自然的状态。长江中上游地区人口很少，主要集中在成都平原等地。黄河中上游地区的大部分地方在当时也是畜牧区，农耕区基本上局限在黄土高原南部的关中等地。关中及其周围地区是人类最重要的活动区域。相传炎帝在这里发明

① 《汉书》卷65《东方朔传》，北京：中华书局，1962年标点本，第2849页。

耒耜，黄帝在这里树艺五谷，后稷在这里教民稼穑，西周王朝在这里实行井田制。井田上建有沟洫。沟洫由畎、遂、沟、洫、浍等大小渠道组成。积水渗入畎、遂，然后流入沟、洫，再从浍中排出大田，这是中国古代最早的排灌系统。西周灭亡后，秦人继承了周人重农的传统。为了发展灌溉农业，在西部修建了都江堰和郑国渠等大型水利工程。都江堰位于四川盆地的成都平原上，由 8 条干渠和若干小型渠道构成一个扇形渠道灌溉网络，既有灌溉功能，又起到防洪排水的作用，为成都平原灌溉农区的形成和发展奠定了基础。郑国渠位于关中平原北部，“自中山西邸瓠口为渠，并北山，东注洛，三百余里”。“用注填阏之水，溉泽卤之地四万余顷，收皆亩一钟”[①]，使关中平原成为秦国的巨大粮仓，促进了秦统一中国的历史进程。

（二）汉唐时期对西部水资源的开发和利用

秦统一中国后，北击匈奴，修筑长城，南开五岭，凿建灵渠，使中国在西部的疆域范围北至大漠，西至临洮，南到北向户。汉武帝时，通过反击匈奴的三次战争，在河西走廊设置了“河西四郡”，并派张骞出使西域，将西域 36 国纳入西汉王朝的版图。魏晋南北朝时期，西部地区政权更迭频繁，到隋唐时期再度统一，疆域范围又超过了秦汉时期的规模。汉唐时期是我国封建社会的发展阶段，也是西部开发蓬勃发展的时期。出于西部地区经济社会发展的需要，汉唐王朝加大了开发水资源的力度。为了有效地开发和利用西部地区的水资源，不仅加强了水政建设，完善了水利管理机构，而且在西部的许多地方兴建了一系水利工程。这些措施极大地促进了西部地区水利事业的发展，使西部地区的水利事业出现了前所未有的辉煌。

汉唐时期对西部水资源的开发是从汉武帝时期开始的。史载，汉武帝时“用事者争言水利，朔方、西河、河西、酒泉，皆引河及川谷以溉田，而关中辅渠灵轵引堵水，汝南、九江引淮，东海引钜定，太山下引汶水，皆穿渠为溉田，各万余顷，佗小渠，披山通道者，不可胜言”。[②] 当时在地势高亢、降水较少的黄土高原地区，主要是利用地表水修建灌溉渠系。在水资源丰富的西南地区，主要是治理陂塘、疏浚水道、排除积水、改造土壤。在今新疆一带，则采用“坎儿井”引水灌溉。虽然没有修建像都江堰和郑国渠那样的大

---

① 《史记》卷 29《河渠书》，北京：中华书局，1959 年标点本，第 1408 页。

② 《史记》卷 29《河渠书》，北京：中华书局，1959 年标点本，第 1414 页。

型工程，但中小型水利工程的大量出现，大大增加了水利设施的密度，扩大了灌溉面积，使关中平原、成都平原、银川平原、河西走廊等重要的农业地区逐步形成了水利灌溉网。魏晋南北朝时期，国家分裂，社会动荡，西部水利事业受到很大的挫折。300 多年间，虽然在某些地区也曾出现过一些水利工程，但在水利建设方面没有大的建树。隋唐时期国家统一，经济发展，社会安定，各级政府都比较重视水利建设，从而再度为水利事业的发展创造了有利条件。据两《唐书》、《元和郡县图志》、《通典》、《唐会要》、《册府元龟》等文献统计，唐代共修建了 350 余项较大的水利工程①，这些水利工程虽然遍布全国各地，但西部地区占有较大的比重。显示出西部水利建设已经发展到了较高的程度。

汉唐时期对西部水资源的开发和利用在一定程度上影响了西部地区的水环境。而且西部自然条件的变化也在一定程度上加速了西部地区水环境的变迁。这一时期西部河流的变化以黄河最为显著。黄河干流在黄土高原上的侧蚀与下切，主要发生在晋陕峡谷、龙门以南河段及潼关与三门峡之间②。龙门的展宽，梁山的崩塌，均与黄河侧蚀有关。黄河在北迄禹门口、南至秦岭、东接中条山、西到石川河的范围内向东侵蚀汾渭谷地，使洛、渭二河在汇流区积沙严重。黄河的主要支流这一时期也曾发生过变化。如渭河在先秦、秦汉时期流量很大，秦国曾通过渭水从雍城（今陕西凤翔县南）给晋国运去大批粮食，历史上称作“泛舟之役”。西汉时奠都关中，曾通过渭水运输关东漕粮。隋唐时期为了解决京师的物资供应问题，也曾大量漕运东南米粟。唐诗中有“秦地有吴舟，千樯渭曲头”的说法③，可见当时渭河运务相当繁忙的。但到唐代后期，渭河流量有所减小，运输能力也随之下降。

除河流外，湖泊的变化也很明显。秦汉文献中所记载的池沼大部分不见于唐代文献的记载。如先秦时期的焦获泽，是西周时期的十薮之一。战国末年修郑国渠时，将泾河水引入焦获。由于泾河含有大量泥沙，西汉时汙积萎缩，最终消失。秦汉时期的一些池沼在至隋唐也有很大变化。如昆明池在汉

① 王双怀：《论盛唐时期的水利建设》，《陕西师范大学学报》（哲学社会科学版）1995 年第 3 期，第 54—60 页。

② 史念海：《历史时期黄河在中游的下切》，《陕西师范大学学报》（哲学社会科学版）1977 年第 3 期，第 61—76 页。

③ 曹寅等编：《全唐诗》卷 587《东渭桥晚眺》，北京：中华书局，1960 年。

代周回四十里，以交河为其水源。魏晋南北朝时，昆明池曾因关中大旱而一度沽竭，但不久即恢复较大的水面，池中盛产芙蓉，鱼类繁多。唐高祖李渊武德六年（623）三月在昆明池宴百官。武德九年（626）三月复幸昆明池，观看水军演习。杜甫秋兴诗："昆明池水汉时功，武帝旌旗在眼中，织女机丝虚月夜，石鲸鳞甲动秋风。"通过这些记载，可知昆明池直到唐代仍是一个重要的池沼，但其规模已经不能与汉时相比。

（三）宋元以来西部水环境的恶化

唐宋之际，国都东迁，经济重心南移，西部地区由盛而衰。由于无力进行大规模的水利建设，因而将治水的策略由全面建设改为重点建设。虽然在宋辽夏金时期西部某些地方的水利在某些时间有所发展，但总的说来，不能与隋唐时期相比。到明清时期，情况才发生了一些变化。明代前期和清代前期，在黄土高原地区、河套地区、银川平原、关中地区、四川盆地、云贵高原、新疆地区和广西等地修建了不少小型水利工程，并一些灌溉条件较好的地方形成大小不等的灌溉网。但遗憾的是，清代中期以后，西部水利再度衰微，就连水利事业素称发达的关中地区也不能幸免。史载，"关中水利，今古艳称，而自清代乾嘉以迄咸同，兵事频兴，奇荒屡值，官民两困，帑藏空虚，河渠多废而不修，民间复规便种艺"[①]。由于河流灌溉工程衰落，人们不得不大量开采地下水。而对地下水长期的开采，又使地下水大量减少，形成恶性循环。

宋元以来，西部地区的生态环境发生巨大变化，水环境的演变尤为剧烈。如宋代曾通过渭水把陇东山区的木材和关中的粮食运往开封，但因渭水流量减少，运输困难，加之其他原因，航运能力已经不能与前代相比。宋代以后，渭水流量继续减少，航运之事已属凤毛麟角，在历史上默默无闻了。除了流量的变化以外，渭河河道本身也在向北偏移。东渭桥、中渭桥和西渭桥附近渭河向北移动的幅度都在 3000 米以上[②]。晚清以来，渭河河道摆动的幅度明显加大。1897 年渭河河度在高庙—西兴隆—草滩镇—贾家滩—南草店一线之北。1895 年大水后，渭河主河槽大幅度北移，灞河入渭口向北延伸了将近

---

① 吴廷锡编纂：《续陕西通志稿》卷 61《水利五》，民国三十三年（1934）铅印本。

② 段清波、周昆叔：《长安附近河道变迁与古文化分布》，周昆叔主编：《环境考古研究》第 1 辑，北京：科学出版社，1991 年，第 47—55 页。

4250 米。长安城南的曲江池在这一时期也变得越来越萧条：湖水干涸了，莲花了，树木毁坏了，鸟儿也大量飞走，不仅人文景观不复存在，生态环境也进一步遭到破坏。北宋前期，曲江风景区已变得相当荒凉。乐游燕喜之地，皆为野草，不觉有黍离麦秀之感。到了明代，文人学士来到曲江，无不为曲江的荒废而感叹。在遇到雨水多的年份，曲江池中偶尔也会积水。即便如此，池中的积水也不过是昙花一现，给人留下的依然是曲江风景区衰落的伤感。关中平原如此，甘肃、新疆等地更是如此。河湟地区、河西走廊及新疆等地在汉唐时期有许多生机盎然的绿洲。汉唐王朝曾在这里修建水利工程，大规模地进行屯田。宋元以来，这些绿洲逐渐缩小，有的甚至变成了沙漠。如塔里木盆地南缘的大片绿洲被塔克拉玛干沙漠无情地吞噬；甘肃石羊河、摆浪河流域的汉唐绿洲由于缺水成为沙漠化的土地①；汉唐时期设在毛乌素沙地边缘的垦区因无水源保障，也陆续变成了沙漠②。此类事例甚多，不胜枚举，令人触目惊心。

到民国时期，西部地区水环境的变迁呈现出加速的趋势：一是河流的水量普遍减少。黄河断流的事时有发生，且断流的次数和断流的时间都有增加的趋势。其他河流水量也有减少，已经不可与古代的情况同日而语了。二是河流含沙量大。黄河每年的输沙量在 16 亿吨以上。渭河咸阳段多年平均输沙量为 18 146 万吨。长江之水也越来越浑浊，差不多成了第二条黄河。三是地下水位不断下降。特别是最近 50 年，西部的许多地方地下水位下降的速度很快。渭北地区的地下水位，一般都比 50 年前下降了 20—30 米。四是水体稳定性越来越差。雨季和旱季水量起伏增大。干旱时缺水成灾，多雨时水满为患。目前，西部地区不少地方的水环境的已经恶化：水源锐减，泥沙激增，水位暴涨暴落，水土流失日益严重，水旱灾害频繁发生。从毛乌素到库布齐，从柴达木到塔里木盆地，映入眼帘的常常是茫茫沙漠、漫漫戈壁。站在红柳河畔、昆仑山下，面对已经荒漠化或正在荒漠化的土地，遥想汉唐屯垦时的盛况，不禁使人为之感伤！

---

① 王福成，王震亚主编：《甘肃抗旱治沙史研究》，兰州：甘肃人民出版社，1995 年，第 79—144 页。

② 侯仁之：《从红柳河上的古城废墟看毛乌素沙漠的变迁》，《文物》1973 年第 1 期，第 35—41 页。

二、影响西部水环境变迁的主要因素

如上所述，5000 年来西部地区的水环境曾发生过一系列变化，特别是在西北地区，水环境呈现出逐渐恶化的趋势。那么，为什么西部地区的水环境会发生这样的变迁？导致西部水环境恶化的主要因素是什么？这些问题十分重要，值得我们进行深入的探讨。从大量资料来看，西部水环境的变迁，有自然的因素，也有人为的因素；西部水环境的恶化主要是气候振荡、滥垦滥伐和不合理开发所造成的结果。

（一）气候振荡

5000 年来，中国的气候大致经历了四个温暖期和四个寒冷期[①]，西部地区的情况也是如此。仰韶温暖期亚热带北界位置比现在北移 5—6 个纬度，周初寒冷期比现在南移约 1 个纬度，春秋战国温暖期北移 2 个纬度，汉至南朝寒冷期南移近 1 个纬度，隋唐温暖期北移 1 个纬度，宋代寒冷期南移 1 个纬度以上，宋元之际温暖期与现代相似，明清小冰期南移 2 个纬度。在温暖期，气候趋于温热，水草增加；在寒冷期，气候趋于干凉，搬运活动加强。在由暖到寒和由寒到暖的过渡阶段，气候往往出现振荡，自然灾害频繁，从而对西部地区的水环境造成明显的影响。

气候振荡的直接后果是引发严重的水旱灾害。历史时期西部的许多地方都曾多次发生过的水灾。据正史记载，汉文帝后元三年（前 161），“秋大雨，昼夜不绝，三十五日，蓝田山水出流九百余家，漧坏民室八千八所，杀三百八人。”唐中宗景龙三年（709）七月，沣水溢，害稼，冬，关中饥。宋太宗太平兴国六年（981），鄜延州河水涨溢。宋仁宗泰定元年（1040）六月，陕西大雨，渭水及黑水河溢，损民庐舍。七月，奉元朝邑县河溢。九月，延安、洛水、沣水溢。元顺帝元统元年（1333）六月，泾河大溢，关中水灾。明世宗嘉靖十三年（1534）五月，邠宁泾阳等州县大水，漧没泾渭两岸居民畜产无数。水灾不仅会对人们的生命财产造成损失，而且会改变河道，冲毁水利设施。与水灾情况不同的是旱灾。历史时期西部各地也多次出现旱灾。汉献

① 竺可桢：《竺可桢文集》，北京：科学出版社，1979 年，第 475—498 页。

帝兴平元年（194）四至七月三辅大旱。晋惠帝元康元年（291）七月雍州大旱。三年复大旱。唐德宗贞元元年（785），春旱无麦苗，至于八月，旱甚，灞浐将竭，井皆无水。宋高宗绍兴十二年（1142），陕西不雨，五谷焦枯，泾渭灞浐皆竭。元泰定帝泰定二年（1325）至文宗天历元年（1328）不雨，大饥民相食。明宪宗成化二十一年（1485）前后，关中连岁天旱，百姓流亡殆尽，人相食，十亡八九。崇祯十三年（1640）十二月，陕西大旱，人相食，草木俱尽。旱灾不仅使农作物缺水减产绝收，而且导致水资源的锐减，对水环境的影响比水灾更为明显。

除了水旱灾害，地震也会对水环境造一定的影响。宋明之际，关中地区地震频繁，大小地震百余次，其中宋太宗至道二年（996）、神宗熙宁五年（1072）、明孝宗弘治十四年（1501）和世宗嘉靖三十四年（1556）年的地震都很严重，曾导致黄河、渭河的泛滥。每次较大的地震都会在不同程度上造成渭河的北移。这种情况可以从渭河故道的积沙情况看出。从西渭桥到东渭桥东西几十千米、南北3千米左右的范围内积有5—8米厚的渭河淤沙。这些泥沙大部分是由于受地震的影响而形成的。嘉靖大地震之后，文献中就有“河渭大泛”、“河雍数日”的记载。据渭河华县站的统计，渭河的含沙量是每立方米52.5千克。渭河全年的径流量是55.54亿立方米，如此，会携带2915.75亿千克的泥沙。这些泥沙多为悬移质类型，大部分被输入黄河。只有发生突发事件，引起渭河下游流动不畅，才可能沉积下这么之的泥沙。否则是不可能的。

（二）滥垦滥伐

森林和草原作为植被的组成部分，是构成生态环境的重要因子。“河流侧畔的森林可以有助于河流保持一定的流量。森林稠密地的方，遇到大雨、骤雨、阴雨，落下来的降水得到森林的涵蓄，不至于骤然流下。如果说没有森林，到处是童山濯濯，不论降水多少，没有涵蓄，所有降水都会倾泻而下。及雨过天晴，河流的水源就仅靠地下的泉水了。如果泉水不多，流量就难得很大”①。

历史时期西部地区曾经存在过大片的森林和草原。黄土高原地区就是如

① 史念海：《黄土高原历史地理研究》，郑州：河水利出版社，2001年，第148页。

此。先秦时期黄土高原地区森林和草原所占比重较大。在原始社会末期，黄土高原东南部、秦岭山脉、中条山、吕梁山、豫西诸山及渭河、涑汾河、伊洛河诸平原都属于森林地带，黄土高原西北部地区则属于草原地带或森林草原地带。平原地区的森林多见于文献记载。关中地区即有平林、中林、棫林、桃林等，故《荀子·强国》中有“山林川谷美，天材之利多”的说法。考古工作者也曾在新石器时代的村落和墓葬遗址中发现过不少树木或树种。丘陵地区的森林以渭河中上游及洮河、祖厉河流域为多，吕梁山西南侧的森林也受到人们的称道。至于秦岭、崤山、中条山也是森林广布的地方，就连陕北的横山山脉也存在着森林。商周以来，特别是在春秋战国时期，由于人类在黄土高原地区活动的加强，黄土高原的平原河谷地带逐渐被开垦成农田，因此，平原河谷地带的森林随之缩减。

秦汉魏晋南北朝时期，黄土高原地区的自然环境和人文环境变化较大。在这个过程中，森林和草原也曾发生过较大的变化。就森林而言，秦汉时期由于农业区的扩大，平原地区规模较大的森林逐渐消失，除关中地区的上林苑中尚有较多林木外，其他平原上已经很少有森林的记载。平原地区的森林消失以后，陇山以西、秦岭、晋西北诸山及阴山山脉的森林开始受到人们的重视。渭河上游之人，多以森木为“板屋”①。秦岭等山区的大木，也往往被伐来做修建宫室、宅第之用。虽然这一时期的史籍对熊耳山、嵩山、王屋山、太行山和子午岭上的森林较少记载，但种种迹象表明，当时这些地方还是有森林的。在魏晋南北朝的数百年间，少数民族不断内迁，畜牧业受到前所未有的重视，黄土高原的许多地方成为牧场，因而农牧分界线内移，草原的面积有所扩大，就连河套等地的农耕区也变成了畜牧区或半农半牧区。

唐宋时期黄土高原地区的森林和草原继续缩小。唐代西北人口激增，加大了开发黄土高原的力度。当时关中等平原地带开垦殆尽，几乎已经没有什么森林可言，只是在关中西部还残存着一定规模的竹木。当时渭河上游的陇山东北地区和黄河以东的晋西北地区是林木的主要产地。秦岭、岐山、中条、太行、吕梁诸山的森林，仍有较大的规模，因而往往见于唐人的诗文。至于陕北横山、神木等地的柏林和松林，也多见于宋人的记载。不过，由于长安、

① 《汉书》卷28《地理志》，北京：中华书局，1962年标点本，第1644页。

洛阳等城市建设和薪炭的需要，远程采伐有曾无已，许多山区的森林已被采空。如盛唐时在长安城南开凿漕渠，又在宝鸡、眉县、周至、户县等地设立监司，大量伐运秦岭北坡的木材。胜州、岚州的森林也被砍伐。到了宋代，采伐的范围较隋唐更大，秦岭、陇山、黄龙山、岚州、石州、汾州等地的林木被大量破坏，岐山上的树木甚至被伐光，成为濯濯童山。另外，唐宋时期黄土高原地区的农业区较前扩大，魏晋南北朝时期沦为牧场的许多地方又变成了农业区。

到了明清时期，黄土高原地区的森林和草场进一步缩小。由于大量屯田，过度开垦，加之滥砍滥伐，平原地带自不必言，丘陵和山区的森林也迅速减少。如渭河上游的森林在这一时期大量消失，只有渭源、陇西、天水诸县的五竹山、首阳山、马鹿山、辛家山等地尚有少量森林残存下来。陕北地区的森林，主要分布在黄陵、洛川、富县、延安、延长、宜川等县的某些山区。清代中期以后，对森林的破坏尤为严重。据说在周至至洋县的300里间，砍伐林木的人经常不下数万。如此乱伐，自然对森林的存在构成巨大的威胁。此外，清代对河套等地的大规模开垦，不仅使草原面积越来越小，而且也使畜牧区、半农半牧区和农耕区的植被大量减少。据民国《横山县志》讲，“草地仅十之二三”。

黄土高原地区森林与草场的缩减，与气候变化有一定的关系。因为气候条件的变化，对植物及其生存的环境都会产生很大的影响。因为每种植物对自然环境都有一定的适应范围，在适宜生存的环境中形成分布区，在它的边缘形成分布线①。当环境发生变化，特别是气候发生变化时，植物的分布区就会随之变化，其分布界线也就随之推移。决定农作物分布线位置的是环境中的限制因子。当限制因子发生明显变化时，农业作物分布界线就会作出相应的移动。“气候转冷对农作物具有杀伤性的破坏，偏北地带的农作物首先受到侵袭，而失去生存能力，生长界线自然同步后退；而气候转暖带来的结果正好相反，作为农作物种植区域操纵者的农民，需要根据自己的感觉与经验

① 龚高法等：《历史时期我国气候带的变迁及生物分布界限的推移》，《历史地理》第五辑，上海：上海人民出版社，1987年。

作出相应的反映"[①]。但与自然因素相比，人为因素对西部地区森林和草原的影响更为严重。首先，民族的分布、迁徙与生产生活方式的改变，对森林和草原有直接的影响。黄土高原的北部地区，实际上处于农牧交错地带。历史时期农牧业的伸缩变化无疑曾对这里的生态环境产生过影响。据文献记载，陕北秦汉时期的长城，就是一条农牧业的分界线："长城以南，多雨多暑，其人耕稼以食，桑麻以衣，宫室以居，城郭以治。大漠之间，多寒多风，畜牧畋渔以食，皮毛以衣，转徙随时，车马为家。此天时地利所以限南北也"[②]。战国以前，黄土高原北部地区为匈奴等游牧民族的牧区。秦汉之际，中原王朝战败匈奴，取得"新秦地"，移民从事农耕和畜牧业。汉武帝时，"上郡、朔方、西河、河西开田官，斥塞卒六十万人戍田之"[③]。此时匈奴的部分人士也开始从事农耕。在东汉末年以后的400多年间，黄土高原成了众多少数民族的舞台。这些民族大体上都是以畜牧业为主。故在这一时期河套及鄂尔多斯地区的游牧经济有了较大发展，但尽管如此，绝不能说这一地区在魏晋南北朝时期，农田都变成了牧场，恢复到原来的草原状况。"蒙古高原草原面积广大，古代已是我国最主要的牧场。汉唐时期生活在其地的各族人民大都长期从事牧业生产，其中某些人处于狩猎以至游牧阶段。游牧民为调剂生活所需，间或从事原始种植业。他们主要逐水草而居，畜养马牛驴骡驼等大型动物。汉人通常来自内地，多数生活在高原南部颇宜农作的地区，至迟自秦汉之际开始，种植业已在日趋发展，以粮食生产为主体的农作业，虽经长期战乱也没有荒废"[④]。

人口增长太快，不断毁草毁林开荒，扩大耕地面积，是导致森林和草原锐减的直接原因[⑤]。鄂尔多斯高原包括内蒙古鄂尔多斯市和陕西省的定边、靖边、横山、榆林、神木、府谷等县的长城以北部分，总面积13万平方千米。这一地区在历史时期是典型的农牧交错地带，先秦、魏晋、西夏及元代

---

① 韩茂莉：《2000年来我国人类活动与环境适应以及科学启示》，《地理研究》2000年第3期，第324—331页。

② 《辽史》卷32《营卫志》，北京：中华书局，1974年标点本，第373页。

③ 《汉书》卷24《食货志》，北京：中华书局，1962年标点本，第1173页。

④ 张泽咸：《汉唐间蒙古高原地区农牧生产述略》，《中国经济史研究》1998年第4期，第94—110页。

⑤ 赵冈：《中国历史上生态环境之变迁》，北京：中国环境科学出版社，1996年，第1—18页。

以畜牧业为主，秦汉、隋唐和明清时期则以农业为主。在农业牧业更替的过程中，自然环境也相应发生变迁。总的趋势是由牧区变农垦区，逐渐发展为沙漠。这一变迁有着时代的顺序性。在毛乌素沙漠，从东南向西北，汉代遗迹向沙内延伸的最远，唐代次之，至明代就退到了沙漠的东南边缘。这些分布特点显然与人为的活动有着密切的关系①。西汉时曾在鄂尔多斯高原上设置过朔方、五原、云中、上郡、西河、北地等六个郡，辖 57 个县。并从内地迁来大批人口。如汉武帝元朔二年（前 127），“募民徙朔方十万口”。元狩四年（前 119）关东贫民徙陇西、北地、西河、上郡、会稽七十二万五千口。地鼎六年（111），又迁 60 万人到上郡、朔方、西河、河西等地屯田。据《汉书·地理志》统计，有 20 多万户，将近 110 万人口。唐代在这个地区设有盐、夏、宥、胜、丰等五个州，凡 11 个县，据《新唐书·地理志》载，有 26 225 户，132 924 口。唐代曾在黄土高原地区屯田。如德宗建中三年（782），宰相杨炎请置屯于丰州（受降城地），发关辅民凿陵阳渠以增溉。宪宗元和中以韩重华为振武京西营田和籴水运使用权，募人为 15 屯，每屯 300 人，人耕 100 亩，就高为堡，东起振武，西愈云州，极于中受降城，凡 600 余里，列栅 20，垦田 3800 余顷，岁收粟 20 万石，省度支钱 2000 余万缗。宋元以后，黄土高原地区的土地开发有增无已。在广种薄收的耕作方式之下，被开垦的耕地面积自然是越来越大。

我国很早就有保护森林的法令。如《吕氏春秋》载：“孟春之月，草木萌动，命祀山林川泽，牺牲毋用牡，毋伐木”；“仲春之月……毋竭川泽，毋漉陂地，毋焚山林”。云梦睡虎地秦简《田律》规定：“春二月，毋敢伐材木及雍隄水。不夏月，毋敢夜草为灰……到七月而纵之。唯不幸死者而伐馆享者，是不用时。”但核实而论，并没有形成森林保护的机制，何况西部某些地方还长期存在着刀耕火种的习俗。《雍正陕西通志》卷四十五《风俗》引王禹偁《小畜集》：“上洛郡南属邑丰阳深山穷谷，不通辙迹，其力（刀）耕火种。播种时酿黍稷、烹鸡豚，先约曰‘某家某日有事于畬田’，虽数百里如期而集，鉏斧随焉。至则行酒啖炙，鼓噪而作。援桴者有勉励督课之语，若歌曲然。更互力田，人人自勉。”如此砍伐，林木、植被哪有不减之理。随着土地的开

① 王尚义：《历史时期鄂尔多斯高原农牧业的交替及其对自然环境的影响》，《历史地理》第 5 辑，上海：上海人民出版社，1987 年。

辟，森林和草场自然就越来越少。森林和草原的破坏，必然会导致生态环境的恶化。

（三）不合理的开发

人类适应自然和改造自然的过程中，需要对水资源进行开发和利用。而人类对水资源的开发与利用，必然会改变水资源的时空分布，从而使生态环境发生相应的变化。历史时期对西部地区的开发有许多成功的经验，同时也存在着许多失败的教训①。失败的原因很多，但都与开发过程中的失误有关，这一点是毋庸讳言的。

大量事实表明，不合理的开发会对水环境造成消极的影响。这里仅以塔里木河的变迁加以说明。塔里木河是我国最大的一条内陆河，由西向东穿从塔克拉玛干沙漠北缘穿过塔里木盆地。其干流是典型的干旱区内陆河，自身不产流，其水全部来自塔里木盆地周边向心聚流的九大水系，即开都—孔雀河水系、迪那河水系、渭干河—库车河水系、阿克苏河水系、喀什噶尔河水系、叶尔羌河水系、和田河水系、克里雅河水系、车尔臣河（且末河）水系。由于历史的变迁，特别是近代人类活动影响的加剧，塔里木河水系的部分源流脱离干流，从而导致塔里木河水系逐步支解，干流下游生态恶化，河道萎缩。塔里木河流域生态变化的趋势是沙漠化与绿洲化并存，一方面，人为活动使人工渠道代替天然河流，人工水库代替自然湖泊，人工耕作土壤代替自然土壤，人工栽培植被代替自然植被，人工生态代替自然生态，从而形成了一些以人工水系为支撑，以栽培植物为主体，包括农田、人工林、人工饲养畜禽和乡村聚落耦合在一起的人工绿洲生态系统。另一方面，由于人为的活动，使地表径流减少，引起地下水位下降，土壤发生干旱，植被衰枯，地面失去保护，促进风蚀发展，风力蚀积加强，造成就地起沙，形成各类沙丘，导致荒漠化扩大。塔里木河水资源变化造成的环境演变结果可以概括为两扩大四缩小：即绿洲与沙漠同时扩大，而处于两者之间的林地、草地、自然水域和野生动物栖息地缩小。流域人工生态的建立，扩大了灌溉绿洲，提高了土地生产力，发挥了水资源利用的潜力，改善了绿洲小气候，从而大大提高了环境的人口容量。但随之而来的

① 王双怀：《我国历史上开发西部地经验教训》，《陕西师范大学学报》（哲学社会科学版）2002年第3期，第95—101页。

是水量的地域分布平衡、水盐平衡和生物多样性遭受破坏，扩大和加深了下游地区荒漠化，对人类的生存与发展又构成了一定的威胁。1950年后，新疆生产建设兵团的三个屯垦，使耕地面积由1949年的35.12万平方千米，增加到1995年的99.5万平方千米。为了浇地，修大小库70座，容水26.9亿立方米。由于渠库结合，把大量地表水引入灌区，强烈地改变了地表水的时空分配。上游灌区过量引水，再加上水库渗透漏影响，使地下水位上升，次生盐渍化发展，盐渍化耕地面积可占总耕地面积35%—45%。源流输往干流水量减少，使干流中下游地下水位下降，中游区平均下降1—2米，下游平均下降4—6米。地下水位下降，植被衰败，土壤风蚀加剧，沙漠化不断扩大，每年平均以0.25%的速度递增。生态环境恶化，局部地区（如铁干里以下）完全崩溃①。

此外，生产、生活方式的变化也会对水环境产生一定的影响。西部地区的农牧业有一定的分界线。自先秦以来，边疆地区的少数民族多经营畜牧业，过着逐水草而居的游牧生活。如秦汉时期的匈奴、隋唐时期的突厥、宋元时期的蒙古等。这些民族都是马背上的民族，经济生活以畜牧业为主，狩猎次之，很少从事农耕，因此并不十分关心水利事情。而生活在西部地区的汉族则以农业为主，在开垦土地，种植粮食作物和经济作物的过程中，为了给农作物补充水分或防止水灾，必须考虑兴修水利的问题。农耕民族和游牧民族的活动区域并不是一成不变的。当中原王朝强大的时候，往往在边疆地区实行屯田，把草场变成农田，并在那里兴修水利。这样的事例很多，如汉唐时期在西域、河西屯田，明清时期在河套屯田，都曾修建过许多水利工程。相反，当少数民族强大的时候常常南下，占领垦区后，往往会把农田变为牧场，使原先修建的水利设施失去应有的作用。如魏晋南北朝时期和元朝统治时期，黄土高原大部分地方的耕地都成了牧场，秦汉以来修建的水利工程几乎都被废弃了。在这个过程中，农田中既无人工植被，又无灌溉条件，自然植被稀少，在风力和牲畜的作用下，极易变为荒漠。此外，西部的许多地方，尤其是地广人稀、自然条件较差的地方，过去长期实行广种薄收的耕作方式，不大重视水利建设，即使修过一些水渠，

① 宋郁东等：《中国塔里木河水资源与生态问题研究》，乌鲁木齐：新疆人民出版社，2000年，第194页。

也往往是实行大水漫灌。这种落后的耕作方式也会严重地破坏水环境，甚至造成土地荒漠化。

三、优化西部水环境的对策

干旱缺水是导致中国西部生态环境脆弱的主要原因，也是影响西部大开发的重要因素。近些年来，在西部的许多地方，工农业生产缺水，生态环境建设缺水，人们的日常生活也缺水。水的问题越来越严重，迫切需要采取切实可行的措施加以解决。如何解决西部地区水问题？笔者认为应当标本兼治，从优化西部地区的水环境做起。

（一）充分认识优化西部水环境的重要意义

在西部地区水环境演变的过程中，人为因素始终起着重要作用。即使某个时期自然因素占据支配地位，也往往与人为因素有一定的关系。人的活动可以破坏水环境，也可以使水环境得到优化。这样的情况在史籍中俯拾即是，不胜枚举。如果说过去人们不大注意这方面的问题，那么现在我们应当对它有一个清醒的认识。

如以成都平原和关中平原为例。成都平原位位四川腹地。长江由西而东穿过群山进入成都平原，与南北汇流的岷江、沱江、涪江、嘉陵江、渠江、乌江构成不对称的向心状水系。故成都平原水资源丰富，但农田容易受到洪水的冲刷。自春秋以来，成都平原水患严重，农作物常常因此失收。也就是说，春秋战国以前，成都平原的水环境相对较差。为了解决这个问题，蜀人曾在灌县城南开凿过一个人口渠道，将岷江的部分水流引入沱江，以减轻岷江泛滥所造成的损失。自从修了都江堰，水环境得到明显地改善。司马迁在《史记·河渠书》中记载："蜀守冰凿离碓，辟沫水之害；穿二江成都之中。此渠皆可行舟，有余则用溉浸，百姓飨其利。"都江堰是一个综合性的水利工程。它的主要功能是导引岷江水流，在分流泄洪的同时，起到灌溉农田的作用，从而有效控制水旱灾害的发生。关中平原位于黄土高原南缘，海拔500米左右，东西长约300千米，南北宽约40—50千米，西窄东宽，面积34 000平方千米，土壤肥沃，疏松易垦，是发展农业生产的理想地区。先秦时期关中渭河流域水源充沛，物产丰富。但渭北地区地势高亢，有大片的"泽卤之地”，缺乏农业生产所必需的水分。郑国渠修成以后，渭北地区的水环境大为好转。大史学家司马迁说：“渠成……关中为沃野，无凶年，秦以富强，卒并诸侯。”班固也认为，郑国渠的建成后，灌溉的农田 4 万顷，使渭北地区的“泽卤之地”变成了“千里沃野”。

曲江池的繁荣也能地好的说明这个问题。曲江池原本是在历史时期逐渐形成的天然池沼，秦代曾在曲江西南部的台塬上修建宜春苑。汉武帝十分欣赏曲江一带的景色，对曲江池的水域进行了修整，挖凿了新的泉眼，以扩大曲江池的水源。使曲江池的水面增加到六里。魏晋南北朝时期，关中地区战乱频繁，曲江周围的自然环境遭到破坏，曲江池中的水也逐渐干涸。隋朝在修建大兴城（即长安城）时，把曲江池的大部分地方规划在了城内。由于曲江一带低洼潮湿，不宜兴建住宅，故宇文恺建议将曲江池辟为皇家园林。隋王朝动用大量的人力物力对曲江池进行了修复改造，使曲江池中又有了水。当时，曲江池四周盛产莲花，隋文帝遂下令将曲江池改名为“芙蓉池”。经过隋代的经营，曲江池的自然景观和人文景观都有了改善，逐渐形成了曲江风景区。湖水主要分布在南北两端，东西两岸蜿蜒曲折，富有变化，远远望去，犹如一幅天然图画。唐玄宗开元年间，曲江池进行了大规模的修凿：挖掘池边的淤泥，疏通曲江风景区各洼地间的水道；开黄渠引南山义谷水流入池中，使曲江池的面积进一步扩大。此外，还在曲江周围修建了许多亭、台、楼、阁及其他游乐设施。这些人文景观或高大雄伟，或小巧玲珑，与自然景观相得益彰，使曲江风景区成为长安地区最有名的游览“胜境”①。

我们当前正在进行西部大开发的伟大事业，面对日益恶化的水环境，面对困扰西部经济社会发展的水问题，我们只能积极进取，没有别的选择。好在西部地区的水环境虽然趋于恶化，但并非已经达到不可逆转的地步。只要采取切实可行的措施，相信可以逐步实现由恶化到优化的转变。我们应当充分优化西部水环境的重要性。只有不断优化西部地区的水环境，才能打破制约西部大开发的“瓶颈”，从而促进西部地区经济的发展和社会的繁荣。

（二）吸取经验教训，大力发展西部地区的水利事业

历史时期对西部水资源的开发给我们留下了两条经验：一是要加强水政

---

① 王双怀：《曲江风景区的环境变迁》，《西北大学学报》（自然科学版），2000 年第 6 期，第 533—536 页。

管理，发挥各级政府在水利建设中的作用。汉唐时期制定协调利用水资源的水利法规，力图使有限的水资源取得较好的社会经济效益。宋代提出对水土资源进行统一规划和管理，以兴利除害的主张。明清时期，有人提出水土之间应保持一定比例的观点。这些行为和主张，都曾对西部水利建设产生过积极的影响。二是要调集各方力量，因地制宜地修建不同类型的水利工程。大型工程由国家统一组织，中型工程由相关州县合办，小型工程则由受益地方出资兴建。依据现有引水条件，耕地面积较大的平原、盆地或河谷地带，修建大中型的水利工程，筑坝开渠，设置斗门，进行自流灌溉，建立农田灌溉网络。在耕地面积较小又不能自流灌溉的丘陵、山区，开塘作堰，用提水工具灌溉。在没有河川径流的地方，则疏泉、凿井灌溉。对于毁坏的水利设施，及时予以修复。除灌溉工程也，修筑防涝工程和航运工程，发挥水利建设的各种功能。通过水利建设改善各地的水环境，促进西部经济社会的发展。此外，历史时期西部水环境的变迁也给我们留下了一些沉痛的教训：其一，对水资源开发不当，会引起不良后果。比如河流中上游引水过渡，引起下游农田萎缩；长期大水漫灌，造成土壤退化等。其二，不注重对水源的保护，会对水环境造成严重的危害。环境是需要保护的。我国很早就有保护环境的思想，但实际上并没有形成良好的环境保护机制。有时保护，有时破坏，有时候一边保护一边破坏，破坏力度比保护的力度还大。其结果是不言而喻的。这些经验教训是宝贵的财富，值得我们借鉴。只有扬长避短，克服过去水利建设中存在的问题，以防弊之政作行动之法，才能在今后的开发建设中不犯错误，少走弯路。

当然，优化西部地区的水环境是一个巨大的系统工程，我们不仅要从历史中吸取经验教训，而且要立足现实，面向未来，因地制宜，全面规划，采取开源节流的措施，努力搞好西部地区的水利建设。所谓开源，即指开发水源。所谓节流，则是要想方设法减少饮用水的蒸发和损耗，实行节水灌溉。西部地区虽然水资源比较短缺，但仍有开发的空间。西南地区自不必说，即以西北地区而论也是如此。西北地区有许多冰川，其中天山山脉有冰川 6896 条，面积 9548.45 平方千米，祁连山有冰川 3306 条，面积 2062.72 平方千米，此外，阿尔泰山脉、昆仑山脉也有大量的冰川存在。这些冰川都是储水丰富的固体水库，有很大的开发潜力。西北地区地下水的利用率比较低，也有开发的潜力。对这些水资源，就当统筹规划，合理开发。在开源的同时，要特别注意节流。水资源的消耗包括水面蒸发、作物蒸腾、生态蒸腾和荒地蒸发。如塔里木河干流河道耗水（蒸发、渗漏、漫溢）占70%，从河道中引出的水，被水库和渠道蒸发渗漏损失约占84%。在年总耗水中，生态耗水约占70%，农业直接耗水约5%，水面和荒地蒸发约占25%。故提高水的有效利用率，减少无效消耗是当务之急。应当大力发展节水蓄水型农业；加强渠道管理，进行防渗处理，减少明渠，采用管道输水，以减少输水过程中所造成的损失；扩广喷灌技术和滴灌技术，改长渠为短渠，改宽渠为窄渠，改大畦为小畦，保墒蓄水。要实行节水灌溉，建立节水型工农业生产体系，从而缓解水资源的供需矛盾。

（三）植树造林，涵养水源，促进西部经济社会持续发展。

从长远来讲，要真正实现优化西部水环境的目标，还必须把西部地区的水利建设与生态环境建设有机地结合起来，采用现代科技手段，充分利用大自然的恢复功能，不间断地植树造林，增加植被，涵养水源。这是一个长期而艰巨的任务，来不得半点马虎。西部地区是“三江之源”的所在地，涵养水源不仅对于西部水利建设具有重要意义，而且关系到东部地区的发展问题。涵养水源的关键是保护植被，植树造林。山区水源地对水资源来说是至关重要的，因此要千方百计地保护山地植被，种树种草，退耕还林，加强绿化，减少水土流失，使之能够持久地发挥产流和涵养水源的作用。同时，避免盲目垦荒、过度放牧、乱砍滥伐的情况发生。土地荒漠化对水资源影响很大，要加紧治理荒漠，生物措施与工程措施并举，集体治理与个人治理结合，努力把流动、半流动沙丘变为固定沙丘，防止流动沙丘向外扩展蔓延。如果西部地区的水环境逐渐得到优化，则西部地区缺水的情况将会有所缓解。这样就会在一定程度上加快西部大开发的步伐，并给西部经济社会的发展注入新的活力。

原载（《陕西师范大学学报》2004年第5期）

后记

中国经济史时间长、跨度大、问题多。笔者对中国经济史颇为重视，数十年来，一直关注中国经济史研究的动态，并对中国经济史的若干问题进行了探讨，但在中国经济史领域所取得的成绩却非常有限。收入本书的这些文章，是在三十年间陆续写成的，不足和疏漏在所难免。请广大专家、读者批评指正。

本书的出版，得到陕西师范大学历史文化学院各位领导的大力支持。特别是何志龙院长和李秉忠副院长对笔者多有鼓励和鞭策。我的研究生梁克敏、王昊斐等参与了文稿的校对工作。在此一并致谢！

王双怀
2015年6月7日